네안데르탈인에서 신자유주의까지

좌파
세계사

Marxist
World
History

닐 포크너 지음 이윤정 옮김

A MARXIST HISTORY OF THE WORLD:

From Neanderthals to Neoliberals by Neil Faulkner

First published by Pluto Press, London www.plutobooks.com

Copyright © Neil Faulkner 2013

This Korean edition was published by XO books in 2016 by arrangement with Pluto Press, London through KCC(Korea Copyright Center Inc.), Seoul.

초판 1쇄 인쇄   2016년 6월 15일

지은이   닐 포크너
옮긴이   이윤정
펴낸이   김태수
디자인   정다희
펴낸곳   엑스오북스
출판등록   2012년 1월 16일(제25100-2012-11호)
주소   경북 김천시 개령면 서부1길 15-24
전화   02-2651-3400

ISBN   978-89-98266-13-4 13320

이 도서의 국립중앙도서관 출판예정도서목록(CIP)은 서지정보
유통지원시스템 홈페이지(http://seoji.nl.go.kr)와 국가자료공동
목록시스템(http://www.nl.go.kr/kolisnet)에서 이용하실 수 있
습니다. (CIP제어번호 : CIP2016013213)

네안데르탈인에서 신자유주의까지

좌파 Marxist World History

세계사

닐 포크너 지음 이윤정 옮김

왜 역사는
중요한가

역사는 하나의 무기다. 과거를 어떻게 이해하느냐에 따라 우리의 행동은 달라질 수 있다. 그래서 역사는 정치적이며 논쟁적이다. 위기, 전쟁, 혁명 등에 관한 오늘날의 모든 지식은 반드시 역사와 관련이 있다. 컴퓨터를 만들 때 지난 수십 년간 쌓인 지식과 기술을 무시할 수 없듯이 과거를 돌아보지 않고는 우리가 사는 세계를 이해할 수 없다.

　재산과 권력을 유지하는 데 주로 관심을 기울인 많은 지배자들은 이 사실을 알고 있었다. 그들은 교육과 대중매체를 통제함으로써 국민에게 역사 속의 불편한 점을 말끔하게 해소해놓은 역사관을 제시했다. 지배자들이 역사에서 강조한 것은 연속성, 전통, 복종과 순응, 그리고 민족주의와 제국 같은 것들이었다. 반대로 착취, 지배계급의 폭력, 피지배계급의 투쟁은 숨겨왔다.

지배자들의 이런 역사 해석은 최근 30년 동안 더욱 더 확산되었다. 제국주의 전쟁을 옹호하는 신보수주의자neo-conservative들은 로마 제국이나 영국제국을 문명의 원형으로 추앙했다. 또한 중세 유럽은 백만장자 재벌들이 선호하는 '신 고전경제학new classical economics'의 전형으로 재해석되어 왔다. 역사의 장대한 서사를 구성하려는 노력, 다시 말해 과거를 '설명'함으로써 현재를 '이해'하고 미래를 '변화' 시키기 위해 행동하려는 시도들은 포스트모더니즘 이론에 의해 폄훼당하기 일쑤였다. 그들은 역사란 어떤 구조나 유형도, 의미도 없는 것이라고 믿기 때문이다.

이 이론들은 우리를 지적으로 무능하게 만들 뿐 아니라 정치적으로도 무력하게 만든다. 이들의 메시지는 '아무것도 하지 말라'는 것이다. 전쟁은 민주주의를 고취시키며, 시장을 대체할 수 있는 것은 없으며, 역사는 자의식을 가진 인간의 의지로 바꿀 수 있는 게 아니라면서 말이다.

그러나 이 책은 다른 관점에서 출발한다. 그 관점은 혁명적인 사상가이자 사회운동가인 칼 마르크스가 1852년에 출간한 글의 한 문장으로 요약할 수 있다.

'사람들은 자신들의 역사를 만들긴 하지만 그들의 자유의지로, 또는 그들이 스스로 선택한 상황 속에서 만드는 것은 아니다.'

즉, 역사의 진행 방향은 정해져 있지 않으며, 인간의 행동으로 그 방향은 바뀔 수 있다는 것이다. 또한 역사는 정치가나 군인에 의해서만 좌우되는 게 아니며, 평범한 사람들도 힘을 모아 단체로 행동하면 역사를 바꿀 수 있다는 것이다.

이 책은 카운터파이어Counterfire 웹사이트www.counterfire.org에 매주 1회 연재하던 시리즈를 묶은 것이다. 책으로 펴내기 위해 많은 부분을 수정했다. 서문을 추가했고 결론도 길어졌다. 사이트에 매주 올리던 장이 책의 큰 장 아래의 하위 제목으로 묶였고 각 장에는 짧은 도입부를 넣었다.

독자들이 내 자료의 출처를 확인하고 추가로 책을 찾아볼 수 있게 참고문헌을 넣었다. 또한 독자들이 책을 읽으며 길을 잃지 않도록 연대표도 추가했다.

이 책은 첫 장부터 차례로 읽어도 되지만 반드시 그럴 필요는 없다. 중요한 역사적 주제를 간편하게 해석한 글 모음으로도 활용해도 된다. 어떤 방식으로 활용하든 이 책은 다른 누구보다 행동가를 위한 책이다. 즉 과거를 이해하고 현재 운동의 안내서로 삼고 싶은 사람을 위한 책이다.

시간과 노력을 아끼지 않고 내 글을 읽고 중요한 조언을 해준 분들 덕분에 책으로 만들 수 있었다. 윌리엄 앨더슨, 도미닉 알렉산더, 데이비드 캐슬, 린지 저먼, 일레인 그래험 리, 재키 멀할렌, 존 리즈, 알렉스 스노우던, 알래스테어 스티븐, 프란 트라포드, 베논 트라포드가 그들이다. 어떤 의견은 받아들였지만 어떤 의견은 그러지 않았기 때문에 결과물은 온전히 내 몫이다.

이 책은 종종 특정 장소와 특정 시기를 고려하지 않았다는 비판을 받는데, 유럽 중심이라거나 영국 중심이라는 지적들이 그것이다. 그 비판은 온당하다. 그런 점을 고치려고 최선을 다했지만 완벽하게 다 고치지는 못한 것 같다. 이유는 단순하다. 내가 영국을 기반으로 활동하는 고고학자이자 역사학자이기 때문이다. 다른 모든 제너럴리스트들이 그렇듯이, 내가 그동안 쌓아온 경험과 학습의 한계를 완전히 벗어날 수는 없다. 따라서 영국인이나 유럽인이 아닌 독자들의 너그러운 이해를 구할 뿐이다.

내가 연구해왔던 분야에서도 오류나 오해가 있어서 각 분야의 전문가로부터 비난을 받을지도 모른다. 그 또한 제너럴리스트의 피할 수 없는 운명이라 생각한다. 아~이렇게 말할 수밖에 없다. 그렇다면 그런 오류나 오해를 교정하는 것이 이 책의 주된 주장을 무효화할 만한가? 만약 그렇다면 이 책은 실패한 것이다. 만약 그렇지 않다면, 몇몇 잘못된 세부 내용이 있더라도 마르크스시스트 접근법이 인류 역사의 주요 사건과 주요 발전에 관해 확신할 만한 설명을 제공한다면 이 책은 성공한 것이다.

이 책의 목표는 한 걸음 더 나아간다. 여기서 말하고 싶은 점은 인류가 자신들의 역사를 스스로 만들어 왔기 때문에, 미래 또한 우리 각자가 어떻게 하느냐에 따라 달라진다는 것이다. 따라서 우리 인류는 적극적으로 나서야 한다. 마르크스가 말한 것처럼 철학자들은 세상을 해석만 할 뿐이기 때문이다. 중요한 것은 세상을 바꿔야 한다는 것이다.

닐 포크너

목차

수렵인과
농경인

약 250만 년 전~기원전 3000년

우리는 먼저 250만 년 전부터 기원전 3000년에 이르는 넓은 범위의 시간대를 훑어볼 것이다. 이 시기에는 생물학적, 문화적, 사회적 진화에 의해 네 가지의 급격한 변화가 일어났다. 첫째, 250만 년 전 아프리카 동부에서 유인원으로부터 진화한 초기 호미니드[1]가 직립보행을 하게 되었고 손으로 도구를 쓸 수 있게 됐다. 둘째, 약 20만 년 전 아프리카에서 호미니드 일부가 현생 인류로 진화해 더 큰 뇌를 갖게 되었고 도구 제작이 가능해졌으며 집단노동, 사회조직, 다양한 환경에 문화적으로 더 잘 적응할 수 있게 되었다. 셋째, 약 1만 년 전부터 기후변화와 식량 부족으로 몇몇 집단들은 사냥과 채집에서 농경으로 갈아타게 되었다. 넷째, 약 6000년 전 새로운 개간 기술과 집약농업 덕분에 좋은 위치에 있던 몇몇 마을은 괭이를 이용하는 경작에서 벗어나 쟁기를 이용하는 농사를 짓게 되었다. 이 변화들은 비교적 급작스럽게 일어났기 때문에 '혁명'이라 부를 만하다. 역사에서는 진화를 향한 물방울이 계속 떨어지다가 한순간에 갑자기 질적 변화가 일어난다. 네 발에서 두 발로 걷는 것, 지력智力이 부족했던 호미니드가 특출한 능력을 가진 인류로 변하는 것, 수렵채집과 사냥 생활양식에서 농작물 생산으로 변하는 것, 괭이를 이용한 농사에서 쟁기를 이용한 농사로 변하는 것 등이 그것이다.

이 시기가 끝날 때쯤, 다시 말해 기원전 약 3000년경 농사는 인간 사회에 풍부한 잉여생산물을 안겨다 주었고 그 바람에 종교, 전쟁, 전문가 그룹의 등장이 가능해졌다. 전문가 그룹은 잉여생산물의 통제권을 강탈했고 이들 중에서 첫 번째 착취자 계급이 등장하게 된다.

---

1 현생 인류의 선조로 직립보행을 한 영장류(목)의 한 과科.

호미니드 혁명

　새로운 모습의 유인원이 320만 년 전 에티오피아의 아파르 분지에 등장했다. 오스트랄로피테쿠스 아파렌시스(아파르 남부 원숭이라는 뜻)였다. 인류학자들은 1974년에 오스트랄로피테쿠스 한 명의 화석뼈 47개를 복원했다. 전체 뼈대의 약 40퍼센트 정도를 되살려낸 것이다. 몸집이 작고 날씬해서 한때는 여성이라고 추측했고 '루시'라는 여자 이름도 붙였지만 남자였을지도 모른다.

　루시의 키는 고작 110센티미터, 체중은 약 29킬로그램 정도였고 대략 스무 살 정도까지 살다 죽은 것으로 보인다. 짧은 다리와 긴 팔, 작은 두개골을 지닌 루시는 사람이라기보다는 오늘날의 침팬지와 더 가까운 모습이었다.

　하지만 중요한 차이점이 있다. 루시는 똑바로 두 발로 서서 걸었다. 루시의 골반과 다리 모양, 그리고 근처에서 발견된 다른 유인원들과 무릎 관절이 다르게 생긴 것을 보면 의심의 여지없이 이들이 직립보행을 했다고 확신할 수 있다. 루시는 과일, 견과류, 씨앗, 계란, 기타 먹을 것을 채집하며 이동생활을 한 수렵채집 집단 중 하나였을 것으로 보인다. 기후변화에 따라 숲이 줄어들고 사바나 초원이 만들어지면서 음식을 찾아 더 먼 거리를 이동할 수 있는 종은 살아남을 수 있었던 것이다.

루시가 두 발로 직립보행을 하게 되면서 혁명적인 결과가 나타났다. 손과 팔이 자유로워지면서 도구를 만들거나 여러 가지 노동이 가능하게 되었다. 이로 인해 자연선택에서 뇌 용량이 더 큰 쪽이 유리해졌다. 강력한 진화의 동력이 작동되기 시작한 것이다. 손과 뇌, 노동과 지능, 기술과 사고가 폭발적으로 상호작용을 하게 된 셈이다. 이런 과정을 거쳐 결국 현생 인류新人[2]가 된 것이다.

루시가 도구를 만들었는지는 알 수 없다. 루시를 비롯해 다른 유인원들 주위에서 도구가 발견되지는 않았다. 하지만 250만 년 전 루시의 후손은 도구를 만들었음에 틀림없다. 자갈을 투박하게 깨뜨려 만든 도끼는 고고학적인 의미에서 '도구를 제작하는 행위'를 하는 새로운 과科가 출현했음을 상징한다. 바로 호미니드人科다.

도구가 등장했다는 것은 개념적 사고, 장래 계획, 손재주 등이 있었다는 뜻이다. 다시 말해 자연의 자원을 더 효율적으로 이용하기 위해 즉, 자연을 변화시키기 위해 지능과 기술을 활용했다는 뜻이다. 자연에서 나오는 것을 단순히 있는 그대로 취하기만 하는 동물

---

2 인류 진화에서 최종 단계인 인류로 호모 사피엔스 종을 말한다. 현재 지구상에 살고 있는 인류는 모두 신인에 속한다.

들과는 달랐다.

호미니드는 이전에 존재했던 오스트랄로피테시네처럼 아프리카에서 진화했고 약 150만 년 동안 주로 그곳에서 머물렀다. 180만 년 된 화석이 흑해 주변의 조지아에서 발견된 적이 있기는 하다. 이를 통해 알 수 있는 것은 서부 아시아 쪽으로 잠시 동안 진출했다는 점이다.

원인류인 호모 에렉투스가 아프리카에서 남아시아와 동아시아로 이동한 것은 100만 년 전쯤이 되어서였다. 좀 더 진화한 호미니드인 호모 하이델베르겐시스는 서아시아와 유럽의 여러 지역에 정착했으나 숫자가 많지 않았고 불안정한 상태였다.

호미니드는 250만 년 전에 시작된 빙하시대의 존재였다. 빙하시대 기후는 변화가 심했다. 추운 빙하기와 상대적으로 따뜻한 간빙기가 교차되었다. 우리는 현재 간빙기에 살고 있지만 2만 년 전 북유럽과 북아메리카 대부분 지역은 두께가 자그마치 최대 4킬로미터나 되는 얼음으로 뒤덮인 빙하기에 속했다. 겨울이 9개월간 계속되고 영하 20도 이하의 온도가 몇 주 동안 지속되는 기후였다.

초기 호미니드는 그런 추위에 적응하지 못했으므로 빙하기에는 남쪽으로 이동했고 따뜻해지면 다시 북쪽에서 살았다. 이들이 영국에 처음 발을 디딘 건 적어도 70만 년 전이었지만 이후 적어도 여덟 번쯤 물러갔다 되돌아오기를 반복했다. 영국에서 살았던 시간을 다 합하면 아마도 구석기시대 전 기간(약 70만 년~10만 년 전)의 20퍼센트 정도밖에 안 될 것으로 보인다.

호모 하이델베르겐시스는 동물 자원이 다양하고 풍부했던 해변이나 강 하구에 살았던 것으로 보인다. 주로 사용한 도구는 찍개^{Chopper}로 쓰인 아슐리안 손도끼, 자르개^{cutter}인 클락토니안 격지^{剝片} flake^{3}였다. 이 도구들은 필요에 따라 대량으로 생산됐다. 영국 박스그로브 발굴 지역에서는 약 50만 년 전 것으로 추정되는 300개의 손도끼와 부싯돌 잔해들이 다량 발견되었다. 당시 사바나 초원 같은 해안 평원에서 말이나 사슴, 코뿔소를 잡는 데 쓰인 도구였다.

마지막 빙하기 동안에는 이전과 달리 전면적으로 다른 지역으로 철수하는 일은 없었다. 호모 네안데르탈렌시스는 추위에 적응한 호미니드로 유럽과 서아시아의 호모 하이델베르겐시스에서 20만 년 전에 진화했다. 네안데르탈인은 생물학적인 진화와 새로운 기술로 적응했다. 그들은 더 커진 머리와 큰 코, 튀어나온 눈썹 뼈, 낮은 이마, 작은 턱을 갖게 됐다. 짧고 땅딸막하지만 튼튼한 몸통을 가진 네안데르탈인은 영하 10도의 겨울 추위에도 살아남을 수 있었다. 더 중요한 건 그들이 문화를 갖고 있었다는 점인데 이는 뇌의 지능으로 이어졌다.

호미니드의 뇌는 점점 더 커졌다. 이런 특징을 갖기까지 자연선택은 간단치 않았다. 뇌 조직은 다른 신체 조직보다 에너지가 많이 필요하다. 뇌는 우리 몸 전체 무게의 약 2퍼센트밖에 되지 않지만 음식물 에너지의 20퍼센트 이상을 소비한다.

---

3 석기를 만들 때 몸체돌에서 떼어낸 모든 1차 생산물을 말한다. 돌을 깨트려 석기를 만들 때 떨어져 나온 돌조각은 격지, 격지가 떨어져 나온 원래의 몸체돌은 석핵Core 혹은 몸돌이라고 부른다.

뇌는 또한 위험 요소도 초래했다. 인간이 직립보행에 적응하려면 골반이 좁아야 한다. 하지만 인간은 두개골이 커서 여성이 아이를 낳을 때 골반에 큰 부담을 준다. 그 결과 출산하는 데 아주 긴 시간이 걸리고 고통을 감수해야 하며 종종 위험한 트라우마를 주기도 했다.

물론 두개골이 크면 장점도 많다. 큰 두뇌 덕분에 오늘날 인간은 대개 150명의 사람과 복잡한 사회관계를 유지할 수 있게 되었다. 인간은 단순한 사회적 동물이 아니라 아주 극단적일 정도로 사회적이다. 그 목적에 적합하도록 특별히 크고 정교한 두뇌를 갖고 있다.

인간의 사회성은 진화 과정에서 커다란 이점으로 작용했다. 호미니드 수렵채집 집단은 아마 30~40명 정도의 작은 규모였던 것 같다. 이들은 다른 집단과 연계되어 있었다. 비슷한 몸집을 지닌 대여섯 명의 집단과 연결되어 서로 짝을 짓거나 자원, 노동력, 정보, 생각을 공유했다. 사교성, 협동, 문화는 서로 긴밀히 연계되어 있는데 이런 것들을 갖기 위해서는 높은 수준의 지성, 즉 높은 수준의 뇌 조직이 필요했다.

네안데르탈인은 확실히 똑똑했다. 고전적인 네안데르탈인의 무스테리안^{Mousterian}4 도구 중에는 특화된 찌르개와 자르개, 긁개^{scraper} 등이 있었다. 프랑스 남서부의 유명한 고고학 발굴 연구에 따르면 63

---

4 프랑스 고고학자 드 모르티에가 프랑스 아키텐 지방의 무스티에Moustier 동굴의 유적을 구석기 문화의 편년으로 사용하면서 붙여진 이름. 중기 구석기시대에 해당하며 유럽 전역의 암석 주거지와 동굴 등지에서 발견되고 있다.

가지 유형의 도구가 있었다. 머리가 좋고 네트워크로 연결되어 있었으며 좋은 도구를 갖춘 네안데르탈인들은 거처를 만들고, 옷을 지어 입고, 얼어붙은 평원에서 대규모 사냥을 위해 조직을 만들면서 빙하시대의 극단적 환경에 멋지게 적응했다. 영국 린포드는 6만 년 전 것으로 추정되는 사냥터인데 여기서 고고학자들은 매머드의 뼈, 어금니, 치아 등을 합쳐서 만든 네안데르탈인의 도구를 발견했다. 그러나 이들의 진화에는 한계가 있었다. 네안데르탈인은 추위에 아주 잘 적응했지만 결국 생물학적으로 막다른 골목에 봉착했다.

한편 아프리카에서는 새로운 유형의 슈퍼 호미니드가 에렉투스 라인으로부터 진화했다. 이들은 창조성, 집단적 조직, 문화적 적응력이 워낙 뛰어났기 때문에 8만5000년 전 무렵 아프리카에서 이동하기 시작해 전 세계로 빠르게 퍼졌고 결국 세계의 가장 먼 구석까지 점령했다.

이 새로운 종은 바로 호모 사피엔스(현생 인류)였다. 호모 사피엔스는 다른 모든 호미니드 원시 인류와 경쟁해 전부 멸종시켰다. 250만 년 전부터 계속된 호미니드 혁명에 힘입어, 우리는 이제 생물학적 진화가 아니라 지능, 문화, 사회조직, 그리고 집단노동의 발전 정도에 따라 진보의 단계를 판단할 수 있는 수준에 이르게 되었다.

사냥혁명

20만 년 전 아프리카의 한 지역에서, 현재 지구 상에 있는 모든 인간의 공통 조상인 여자가 살았다. 그녀는 호모 사피엔스 종種 전체의 원시 조상이다. 우리는 그녀를 '아프리카인 이브'로 알고 있다. 이는 DNA 분석으로 밝혀졌다. 화석화된 뼈를 증거로 삼아 다른 과학자들이 도달했던 결론을 정교화하면서 확신을 더하게 되었다.

DNA는 생명체 설계의 청사진을 제공하는 세포 안의 화학적 부호다. DNA의 유사점과 차이점을 연구하면 생명체 간의 긴밀한 연관성을 파악할 수 있다. 돌연변이라는 것도 아주 꾸준한 비율로 발생되어 축적된다. 이 때문에 유전학자들은 같은 종과 다른 종 사이의 생물학적 다양성을 측정할 수 있을 뿐만 아니라, 두 그룹이 분리되고 상호 교배를 중단하는 데 얼마나 많은 시간이 걸렸는지를 측정할 수 있다. 따라서 우리가 지니고 있는 DNA의 돌연변이는 생물체 세포 내부에 새겨진, 과거를 알려주는 '화석' 증거라 할 수 있다.

아프리카 이브의 DNA 연대는 가장 앞선 시기의 호모 사피엔스 화석 연대와 일치한다. 1967년 에티오피아 오모에서 발굴된 두개골 두 개와 일부 골격은 지금부터 약 19만5000년(BP 19만5000. BP는 Before the present의 약자로 호미니드 진화에서 통상적으로 사용되는 용어) 전으로 추정된다.

새로운 종은 외모부터 달랐다. 초기 인류는 길고 낮은 두개골, 경사진 이마, 튀어나온 눈썹뼈, 무거운 턱을 갖고 있었다. 이에 비해 현생 인류는 크고 둥근 돔 모양의 두개골, 훨씬 더 평평한 얼굴, 더 작은 턱을 갖고 있었다. 이런 변화는 주로 두뇌가 커지면서 생겨난 것이다.

호모 사피엔스는 지능이 아주 높았다. 큰 두뇌 덕분에 정보를 저장하고, 상상력을 발휘하고 복잡한 방식으로 의사소통할 수 있게 되었다. 언어는 이 모든 것의 열쇠라 할 수 있다. 언어와 말을 통해 세상을 분류하고 분석하고 설명할 수 있게 됐다. 아프리카 이브는 끊임없이 말을 하는 존재였다. 진화적인 관점에서 보면 이런 이유로 적응력이 생겼고 역동적인 존재가 되었다.

호모 사피엔스는 이처럼 독특한 특징을 갖고 있었다. 다른 모든 동물이나 여타의 호미니드와 달리 이들은 생물학적으로 한정된 환경 안에서만 사는 존재가 아니었다. 충분한 사고력이 있었고, 대화가 가능했고, 협동작업이 가능했기 때문에 어느 곳에서도 적응하며 살 수 있었다.

이에 따라 문화적 진화가 생물학적 진화를 대체했다. 변화의 속도도 더 빨라졌다. 주먹도끼를 사용했던 호모 에렉투스는 150만 년 동안 아프리카에 남아 있었다. 그 기간 중 어느 시기에 아프리카 이브의 후손들은 이동했다. 혹은 후손 중의 일부가 이동했다고 할 수 있다. 유전학적 증거를 보면 아시아, 유럽, 오스트레일리아, 아메리카 대륙 전체의 인구는 3000세대 전, 즉 BP 8만5000년에 아프리카를 떠난 수렵채집 집단의 후손으로 보인다. 이들은 남아시아와 오스트레일리아를 BP 5만 년쯤에, 북아시아와 유럽은 BP 4만 년쯤에, 아메리카 대륙은 BP 1만5000년쯤에 차지했다.

그렇다면 왜 인간들은 이동을 했을까? 수렵채집인들은 자원 고갈, 인구 압박, 기후변화에 대응하기 위해 식량을 찾아 나선 게 분명하다. 그들은 이런 일에 적응해 있었다. 말하자면 적응하는 일에 적응돼 있었다. 지구력 있게 걷고 뛸 수 있어서 장거리도 이동할 수 있었다. 그들은 손재주가 있어서 우수한 도구도 만들었다. 커다란 두뇌 덕분에 추상적인 사고가 가능했고, 상세한 계획을 짰으며 언어를 통한 의사소통과 사회조직을 만드는 것도 가능했다.

그들은 작지만 단단히 결속된 협동 집단을 형성했다. 이 집단들은 느슨하게 연결되어 있기는 했지만 친족, 교환, 상호지원을 바탕으로 광범위한 네트워크를 유지하고 있었다. 그들은 고고학 용어로 말하자면, '문화화된cultured' 존재였다. 그들은 식량을 얻는 방식, 함께 사는 방식과 작업을 공유했다. 도구를 만들었고 자신의 몸을 장식했으며, 죽은 사람을 매장하는 방식을 갖고 있었다. 여러 사안을 놓고 집단 안에서 합의하고 규칙을 정해 그 방식을 따랐던 것이다.

이는 많은 의미를 내포하고 있다. 그들은 의식적이고 집단적인 선택을 하고 있었다. 충분히 대화한 뒤 결정을 내렸다. 끊임없이 식량을 찾아 헤매야 하는 상황에서 종종 대안적인 방법을 취하기도 했다. 아마 어떤 집단들은 좀 더 '보수적인' 선택을 했을 것이다. 보수적이라는 말은 자신이 사는 곳에 머물며 이전과 같은 상태로 지내면서, 별일 없기만을 바란다는 의미다. 하지만 또 다른 집단은 좀 더 진취적으로 나섰을 것이다. 잘 알지 못하는 영역으로 이동해서, 새로운 수렵기술을 시도해 보고 다른 그룹들과 연계해 지식과 자원과 노동력을 모은 것이다.

따라서 호모 사피엔스의 가장 큰 특징을 꼽자면 변화무쌍한 주변 환경에 맞게 적응하는 데 독보적인 능력을 갖고 있었다는 점이다. 처음에는 자원이 풍부한 해안가나 강을 따라서 이동했겠지만 곧 내륙으로도 뻗어나간 것으로 보인다. 어디를 가든 그들은 잘 적응했다. 극지방에서는 순록을 사냥했고 얼음평원지역에서는 매머드를, 초원에서는 야생 사슴과 말을, 열대지역에서는 돼지와 원숭이, 도마뱀을 잡아먹었다.

극복해야 하는 환경에 따라 도구도 다양해졌다. 단순한 주먹도끼나 격지 대신 끝을 뾰족하게 만든 다양한 돌날^{Blade}을 만들었다. 돌날이란 기둥형 몸체돌(석인핵石刃核 prismatic core)을 타격해 떼어낸 부분으로 만든 것인데, 격지와 다른 것은 가로 너비보다는 세로 길이가 더 길어서, 전체적으로 뾰족한 형태라는 점이다.

이들은 또한 주변 상황에 맞게 옷과 주거지를 만들었다. 또 난방과 요리와 방어를 위해 불을 사용했고 미술품도 만들었다. 사냥한 동물 모양의 조각을 만들었고 그림을 그렸다. 무엇보다 그들은 실험을 했고 혁신을 이뤄냈다. 그 성과는 다른 사람들이 공유하고 따라했다. 문화는 정적인 것이 아니라 변화 가능한 것이었고 축적되는 것이었다. 호모 사피엔스는 환경적인 어려움을 만나면 새로운 방식으로 맞섰고 그렇게 얻은 교훈이 점점 쌓여 지식과 노하우가 커져갔다.

그 전까지는 환경적인 조건이 변하면 생물학적으로 진화하거나 멸종하거나 둘 중 하나였지만 현생 인류는 더 나은 주거지, 더 따뜻한 옷, 더 날카로운 도구를 만드는 식으로 문제를 해결했다. 자연과 문화가 상호작용했고 이를 통해 인류는 세상을 살아가는 능력을 더 발전시켰다.

어떤 곳에서는 한동안 호모 사피엔스는 초기 인류인 원인류와 공존했다. BP 3만 년에서 약 4만 년 사이에 유럽에서는 현생 인류와 네안데르탈인 모두가 살고 있었다. 이들 간의 상호 교배에 관한 DNA 증거가 있던 걸로 봐서 사회적 교류도 있었던 것으로 유추된다.

여기서 중요한 점은 한 종이 다른 종을 천천히 대체해 나갔다는 것이다. 네안데르탈인은 결국 멸종했다. 기후는 변하고, 호모 사피엔스의 인구는 늘어나고, 모든 호미니드가 대형 사냥감들을 잡아들이는 경쟁적 상황 속에서 네안데르탈인은 적응하지도, 경쟁하지도 못했기 때문이다.

석기 도구 기술은 종들의 이동과 함께 퍼져나간 것으로 보인다. 네안데르탈인 화석은 무스테리안 격지와 함께 발견됐다. 크로마뇽 화석(유럽 고고학에서 발견한 호모 사피엔스 유적)은 정교해진 오리나시안 돌날Aurignacian blades과 함께 발견됐다. 이 용어들은 고고학 기록에서 잘 알려진 두 가지 도구 제작 전통이다.

그러나 그게 다는 아니다. 새로운 문화는 다양성이 있었고 역동적이었다. 시간이 지나면서 투창기, 작살, 활을 생산했고 사냥에 쓰기 위해 개를 키우기도 했다. 네안데르탈인은 먹이사슬의 맨 위쪽에 있었지만, 새로운 종들이 오면서 '문화적 무기 경쟁'에 뛰어들어야 했다. 그러나 그들은 패배했다.

영국 체다 협곡의 고프 동굴은 전형적인 호모 사피엔스 지역이다.

이곳에는 현생 인류의 유해, 동물의 뼈, 수천 개의 석기 도구, 뼈나 뿔로 만든 유물들이 남아있다. BP 1만4000년경 말 사냥꾼들의 마을이었던 것으로 보인다. 동굴은 거주지이기도 했지만 야생마와 사슴 떼가 규칙적으로 지나가는 협곡을 내려다 볼 수 있는 좋은 지점이기도 했다. 동굴은 생태학적 틈새에서 적응한 호모 사피엔스의 마을이라 할 수 있다. 마지막 빙하기의 후반부 동안 야생 동물들의 이동경로에, 즉 이들을 잡기 쉬운 가까운 곳에 천연의 주거지를 마련한 것이다.

도구 제작을 시작한 250만 년 전부터 BP 1만 년 전까지 시기를 구석기시대라고 한다. 그중 마지막 단계인 후기 구석기시대가 호모 사피엔스의 시대다. 이는 초기(구석기) 단계와는 혁명적인 단절을 보여준다. 후기 구석기 혁명은 생물학적인 동시에 문화적이었기 때문이다. 슈퍼 호미니드라는 새로운 종이 아프리카에서 출현했고 전 세계로 뻗어나갔다. 이 첫 번째 세계화에서 종들은 다양한 '문화'를 만들어냄으로써 환경과 기회에 적응해나갔다. 이때의 문화란 도구, 작업 방법, 사회 관습, 의식을 치르는 양식 등을 말한다.

그러나 BP 1만 년쯤 문제가 생겼다. 호미니드가 매머드, 큰뿔사슴, 야생마 같은 거대한 짐승들을 너무 많이 사냥한 탓에 이들이 멸종했기 때문이다. 동시에 지구가 따뜻해지면서 얼음평원은 사라지고 대신 숲이 우거지고 있었다. 후기 구석기시대의 세계는 막다른 골목에 이르렀다. 기존의 생활방식으로는 더 이상 살아남을 수 있다고 보장할 수 없었다. 호모 사피엔스는 진화의 능력을 입증해야 하는 가장 큰 시험에 직면한 셈이다.

농업혁명

약 2만 년 전 마지막 빙하기의 얼음이 녹기 시작했다. 기원전 8000년 전쯤에 지구의 온도는 오늘날의 기온과 비슷한 수준이 되었다. 기원전 5000년경 세계는 오늘날과 같은 모습을 갖게 됐다. 이를 테면 유럽은 해수면이 상승해 대륙 사이의 지협land bridge을 바다가 통과하게 됐고 발트해와 북해, 흑해에는 홍수가 났다. 그 결과 생태적 위기가 서서히 닥쳐왔다. 북쪽에서는 넓은 툰드라가 빽빽한 숲으로 바뀌었고, 사냥꾼들이 사냥할 수 있는 생물이 약 75퍼센트까지 줄어들었다. 중앙아시아와 서아시아의 위기는 좀 더 심각했다. 기후변화 때문에 넓은 지역이 사막으로 변했고 거기서 살던 생물체들은 습한 고원지대나 하곡河谷, 오아시스 쪽으로 물러났다.

처음 있는 일은 아니었다. 빙하시대 250만 년 동안 빙하는 전진과 후퇴를 반복했다. 이전과 달라진 게 있다면 따뜻해지는 세계의 도전에 직면한 호미니드의 정체성이었다. 호모 사피엔스는 이전 인류보다 지적으로나 문화적으로나 생태학적 위기를 극복하는 데 훨씬 더 잘 준비가 돼있었다.

숲이 우거진 북쪽에서 인류는 대부분 강이나 호수, 삼각주, 강 하구 어귀, 해안가처럼 먹을 것이 풍부하고 다양한 지역에 정착했다. 기원전 7500년경 요크셔의 스타카 유적지는 늦은 봄과 여름이면 야영지로 쓰였다. 그곳을 이용했던 중석기시대 사람들은 야생 소, 엘크, 붉은 사슴, 노루, 야생 돼지, 소나무 담비, 붉은 여우, 비버 같은 작은 동물을 사냥했다. 짐승에게 살며시 다가가거나 가까운 거리에서 숨어 있다 덮치는 방법을 주로 사용했다. 이들이 쓰던 연장은 긁개, 뚜루개borer 외에 다른 석기들과 뿔로 만든 창촉이었다. 스타카 유적지의 사람들은 꽤 편안한 생활을 했다. 사냥과 채집기술이 발달함으로써 습지와 숲이 우거진 땅에서 새로운 식량자원을 얻어 낼 수 있게 되었다.

그러나 아시아의 건조지역에서는 좀 더 혁신적인 방법이 필요했다. 새로운 방식의 식량 채집이 아니라 식량의 '생산'이 필요했다. 사냥꾼들은 오랫동안 먹잇감들과 공생관계에 있었다. 먹잇감을 위해 숲속에 빈터를 만들어주었고, 이동경로를 마련해주었으며 식량을 제공했고 그들을 노리는 맹수를 막아주기도 했다. 사냥을 하더라도 새끼들은 죽이지 않고 살려주었다. 풍부한 사냥감을 가까이 두는 것이 그들에겐 중요했기 때문이다. 이처럼 점진적으로 동물을 사냥하는 방식에서 목축으로 옮겨가게 됐다.

씨앗에서부터 식물이 자라난다는 것을 알게 된 것은 오랜 관찰의 결과였다. 곡식을 거두기 위해 씨를 뿌려야 한다는 걸 알게 되는 것은, 어느 날 갑자기 이뤄진 거대한 도약은 아니란 말이다. 아무튼 그렇게 되기까지는 선택의 문제가 있었다. 그것은 반드시 환영만 할 일은 아니었다. 농사는 고된 일이기 때문이다.

농사는 오랜 시간 동안 반복적으로 등골이 빠질 듯한 노동을 해야 하는 일이다. 땅을 개간하고, 흙덩이를 깨고, 호미질을 하고, 씨앗을 뿌리고, 잡초를 제거하고, 해충을 물리치고, 물을 끌어들이거나 빼주어야 하고, 작물을 수확해야 한다. 게다가 가뭄, 홍수, 병충해 같은 상존하는 위험과 맞서야 한다. 그것을 몇 년이고 반복적으로 하고 또 해야 한다. 농사는 이상적인 선택이라고는 할 수 없었다. 사냥과 수렵채집, 죽은 고기를 먹는 일이 훨씬 쉬웠기 때문이다.

농업혁명은 따라서 인류가 자신의 역사를 스스로 만든 하나의 사례이긴 하지만, 스스로 선택할 수 있었던 상황은 아니었다. 점점 더 건조해지는 환경 탓에 자연적으로 공급받던 식량이 고갈되었다. 인류는 필요에 의해 경작을 하고 축산을 하는 힘든 노동을 하게 된 것이다.

수렵인과 농경인

지금의 요르단 지역인 페트라 근처의 엘 바이다는 기원전 6500년경 초기 신석기시대에 자생했던 농경공동체의 중심지였다. 사람들은 돌과 목재와 진흙으로 만든 공동의 '복도집'에서 살았다. 말안장 모양의 맷돌로 밀가루를 만들었으며 화살촉, 칼, 긁개 같은 다양한 격지석기 도구를 만들었다.

지리적 환경과 기후가 인간의 창의력과 조화를 이루며 서로 다른 경제를 만들어냈다. 농사는 서아시아와 중앙아시아에서 시작되었다. 그 지역이 더 건조했고 식량자원에 대한 압박이 더 컸기 때문이다. 한편으로는 사육할 수 있는 야생 동물과 재배할 수 있는 곡식이 있었기 때문이기도 했다. 보리와 엠머밀emmer wheat, 소와 양, 염소와 돼지를 두고 하는 말이다.

기후변화는 전지구적인 현상이었으므로 농업은 여러 지역에서 제각각의 모습으로 발명되었다. 예컨대 파푸아 뉴기니의 고원에서는 기원전 7000년경 사탕수수와 바나나, 견과류, 토란, 풀, 뿌리채

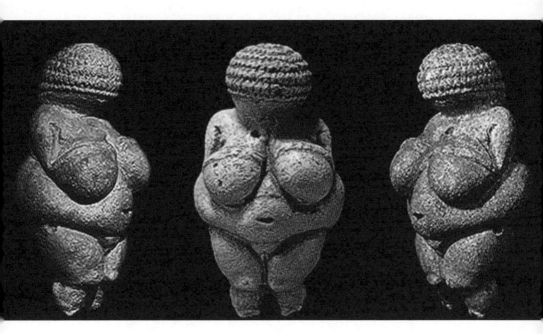

오스트리아 빌렌도르프에서 발견된 어른 주먹만한 크기의 비너스상

소, 기타 녹색 야채를 기반으로 신석기 경제가 개발됐다. 이는 20세기까지 거의 변하지 않은 채 유지되었다.

유럽에서 처음 등장한 농업인은 기원전 7500~6500년경 아시아에서 에게해를 건너 동부 그리스 쪽으로 건너온 아시아 개척자들이었다. 그들은 신석기시대의 '도구 패키지'를 갖고 왔다. 도구 패키지란 재배 작물과 길들여진 가축, 영구 정착지와 정방형의 집, 방직법과 괭이, 낫, 갈아 만든 도끼, 풍요의 신을 상징하는 점토로 만든 비너스상과 '풍만한 여인' 조각상 등을 말한다. 이는 아시아 DNA를 가진 사람들의 매장지에서 발굴되었다.

농사가 전파되기까지는 수천 년이 걸렸다. 하긴 오늘날까지도 전세계적으로 농업이 보편화된 것은 아니다. 기원전 7500년경 이래로 수렵채집과 목축과 식량 재배는 공존했다. 초기 신석기 공동체들은 흔히 이 세 가지 요소가 혼합된 경제체제를 운영했다. 어떤 이들은 농사를 아예 거부하기도 했다. 기원전 5500년경이 되어서야 농업은 발칸에서 헝가리 평원을 가로질러 북유럽과 서유럽에 전파되었다.

수렵인과 농경인

그러다 거기서 다시 또 멈추기도 했다. 1000년 동안 발트해와 북해의 연안, 북서 유럽과 영국의 섬에서는 중석기시대의 수렵이 유지됐다. 기원전 4300~3800년경이 돼서야 신석기로 이동했다. 또다른 사람들, 예를 들어 호주 원주민이나 칼라하리 부시맨들은 최근까지도 수렵채집 경제를 유지하고 있다.

농사는 인류에게 별로 내키지 않는 선택이었을 수 있지만, 한 번 시작하면 돌이킬 수 없는 일이었다. 농사는 땅을 좀 더 집중적으로 활용할 수 있어서, 수렵채집보다는 더 많은 인구를 먹여 살릴 수 있었다. 만약 농사꾼들이 일을 거부할 경우, 그들의 공동체는 굶주리게 된다. 이제는 황야에서 얻을 수 있는 것만으로 자급자족하기에는 사람이 너무 많아졌기 때문이다. 말하자면 인류는 자신이 거둔 성공 때문에 땅의 덫에 걸려 빠져나갈 수 없게 된 것이다.

기원전 5000년경 신석기 농경민(고고학계에서 선형토기 문화라 알려진 사람)들은 유럽의 여러 지역에서 정착했다. 그들은 수십여 개의 목재로 만든 롱 하우스, 즉 길이가 30~40미터나 되고 너비가 5미터에 달하는 긴 집에서 마을을 이루고 살았다. 이런 집을 지으려면 집단노동이 필요했을 것이다.

그 집에서는 확대된 대가족들이 살았다. 가족들이 살았던 집안에서도, 죽어서 매장된 곳에서도 사회적 불평등의 흔적은 보이지 않는다. 모두가 헌신적으로 평등하게 각자의 능력에 따라 일하고 소비했던 것으로 보인다. 따라서 초기 신석기 사회는 계층 분화나 핵가족화가 일어나지 않았다. 그런 일이 '자연적으로' 생겨나지는 않았던 것이다. 수렵채집인들과 마찬가지로 최초의 농경사회는 칼 마르크스와 프레데릭 엥겔스가 말한 '원시 공산사회'였다.

이 사회는 결핍의 공산주의였다. 초기 농경은 낭비가 심했다. 개간된 토지는 작물을 재배하다가 고갈되면 버려졌다. 땅을 휴경하거나 비료를 주는 방식은 당시만 해도 일상적인 농법으로 자리 잡지 못했다. 따라서 인구가 늘어나게 되자 농사를 지을 땅은 부족해졌다. 이 같은 초기 신석기시대의 경제체제는 결국 전쟁으로 폭발하게 되었다.

전쟁과 종교의 기원

34구의 시체가 3미터 넓이의 구덩이에 버려져 있었다. 절반은 어린이의 시체였다. 어른 두 명의 머리는 화살에 맞았다. 나머지 스무 명은 돌도끼로 얻어맞았다. 고고학자들은 이곳이 의심할 바 없이 대학살이 일어난 곳이라고 봤다. 독일 남서부의 탈하임 집단 매장지는 기원전 5000년경 초기 신석기 세계의 끔찍한 단면을 보여주고 있다. 인류가 전쟁을 시작한 것이다.

인류 초기만 해도 전쟁은 없었다. 구석기시대 250만 년 동안 호미니드는 작은 집단을 이뤄 수렵과 채집을 위해 이리 저리 돌아다녔다. 서로 만날 일도 없었고 충돌도 거의 드물었다. 한참이 지난 뒤 인구가 늘면서 간간이 자원을 놓고 충돌했다. 동굴 그림에서도 활을 든 사냥꾼들이 동물만 쏜 게 아니라 서로를 쏘는 모습을 볼 수 있다. 이를 전쟁이라고는 할 수 없다. 전쟁은 서로 맞서는 집단 사이에 대규모 폭력이 지속적이고 조직적으로 일어나는 것이다. 기원전 7500년경에 시작된 농경혁명 이전에는 이 같은 전쟁의 증거는 없었다.

식량을 얻는다는 관점에서 보면, 농사는 사냥보다 훨씬 더 효과적인 방법이어서 신석기시대에는 인구가 엄청나게 늘어났다. 구석기시대의 화석 숫자는 몇 백 개 규모지만, 신석기시대의 유골은 수천, 수만 개를 헤아린다.

하지만 신석기시대에는 문제가 많았다. 기술은 원시적이었고 생산성도 낮아 잉여가 적었다. 작물 병충해, 동물의 죽음, 극심한 기후 등 자연재해 앞에서 취약했고 아주 위태롭게 살았다. 초기 신석기

수렵인과 농경인

35

농경공동체에서는 기근, 기아, 죽음의 망령이 자주 출몰했다.

문제는 초기 신석기 경제체제의 성공 자체 때문에 생겨났다. 인구는 계속 늘어나는데, 땅은 한정되어 있었기 때문이다. 땅에서 영양분을 얻은 뒤 보충할 방법이 없었으므로 새로운 농토를 늘리려면 황무지를 개간하는 수밖에 없었다. 인구가 증가하면 기존의 마을에서는 사람들을 더 이상 먹여 살릴 수 없었다. 그래서 개척자 그룹들은 새로운 정착지를 찾아 떠나야 했다.

초기 정착지에서 가까운 마지막 황무지 지대가 개간되고 나면 신석기 경제는 한계에 달했다. 그렇게 땅에 굶주리고 식량에 굶주리게 되자 이웃한 집단들끼리 충돌할 수밖에 없었다.

초기 농경민들은 공유재산을 갖고 있었다. 들판, 가축, 창고, 주거지를 함께 소유했다. 어려운 시기에 서로를 지키기 위해서였다. 그러나 가난과 부, 잉여와 결핍이 결합되면서 최초의 전쟁을 낳았다. 굶주린 사람들은 이웃의 곡식과 양을 빼앗아 배를 채웠을 것이다. 탈하임에서 발견된 죽음의 구덩이는 그러한 원시적인 전쟁의 증거다.

전쟁을 벌이자면 전사, 같은 편이 되어줄 사람, 방어시설이 필요했다. 이런 것들을 더 많이 가진 쪽이 덜 가진 쪽을 이겼을 것이다. 잉여를 투자한 집단이 그렇지 않은 집단을 지배하게 되었다는 말이다.

고고학자들은 영국에서 최초의 전쟁이 일어난 시기를 기원전 3500년경으로 보고 있는데, 이 시기는 신석기혁명이 시작된 지 겨우 몇 백 년 뒤다. 이곳에서는 거대한 언덕에 이를 둘러싼 도랑인 환호環濠가 세워졌다. 윌트셔주의 윈드밀 언덕은 세 겹의 둥근 두둑과 도랑이 동심원을 그리는 형태로 촌락을 둘러쌌다. 무려 축구장 15개를 합한 크기였다. 아마도 이 환호는 정치적인 회합이나 종교의식 혹은 방어를 위한 용도로 사용됐을 것이다. 이 환호는 새로운 질서를 상징한다. 먼 마을에서 온 사람들을 하나의 부족 정치체제 아래 단결시키는 질서 같은 것을 말한다.

이 시대의 사람들은 거대한 석판과 흙더미로 만든 공동 분묘에 매장됐다. 윌트셔 지역에 있는 웨스트 케닛의 롱배로우(장형분묘)는 길이가 100미터, 넓이가 20미터나 된다. 이런 분묘들은 이 영토를 지배한다는 선언이나 마찬가지다. 이런 것들이 필요했다는 것은 영토 지배를 놓고 서로 싸우고 있었다는 의미다.

윈드밀 언덕 같은 환호는 숭배를 위한 장소였다. 웨스트 케넷 같은 기다란 무덤은 왕의 무덤이었다. 초기 신석기시대에 정치집단이 점점 커지면서 이들은 집단적인 믿음과 종교적 의식으로 결속을 다졌다. 마술과 종교가 새로운 기능을 담당하며 더 강력한 사회 집단을 만들었다. 다른 집단에 맞서 영토를 지배하거나 부족한 자원을 놓고 겨룰 때 더 잘 싸울 수 있도록 해주는 역할도 했다.

주술(눈속임으로 원하는 것을 얻으려는 시도)과 종교(더 높은 권위에 간절히 기원함으로써 원하는 것을 얻으려는 시도)는 긴 역사를 갖고 있다. 후기 구석기시대의 수렵인들은 어두운 동굴 속에서 벽에 사냥감의 모습을 그렸다. 이런 상징과 그림은 현실의 상황과 미래의 사냥을 위해 주술을 행했다는 증거다. 그림뿐 아니라 춤, 음악, 장신구 같은 것들을 통해서도 주술을 행했다. 춤 동작, 리듬감 있는 소음, 의상은 집단의 기원과 희망을 담고 있었다. 이런 의식을 통해 사냥꾼들은 심리적으로 힘을 얻은 뒤 식량을 찾아 다시 길을 나섰다.

숭배와 제례는 집단의 결속과 풍요, 생존에 매우 중요했다. 토템 숭배는 주술과 종교가 원시적으로 합쳐진 것이다. 인간 집단을 동물 집단과 동일시했던 그들은 인간 집단의 안녕을 지키기 위해 동물을 숭배했다. 조상 숭배 역시 아주 오래된 것이다. 죽은 조상은 자애로운 영혼이 되어 살아있는 후손 주위를 맴돌며 지켜준다고 믿었던 것이다.

본격적인 종교는 신성 숭배로 나타났다. 태양 혹은 달, 대지와 풍요의 여신을 숭배하는 것을 말한다. 인간이 자연을 지배하는 것이 아니라 오히려 자연을 숭배하는 '소외'의 양상을 띤 것이다. 인간은 자신들이 통제할 수 없는 힘으로부터 스스로를 보호하려 한다. 힘을 갖고 있다고 상상하는 존재에게 간청(기도)과 제물(희생양)을 바치는 방식으로.

종교의 초기 형태 즉, 토템 숭배, 조상 숭배, 태양-달-대지 숭배는 이후에 등장한 각종 숭배에서 '화석화'된 상태로 남았다. 우리가 알고 있는 대부분의 것들도 여기서 파생되었다. 야생동물을 수호하는 그리스 여신 아르테미스는 고대 아테네에서 숭배의 대상이었다. 소녀들은 암곰처럼 입고 춤을 추며 이를 숭배했다. 루페르쿠스 신은 이탈리아 목자들의 신으로 고대 로마 시대의 숭배 대상이었다. 젊은 사제들이 동굴에서 축제를 열었고 숫염소 가죽을 쓰고 도시 주변을 행진하곤 했다.

수렵인과 농경인

종교는 초기 신석기 마을들이 부족의 정치조직으로 합쳐질 때 중요했다. 영토를 놓고 경쟁 혹은 전쟁을 하게 되자 작은 집단들은 더 큰 조직 안에서 안정을 꾀했던 것이다.

토템, 조상, 신성을 함께 숭배하게 되자 새로운 정체성이 나타났다. 공유된 믿음과 의식은 연대감을 조성했다. 그러나 라이벌 집단 간에 잔혹한 충돌을 낳기도 했다. 영국 웨일즈의 글로세스터셔에 있는 크리클리 언덕의 초기 신석기 환호는 공격을 받아 불타버렸다. 이 주변에서는 400여 개의 돌화살촉이 발견되었다. 초기 신석기의 장형분묘에서 발견된 사망자들은 화살, 몽둥이, 뾰족끝찍개, 손도끼, 돌멩이에 맞아 죽었다.

방사성 탄소연대 측정(화석의 방사성 탄소 즉, 탄소 14의 농도를 측정하여 생물의 사망연대를 측정하는 방법)과 베이시안 통계학[5]으로 보면 이런 사건들이 벌어진 시기를 더 정확히 추정할 수 있다. 환호와 장형 분묘 건설, 대량 살육 등은 거의 동시에 일어난 것으로 보인다.

기원전 3700년경에서 3400년경 사이에 영국에서는 새로운 질서가 자리를 잡았다. 즉 영토 지배, 부족집단 형성, 대규모 종교의식, 전쟁 같은 것이 등장한 것이다. 이런 질서는 전쟁의 우두머리와 고위직 사제 등 새로운 계층에게 권한을 주었다. 시간이 지나면서 이들로부터 지배계층이 생겨났다.

전문가의 등장

초기 신석기 경제체제는 더 이상 어떻게 할 수 없는 모순으로 가득 차서 결국 사라질 수밖에 없었다. 기술은 원시적이었고 낭비는 심했다. 사회는 자연재해와 고통의 시간을 견뎌낼 만큼의 여유분을 갖고 있지 않았다. 처녀지는 소진되었고 오래된 들판도 고갈되었으며 인구는 자꾸 늘어만 갔다.

전쟁은 이런 모순들이 분출된 결과였다. 전쟁을 통해 다른 집단의 재산을 빼앗는 방법으로 가난을 벗어날 수 있었던 것이다. 그러나 그것이 해결책은 될 수 없었다. 생산성은 전혀 늘려주지 않았기 때문이다. 단지 땅과 동물과 곡식 창고에 있던 기존의 저축분을 재분

---

5 표본에서 얻은 정보뿐 아니라 사전지식이나 정보를 포함시켜 사후확률을 결정하는 통계학의 한 부류.

배하는 데 지나지 않았다.

호모 사피엔스를 규정하는 가장 큰 특징은 뭔가를 발명하는 창의력이었다. 현생 인류는 새로운 도구와 기술을 개발함으로써 자연의 도전에 응전했다. 그들은 적응하는 일에 적응했고 문화적 혁신을 통해 번영을 이루었다.

초기 신석기시대의 경제적 난국은 농업, 교통, 도구 제작 등의 혁명적 진전에 힘입어 결국 해결됐다. 쟁기로 밭을 경작하는 농경은 괭이로 하는 원예를 대체했다. 소가 끄는 쟁기 덕분에 농부들은 큰 밭을 갈면서 일할 수 있게 되었다. 땅이 품고 있는 영양소를 이용할 수 있게 된 것이다. 쟁기를 끄는 동물은 토양을 비옥하게 하는 퇴비를 만들어 내기도 했다.

관개灌漑 방식이 도입되면서 건조한 땅에 물을 끌어 들일 수 있게 됐다. 농경민들이 스스로 공동체를 조직하여 땅을 파고, 댐과 수로, 수문 등을 관리하게 되면서 불규칙하게 내리는 비에도 대비할 수 있게 되었다. 토지 역시 영구적인 경작이 가능해졌다. 한편으로는 배수 방식 덕분에 늪을 토지로 바꿀 수도 있게 되었다. 아무것도 생산할 수 없던 늪을 비옥한 경작지로 활용할 수 있게 됐다. 이를 위해서는 공동 노동이 필요했다. 수로를 파고 깨끗하게 유지하기 위해서는 불가피한 일이었다.

육상 수송 역시 변모했다. 바퀴가 발명되고 짐을 나르는 동물, 예컨대 소 당나귀 말 낙타 등을 사육하게 된 것이다. 덕분에 사람이 들고 나르는 것보다 훨씬 더 무거운 짐을 옮길 수 있게 됐다. 수상 운송에는 돛이 도입돼 큰 변화를 가져왔다. 사람의 힘으로만 노를 젓는 것이 아니라 바람의 힘을 함께 이용하게 됐다.

돌이나 동물뼈, 나무 등으로 만든 도구는 다양하게 만들어낼 수 없었다. 찍거나 깎아 내는 방법으로만 모양을 만들 수 있었기 때문이다. 한 번 부서지면 버려야 했다. 그에 비하면 금속은 마법과도 같았다. 금속은 녹이거나 혼합해서 여러 가지 다른 모양으로 주조할 수 있었다. 녹였다 식으면서 고체가 되어 단단해지고 튼튼해진다. 버릴 것도 없었다. 고철은 끝없이 재활용할 수 있었다.

처음 사용한 금속은 구리였다. 구리는 다른 금속과 섞어 더 단단한 합금으로 만들었다. 기원전 3000년경에는 구리를 주석과 섞어 청동으로 만들었다. 이후 2000여 년 동안 무기와 장신구, 권위의 상징물은 청동을 사용해 만들었다.

금속 제조 기술은 완전히 새로운 것이었다. 토기를 만드는 기술은 이미 확립되어 있었지만 돌림판이 도입되면서 더 빠른 속도로 발전했다. 돌림판을 사용하게 되면서 더 섬세한 장식과 품질을 가미해 그릇을 만들게 되었다. 점토로 코일을 만들어 쌓아 올리거나 점토판으로 그릇을 만들 때보다 훨씬 짧은 시간에 같은 품질의 토기를 만들게 됐다.

요약하면, 기원전 4000년에서 3000년경 사이에 일어난 일련의 혁신들은 서아시아 농경인들의 작업을 변모시켰다. 토지는 관개와 배수 시스템에 힘입어 다시 경작할 수 있게 됐고, 쟁기의 도움으로 더 편안하고 쉽게 작업할 수 있었으며, 정기적으로 땅에 거름을 주기 시작하면서 땅은 더욱 비옥해졌다.

철기 작업으로 사람이 만들 수 있는 물건들은 더 늘어났고, 토기를 만드는 사람은 돌림판을 이용해 더 많은 양의 그릇을 더 잘 만들 수 있게 됐다. 짐 나르는 동물들, 바퀴 달린 교통수단, 범선 등이 등장하면서 무거운 짐을 이동시킬 수 있게 되었고 물건들을 거래할 수 있게 되었다.

이런 새로운 아이디어들은 서아시아에서 시작된 게 많지만, 다른 지역에서 건너온 것들도 있다. 중앙아시아 대초원의 유목민들은 말을 길들이고 수레를 만든 최초의 사람들이었다. 철기기술이 가장 앞선 곳은 유럽이었다.

훌륭한 아이디어들은 곧 인기를 얻었다. 후기 신석기시대의 개량된 농경법은 재빨리 서아시아에서 유럽으로 퍼져갔다. 더 먼 지역에서는 제각기 발전을 이루었다. 예를 들어 중국에서는 수레와 계단식 언덕밭을 발명했고 모내기와 경작을 시작했다.

새로운 기술은 사회적 변화를 가져왔다. 기술 수준이 낮았던 초기 신석기시대의 경제체제는 전문화된 노동력을 필요로 하지는 않았다. 모든 사람이 노동에 참여했다. 후기 신석기시대, 금속병용시대(석기시대에서 청동기시대 사이의 과도기), 청동기시대 같은 고도의 기술 시대에는 다양한 전문가들에게 의존했다. 숙련된 목공들은 쟁기와 짐수레와 배를 만드는 데 필요했다. 도공들은 농산물을 공유하는 대가로 그릇을 만들었다. 철기 제조자들은 오랜 기간 동안의 수련을 거쳐 금속 제련과 대장일을 학습했다.

전문화는 노동을 집안으로부터 분리시켰다. 상인들은 구리, 흑요석, 용암, 장식용 조개껍질, 보석 같은 것들을 들고 먼 거리를 여행했다. 선사시대의 수공예인들은 나중에 자신들의 역사적 후손들이 그랬던 것처럼, 이곳저곳을 떠돌아다니며 자신의 기술을 여기저기서 팔았다. 그 결과 마을이나 씨족, 부족 간의 유대는 약해졌다. 기존의 친족 중심의 사회적 관계 뿐만 아니라 고객 관리나 교역에 바탕을 둔 새로운 관계가 생겨났다.

성性 역할 역시 바뀌었다. 사회집단이 살아남고 번성하려면 노동력을 떠받칠 어린이와 청소년의 공급이 꾸준히 이뤄져야 한다. 당시에는 사망률도 높았기 때문에 노동력을 제공하려면 젊은 여성들이 많은 시간을 임신과 수유에 할애해야 했다. 그러나 구석기시대 채집과 초기 신석기시대의 괭이 농경은 양육을 함께 겸할 수 있는 노동이었던데 반해, 후기 구석기시대의 쟁기질 농경은 그럴 수 없었다.

수렵채집과 초기 농경사회에서 여성들은 남성과 다른 역할을 했지만 서로 동등한 지위를 갖고 있었다. 성별로 노동의 구분은 있었지만, 여성 차별은 없었다. 남성은 사냥을 하고 여성은 채집을 하고, 모두 모여 거처의 이동 같은 중요한 문제를 함께 의논했다. 오늘날 같은 핵가족은 존재하지 않았다. 초기 신석기시대 롱하우스에는 확대 가족이 함께 살았다. 집단 결혼이 아마도 흔한 풍습이었던 것으로 보인다. 남자는 처가에 거주했고, 모계 혈통 위주로 가정이 꾸려졌음이 거의 분명하다.

그러나 후기 신석기시대는 남자들의 세계였다. 가축을 방목하고, 쟁기질을 하고, 원거리 교역을 하고, 이곳저곳을 떠돌면서 수공예물을 파는 일은 아이를 데리고 다니며 할 수 있는 게 아니었다. 쟁기, 소 수레, 대장간은 남성이 지배하는 사회적 전제조건을 만들었다.

두 번째 농업 '혁명'은, 더 정확하게 말하면, 급격한 혁신들이 천천히 누적된 결과다. 그러나 그것은 신석기 경제를 변화시키고 사회질서 체계를 뒤흔들었다. 괭이질, 짧은 기간에만 임시로 쓰던 원예 터 중심의 경제는 쟁기질 농경, 관개, 비료가 필요한 논밭 중심의 경제로 바뀌었다. 이에 따라 모계 공동체이자 가정 중심적이며 평등적인 공동체는 권위와 위계가 지배하는 체제로 변모해갔다.

수렵인과 농경인

최초의
계급사회

기원전 약 3000년~1000년

4500년 전 권력자의 얼굴: 두 명의 여신을 거느린 이집트 파라오 멘카우라

약 기원전 3000년부터 메소포타미아의 비옥한 강 하구 지역과 이집트, 파키스탄, 중국 등지666에서 처음으로 계급사회가 등장했다. 사제, 전쟁 지도자, 관리들이 자신의 지위를 이용해 잉여 통제를 독점했다. 이들은 권위를 이용해 자신의 이익을 추구했고 다른 사람들의 노동을 착취하기 시작했다.

청동기시대로 알려진 이 시기에는 금속을 사용해 무기, 장신구, 소품들을 만들었다. 그러나 일상의 도구는 여전히 돌, 나무, 동물뼈로 만들었다. 때문에 생산성은 낮았고, 잉여는 적었으며, 문명 전파에는 한계가 있었다. 따라서 제국들이 생겨났다가 사라지는 동안에도 그와 상관없이 대부분의 인류는 늘 어렵게 살았다.

청동기시대 지배층의 보수성 탓에 기술적인 혁신은 세계의 중심부보다는 주변부에서 먼저 일어났고, 기원전 1000년쯤에 시작된 혁신은 낡은 제국을 넘어뜨리면서 경제적 혁명을 이끌었다. 바로 철기기술이었다.

첫 번째 지배계급

최초의 계급사회

선사시대 수메르는 이라크 남부의 티그리스-유프라테스강 삼각주 지대의 벌판으로, 습지와 사막으로 이루어진 곳이었다. 이 지역에서 기원전 3000년경 신석기시대의 개척자들은 신화 속 에덴 정원을 현실에서 만들어냈다.[6]

그들은 습지의 물을 빼내고 습지 사이사이에 있는 모래톱에 물을 끌어 대어 매우 풍요로운 땅으로 바꿔놓았다. 기원전 2500년경 이곳 평야에서 보리의 평균 수확량은 파종량의 86배에 달했다. 이는 구운 점토판에 새겨놓은 기록에서 알 수 있다. 수메르인은 문자로 기록하는 법을 발명했다. 그들이 만들어낸 복잡하고, 도시적인 계

---

[6] 브룩 윌렌스키 랜포드의 <에덴 추적자들>에 따르면 에덴을 상징으로만 여기는 게 아니라 실제로 찾아 나선 사람들이 고대부터 현대에 이르기까지 있었다. 유프라테스강과 티그리스강이 만나는 곳에 있는 쿠르나는 옛날부터 많은 사람이 에덴이라고 믿어온 곳이다. 이라크 전역에서 이곳을 찾는다. 창세기에 나오는 지혜의 나무가 2000년 넘게 이곳을 지키고 있기 때문이다.

층사회에서는 상세한 기록이 필요했기 때문이다. 특히 세금이나 공납 같은 것들은 반드시 기록해두어야만 했다.

고대 수메르의 영토는 덴마크 정도의 크기였다. 풍요로운 땅을 경작하기 시작하자 토지에서 엄청난 잉여 농산물이 생겼다. 덕분에 촌락 중심의 생활이 도시 중심으로 바뀌는 질적인 이동이 가능해졌다. 수메르의 이런 성취에 대해 유명한 고고학자 고든 차일드는 '도시혁명'이라는 이름을 붙였다.

이 도시혁명에서 가장 중요한 고고학적 표지標識는 수메르인을 비롯한 중동 지역 사람들이 '텔tell'[7]이라고 부르는, 윗부분이 평평한 인공적인 구릉이다. 수천 년 동안 주거 생활을 한 결과 이런 모양의 언덕이 만들어진 것이다. 흙벽돌로 지은 건물이 무너진 뒤 다음 세대들이 그 위를 평평하게 다져 다시 건물을 세우다 보니 토양의 층이 점점 높아졌다. 이 구릉을 통해 기원전 4000~3000년 사이에 구리 시대의 촌락이 청동기시대의 도시로 확장되었다는 것을 알 수 있다.

유적지에서는 도시 중심부에 '지구라트'라는 거대한 계단형 탑과 큰 신전들이 자리 잡고 있는 언덕을 볼 수 있다. 초기 왕조시대(약 기원전 2900~2300년) 우루크에는 높이가 10미터인 지구라트가 있다. 햇볕에 말린 벽돌로 지은 지구라트에는 수천 개의 도자기가 있

---

7 아랍어로 언덕이라는 뜻. 메소포타미아를 중심으로 서아시아에서는 주거와 신전을 흙벽돌로 만들었는데 새로 지을 때는 이전의 것을 편편하게 고르고 그 위에 세웠다. 오랜 세월 동안 주거지는 점점 높아져 30미터를 넘는 것도 있다. 텔 발굴에 힘입어 각 시대의 문화 발전을 층위에 따라 파악할 수 있는 비교층위학은 특히 서아시아 고고학의 연대 결정에 중요한 역할을 하고 있다.

고, 꼭대기에는 아스팔트로 만든 단이 있었다. 도시 전체 규모는 주거지와 산업 지역을 합해 면적이 5제곱킬로미터였다.

신전과 신전 주변의 시골 영지는 신의 것이었다. 라가시의 영토는 20명의 신들에게 속한 땅이었다. 여신 바우가 소유한 땅의 총 면적은 44제곱킬로미터였다. 이중 일부는 개별 가족들에게 할당되었고, 일부는 바우의 개인 부동산이었는데 임금 노동자, 임차인-농부, 부역 의무를 지던 '씨족인Clansmen'들이 그 땅을 경작했다.

바우는 실존 인물이 아니었기 때문에 그 재산은 신전의 사제들이 대신 관리했다. 바우의 많은 사람들은 3200~1만제곱미터 정도의 땅을 갖고 있었다. 그러나 신전의 최고위 관리자는 14만4000제곱미터의 땅을 가진 사람도 있었던 것으로 알려져 있다. 사제들은 자신의 영지와 신전 영지의 부를 집단으로 지배하는 방식을 통해 사회 엘리트층을 형성했다.

최초의 계급사회

부는 그들에게 권력을 주었고 그들은 권력을 이용해 더 많은 부를 쌓았다. 이 시대의 법령을 보면 구질서를 '처음 존재했던 그대로' 회복하는 것을 목표로 삼고 있다. 이 기록을 통해 우리가 알 수 있는 것은 사제들이 가난한 사람들로부터 재산을 빼앗았고, 여러 방법으로 착취했으며, 사원의 토지, 가축, 장비, 하인을 사유재산이나 노예로 여겼다는 것이다.

사제 중에서 도시 총독들이 나왔고 나중에는 도시국가의 왕이 되었다. 라가시에서 도시 총독은 주신의 높은 제사장이자 시민 군대의 총사령관이었다. 그는 바우의 소유지 2.46제곱킬로미터를 사용했다. 라가시의 도시 총독은 많은 통치자 중 한 명이었다. 수메르는

수메르 왕의 무덤에서 발견된 우르의 스탠더드. 당시의 전쟁 상황을 보여준다.

여러 도시국가로 나눠져 있었기 때문이다. '우르의 스탠더드Standard of
Ur'는 왕의 무덤에서 발견된 정교하게 장식된 박스인데 기원전 2600
년경 제작된 것으로 추정된다. 여기에는 네 바퀴가 달린 전차가 적
들을 짓밟고, 창병이 헬멧과 금속 징이 박힌 갑옷을 입고 있으며, 왕
앞에 벌거벗은 포로가 잡혀있는 모습이 묘사되어 있어서 당시의 상
황을 짐작할 수 있다.

　도시국가들은 이웃 국가를 경계하면서 살았다. 그들은 자신들의
토지와 양, 소, 곡물창고, 보물, 노동력을 스스로 보호해야만 했다.
따라서 군사력은 방어를 위한 필수 조건이었다. 군사력을 보유하게
되면 오히려 선제 공격을 할 수 있게 된다. 사실 선제 공격은 미래의
안보를 가장 효과적으로 보장해주었다. 약탈적인 침략은 한편으로
통치자의 부와 권력을 강화시키는 수단이기도 했다.

군사력은 또한 내부적인 기능도 했다. 국가는 통치자, 제사장, 관리, 직원 등으로 이뤄진 관료제와 이들이 이끄는 군대를 보유하고 있었다. 국가는 도시의 새로운 사회질서를 유지하기 위한 메커니즘이었다. 관료제는 그 자체로 권력계급의 도구였다.

도시사회는 복잡했기 때문에 기록을 위한 글쓰기뿐만 아니라 물건을 사고파는 데 필요한 표준화된 저울과 자도 필요했다. 토지를 측정하기 위한 기하학과 대수학도 필요했다. 갈수록 복잡해지는 계급 중심적인 사회에서는 누가 누구에게 무엇을 빌렸는지 기록하고, 법으로 규정해야 할 필요가 있었던 것이다.

이런 분야에서 새로운 종류의 전문가가 양성되었다. 이들은 소수 정예를 위한 훈련방식으로 배타적으로 이루어졌다. 국가의 지배층은 그들에게 권위와 지위를 한껏 부여했다. 상인이나 수공예 장인 같은 이전의 전문가들 역시 새로운 계층 구조에 편입됐다.

하지만 자유시장은 없었다. 고대 도시의 경제체제는 정치적 질서 속에 편입되었다. 지배자들은 상업적으로 거래되는 물품과 판매처, 판매 주체를 통제했다. 특히 그들은 금속, 그중에서도 청동과 금 거래를 독점했다.

요약하면, 초기 수메르 왕조는 세계에서 처음으로 등장한 전면적인 계급사회였다. 최하위 계급은 노예였고 그 바로 위에는 종속적인 신분인 서민이 있었다. 그 위에 자유 시민이 있었다. 점토판 기록을 보면 205명의 여자 노예와 아이들이 아마도 직물생산 시설에 고용된 듯한 상황을 언급하고 있다. 또 다른 기록은 라가시에 있는 바우 사원의 직업상 서열을 묘사해 놓았다. 가장 높은 상층계급은 서

기관, 관리, 제사장이었다. 가장 낮은 하층에는 제빵인, 양조자, 직조 노동자가 있었다. 이들의 대다수는 여자이거나 노예였다.

에쉬눈나에서 발굴된 집터에서도 뚜렷한 계급 분화를 볼 수 있다. 중심 도로 상의 커다란 집들은 200제곱미터 이상을 점유하고 있었다. 50제곱미터 규모의 작은 집들도 좁은 골목을 따라 다닥다닥 붙어있는 모습이 보인다.

이 사회에서도 계급 불평등은 분노와 저항을 불러일으켰다. 수메르인의 점토판에는 이 같은 긴장관계가 암시되어 있다. 이 사회는 구성원의 합의로 운영되는 사회가 아니라 힘으로 유지되는 사회였다.

그럼, 소수집단은 어떻게 권력을 얻어 다수의 계급 위로 올라갈 수 있었을까? 소수의 상위 계급들은 어떻게 다수의 희생을 바탕으로 부를 축적할 수 있었을까? 계급은 부자와 빈자 간의 사회적 관계이며, 착취와 잉여 축적의 경제적 과정을 의미한다. 따라서 계급은 지속적으로 재생산되어야 한다. 그리고 계급은 쟁취의 대상이었기 때문에 계급투쟁을 낳을 수밖에 없다. 통치자는 빈곤과 재산poverty and property의 조합으로부터 자신의 부와 권력을 추구하는 동력을 얻었다. 빈곤과 재산의 조합은 산업화 이전의 모든 계급사회를 꼼짝 못하게 짓누른 방식이다.

당시에 가난은 일반적인 상황이었다. 전통적인 농업경제 체제에서는 모두가 풍요로울 정도로 충분한 생산물을 만들지 못했다. 최소한의 필요마저 감당하지 못할 때도 있었다. 재산은 한정된 자원을 사용할 수 있는 특권적이고 선험적인 권리였다. 이때의 재산은 부를 특정한 개인, 가족, 지주, 신전, 부족 혹은 도시국가에 할당하는 것을 뜻한다. 재산은 사적 재산 또는 집단적 재산일 수 있지만 누구나 가질 수 있는 보편적 재산이란 결코 존재하지 않았다.

가난과 재산이라는 이런 모순적인 한 쌍이 계급 불평등, 국가권력, 전쟁을 낳았다. 선사시대 수메르의 종교 전문가와 군사 전문가들은 잉여생산물을 통제할 수 있는 권한을 부여받았다. 그래서 그들은 사회를 대표하여 자신의 역할을 수행할 수 있었다. 처음엔 그들의 지위도 공공의 제재를 받았다. 하지만 잉여물을 통제하게 되면서 그들은 점점 더 큰 권한을 갖게 되었고, 그 권한을 이용해 더 많은 부를 쌓을 수 있다는 것을 알게 되었다.

수메르의 제사장과 전쟁 지도자, 도시 총독, 그리고 여러 도시국가의 왕들은 착취하는 지배계층으로 진화해가며 자신의 이익을 위해 잉여물을 축적하고 소비했다. 이들은 사회 위에^{over society} 군림하는 권력이었지, 사회의^{of society} 권력은 더 이상 아니었다.

문명의 확산

이와 비슷한 사회변화가 엇비슷한 시기에 다른 지역에서도 나타났다. 문명이란 어느 한 군데에서 발생해 다른 쪽으로 퍼져나가는 그런 성격의 것이 아니다. 문명은 여건이 허락되는 곳 여기저기서 제각각 생겨났다.

수메르에서는 제사장이 지배계급의 핵심이었다. 그들은 신전의 토지로 부를 쌓았고, 지구라트 같은 대표적 기념물을 남겼다. 도시 총독과 전쟁 지도자들은 신정체제에 의해 발탁되었다.

이집트의 상황은 반대였다. 팔콘 부족의 우두머리며 전설적인 최초의 파라오인 메네스는, 나일 삼각주 지역(하^下 이집트)과 나일 계곡 밸리(상^上 이집트)를 군대를 동원해 통일했다. 그는 강력한 중앙집권 국가를 만들어 스스로 신이자 왕인 파라오라 불렀다. 제사장, 관리, 상인, 장인, 소작농은 모두 파라오의 아래 계급이었다. 제사장과 관리 같은 지배계층들은 왕이 임명해야 토지와 지위를 얻을 수 있었다. 고대 이집트 왕국(기원전 2705~2250년)의 상징적인 기념물인 피라미드는 신전이 아니라 왕의 무덤이었다.

수메르의 제사장과 도시 총독들처럼, 파라오는 도시혁명에 필수적인 문화조건들을 양성했다. 관개시설, 장거리 교역(특히 금속, 목재, 돌), 읽고 쓰는 능력, 각종 기록, 숫자 표기법, 기하학, 표준화된 저울과 측정법, 달력과 시간 기록법, 천문학 같은 것들을 발전시켰다.

도시의 이 같은 문화 패키지는 국가와 지도층의 필요가 반영된 것이다. 나일강의 물 통제권은 풍부한 수확물, 많은 잉여생산물, 건강한 노동력을 확보해주었다. 장거리 교역은 무기 제조, 기념물 건축, 사치품 소비에 필요한 원자재를 제공해주었다. 글도 알고 숫자에도 박식한 관료들은 국가권력을 뒷받침하는 공물과 노동력을 관리했다.

도시혁명은 다른 여러 지역에서도 제각각 독립적으로 일어났다. 그러고 보면 인류는 어느 특정 지역에서만 우수한 문화를 이뤄낸 것이 아니며 그 어떤 민족 집단도 최고 수준의 문명을 이룩할 수 있다는 사실을 알 수 있다. 다른 민족이나 집단보다 뛰어난 '우수한

고대 이집트의 농경 과정을 보여주는 분묘 벽화

민족'이나 '우등 국가'는 없다. 역사적인 차이를 낳는 것은 생물학적 조건이 아니라 문화와 환경이다.

기원전 2600년경, 오늘날의 파키스탄 지역인 인더스 계곡에서도 도시문명이 출현했다. 모헨조다로의 거주지와 거대한 기념물은 2.6제곱킬로미터에 퍼져 있다. 성벽으로 둘러싸인 하라파의 둘레는 4킬로미터였다. 인장[8]과 저울을 보면 복잡한 행정체제가 있었다는 것을 알 수 있다.

중국 북쪽 황허강의 허난성 은허(안양현)는 성벽이 없는 도시였는데 그 규모가 가로 10킬로미터 세로 4킬로미터였다. 이곳은 아마도 기원전 13세기 상商 왕조의 수도였던 것으로 보인다. 유적지에서는 왕의 고분, 정교하게 장식된 청동기, 수만 개의 부서진 갑골문 등이 나왔다.

그 뒤의 시대를 살펴봐도 같은 패턴을 다른 지역에서 볼 수 있다. 멕시코의 테오티우아칸은 기원후 450~650년경에 전성기를 보냈던 고대도시인데, 20제곱킬로미터의 면적에 약 15만 명이 살던 대도시다. 도시 한 가운데에는 거대한 피라미드가 자리 잡은 신전 복합단지가 있었다. 태양의 피라미드는 바닥면적이 210제곱킬로미터이며 높이는 64미터에 달한다.

아프리카의 그레이트 짐바브웨(기원후 1100~1500년)는 2만 명이

---

8 화폐 혹은 상인의 통행증, 상품의 수령증으로 통용되었다고 추정되며 당시의 고유한 글씨와 동물상이 조각돼 있다. 모헨조다로에서만 1000개 이상 발굴되었으며 대개 사각형인데 둥근 것도 있다. 인장에 조각된 동물은 물고기가 가장 많지만 범, 물소, 코뿔소, 코끼리를 비롯해 악어 같은 늪지대 동물도 발견된 것으로 보아 당시는 지금보다 훨씬 습하고 숲이 많은 환경이었다는 것을 시사한다.

살던 도시였다. 이들은 가축 생산, 곡식 경작, 그리고 금, 구리, 상아, 노예 등의 무역으로 부를 쌓았다. 잠베지강과 림포포 사이에 위치한 이들의 영토는 10만제곱킬로미터나 되었다.

한때는 문명이 하나의 중심지에서 주변부로 퍼져나가는 것으로 알던 적이 있었다. 학자들이 한때 '고대 동방으로부터의 불빛'이라는 표현을 쓴 것도 그런 이유에서였다. 이 같은 개념은 19세기의 '백인의 부담'이라는 개념[9]과 유럽 제국주의자들이 말했던 '문명화의 임무civilising mission'라는 개념과도 일맥상통한다.

그러나 고고학 연구는 이와는 다른 시각을 보여준다. 문명은 제각각 다른 곳에서 제각각 다른 시대에 독립적으로 발전했기 때문이다. 즉 인류는 모두 비슷한 인간성을 지녔으며 유사한 창조적 잠재력을 갖고 있다는 얘기다.

그러나 문명의 중심지가 주변 사회에 영향을 준 것은 사실이다. '중심부' 즉, 좀 더 앞선 대도시 지역과 '주변부' 즉, 덜 발전되어 경제적으로 중심부에 의존하는 지역 간에는 상호작용이 일어났다. 이집트의 파라오는 레바논에서 목재를 들여왔고, 구리는 사이프러스에서, 금은 수단으로부터 얻었다. 때로는 평화적인 교환이 이뤄지기도 했다. 레바논의 비블로스 도시는 목재 무역으로 부유해지기도 했다. 이 지역 상인들은 이집트 문자를 읽을 줄 아는 서기관을 고용하기도 했다. 문화적 상호작용이 있었던 것이다.

---

9 1899년 영제국의 위대한 시인 R 키플링은 미국을 향해 제국의 책임을 짊어지라고 강력히 호소했다.
백인의 부담을 취하라/그대가 기른 최고를 내보내라/그대 자식들에게 타향살이를 시켜라/그대 포로들의 욕구를 충족시키고/힘든 일을 하며 기다리게 하라

그러나 그것은 또한 정복의 문제이기도 했다. 북 수단은 무력으로 합병되었고 금 공물을 강요받았다. 중심부와 주변부 간의 상호작용은 따라서 다각적 면모를 보였다. 거기엔 경제적, 정치적, 군사적, 문화적 차원의 상호작용이 있었다는 뜻이다.

무역의 수요 덕분에 무역상, 선장, 배 만드는 사람이 많이 생겼다. 여러 사람이 노를 저어 이동하는 대형 선박들은 기원전 3000년경부터 에게해 일대에서 사용하기 시작했다. 기원전 2700년경의 트로이 요새(트로이 II로 알려진)는 터키 북서쪽 다르다넬스 해협으로 향하는 입구의 항구를 보호하기 위해 만들어졌다. 미노스의 제해권 Thalassocracy(해상 권력)은 점점 커져 기원전 1950~1450년 시기에는 이 일대를 완전히 지배할 정도였다.

최초의 계급사회 이처럼 해상 지배력을 확대할 수 있었던 것은 크레타가 지중해 동부의 중심 지역이라는 이유 말고도 이 지역에서 개발한 선체가 깊고, 돛을 달아 운항하는 혁신적인 대용량 화물선 덕분이었다. 미노스 크레타의 통치자들은 프레스코 벽화로 장식된 거대한 석조 궁전에 살았으며, 궁전에는 거대한 도자기 용기로 가득 찬 저장고도 있었다.

무역은 위대한 제국의 주변부에도 변화를 몰고 왔고 아울러 전쟁 위협도 가했다. 아카드의 사르곤은 기원전 2330년 메소포타미아 도시들을 통일했고, 결국 페르시아만에서 지중해에 이르는 넓은 제국을 만들어갔다. 고왕국 파라오는 구리를 얻기 위해 시나이를 정복했다. 강대국의 군사적 위협 속에서 주변부의 작은 국가와 부족들은 전쟁에 대비하기 위해 조직을 정비했다. 전사, 무기, 함대가 청동기시대의 세계를 지배했다고 보면 될 것이다. 군비 경쟁은 여러 세기 동안 가속도를 붙여갔다. 프레스코 벽화가 그 증거다. 벽화에는 상품을 잔뜩 실은 상선뿐 아니라 무장한 남자들의 모습도 등장한다.

무역과 전쟁을 통해 상품, 사람, 아이디어가 이동함으로써 중심부와 주변부는 서로 영향을 주고받았다. 고고학자들은 이처럼 문화를 공유하고 전파하는 것을 문화 확산diffusion이라고 부른다. 그 확산은 지식과 생산성을 진전시키는 가장 중요한 메커니즘 중 하나다. 진보는 장벽이 있는 곳에서는 멈추지만, 다리가 있는 곳에서는 용이하게 이어진다.

그러나 사회의 엘리트가 서로 경쟁하고 군대가 다투는 그런 세계는 또한 낭비와 역행의 가능성도 품고 있었다. 청동기시대 문명의 모순은 계속해서 인류를 위기와 야만으로 몰고갔다.

청동기시대의 위기

청동기시대의 제국들은 흥망을 거듭했다. 오늘날 이라크 지역에 있던 아카디안 제국은 140년 동안 지속되다 기원전 2190년 급작스럽게 멸망했다. 그보다 조금 앞서 기원전 2250년경에는 이집트의 고왕국 파라오 역시 갑자기 전복됐다.

초기 청동기시대 문명은 왜 이렇게 망했을까? 세세한 내용까지 알 수는 없지만, 이집트 시대의 자료들을 보면 굶주림과 국가의 분열, 그리고 남쪽 누비아와 서쪽 리비아의 침입 등이 원인이다. 궁금한 것은, 왜 이런 사건들이 일어났어야 했는가다. 한때 강력한 중앙집권 국가로서 피라미드를 건설했던 이들 국가가 왜 더 이상 사람들을 먹여 살리지 못하게 되었을까? 왜 권위를 강화해가며 국경을 지켜내지 못한 것일까?

이러한 국가의 흥망성쇠는 자주 반복되었고 초기 청동기시대의 혼돈으로부터 새로운 제국들이 출현했다. 기원전 1600~1200년 사이에 지중해 동쪽은 다시 여러 제국으로 분할되었다. 이집트 신왕국, 아나톨리아(터키)의 히타이트, 북메소포타미아(이라크)의 미타니, 그리스의 미케네가 그 제국들이다.

최초의 계급사회

그러나 이 같은 후기 청동기시대의 지정학적 시스템 역시 폭풍우와 분쟁으로 기원전 12세기에 붕괴되고 만다. 전쟁에 시달린 신왕조 파라오 때의 기록을 보면 리비아인과 더불어 '사방에서 몰려오는 북쪽 사람들'의 협공이 있었다는 것을 알 수 있다. '북쪽 사람들'은 꽤나 위협적이었다. 다민족으로 구성된 해양민족들은 거대한 해적 함선을 끌어 모았던 것이다. 람세스 3세는 이런 상황을 "갑자기 한순간에 이들이 움직였다...어떤 나라도 그들에게 맞설 수 없었다"고 기록했다.

해양민족들 중에는 탁월한 선원과 군인을 보유한 그리스가 있었다. 호머의 일리아드와 오디세이는 아마도 기원전 1190년경 실제로 일어났던 사건의 구술 기록을 바탕으로 삼은 것으로 보인다. 호머는 이 서사시에서 그들의 전쟁을 전설적인 영웅의 대담한 활약으로 변모시켰다. 그러나 트로이 전쟁의 진실은 아마도 그리스 해적들이

철기문명을 꽃피운 히타이트의 중무장전차

약탈을 위해 벌인 대규모 해상 공격인 듯하다.

후기 청동기시대 왕국들은 초기 왕국들처럼 그렇게 멸망했다. 시대와 지역을 넘어 지중해를 벗어나도 상황은 마찬가지였다. 다른 문명 발생 지역을 살펴보면 똑같은 패턴의 흥망성쇠를 만나게 된다.

파키스탄 지역의 모헨조다로와 하라파의 인더스 문명은 기원전 1900년경 멸망했다. 이 유적지에서는 수많은 사람이 거대 도시의 중심부에서 갑자기 난폭하게 죽임을 당해 매장도 되지 않은 유골 상태로 발견되곤 했다.

중국에서는 기원전 2000년경의 상나라에서부터 기원후 1644~1911년의 만주국에 이르는 오랜 기간 동안 황제가 지배하는 왕조가 등장했다 멸망했는데 제국은 어떤 때는 몇 백 년 동안 지속되기도 하고, 분할되기도 하고 내전을 겪기도 했다. 이런 시기를 거치는 동안 중국은 훌륭한 기술적 성취를 이루었고 생산과 인구가 크게 증가했다. 그럼에도 불구하고 중국의 문명은 기본적으로 보수적이었다. 사회·경제적 질서는 여러 세대와 왕조를 거쳐 내려오는 동안 단순히 자기 복제 식으로 반복됐다. 중국은 고대문명이 순환적인 반복 궤도에 머무른 극단적인 예라 할 수 있다.

따라서 우리는 두 가지 역사적 문제점을 생각해 볼 수 있다. 왜 고대 제국들은 생겨났고, 왜 멸망했을까? 왜 이런 모순적인 사회 형태가 그렇게 오랜 시간 동안 같은 모습으로 반복되었던 것일까?

고대세계는 기술이 정체된 시기라는 특징을 갖고 있다. 몇몇 시기에 인간은 기존의 '생산양식'(경제 시스템과 사회 시스템)의 모순을 변형시킴으로써 그 모순에서 벗어났다. 이를 테면 이런 식이다. 기후 변화가 생기면서 상부 구석기시대 수렵인들이 포획했던 커다란 사냥감들의 서식지가 파괴됐다. 그에 대한 응전, 즉 농작물 경작과 목축의 도입으로 대표되는 농업혁명과 신석기혁명을 통해 생산성, 수확량, 인구 증가를 이뤄냈다. 그러나 토지가 황폐해지고 인구가 크게 증가하면서 초기 신석기시대의 생산양식은 위기에 직면했다.

반면 도시혁명 과정에서 기존의 모순점들은 두 번째 도약을 통해 해결되었다. 간척, 관개, 농기구 개발이 해결책이었다. 그랬음에도 도시혁명은 커다란 장애물을 만나 더 이상의 발전을 이룰 수 없었다. 장애물은 다름 아닌 지배계급이란 존재였다.

지배계급은 앞에서 살펴봤듯이 전문화된 종교, 군사, 정치 기능을 담당할 사람이 필요했기 때문에 등장했다. 물론 원시적인 경제 시스템에 내재돼 있던 결핍과 불안정 때문에 지배계급이 필요했다. 한정된 자원을 통제할 권한을 가진 사람이 곧 최초의 지배자였다.

왜 통치계급들은 새로운 사고의 장벽이 되었을까? 기술 발전을 통해 잉여를 늘리는 것이 그들의 관심사가 아니었을까? 대답은 '그렇기도 하고 그렇지 않기도 하다'이다. 세상 모든 것이 그러하듯, 동전의 양면과 같은 모순적인 압박이 존재했던 것이다.

새로운 통치계급은 그들의 자리에 불편하게 앉아있었다. 그들은 스스로도 분열되어 있었다. 한 가족은 다른 가족에 맞섰고, 도시는 도시끼리, 부족은 부족끼리, 제국은 제국끼리 맞서는 관계였다. 내부의 경쟁자들을 이기기 위해 최상류층 가족들은 충신이나 경호원 같은 수행원을 거느렸다. 외국의 적들에 맞서기 위해서는 군대와 요새가 필요했다. 통치자들은 또한 인민 대중과 분리되어 있었다. 왜냐하면 그들은 착취당하고 있는, 잠재적으로 반동적인 존재였기 때문이다. 때로는 힘으로, 때로는 속임수로, 채찍과 당근의 적절한 조합으로 그들을 어르고 달래야 했던 것이다.

여기서 힘이란 귀족 수행원과 국가의 힘으로 가하는 위협을, 속임수란 '통치자가 가장 중요한 역할을 담당하고 있으며 공공의 이익을 위해서 행동한다'는 주장을 의미했다. 힘과 속임수의 증거는 고고학 기록의 대부분을 차지하는 거대한 기념물에 나타나 있다.

고왕국의 피라미드만 해도 그렇다. 이는 영원한 삶을 산다고 믿었던 신이자 왕의 무덤이었다. 통치자를 무시무시하고 위협적인 존재로 믿게 하는 그릇된 이데올로기를 심어주기 위한 기념물이었다. 피라미드는 인민들에게 스스로 자신의 지위를 깨닫게 하기 위해 만든, 계급 전쟁의 이데올로기적인 무기였다.

청동기시대의 지배층들은 자신들이 통제하는 잉여를 기술 증진과 생산성 향상을 위해 투자하지 않았다. 대신 그들은 군사적 경쟁, 기념물 건축, 사치스런 생활에 그 자원들을 탕진했다. 청동기시대의 소농들이 생산한 잉여들을 더 나은 생산성을 위해서가 아니라 권력과 선전선동, 특권을 위해 낭비했다.

혁신은 새로운 기회이기보다는 위협으로 여겨졌다. 지배계급은 자신의 손을 스스로 더럽히지 않았다. 생산적인 노동은 보통 사람들 담당이었다. 이런 상황에서라면 새로운 발명은 하위 계급에서 이뤄지고, 보통 사람들에게 힘을 실어주며, 기존의 경제질서에 혼란을 가져오고, 사회질서까지 불안정하게 만들 가능성이 있었다. 따라서 발명과 혁신을 의혹의 눈초리로 바라볼 수밖에 없었다.

청동기시대의 지배자들은 새로운 기술이 군사적으로 적용되는 것이 아니라면 거의 관심이 없었다. 그들은 경쟁적인 지정학적 시

스템에서 자신의 권력을 축적하는 데만 관심을 가졌다. 부자들의
탐욕이 만족을 모르는 이유와 같다.

지배자가 웅장하기 이를 데 없는 기념물을 남기면 후대의 지배자
들은 이를 기준으로 더 크게 지으려고만 했다. 지배자들은 사치스
러운 궁궐로 경쟁했고, 고분의 화려함으로, 도시국가의 미술이나
건축으로 경쟁했다. 무엇보다 영토를 확장하기 위해 전쟁을 벌이는
식으로 라이벌 국가와 경쟁했다.

후기 청동기시대의 세계에서는 무기 경쟁이 서서히 진행됐다. 기
원전 1600년경과 비교해보면 기원전 1200년에는 더 많은 군인과
더 나은 무기, 더 튼튼한 요새가 있었다. 세계는 가면 갈수록 점점
더 무장화되었다.

따라서 기술발전은 정체되고 잉여 소비는 증가했다. 전쟁, 기념
물, 사치는 더 강도 높은 착취가 필요했다는 걸 의미한다. 최상층의
과도한 축적은 농업적 기반의 저하로 이어졌다. 후기 청동기시대의
자랑스러운 전사-귀족들은 기생적인 사회 엘리트였다. 이들에게
들어가는 경제적 비용은 점차 지속 불가능할 정도가 되어버렸다.
기원전 12세기에 그들의 세계가 붕괴된 근본적인 이유는 여기에 있
었다.

이런 문제의 해결책은 내부에서 찾을 수는 없었다. 정체된 기술은
사회 · 경제적 보수주의를 낳았다. 낡은 사회 내부에서는 새로운 발
전을 이끌어낼 힘이 나오지 않았다. 따라서 다른 나라를 침략하는
야만적 방식 또는 실패한 구 제국 문명의 환생, 둘 중 하나를 선택할
수밖에 없었다. 인류는 다시 한 번 막다른 골목에 다다랐다. 이전과

차이가 있다면 계급과 국가가 인간의 창의성과 진보를 가로막는 강
력한 장벽을 만들었다는 점이다.

역사는 어떻게 작동하는가

여기서 잠깐 숨을 돌리고 몇 가지만 점검해보
자. 청동기시대에는 하나의 사회에서 나타나는 복합적인 요소들이
모두 등장했기 때문에 이런 질문을 던질 만하다. 과연 역사는 어떻
게 작동하는가?

역사는 세 가지의 엔진이 추동한다. 첫째는 기술의 발전이다. 진보
최초의 계급사회
란, 인간의 필요를 만족시키기 위해 지식을 축적함으로써 자연을 더
효과적으로 통제하고, 노동생산성을 향상시키며, 활용 가능한 경제
적 자원을 더 많이 저장하게 만드는 과정이라고 규정할 수 있다.

이런 의미에서 진보는 필연적으로 오는 건 아니다. 중국 상나라,
그리스 미케네, 노르만 잉글랜드에서 살았던 농민들은 전 세대가 농
업에서든 일상생활에서든 평생 동안 중요한 기술적 혁신을 한 번도
경험하지 못했을 것이다. 오직 현대 자본주의 사회에서만 생산수단
의 내재적 기술발전이 있었다. 마르크스는 이를 이렇게 규정한다.

"모든 초기 산업계급들의 1차 존재 조건은...낡은 생산양식을 그
대로 보존하는 것이었다."

자본주의 이전의 사회에서 진보는 우연한 것이었다. 사회·경제
적 시스템의 동력에서 내재적으로 우러나온 본질적인 것이 아니었

69

다. 이를 테면 계급 발생 이전의 사회에서는 인간 집단의 생존을 위협하는 생태학적 위기가 아마도 가장 중요한 문제였을 것이다. 신석기혁명은 기후변화와 사냥감의 급격한 감소에 대한 반응이었던 것으로 보인다. 반면 초기 계급사회에서 기술의 발달은 보다 다양한 요인에 영향을 받았는데, 그중 어떤 것은 혁신을 촉진했지만 어떤 것은 진보의 장벽이 되었다. 이를 이해하기 위해서는 다른 두 가지 엔진도 살펴봐야 한다.

두 번째 엔진은 부와 권력을 놓고 벌이는 지배자들 간의 다툼이다. 이것은 지배계급들 '내부'의 갈등 형태로 나타난다. 예를 들면 라이벌 귀족 파벌 간의 갈등 같은 것이다. 또한 지배계급 '사이'의 갈등도 있다. 경쟁 국가나 경쟁 제국 간의 전쟁이 그것이다.

현대 자본주의 사회에서 이러한 경쟁은 경제적인 차원과 정치·군사적인 차원을 모두 지니고 있다. 두 번의 세계대전만 놓고 봐도 상호 경쟁하던 민족주의-자본주의 진영들 간의 전쟁이었다.

반대로 자본주의 이전 계급사회에서 지배자들 간의 경쟁은 본질적으로 정치적인 성격을 띠는 것으로서, 경쟁적인 군비 축적의 형태를 취한다. 세계는 라이벌 파벌과 라이벌 정치체제로 분할되었다. 따라서 정치적 불안이 영구적으로 지속되었고 그 결과로 군사 경쟁이 계속됐다. 끊임없이 군인과 방어시설, 군비 등의 확충을 경쟁자보다 더 빠르게 진행하려고 했던 것이다.

세 번째 엔진은 계급간의 갈등이다. 고대세계에서는 경쟁적인 군비 축적 탓에 지배계급이 착취의 강도를 높였고 농민들로부터 더 많은 잉여를 뽑아내려고 했다. 그러나 이 과정에는 두 가지 한계가 있었다. 첫째, 소농들과 경제 시스템은 스스로 재생산이 가능해야 한다는 점이다. 과도한 세금은 사회의 물적 토대를 파괴하기 때문이다. 둘째, 착취에 대한 농민들의 저항이다.

청동기시대의 계급투쟁에 관해서는 밝혀진 바가 별로 없다. 예외적으로 이집트 테베(오늘날의 룩소르)에서 나온 기원전 2000년경의 문서가 있다. 이 문서는 상류층을 위해 신전과 무덤을 만드는 채석공, 석수, 목수들에 관해 기록해 놓았다. 여기서도 계급간의 갈등을 찾아 볼 수 있다. 기술자들은 상대적으로 보수도 잘 받고 노동시간도 적당했지만 악랄한 관리자는 가끔씩 그들을 더 심하게 부려먹으려 했다. 어떤 때는 강제 노동을 수행하기 위해 인력을 과잉 동원하기도 했다. 착취받는 사람들은 때로는 맞서서 투쟁하기도 했다. 기원전 1170년의 어떤 문서에는 숙련공들에게 배급이 자꾸 미뤄지고 가족들이 굶게 되자 이들이 가족의 지원을 얻어 파업을 벌였다는 기록이 있다. 역사상 최초의 파업에 관한 기록이라 할 수 있다.

지금까지 역사에서 작동하는 세 가지 동력을 살펴보았다. 기술의 발달, 지배자들의 경쟁, 계급간의 갈등. 이들 동력은 서로 다른 만큼 작동방식도 다르다. 속도도 다르고 불연속적인 효과를 발휘한다. 때문에 역사의 과정은 매우 복잡할 수밖에 없다.

각각의 동력은 그 자체로 모순의 결합이다. 하지만 세 가지 엔진은 모두 동시에 작동하며 때로는 같은 방향으로 또는 반대 방향으로 작동하기도 한다. 따라서 각각의 역사적 상황은 제각각의 특징을 갖고 있다. 각각의 상황은 제각각의 경제 문제, 사회 갈등, 정치적 대립, 문화적 차이, 개인적 영향력 등이 어우러져 나타난 것이다. 그 결합이 어떻게 이뤄졌는가를 들여다보면 역사 속에서 발생한 행위들이 어떻게 생겨났는지 맥락을 알 수 있다. 그러나 그 맥락이 결과물을 결정하지는 않는다. 역사의 미래와 방향을 결정하는 것은 사회세력, 즉 조직된 인간 집단의 세력들이 어떻게 충돌하는가이다.

위기가 잇따랐던 청동기문명 시대로 다시 돌아가보자. 국가의 낭비적 지출은 생산기술로 확보한 자원을 고갈시켰고 사실상 실험과 혁신을 질식시켰다. 그뿐이 아니다. 지식의 발전은 주술, 종교, 신비화에 가로막혔다. 지배계급은 자신들이 이해할 수 없고 두려워하는 것에 전복적인 요소가 있을 수 있다는 본능적인 의혹에 빠져 이런 장벽을 더 두텁게 만들었다.

진보는 '참된 의식'이 있을 때만 이뤄질 수 있다. 참된 의식이란 인간의 행위를 효과적으로 이끌어 낼 수 있는 세상에 관한 지식을 말한다. 참된 의식은 외부의 현실에 부합하는 것이기 때문이다. 반면 '허위의식'은 신 또는 왕을 신봉하고, 신적인 영험 혹은 종교적 의식의 효능을 믿는 것이어서 참된 의식과는 정반대의 효과를 발휘한다. 허위의식은 지식과 실천적 노동의 장벽이므로 사회적 진보의 장애가 된다.

이론과 실천이 상호작용해서 현실 세계의 기술과 생산성을 발전시켜야 하지만 제국의 문명 속에서는 정신과 물질, 정신적 활동과 육체적 노동이 제각각 분리되었다. 이집트의 사제들은 흙이 아니라 별을 연구했고 자연과학이 아니라 미라 제작에 열을 올렸다. 이집트 농부들이 생산한 부는 신비주의를 위한 기념물에 낭비되었다. 장인들의 기술은 손을 쓰는 기술이라는 이유로 경멸의 대상이 되었다.

따라서 고 문명 시대에 진보는 가로막혔다. 꽉 막힌 장벽을 뚫을 수 있는 새로운 힘이 자라날 수 없었다. 역사의 에너지는 제국이 흥망하는 바퀴를 반복적으로 돌리는 데 소모되었다.

그러나 기원전 1200년경 세계의 중심부가 침체된 사회·경제적 보수주의와 지정학적 혼란으로 시달린 반면 주변부는 좀 더 역동적이었다. 왕, 사제, 관료들의 통제로부터 상대적으로 자유로운 유목민, 농민, 청동기 장인들이 지식과 기술의 한계에 도전하고 있었다.

많은 혁신이 있었지만 그중에서도 가장 중요한 혁신이 있었다. 청동은 비싸고, 귀족적이었으며 너무 물러서 단단한 도구나 무기를 만들기 힘들었다. 급기야 싸고, 단단하며 모든 사람들이 쓸 수 있는 것이 세계를 정복하게 됐다. 후기 청동기시대의 갈등 속에서 북쪽으로부터 새로운 침입자가 등장했다. 바로 철기인들이었다.

▎철기인

많은 혁명들이 세상의 중심부보다는 주변부에서 일어났다. 주변부의 삶은 덜 안정적이고 체계가 잡히지 않았으며, 따라서 덜 보수적이었다. 육체노동은 청동기시대의 고 제국의 문명에서 착취되고 경시됐다. 엄청난 잉여가 전쟁과 기념물과 사치품으로 낭비되었다. 새로운 기술발전을 위한 투자나 장려책도 거의 없었다. 혁신이란, 새로운 가능성을 생각하는 사고와 질문과 상상이 있어야 가능하다. 인류의 창의력을 발휘할 물적 자원도 없었을 뿐 아니라 자원이 있어도 사제들의 주술과 신비주의를 위해 쓰일 뿐이었다.

이런 침체 속에서도 가끔씩 피어나는 불꽃같은 독창성이 있었다. 이집트인은 유리, 바빌로니아인은 회계, 페니키아인은 알파벳을 발명했다. 독창적이지 않은 것들도 있었다. 사치품, 부를 측정하는 방법, 그 기록물 등은 농경민이나 장인과는 아무런 관계가 없는 것이었다. 그것은 부의 소비나 통제와 관련된 것이었으며 생산과는 관련이 없는 것이다. 학습의 세계가 노동의 세계와 동떨어져 있던 당시 사회를 반영하고 있는 셈이다.

주변부에서는 그렇지 않았다. 기원전 1300년경 산업적 혁명이 시작되어 세계를 변화시켰다. 정확히 어디에서 발생했는지는 모른다. 그러나 전지전능한 신적인 지배자가 존재하지 않는 곳에서 일어난 것만은 확실하다.

고고학적인 기록은 명백하다. 이 시대부터 쭉 금속물의 양과 범위, 정교함이 폭발적으로 확대됐다. 채굴기술과 제련기술 덕분에 어느 때보다도 많은 양의 구리와 주석, 금이 공급됐다. 금속세공사는 여러 가지 주형과 납형 기술을 이용해 이전에는 볼 수 없었던 복잡한 형태의 철물을 만들어내기 시작했다.

이탈리아 사르디니아에서는 전사들의 청동조각상이 발견됐고 덴마크 습지에서는 청동 트럼펫, 가슴 근육 모양으로 주조한 청동 흉갑, 청동 방패, 장검, 칼집, 창촉, 도끼, 마구, 칼, 그밖에도 많은 것들이 나왔다. 어떤 곳에서는 엄청난 유물을 보유한 대규모 매장지가 발견되기도 했다. 후기 청동기시대의 대량 유물 매장고는 수천 개

페니키아인이 발명한 알파벳

가 고고학자들에 의해 발굴됐다. 영국 캠브리지셔의 아일럼에서는 6500개의 금속 물품이 나오기도 했다.

얼마 지나지 않아 더 중대한 일이 발생했다. 금속세공인들이 광석에서 철을 추출하는 방법을 실험하기 시작한 것이다. 철은 새로운 것은 아니었다. 여러 세기 동안 연철鍊鐵로 만든 덜 세련된 도구들은 종종 사용되었다. 그러나 뛰어난 품질의 철을 경제적인 비용으로 대량생산할 수 있는 기술은 없었다.

이 기술을 처음 찾아낸 것은 카프카스 산맥에 살던 야만인 부족이었던 것 같다. 새로운 기술은 거기서부터 아나톨리아(터키)의 히타이트 제국으로 확산됐을 것으로 보인다. 그런데 히타이트 제국의 지배계급은 철 무기를 독점하려 했기 때문에 더 이상 기술을 발전시키지 못한 채 지연됐다.

철기는 청동기 제국이 붕괴하던 시기인 기원전 1200년이 지나서야 널리 전파되기 시작했다. 기술, 생산성, 산출량에서 큰 발전이 이뤄진 것은 거대한 권력의 주변부에서, 그 권력들의 틈새에서였다.

철기 제작은 경제적, 사회적, 정치적 변화의 연쇄작용을 불러일으켰다. 청동은 비싸고 상대적으로 물렀기 때문에 청동기시대의 농부들 대부분은 그때까지도 계속 나무나 돌로 만든 석기 도구들을 사용할 수밖에 없었다. 철은 풍부하고, 싸고, 단단했지만 녹는점이 높아 당시만 해도 철기를 널리 사용하지는 못했다.

금속을 제련하려면 괴철로塊鐵爐가 필요했다. 풀무를 사용해 철광이나 석탄을 녹이기 위해 높은 온도의 공기를 불어넣어 녹여주는 화로 말이다. 그 기술이 발명되자 평범한 농부들은 각자 괴철로를 제작해 금속 도구들을 만들어 쓰기 시작했다.

철이 얼마나 생산성을 향상시켰는지 궁금하다면, 나무삽으로 땅을 파거나 돌도끼로 목재를 베는 일을 한 번만 해보면 당장 이해할 수 있을 것이다. 3000년 전 철은 농업, 산업, 전쟁을 혁명적으로 바꾸어 놓았다. 철의 영향력은 19세기 증기 동력만큼이나 혁신적인 것이어서, 그야말로 모든 것을 바꿔놓았다.

그것은 또한 세상을 뒤집어 놓을 위협이 되었다. 청동은 귀족의 특권이었다. 청동기시대는 고가의 무기와 갑옷을 갖추고 전차에 올라탈 수 있었던 전쟁 지도자가 지배했다. 그런 그들도 원시적인 도구로 끊임없이 일만 해야 하는 농민 대중의 지원이 있었기에 지배를 할 수 있었다.

철은 자르고 찍는 도구를 만들기에 가장 뛰어난 재료였다. 철로 만든 도끼를 가진 인간은 빽빽한 숲을 개간할 수 있었고 정글을 헤쳐 나가 새로운 농장을 만들 수 있었다. 또한 철기 농기구들은 무거운 진흙 토양까지 갈아낼 수 있었다. 철기기술은 농업의 개척자들과 자유 소농들의 새 물결을 일으켰다.

철은 또한 민주적이었다. 청동을 다루는 기술자는 왕궁을 위해 일했지만 철을 다루는 대장장이는 마을을 위해 일했다. 철은 평범한 남자에게 칼과 창을 주었다. 그가 다른 남자와 어깨를 나란히 한 채 밀집대형을 이룬다면 전차의 공격도 막아낼 수 있었다. 실제로 그렇게 한다면 보통 사람들이 영주들을 죽일 수도 있었다.

기원전 1000년경의 철기인들은, 자신들이 혁명을 제련하고 있다는 사실은 몰랐을 것이다. 이곳저곳 부족장들의 지배를 받던 지역에서 이리저리 정착지를 옮기고 자신의 기술을 임금과 맞바꾸는 동안 초기 철기시대의 금속세공인들은 부지불식간에 무의식적으로 새로운 세계질서를 이끄는 사람들이 되었다. 라이벌 부족장들이 그들의 노동을 놓고 경쟁하기 시작하자 그들의 경제적 가치뿐 아니라 사회적 위치, 그 자신의 가치와 기술의 가치도 올라갔다. 당연히 그들은 보상을 받게 되었고, 독자적인 지위와 혁신가가 되려는 자기확신을 갖게 되었다.

호머는 이런 풍경을 이야기에 담았다. 일리아드와 오디세이는 400년간 벌어진 이야기다. 그 작품들은 기원전 12세기의 사건들을 묘사하려 했지만 구술로 전해지는 바람에 8세기에 이르러서야 최종적인 모습을 갖추게 됐다. 호머는 때로는 후기 철기시대를 묘사했고, 때로는 자신이 속한 아르카익^{Archaic} 시대를 묘사하고 있다. 그가 "예언가, 의사, 가수, 그리고 장인들은 확실히 모든 곳에서 환영받았다"고 말할 때, 우리는 제국 이후의 시대 즉 기원전 8세기 '암흑의 시대', 다시 말해 하찮은 족장과 떠돌이 대장장이들이 어떠했는지 알게 된다. 자유로운 장인이라는 새로운 계급은 처음에는 야만적인 북부에서 출현했는데 호머의 시대에 이르면 지중해 동쪽 일대까지 진출했다.

기원전 12세기에는 후기 청동기시대 제국들이 서로간의 군사적 갈등에 의해 붕괴되고 소진되었으며, 내부로부터의 저항과 외부로부터의 공격에 해체되었다. 이후 이들은 더욱 작은 정치 체제로 나뉘어졌다. 이집트 같은 축소된 제국, 우가리트 같은 상업 도시국가, 팔레스타인 같은 야만인 정착지 등 여러 정치 체제가 있었다. 새롭고 개방되고 덜 전제적인 이런 세계에서 철기는 번성했다.

　해상 무역의 중심이었던 사이프러스는 기원전 12세기와 11세기에 동지중해에서 철기를 바탕으로 한 산업혁명을 개척해냈다. 국가들이 흥망성쇠를 거듭하던 청동기 문명의 반복적인 리듬은 깨져버렸다. 새로운 기술은 새로운 경제, 새로운 사회적 관계, 새로운 정치 형태를 낳고 있었다. 역사는 새로운 채널을 만들어 가고 있었다.

최초의 계급사회

고대
제국들

기원전 약 3000년~1000년

고대 제국의 승리 승리한 군인들이 전리품을 들고 로마 거리를 가로지르며 행진하고 있다.

철은 인류가 세 번째의, 기술적으로 위대한 도약을 할 수 있게 해주었다. 철은 노동생산성의 향상이라는 점에서 이전의 기술적 전환과는 비교할 수 없을 만큼 급격한 변화를 가져왔다. 이보다 1만 년 앞서 벌어졌던 수렵채집에서 농경으로의 전환, 이보다 6000년 전에 이뤄졌던 괭이 경작에서 쟁기 경작으로의 전환 등이 가져온 기술적 향상보다 훨씬 더 뛰어난 생산성 증진을 이끌었다. 이런 기술적 도약들이 가져온 결과 중 하나는 사회조직의 규모가 달라졌다는 것이다.

청동기시대 제국들의 규모는 작았고 제각각 서로 달랐다. 당시 제국으로는 이집트 나일강의 범람원을 기반으로 한 제국, 이라크의 티그리스강과 유프라테스강, 파키스탄의 인더스강, 중국 북부에 있는 황허강을 기반으로 한 제국들이 있었다. 거대한 사막, 스텝 초원, 산을 중심으로 이들 초기 문명의 중심지가 나뉘어졌다. 나무와 돌로 만든 도구로는 생산성이 낮았고 잉여는 적었다. 청동기시대의 기술을 이용하게 된 시기에도 비옥한 큰 강 유역 정도에서만 아주 예외적으로 도시를 건설하고 군사를 유지하고 제국을 만들어낼 부를 생산해낼 수 있었다.

이런 상황은 기원전 1000년 이후에 변했다. 문명과 제국의 규모가 폭발적으로 늘어난 것이다. 철기시대 농부들은 황무지를 개척하고 쟁기로 점토질의 토양을 일구었다. 생산성과 인구가 폭증했고, 철기시대의 왕국 건설자들은 청동기시대 왕조들과는 비교할 수 없을 정도로 많은 잉여를 축적했다.

3장에서는 위대한 철기시대 문명들과 기원전 1세기에 등장한 제국들-페르시아, 인디아, 중국, 그리스, 로마를 분석한다.

페르시아 : 아케메네스 왕국

기원전 6세기 중반에서 후반까지 세 명의 위대한 페르시아 정복자들이 있었다. 키루스, 캄비세스, 다리우스(아케메네스 왕조)가 그들이다. 이들은 서쪽으로는 불가리아, 동쪽으로는 파키스탄, 북으로는 카프카스 산맥, 남쪽으로는 수단의 누비아 사막에 이르는 제국을 건설했다.

페르시아인들은 이란 남서 지역의 바위산 계곡에서 농경민으로 정착했다. 반면 메디아인들은 이란 북서쪽에 있는 거대한 스텝 초원 지역의 기마 유목민이었다. 기원전 550년 페르시아와 메디아는 정복 전쟁을 거쳐 통일되었다. 두 세대가 채 지나지 않아 이라크, 이집트, 터키, 파키스탄, 아프가니스탄도 페르시아 제국에 합류했다. 따라서 기원전 6세기의 페르시아 왕국은 인류 최초의 4대 문명 중세 지역 즉, 나일강, 티그리스강 · 유프라테스강, 인더스강 유역의 문명을 아우르게 됐다.

이 세 지역과 그 중간에 위치한 지역들은 단일한 제국의 정치체제에 통합되었으며, 조공을 바치는 속주들로 나뉘어 통치되었다. 그러나 속주들을 제국으로 통합해 하나의 통일된 문화로 흡수하려고 하지는 않았다. 페르시아 황제는 '대왕'이라고 불렸는데, 제각각 다른 속주민들을 고유의 민족적, 종교적 정체성과 고유의 경제적, 사회적, 정치적 구조를 유지시킨 채 다스렸다.

페르세폴리스 왕궁의 돌로 만든 부조 장식에는 대왕을 알현하기 위해 속주에서 파견된 자들의 모습이 담겨 있다. 23개 속주의 사절단이 대왕에게 가져온 선물과 조공 중에는 의복, 철갑선, 금, 상아, 말, 낙타와 영양, 사자, 오카피 같은 이국적인 동물도 포함되어 있다. 페르세폴리스의 건물 비문에는 제국의 주요 민족들이 나열돼 있으며, 수천 개의 점토판에 새겨진 기록들은 왕족과 관리, 노동자[10]들 몫으로 돌아간 음식과 은의 지출 내역을 담고 있다.

그런데 그처럼 넓은 지역으로부터 어떻게 조공을 받아낼 수 있었을까? 제국은 여러 개의 큰 속주로 나누었고 사트라프(총독)를 파견해 통치했다. 도로망과 공식 우편제도는 제국의 수도와 총독을 연결했다. 이를 테면 '왕의 길'[11]은 속주의 수도인 사르데스(터키 서쪽)에서 제국의 행정 수도인 수사(서 이란)에 이르는 도로였다.

---

10   페르시아 왕궁들은 이집트의 피라미드 등과는 달리 임금노동자들을 고용하여 건설한 것으로 알려지고 있다.

11   다리우스 1세는 페르시아 내륙 도시 수사에서 지금의 터키 서쪽 에게 해 해안 지역까지 2400km에 달하는 도로망을 정비했다. '왕의 길'로 불리는 이 도로가 정비되면서 90일이나 걸렸던 길을 일주일이면 갈 수 있게 되었다. 도로의 중간에는 100여 곳의 휴게소를 설치하고 그곳에 말들을 대기시켜 놓았다.

다리우스 1세 치하의 페르시아 제국 영토

사트라프는 대규모 군대와 함대를 이끌었다. 심각한 반란이 벌어지거나 외국으로 원정을 갈 때는 엄청나게 거대한 군대가 대왕의 영도 아래에 꾸려졌다. 여러 속주에서 온 군사들은 각국의 언어를 사용했다. 각기 다른 민족들이었으므로 제각각의 방식으로 싸웠다.

대왕의 부는 페르세폴리스, 수사, 하마단, 파사르가대, 바빌론의 왕궁들에서 뚜렷이 드러난다. 페르세폴리스는 알현실, 접견실, 왕의 처소, 공물 창고, 왕실경비대 막사, 벽으로 둘러싼 사냥터, 거대한 장식용 인공호수, 그리고 장인, 상인, 노동자들이 번창하던 도심 복합체였다. 알렉산더대왕이 331년 페르세폴리스를 함락시켰을 때, 이곳에는 그리스의 가장 부유한 도시국가인 아테네가 벌어들이던 연간 수익의 300년 치와 맞먹는 보물을 보유하고 있었다.

거대한 부에도 불구하고 페르시아 제국은 상대적으로 불안정했고 수명이 짧았다. 페르시아 왕자 키루스는 정복전쟁을 위한 강력한 도구를 만들어 페르시아와 메디아를 통일시켰다. 페르시아인들은 창과 활로 무장한 보병부대로 전투를 벌였다. 메디아인들은 일급 경기병(경무장 기병대)이었다. 기동성, 화력, 기습 작전을 결합해 급속도로 정복했다.

그러나 군사적 우위가 정치적 헤게모니나 사회적 변화와 반드시 일치하는 것은 아니다. 페르시아인들은 기존의 지배계급을 합쳐 넣고 그들의 잉여 일부를 전유했을 뿐이다. 그들의 제국은 힘으로 강요하지 않는 한 어떤 응집력도 없었다. 제국 자체의 크기와 속주의 다양성은 중앙권력을 약화시켰다. 원주민 왕과 속주의 총독들은 엄청난 권력을 휘둘렀다. 반란은 고질적이었고, 좀 더 먼 국경지역에서는 더 했다.

페르시아 제국은 지정학적으로 떨어져 있고 문화적으로도 이질적인 터키, 이집트, 이라크, 이란, 아프가니스탄, 파키스탄 등을 하나로 합쳐놓으려 했다. 때문에 제국은 뭉치기보다는 분열되기 마련이었다.

제국의 허약한 껍질을 산산조각 낸 것은 외부 세력이었다. 기원전 6세기 후반 제국이 최대로 확장되었을 때 페르시아는 북서쪽 주변부 지역의 또 다른 문명과 충돌했다. 이 충돌로 세계 최고 제국은 작은 소농-농민 공동체와 맞서게 됐다. 서로 완전히 다른 두 개의 사회적, 정치적 질서가 그 충돌을 통해 각자의 한계를 시험하게 되었다.

양쪽 문명은 모두 철기시대의 산물이었다. 한 쪽이 고대의 제국주의를 세계적인 규모로 복제해놓은 제국이었다면, 다른 한 쪽은 혁명의 폭풍과 투쟁으로 만들어진 새로운 사회적 질서였다. 고대 그리스의 작은 도시국가가 철기시대의 변혁 가운데 가장 선도적인 사회양식을 만들어 낸 것이다. 이를 살펴보기 전에 우리는 인도와 중국의 문명부터 먼저 살펴볼 필요가 있다.

인도:마우리아 왕국

기원전 4세기 후반 마우리아의 찬드라 굽타 장군이 첫 번째 인도 제국을 세웠다. 마우리아 왕조는 한 세기 뒤에 전성기에 이르렀는데 영토가 가장 넓게 확장됐을 때는 인더스 계곡의 대부분, 북쪽 평원 전체, 갠지스 계곡, 네팔, 데칸 고원을 아울렀다. 기원전 1세기 후반 철기문명을 배경으로 한 마우리아 왕국의 영토는 청동기시대인 기원전 3세기의 인도 반도에 비하면 약 10배 크기였다. 그동안 무슨 일이 벌어진 것일까?

인도에서 농사는 약 기원전 7000년 인더스 계곡 서쪽 카치 평원에서 시작됐다. 이곳에서는 밀과 보리를 재배했고 소, 양, 염소를 가축으로 길들였다. 기후변화와 과도한 사냥으로 생태 위기가 닥쳤지만 풍부한 천연자원이 돌파구 노릇을 했다.

그러나 인더스 계곡의 사람들은 3000년 동안 대부분 농경민의 영향을 거의 받지 않았다. 기원전 4000년경까지 충적토 범람원(배후 습지)이 지속적으로 풍부한 토양을 공급했기 때문에 이곳 사람들은

마우리아 왕국의 불교 조각상

군이 고생스럽게 농사를 지을 필요가 없었다.

이런 시기를 보낸 다음 농업은 급격히 전파됐다. 기원전 4000년 대 즈음 인더스 계곡은 농경 촌락으로 가득 찼다. 기원전 3000년대 중반에는, 강과 계곡의 경작으로 발생한 엄청난 잉여가 도시혁명을 이끌었다. 인더스는 초기 청동기시대에 독립적인 문명이 존재했던 전 세계 네 곳 중 하나가 됐다.

기원전 1900년쯤 모헨조다로, 하라파, 또 다른 인더스 도시들은 생겨난 지 약 500년이 지났을 무렵 무너졌다. 초기 청동기시대 문명 이 스스로의 무게로 붕괴한 것이다. 도시에 기반을 둔 엘리트들의 과도한 잉여 축적은 나무삽과 돌낫 등으로 일군 농경경제의 재생산

능력을 무력화시켰다.

북쪽으로는 아주 다른 문화가 중앙아시아 스텝 초원의 유목민들 사이에서 피어났다. 이곳은 수백 킬로미터의 깊은 초원이 넓게 펼쳐진 지역이다. 서쪽은 카르파티아 산맥에서부터 동쪽으로는 만주에 이르며 가축을 기르는 데 이상적인 목축 지형이었다. 낮은 강수량, 아주 추운 겨울, 뜨거운 여름이 있는 이곳에서는 경작이 확산될 수 없었다.

스텝 초원의 유목민들은 말을 가축으로 만들었고, 말이 끄는 수레를 발명했으며, 합성궁合成弓(뿔과 나무, 쇠힘줄을 결합하여 만든 활)을 개발했고, 구리, 청동, 은, 금으로 아름다운 공예품을 생산했다. 그들은 세계에서 가장 뛰어난 기마 궁사로 강력한 전사들이었다.

스텝 대초원의 생활은 정착지의 생활과는 달랐다. 사람 숫자, 가축떼의 크기, 목초지의 분포가 적절한 균형을 이루고 있었다. 뜨거운 여름이 초원을 태워버리면 전쟁, 재배치, 이동, 대규모 이주 등이 뒤를 따랐다.

그런 일이 벌어지고 나면 초원의 사람들은 더 넓은 세계에 더 파괴적인 힘으로 충격을 주었다. 주기적으로, 그러나 예측 불가능한 주기로 그들은 중앙아시아에서 쏟아져 나와 서쪽으로 남쪽으로 동쪽으로 향했다. 메마른 초원에서 나와 풍부한 경작지대로 나아간 것이다. 식량과 사료를 찾아, 약탈 대상과 부를 찾아, 정착할 새로운 영토를 찾아 나갔다. AD 13세기 몽골이 그랬고 AD 15세기 훈족과 흉노족이 그랬다. 이런 흉노족에 맞서기 위해 중국은 이미 기원전 3세기에 만리장성을 쌓기도 했다.

훨씬 이전인 기원전 1500년경, 아리아족으로 알려져 있는 민족이 스텝 초원을 떠나 힌두쿠시 산맥을 넘어 파키스탄의 인더스 계곡으로 들어왔다. 그들은 처음에는 유목 목축민 침략자로 쳐들어왔다. 상대적으로 적은 숫자였는데 그들의 생활양식과 문화는 이전과 같이 계속되었던 것 같다. 몇 세기에 걸쳐 그들은 북부 평원을 지나 갠지스 계곡에까지 뻗어나갔고 나중에는 남쪽으로 데칸 고원에 이르렀다.

그 후 그들은 철을 갖게 됐고 마침내 기원전 800년경 인도에 도달했다. 철 덕분에 인도-아리안(지금은 완전히 혼합됨)인은 숲과 정글을 개간하고 북인도와 인도 중앙에서 농사를 지으며 정착했다.

아리안은 말과 마차를 소개했고 정복자의 전사문화도 전해주었다. 그들은 자신들을 받아들이게 하면서, 새로운 사회구조인 카스트 시스템과 새로운 이념체계인 힌두교의 기본 골격을 만들어냈다. 스스로를 전사(크샤트리아), 성직자(브라만), 지주(바이샤)로 규정하면서, 정복에 필요한 사회적 배제와 지배를 공식화했다. 혼혈 소농들은 네 번째 계층인 수드라였다. 나머지 사람들은 늘어나는 하위 카스트에 포함되거나, 아리안 부족 시스템 밖에 있는 '아웃캐스트'(불가촉천민)로 분류되었다.

이러한 신념체계는 결국 힌두교로 합쳐졌다. 힌두교는 정교한 의례, 무서운 힘을 가진 신성을 특징으로 하는 보수적인 종교로서 당시의 카스트 시스템을 정당화했다. 사회질서는 자연적인 것이고, 신에게 인정받은 것이며, 위 계급으로 올라가는 일은 각자에게 달린 문제였다. 도덕적인 사람은 계율을 따르는 사람이며, 그들은 더 높은 카스트로 다시 태어나게 된다고 믿었다. 계급에 반항하는 사람은 내세에는 계급이 내려가게 될 것이었다.

철기기술 덕분에 갠지스 계곡은 생산성 있는 농장, 강력한 군주제, 대규모 군대로 채워졌다. 약 3세기 동안 라이벌 국가들은 패권을 놓고 전쟁을 벌였다. 기원전 321년쯤 마가다가 이들 중 가장 강력한 왕국으로 부상했다. 그때 찬드라 굽타 마우리아가 왕위를 차지했다.

한 그리스 작가는 자신의 기록에서 그의 군대 규모를 보병 20만, 기병 2만, 코끼리 3000마리, 전차 2000대로 추정하기도 했다. 분명 과장된 숫자이겠지만 그가 얼마나 위력적이었는지를 보여주는 지표인 것만은 틀림없다.

기원전 321년에서 303년 사이에 찬드라 굽타는 갠지스 계곡, 북부 평원, 그리고 인더스 계곡을 정복했다. 그의 후계자는 남부 인도에서 또 다른 정복 전쟁을 벌였다. 기원전 260년까지 마우리아 왕국은 오늘날 인도, 파키스탄, 방글라데시의 거의 전 지역을 아우르게 되었다.

마우리아의 정복은 폭력적이었다. 칼링가 왕국은 마지막으로 버틴 국가였는데 마우리아의 황제 아소카가 그들을 완전히 무너뜨렸다. 15만 명이 추방되었고 10만 명이 죽임을 당했으며, 부상자는 그 몇 배에 달했다.

정벌된 지역에서 착취는 체계적으로 이루어졌다. 전쟁 포로들은 대개 노예로 삼아 광산 노동을 시키거나 건설, 제조, 집안일을 하게 했다. 농민은 땅에서 고되게 일했다. 국가는 댐, 저수지, 운하를 계속 지었다. 개별 농민은 자신의 땅을 경작하는 대가로 임대료를 내야 했고 생산물에도 세금을 내야 했다. 상인과 수공예 장인들 역시 세금과 통행료를 냈다.

마우리아 왕국은 조공을 헌납하는 농민과 소상인을 토대로 삼아 존재하는 군사 중심의 상부구조였다. 찬드라 굽타 통치기에 작성된 문헌 '아르타샤스트라'에 이 같은 사실이 명확히 기록돼 있다. 모든 토지는 황제가 소유하며 농민은 전부 그에게 공물을 바쳐야 했다. 유일한 중개자는 국가가 임명한 관리였다.

왕국은 속국으로 분할되었다. 속국이 다시 구역으로, 다시 촌락집단으로 나뉘었고, 가장 작은 단위는 개별 촌락이었다. 각 촌락에는 촌장이 있었다. 각각의 촌락집단에는 회계 담당과 세금징수원이 있었다. 낮은 단계의 마을이 높은 단계에 세금을 내는 식이었다. 하급 단위 집단은 상급 단위 집단에 책임을 다해야 할 의무가 있었으나, 역으로는 아니었다.

정보원 네트워크는 권력집단에게 반체제 인물을 보고했다. 마우리아 정복을 완성한 황제 아소카(269~232)는 제국의 행정체계를 정교화했다. 그는 다르마^Dhamma라는 개념을 확산해 중요한 이데올로기적 헤게모니를 완성하려고 했다. 다르마는 관용을 강조하고, 화합을 위해 차이를 억누르는 사회윤리로서, 마우리아 사회의 모순을 고착시키려는 시도였다.

그러나 그것은 제대로 먹히지 않았다. 그가 사망한 지 50년 뒤 마우리아 왕국은 해체되었다. 지배계급에서 힌두교와 불교 신자들 간에 갈등이 생겼고, 복속된 국가들은 반란을 일으켰으며 외부의 적들은 영토의 조각들을 빼앗아갔다. 군사 상부구조는 아주 컸다. 로마의 기록에 따르면 보병 60만, 기병 3만, 코끼리 9000마리의 규모였다.

마우리아 국가는 한때 제국의 통치체제였지만 작은 정치체제들의 결합체로 남았다. 광범위한 지배계층이 필수적으로 지녀야할 응집력, 즉 공통의 문화, 원활한 소통, 사회 통합, 정치적 단합을 위한 효과적인 기구가 부족했다.

페르시아 제국은 외국의 정벌에 의해 무너졌다. 마우리아 왕국은 내부적인 단합 부족으로 자멸했다. 이와 대조적으로 중국의 제국들은 2000년 동안 지속되었다. 이제 중국으로 가보자.

중국:진 왕국

기원전 3세기 말에 중국은 진나라 장군 진시황에 의해 통일되었다. 그는 후기 청동기시대 상商 왕조 때와 비교해 5배 이상의 큰 영토를 지배했다. 어떻게 이런 일이 가능했을까?

중국의 농업혁명은 기원전 6000년경 시작됐다. 첫 번째 농경 촌락은 중국 북쪽 황허강 계곡에서 형성되었다. 돼지를 가축화했고 관개시설을 갖춘 계단식 경작지에서 기장(나중에는 밀)을 재배했다. 농사법은 남쪽으로 전파되어 거대한 중앙 대평원을 거쳐 몇 천 년에 걸쳐 확산됐다. 기원전 2000경부터 중국의 도시혁명은 안양安陽 같은 도시를 중심으로 청동기시대 문명을 낳았다. 청동기문명의 정

중국 진나라의 위세를 보여주는 만리장성과 병마용

점에 있었던 상 왕조는 북동 지역을 400년(기원전 1523~1027)간 지배했다.

상 왕조의 권력은 말이나 마차, 청동의 대가로 지불하던 곡물의 잉여를 지배하는 데에서 나왔다. 그러나 상 왕조는 다른 청동기문명의 궤적을 따랐다. 복잡다기한 지정학적 경쟁 때문에 과도한 군사화와 영토 확장의 굴레에 빠져들었다. 결국 이 때문에 약해진 상나라는 기원전 11세기에 서쪽에서 침입해온 주나라에 의해 왕권을 빼앗겼다.

주나라(기원전 1027~21)는 사실상 중앙집권화가 되지 않았고 라이벌 정치체제로 분할된 채 유지됐다. 각각의 나라에서, 왕들은 자신의 친족과 가신과 공신을 주요 영토의 제후로 임명했다. 지방 제후들은 성벽으로 둘러싸인 도시를 통치하며 주변 시골 지역에 있는 소농 경작인으로부터 잉여를 취했다.

고대 제국들

문명은 발전했다. 주나라 시절에는 쌀농사를 지었고 중앙 대평원의 남쪽 끝 양쯔강 유역에서는 버팔로 떼를 몰았다. 잉여와 사치품을 먼 거리로 수송하기 위해 운하망도 건설했다. 농업지역은 남북쪽, 서쪽의 산악지대로까지 확대됐다. 그러나 나무와 돌로 만든 농사 도구로는 잉여가 많을 수 없었다. 더군다나 성벽으로 둘러싸인 도시와 이를 지키는 지방의 군대 등 사회 기반시설을 유지하기 위해 주나라의 지배계급은 잉여의 대부분을 가져갔다. 그러다 보니 고대 중국 농민들의 민요에는 끝없는 노동의 고통과 짐승처럼 일하는 인간의 정치적 소외를 담은 가사가 나온다.

해가 뜨면 일하고^{日出而作}

해가 지면 쉬고^{日入而息}

우물 파서 마시고^{鑿井而飮}

밭을 갈아 내 먹으니^{耕田而食}

임금의 혜택이 내게 무슨 소용이 있으랴^{帝力于我何有哉}

　기원전 4세기와 기원전 3세기경 지방 제후의 폭정이 극에 달하는 '전국 시대'가 된다. 그러나 동쪽의 주나라 내부에서 서로 싸우고 있는 동안 서쪽에서는 새로운 세력이 부상하고 있었다.

　기원전 500년경부터 중국은 대규모로 철기를 주조하기 시작했다. 엄청난 양의 주철 도구들-도끼, 쟁기, 괭이, 삽, 낫, 끌. 칼-이 고고학 기록에 나타날 정도다. 철은 또한 전쟁이 격화되면서 발생한 군사적 혁명을 촉진시켰다. 철기 도구가 생산성을 증가시키자 군대를 지원하는 데 필요한 잉여를 확보할 수 있게 되었다. 아울러 철제 무기는 군대의 살상 능력을 증가시켰다.

　전차는 중국의 살상 무기였다. 전차 숫자도 크게 늘어났다. 그러나 전차는 전사 엘리트층만 사용하는 무기이기도 했다. 철의 등장으로 보병의 손에도 강력한 무기가 쥐어졌다. 크로스보우(쇠뇌)¹²로 발사하는 짧은 금속 화살(볼트)은 대영주의 갑옷을 뚫을 수 있었다. 철로 만든 단단하고 날카로운 칼날이 마구와 말을 가르면서 전차에서도 적을 무너뜨릴 수 있었다.

　전차는 물론 무장 보병의 수와 무기 수준이 늘어났을 뿐 아니

12　주로 중세 유럽에서 사용하던, 쇠나 나무로 된 발사 장치가 달린 큰 활.

라 방어시설, 군수품, 요새전 등도 덩달아 발전했다. 이와 함께 기병이 도입됨으로써 중국 군대는 진정한 제병연합[13]이 가능하게 됐다.

몇 세기 동안 주나라의 북쪽 국경을 따라서, 대초원의 흉노 기마 민족, 훈족과 몽골족 조상들은 대대적인 습격과 약탈을 일삼았다. 몸이 가벼운 기마 궁수를 가진 흉노는 이전에 볼 수 없던 기동력과 화력을 결합해 중국에 큰 자극이 되었다.

흉노에게 배운 것을 가장 잘 받아들인 곳은 북서쪽에 있던 진秦이었다. 산악지대를 국경으로 삼고 전사 출신 임금이 통치하는 이 나라를 중국의 다른 통치자들은 문명과 동떨어진 야만적인 오랑캐 집단으로 여겼다. 그러나 흉노족에 맞서 최전선에 나선 것은 바로 진나라였다.

진에서는 군사의 효율성이 유일한 우선순위였다. 이를 가로막는 전통이나 보수적 태도는 허용되지 않았다. 진나라는 자신의 필요에 따라 혁신을 이루었다. 지방 제후의 세력은 북서쪽 지역에서는 약했다. 세금, 노동, 군대 징병은 독립적인 소농민들에게 직접 부과되었다. 그 부담은, 공물 징수에 기생하는 다른 나라의 사정과는 달리 훨씬 덜했다. 따라서 농업과 전쟁 측면에서 철기시대 혁명이 임계질량에 다다른 곳은 주나라의 가장 바깥쪽에 있던 오랑캐의 나라 진이었다. 새로운 질서의 설계자는 진나라 왕이었다. 전국시대의 피비린내 나는 전쟁의 극점에서 진나라의 전차, 석궁, 기마 궁수는 라이벌이었던 주나라의 라이벌들을 하나씩 격파해

---

13 기갑, 보병, 포병, 공병 등을 통합한 작전 부대

나갔다.

이 시대에 인간의 생명이 치러야 했던 비용은 어마어마했다. 하나의 승리 뒤에는 10만 명의 포로가 참수됐다. 최후의 승리 뒤에는 부와 권력을 가진 사람 12만 명이 추방되었다.

진나라의 왕은 시황이라는 이름을 채택했다. 시황이란 신성을 가진 황제라는 뜻이다. 진나라는 승리한 후 군사 관료 엘리트가 지배하는 중앙집권화된 제국을 세웠다. 상나라보다 다섯 배나 컸던 것은 새로운 철기 기반 농경기술에 의해 잉여생산이 대폭 확대되었기 때문이다. 도로망은 로마제국 이상이었다. 운하 시스템은 비교할 수 없는 수준이었다. 도량형, 도로 및 수레의 차궤, 심지어 농기구의 형태마저 표준화했다.

중국의 만리장성은 인류 역사상 가장 거대한 건설 프로젝트로 진시황제가 흉노를 막기 위해 세웠다. 길이는 약 3600킬로미터나 됐으며 원래 성벽은 높이 7.3미터, 폭은 여덟 명의 남자가 성벽을 따라 옆으로 나란히 행진할 수 있을 정도로 넓었다. 성벽 중간중간에는 2만5000개의 돌출형 타워 감시탑을 세웠다. 성벽을 구축하는 데는 12년이 걸렸다. 만리장성을 건설하는 데 수 만 명의 노동자가 강제 동원됐고 수백 만 농민들의 잉여 농산물이 소비됐다.

정복과 테러로 탄생한 뒤 단명한 진 제국의 특징은 극도의 중앙집권제, 군대 스타일의 착취, 살인적인 탄압이라고 할 수 있다. 첫 번째 황제 진시황은 놀랄 만한 잔인함과 편집증적이고 착란적인 성격의 군주 혹은 독재자로 묘사되고 있다. 아마 그는 실제로 그랬던 것 같다. 그의 적들은 확실히 그를 그렇게 생각했다. 왕은 체제 반항적인 사람들의 지적 토대를 말살하기 위해 모든 책을 불태우도록 명했다. 학자들 중 책을 숨긴 사람은 목을 베거나 만리장성에서 죽도록 일하게 했다. 모든 과거의 역사를 지우고 새로운 '황제 원년'에서 시작하도록 한 걸 보면 그의 정치적 불안감을 읽을 수 있다.

진시황의 거대 무덤은 오늘날 유명한 테라코타 병마용이 지키고 있다. 심지어 피라미드와 투탕카멘의 무덤도 작아 보일 정도여서 낭비가 어느 정도 수준이었는지를 잘 보여준다. 진시황의 무덤은 오래된 기록으로만 남아있고 아직 완전히 발굴되지는 않았다.

진 왕조는 시황제 사후 기원전 210년 멸망했다. 왕궁 안에서는 치열한 권력 투쟁이, 중국 전역에는 귀족과 농민 반란이 계속되었다. 최종 승자는 농민 혁명가 유방으로 그는 새로운 한漢나라(기원전 206~AD 220)의 첫 번째 왕이 된다.

한나라의 승계는 진나라 혁명의 강화를 의미한다. 중앙집권화된 제국의 상부구조는 유지됐지만 관료, 공무원, 학자 같은 지배계급은 더 이상 불안정한 독재자에게 언제 목숨을 뺏길까 두려워하지 않아도 되었으며, 대중 착취도 줄어 백성의 불만도 가라앉았다. 문제는 이런 새로운 제국의 질서가 중국 철기시대 변혁의 절정기와 맞물려 이어지던 사회 발전으로 연결될 것인가였다. 중국 제국은 문을 연 것일까 장벽을 만든 것일까?

그리스 민주주의 혁명

철기기술은 노동생산성을 크게 향상시켰고 잉여의 규모 역시 크게 늘렸다. 지배계급들이 새로운 부를 전유하면서 페르시아, 인도, 중국 같은 제국을 건설할 수 있었다. 그러나 철기기술은 또 다른 대안 역시 가능케 했다. 원재료들은 풍부하고 생산과정은 단순했기 때문에 철제 도구와 철제 무기들은 누구나 쓸 수 있었다. 청동은 귀족층에게만 권력을 주었지만, 철은 대중에게 권한을 줄 수 있는 잠재력을 갖고 있었다.

이런 일이 일어나느냐 못 일어나느냐 하는 것은 계급투쟁의 결과물에 달려 있었다. 세계의 작은 구석에서 대중이 승리한 곳이 나타났다. 토지를 소유한 귀족들이 아래로부터의 혁명에 의해 패배했고, 급격한 참여적 민주주의 실험이 시작되었다. 인류 역사의 문화적 성취 중 가장 커다란 폭발을 위한 조건이 탄생한 것이다.

민주주의 혁명의 진앙지는 그리스의 도시국가 아테네였다. 기원전 506년에서 510년 사이, 도시 내부의 혁명적인 계급투쟁에 힘입어 독재정치는 민주주의로 전환되었다. 이 운동은 세 단계를 거치며 진행된다. 첫 번째는 30년 묵은 독재가 무너지고 과도기적인 귀족 공화정으로 대체되었다. 두 번째는 보수적인 귀족들이 대중 봉기로 촉발된 개혁을 막기 위해 민주정을 세웠다. 세 번째는 귀족들의 반혁명을 지원하는 스파르타의 군사적 개입이 두 번째 대중 봉기로 패했다.

아테네의 부유한 농민들로 구성된 중장보병

아테네의 민주주의는 거의 2세기 동안 지속됐다. 그리스 세계를
가로질러 다른 도시국가들도 아테네를 따라하게 되었다. 기원전 15
세기 중엽까지 사실상 에게해의 모든 도시국가들은 민주주의를 시
행했다. 아테네의 민주주의는 도시 시민의 대부분을 차지하는 소규
모 농부들에게 권한을 주었다. 기원전 6세기 동안 큰 영주는 부채
노예의 담보 노동^{debt-bondage}을 통해 자신의 영지를 확장하려 했다. 이

방식은 고대세계의 계급투쟁에서 너무나 핵심적인 개념이어서 약간의 설명이 필요하다.

전통적 사회에서 소농은 힘든 시기에 대비할 만한 준비가 없었다. 생존을 위해 때로는 부자들에게 빚을 져야 했다. 대출을 위한 유일한 담보물은 땅과 노동력밖에 없었다. 큰 토지 소유주들이 돈을 빌려주는 주요 동기는 더 많은 땅을 획득할 수 있을 것이라는 전망이었다. 만약 채무자가 부채를 갚는다면 문제는 해결되지만 만약 빚을 갚지 못하면 토지 소유주는 더 좋아졌다. 농장이 자신들에게 넘겨졌고 소농들은 부채 노예가 되어 농노로서 지주를 위해 강제로 일해야 했다.

아테네의 대중은 이런 빚의 연쇄고리와 부채 노예 상황을 투쟁을 통해 무너뜨렸다. 그들은 기원전 6세기말 등장해 자신의 재산과 자유를 지켰다. 아테네 사회의 기본적인 구성 단위는 거대한 영지가 아니라 농민들의 '오이코스oikos**14**였다. 오이코스란 가부장적 가정으로 작은 농장이나 작업장을 기반으로 하는 가정을 말한다.

도시의 소농들은 도시국가의 민병대를 만들었다. 농민층의 3분의 1정도를 차지하던 부유한 농민들은 호플리테스**15**라는 이름의 중장보병으로 전투에 참가했다. 좀 더 가난한 농민층은 경보병 혹은 전

---

14 공적 영역으로서의 폴리스에 대비되는 사적 생활단위로서의 '집'을 의미하는 그리스어.

15 고대 그리스의 전사. 지름 1미터의 둥근 청동제 방패, 청동 투구, 청동·가죽·삼베 등으로 된 흉갑과 정강이 싸개, 길이 2~2.5미터의 철창과 단검으로 무장하고 팔랑크스(밀집대)를 조직하여 전쟁을 하였다.

함 노선(트라이 림 : 3단의 노잡이들에 의해 구동하는 3단 노선)[16]의 노잡이로 복무했다.

도시국가간에 전쟁이 만연하던 때였다. 그리스는 1000개 이상의 작은 도시정부로 분할됐고, 땅과 자원과 상업권의 우위를 점하기 위해 서로 경쟁했다. 민주주의는 각 도시 내부에서는 시민들을 단합시키는 역할을 했지만 다른 도시들과 맞설 때는 시민들을 군대 세력으로 바꾸어 놓았다. 민주주의는 '특정한' 시민 조직의 정치적인 외양이었지, '보편적'인 사회계급의 외양은 아니었다. 이를 테면 아테네는 가장 앞선 민주주의 도시국가였지만 기원전 5세기에서 4세기 동안에는 4년에 3년 정도는 전쟁 중이었다.

육상 전쟁은 호플리테스 팔랑크스(창병槍兵의 밀집전투대형)의 규모와 회복력이 어느 정도인가에 따라 승리가 갈렸다. 이에 반해 해전의 성공은 3단 노선의 숫자, 속도, 기동성에 좌우됐다. 토지소유권과 민병대 복무를 통해 아테네의 도시 소농들은 혁명적인 세력이 되었다. 기원전 510~506년의 민주적 혁명은, 한편으로는 농민, 장인, 소상인들의 혁명이었고, 다른 한편으로는 시민-군인과 노 젓는 사람들의 혁명이었다.

고대 아테네의 민주주의는 우리의 민주주의보다 더 제한적이었지만 더 깊이가 있었다. 여성, 외국인, 노예들은 정치적 권리가 없었다. 오직 성인남성 시민만이 투표할 수 있었다. 그러나 이들의 대다수는 노동자들이었고, 그들이 행사하는 권력은 매우 현실적

---

16 3단 노선이란 갤리선의 모태가 된 배. 170명의 노잡이가 3단으로 배열된 노를 한 사람이 하나씩 맡아서 젓는다. 세 명이 힘을 합해 노 하나를 젓는 방식이다.

이었다. 지도자급 도시 공직자 스트라테고스^{strategoi}¹⁷는 매년 선거를 통해 선출되었다. 주요 심의기구인 400명의 협의회^{boule}는 추첨으로 뽑았다. 모든 시민이 참여하는 공개회의인 민회^{ekklesia}는 국가의 의결기구였다. 재판은 최대 2500명의 일반 시민이 참여하는 배심원 법정에서 집행되었다. 오스트라시즘(도편 추방)과는 반대 방향의 선거였다. 6000명의 반대표를 얻은 사람은 도시에서 10년 동안 추방되었다.

민주적인 정치란 작은 재산이 안전을 보장받는다는 의미다. 부자들만 세금을 내고, 전쟁 참여 여부는 전쟁에 직접 참여할 사람들이 결정했다. 고대 그리스의 현실에 의문을 갖고 있는 사람이라면 그리스 민주주의를 반대했던 귀족들의 신랄한 의견을 들어 보아야 한다.

그리스 세계는 과두주의자와 민주주의자로 심하게 양분되었다. 과두제는 소수^{oligoi}의 지배를 지지하는 사람들이었고 이에 맞서는 민주주의자들은 시민체^{demos}의 통치를 지지하는 사람들이었다. 민주주의에 대한 증오는 그리스 철학과 역사, 미술에 영감을 주었다. 소크라테스나 플라톤, 아리스토텔레스 등은 반민주적 논객으로 해석될 수 있다.

---

17 기원전 5세기 아테네에서는 각 종족에서 1명씩 모두 10명의 스트라테고스를 민회의 선거를 통해 선출했다. 임기는 1년이었고 중임이 허용되었다. 이들은 폴레마르코스(폴리스의 군사·외인 관리를 관장하는 최고관리) 밑에서 자기 종족의 군단을 지휘했다. 기원전 487~기원전 486년 아르콘직^職이 추첨제로 바뀌자 스트라테고스의 권위는 높아졌고 군사적 지휘만이 아니라 정치적 지도자의 역할도 담당하게 되었다.

대부분의 고대사회에서 교육과 문화는 부와 권력을 지키려는 극소수에게만 의미가 있었다. 고대 아테네에서는 3만 명의 남자가 정치권력을 나눠가졌다. 이런 상황이 교육과 문화에 대한 대중적 기반을 만들어냈다. 그 결과는 창조성의 폭발이었다. 대부분은 우익적인 것이었다-민주주의를 찬양하기보다는 민주주의에 맞서는 반작용이었다. 그러나 이러한 반작용 역시 민주주의 때문에 가능했다는 사실만큼은 뒤집지 못한다. 파르테논 신전 같은 거대한 건축 기념물이 있고, 인간의 형상을 한 자연주의 조각과 자연주의 회화가 있다. 투키디데스의 역사, 소크라테스의 철학, 아이스킬로스·소포클레스·에우리피데스의 비극이 있었다. 특히 민주적 정치학의 이론과 실천에 관한 성과가 있었다. 아테네 민주주의에서 가장 위대한 지도자인 페리클레스는 도시의 정부를 이렇게 묘사하고 있다.

고대 제국들

> 우리의 정치는 민주주의라고 부른다. 왜냐하면 권력이 소수의 손에 있는 것이 아니라 사람들 전체에게 있기 때문이다...모든 사람은 법 앞에 평등하다...중요한 것은 특정한 계급의 구성원이 아니라, 그 사람이 갖고 있는 실제 능력이다...아무도...가난 때문에 정치적인 은둔에 갇혀있지 않다...우리 스스로 권위의 자리에 앉힌 그 사람에게 우리의 충성을 바친다...

민주주의의 군사적 성취 역시 대단했다. 거대한 페르시아 제국이 두 번이나 그리스를 정복하려 했으나 아테네는 그리스의 저항을 이끌었다. 첫 번째는 기원전 490년에 마라톤 육상 전투에서, 두 번째는 기원전 480년 살라미스 해전에서였다. 수적으로 엄청난 열세였고 아마추어 농부들이 직업적 군인과 싸워야 했지만 아테네인들은 승리를 거두었다. 자유인으로 구성된 군대가 당시 세상에서 가장 앞선 정치질서를 대표하면서, 전통적인 제국의 거친 군사주의에 맞서 승리를 거둔 것이다. 그럼에도 그리스의 민주주의 역시 역사적인 교착 상태에 빠져들게 된다.

마케도니아 제국

아테네는 그리스에서 가장 앞선 민주주의 도시국가였을 뿐만 아니라 가장 부유한 국가였다. 아테네 부의 원천은 남부 아티카의 은 광산, 해상무역, 에게해 도시국가들의 반反페르시아 연합을 주도한 리더십 등이었다. 반페르시아 연합은 점차 하나의 제국으로 변해갔다.

그리스 사회는 민주적인 형태였지만 그리스 세계의 분화된 모습, 즉 서로 경쟁하는 도시국가들의 모습은 민주주의와 모순되었다. 민주주의는 노동하는 민중에게 권한을 부여하고 문화적 발전을 장려했으나 도시국가간의 경쟁은 군사적 대립과 전쟁, 제국주의를 의미했기 때문이다.

그리스 본토의 보수적인 도시국가들에게 아테네는 이중적인 위협이었다. 아테네의 민주주의 때문에 다른 나라의 과두체제는 아래로부터의 혁명을 두려워하게 됐다. 아테네 제국이 점차 부유해지면서 라이벌 도시국가들 간에 유지되던 미묘한 힘의 균형도 위협했다. 기원전 5세기 중반에 이르자 민주주의와 제국주의 결합체였던 아테네인들은 그리스에서 패권을 잡으려 했다.

기원전 431~404년의 펠레폰네소스 전쟁은 아테네가 이끄는 민주주의 연합과 스파르타가 이끄는 보수연합이 맞선 전쟁이었다. 아테네가 결과적으로 패배하자 제국은 해체되었고, 민주주의의 이상도 새로운 스파르타의 위세에 가려졌다. 전쟁은 사실상 반혁명의 첫 번째 단계였다. 그리스 귀족들, 마케도니아 왕들, 로마 총독들은 민주주의적 실험을 파괴했다. 기원전 510~506년 아테네 혁명과 함께 시작된 민주주의 실험은 무너지게 됐다.

두 번째 단계는 기원전 338년의 카이로네이아 전투를 중심으로 전개된다. 마케도니아 필립 2세의 군대는 그리스 도시국가들의 연합군대를 무찔렀다. 그 후 그리스 도시국가들은 외국의 지배를 받게 됐다. 형식적인 민주주의는 아테네와 다른 몇몇 도시에서 얼마간 계속되었지만, 진정한 권력은 이제 다른 곳으로 옮겨갔다. 기원전 336년 테베의 도시국가는 알렉산더 대왕의 공격을 받아 함락됐고 괴멸했다.

마케도니아 왕국은 각국의 문화가 뒤섞인 국가였다. 궁중은 헬레니즘(그리스 문화)의 중심이었고, 필립 2세(기원전 360~336)는 그리스 도시국가의 중보병 팔랑크스를 부분적으로 본뜬 군대를 조직했다. 그러나 마케도니아는 봉건 지주들과 부족장들의 연합체여서, 이들은 왕을 중심으로 느슨하게 연대한 상태였다. 이처럼 불안정한 정

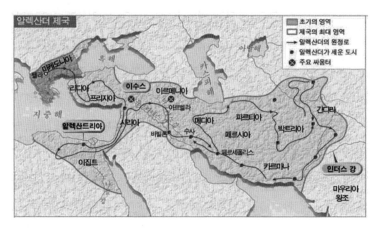

알렉산더 대왕의 광활한 영토

치체제에 내부 반란까지 겹쳐 왕국은 골치를 썩이고 있었다. 마케도니아 왕의 생각은 오로지 신의 왕위를 유지하고 도시국가들이 떨어져나가는 것을 막는 일에 몰두해 있었다.

　정치적 불안정은 결국 제국주의를 낳았다. 왕의 권력은 충성을 바친 자에게 부를 나눠줄 수 있는 능력에서 나오는 것이었다. 왕실에 자금을 대는 가장 쉬운 방법은 전쟁을 하거나 전리품을 획득하는 것이었다. 필립 왕 시절에 왕국은 남부 발칸 반도 전체를 장악하는 제국으로 급격히 성장했다. 정복 전쟁에서 획득한 전리품과 공물은 군인들에게 나누어주었다.

　확대일로의 마케도니아 군대는 완전히 직업적인 군대가 되었다. 필립왕의 남다른 업적은 보병과 궁수 그리고 기병을 혼합한 제병연합부대Combined Arms Force를 만들었다는 점이다.

왕국의 국경지대에 있던 고산족들은 경기병을 공급해주었다. 마케도니아 영주의 귀족 수행원들은 봉건형 중기갑 부대의 일원이 되었다. 자유 농민들은 그리스 스타일의 팔랑크스를 제공했다. 왕실 국가는 각 지역 사람들의 전통적인 무술 자질에 그리스의 전쟁 방식과 원칙을 결합시켰다. 그 결과 전례 없는 전력을 갖춘 막강한 군대가 탄생했다.

기원전 338년 마케도니아 군대는 그리스 중부 카에로네이아 전투에서 그리스 도시국가를 멸망시켰다. 7년 후, 이라크 북부 가우가멜라 전투에서 그들은 페르시아 제국도 무너뜨렸다. 아테네는 기원전 490년과 480년에 페르시아를 무너뜨렸고, 그 뒤 터키 서부의 그리스 도시들을 해방시켰다. 그러나 그들도 마케도니아 왕국에 굴복했다. 서부 아시아를 정복한 사람은 아테네인이 아니라 마케도니아 사람인 알렉산더 대왕이었다. 이유가 무엇일까?

그리스 땅은 15퍼센트만 경작이 가능했다. 지형적으로 산맥들을 경계 삼아 작은 평원들이 나뉘어져 있었다. 수많은 도시가 모여 도시국가를 이룬 것은 이런 이유 때문이었다. 기원전 5세기에는 약 1000개의 도시국가들이 있었다. 민주주의는 이 같은 작은 라이벌 정치체제들 내부에서 생겨났다. 가장 크고 부유한 국가였던 아테네조차 남성 시민은 3만 명 정도였으며 전체 인구는 여성, 어린이, 외국인 노예까지 포함해 약 20만 명 정도였다. 그리스의 민주주의는 좁고 파편화된 사회에 놓여 있었다. 이처럼 지정학적으로 분할되어 있었기 때문에 국지전이 끊이지 않았고 주요 국가들과 각국의 동맹국 간의 싸움은 종종 본격적인 전쟁으로 비화되곤 했다.

그리스 사회는 언제나 고도의 전시체제였다. 사회의 잉여가 증가하고 지정학적 경쟁이 심화되면서 점점 더 상황은 심각해졌다. 펠레폰네소스 전쟁은 이런 분위기가 극단적으로 표출된 것이다.

도시국가들 중 어느 한 국가가 패권을 장악할 만큼 강하지는 않았다. 아테네는 기원전 404년 스파르타에 패했다. 스파르타는 또 기원전 371년 테베에 무너졌다. 그리스 도시국가들은 서로 분열된 채로 유지되었다. '북방의 사자' 필립 2세가 나중에 그들을 모두 지배하는 제국을 건설하기 전까지는 서로 분열돼 있었다.

도시국가는 민주주의 정치체제였지만 사회는 점차 군사화하고 있어 민주주의는 빛을 바랬다. 상시적인 전시체제가 오랫동안 원정 방식으로 유지되면서 직업적인 전문 지휘관, 용병 부대, 군사 전문가가 생겨났다. 그리스의 힘은 호플리테스의 창을 누가 쥐느냐에 좌우되었다. 시민-농부들이 호플리테스 창을 휘두를 때 민주주의는 강했다. 그러나 전문 용병들이 휘두를 때 민주주의는 약해졌다.

고대 그리스 문명은 전례 없는 세련미와 역동성을 갖고 있었지만, 그런 문명을 낳은 지정학적, 사회학적 시스템은 그것과는 모순된 모습을 보였다. 민주주의는 도시국가 내부에서나 외부에서나 어디에서도 보편화되지 않았다. 그리스 세계가 라이벌 정치체제로 분열된 것은 장기적으로 봤을 때는, 직업적인 군사 전문가들이 민주적인 의회를 희생시켜 힘을 갖게 되었다는 것을 의미한다. 마케도니아는 다른 한편으로는, 그리스 문명의 이점을 가져다가 군대 시스템을 창안했다. 덕분에 중간 크기의 왕조 국가였던 이 나라가 발칸 반도의 제국으로 변모할 수 있었다. 기술도 중요하지만, 크기도 중요하다. 마케도니아의 왕만 주요한 정복 전투를 벌였고 그래서 그리스 세계를 통일시키는 데 필요한 잉여와 영토를 지배했다.

그리스는 아래로부터의 혁명보다는 위로부터의 군사력에 의해 결합되었기 때문에 민주주의는 사라질 운명이었다. 그리스는 서아시아의 정복을 위한 병참기지가 되었다. 이후 알렉산더 제국의 해체 후에 그리스는 마케도니아 '후계자' 국가의 한 지방으로 전락했다. 그리스보다 수백 배 큰 페르시아 제국의 영토와 잉여를 전유함으로써, 그리스 문화는 도시국가 민주주의의 네트워크에서 전 세계적인 제국주의 체제로 전환할 수 있었다.

한편 서쪽에서는 좀 더 역동적인 군사 제국주의가 부상하고 있었다. 로마의 도시국가가 세계제국으로 변신하고 있었던 것이다. 로마는 오래지 않아 동쪽에서 신세계 질서를 이끌던 강력한 마케도니아 왕국마저 무너뜨리게 된다.

로마의 군사 제국주의

로마는 그리스 스타일의 시민의식과 마케도니아 스타일의 군사주의가 융합한 국가였다. 그 결과 로마는 고대세계에서 가장 역동적인 제국주의 국가가 되었다. 로마는 기원전 9세기 철기시대 촌락에서 시작해 기원전 8세기에는 라틴 부족장의 언덕 요새 힐포트^{hillfort}**18**로 진화했다. 기원전 7세기 중후반에는 에트루리아의 침략자에 의해 작은 도시로 전락했으며 기원전 510년까지 이들 왕조의 지배를 받았다. 귀족들의 혁명으로 에트루리아 왕조는 전복됐고, 그 후 두 세기는 내부의 계급투쟁과 외부로의 제국 확장에 몰두했다. 두 가지 과정은 밀접하게 연결되어 있었다.

내부의 투쟁 즉, '신분투쟁^{the Struggle of orders}'은 평민과 귀족들이 서로 맞서는 싸움이었다. 귀족은 국가기구를 독점적으로 통제했고, 세습되는 토지를 소유했다. 오직 귀족만 원로원**19** 즉, 통치 귀족들의 의회에 들어갈 수 있었고, 오직 귀족만 집정관과 정무관이 될 수 있었다.

대부분의 평민^{plebeian}들은 평범한 시민-농민이었다. 그리스 도시국가들과 마찬가지로 소농민들은 고생한 것에 비해 거의 수익을 남기지 못해 빚더미에 올라앉기 일쑤였다. 빚쟁이들의 권리는 귀족 상원 의원들과 귀족 정무관들이 만든 법이 보호해주

chapter **03**

---

18 언덕 위에 마을을 만들고 주위에 깊은 도랑(환호)을 파놓아 방어에 이용했던 촌락

19 로마 건국자 로물루스가 설치하여 로마 건국 때부터 존재하였다고 한다. 왕정 때 씨족의 장로로 구성된 것이 아닌가 생각된다. 공화정 때는 의원수가 300명이었으나 뒤에 600명이 되었다(카이사르 때는 900명). 의원의 임기는 종신이었다. 처음에는 귀족(파트리키)만으로 구성되었으나 차차 평민(플레브스)도 참가하였으며, 기원전 3세기경부터는 임기 만료된 정무관이 자동으로 의원이 되었다. 의원은 점차 최상급 신분이 되었으며, 연령 제한과 재산 자격까지 생겼다. 또한 공화정 때 민회·정무관 등과 함께 로마를 지탱하는 3개 기둥이 되었다. 원래는 입법·행정 기관이 아니었으나, 최상급 신분의 종신의원으로 구성되었기 때문에 그 권위는 매우 높았다. 국정 운영의 실질적인 중심기관이 되었고, 원로원 결의는 법률과 똑같은 효력을 가졌다. 입법, 자문 등의 국정활동과 집정관(콘술) 선출도 했다. 선출제정 때는 황제 권력과 대립, 또는 협조(오현제 시대)했으나 역사를 움직이는 주체적 구실은 하지 못하였고, 권한도 축소되었다. 디오클레티아누스 황제의 도미나투스 성립 뒤 명예적인 칭호로 변하였다.

었다. 귀족들은 소농민을 희생시켜 빚을 내게 하는 방법으로 재산을 늘렸다.

소수의 평민은 부유했다. 어떤 이들은 아주 큰 부자도 있었다. 그러나 그들은 여전히 정치적 권력으로부터 배제됐다. 평민 운동은 따라서 평민 상류층과 평민 대중의 계급동맹이 낳은 결과물이었다. 그들의 가장 중요한 무기는 군사적인 집단 파업이었다. 그리스 도시국가의 시민-농민들처럼, 로마의 평민들은 시민군legio의 일원이 되었고 그들은 주기적으로 전투를 거부해 사회적, 정치적 요구를 표현하곤 했다.

그리스 대중은 혁명적 행위를 통해 제대로 된 민주주의를 쟁취했다. 반면 로마 인민은 원로원을 한꺼번에 쓸어 엎지는 못했다. 하지만 그들이 얻은 것도 있었다. 로마 사회 내부에서 누적 효과를 통해 권력을 혁신적으로 재배치한 것이다. 부유한 평민은 원로원에 들어갈 수 있었고 정무관이 될 수 있게 된 것이다.

평민은 중요한 거부권을 얻었다. 새로운 법률은 평민의 민회에서 승인받아야 했고, 전쟁을 위한 결정도 백년회(켄투리아회)에서 승인을 받아야 했다. 대중의 지지를 받지 못하는 제안은 새로운 정무관, 평민 호민관이 거부할 수 있었다.

로마의 '신분투쟁'은 계급끼리 타협을 하거나 여러 계급을 정치권력에 참여시키는 쪽으로 마무리됐다. 지배계급이 전복되지는 않았지만 그들의 계급은 신참자들에게 개방되었고, 그들의 정치권력은 제한됐으며, 그들의 결정은 대중의 동의를 받아야만 했다. 이는 소농민의 재산이 세금과 빚으로부터 보호받게 되었다는 것을 의미한다. 함께 사는 시민을 희생시켜 자신의 부를 늘리는 대지주에게는 제재가 가해졌다. 그러자 로마 귀족들의 야망은 외국의 적으로 방향을 수정했다.

로마의 귀족들은 경쟁이 아주 치열했다. 최상층 가문들은 원로원 자리를 놓고 경쟁했고, 그 보상으로 권력, 명성, 부정하게 벌어들이는 손쉬운 수입을 얻었다. 부는 목표라기보다는 수단이었다. 귀족들은 정치권력을 갖기 위해 부가 필요했다. 귀족들은 가족과 평민들을 피보호민Cliens으로 거느리며 평민들의 보호자Patronus가 되었다. 그들은 지지자들을 모으고 뇌물을 통해 투표 진영을 강화했다.

권력을 축적하는 데 실패한 가문은 쇠락했다. 원로원과 기사 신분 같은 귀족 계층의 구성원으로 남으려면 점점 더 재산이 중요해졌다. 보호자-피보호자 관계, 공직, 정치권력 투쟁은 계층의 지위를 유지하는 데 필수적이었다.

평민들이 착취에 어떻게 저항하느냐에 따라 귀족 내부에서 벌어지는 경쟁 양상이 달라졌다. 파벌의 힘을 유지하는 데 있어서 평민들의 지지는 필수적이었다. 하지만 한편으로는 평민들이 토지를 소유하게 됨으로써 귀족들이 더 많은 부를 축적하는 게 어려워졌다.

이 같은 상황에서 전쟁과 정복은 귀족에게 대안적인 방법으로 자리 잡았다. 전쟁에서 승리를 하면 전리품(특히 금괴, 노예로 삼을 수 있는 포로, 새 농장, 재산을 불릴 수 있는 토지)을 얻을 수 있었다. 그중 일부는 전쟁을 지지하고 싸워준 보통 시민과 나눠 갖기도 했다. 그러나 알짜배기 몫은 역시 국가나 원로회 집정관에게 돌아갔다. 이처럼 로마는 폭력으로 다른 지역의 재산을 강탈하는 약탈적인 제국의 체제로 바뀌어 갔다. 자국 내부에서는 착취율을 높여 잉여를 축적하고, 통치계급은 외국의 지배계급이 장악했던 잉여와 노동, 생산수단을 힘으로 빼앗았다.

기원전 5세기와 4세기 동안, 로마는 이탈리아 반도를 정복했다. 기원전 3세기에 로마는 지중해 서부의 통제권을 놓고 카르타고 제국과 두 번의 큰 전쟁을 치렀다. 기원전 2세기에는 그리스를 놓고 마케도니아 왕국과 역시 두 번의 큰 전쟁을 벌였다.

군사적 축적 과정은 자급자족 방식이었다. 하나의 전쟁에서 빼앗은 잉여는 다음 전쟁을 일으키는 자원을 제공했다. 패배한 지배계급은 '로마화'했다. 그들에게 로마 시민권을 부여해 로마의 엘리트 문화를 채택하게 만들었고 미래에 로마가 점령할 지역을 공유하자고 제안했다. 이 같은 방식을 통해 확장일로에 있던 군대에 안정적으로 신규 인력을 공급할 수 있었다.

'신분투쟁'의 시기가 지나간 뒤 로마는 국내에서는 안정이 유지됐지만, 대외적으로는 기원전 3~2세기에 걸쳐 점점 더 공격적으로 변해갔다. 자국의 안정은 해외 침략에 의존했다. 사회적 평화는 제국주의적 잉여를 통해 유지된 것이다. 이런 식으로 로마는 기원전 7세기경 작은 라틴 도시국가에서 시작해 2세기 후반에는 고대의 가장 강력한 제국으로 성장했다.

철기시대 기술은 기원전 1세기 당시 여러 제국주의적 정치체제를 구성하는 데 필요한 대량의 잉여를 생성해냈다. 페르시아 아케메네스 왕조, 인도 마우리아 왕조, 중국 진나라, 마케토니아의 여러 왕국, 그리고 로마제국에 이르기까지.

그러나 로마의 제국주의는 예외적으로 뛰어난 역동성과 단단함을 갖고 있었다. 4년간 이어진 전쟁 중 하이라이트라고 할 수 있는 기원전 331년의 가우가멜라 전투를 통해 알렉산더 대왕은 페르시아 제국을 멸망시켰다. 기원전 216년 칸네 전투에서는 카르타고의 한니발이 로마 공화국에 충격적인 패배를 안겨주었다. 그러나 로마는 항복을 거부했고 결국에는 승리했다. 그럴 수 있었던 중요한 차이가 바로 로마 제국주의의 사회적 기반이 되었다.

페르시아 아케메네스 왕조는 직업군인에게 돈을 지급하기 위해 피지배 농민들에게 조공을 부과했다. 반면 로마 공화국의 군대는 자유시민의 민병대였다. 로마 농민들은 수적으로도 많았을 뿐 아니라 페르시아 농민과는 달리 체제 속에 자신의 이해관계를 갖고 있었다. 로마는 칸네에서 8만 명의 남자를 잃었다. 그러나 그들은 예비인력으로 보병 70만 명, 기병 7만 명이 있었던 것으로 추정된다. 게다가 귀족과 농민 모두 투쟁을 계속하려는 의지를 갖고 있었다. 로마제국이 갖고 있었던 정치체제의 우월성은 후기 공화국(기원전 133~30)의 큰 위기 속에서 다시 한 번 시험받게 된다.

로마혁명

기원전 133년, 티베리우스 그라쿠스는 급진적인 토지개혁을 공약으로 내세워 평민의 호민관으로 선출되었다. 귀족의 반대 때문에 그는 원로원을 무시하고 평민회 총회에 토지 법안을 직접 상정해 통과시켰다. 이듬해 그는 우익 폭도에게 암살되었다. 새로운 위기의 시대가 로마 정치에 도래한 것이다.

위기의 시대는 한 세기 동안 지속되면서 여러 단계의 내전을 거쳤고 결국 제국의 생존을 위협하게 된다. 그것은 결국 지배계급의 급격한 재편, 국가조직의 관료화, 황제의 군사독재를 불러왔다. 과거로부터 물려받은 도시국가의 전통이 세계 제국으로 변모하면서 생겨난 새로운 사회세력을 수용하지 못하자 로마의 위기가 생겨난 것이다.

원로원을 장악하던 귀족-평민층들은 '신인간New men[20]'을 점점 더 적대적으로 대하게 됐다. 원로원 엘리트들이 고위층을 독점하면서 다른 귀족 분파의 분노를 샀다. 소수의 원로 가문, 두 번째 부류인 '기사' 가문, 제국 정부와 상업에 참여하고 있는 많은 이탈리아 지방 가문 등이 그런 귀족 분파였다.

새로워진 사회 현실은 상속받은 특권을 수용할 수 없었다. 기원전 2세기 중반이 지나자 지배계급은 낡은 방식으로는 계속 지배할 수 없게 되었다. 그중 소수는 개혁을 선호했다. 또 다른 소수는 골수 반동 강경파였다. 하지만 나머지 다수는 흔들렸다. 그들은 자산과 특권을 보호하는 데 집착했기 때문에 대개 위기를 맞으면 반동을 선호한다. 때문에 개혁주의자들이 원로원의 반대를 물리치기 위해서는 더 광범위한 세력을 규합해야 했다.

---

20 귀족 가문 출신이 아닌 사람이 처음으로 법무관이나 집정관 같은 국가 최고위직에 출마하여 당선됨으로써 출신 집안에 귀족의 명예를 선사할 때 부여하는 호칭.

로마혁명을 완성한 카이사르(위 왼쪽)와 옥타비아누스(위 오른쪽)
브루투스의 일파에 의해 암살당하는 율리우스 카이사르.(아래)

국경의 먼 곳에서 벌어지는 정복전쟁 때문에 이탈리아 소농은 파멸할 수밖에 없었다. 세 번째 스페인 전쟁(기원전 154~기원전 133)에선 무려 90만 명의 병사가 필요했다. 어떤 때는 로마 시민 전체의 8분의 1 이상이 군에 복무했다.

스페인으로 이주했던 많은 사람들이 그곳에서 몇 년 동안 머무르다 보니 고향의 농장은 경작되지 않았다. 대지주들이 그 땅을 사기도 했다. 로마 시민 농부들이 하던 일은 외국 노예가 하게 되었다. 이런 상황을 한 역사가는 이렇게 설명했다.

"부자는 설득하거나 힘을 사용해 자신의 땅 가까운 토지와 가난한 사람들의 소규모 농지를 사거나 빼앗았고 그렇게 해서 하나의 농장 대신 거대한 농장을 운영하게 됐다. 단일 농장 대신 큰 농장을 운영하게 됐다. 그들은 이렇게 얻은 땅에 노예와 목동을 고용해 자유민이 이 땅을 떠나 군대로 끌려가는 일을 막았다."

그 결과 사회적 위기는 이중적으로 나타났다. 농민층이 감소하면서 공화국 군사의 장점이던 인력이 고갈되기 시작했다. 또한 시골에 노예 인구가 늘어나면서 심각한 사회적 안전 문제가 생겨났다.

새로운 노예경제의 중심지는 시칠리아와 남부 이탈리아였다. 수만 명의 포로들이 노예로 팔려와 귀족의 땅에서 일했다. 세 번에 걸쳐 노예의 반란이 폭발했다. 기원전 136~134년과 기원전 103~101년에는 시칠리아섬에서, 마지막으로 기원전 73~71년에는 이탈리아 본토에서 반란이 일어났다. 시칠리아 노예 반란에서 후기 공화국의 위기가 시작된 것은 우연이 아니었다. 티베리우스 그라쿠스와 지배계급의 개혁파는 급히 군대를 충원하고 내부의 안정을 도모해야만 했다. 불타는 시칠리아 빌라를 배경으로 논쟁이 벌어졌던 것이다.

수많은 제대 군인과 몰락한 소농이 로마로 몰려왔다. 로마는 전쟁 전리품, 공공 노동, 귀족의 보호와 소비 등으로 급속히 제국 도시로 성장했지만 이제는 빈곤해진 '잉여' 시민들의 도시가 되어버렸다. 그리하여 폭동이 끊이질 않았다.

제국의 성장은 또한 이탈리아의 로마와 다른 동맹 시市 사이의 관계도 바꾸어놓았다. 재향 군인의 절반 이상은 로마 시민이 아니라 '라틴' 시민 또는 '동맹' 시민이었다. 전쟁에서 동등한 역할을 한 사람들은 점점 더 동등한 몫의 전리품을 요구했다. 급기야 선거권은 폭발적인 이슈가 되었다. 기원전 91~88년의 '동맹시 전쟁The Social War'은 로마인과 이탈리아인이 동등한 정치적 권리를 놓고 싸운 본격적인 내전이었다.

이탈리아 사회는 위부터 아래까지 폭발할 수밖에 없는 모든 이유를 갖고 있었다. 부패한 원로원, 기사 계급 공직자, 지방 젠트리(향신층), 빚 때문에 몰락한 소농, 참전 후 제대해 가난해진 징집병, 폭발적으로 늘어난 도시 빈민, 로마에는 봉사했지만 정치에선 배제된 동맹시의 시민.

그러나 로마의 혁명은 특이했다. 불만 세력 중 어느 계급도 운동을 지배하지 못했다. 어떤 계급도 변화하는 세계에 대한 일관된 비전과 전략을 내세울 리더십을 구축하지 못했다. 아무도 혁명적 대안을 제공하지 못했다. 귀족은 일반 대중을 두려워했고 자산에 위

협이 될까봐 우려했다. 소농은 땅 없는 빈민으로 전락할까봐 두려
워했다. 자유 시민들은 노예의 반격을 우려했다. 로마 사람들은 이
탈리아인들에게 참정권을 부여함으로써 로마 시민으로서의 특권
이 희석될까봐 두려워했다. 대중운동은 따라서 모순으로 가득 찬
여러 계급 간의 동맹이었다. 이 때문에 로마 혁명은 복잡했고 왜곡
되었으며 100년간이나 지속되어야 했다.

원로원을 통한 개혁은 막혀버렸다. 포퓰리스트[21]populares평민파(인
민의 지배를 지지하는 사람들)는 지배계급의 소수에 불과해 옵티마테
스[22]optimates벌족파(원로원의 지배를 지지하는 사람들)의 확고한 반대에
맞서 위로부터의 혁명을 수행할 수 없었다. 이런 꽉 막힌 상황을 뚫
을 수 있는 혁명적인 계급이 없는 상황에서는 군사력만이 문제를
해결할 수 있는 결정적 요인이 된다. 로마 혁명은 따라서 군벌들의
투쟁의 장이 되었다.

야심찬 정치인들은 권위 있고 전투력 강한 군인을 찾았다. 전리품

---

21 민중파라고도 한다. 공화정의 전통을 고집한 벌족파(옵티마테스)에 대항해서 제국의 탄
생이라는 새로운 사태에 적응하는 개혁을 지향한 정치적 집단이었다. 원로원의 일부 기
사신분, 기타 평민계층을 포함하여 평민회(코미티아)를 주된 권력기반으로 하였으나 정
책·정강을 지닌 정도의 고정된 정당은 아니다. 처음에는 그라쿠스 형제와 같은 이상주의
적 귀족에 지도되어 민리증진을 위한 사회개혁을 시도하기도 하였으나, 이것이 실패한
뒤에는 마리우스나 카이사르 등이 던진 미끼에 걸려 이들의 개인 권력의 확립에 이용되
었다.

22 최선의 사람들이라는 뜻으로 포풀라레스(평민파)의 상대어이다. 원로원의 권위를 중시하
여, 원로원을 중심으로 모든 일을 계획하려는 정치적 집단이었다. 일반적으로는 원로원
의 보수파를 가리키지만, 반드시 평민파를 진보·혁신파로 규정하여 그것을 보수파와 엄
격히 구별할 필요는 없다. 또 정책·강령을 중심으로 한 정치적 결합인 근대적 정당과 같은
성격도 아니다. 공화정 말기에 일어난 로마의 내란은 이 파와 평민파의 정쟁이었다.

과 참전 용사들은 로마 정치의 게임 속에서 높은 가치를 지닌 패가 되었다. 혁명의 성격은 포퓰리스트와 옵티마테스 장군들 간의 내전으로, 즉 마리우스와 술라의 대결로, 또 시저와 폼페이의 대결로 변모했다.

결정적인 인물은 율리우스 카이사르였다. 최상층 귀족인데다 한결같은 출세주의자였고 무자비한 제국주의자였던 카이사르는 뛰어난 전쟁 사령관이자 정치가이며 개혁가였다. 카이사르는 로마 혁명의 주인공이 되었고 스스로 로마 혁명의 모순들을 몸으로 부딪쳐 나갔다.

카이사르는 기원전 49~45년의 내전에서 승리했다. 그러나 그는 혁명적 계급보다는 대중적인 운동의 리더였고, 구질서와 조화를 추구할 수밖에 없었다. 그러나 단기적으로는 불가능한 일이었다. 지배계층은 너무 분화되었고 적대적이었다. 카이사르는 독재를 통해 모순을 가리려 했다. 그러나 숨길 수 없었던 사회적 모순은 계속되는 내전을 불러왔고 결국 자신이 암살당하는 것으로 끝나고 만다.

브루투스와 카시우스가 이끄는 원로원의 반대파들은 카이사르파의 리더 안토니우스와 옥타비아누스에게 패했다. 그러나 이 두 사람은 제국을 분할하고 라이벌 권력 기반을 구축하려 했다. 로마 혁명의 마지막 전쟁은 이제 안토니우스와 옥타비아누스 간의 파벌 내전이 되었다.

옥타비아누스는 카이사르 아우구스투스, 즉 최초의 로마 황제가 됐다. 그는 '신인간', 온건한 개혁, 제국주의적 전쟁을 기초로 군사

독재를 확립했다. 로마는 이로써 도시국가에서 관료적 세계 제국으로 변신하게 됐다. 그러나 가장 성공적인 고대 제국 로마조차도 스스로 부패와 궁극적인 붕괴의 씨앗을 내포하고 있었다.

고대 제국들

고대의
종말

기원전 30년경~AD 650년

기원전 1세기 철기시대 문명의 가장 위대한 업적을 대표하는 로마의 쇠퇴와 몰락은 세계적 의미를 지닌다. 제국주의적인 초강대국이 붕괴함으로써 중세 유럽의 기초를 닦을 새로운 사회세력과 지정학적 질서가 나타났기 때문이다.

철기시대 제국들은 지역적으로는 전 세계에 넓게 퍼져 존재했지만, 청동기시대 선조들이 갖고 있던 약점들 상당 부분을 그대로 지니고 있다는 공통점이 있었다. 정치적 통일이 이뤄진 것은 군사력이 작용했기 때문이지 경제적, 사회적, 문화적 동질성 때문은 아니었다. 제국주의 통치자들은 잉여를 축적하고 이를 전쟁에서 소비하기 위해 점차 착취를 강화했다. 사회는 철저히 신분 집단의 하향식[top-down] 순위로 조직되었다. 창의력과 혁신은 억제됐고, 평범한 사람들은 단순히 장작 패고 물 긷는 하급 노동자 신세일 뿐이었다. 기술은 빈곤해지고, 가난은 깊어만 가고, 소외는 확산됐다. 철기시대 제국은 결국 청동기시대 제국만큼이나 보수적이었다.

로마제국의 붕괴는 사회질서의 소멸을 의미했지만, 인류가 문화적으로 더 높은 수준으로 상승할 수 있는 힘은 부여하지 못했다. 그 결과는 마르크스가 말한 '투쟁하는 계급들의 공도동망[共倒同亡the common ruin of the contending classes]'일 뿐이었다.

이 장에서는 로마제국을 멸망으로 이끈 내부적인 모순을 분석하고, 로마의 지배계급을 대신 차지한 지배계급(주로 게르만, 고딕, 아랍)의 특징과 로마의 위기 속에서 탄생한 세 개의 유일신 종교 유대교, 기독교, 이슬람교를 살펴보기로 한다.

고대 후기의 위기

로마제국은 시민권^{citizenship}과 제국주의의 강력한 융합을 잘 보여준다. 시민권은 이해 당사자와 군인이라는 사회적 기반을 확대시키는 역할을 했다. 정복당한 엘리트들은 천천히 사회에 동화되어 갔고 문화적으로도 동화되었다. 그들은 '로마 사람'이 될 수 있었고 제국주의 통치의 혜택을 나눠 가졌다. 제국주의는 동시에 전리품과 노예와 토지의 지속적인 공급을 유지해 주었다. 이는 국가를 강화했고, 지배계급의 부를 불렸으며, 속국 엘리트들의 충성을 끌어냈고, 피보호민 집단을 시스템에 묶어둠으로써 보호자의 지위를 계속 유지할 수 있게 해주었다.

그러나 이런 식의 사회 운용은 비용이 많이 들었다. 제국과 문명의 유지비용은 비쌌다. 어떤 사람은 혜택을 얻는 반면, 다른 사람은 혜택을 빼앗긴다. 로마의 통치는 재산과 권력을 안전하게 보호했다. 하지만 군대와 도시, 집을 소유한 자들은 착취 시스템에 기대어 살아갔다. 그 착취 시스템을 위해서는 세금, 임대료, 이자, 노동 서비스를 농촌 지역 사람들로부터 뽑아내야 하는 것이다.

로마제국 주민의 대다수는 자영 농민, 노동자, 농노, 노예로 땅에서 일했다. 제국과 문명은 그들이 등에 짊어진 무거운 짐 위에 세워진 것이다. 처음에는 그 짐의 원천인 착취도 어느 정도는 견딜 만한 수준이었다. 많은 것을 빼앗겼지만 농민들이 먹고 살 만한 형편은 됐다. 자신의 밭에 씨를 뿌리고 목장을 다시 채울 만큼 남는 게 있었고, 시장에서 생필품을 구할 수 있을 정도는 됐다.

이것이 가능했던 것은 다른 사람들이 더 큰 대가를 치러주었기 때문이었다. 제국은 정복전쟁으로 보조적인 수입을 얻고 있었다. 승자들은 패배한 쪽의 재산을 강탈해 부를 쌓았다. 희생자들은 국가, 군대, 부자들을 지원하는 데 들어가는 어마어마한 비용을 지불했다. 제국이 계속해서 확장하는 한, 해외에서 빼앗아 오는 만큼만 내부적 착취가 완화되었다.

그 체제는 근본적으로 팽창주의적이었다. 외국의 잉여를 군사적으로 전유함으로써 성장할 수 있었다. 잉여를 지속적으로 획득해야만 체제는 활력을 가질 수 있었다. 제국이 한 단계 더 도약할 때마다 제국의 체제가 침체 혹은 위기에 빠지지 않으려면 또 다른 착취 대상이 필요했다. 그러나 외국으로부터 잉여가 영원히 확장될 수는 없었다. AD 1세기쯤 로마의 군사 제국주의는 더 이상 확장이 불가능한 상태에 이르렀다.

그리스-로마제국의 문명이 지닌 한계는 철기시대 농업의 한계와 일치한다. 철기시대 기술은 시리아에서 영국 남부까지, 유럽의 라인강과 다뉴브강에서부터 북아프리카의 아틀라스 산맥에 걸친 광범위한 지역에서 쟁기를 기반으로 한 농업을 만들어냈다. 이 일대는 경작지와 마을, 그리고 열심히 일하는 농부들이 가득한 풍요로운 땅이었다. 잉여는 컸다.

이런 잉여를 획득하기 위해 사회를 조직한 사람들은 군대와 도시를 만들 수 있었다. 그러나 농경지가 끝나면 황무지가 있었다. 영국 북부의 언덕, 독일의 숲, 아라비아와 아프리카 북부의 사막 등이 그것이다. 제국의 군대가 황무지로 진격해 들어갔지만 광야에 흩어진 채 게릴라전을 펼치는 적들을 이겨낼 수는 없었다. 설사 그들을 정복한다 해도 그들의 생활이 너무나 피폐해서 큰 수익을 얻어낼 수 없었다.

고대의 종말

기원전 53년 3만 명의 로마 군대는 시리아의 카레 전투에서 파르티아의 기병궁수들에게 괴멸됐다. AD 9년에는 3만 명의 로마 군대가 토이토부르크 숲의 전투에서 독일 부족들에게 전멸했다. AD 208~211년에는 영국 북부를 정복하려는 로마의 마지막 시도가 게릴라의 저항에 패배했다. '단 한 사람도 우리(손에서)의 철저한 파괴에서 벗어날 수 없게 하자'는 것이 로마 황제 셉티미우스 세베루스가 부하들에게 내린 간담 서늘한 명령이었다. '아기가 어머니의 자궁에서 임신된 채로 있게 하지 말자. 그가 남자 아이라면, 그 운명을 벗어날 수 없게 하자.'

그러나 그들은 그 운명에서 벗어났다. 세베루스는 오히려 요크에서 죽었고, 스코틀랜드는 결코 정복되지 않았다. 영국 북부의 습지와 협곡 속에서 안개와 이슬비 속에서 말을 채찍질하던 제국의 리바이어던은, 푸른색으로 칠한 소규모 산병散兵 집단에 의해 점차 쇠퇴하고 소멸했다.

로마제국은 그때 이미 한계에 다다르고 있었다. 나라의 초석은 철기시대 농업이었다. 경작지와 풍부한 노동력을 이용해 군대와 지배계급과 도시를 먹여 살리고, 도로와 요새를 유지할 수 있는 잉여를 만들어 낸 것은 농업이었다. 쟁기 농사를 짓는 곳에서는 전쟁은 수지가 그런대로 맞는 일이었다. 그러나 농사를 짓지 않는 곳에서 전쟁은 낭비일 뿐이었고, 군대가 황무지로까지 쳐들어갈 때쯤 이미 제국은 지나치게 확대된 상태였다.

제국의 확장은 기원전 1, 2세기에 정점에 달했고 AD 1세기 초 이후에는 급격히 둔화했으며, AD 2세기에는 거의 완전히 정지했다. 그 결과 지속적으로 유입되던 전리품도 끊겼다. 외부에서 들어오던 보조수입이 중단된 것이다. 로마제국은 국가 내부에서 생성된 자원에 전적으로 의존하게 됐다.

하지만 제국과 문명의 유지비용은 줄어들지 않았다. 수천 킬로미터로 넓어진 국경을 방어하기 위해선 강한 군대와 광대한 요새가 필요했다. 지도층의 단합과 이들에게 바쳐지는 피호민들의 충성은 군대에서 일반 사병의 희생이 있어야만 가능한 것이다. 이런 시스템은 사치스런 소비와 국가의 후한 보조금이 있어야만 지속될 수 있었다.

AD 1세기부터, 특히 2세기 후반부터 제국주의 국가는 점점 더 자주 재정 위기에 처했다. 위기에 대응하려면 농촌으로부터 더 많은 잉여를 뽑아내 정치 · 군사적 기반을 유지해야 했다. 하지만 이 때문에 제국은 서서히 경제 하락의 소용돌이에 빠져들 수밖에 없었다.

과세와 강제 부역, 군사 징집이 늘어나면서 주변부 농민들의 삶은 피폐해졌다. 그러자 과세의 기반도 줄었다. 그러면 다시 세금을 올려야 했고 농민들은 더 벼랑 끝으로 내몰렸다. 이런 과정이 계속 반복됐다. 점차 군사화하고 전체주의화하면서 후기 로마제국은 필수 경비를 조달하기 위해 자국의 사회·경제적 자본을 소모해야만 했다. 군대라는 약탈자는 그렇게 식인종으로 변해갔다.

경제적 압박 때문에 정치적 변화도 크게 세 가지로 나타났다. 첫째, 지배계급은 계속해서 지역의 경계를 따라 분열되었고, 각 집단은 자신들의 잉여와 군인의 통제를 유지하려 했다. 내전은 흔히 제국의 다른 지역에 있는 라이벌 황제들의 군대 파벌 사이에서 발생하였는데, 이 내전은 고질적인 것이 됐다. 둘째, 외국의 침략이 점점 더 거세졌고 자주 발생했다. 유럽의 국경에서는 야만족 동맹이 쳐들어왔고 동쪽에서는 이란과 이라크 지역에 있는 사산 제국이 침략을 일삼았다.

로마의 군사적 하락은 두 개의 전쟁에서 뚜렷이 드러났다. AD 378년 트라키아(현 불가리아)의 아드리아노플에서, 동로마제국의 전체 야전군은 고트족에게 패했다. 16년 뒤, 이탈리아 북동부 국경의 줄리안 알프스의 프리기두스강에서 다시 조직된 동로마제국 병사의 대부분은 고트족 용병이었다. 로마제국의 재정적 위기와 인력 부족이 워낙 컸기 때문에 그들은 '야만족' 군인에 의존할 수밖에 없었다.

재정위기의 세 번째 결과는 계급투쟁의 부활이었다. 지방의 자영농은 군사-관료주의적인 국가의 요구에 견디다 못해 농노로 몰락했고 더 가혹해지기만 하는 착취에 시달리면서, 반격할 수 있는 방법을 찾으려 했다. 그러다 보니 많은 농장들이 버려졌다. 여기에 내부적으로는 도적들이 만연했다. 세리, 징병관, 집달관을 향한 저항이 확산됐다. 때로 그 불만은 농민 봉기와 농촌 코뮌으로 이어지기도 했다.

제국은 분열됐고 외부의 침략을 받았으며 내부에선 반란이 일어났다. 이러한 쇠락의 징후들은 그 체제가 부패했음을 드러낸다. 결국 AD 410~476년 서로마제국은 해체됐고, 영토를 야만인 병사 집단에게 빼앗겨 아무것도 남지 않게 되었다.

5세기 말경 유럽은 여러 개의 국가들이 제각각 독립을 유지한 채 분할되었다. 새로운 세계질서가 고대 후기의 불기둥 속에서 세워졌다. 이런 변화의 주동자는 중부 유럽과 동부 유럽, 중앙아시아의 종족 연합이었다.

훈족, 고트족, 게르만족과 로마인들

유라시아의 스텝은 헝가리 평원에서부터 태평양으로까지 뻗어있는 초원 지대다. 극단적인 기후 탓에 나무가 없어 초기 선사시대부터 중세 때까지 주로 유목민들이 살았던 곳이다.

역사 속의 유럽, 터키, 페르시아, 인도, 중국은 스텝의 유목민들로부터 간간이 침입을 받곤 했다. 그러나 막상 AD 370~450년 사이에 서로마제국의 붕괴를 촉발시킨 것은 훈족이었다. 훈족은 수렵채집에 말, 소, 양, 염소 등의 목축을 겸하며 살아갔다. 스텝 초원은 불모의 지역이었고 그들의 생활양식도 원시적이었다. 이들은 숫자도 적었고 흩어져 살았으며 사회조직은 느슨했고 계급이 없었다.

그러나 훈족은 일급 기병들이었다 그들은 합성궁, 올가미 밧줄, 검 등으로 무장해 부족 전쟁에 나섰다. 활과 올가미 밧줄은 스텝 초원의 장비였고 칼은 최고의 교역 물품이었다.

AD 4세기 중반경 훈족들이 왜 서쪽으로 이동해왔는지는 확실한 이유를 알기 어렵다. 다만 그들이 빈곤했다는 사실을 감안하면 안전하게 살아갈 여유가 없었다는 것을 알 수 있다. 가뭄은 초원에서는 죽음을 의미한다. 아마도 생태적 위기 때문에 그들이 움직이게 된 것으로 보인다. 식량이 소진되고 인구는 과잉된 고향땅을 벗어나기 위해 폭력, 정복, 서쪽으로의 확장을 택한 것이다.

그들은 우크라이나로 와서 동고트왕국을 점령해버렸다. 이들이 좀 더 서쪽으로 밀어붙이자 서고트족은 동로마제국으로 물러났고 그곳에서 새 거주지를 찾아야만 했다. 이들 고트족과 로마의 갈등은 결국 전쟁으로 폭발했다. 콘스탄티노플을 근거지로 한 동로마 군대는 AD 378년 아드리아노플 전투에서 괴멸했다. 스텝 유목민들은 간접적으로나마 구세계를 새롭게 다시 만들기 시작한 것이다.

그들은 자신들도 변했다. 그들이 침략한 고트족은 로마제국의 서쪽 라인강과 다뉴브강 상류를 국경으로 삼고 있는 게르만족과 마찬가지로 부유한 농민이었다. 고트족들은 새 주인인 훈족에게 공물을

훈족의 영웅 아틸라왕을 새긴 로마의 동전(왼쪽) 동전에 새겨진 아틸라 초상

바쳐야 했다. 훈족은 그 농업 잉여로 부를 키웠고, 이를 이용해 군대를 늘려 새로운 정복에 나설 능력을 키웠다.

그러나 훈족에게는 더 큰 선물이 로마제국 안에서 기다리고 있었다. 고트족이 아드리아노플에서 로마를 물리친 데서 알 수 있듯 제국은 군사적으로 상당히 약해져 있었다. 로마의 지방 소농들은 농노로 바뀌었다. 착취와 소외로 인해 로마의 군사적 제국주의의 전통적인 인력 기반은 고갈됐다.

로마의 황제는 국경을 방어하기 위해 시민-군단병에 의존하는 대신 점점 더 뇌물과 야만인 용병에 의존했다. 때로는 훈족이 로마의 동맹으로 고용되기도 했다. 때로는 돈으로 매수될 때도 있었다. 어떤 식으로든 훈족은 로마의 보물과 고트족의 공물까지 받게 되면서 일개 유목민 부족에서 대륙의 군사 전문가 집단으로 완전히 탈바꿈했다.

AD 434년 아틸라가 훈족의 왕으로 즉위했을 때 이런 변모는 눈에 띄게 두드러졌다. 아틸라의 제국은 전성기 때 발트에서 알프스, 라인강에서 카스피해를 아우르는 영역으로 확장되었다. 훈족의 수도는 반은 영구적인 거주촌락이었고, 반은 유목민 야영지였는데 이곳으로 제국의 내외부로부터 보조금과 뇌물이 조공으로 흘러들어 왔다. 반세기 전만 해도 훈족은 부족장이 수백 명의 부족으로 이뤄진 군대를 이끌며 싸웠다. 이제 전쟁은 영구적으로 진행될 태세였고, 그들의 사회체계는 군사화됐으며, 그들의 최고 사령관은 절대적인 권력을 갖게 되었다.

훈족의 국가는 로마제국의 붕괴로 이득을 얻으며, 철기시대 기술 혁명이 가져다 준 잉여를 집어삼켰다. 로마 제국주의의 황금기에 잉여는 자유 소농과 시민-병사를 지원했다. 하지만 쇠락기에 로마의 잉여는 헝가리 평원을 장악한 괴물 같은 유목민 제국을 먹여 살렸다. 용병의 군사 제국주의가 그만큼 진화한 결과였다.

전쟁 지도자로서 아틸라는 군사 잉여를 지배했고 전쟁이 영구화되면서 그의 권위 역시 영구화됐다. 왕은 한때 개인의 권력을 제한했던 부족의 의무와 사회적 제약의 사슬을 끊어버릴 수 있었다. 그러나 아틸라의 피보호민-왕, 부하-족장, 하인들을 묶는 거대한 네트워크를 유지하려면 조공, 보조금, 사치품이 끊이지 않고 계속 유입되어야만 했다. 그래서 아틸라는 강도-부자였고, 전쟁광이었으며, 끝없이 정복전쟁을 밀어붙인 사람이었다. 훈족의 국가는 본능적으로 공격적일 수밖에 없었다.

아틸라는 후기 로마 지배계급에게는 '신의 징벌'이었다. 가난한 사람들은 그를 다르게 보았다. 훈족과 갈리아족 바가우다에는 때로 로마-갈리아의 지주들에 맞섰는데 AD 440년대에 동맹을 맺기도 했다. 그러나 훈족의 왕국은 너무 거칠었고, 약탈적이었으며, 진보적인 사회변화를 이끌 세력을 만들기에는 너무 불안정했다.

아틸라가 AD 451년 갈리아(오늘날의 프랑스 벨기에)를 공격했을 때, 그에게서 외교적 기교는 찾아볼 수 없었다. 바가우다에는 합류하지 않았고, 로마-갈리아 영주들과 서고트 자유 농민들은 군대에 합류했다. 그 바람에 서로마-서고트 연합군은 샬롱의 전투에서 아틸라에게 결정적인 패배를 안겨주었다. 그는 자신의 영향력이 강한 중부 유럽의 중심지로 물러나야 했다. 2년 뒤 그는 죽었고, 제국은 해체되었으며 후계자들 사이의 영토 분쟁과 민중들 사이에서 생겨난 아래로부터의 반란에 의해 멸망했다.

스텝 대초원 유목민들의 개입은 갑작스럽고 치명적이었다. 그러나 역사에 긍정적인 기여를 하지는 않았다. 서로마제국은 게르만족이나 고트족의 지배를 받는 여러 개의 야만인 왕국으로 쪼개졌다. 동로마제국은 관료화되고, 보수화되고, 활력을 잃어갔다. 그러나 훈족의 제국은 그저 지구상에서 사라졌다.

그들은 왜 그리 급작스럽게 완전히 붕괴했을까. 몇 세대를 거치며 훈족은 유목 목축민에서 군사적 약탈자로 변모했다. 아무런 생산력을 갖고 있지 않았고 전적으로 다른 종족들에게 공물과 돈을 착취해내는 능력에 의존했다. 자신들의 정치체제를 유지하기 위해 생필품들을 약탈했던 것이다.

훈족은 수적으로는 적었지만, 지배한 영역은 광대했다. 따라서 지나치게 확장된 영토를 다스릴 인력이 극도로 부족했다. 그들이 힘이 셀 때는 공포와 힘으로 체제를 유지할 수 있었다. 그러나 확장기가 끝나면 족장과 부하, 전사 등 국가 기반시설을 유지하는 데 필요한 잉여가 더 이상 유입되지 않는다. 따라서 자체의 생산 기반 없이 폭력으로 강탈하는 체제에서는 과도한 확장이 이뤄질 수밖에 없었다. 안정을 위한 평형수平衡水는 없었고, 오직 스스로 멸망 속으로 돌진해 들어가는 엔진만 있을 뿐이었다. 그러나 그 엔진이 폭력적으로 이동하면서 게르만족과 고트족을 서로마제국으로 몰고 갔고, 결국 제국주의 국가기구를 붕괴시켰으며, 이후 야만족 왕들이 지배하는 여러 국가들도 쪼개지는 결과를 낳았다.

고대의 종말

변화는 생각보다는 적었다. 고대문명은 대부분 야만족 왕들에 의해 포용되었고, 따라서 로마는 중세 세계의 형성에 큰 기여를 했다. 문화적 전파의 가장 중요한 원동력은 기독교였다. 얼마나 중요한지를 파악하기 위해서는, 선사시대에 뿌리를 내린 고대 이교도 문화의 자궁 안에서 유일신 종교가 어떻게 성장했는지를 분석하는 데까지 거슬러 올라가야 한다.

어머니-여신들과 권력-신들

신화, 의례, 종교는 다면적인 성격을 갖고 있다. 그 기원은 불안정한 삶을 살았던 원시시대로 거슬러 올라가야 찾을 수 있다. 그 시대의 사람들은 식량을 찾아 나서는 모험을 앞두게 되었을 때 두려움을 달래기 위해 미술, 춤, 음악, 장신구 등을 통해 사냥할 짐승들을 주술적으로 표현했다.

초기 농민들은 변화무쌍한 자연에 희생당하던 존재였기 때문에 대지를 어머니-신, 다산과 식량의 근원으로 여겼으며, 대지의 여신에게 은혜를 내려달라고 기도하면서 제물을 바치기도 했다.

다산과 풍요의 신들은 언제나 여성이었다. 여성은 월경, 출산, 수유를 하는 존재로서 자연의 풍요로운 생산력을 상징하는 존재였다. 대지의 신이 여성이어야 할 또 다른 이유도 있었다. 여성은 계급이 없던 사회에서는 강력한 존재였다. 당시는 모계사회였으며 처가 거주가 일반적이었으며 여성의 권위가 더 우월했다.

왜 그랬을까? 여자들은 집단 소유와 협업에 기반한 단순 사회에서는 중심 역할을 했다. 여성들은 출산과 육아의 기능을 맡았으므로 지리적으로, 사회적으로 덜 이동할 수밖에 없었다. 또한 사유재산이 없었고 사유재산이 낳는 특권이 없었던 사회였기 때문에 특별히 대안이 될 만한 사회적 힘을 필요로 하지도 않았다. 여성들은 그 사회의 무게중심이었다. 남자들은 그 주위의 궤도를 도는 존재였다. 초기 농부의 위대한 대지-어머니 여신들은 사회 현실을 거울처럼 비춰주는 이미지였다.

이후 사유재산, 계급 분화, 국가권력이 동시에 상호의존적으로 생겨났다. 재산을 공유하던 시절에는 거칠게나마 평등이 사회에 내재돼 있었다. 그러나 토지가 개인에게 분할되어 사유 농장이 생겨나고 가축들이 각 가정에 나누어지면서 어떤 이들은 다른 이를 희생

사회의 중심이 여성에서 남성으로 이동하면서 제우스신은
질서, 가부장, 문명을 상징하는 존재로 부각됐다.

시켜 부를 키울 수 있게 됐다. 그 결과 서로 간의 갈등이 생겨났다.
이런 갈등이 사회의 해체로 이어지지 않으려면 어떤 방식으로든 통
제가 필요했다. 국가는 남자들 중심의 무장된 조직으로서, 새로운
재산에 기반을 둔 현재의 상황을 보호하는 쪽으로 진화했다.

이렇게 되자 권력을 갖게 된 쪽은 남자들이었다. 밭을 갈고 가축
을 모는 사람은 여자가 아니라 남자들이었기 때문이다. 가축과 밭

을 공동으로 소유할 때는 모든 사람이 이득을 얻었다. 그러나 이것이 사유재산이 되었을 때 그것을 일구고 가꾸는 사람들만 부자가 되었고 권력을 가질 수 있었다.

프리드리히 엥겔스가 '역사적인 여성의 패배'라고 설명한 이런 변화는 신화와 의례에서도 드러났다. 옛 시절의 어머니-신은 왕좌를 빼앗겼고 남성의 권력-신성의 새 세대가 그 권좌를 차지했다. 그리스의 천국은 제우스가 통치했고, 로마의 하늘은 주피터가, 유대인의 하늘은 야훼가, 아랍인의 하늘은 두샤라가 지배했다. 그 옛날의 대지-어머니가 자연의 힘을 상징했던 것처럼 새로운 권력-신들은 부족과 국가와 제국의 힘을 상징했다. 신화적 상부구조는 마치 군사적인 상부구조가 현실 속에서 건설되듯 사람들의 마음속에 심어졌다.

고대 그리스의 최고 성지 올림푸스에서 가장 오래된 의식은 어머니-여신들을 위한 것이었다. 가이아, 레아, 헤라, 데메테르 같은 여신들이 숭배의 대상이었다. 그러나 기원전 5~4세기경 고전시대 Classical Age에 이르러서는 가장 부유한 제물, 가장 웅장한 사원, 가장 큰 사냥감은 제우스에게 바쳤다. '거인들의 전쟁' 신화에서 제우스는 타이탄에게 승리를 거두기 위해 새로운 신을 이끌었다. 제우스에 맞선 타이탄은 그의 아버지 크로노스와 다른 나이든 신들이었다. 제우스는 질서, 가부장, 문명을 대표한다. 크로노스는 야만의 현신이다. 크로노스의 세계는 혼돈과 모계의 세계다. 그리하여 모계는 무질서의 세계를 나타내는 신화적 코드가 됐다.

그리스 영웅 아가멤논은 트로이 전쟁에서 집으로 돌아올 때, 자신의 아내 클리템네스트라에 의해 살해된다. 이 여자는 다른 남자를 연인과 왕으로 삼았다. 세계는 뒤집어지고 도덕적 질서는 붕괴된다. 그러자 아가멤논의 아들 오레스테스가 아버지의 복수를 위해 클리템네스트라를 살해한다. 살인은 또 다른 살인을 낳는다. 반복되는 살인의 사이클은 여성 파워가 치러야할 대가였다.

이 같은 여성 혐오적인 내용의 신화는 그리스 문명의 가부장적 질서를 정당화했다. 남성들이 중심이 된 오이코스^{oikos}(재산을 소유한 가구)는 사회구조의 기초를 구성하는 요소였다. 도시국가는 남자-시민, 작은 재산 소유자, 오이코스 가장의 모임이 운영했다. 그리스 민주주의가 파멸한 것은 여성의 정치적 배제, 사회적 차별, 가정에서의 억압뿐 아니라 이런 모순들 때문이기도 했다.

<u>고대의 종말</u>　고대 신화 속에서는 또 다른 사회적 갈등도 찾아 볼 수 있다. 신화는 현실을 비추어 보여준다. 신화는 사회모순을 묘사하고 설명하고, 분석하는 방법을 제공한다. 신화는 사회의 규범을 대변하고 비춰주는 것이다.

그렇지만 사회가 혼란스러울 때 신화는 논쟁거리를 제시하기도 한다. 우리는 누구인가? 우리는 어디에서 왔는가? 우리의 친구는 누구며, 적은 누구인가? 여러 갈래로 나누어진 세상 속에서 우리를 정의하고 우리를 하나로 묶는 것은 무엇인가? 문화적 정체성은 갈등 속에서 만들어지는데 여기서 신화, 의례, 종교는 고대세계의 문화적 정체성에 형식과 내용을 부여하는 역할을 했다.

로마는 계급 중심의 군국주의, 제국주의 국가였다. 로마의 최고신이 전쟁의 신이었던 것은 그러므로 당연했다. 주피터 옵티무스 막시무스$^{\text{Optimus Maximus}}$(최상이자 가장 위대하다는 뜻)는 로마 도시국가의 수호신이었다. 모든 로마 군단의 깃발에는 독수리 모습으로 그려진 주피터의 형상이 새겨져 있었다. 군인들은 제국이 치르는 전쟁 캠프에서 제단을 차려놓고 주피터를 모셨다. 로마가 전쟁에서 승리한 뒤 군대와 노예 포로들이 도시를 행진할 때, 또한 승리를 기념하는 광장에서 적장을 처형할 때 모든 희생과 제물과 영광은 주피터에게 바쳐졌다.

제국의 폭력과 착취가 이렇게 종교적인 외형을 띠고 있었던 것처럼, 억압받는 이들의 저항 역시 마찬가지였다. 신화는 사회적 질서를 정당화할 수도 있지만 반대로 사회에 대한 저항을 고무할 수도 있었다.

이런 점에서 하나의 고대 신앙은 두드러졌다. 여러 세기 동안 투쟁을 거치면서 그것은 반문화적 저항의 무기가 되어갔다. 그 믿음은 고난에도 굴하지 않았고, 뿌리 뽑히지 않았으며, 팔레스타인 평민들의 마음과 정신 속에 깊이 뿌리를 내렸다. 이후 그것은 두 개의 후손을 낳았는데 그 역시 이데올로기 투쟁의 무기가 됐고, 세 가지 종교적 믿음은 결국 세계의 절반을 지배하게 된다. 유대교, 기독교, 이슬람교가 바로 그 종교들이다.

비록 보수적인 이데올로기로 끊임없이 변형될 여지가 있었지만 세 가지 유일신 종교는 고대세계의 모순 때문에 만들어졌다. 이들 종교가 엄청난 힘을 갖게 된 것은 억압받는 자들의 신화와 의례에서 출발했기 때문이었다.

유대교, 기독교, 이슬람교

기원전 537년 바빌로니아(오늘의 이라크)의 페르시아인 통치자 사이러스 대제는 바빌론 유수 때 이곳으로 강제 이주된 유대인 귀족 포로들의 후손이 고향으로 '귀환'하는 것을 승인했다. 사이러스는 새로 정복한 제국의 영토를 지배하는 데 충성할 사람을 원했다. 마침 유대인 강제 이주자들은 새로운 지배계급이 되기를 열망했다.

바빌로니아의 포로가 고향으로 귀환한 사건은 유대-기독교의 역사적 전통에서 핵심적인 사건 중 하나다. 이 사건의 본질은, 유대인 엘리트가 팔레스타인에서 초강대국의 부역자 관리로 이식된 것이었다. 그러나 그들은 이데올로기적인 위험 요소도 함께 갖고 왔다. 유대인들이 수십 년 동안 분열, 패배, 분산을 거치게 되면서 최고 신성인 야훼를 믿던 유대교가 이제 다른 모든 신의 존재를 거부하는 불관용적인 일신교로 변모한 것이다.

과거에 유대인 선지자들은 거짓 우상을 맹렬히 비난했었다. 그러나 바빌론 유수를 거치며 포로생활을 하는 동안 좌절된 민족주의는 통치자 야훼를 전세계의 지배자로 내세우기 시작했다. 자신들의 정치적인 무능을 종교의 과대망상적인 신성을 내세움으로써 대신한 것이다. 여러 신을 모시는 다신 종교가 아니라, 전능하고 유일한 신이 한 분 있어서 역사는 그 유일한 하나님의 목적을 향해 나아가며, 하나님을 꾸준히 믿고 복종하면 특별한 은혜를 받아 최후에 승리하게 되어 있다는 믿음을 갖게 된 것이다.

아브라함과 모세의 신화, 사울, 다윗, 솔로몬의 전설은 기원전 6세기에 대부분 만들어진 것들이다. 이는 유대인의 역사를 다시 쓰고 새로운 방식의 종교적인 '진실'을 주장하는 것이었다. 새롭게 등장한 유대인 엘리트들의 미약한 지배를 정당화하고 그들이 영웅적인 설립자들의 후손임을 주장하기 위한 것이었다. 세상 속에서 자신의 자리를 놓고 싸우는 전투적인 엘리트들의 호전적인 신화이자 역사였다.

따라서 세상에서 유일한 하나님은 야훼였고, 유대인들은 하나님의 선민이었으며, 팔레스타인은 그들의 약속받은 땅이었다. 그러나 이는 구원주의적 야망을 종교적 환상의 형태로 드러낸 이주자 집단의 한 종파였을 뿐이다. 이것은 자신들만의 종교로 남을 수도 있었다. 역사 속에서 조용히 사라질 수도 있었던 이 종교를 세계무대로 등장시킨 것은 페르시아 제국주의였다. 사이러스 대제가 팔레스타인에 새로운 유대교를 정착시키고 번영시킨 것이다.

그것은 여러 종교와 복합하게 뒤섞인 것이었다. 유대인들은 페르시아, 그리스, 로마인들의 그늘에 가려져 있었다. 팔레스타인은 작은 나라였고 간혹 불안정하게나마 독립했던 시기도 있었지만 대부분은 외국의 제국에 종속되어 있었다. 유대인 귀족은 따라서 독립을 위한 전쟁을 벌이기도 하고 제국주의의 협력파가 되기도 하며 갈팡질팡했다.

전쟁은 결과가 어떻든 위험했다. 패배는 모든 것을 잃을 수 있다는 뜻이다. 그러나 전쟁에서의 승리 또한 마찬가지 결과를 낳을 수 있었다. 나라의 독립을 위해 싸우도록 동원된 대중이 아래로부터의 혁명운동을 일으키면 지배자들은 모든 걸 잃는 셈이다.

유대인 농민들 역시 권위에 대한 공포, 무력감, 착취자에 대한 깊은 증오 사이에서 갈팡질팡했다. 그래서 유대교는 여러 종파로 나누어지는데, 한 쪽은 귀족적이었고 협력파였으며 다른 한 쪽은 대중적이고, 급진적이며, 공개적 저항을 요구하는 쪽이었다.

종교는 유대인 대중을 최소한 네 번은 강력한 혁명적 세력으로 결합시켰다. 그리스의 셀레우코스왕이 야훼 대신 제우스를 숭배하게 하려 했을 때 전국적으로 저항했으며, 기원전 167~142년 바빌론의 압제에 항거한 마카베족의 반란은 독립적인 유대 국가를 확보하게 해주었다.

로마의 통치가 강화되면서 유대인들은 세 번 더 반란을 일으켰다. AD 66~73년, 115~117년, 132~136년에 각각 벌어진 반란이 그것이다. 반란이 오랜 기간 동안 격렬하게 벌어지면서 많은 희생자를 낳았다. 전투 때마다 수만 명이 전사했고 수십만 명이 추방되었다. 마지막 반란 때는 엄청난 학살이 벌어져 유대인의 수도 대폭 줄었다. 그 후 1000만 명의 유대인들은 거의 대부분 이스라엘에서 살지 못하고 디아스포라가 되어 지중해 동부 일대로 흩어져 주로 도시에 살게 됐다.

유대인의 반제국주의 운동과 관련된 사람들 중에 나사렛에서 온 예수라는 설교자가 있었다. 카리스마 있고 급진적이었던 그는 빈민 마을에서 추종자들을 점차 늘려갔다. 그 이유로 체포되었고 결국 재판을 받아 처형되었다. 그가 이끈 집단은 작은 종파로 유지되었지만, 두 개의 분파로 갈라졌다. 한 분파는 유대인의 민족적, 혁명적

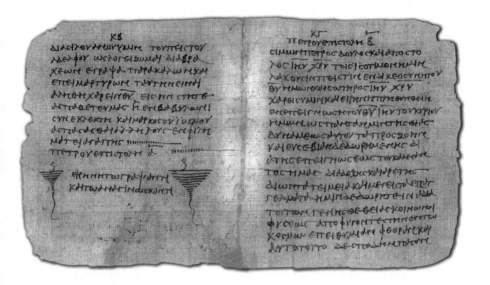

파피루스에 기록된 신약성경 필사본

운동에 전력을 다했다. 이 집단은 AD 66~73년의 첫 번째 유대인 반란 때 소멸됐다. 다른 한 쪽은 그리스에서 교육받은 유대인 상인 바울이 이끄는 집단으로 물질적 구원이 아니라 영적 구원이라는 보수적인 이데올로기를 채택했다. 바울의 기독교인들은 이것이 유대족만을 위한 것이 아니라 모든 인류를 위한 메시지라고 주장했다.

신약성경은 예수의 사명과 교회의 초기역사를 기록한 것으로 수정주의의 산물이며, 첫 번째 반란이 패배를 겪은 뒤에 바울 기독교인들이 쓴 것이다. 여기서 예수는 인간인 동시에 신이었고, 그의 왕국은 현세가 아니라 하늘의 왕국이며, 그의 메시지는 혁명적이기보다는 보편적이며 영적이었다. 복음서 저자들은 탈정치화되고 탈민족적인 예수를 창작했다. 그 예수는 반란의 여파로 로마제국을 휩쓴 '테러와의 전쟁'에서도 살아남을 수 있었다.

그러나 기독교 신에게는 다른 신과 다른 점이 있었다. 전능하고 자애로운 기독교 신은, 놀라운 권한을 갖고 있던 이교도의 신들이 할 수 없었던 방법으로, 마르크스가 '심장 없는 세상의 심장'이라고 이름 붙인 것을 제공했다. 로마제국에서 박해받는 사람들에게 강력하게 호소하는 메시지를 전했던 것이다.

바울의 기독교는 여러 가지 성격을 합한 것이었다. 본질적으로 그리스의 구원 의식 전통에 유대인의 예언과 대중 설교를 융합한 것이다. 유대인 선지자 예수는 보편적인 구원자-하나님으로 변형되었다. 여기에 두 가지 독특한 기독교적 요소가 추가되었다. 이 둘은 유대인들의 혁명운동 속의 종교적 뿌리로부터 파생된 것이다. 즉, 로마 사회의 엄격한 계급과는 반대로 평등주의적이고 민주적인 사회를 만들겠다는 이상이 있었고, 주류 이교도들이 정당화했던 탐욕과 폭력 대신 사랑과 협동을 강조했다.

로마제국의 착취와 억압은 수백만 명에게 고통을 주었고 국가 폭력은 대중이 저항할 수도 없게 만들었다. 이런 모순 때문에 기독교 교회는 계속해서 성장할 수 있었다. 노예와 여자들, 빈민들 사이에서 교회가 퍼져나가자 의심과 탄압과 박해를 계속 받았다.

그러나 별 효과가 없었다. 남자와 여자들은 불태워지고, 짐승들의 밥이 되었으며 나무 십자가에 못 박히기까지 했다. 역사 속 어느 종교보다도 초기 기독교 교회는 더 많은 순교자를 낳았다.

AD 4세기 초 무렵 기독교는 지중해 세계에서 가장 강력한 이데올로기적 장치가 되었다. 성직자, 신자 집단으로 이뤄진 지하조직을 갖게 됐고 제국 전체에 예배당이 세워졌다. 수많은 군인 장교들, 정부 관리들, 부유한 지주들은 결국 개종했다. AD 312년 콘스탄틴 대제는 기독교를 승인하여 합법화했고, 국가를 교회의 보호자 및 후원자로 만들기로 결정했다. 4세기가 끝나기 전에 후계자인 테오도시우스 대제는 이교를 불법화하고 신전의 부동산을 교회에 넘겼다.

유대교-기독교 유일신 사상은 이제 국가권력, 제국, 전쟁 이데올로기로 다시 만들어졌다. 로마 황제는 야만인에 맞서 문명을 지키는 사람이 됐고 이교도에 맞서는 교회의 십자군이 되었으며, 이단에 맞서는 기독교 정교회 수호자가 됐다. 결과적으로, 기독교는 당시의 사회적 모순 때문에 유대교만큼이나 분화되었다. 라이벌 파벌 간, 국가 간의 경쟁과 적대적인 계급갈등으로 단일한 종교, 보편적인 종교라는 이상형은 무너졌다.

콘스탄티노플에 기반을 둔 동로마제국과 로마 중심의 서로마제국 사이의 커져가는 종교적 분열은 AD 395년 이후 돌이킬 수 없을 정도가 됐다. 결국 이 같은 분열로 동로마 정교회와 서로마 가톨릭 전통은 분리되고 말았다. 지주와 농민 사이의 계급투쟁 역시 보수적인 가톨릭과 북아프리카의 급진적인 도나투스 교회의 분열로 나타났다. 각각의 집단은, 제각각의 목표를 추구하면서 하나의 전능한 신을 각자 자신들의 편이라고 주장했다. 그런 대립이 극에 달하면서 이데올로기적 분쟁을 낳아 완전히 새로운 종교를 만들어 낼 수도 있었다. 마치 유대교가 기독교를 낳았던 것처럼. 이런 발전을 통해 또 다른 세계종교가 결국 등장하게 된다.

아랍의 캐러밴(대상) 도시에서는 사막에서 기원한 고대의 이교도 전통이 유대교와 기독교 신앙의 해석과 섞이곤 했다. 이런 문화적 용광로에서 새로운 유일신 종교가 출현했다. 바로 이슬람교였다.

이 신앙은 상인과 아라비아 사막의 유목민 부족을 묶어서 그들을 혁명세력으로 변화시켰다. 이들은 몇 년 동안 전투의 소용돌이 속에서 동로마제국과 페르시아의 오래된 제국을 무너뜨리는 역할을 했다. 정복자들은 그곳에 새로운 문명을 세웠다. 그 문명은 아라비아의 언어와 종교를 고대로부터 물려받은 도시, 기술, 학습, 예술과 융합시켰다.

아랍, 페르시안, 비잔틴

혼돈의 시대는 지적인 풍요를 낳는다. 이 시대에 위대한 종교들이 제각각 탄생한 것도 그 때문이다. 유대교는 기원전 6세기에 팔레스타인에서 그들 스스로 자리매김 하기 위해 싸웠던 지배계급의 투쟁 속에서 만들어졌다. 기독교는 그 기원을 AD 1세기 로마제국의 통치 하에서 받은 억압에 두고 있다.

이슬람교는 같은 줄기에서 나온 세 번째 가지였다. 초기 이슬람 시기인 AD 620년 서부-중앙 아랍의 히자즈 지역에 있던 두 개의 사막 도시에서 사소한 분쟁이 일어났다. 그것이 폭력적으로 분출되면서 세계를 영원히 바꾸어 놓았다.

훈족은 도시, 상인, 도시문화의 영향과 상관없는 유목민들이었다. 스텝 초원의 생활양식에서 벗어난 그들은 몸이 가벼웠다. 때문에 그들의 군사적 공격은 죽어가는 고대 세계를 가로질러 질주했고, 자신들도 급작스레 흔적 없이 소멸되었다.

그러나 아랍인들은 그러지 않았다. 사막 유목민들은 양과 염소를 키우고, 낙타와 말을 사육한다는 점에서는 훈족과 많이 비슷했다. 낙타는 기원전 1000년경 가축화되어 드넓은 사막을 건너며 무거운 짐을 실어 날랐고 낙타 사육자들은 대부분 상인이 되었다. 이라크, 남 아라비아, 홍해 해안가 항구에 도착하는 사치품들은 아랍 교역인들에 의해 북쪽과 서쪽으로 운송되었다. 메카, 메디나, 또 다른 아라비아의 도시들은 이런 무역으로 부를 일구었다.

이 도시들은 사막의 경로에 있는 오아시스 마을과 함께 수공예 장인들과 경작인들 공동체의 중심지였다. 다시 말해 아라비아에서는 중앙아시아 대초원과 달리 정착지 단지가 있었고, 사회 계급, 도시 문화가 있었다. 특히 부족적 관습, 구전 전통, 사막 유목민의 다신교 신앙과 공존하는, 상인과 도시인들의 아랍 종교, 유대-기독교란 종교가 있었던 게 특징이다.

이곳 역시 갈등과 충돌이 종종 있었다. 먼 거리 교역 때문에 친족과 부족의 충성스러운 연대는 종종 무너졌다. 사막 습격은 부족민에게는 전리품을 안겨 주었지만, 교역 상인들에게는 강탈이었다. 부족 간의 피를 부르는 싸움은 자기 부족을 보호하기 위한 것이었지만 먼 도시를 오가는 상인에게는 아무런 의미도 없었다.

메카나 메디나 같은 곳에서는 유목민들과 농민들이 물건을 거래했고, 부족민과 상인들이 다툼을 벌였고, 사막과 도시의 전통이 부딪혔으며, 남자와 여자들은 세상이 어떻게 돌아가는지를 놓고 논쟁을 벌이기도 했다.

논쟁의 주제는 세상이 어떻게 돌아가야 하는가에 관한 것이기도 했다. 그들은 이런 문제를 종교적 틀에서 바라봤다. 때문에 초기 중세세계에서 그런 문제들을 생각하는 일이란 곧 신의 목적을 되돌아보는 것이었다.

고대의 종말

이런 문제들을 놓고 정신적 고통을 겪는 가운데 메카 상인 집안 출신의 한 젊은이가 등장했다. 그는 예지력을 갖고 있었고 신(알라)이 자신에게 직접 말을 전한다고 믿었다. 그는 자신의 말을 진실이라고 믿는 추종자들을 거느리게 되었다. 그들 중 일부는 그가 알라 신으로부터 들은 말들을 글로 기록하기 시작했다. 그의 이름은 무하마드였고, 그가 전한 알라의 말을 기록한 것은 코란이 되었다.

이슬람교는 유대-기독교 신화와 전통의 상당 부분을 그대로 유지했다. 아브라함과 모세는 유대인, 기독교인, 무슬림에게 공통적인 선지자였다. 이 세 종교는 모두 보편구원론[23]이라는 공통점을 갖고 있었다.

이슬람교는 부족민의 관례와 계급 차이를 파고들었다. 여러 부족들이 제각각 내세운 여러 신들 대신, 이제 유일한 최고신이 존재하게 되었다. 가문의 충성과 피의 원수가 있던 곳에, 이제는 보편적인 행동 규칙이 생겼다. 억압받는 사람들, 여성, 노예, 가난한 자들, 주

---

23 신의 보편적 부성父性인 사랑을 강조하여 신이 모든 사람의 영혼을 구원한다는 교설敎說.

변인들을 학대하는 대신 관용, 무관심, 연민, 사랑이 도덕적 명령이 되었다. 무슬림은 형식적 평등, 보편적 권리, 단일한 율법에 바탕을 둔 공동체(움마)를 만들었다. 결론적으로 이슬람은 균열된 세계에서 질서를 만들어내려는 시도였다.

무하마드는 당연하게도 격렬한 반대에 부딪혔다. 그의 전도는 AD 620년경에 시작되었으나, AD 622년 메카에서 추방되어 메디나로 피신해야만 했다. 거기서 대중운동으로 발전하는 핵심적인 종교조직을 만들게 된다. 믿음이 깊은 젊은 남녀들이 찾아오면서 그의 정치적, 종교적 핵심 집단은 나날이 성장했다. 무하마드는 여기에 상업적 이익을 추구하는 상인들을 합류시켰고, 약탈에 시달렸던 부족 지도자, 평화와 정치적 체제를 갈망하는 도시인들과 농민들을 모았다. AD 630년 군대와 함께 메카로 돌아온 그는 승리했고, 무슬림은 서부-중앙 아라비아를 지배했다.

무하마드가 AD 632년에 죽었을 때, 그의 운동은 사막 부족의 오래된 전통인 습격과 불화로 붕괴할 수도 있었다. 그러나 그렇게 되지 않았다. 무하마드의 두 후계자 칼리프인 아부 바크르와 우마르가 아라비아의 폭력적 에너지를 외국의 목표물에 쏟아 붓기로 결정했기 때문이었다. 타깃은 페르시아와 비잔틴(동로마)제국이었다.

아랍-이슬람 군대가 공격해오자 오래된 제국은 산산조각이 났다. 고대의 거대 도시들은 도미노처럼 쓰러졌다. 시리아의 다마스커스는 AD 636년에, 이라크의 크테시폰은 AD 637년에, 이집트의 바빌론, 카이로는 AD 639년에, 이집트의 알렉산드리아는 AD 642년에 정복됐다. 무하마드가 죽은 지 채 10년이 되지 않아 그의 추종자

MAHOMET PROPHETE DES TVRCS.

이슬람교의 창시자 무하마드

들은 거대한 중동제국을 만들었다.

훈족과 고트족이 2세기 전에 유럽에서 그랬던 것처럼, 아랍인들은 자신들이 정복한 고대의 제국들이 외형은 화려했지만 속은 텅비어 있음을 알게 됐다. 페르시아와 비잔티움은 결국 수 세기 동안엄청난 규모의 전쟁, 아무런 의미도 결론도 없는 전쟁을 치러왔던것이다. AD 613~628년 사이에 벌어진 전쟁에서 두 제국은 완전히지쳤고, 곳간은 거덜이 났으며, 인력은 격감하고, 사람들은 과세, 징병, 강제 징발에 격분하는 결과만 남겼다.

제국들은 요새와 무장한 전사, 정교한 무기를 갖고 있었다. 아랍인들은 사막과 낙타를 갖고 있었다. 아라비아 사막은 서쪽은 시리아에서 동쪽 끝은 이라크 사이에 있는, 모래와 자갈로 가득 찬 곳이다. 이런 불모지에서는 낙타가 최고다. 낙타 등에 탄 군대는 바다의 배처럼 움직일 수 있었다. 사막 어디서나 갑자기 아랍인들이 출몰하곤 했다. 가볍게 무장해 이동성이 뛰어난 그들은 모습을 드러낼 때마다 육중한 군장과 무거운 말을 탄 적군들을 사막의 먼지구름 속에서 무너뜨렸다.

시리아와 이라크의 농민들은 자신들의 주인이 패배하는 것에 전혀 신경 쓰지 않았다. 그들은 아랍인들을 해방군으로 환영했다. 오랜 지주들 대부분은 떠났다. 세금은 더 낮아졌다. 유대교, 기독교, 페르시아 조로아스터교가 허용됐다. 사람들은 곧 이슬람교로 개종했다. 아랍의 통치는 아주 조금 더 나은 삶을 의미했다.

아랍의 정복은 계속됐다. 이들 군대가 북아프리카 해변에 죽 늘어서있던 나라들을 휩쓸었다. 리비아를 쟁취한 데 이어 튀니지, 알제리, 모로코를 점령했고 마침내 지중해를 건너 스페인을 침공해 AD 711년에는 완전히 장악했다. 또 다른 군대들은 동쪽을 밀어붙였다. 아프가니스탄 카불은 AD 664년 이슬람에 함락됐다.

아랍의 정복전쟁은 역사상 가장 광범위하고 급작스럽고, 점령지를 변모시키는 군사 정복 작전이었다. 그러나 세계의 모습을 변화시키는 과정에서 정복자들은 스스로도 변모했다. 그 과정은 아주 모순적이었고 또한 치열했다. 사막의 민중들 그러니까 유목민, 상인, 침입자들은 중동과 북아프리카를 가로질러 폭발적으로 증가했다. 그러나 고대의 부를 물려받은 그들은 점점 불화, 살인, 내전으로 자폭하기 시작했다.

고대의 종말

중세세계

AD 650년~1500년경

중세의 거대한 낭비행위 : 인도, 타밀 나두, 탄자브르의 대사원

현대 자본주의는 유럽에서 만들어졌다. 자본주의는 15세기에 처음 등장했지만 그 기원은 아주 오래전으로 거슬러 올라간다. 그 이유를 설명하려면 한 장을 따로 써야 할 정도다. 그에 앞서 우리는 다른 질문을 먼저 던져야 한다. 왜 자본주의는 이 시기에 다른 지역에서는 발달하지 않았는가?

이 장에서 우리는 중동, 인도, 중국, 사하라 사막 이남의 아프리카, 아메리카에서 AD 500년경부터 1500년대까지 일어난 사건들을 살펴본다. 위대한 문화적 성취에도 불구하고 이 지역의 모든 문명들은 이 시기에 경제·사회 발전을 추구하는 과정에서 극복하기 힘든 장벽에 부딪쳤다. 고대의 청동기시대 철기시대 제국들처럼, 비유럽 지역 중동제국들은 강력한 지배계급의 장악 아래 유지되었다. 지배계급은 제국의 통치를 통해 독점적으로 잉여를 통제하고 그것을 비생산적인 낭비로 돌릴 수 있었다. 발전된 기술은 노동이 아니라 전쟁에 활용됐고 인류의 창의성은 억압받고 둔화되었다. 이런 이유 때문에 아시아, 아프리카, 아메리카 사회가 AD 1500년부터 본격적으로 확장되기 시작한 상업자본주의의 역동적인 힘과 맞닥뜨렸을 때 그들은 유럽인들의 '총, 균, 쇠'에 굴복하게 된다.

압바스 혁명

아랍의 정복을 통해 결국 아랍 통치자와 전사들은 대서양에서 아프가니스탄에 이르는 드넓은 지역의 지배권을 가지게 됐다. 그들은 비잔틴, 시리아, 사산조 이라크, 서고트 스페인의 부를 물려받았다. 그런 권력과 부의 축적이 이뤄지자 사막 부족과 대상무역에 기반을 두었던 과거의 질서로는 새로운 사회를 유지할 수 없었다.

이슬람제국은 무하마드 사후 첫 번째 칼리프인 아부 바크르의 영도 하에 통일을 유지했지만, 두 번째 칼리프 우마르는 AD 644년에 살해됐고 세 번째 칼리프 우스만, 네 번째 알리 역시 각각 656년, 661년에 죽임을 당했다.

AD 658~661년의 위기는 중요한 전환점이 됐다. 알리는 전면적인 규모의 내전 이후 권좌를 빼앗겼으며, 살해당했을 뿐 아니라 19년 뒤에는 그의 아들 후세인마저 살해당했다. 이 격변의 투쟁에서 승리자는 무아위야였다. 그는 알리가 살해당한 그 해 다마스커스를 기반으로 하는 우마이야 왕조를 건립했다.

자세히 알려지지 않았던 이 사건에는 사실 중요한 의미가 있다. 알리는 무하마드의 사위였다. 무아위야는 살해된 칼리프 우스만의 사촌이었고 우스만은 무하마드와 한때 친한 사이였다. 이슬람의 정치-종교 엘리트는 이렇게 갈갈이 찢어지고 있었다. 균열은 결코 메워지지 않았다. 우스만과 무아위야는 오늘날의 수니파 무슬림과 직접적으로 연결되고 알리-후세인은 오늘날의 시아파와 직접적으로 연결된다.

우마이야는 제국의 열매를 즐기고 싶어 했다. 그러나 알리와 후세인의 추종자들은 초기 이슬람의 순수성을 보존하고자 했다. 이는 부분적으로 계급 분열의 성격을 띠었고 수니파와 시아파의 분열은 심지어 오늘날까지도 이런 성격을 많이 갖고 있다.

우마이야 왕조는 한 세기 동안 권력을 유지했고, 제국을 유지했으며 고대문명의 부와 기술을 착취했다. 아랍 세계는 풍부한 관개농업과 정교한 도시 공예품, 역동적인 은행 시스템, 그리고 학문, 문학, 예술 등에서 강점을 지닌 문화적 전통을 누렸다. 대조적으로 이 시기의 서방세계는 '암흑의 시대'를 살고 있었다.

두 가지 모순이 우마이야 제국을 약화시켰고 결국은 멸망으로 이끌었다. 첫째 모순은 아랍 세계의 지리 때문에 여러 개의 자연적인 경제적 단위로 나뉘어졌다는 점이다. 각 경제적 단위에서는 제각기 다른 이해관계를 가진 지배계급들이 급격히 부상했다. 제국의 도시들은 먼 거리에 떨어져 있어서 우마이야 왕조의 통치는 제대로 효

우마이야 왕조 시대에 발행된 디나르 금화와 은화

력을 속속들이 발휘할 수 없었다. 어떻게 다마스커스의 군대가 바그다드, 카이로, 튀니스, 모로코 페즈를 통제할 수 있겠는가?

둘째 모순은 우마이야 왕조가 최초의 이슬람 정복을 수행한 뒤 시리아의 고대 도시에 정착했던 아랍 전사 귀족을 대표했다는 점이다. 이들 엘리트는 왕궁을 지었고 건축과 사치품에 많은 돈을 쏟아부었다. 그들은 아랍의 일반 사병의 지원이 있어야 살 수 있었는데, 병사들은 주둔지 도시에 정착해 전리품과 조공에서 나오는 연금을 받으면서 세금은 내지 않았다. 우마이야 지배계급은 작고 기생적이었으며, 생산성이 전혀 없는 군대 즉, 협소한 지지 기반에 의지하고 있었다.

경제는 그러나 호황을 누리고 있었다. 고대 제국 간의 전쟁은 농장을 황폐화시켰고 무역을 중단시켰으며 세금과 인력을 낭비했다.

팍스 이슬라미카[Pax Islamica][24]때, 농업과 무역은 다시 번성했다. 부패 때문에 속빈 강정이 됐던 고대 도시들은 다시 상업적 강국으로 변모했으며, 상인과 장인 계급은 수적으로 성장했고 부유해졌다. 여기에 새로운 혁명을 낳을 수 있는 사회적 뿌리가 있었다.

많은 사람들이 이슬람으로 개종했는데 이는 우마이야 왕조에 재정적인 문제를 가져왔다. 무슬림들은 과세에서 면제됐기 때문이다. 국가가 내놓은 해결책은 새로운 범주의 2급 무슬림 계급을 만드는 것이었다. 새로운 개종자들은 마왈리라 불렀고 아랍인들과 같은 특권을 누리지는 못했다. 아랍-이슬람 사회 내부에서도 사회적 장벽이 세워진 것이다.

8세기 중반 무렵 아랍인은 작은 군사 귀족이었으며 점차 늘어나는 도시 무슬림 상인과 장인들이 내는 조공에 의지해 살고 있었다. 상인과 장인들은 시아파, 더 급진적인 하리지파, 다양한 메시아 구세주 등 사회 저항세력들에 동조할 준비가 되어있었다. 그러나 그중 어떤 반체제 운동도 우마이야 국가권력을 무너뜨릴 만큼 강하지는 않았다. 아랍 지배계급 내부에서 생겨난 기회주의적인 분열 때문이었다.

아불 압바스는 무하마드 가문의 후손으로, 이라크에 지지자들의 지하 네트워크를 구축해 저항 집단의 우두머리가 되었다. 그런 다음 집권 왕조를 전복하기 위한 반란을 시작했다. 결국 우마이야는 패배했고 새로운 압바스 왕조가 AD 750년 설립돼 바그다드에 수도를 두었다. 더 넓은 지역을 기반으로 하는 관리, 상인, 이슬람 학자,

---

24 이슬람 평화시대. 이슬람이 세계의 패권을 가지며 번영하던 시대

성직자들로 이뤄진 도시 엘리트들에게 권력이 넘어간 것이다. 아랍인들의 민족적 지위와 전사들의 지위는 덜 중요한 것이 됐다. 농사, 무역, 도시는 계속해서 발전했다.

이런 상황에서도 초기 이슬람 왕조의 두 가지 모순은 곧 재발했다. 이번에는 한층 더 높은 수준의 모순이었다. 이슬람 생활의 중심지는 도시였으나 도시 대부분이 자족적이고 독립적이었으며, 도시 엘리트들은 농업, 무역, 공예품 생산, 종교적 의식, 질서 유지에만 관심이 있었다. 그들의 관심사는 편협했다.

한편 압바스 왕조의 칼리프는 변방지역에서 제국으로부터 분리 독립하려는 국가들로부터 위협을 받고 있었다. 불만을 품은 엘리트 세력들의 쿠데타, 다른 종교 종파, 착취당하는 농촌 대중에 의한 '아래로부터의 반란' 등으로 위기를 맞았다. 초기 이슬람 국가는 따라서 단순히 사회를 운영하는 것 이상의 일을 해야 했다. 다시 말해 집권 왕조를 영속화하는 데 필요한 군사 자원 축적에 더해 더 많은 준비를 할 필요가 있었다.

우마이야는 궁궐을 짓고 사치품을 소비하면서, 이미 시민사회에서 스스로 멀어지고 있었다. 압바스 왕조는 훨씬 더 했다. 바그다드의 도시 엘리트에 종속되지 않기 위해, 그들은 웅장한 새 궁궐 도시를 사라마의 티그리스강 유역에 건설했다. AD 836~842년에 세워진 이 첫 번째 궁전은 중세 유럽의 어떤 건축물보다 훨씬 더 컸다. 이후 40년 동안 같은 규모의 궁궐이 두 개나 더 세워졌다. 게다가 고대 아랍 부족 군대를 중앙아시아에서 온 터키 용병 군대로 대체했을 때 압바스는 훨씬 더 흔들리고 있었다. 법원과 군대는 세금으로 유지되었는데 이 세금은 비이슬람 교도에게만 부과됐다.

반면 이슬람 사회의 부족과 도시는 강한 지역적 정체성과 이데올로기를 발전시켰다. 비록 이슬람이 아랍 통치권을 아우르는 단일한, 지배적인 충성을 이끌어 냈지만 결코 나라와 사회를 한 데 묶어내는 연대는 만들지 못했다. 압바스 국가는 그만큼 불안정한 상태였다.

9세기와 10세기 동안 이슬람제국은 해체되었다. 압바스 칼리프의 라이벌 파티미드 왕조가 카이로에 세워졌고, 스페인의 코르도바에는 우마이야 왕조가 세워졌다. 그밖에도 여러 독립, 반^半독립 왕조가 있었다. 이들 정치체제 사이의 갈등이 이어지며 국가권력의 비용은 늘어났고, 자원은 소진됐으며 이는 초기 이슬람 통치자들을 더욱 약화시켰다. 11세기에 압바스 칼리프는 실질적으로 붕괴했다. 칼리프의 셀주크 투르크 용병들은 중앙아시아에서 선발한 인원으로 더 강화되었고 이슬람 개종으로 합법화한 뒤 그들 스스로 권력을 잡았다.

자신들의 용병에게 권력을 빼앗길 수 있다는 것은 그 나라의 사회적 뿌리가 그만큼 부족하다는 증거다. 민중은 궁궐, 병사들, 왕조 전쟁을 위해 지불하는 세금에 지쳐 누가 어떻게 지배를 하든 관심이 없었다. 게다가 그 지역에는 여러 소수민족들이 제각각 모여 있었기 때문에 정치적 긴장이 생겨나면 쉽사리 민족적, 종교적 차이에서 발생하는 저항으로 전환되었다.

11세기 말 무렵, 중동은 허약하고 인기 없는 지배체제들로 분할된 지역이었다. 때문에 끔찍한 대가를 치러야만 했다. 1095년 11월 교황 우르반 2세는 프랑스의 클레르몽에서 서구 사회의 봉건 엘리트들에게 "동쪽에 있는 형제들에게 원조를 서두르라"고 명령했다. 십자군전쟁이 막 시작되려 하고 있었다.

힌두교, 불교, 굽타제국

인도의 마우리아제국이 기원전 3세기 후반 몰락한 뒤 AD 4세기 초반 굽타제국이 생겨나기까지는 500년 이상의 긴 시간이 걸렸다. 그동안 경제적, 사회적 변화는 제국주의의 기반을 다져 놓았다.

농업은 번창했다. 농작물 품종은 다양해졌고, 관개시설은 체계화됐으며, 매우 조직화되고 잘 정리된 촌락 공동체가 형성됐다. 촌락은 핵심적인 행정단위였다. 촌락에는 주민들의 가옥과 대지, 수리 시설(주로 물 저장 탱크나 우물), 가축 울타리, 미경작지, 마을 공유지, 마을을 둘러싼 숲, 공유지를 가로질러 흐르는 개울, 마을 사원과 토지, 화장터, 그리고 경작지, 관개시설이 미치는 젖은 땅과 마른 땅 모두 포함되어 있었다. 지역의 일은 촌락의 협의회나 촌락 법정, 그리고 가끔씩 열리는 촌락의회에서 처리되었다.

무역도 확대됐다. 인도 상인들은 세계 시장에 통합되어 한 쪽으로는 아라비아, 서아시아 및 지중해로 연결되었고, 다른 쪽으로는 중국, 동남아시아로 연결되었다. 직물, 금속, 보석, 향신료, 소금과 이국적 동물들이 교역 상품이었다. 도공, 직조인, 금속세공인, 건축인,

엔지니어, 벽돌공 그리고 옥수수에서부터 상아에 이르기까지 상상할 수 있는 교역 가능한 모든 상품을 다루는 중개인도 있었다.

동전도 대량으로 주조되었다. 은행 같은 곳에서 돈을 빌려주는 것은 흔한 일이 됐다. 항구와 도시도 번성했다. 마을 공동체가 아주 잘 조직된 것처럼, 상인들과 공예 장인들도 조직을 제대로 갖추었다. 길드, 기업, 협동조합은 작업 규칙을 정하고 생산품의 품질과 가격을 조절했으며, 회원들의 복지와 안전대책을 마련했다.

무역의 성장은 불교의 확산을 촉진하고 신도를 늘리는 데 기여했다. 힌두교는 엘리트의 종교로서, 카스트와 함께 국가에 기반한 정적이고 전통적인 질서를 유지시켰다. 힌두교의 엘리트층은 통치자, 지주, 사제, 왕조와 연관 있는 군인들이었다. 힌두교는 계급중심적이고 라이벌 정치체제로 분할된 군사주의적 사회의 종교였다. 대조적으로 무역은 사회의 경계를 넘나들었고, 사회적 차별을 해소시켰으며, 새로운 사회 상황을 만들어냈다. 무역의 본질적인 성격은 카스트나 국가의 필요조건과는 모순되었다. 무역의 근본 정신은 불교와 더 잘 맞았다.

부처(깨달은 자)는 힌두의 전사-왕자로 이름은 고타마 싯다르타(약 기원전 563~483)다. 그는 자신의 카스트를 깨고 심오한 종교적 체험을 한 뒤 새로운 철학을 전파하며 생을 보냈다. 그의 가르침은 사람이 자연적, 사회적 질서를 받아들이고, 만물이 끊임없이 변하는 유동적 상태에 있음을 깨닫고, 헛된 일상생활에서 벗어나 영적인 마음의 평화를 얻을 때 진정한 행복과 만족이 생겨난다는 것이다.

불교를 급진적인 종교라고 하는 데는 이유가 있었다. 보편구원론

굽타 왕조 시대의 불상

universalism이라는 점을 내세운다는 것과 재산, 계급, 지위 등 현재의 상태를 유지하는 것을 중요하게 생각하지 않는 데 있다. 불교는 목적의식 있고, 도덕적으로 올바른, 그리고 모두에게 열려 있는 삶의 방식을 천명한다. 물론 다른 위대한 종교와 마찬가지로, 불교의 원래 메시지는 이후 어려운 사회적 현실과 만나면서 변질되었다. 그러나 불교는 그것만의 호소력을 지니고 있다. 이 종교는 단지 상인들, 장인들, 도시인들뿐만 아니라 고대와 중세 인도의 힌두 엘리트 계급에 희생당한 사람들 사이에서 많은 신도를 얻었다.

촌락과 도시 길드, 그리고 힌두와 불교의 사원 등이 생겨나면서 마우리야 왕조에서는 볼 수 없었던 도시사회의 형식과 내용들이 자리를 잡았다. 고전시대Classical Period(AD 300~700년경)라 불리는 이 새로운 사회 · 경제적 질서를 바탕으로 굽타제국이 형성되었다.

굽타제국은 세 명의 전사-왕인 찬드라 굽타 1세(AD 320~335년경), 사무드라 굽타(AD 335~375년경), 찬드라 굽타 2세(AD 375~415)에 의해 세워졌다. 마우리아제국과 마찬가지로, 이 제국은 풍요로운 갠지스 계곡에서 시작됐으며 파트나를 수도로 삼았다. 지리적으로는 북인도의 평원을 가로질러, 중앙 인도의 데칸 고원을 거쳐 남인도까지 확대됐다.

굽타의 정치체제는 기생적이었다. 국가의 인프라는 토지 소유와 공물이었다. 관리들은 토지를 돈 대신 받았다. 그들은 그 땅을 받은 대가로 행정적, 군사적 서비스를 제공했다. 토지에는 세금을 물리지 않았다. 반면 농민 마을은 생산량의 10분의 1이나 6분의 1을 토지세로 지불했다. 이 잉여는 굽타 국가의 군사력을 지탱했다. 물론 농민의 입장에서는 낭비되는 비용이었다.

한편, 시민사회의 힘이 성장하면서 국가의 잉여 축적은 제한되었다. 지방의 왕자와 족장들은 굽타의 통치 하에서 상당한 자율권을 누렸다. 국가의 관리들은 봉건제의 영주처럼 기능했다. 농민들은 촌락위원회와 촌락의회를 갖고 있었고, 상인과 장인은 도시 길드와 사원을 갖고 있었다. 따라서 굽타의 중앙집권화는 불완전한 것이었다. 제국의 행정적 인프라는 얕았고, 국가 축적의 동맥은 막혀 있었다. 결과적으로 굽타 군사주의의 갑피는 압력에 쉽게 부서졌다.

굽타왕조는 겨우 한 세기 동안 광대한 영토를 가졌다. 그런 다음

AD 6세기 동안 제국은 비교적 빠르게 사라졌다. 제국의 왕조 아래서 인도를 통일한 두 번째 시도 역시 첫 번째 통일 왕국과 마찬가지로 유약하고 수명이 짧았다. 붕괴의 촉매는 스텝-유목민-훈족의 침입이었다. 이들은 북서 인도로 쳐들어와 전통적인 침입 루트인 중앙아시아, 힌두쿠시, 인더스 계곡을 거쳐 내려갔다. 굽타제국이 쉽게 무너졌다는 사실은 그 실체가 부실했다는 의미다.

인도는 또 다시 여러 정치체제로 갈라졌다. 이후 1000년 동안, 인도는 라이벌 권력들이 이리저리 이합집산하는 상태로 유지되었고, 끊임없이 서로 다투며 전쟁을 벌였다. 이 시기를 거치면서 라이벌 왕조 국가들과 마을, 생산-상업 세계 사이에 연관성은 거의 없었다. 국가는 사회 위에 붕 떠 있었고, 사회에 기생했으며, 잉여를 떼어먹긴 했지만 그렇지 않을 때는 서로 동떨어져 있었다. 군사적 경쟁 때문에 국가는 잉여를 축적할 수밖에 없었고 마찬가지 이유로 억압적으로 되어갔다. 그러나 누구도 적국을 패배시키고 새로운 제국을 세울 수 있을 만큼 군사력을 갖출 만한 축적을 이루지는 못했다. 지주, 상인, 마을 주민들의 저항이 너무 컸던 것이다.

다른 한편으로, 군사적 인프라의 무게가 시민사회를 내리 눌렀다. 교역은 감소했고 진보의 속도는 둔화되었다. 사회는 '봉건화' 되어갔다. 카스트 시스템은 강화되었다. 엘리트 문화는 신비주의적이고 학문적으로 변해갔다. 마을들은 내향적이고 보수적으로 바뀌었다. 인도의 종교에서 주로 내세우는 윤회이론은 현실에서도 같은 모습으로 나타났다. 국가와 사회의 분리, 그리고 양쪽이 가진 서로 모순되는 요구들 때문에 인도 대륙은 경제적인 교착상태에 빠졌다.

중세세계

중국의 회전문 역사

진 나라는 중국에서 최초의 제국을 세우는 혁
명적인 성과를 이뤄냈다. 청동기시대 상 왕조(기원전 1523~1027)는
단지 중국 북서부 황허강 지역만 지배했다. 철기시대 주나라(기원전
1027~221) 역시 실질적으로 중앙집권화된 제국을 만들지는 못했다.
춘추전국시대(기원전 403~221)는 9~10개 국가가 서로 권력 투쟁을
벌이던, 통일과는 전혀 동떨어진 시대였다. 따라서 전국적인 통일
을 실질적으로 처음 이뤄낸 것은 진시황의 업적이다. 비록 그는 역
사상 가장 잔인한 정복자 중 한 명이기는 했지만 말이다. 그가 세운
왕조는 그의 사후 기원전 210년에 곧 사라졌지만, 중국은 이후 왕조
를 바꿔가면서 계속 제국을 만들어갔다. 인도에서 제국은 예외적이
었고 라이벌 정치체제로 분화되는 게 정상이었다. 그러나 중국에서
는 기원전 221년 이후부터 그 반대였다. 이유는 무엇일까?

인도와 중국은 둘 다 혼합된 봉건-조공 시스템으로 유지됐는데, 그
안에서 엘리트들은 토지를 소유하거나 국가가 세수로 주는 월급을
받았다. 하지만 두 나라는 약간의 차이가 있었다. 인도에서 제국의 국
가는 지방 통치자, 토지 소유자, 상인들에 비해 약했다. 따라서 국가
는 압력에 쉽게 붕괴되었다. 마우리아(약 기원전 321~180) 굽타(약 AD
320~550), 그리고 무굴(AD 1526~1707 사이) 제국 등이 중간중간 세워지
기는 했지만 더 많은 시간 동안은 춘추전국 시대가 이어졌다. 같은 기
간 동안 중국에서는 연속해서 제국의 왕조가 죽 이어졌다. 한(기원전
206~AD 220), 수(AD 581~618), 당(AD 618~907), 송(AD 960~1126), 위안 혹

은 몽골(AD 1279~1368 사이), 명(AD 1368~1644), 만주(AD 1644~1912 사이) 등이 이 시기에 등장한 중국의 제국들이다. 1800년 이전까지 약 2000년 동안 인도는 500년 동안 통일국가를 유지했으나 중국은 1500년 동안 통일국가였다. 이것이 바로 결정적인 차이다.

중국의 중앙집권적 제국은 훨씬 더 무자비하고 강력하고 성공적인 착취자들이었다. 이는 세 가지 결과를 낳았다. 첫째, 더 안정적이었으며 덜 군사적이었다. 둘째, 잉여는 많은 부분을 소유했지만 군사적 필요는 적었기에 국가는 공공사업에 투자해 생산성을 높이고 세금 기반을 더 늘릴 수 있었다. 셋째, 권력이 다른 사회세력에 의해 억제되지 않았기에 국가는 더 과잉 착취로 나아가려는 경향을 보였다.

중국은 배가 다닐 수 있는 강이 많은 축복받은 나라였다. 이 강들은 거대한 운하로 연결되어 8만 킬로미터나 되는 수로 네트워크를 갖추었다. 중국은 이를 바탕으로 국내무역뿐 아니라 해외무역으로까지 나아갈 수 있었고 덕분에 상인들은 거대 시장에 쉽게 접근할 수 있었다. 이는 다시 농업과 경제적 생산을 자극했다. 조선업이 번창했고, 많은 기술적 혁신을 이뤄내며 여러 산업을 신장시켰다.

중국은 한 번에 1000명을 실을 수 있는 큰 배를 생산했다. 11세기의 철 생산량은 18세기 영국의 생산량보다 더 많았다. 중국은 화약을 유럽보다 240년 앞서 소유했고 500년 앞서 책을 인쇄했으며, 700년 앞서 도자기를 만들었다.

중세 중국은 거대 도시들을 낳았다. 송 왕조의 수도 카이펑開封은 오늘날 파리의 12배쯤 되는 크기였다. 항저우杭州에는 적어도 150만 가구가 있었고 400만 명의 인구가 있었던 것으로 알려졌다. 당시 런던의 인구는 10만 명 이내였다.

도시는 컸지만, 독립적인 권력중심체로 발달하지 않았고, 국가의 중앙관리에 의해 여전히 지배받았다. 당나라의 수도 장안은 제국의 경제적, 문화적 중심지였다. 이 도시는 인구 100만 명의 거대한 교역 도시였다. 그러나 제국의 궁궐과 정부 기관 사무실들이 더 빛을 발했다. 벽으로 둘러싸인 장안시의 거주자 구역은 사각형 블록이 격자(바둑판)형으로 펼쳐져 있었는데, 밤에는 잠겨 있었다.

계급으로서 상인들은 권력을 추구하지 않았다. 그들은 자녀를 교육시켜 고관대작의 자리로 들여보내는 개인적인 출세만 목표로 삼았다. 학식 있는 국가 관리로서 높은 권위를 갖는 고위층 관료 엘리트가 되기를 염원했다. 고위층에 오르면 국가 토지의 소유권을 갖고 싶어했다. 중국 지배계급의 사회적 이상형은 상류층 관리이지, 상인 부르주아는 아니었다. 중앙집권적 제국주의 국가에서는 그것이 시민사회를 지배하는 수단이다.

법가法家 사상과 유교가 이데올로기적으로 최우위에 있었던 것 역시 국가의 힘을 증명해준다. 법가는 국가가 원활히 돌아가는 게 공공선의 기반이며 따라서 국가의 관리는 공공선의 체현이라고 주장했다. 이는 많은 이들에게 와 닿지 않는 말이었다. 관리들이 부패하지 않고 무능하지 않다는 보장이 어디 있는가. 또 다른 중국의 사상가 공자(기원전 약 551~449)는 한 가지 해답을 제시한다. 상류층 집안의 자제인 그는 춘추전국시대 노나라의 정치가이자 철학자로서 전통과 사회질서를 존중하라고 가르치기도 했지만 한편으로는 정직, 양심, 자기 통제의 중요성 같은 개인적 덕목도 강조했다.

그럼에도 불구하고, 다른 곳과 마찬가지로, 제국 사회의 모순과 억압 때문에 좀 더 급진적인 사상이 힘을 발휘했다. 도교는 탐욕, 폭력, 사치의 과잉으로 오염된 세상에서 벗어나라고 주장했다. 화합과 만족은 음과 양의 반대되는 힘을 조화시키는 것에 달려 있다는 주장이었다.

불교 역시 큰 영향력을 발휘했는데 인도보다 중국에서 더 많은 개종자가 나왔다. 부하-종속계급에게 불교는 자기만족적이었으며 무미건조한 국가 관리들의 이데올로기보다 훨씬 풍부하게 정신적 도움을 주었다. 중국은 고관대작들이 이상향으로 꼽는 조화나 화합과는 거리가 먼 사회였기 때문이다.

농민들의 삶은 북중국의 잡곡 밭이나 중앙 평원의 논에서 끝없이 단조롭고 고된 노동을 하는 생활이었다. 국가 관리와 지방 지주들은 생산량의 절반까지 가져갔다. 안전한계margin of safety 같은 건 없었다. 흉작이 나면 수백만 명이 굶어 죽었다. 만리장성, 수천 킬로미터 길이의 운하들, 제국의 궁궐, 거대한 벽으로 둘러싸인 도시, 이 모든 것들은 농민들의 착취가 있어야만 유지 가능했다. 그러나 농민들은 조직화되지 않았기 때문에 그들의 목소리는 들리지 않았고 농촌에서는 점점 더 괴로움이 쌓여갔다. 중국 역사 중간중간에도 거대한 농민 반란이 등장한다. 진, 한, 당, 원, 명, 만주는 모두 대중의 반란으로 멸망했다.

반란은 자주 있었지만 대부분 실패했다. 왕조가 반란에 부닥쳤을 때는 언제나 더 큰 위기가 있었다. 때로는 외국의 침입과 함께 대중 반란이 일어나기도 했다. 관리, 지주, 상인 집단들은 반란을 적극적으로 반대했다. 그러나 주요한 파괴력을 제공한 것은 농민 반란이었다.

농민 반란은 파괴적이었지만 건설적이지는 않았다. 농민들은 가난과 약탈로 절망에 빠져, 세금 관리들을 뒤집어엎기 위한 민병대를 만들 수 있었다. 그러나 그 다음에는 곧 자신들의 마을로 흩어졌다. 농민들은 광대한 시골 마을에 떨어져 살며 가족과 농장만 생각했다. 바깥 세상으로부터 고립되어 더 넓은 세계를 알지 못했다. 그들은 하나의 계급으로서 스스로 대안적인 국가를 상상해내지 못했다. 따라서 농민들이 바라는 최선이란 '나쁜' 황제를 '선한' 황제로 대체하는 것이었다. 여기에 혁명적인 리더십을 제공할 수 있는 도시 계급 즉, 부르주아, 인텔리겐챠 혹은 프롤레타리아가 없었기 때문에 반란은 더 이상 진전될 수 없었다.

정치적 혁명은 사회적 변혁으로 나아가지 못했고, 단지 하나의 왕조가 다른 왕조로 계속 바뀔 뿐이었다. 2000년의 세월 동안 중국 역사는 같은 상황이 반복되는 회전문 역사였다. 세계와 맞닥뜨려 제국의 전체 체제가 무너질 만한 충격을 받기 전까지 이 상황은 바뀌지 않았다. 그러나 그런 일은 20세기나 되어서야 생긴다.

아프리카 : 가축 목축업자, 철기 제조업자, 그리고 무역국가

유라시아 대륙은 거대한 동서양의 주요 통행로로 길이가 9600킬로미터가 넘는다. 수천 년 동안 사람들과 사상이 이 통행로를 따라 이동했다. 유라시아는 동서로 뻗어 있기 때문에 통행로가 단일한 기후대를 따라 형성되었다. 특히 유라시아 스텝 초원지대는 유럽 중앙의 카르파티아 산맥에서부터 태평양까지 끊어지지 않고 이어져 있다. 이 거대한 길을 따라 아리안족, 훈족, 터키족, 몽골족이 들어왔다. 그 옆의 샛길을 따라 그리스, 켈트족, 고트족, 슬라브족이 나왔다.

무역상인, 침략자, 정착자들은 유라시아의 많은 통로를 이용해 아이디어를 실어 날랐다. 통행로가 단일한 기후대에 걸쳐 있었기 때문에, 한 지역에서 작동하던 것은 다른 곳에서도 통했다. 위대한 농업혁명의 수확물인 보리, 밀, 쌀, 소, 양, 염소, 돼지, 닭 등이 모두 다른 곳으로 전해질 수 있었다.

아프리카는 사정이 달랐다. 아프리카는 남북으로 길게 뻗은 6500 킬로미터 길이의 대륙이다. 아프리카는 여러 가지 다양한 기후대를 거치고 큰 장벽을 넘어서 가야 했다. 북쪽에서 남쪽으로 가면서 해안, 평야, 사막, 사바나, 열대 우림, 사바나, 사막 그리고 다시 해안 평야 같은 다양한 기후대가 펼쳐진다.

사막과 숲은 이동에 장벽이 되었고 농부들이 적응하기 어려운 지대였다. 또한 질병 문제도 있었다. 특히 사람과 동물의 피를 빨아먹고 사는 체체파리가 옮기는 질병도 있었다. 온갖 다양하고 이국적인 생물이 있었지만 정작 아프리카 동물들 중에는 질병에 강하고 쟁기를 끌 만한 동물이 없었다. 이런 지리적 조건 때문에 아프리카는 유라시아와는 다르게 발전할 수밖에 없었다.

제약 조건이 클수록 기회는 적다. 아프리카인들은 로마, 아랍, 중국인들처럼 위대한 예술, 그림, 건축과 기계를 만들 능력은 있었다.

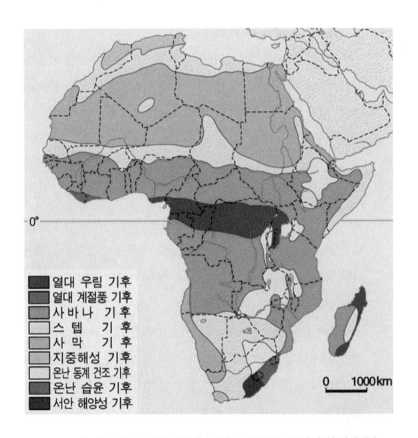

열대 우림 기후
열대 계절풍 기후
사 바 나 기 후
스 텝   기 후
사 막   기 후
지중해성 기후
온난 동계 건조 기후
온난 습윤 기후
서안 해양성 기후

0°

0   1000km

아프리카 대륙은 다양한 기후대가 펼쳐져 있어 문명 교류에 어려움이 많았다.

하지만 물리적 장애 때문에 위대한 제국 문명을 건설하기는 힘들었다.

농업 발전은 더디고 고르지 못했다. 사하라 사막 이남 아프리카는 나일강 유역이나 메소포타미아, 인더스나 갠지스, 황허나 양쯔강과는 사정이 달랐다. 제국을 먹여 살릴 거대한 빵바구니가 없었다. 사하라 사막의 고대 바위 조각에서는 가축을 키우고 이륜 전차를 모는 사람들의 모습이 그려져 있다. 이는 북쪽에서 도입된 것이었다.

약 기원전 1000년에서 AD 600년 사이에 사하라 횡단 무역로가 서아프리카를 지중해와 연결하면서 변화가 시작됐다. 사하라 사막 이남 지역의 아프리카는 금, 철광, 노예, 소금, 상아를 팔았는데 이 모든 것은 당시 지중해에서 수요가 증가했다. 무역 교역로를 통해 철기 제조법과 가축 목축법도 전파되어 왔다.

서아프리카 개발 과정에서 나이저Niger(니제르)강은 교역 상품과 아이디어 이동에 중요한 소통 라인이었다. 나이저강은 서쪽에서 동쪽으로 흘러가며 광대한 곡선을 그린다. 사바나와 숲을 거쳐 바다로 흘러들어가는 이 강의 수많은 지류들을 통해, 강에서 생겨난 문화가 서아프리카 내륙 깊숙이 전파됐다.

철, 가축, 나이저강을 따라가는 무역은 나이지리아 노크Nok 문화의 기반(기원전 500년~AD 200)이 되었다. 철기 제조는 그곳에서 기원전 450년경 시작됐고, 아프리카 대장장이들은 곧 새로운 기술과 형태를 만들어냈다. 동시에 아프리카 도공들은 사람의 실제 머리 크기와 같은 테라코타 두상을 만들어내는 놀라운 기술을 보이기도 했다.

지중해 문명은 서아프리카의 발전에 간접적이나마 촉매로 작용

했고, 높은 가격-높은 가치를 지닌 상품의 수요가 늘어나면서 더 큰
잉여의 축적도 가능해졌다. 이는 무역 도시의 기초를 마련해 주었
고 이 도시들은 나중에 무역국가로 발전하게 된다.

젠네제노^{Djenné-Djeno}는 AD 400~800년경의 주요한 무역 도시였다.
나이저강의 한 섬에 있는 이 도시는 원통형의 블록으로 만든 2킬로
미터 길이의 벽으로 둘러싸여 있다. 도시 내부에는 둥글면서도 사
각형 모양인 진흙벽돌 주택이 들어서 있다. 젠네제노는 가나 왕국
의 일부였는데 나이저 삼각주를 지배했던 무역국가였으며 전성기
시절엔 서아프리카 800킬로미터에 걸쳐져 있는 지역으로 확장됐
다. 아랍인들은 이곳을 '황금의 땅'이라고 불렀다.

그 외에도 아프리카의 다른 지역은 자신들만의 문명을 창조했다.
쿠시 왕조^{Kushites} 혹은 메로에^{Merowites}는 기원전 900~AD 325년 사이에
나일강 상류지역(오늘날의 수단)의 대부분을 지배했다. 쿠시인들은
이집트, 헬레니즘, 로마의 위협에 맞서 독립을 유지했으나 마침내
에티오피아에 의해 전복되었다. 악숨^{Axum} 왕국의 작은 홍해^{Red Sea} 무
역국가는 AD 50년경부터 성장해 '아프리카의 뿔'[25]에서 주요 지역
으로 성장했다. 이후 아랍인들에 의해 억압을 받긴 했지만 에티오
피아 국가는 이슬람 지역이 될 수도 있었던 그곳에서 초기 기독교
도들의 거주지로 살아남았다.

서아프리카는 대륙의 문화 강국이었다. 이곳에서부터 철과 가축
이 대륙을 가로질러 거래되었다. 반투어를 쓰는 이민자들이 그 역

---

25 이디오피아·소말리아·지부티가 자리 잡고 있는 아프리카 북동부를 가리키는 용어. 이곳
의 지형이 마치 코뿔소의 뿔과 같이 인도양으로 튀어나와 있는 데서 유래한 이름이다.

할을 맡았다. 그들의 민족운동은 기원전 500년 이후 500년 동안 동아프리카와 호수 지역에까지 다다랐고 그 다음 500년 동안 남부 아프리카 깊숙이 파고들었다.

고대와 중세의 아프리카는 흔히 '불균등 결합발전'[26]의 극단적인 예다. 아프리카에는 수렵채집인들, 가축 목축인들, 화전 경작인들이 공존했다. 이들 중 어느 하나가 나머지 전체를 지배하는 것을 지리적 조건이 가로막았기 때문이다. 게다가 외국 무역의 영향을 받으면서 아프리카는 석기시대에서 철기시대로 바로 도약했다. 청동기시대를 건너뛴 것이다.

AD 8세기에서 12세기 사이에 아랍은 영향력을 확산시켰다. 아랍은 서아프리카와 무역했는데, 사하라 사막을 가로지르는 북-남 교역, 사바나 벨트를 가로지르는 동-서 교역이었다. 팀북투 같은 도시들은 아랍과 무역해 부자가 되었다. 아랍인들 역시 동아프리카 해안을 따라 킬와 같은 무역 기지를 여러 곳에 세웠다. 아프리카는 외국의 영향으로 변화했고, 그 변화에 반응함으로써 자신들의 역동성과 창조성을 표출했다.

AD 1200~1750년 사이에 무역국가들이 부상했다 쇠퇴하는 일들이 연속적으로 서아프리카에서 벌어졌다. 말리, 하우사, 베냉, 카넴-보르노, 송가이, 아칸-아샨티, 기타 국가들이 그랬다. 중앙 아프리카와 동부 아프리카에서는 해안무역의 자극에 힘입어 그레이트 짐바브웨 문명이 태어났다.

---

26 자본주의 사회에서 자본(기업)간, 생산 부문간, 국가 간의 발전이 불균등하게 진전된다고 보는 법칙.

나이저 삼각주 지역에 있던 베냉의 문명은 최고 수준의 청동공예를 생산했다. 그 유명한 청동 헤드는 노크의 테라코타 사람 두상을 연상시킨다. 중세예술의 가장 위대한 걸작품 중 하나로 꼽히는 작품이다. 그레이트 짐바브웨는 뛰어난 건축물로 유명하다. 그레이트 인클로저(대옹벽)는 당시 사하라 사막 이남에서 가장 큰 건물로 길이 250미터에 두께 5미터, 높이 10미터 규모였다.

그레이트 짐바브웨 통치자의 재산은 가축과 금, 철, 구리, 주석 무역 등을 기반으로 삼았다. 베냉에서도 같은 방식이었고 다른 서아프리카 국가들도 마찬가지였다. 지리적 제약 탓에 농업에서 발생할 수 있는 잉여는 제한적이었다. 아프리카의 여러 도시혁명은 무역에 의존했다.

기원전 1000년부터 AD 15세기 이후 유럽인들이 식민지 건설을 위해 대륙에 이를 때까지 아프리카 사회의 발전은 다른 국가들의 활동 여부에 달려있었다. 지리적 환경이 아프리카를 이처럼 의존적인 상황으로 만들었다.

신세계 제국들 : 마야, 아즈텍, 잉카

호미니드는 아프리카에서 250만 년 전에 진화했고, 현생 인류는 20만 년 전에 진화했다. 그러나 그들이 아메리카 대륙에 도달한 것은 한참 뒤인 1만5000년 전 쯤이었다.

아프리카는 가장 오래된 대륙이며, 아메리카는 가장 젊은 대륙이다. 그러나 사하라 사막 이남의 아프리카와 아메리카는 중요한 특징을 공유한다. 이는 바꿔 말하면 두 대륙과 유라시아의 차이라 할 수 있다. 아프리카와 아메리카는 비슷한 방식으로 지리적인 장벽의 제약을 받았다.

아메리카는 북-남 거리가 거의 1만6000킬로미터나 되는데, 모든 기후대를 거쳐 간다. 때문에 아메리카의 한 지역에서 작용했던 것이 다른 지역에서도 통한 건 아니었다. 서로 다른 생태 시스템은 서로 다른 생존 전략을 필요로 했다. 따라서 서로 다른 기후대 간의 문화 교류가 지니는 가치는 기후대 내부에서 이뤄지는 교류의 가치보다 적었다.

아메리카는 천혜의 식용작물들 즉, 옥수수, 감자, 호박, 콩, 카사바를 갖고 있었다. 그러나 동물 가축은 많지 않았다. 유라시아는 소, 양, 염소, 돼지, 노새, 당나귀, 닭, 낙타 등 야생 동물 조상의 고향이었다. 여기에서 고기와 우유, 모, 가죽을 얻었고 짐 운반용 혹은 교통수단으로 짐승들을 활용할 수 있었다.

하지만 아메리카에는 라마, 타조, 기니아 피그 같은 동물밖에 없었다. 아프리카와 아메리카 간에는 중요한 차이점이 하나 있다. 아프리카는 유라시아와 연결될 수 있었다. 그래서 아프리카 문명은 이집트, 로마, 아랍에서 온 무역인의 영향을 받으며 발전했다. 결정적으로 아프리카는 소와 철을 유라시아로부터 받았고, 그들이 금속과 다른 상품을 생산해낸 것은 사실상 외부의 요구를 따른 것이었다. 하지만 아메리카는 그러한 문화적 혜택을 받지 못했다. 그들은 노동생산성을 발전시키는 데 필요한 글로벌한 지식과 기술 교환으로부터 차단되어 있었다. 때문에 아메리카인들은 바퀴, 철, 쟁기 같은 것들을 가지지 못했다.

이런 제약들 때문에 북아메리카 문명의 발달은 제한적이었다. 유럽인들이 도착했을 때, 대부분의 북아메리카인들은 상부 구석기 수렵채집인들이거나 초기 신석기 괭이-경작인들이었다. 남서(AD 700~1350) 푸에블로 농민들의 초기 도시문명과 중부 미시시피족(AD 700~1450)의 사원 언덕을 건축한 사람들은 이미 사라져 버렸다.

한편, 중앙아메리카와 남아메리카에서 유럽인들은 현존하는 문화와 만났는데, 그 문명은 완전히 도시화되고 훨씬 더 오랜 전통을 지닌 것이었다. 멕시코의 올메크, 마야, 톨텍, 아즈텍(기원전 1200~AD 1521), 페루의 차빈, 나스카, 모체, 치무, 그리고 잉카(기원전 900~AD 1532) 등이 그것이다.

아메리카 문명이 유라시아와는 완전히 독립적으로 발전했다는 사실을 통해 궁극적으로 알 수 있는 점은 인류 공통의 생물학적 정체성이다. 즉 모든 '인종'은 똑같이 문화적 창조성을 갖고 있다는 것이다. 그러나 아메리카 문명은 심각한 제한성을 갖고 있었다. 기술 수준이 석기시대 수준에 머물렀기 때문이었다. 금, 은, 구리는 장식물에만 쓰였다. 농기구의 수준은 신석기 수준이었고, 생산성은 낮고 잉여 또한 적어서 아메리카 문명은 잔인한 경향을 띠었다. 성공적인 축적은 극도의 착취와 폭력의 결과였다.

남멕시코와 과테말라의 마야 문명은 약 기원전 300년에서 기원후 900년까지 지속됐다. 이 문명 지역은 라이벌 도시국가들로 분할되어 있었다. 도시국가들의 왕은 제각각 자신이 신이라며 세습왕조를 이어갔고 이들의 지배를 받는 도시국가들은 서로 경쟁을 벌였다. 마야인들은 엄청나게 큰 종교의식 센터를 건설했다. 그 센터에는 광장이 있었고 광장의 주변은 돌로 지은 피라미드들과 궁전, 사원, 제단들이 둘러싸고 있었다. 진정한 도시혁명은 고전 마야 기간(AD 300~800)에 일어났는데, 그때는 티칼과 같은 의례용 센터들이 인구 5만 명에 이르는 정글 도시에 세워졌다.

건축, 조각, 회화는 발달했다. 흑요석, 옥은 고급품으로 만들어졌다. 글쓰기, 천체 관측, 역법 계산도 발전했다. 이런 문화적 성취는 생산계급인 농부들의 필요에 의해서 발전한 것이 아니라 지배계급의 종교와 이데올로기를 위한 것이었다. 예술과 과학은 왕-신과 신정을 위해 바쳐진 것이었다.

전쟁은 마야의 신들에게 희생물로 제공할 포로를 획득하기 위한 목적도 갖고 있었다. 당시의 그림을 보면 마야의 주신 앞에서 고문당하는 희생자들을 묘사하고 있다. 옥수수, 콩, 호박, 고추 그리고 뿌리식물 등을 밭에서 재배하는 집약적인 농업이 이루어졌음에도 불구하고, 마야의 기술은 원시적이었다. 쟁기, 동물, 비료 없이는 늘상 토양이 고갈되는 문제가 생겨날 수밖에 없었다.

이 어려움에 맞서 초기 신석기 경제는 도시혁명을 일으키게 해주었고 도시국가의 네트워크를 가능하게 해주었다. 그러나 마야의 왕과 사제들은 기생적이어서, 소중한 잉여를 가져 가서는 전쟁이나 피라미드 건축, 신비주의적인 종교 행사에 낭비했다. 이를 통해 자

종교적 열망과 의무를 내포하고 있는 아즈텍 문명의 상징 '태양의 돌'(아래)과 신전.

신의 존재를 정당화시켰다. 마야는 엘리트와 국가를 유지하는 비용
이 경제적 기반을 무겁게 내리누른 끝에 결국 다른 고대 중세 문명
과 마찬가지로 스스로의 무게 때문에 붕괴했다.

마야가 쇠퇴한 틈을 타 야만인 침입자들이 북쪽에서부터 쳐들어
왔다. 톨텍은 결국 멕시코 중부 지역을 AD 950~1170년 동안 지배
했다. 이후에도 또 다른 분열과 전쟁의 시기가 이어졌다.

이 혼돈 속에서 출현한 아즈텍 문명은 이전 문명들의 특징을 그
대로 갖고 있었다. 원시적인 기술과 제국적인 야망 사이의 모순이
낳은 지극히 잔인한 결과였던 것 같다(그러나 우리는 주의해야 한다. 왜
냐하면 이 지역의 역사를 우리에게 전해준 스페인 작가들은 원주민 문명에 아
주 적대적이었기 때문이다).

아즈텍은 수도와 종교의식 센터를 AD 1345년에 테노치티틀란에
설립했다. AD 1428~1519년에 그들은 광대한 제국을 건설했다. 아
즈텍 국가는 중앙집권화된 독재국가였고, 전사와 대제사장으로 이
뤄진 지배계급과 직업 군인이 있었다. 종속계급인 하층민들을 동화
시키거나 생산 기술을 개발하려는 국가의 노력은 없었던 것으로 보
인다. 금, 면화, 터키석, 깃털, 향, 엄청난 양의 음식 같은 공물이 테
노치티틀란에 바쳐졌다. 엄청난 숫자의 전쟁 포로들 역시 그곳으로
보내져 그레이트 템플의 희생물이 되었다. 그들의 심장은 아즈텍
태양신에 제물로 바쳐졌고 신체는 계단에 뿌려졌다.

아즈텍은 거친 군사 제국주의 체제였다. 그들의 잔인성과 경박성
은 초기 신석기 기술을 기반으로 한 도시혁명의 한계를 극단적인
형태로 보여준다. 가용할 잉여가 부족하면 할수록 그에 반비례해

착취의 정도는 가혹해졌고 그것을 유지하기 위한 폭력은 더 심해지기 마련이다. 아즈텍 국가의 폭력성과 피지배 민중들의 가난은 하나의 모순이 지닌 두 가지 측면이었다.

페루의 잉카제국은 AD 1197년부터 확장을 시작했다. 중부 멕시코의 아즈텍제국보다 2세기 앞선 시기였다. 그러나 그들은 같은 시기인 AD 1493~1525년에 한계에 다다랐다. 그들은 아즈텍제국의 핵심적인 특징 일부를 공유했다. 잉카제국은 중앙집권화된 군사 독재체제였고, 대규모 직업 군대를 거느렸으며 행정 관료들이 피지배 계층의 일상생활을 통제했다. 제국의 중심부에는 엄청나게 큰 기념비적인 복합건축물, 예를 들어 수도인 쿠스코, 삭사우아만의 요새, 마추픽추의 종교의식 센터 같은 것들이 자리 잡았다.

잉카는 넓은 해안 평야, 높은 산, 울창한 숲들로 이뤄진 세로 3200 킬로미터, 가로 515킬로미터의 넓은 영역을 지배했다. 그들은 총 4만킬로미터의 도로망을 구축했고 수많은 터널, 다리, 간선도로를 건설했으며 공식적인 쉼터-하우스를 지역 곳곳에 지었다.

아즈텍과 잉카제국 양쪽은 모두 비정상적이었다. 멕시코 중앙과 페루의 안데스 산맥에서, 고대 제국들은 석기시대 경제를 기반으로 지배층 엘리트와 직업 군인을 거느리며 엄청난 건축물들을 세웠다. 지배계급의 무지막지한 낭비는 무자비한 잉여 착취를 필요로 했다. 제국의 지배는, 따라서 폭력에 의존했다. 아즈텍과 잉카 지배자들은 피지배 민중에게 미움을 받았고 그 바람에 반란이 난무했다.

결국 스페인이 16세기 초 이곳에 도착했을 때, 아즈텍과 잉카제국은 산산조각이 났다. 단순히 스페인이 더 앞선 사회적 질서와 앞선 군사 기술을 가졌기 때문만은 아니었다. 이곳의 평민들은 지배 자들의 패배를 환영했고 심지어 그들을 무너뜨리기 위한 투쟁에 적 극적으로 동참했다.

중세세계

chapter I 06

유럽
봉건주의

약 AD 650년~1500년

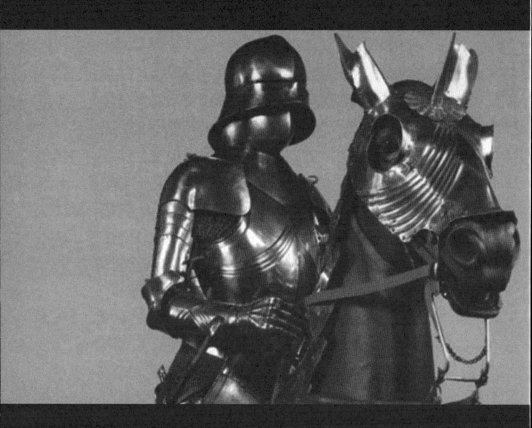
유럽 봉건주의의 한 축을 담당했던 봉건기사의 중무장한 모습

핵심정리

지금까지 약 1000년의 기간 동안 세계 여러 지역의 발전 과정을 둘러보 았다. 이 장에서는 같은 시기에 유럽에서는 어떤 일이 일어났는지 살펴 볼 것이다. 그 이유는 자본주의와 산업사회가 중세 유럽에서 처음 생겨 났기 때문이다. 자본주의와 산업사회는 그 규모와 의미 차원에서 볼 때 앞서의 농업혁명과 비교될 수 있는 유일한, 위대한 변화라 할 수 있다.

유라시아 대륙의 북서쪽 주변부에서 시작된 이 변화는 몇 세기에 걸쳐 진행된 지리적, 정치적, 사회적 상호작용의 결과다. 유럽인들의 해양 진 출, 영주-가신-소작농^{peasant}으로 형성된 사회적 관계, 도시와 무역의 발 전, 봉건 지배자들의 끊임없는 전쟁, 그 싸움으로 고착된 유럽의 분열, 자신의 운명을 개선하기 위해 벌이는 보통 사람들의 계급투쟁 등 다양 한 요소들이 뒤엉키면서 변화의 토대를 마련했던 것이다. 이러한 상호 작용을 이해하고 자본주의를 발생시킨 일련의 사태들이 어떻게 서로 얽 혀들었는지를 이해하는 것, 그것이 곧 마르크스주의 역사학이 2세기 동 안 몰두해온 주제다.

시간의 순환과 화살

유럽 봉건주의

2장에서 우리는 '역사는 어떻게 작동하는가'에 대해 논의했다. 여기서 지금까지 이야기해온 것에서 우리가 얻은 교훈을 다시 한 번 되새겨볼까 한다.

역사는 '순환'과 '화살'이라는 두 가지 속성을 함께 갖고 있다. 역사의 '순환'은 자연의 순환법칙을 반영한다. 자연은 출생, 성장, 죽음, 그리고 새롭게 이어지는 삶을 순환한다. 농부의 생산 사이클과 가족의 재생산 사이클도 마찬가지다. 한편으로는 역사는 '화살'처럼 앞으로 움직인다. 혁신, 진화, 때로는 혁명이 일직선처럼 이어지며 진보한다. 이런 과정을 거쳐 세계는 그 모습을 바꾸곤 한다.

자연, 사회, 인류는 언제나 스스로 재생산한다. 우리가 행하는 대부분의 것은 어쩔 수 없이 반복된다. 그렇다고 역사가 똑같이 반복되는 것은 아니다. 각각의 역사적 국면^{conjuncture}들은 제각각 고유한 모습을 띠고 있다(여기서 국면이라는 말은 사건들의 상태$^{a\ state\ of\ affairs}$라고

191

할 수도 있다. 이 말은 '역사적 시간과 지리적 공간 속에서 서로 연관된 경제적, 사회적, 정치적 사건들이 일어나는 특정한 순간을 의미한다).

각각의 역사적 국면이 고유하다고 말하는 이유는 하나의 국면 속에 역사의 '연속성'과 '변화'라는 이질적인 측면이 하나로 합해져 있기 때문이다. 즉 하나의 역사적 국면은 역사의 '순환'과 역사의 '화살'이라는 양면성을 다 갖고 있다. 그러나 하나의 국면과 다른 국면 사이에는 정도의 차이가 있다. 역사의 '순환'이 지배적일 때 변화는 양적이고 제한적이다. 반면 역사의 '화살'이 지배적일 때 변화는 질적이며 모든 것을 바꾸어 놓는다.

이쯤에서 역사의 세 가지 엔진을 다시 살펴보자. 첫째는 지식, 기술, 생산성의 축적이다. 둘째는 잉여의 통제를 놓고 벌이는 지배계급 간의 경쟁과 투쟁이다. 셋째는 잉여의 크기와 배분을 놓고 벌이는 계급 간의 투쟁이 그것이다. 바로 이 세 엔진의 상호작용이 역사를 앞으로 끌고 나간다.

철기 도구는 고대 농업을 탈바꿈시켰다. 철기 덕분에 새로운 토지를 경작할 수 있게 됐고 노동생산성이 향상됐으며, 사회적 잉여를 엄청나게 확대했다. 물론 기술이 그 원동력이었다.

로마제국은 철기기술을 기반으로 발흥했는데 엘리트 내부의 경쟁, 다시 말해 지배계급과 경쟁 파벌 간의 군사적 투쟁으로 한층 더 강화되었다. 잉여를 서로 차지하려는 최상층 계급 내부의 싸움이 로마 발전의 원동력이 된 셈이다.

기원전 5세기경인 철기시대에 그리스에서 고전Classical 문명이 꽃을 피웠던 것도 계급 간의 투쟁이 결정적 역할을 한 경우다. 기원전 6

세기 호플리테스 혁명은 이 도시국가의 민주주의와 자연주의적 예술, 고전적 건축, 연극뿐 아니라 자연과학, 철학, 역사 같은 학문이 등장하는 배경을 만들어 주었기 때문이다.

역사의 엔진들은 언제나 특정한 자연적, 사회적 틀 안에서 작동한다. 지리적 조건은 좋은 기회를 제공하기도 하지만 한편으로는 제약이 되기도 한다. 과거로부터 물려받은 사회제도, 관행, 관습, 전통에 따라 역사적 상황은 달라지기도 한다.

하나의 예를 들어보자. 유라시아의 지리 조건은 사람과 자원, 도구, 아이디어를 아프리카 대륙보다 훨씬 더 효과적으로 전파했다. 그러나 중세 중국에서는 중앙집권적인 국가권력이 독립적인 도시 부르주아의 발전을 막았다. 반면 유럽의 봉건국가는 상대적으로 약했기 때문에 도시에서 부르주아가 발전할 수 있었다. 자본주의가 왜 유럽에서 처음 생겨났는지를 설명하는 핵심적 답변이 바로 이것이다.

유럽 봉건주의

세 가지 동력이 상호작용을 하다 보면 반복되는 순환만 만들어 낼 때도 있다. 그러나 때로는 점진적인 변화를, 때로는 혁명적 위기와 급격한 변화를 만들어 내기도 한다. 아랍, 인도, 중국, 아프리카, 아메리카의 경우 고대에서부터 현대에 이르기까지 역사의 순환은 몇 세기 동안 계속되었다. 변화가 있긴 했지만 느렸다. 변화는 질적이기보다는 양적이었다.

고대인과 중세인 거의 대부분은 소작농-농민이었는데 이들의 생활은 역사의 순환에 의해 지배를 받았다. 착취를 못 이겨 반란을 일으킬 때조차 그들은 단지 새로운 지도자를 앉혀 놓고 농장으로 되돌아갔다.

상인들의 삶은 이들에 비하면 좀 더 변화가 컸다. 어떤 이들은 운 좋게 부자가 되었고 어떤 이들은 그럭저럭 늘 비슷하게 살았다. 누군가는 실패해 파산하기도 했다. 그러나 그들의 개인적인 운명은 사회가 작동하는 과정에 영향을 끼치지 못했다. 상인들은 생산과정이라는 수레바퀴에 기름칠을 하는 역할은 했지만 동력을 제공하는 수준까지는 아니었다. 그들은 사회의 틈새를 차지했을 뿐 전시 지휘부의 고지를 차지하지는 못했다.

지배자의 삶은 왕조, 제국, 문명의 상승과 몰락을 겪으며 훨씬 더 큰 변화를 겪었다. 그러나 그것이 피지배자들의 삶에 별다른 변화를 주지는 않았다. 지배자들이란 군사 제국주의를 위해 끝없이 경쟁을 벌이는 사람들일 뿐이었다. 그들이 누구건 피지배자들에게는 그다지 중요하지 않았다. 한 명의 왕은 또 다른 왕과 다를 바 없었다.

그러나 이 넓은 세계의 단 한 곳에서는 주변 환경과 엔진이 독특하게 결합했다. 그 결합은 급격한 사회 변혁을 이끄는 동력을 만들어 낼 정도로 강력한 것이었다. 물론 과거에도 그랬던 적은 있다. 기원전 7500년부터 AD 12세기 사이에 세계 곳곳에서 일어났던 농업혁명을 두고 하는 말이다. 모든 고대와 중세 문명은 본질적으로 이 혁명의 결과물이었다. 인구의 대다수는 땅에서 일했고 거대한 사회적 잉여는 농업 생산에서 발생했다.

그러나 16~18세기의 250년간, 세계는 산업적 자본주의의 발전에 힘입어 새로운 변혁을 다시 맞게 됐다. 이 두 번째 변혁이 바로 오늘날 우리가 살고 있는 세계를 만들었다. 그래서 우리는 지구의 작은 영역에 불과한 유럽에서 시작돼 세상 곳곳으로 퍼져나간 이 사건에 초점을 맞추는 것이다.

유럽의 특이성

얼핏 보면 유럽이 1500년경부터 세계 역사에
서 우위를 점한 사실은 놀라워 보일 수 있다. 유럽 대륙은 거대한 아
시아에서 뻗어 나온 하나의 줄기에 불과하고, 청동기시대와 철기시
대의 위대한 문명은 비유럽 지역에서 발생했기 때문이다. 이집트,
이라크, 페르시아, 인도, 중국 심지어 그리스-로마 문명 역시 유럽
에서라기보다는 지중해 중심으로 생겨났기 때문에 선사시대와 고
대에 유럽은 주변부였고 낙후된 곳이었다.

유럽 봉건주의

그럼에도 유럽은 독특한 지리적 조건을 지니고 있었다. 그 어떤
다른 대륙보다 바다와 밀접했다. 유럽은 어떻게 보면 작은 땅덩어
리들이 모여서 이루어진 대륙이다. 육지가 바다 쪽으로 튀어나와 3
면이 발트해, 북해, 대서양, 지중해, 흑해 등 바다로 둘러싸여 있다.
아시아 대륙 같은 광활함 같은 건 없다. 그러다 보니 어떤 유럽 국가
도 바다와 멀리 떨어져 있지 않다. 소크라테스의 말처럼 유럽인들
은 '연못가의 개구리'들처럼 모여 살았다.

유럽의 들쑥날쑥한 리아스식 해안선은 총 3만7000킬로미터로
지구 전체의 둘레와 맞먹는다. 내륙에는 배가 다니기 좋은 하천
들이 많다. 볼가, 드니프로, 비스 오데르, 엘베, 라인, 센, 우아르,
가론, 에브로, 포, 다뉴브강은 수천 년간 유럽의 간선도로 역할을

했다.

거대한 산맥들이 대륙을 가로질러 뻗어있지만 그 산맥을 우회할 수 있는 길이 있었다. 유럽 중앙부의 동-서간 통행로 역할을 했던 지역은 남러시아의 스텝에서 시작해 다뉴브의 아이언 게이트를 거쳐, 헝가리 평원을 가로질러 서쪽으로 향한다. 또한 북유럽 평원은 모스크바에서 파리까지 광대하게 뻗어있다. 둘 다 신석기시대부터 나치 때까지 유럽 횡단의 루트 노릇을 했다.

북-남 방향으로의 이동은 동-서 방향보다는 어렵지만 강이 있어서 통행이 가능했다. 어떤 산악 지역도 통행을 가로막는 장벽이 된 곳은 없었다. 어디서든 북-남 이동보다는 동-서 이동이 훨씬 더 중요하다. 그런 점에서 볼 때 유라시아 대륙은 동-서로 일직선으로 뻗어있다는 장점이 있었다. 대개 그 방향으로 사람과 물건과 아이디어가 이동하기 마련이다.

유럽의 지형은 비슷한 크기의 다른 대륙보다 훨씬 다양한 생태 구역$^{eco\ zone}$을 품고 있다. 멕시코 만류는 열대지방에서 시작해 대서양의 서부, 북부, 동부 변두리 가장자리를 휘어 감으면서 유럽의 기후에 영향을 미쳐 다른 지역과 뚜렷이 구별되는 기후 구역을 형성한다. 유럽의 북쪽 끝에는 동토의 툰드라가 있다. 북러시아와 스칸디나비아에 타이가 삼림 벨트의 추운 숲이 있다면, 서유럽에는 온대 기후의 넓은 낙엽수림이, 중부 유럽과 동유럽에는 광활한 스텝 초원이, 남쪽 끝에는 산과 들과 바다 사이에 온화한 지중해가 있다. 이런 자연환경은 경제, 사회, 문화 발전에 결정적인 영향을 미쳤다.

이것이 의미하는 바를 이해하기 위해 우리는 역사 속의 단일한

'사건', '국면'이라는 개념과 '장기지속longue durée[27]'이라고 부르는 개념을 구분할 필요가 있다. 가령 1645년 영국의 청교도 혁명 때 벌어진 네이즈비 전투는 하나의 '사건'이다. 1640~60년 사이에 진행된 영국혁명은 '국면'이다. 하지만 당시 혁명을 일궈냈던 중산층middling sort 즉, 작은 토지를 소유한 소小젠트리minor gentry, 자작농, 도시 수공업자, 무역상이 역사의 중심으로 부상한 것은 300~400년에 걸쳐 진행된 '장기지속'의 한 사례다.

장기지속의 관점에서 보면 지리적 조건은 중요하다. 물론 그것 자체가 역사를 이끄는 건 아니다. 역사를 이끄는 것은 민중의 결정과 행동이다. 그럼에도 지리적 조건은 역사가 생겨나는 토대를 제공한다. 지리적 조건은 제약과 기회를 동시에 제공한다. 인간은 자연의 일부이기 때문에, 지리적 환경에 따라 인간이 할 수 있는 가능성이 달라질 수밖에 없다.

유럽 봉건주의

지리적 조건 때문에 유럽은 커뮤니케이션, 갈등, 상호작용이 유별나게 두드러졌던 대륙이라고 할 수 있다. 사람, 상품, 아이디어가 빠르게 이동할 수 있었던 것이다. 어떻게 보면 허약하고, 느리고, 보수적인 사람들은 살아남기 힘든 환경이다. 이런 유럽의 개방성 때문에 그들은 역동성, 혁신을 최우선으로 여긴다.

산업혁명 이전의 수상교통이 과연 어떤 의미를 갖는지 살펴보자. 가령 황소 한 마리가 한 달 동안 화물 수송 작업을 한다고 가정해보자. 아마도 황소는 그 기간 동안 자신이 실어 나르는 짐만큼의 양을

---

27 역사를 급변하는 정치적 사건 중심으로만 보는 게 아니라 지리적 환경, 인구의 느린 변화에도 주목하는 관점.

소비할 것이다. 반면 강을 건너는 바지선 혹은 원양상선의 선원은 훨씬 더 먼 거리를 이동하면서도 상대적으로 아주 적은 부분만 소비할 것이다.

근대 초기 유럽에서 가장 발달한 나라들 즉, 세계에서도 가장 선진적인 나라들은 역시 물을 품고 있다. 첫 번째 부르주아 혁명은 섬나라이자 강 하구의 간척지, 배수용 제방이 많은 나라 네덜란드에서 발생했다. 두 번째 혁명은 바다로 둘러싸인 영국에서 일어났다.

유럽은 거의 모든 시기를 통틀어 하나의 제국으로 통합된 적이 없었다. 유럽 대륙의 절반 정도가 제국의 이름 아래 통일된 적은 단 한 번뿐이다. AD 5세기경 최초의 로마제국이 그것이다. 당시 로마제국은 라인강 서쪽과 다뉴브강 남쪽 안의 유럽 국가 전부를 통합했다. 로마 외에 기타 다른 제국들-샤를 마뉴, 필립 2세, 루이 14세, 나폴레옹, 히틀러의 제국은 단 한 번도 유럽 전체를 통일시키지 못했다. 유럽은 중국의 춘추전국시대처럼 서로 전쟁하며 맞서는 국가들로 이뤄진 대륙이다.

유럽에서 제국을 건설하려던 시도가 번번이 좌절된 것은 유럽의 지리적 조건 때문이었다. 대륙의 동-서간 커뮤니케이션은 쉬웠고, 내륙 수로와 바닷길이 발달했으며, 다양한 생태 구역과 인종이 혼재했는데 이 같은 요소들이 혼합돼 단일한 거대 정치체제의 등장을 방해했다.

제국이란 원래 보수적일 수밖에 없다. 그러나 중세와 근대 초기에 유럽에서 등장했다 사라졌던 여러 제국들은 보수적인 자세를 취할 만한 여유가 없었다. 유럽은 갈등의 대륙이었으며 변화의 대륙이었다. 나일, 유프라테스, 갠지스, 양쯔강 등에서 시작된 고대문명은 중세를 거치는 오랜 기간 동안 역사의 '순환'을 계속했다. 그러나 유럽의 라인강에서는 역사의 '화살' 즉, 변화가 우위를 점했다.

호모 사피엔스의 역사상 첫 번째 위대한 변혁인 신석기 농업혁명은 중동과 중앙아시아에서 기원전 8000년에 시작됐다. 두 번째 위대한 변혁인 산업혁명은 AD 14~18세기에 유럽에서 만들어졌다. 그에 앞서 자리를 잡은 유럽 봉건체제에서 우리는 그 변혁의 뿌리를 찾아야 한다.

서양 봉건제도의 부상

유럽 봉건주의

로마제국의 종말은 갑작스럽게 일어난 게 아니었다. 단일한 방향으로 진행된 과정도 아니었다. 그것은 하나의 사건이라기보다 복합적인 과정이었다. 먼저 제국은 둘로 갈라졌다. 395~476년 서로마가 해체되면서 여러 게르만 왕국으로 나눠졌다. 반면 동로마 비잔틴제국은 거의 250년 동안 무너지지 않고 살아남았다. 그 후 점점 더 작아지긴 했지만 750년을 더 버텼다.

비잔틴제국은 네 개의 획기적인 사건을 거치며 장기적인 쇠락의 길로 접어들었다. AD 636년 야르무크강 전투에서 아랍인들은 시리아를 점령했다. 만지케르트 전투(1071)에서도 셀주크 투르크족은 동부 아나톨리아(지금의 터키 동부)를 빼앗았다. 두 번의 패배로 비잔틴제국은 영토의 절반을 잃었다. 1204년엔 십자군이 비잔틴제국의 도시를 약탈했다. 제국은 그 도시를 되찾지 못했다. 인구는 1203

년에 50만 명이던 것이 1261년 3만5000명으로 줄었다. 1453년에는 그나마 남아있던 영토마저 점령당했고 끝내 비잔티움은 오스만 투르크에 함락됐다.

비잔틴제국은 고대 후기^{Late Antiquity**28**}의 사회질서를 고착화하려던 체제였다. 고대 군사 제국주의의 부패상을 그대로 보여주었던 비잔틴은 매우 착취적이고 보수적이었다. 그럼에도 불구하고 제국은 AD 395년 이후 1000년 이상 지속됐다. 반면 서로마는 비슷한 사회구조였지만 100년을 버티지 못했다. 무슨 차이가 있었던 것일까?

비잔티움은 서로마보다 국경 둘레가 짧아 수비 부담이 적었고 영토는 훨씬 더 넓었다. 395년에 최종적으로 로마가 동서로 분할됐을 때 비잔틴제국은 후기 로마 군대의 3분의 1정도만 보유한 상태였지만 로마 제국이 거둬들인 이윤의 3분의 2를 얻었다.

비잔틴제국은 규모가 크고, 준비가 잘 된 전문적인 군대로 과거보다는 좁아진 전선에서 외부의 침략을 잘 막아냈다. 반대로 서유럽은 정치적으로 분열되어 국가들끼리 서로 싸웠다. 이러한 지정학적 맥락 속에서 봉건주의가 태어났다.

여기서 잠시 살펴볼 게 있다. 고대와 중세 계급사회의 지배자들은 두 가지 방법으로 군사력을 동원했다는 점이다. 백성으로부터 조공을 받아 군인을 고용하는 방법, 또는 토지를 하사해 그 대가로 군 복무를 시키는 방법이었다. 전자는 강력한 중앙집권적 국가에서 나타

---

28 서양사에서 적용되는 시대 구분. 기원후 정확한 시대의 경계에 대해서는 이견이 있지만 대체로 2세기부터 8세기까지의 시대를 가리킨다. 서양사에서 고전 고대^{Classical Antiquity}에서 중세^{Middle Ages}로 넘어가는 전이 단계에 해당하며 유럽 본토와 지중해 지역에 적용되는 시대 구분이다.

났다. 왕과 황제가 갈망하는 이상적인 형태였다. 후자는 권력이 분산된 정치체제에서 나타나는 형태라 할 수 있다. 그리스나 로마에서처럼 선거권을 가진 시민들의 민병대 혹은 중세 유럽에서처럼 궁정회의에 참석하는 영주의 수행원 등에서 찾아볼 수 있는 형태와 비슷하다. 두 시스템은 확연히 나눠진 게 아니라 종종 공존했다. 당시 정치체제는 조공체제와 봉건체제가 혼재했다. 군에는 직업 군인들도 있었지만 기사의 수행원들도 섞여 있었던 것이다. 어느 쪽이 더 많은가에 따라 정치체제의 일관성과 안정성이 좌우됐다.

AD 5~9세기에 대부분의 서유럽 국가들은 본질적으로는 속국 성격이 강했다. 국가는 세금을 거둬들였고 왕의 지휘를 받는 군인들에게 그 돈을 지급했다. 국가는 통치자가 영토를 더 효율적으로 지배하려는 과정에서 봉건적인 성격을 갖게 됐다. 통치자는 군 복무대가로 자신의 친척과 하인들에게 토지를 나누어 주게 된 것이다. 이런 봉건적 관계는 시간이 지나면서 점점 더 중요해졌다. 국가들은 작고, 불안정하며 상대적으로 약했던 상황에서 점차 중무장한 중장갑 기병이 전장을 지배하게 됐기 때문이다.

9세기와 10세기는 특별히 혼란스러운 시기였다. 왕들은 폐위됐고 내전은 불붙었다. 도시 생활은 유지될 수 없었고 장거리 무역도 쇠퇴했다. 바이킹, 마자르, 아랍인들이 파괴적인 공습을 계속해왔다. 이런 위기 상황에서도 과거처럼 강력한 제국을 지켜야 할 부담은 없었기 때문에, 유럽 국가들은 새로운 사회-정치·군사적 질서를 만드는 방향으로 전환했다.

국내의 반란을 진압하고, 침입자에 맞서 국경을 지키고, 라이벌 왕의 군대를 물리치기 위해 중세 초기의 통치자들은 맹아 상태였던 봉건주의를 완벽한 시스템으로 발전시켜 나갔다. 사적인 봉건주의 체제 안에서 국가를 지원함으로써 무장한 남성들로 구성된 강한 군사 조직을 만들어낸 것이다.

처음에는 왕의 뜻에 따라 영지가 통제되었기 때문에 통치자의 지위는 크게 강화되었다. 그러나 시간이 지남에 따라 영지는 세습자산이 되었고, 권력은 군주에게서 봉토를 받은 봉신에게 유리한 쪽으로 옮겨갔다.

극단적인 예가 바로 노르망디 공국이다. 10세기 바이킹 정착민이 세운 이 나라도 처음에는 권력이 매우 집중돼 있었다. 통치자는 모든 토지를 법적으로 소유했으며 그가 임명하는 사람들은 모두 넓은 토지를 가졌다. 이들은 봉신vassal 즉, 가신tenants-in chief들이었는데 주군의 눈 밖에 날 경우 쫓겨날 수도 있었다.

한 단계 더 아래로 가면, 가신의 땅은 여러 봉토fief로 세분화됐다. 봉토 덕분에 기사를 지원할 수 있게 되었고, 기사는 노동을 할 필요 없이 전쟁과 전투 훈련에만 몰두하도록 했다. 기사들에게는 말과 사슬 갑옷 등 중장기병의 무기를 제공해주었다. 수천 명의 장갑 기병은 노르만 국가를 지탱하는 핵심 장치였다. 이들은 영주의 수행원으로 조직된 기사들이었다. 개인적인 충성과 의존으로 묶인 그들의 관계는 영지의 지배권에 근거를 두고 있었다.

11세기에 무장 기사는 전장에서 탱크 같은 역할을 했다. 수백 명의 기사들이 밀집대형을 이룬 채 몇 개의 열로 서서 정면 공격을 벌이면 탁 트인 벌판에서는 막을 도리가 없었다. 그리스와 로마 시대

전쟁에서 보병이 전쟁의 중심 역할을 했다면 중세 초기의 전쟁에서는 말을 탄 중기병이 핵심이었다. 봉건주의는 이를 유지할 수 있는 가장 효과적인 사회·경제적 메커니즘이었다.

토지 소유와 군 복무를 연결시킴으로써, 봉건주의는 국가와 지배계급 간의 강력한 연대를 만들어 냈다. 또한 체제의 농업 기반을 신중하게 관리하는 데도 도움이 됐다. 토지를 어떻게 관리하느냐에 따라 신분이 결정되기도 했기 때문이다.

그러나 위험 요소도 도사리고 있었다. 이 시스템은 본래 불안정했다. 국가권력은 통치자가 지배하는 봉토와 기사가 얼마나 많은가와 직결되기 때문에 라이벌 체제와 벌인 영토 전쟁은 더 치열해져갔다. 게다가 봉토가 너무나 나뉘어져 기사들을 지원할 수 없게 되는 일을 막기 위해, 봉토를 장자에게 상속하는 풍습이 성행했다.

유럽 봉건주의

따라서 차남 이하는 자기 몫을 위해 싸웠다. 상속에서 배제되고 상속 순위를 잃을 위험이 있었던 그들은 용병으로 복무하거나 새로운 봉토를 획득함으로써 살아남았다. 이는 기사, 귀족, 왕자도 마찬가지였다—봉건 귀족의 모든 계급에서 비非장남은 오직 군사력으로만 자신의 계급을 유지할 수 있었다.

전투를 할 기회는 많았다. 국내외 할 것 없이 전쟁이 자주 있었기 때문이다. 영토를 놓고 벌이는 경쟁 때문에 봉건 지배계급은 내부적으로 갈라졌고 봉건국가 간에도 늘 불화가 심했다. 차남 이하들은 전리품과 돈, 땅을 찾아 나서야 했기 때문에 치열하게 경쟁을 벌였다. 봉건주의는 따라서 불안정했고, 역동적이었으며 확장 지향적이었다. 11세기 중반에 노르만 종족은 프랑스 북부 대부분을 정복했고 영국 전체와 이탈리아 남부, 시실리 전부도 그들의 손에 넘어갔다.

봉건적 폭력은 모순적이었다. 전쟁은 봉건국가의 생존에 필수적이었다. 전사들은 고향을 지켰고, 새 영토를 정복했고, 내부 질서를 유지했다. 한편으로 전쟁은 나름의 역동성을 갖고 있었고 봉건질서를 날려버릴 잠재력도 갖고 있었다.

봉건 체제의 잉여로 얻게 된 폭력을 밖으로 발산시킬 필요가 있었다. 십자군 전쟁을 일으킨 피의 논리는 이렇게 배태되었다. 십자군 전쟁 200년의 역사는 서양 봉건주의에 내재된 헛된 폭력의 가장 극단적인 얼굴을 드러냈다.

십자군과 지하드

교황 우르바노 2세는 1095년 11월 27일 클레르몽 공의회에서 첫 번째 십자군 원정을 개시하며 이렇게 말했다.

신실한 자들에 맞서 방자하게 개인적인 전쟁을 벌이는 데 익숙해진 사람들이여! 이교도들을 향해 진격하자...오랫동안 약탈자였던 사람들을 그리스도의 병사가 되게 하자. 한때 형제들과 친지에 맞서 싸우던 사람들을 이제 당당하게 야만인과 맞서 싸우게 하자. 몇 푼의 은 조각 때문에 용병이 됐던 사람들에게 이제 영원한 보상을 받게 하자.

교회는 서유럽 전역에 영지를 보유한 거대한 봉건 기업이었다. 교회는 권력과 부를 놓고 속세의 봉건 군주와 경쟁했다. 봉건 지배자와 마찬가지로 주교들은 해외에 폭력을 수출함으로써 자국의 평화를 유지하고 싶어 했다.

십자군 원정을 요청하자 반응은 예상을 훨씬 뛰어넘었다. 수천 명이 즉각 부름에 응했다. 엄청난 봉건 군대가 1097년 시리아로 들어갔고 1098년 안티오크를 함락했으며 1099년에는 예루살렘을 정복했다.

십자군은 어딜 가든 살육과 약탈과 파괴를 일삼았다. 남자, 여자, 아이 할 것 없이 함락된 도시의 거리에서 학살됐다. 포로들은 수시로 처형당했다. 십자군은 이슬람 사원, 유대교 회당, '이단' 교회를 샅샅이 뒤졌다. 수레는 강탈한 물품들로 가득 찼다.

네 개의 십자군 국가가 세워졌다. 봉건시대의 중장기갑부대가 전술적으로 투입된 덕분이었다. 그러나 십자군은 작은 규모의 군사 엘리트로 유지됐다. 500명의 기사들이 안티오크 공국을 지켰다. 살아남기 위해서는 군사력에 투자해야만 했다. 그만큼 집중적인 잉여 축적이 필요했던 것이다. 그들은 아랍 소작농을 극단적으로 착취했고 무역 대상들을 약탈했으며 이웃한 이슬람 국가들과 적대적인 관계를 유지했다.

십자군은 중동에 아주 쉽게 침입했다. 그곳은 민중의 신망을 잃은 왕궁의 독재자들이 지배하는 몇몇 개의 라이벌 국가로 이미 뿔뿔이 분열되어 있었기 때문에 시민사회와는 결별한 상태였다. 이슬람 통치자들은 대부분 십자군들과 합의하려 했다.

그러나 지속적인 평화는 불가능했다. 두 가지 모순이 작동했기 때문이다. 첫째, 봉건 정착민 국가들의 체제는 취약하고 불안정했기 때문에 합병되길 원했다. 더 많은 기사를 지원하기 위해서는 더 많은 토지가 필요했기 때문이다. 이는 이슬람 통치자들에게 직접적인 위협이 됐다. 둘째, 십자군 국가 내부에서 군사적 축적이 더 필요해지자 원주민들에게 더 무거운 세금, 임대료, 노동 부역을 받아야만 했다. 그 결과 십자군들은 무슬림 속국들에게 미움을 받았고 전쟁에서 자신들을 방어해 줄 원주민 군대를 키워낼 수 없었다.

첫 번째 십자군의 '충격과 공포'는 한 세대 동안 이슬람의 저항을 무너뜨렸다. 그러나 이슬람 국가 통치자에 대한 십자군의 위협이 다가오자 이슬람은 정치적으로 중앙집권화 과정을 밟았다. 북시리아와 북이라크는 1128년 통합되었다. 그 후 근처의 십자군이 지배하던 에데사 카운티를 탈환, 1144년에 합병했다.

제 2차 십자군 전쟁(1146~1148)은 이슬람의 부활에 맞서 일으킨 전쟁이었지만 엄청난 실패로 끝났다. 무적의 십자군 신화는 무너졌다. 다마스쿠스와 남시리아는 이슬람 국가로 편입되었고 안티오크 십자군 공국의 영토는 작은 해안 지역으로 밀려났다. 마침내 1183년 살라딘의 영도 아래 이집트가 시리아와 합쳐졌다. 이슬람의 저항이 폭발하기 시작한 것이다. 살라딘은 봉건 십자군에 대항해 인민의 성전聖戰 지하드jihad를 소집했다. 바야흐로 이슬람 세력은 선제공격을 가하기 시작했다.

1187년 7월 4일 하틴 전투에서 살라딘은 3만 명을 이끌고 예루살렘 십자군 왕국의 군대 전원을 무찔렀다. 곧 이어 예루살렘 도시 전체가 함락됐다. 몇 차례 원정이 더 있었지만 십자군 국가는 되찾을 수 없었다. 이 모든 과정이 한 세기가 넘도록 이어졌지만 그들의 성

십자군의 콘스탄티노플 함락을 묘사한 장면

과 영토는 하나둘씩 줄어가기만 했다.

십자군 왕국들은 중동 지역에 아무런 도움이 되지 않았다. 통치자들은 힘과 공포에 의존하는 잔인한 착취자였을 뿐이다. 이슬람 통치계급이 분열하고 타락했던 시기에만 십자군 왕국들은 그곳을 지배할 수 있었다. 그들의 폭압적인 침략은 오히려 이슬람인들에게 투쟁을 위한 단합이 필요하다는 것을 일깨웠고 정체성을 확립시켜 줬으며 이슬람 부흥의 촉매제가 되었다.

십자군 전쟁은 또한 서구 봉건주의의 한계를 드러냈다. 기사와 성을 유지하는 비용이 너무 많이 들었다. 그만큼 엄청난 착취가 필요했다. 전사 계급의 폭력은 민중의 재산과 안전에 영구적인 위협이 됐다. 봉건제의 폭력으로 이런 모순들을 억누를 수는 있었지만 근본적으로 문제를 해결할 수는 없었다. 봉건주의는 합의가 바탕이 되는 안정적인 사회질서를 만들어 낼 수 없는 체제였다.

본국에서는 이런 모순을 틈타 새로운 사회세력이 구질서 안에서 생겨났다. 왕들은 봉건 영주host보다 높은 지위로 올라섰다. 각 계층별 세력들 역시 위세를 더 키워갔다. 젠트리Gentry29, 요먼Yeoman30(자작농)은 귀족들의 무정부 상태에 맞서 왕실의 질서를 지키기 위해 모였다. 새로운 사회세력은 새로운 방식의 전쟁을 도입했다. 창과 활, 총으로 무장한 보통 남자들은 봉건시대 기사가 누린 전쟁터의 패권에 도전하기 시작했다.

chapter **06**

중세 유럽의 영주, 부르그의 시민31 그리고 농민

중세는 흔히 보수적이고, 정체돼 있었으며, 계

---

29 "좋은 집안에서 자란 사람들"이라는 뜻으로 '젠틀맨' 계층을 의미한다. '향신층'으로 번역하기도 한다. 계급적으로는 대체로 작위를 가진 귀족보다 그 지위가 낮으나, 요먼보다는 상위에 있는 지주층을 가리킨다. 16세기 중엽부터 청교도 혁명 전까지 1세기 동안 영국 사회에서 젠트리의 지위와 경제력은 현저하게 상승했고 하원에서 다수를 차지했으며, 지방에서는 치안판사를 맡아 지방 행정을 장악하는 등 가장 유력한 사회층이 되었다.

30 영국의 봉건사회 해체 과정(15세기)에서 등장하여 19세기 전반 제2차 인클로저 운동의 와중에 소멸된 독립 자영 농민을 말한다. 이들은 경제적 발전에 따라 계층 분화를 일으켜, 부유한 지주로 상승하거나 빈농으로 몰락했다.

31 부르그에 사는 상공업자 시민들이 이후 부르주아로 불리게 된다.

몽되지 않은 세계로 여겨지곤 한다. 고대의 종말 이래로 유럽 엘리트들은 자신들을 이전의 그리스가 누렸던 영광과 로마의 위대한 모습을 재현하는 사람으로 여기려고 했다. 중세는 무지와 가난 그리고 폭력의 시대로 묘사됐다.

그러나 현실은 오히려 그 반대라고 할 수 있다. 로마제국주의의 지배계급은 혁신에 장벽이 되었지만, 중세는 달랐다. 적어도 유럽에서만큼은 고대보다 훨씬 더 역동적이었다. 그 이유는 간단하다. 지식, 기술, 자원 등 축적, 다시 말해 사회 발전을 이끄는 인류의 역량이 점점 더 쌓여갔기 때문이다. 노하우와 설비가 진화하면서 노동생산성은 더 쉽게 향상됐고 진보의 속도는 가속화되었다.

하지만 과학기술의 발전은 인류의 가능성만 보여줄 뿐이었다. 그 가능성의 실현을 과학기술이 보장할 수는 없었다. 그러자면 역사의 또 다른 두 가지 엔진이 작동해야 하기 때문이다. 바로 잉여의 통제를 위한 지배계급 내부의 투쟁, 잉여의 분배를 놓고 벌이는 계급 간의 투쟁이 그것이다.

봉건주의는 경쟁적으로 군사력을 축적하는 체제였다. 전쟁은 결코 보수적이지 않았다. 최신 테크놀로지와 작전을 도입하지 않는 쪽은 패했다. 군사 기술은 따라서 중세사회에서 역동적인 분야였다. 새로 등장한 철판 갑옷 플레이트 아머Plate Armour[32]는 쇠사슬 갑옷을 대체했으며 활은 총으로 바뀌었다. 나무로 지은 성채는 돌로 다시 지어졌다. 소규모 봉건 기사들은 전문적인 대형 군대에 길을 내

유럽 봉건주의

---

32 13세기 이전 쇠사슬 갑옷에서 발전한 형태로, 여러 철판 조각을 꿰어 맞춘 갑옷이다. 15세기 초에는 흉갑, 견갑, 배갑, 완갑, 각갑 등 신체 전체를 완전 무장하는 형태로 발전했다.

주었다. 살아남으려면 적응해야 했다.

새로운 전쟁 방법이 등장하면서 더 비싸고 품질이 향상된 무기, 갑옷, 요새를 찾는 수요가 늘어났고 이는 경제성장과 사회변화를 촉발했다. 이와 함께 화려한 장식물을 선호하는 귀족 영주들의 수요도 늘어났다. 그들은 대저택, 벽걸이 융단, 고급 가구, 화려한 의복과 보석, 장신구 그릇, 비싼 와인, 그 외에도 더 많은 것들을 원했다. 이런 풍조 역시 거물들끼리 부와 지위를 놓고 끝없는 경쟁을 벌인 결과였다.

봉건시대의 경쟁은 수공업자라는 직업과 수공예품 교역 시장을 만들어냈다. 이들은 도시에 모여서 스스로 길드를 조직하고 정착지 주변에 벽을 쌓아 경계를 만들고, 자치를 유지했다. 왕들은 도시 헌장urban charter을 승인했다. 도시 사람들은 법과 질서를 유지해줄 수 있는 강력한 국가를 선호했다. 군주와 시민들은 하나로 합쳐져 봉건주의의 무정부 상태에 맞섰다. 시골에서는 훨씬 더 중요한 변화가 진행 중이었다. 무기, 사치품, 화려한 행사의 수요가 점점 늘면서 이런 것들을 사고파는 시장이 형성됐다.

영주는 돈이 필요했다. 노동의 대가로 현금이 지급되기 시작했고 농노 신분은 점점 더 상업적인 계약관계로 발전했다. 덕분에 시골 마을과 소농 기업인이 늘어났다. 농노serfdom라는 신분이 유럽 어디서나 보편적으로 자리 잡은 건 아니었다. 중세 영국의 토지 대장이나 토지 헌장land charter, 장원 기록 등 문헌을 살펴보면, 중세 유럽에서 소작농peasant 대부분은 공식적으로는 언제나 자유의 몸이었다. 농노는 자유인이 아니었지만 '토지 보유자sokemen'나 '자유민 free men'인 소농들은 그야말로 자유인이었다. 봉건적 관계에 종속되어 토지를 사용하는 대가를 지불하는 신세이긴 했지만 영국 소작농들은 빌려 쓰거나 소유했던 토지에서 독립적인 농민으로 일했으며 자유보유권[33]을 가진 사람들이었다.

노르만 정복 이후, 앵글로 색슨족 마을의 소작농들은 자신들의 오래된 관습과 조직을 유지한 덕에 소작농 신분에 큰 변화를 거치지 않았다. 봉건적 권위와 마을 전통 사이에서 타협점을 찾아 살았던 것이다.

마을의 힘이 강했던 유럽의 다른 곳에서도 영국에서와 마찬가지로 소작농들은 봉건적 경쟁이 불가피했던 상황을 활용해 자신의 지위를 향상시켰다. 이처럼 장원과 시골 마을들의 다양한 관계가 변

화하면서 봉건주의는 조금씩 자본주의로 이행하기 시작했다.

유럽의 농업은 7~12세기 사이에 큰 진전을 보였다. 무거운 바퀴를 단 쟁기가 발전의 핵심이었다. 처음에는 멍에를 얹은 소가 쟁기를 끌었지만, 이후 마구가 개발되면서 말이 쟁기를 끌었다. 덕분에 경작하기 힘든 토지를 고르며 큰 흙덩어리를 부수어 토지를 비옥하게 만들 수 있었다.

농사가 불가능했던 토지도 경작이 가능해졌다. 오래된 토지는 윤작이나 휴경 또는 비료 주기 등을 통해 비옥한 상태를 유지할 수 있었고, 쟁기질로 생겨난 밭작물 그루터기와 퇴비 덕분에 계속 영양분을 공급할 수 있었다. 역사가들은 쟁기가 등장한 후 곡물 생산량이 두 배로 늘어난 것으로 본다.

---

33 무기한으로 보유하고 있는 토지에 대해 실질적인 이익을 갖는 소유관계.

수공업과 교환경제가 발달하면 자신들의 이익을 지키려는 길드가 생겨나기 시작했다.

이밖에도 갖가지 기술 혁신이 이뤄지면서 노동생산성이 늘어났다. 물레방아는 복잡한 크랭크와 플라이휠[34]을 달게 되면서 곡식을 대량으로 처리할 수 있게 했고 대장간의 풀무에 동력을 제공했다. 강에는 운하가 만들어져 바지선이 오갔으며 원양 항해용 선박에서는 방향타가 노젓기를 대신했다. 외바퀴 손수레가 농사를 더욱 편리하게 만들었고 안경이 나오면서 서기, 문서 복제자, 학자들이 더

---

34 기계나 엔진의 회전 속도에 안정감을 주기 위한 무거운 바퀴.

많은 일을 할 수 있었다.

사회적 잉여도 꾸준히 늘어났다. 13세기 유럽은 인구도 늘어 더 번성했다. 봉건 엘리트의 아래 신분인 젠트리(향신층)와 부유한 소농민이 경제적 진보를 이끌었다. 지금까지는 역사에서 주목을 받지 못하던 계층들이었다.

봉건 영주는 토지 소유로 이익을 올리는 데 관심이 많았지만, 한편으로는 어마어마한 규모로 낭비를 하기도 했다. 성당과 성채를 짓고, 병사들에게 돈과 장비를 지급하고, 화려한 행사를 열었으며 사치품과 가재도구 등을 경쟁적으로 사들였다.

봉건주의의 역동성은 경쟁적으로 이뤄진 군사주의적 축적에 근거한 것이었지만 이는 당시의 경제적 발전에는 모순이었다. 잉여를 군사에 투자한 게 아니라 토지 정리, 배수, 울타리치기-인클로저 enclosure**35**, 농업 장비 등에 투자해야 했기 때문이다.

유럽 봉건주의

최근 연구에 따르면 중세 경제 발전의 원동력은 농촌 사회에서 형성된 중간층의 부상이라는 견해가 우세하다. 중간층의 목표는 시장에 초점을 맞춰 더 효율적이고 생산적인 농장을 짓는 것이었다. 그들은 농장 경영, 자원 절약, 신중한 투자 등 비즈니스에 깊은 관심을 보였고, 경제적 수익을 늘리는 한편 자신들의 사회적 지위를 향상시키

---

35 말 그대로 토지의 둘레에 울타리를 친다는 뜻. 중세 유럽 때 공동으로 이용할 수 있던 토지에 울타리나 담을 둘러쳐서 사유지임을 명시했다. 모직물 산업이 융성해지자 원료인 양모가 부족해지면서 가격도 등귀하였다. 이에 지주들은 농경지를 목초지로 바꿔 대규모로 양을 기르기 시작하였다. 농민들이 자유롭게 드나들던 땅에는 양을 가두기 위한 울타리가 둘러졌다. 이를 인클로저enclosure 즉 '울타리치기' 운동이라고 부른다. 인클로저 운동은 여러 번 나타났지만, 그 가운데 가장 큰 것은 양을 키우기 위한 16세기의 목양 인클로저와 대규모 농업 경영을 위한 18세기의 농업 엔클로저다.

려고 했다. 즉, 1350년경부터 1500년까지 유럽에서 가장 경제적으로 앞선 지역에 있었던 젠트리와 부유한 소농들 다수는 자본주의 농민이 되었다. 이런 '중간층' 사람들은 15세기 후반부터 16세기 초반까지 유럽 전역에서 분출됐던 폭발적인 투쟁에 동력이 되었다.

중세 유럽의 계급투쟁

지금까지 살펴본 내용을 정리해보자. 서구 봉건주의는 11세기에 확실히 지배적인 체제였으나 다섯 가지 역동적 과정을 거치면서 약화됐다.

첫째, 중세 경제의 생산성 덕분에 노동생산성과 총 생산량은 급속히 증가됐다. 그러나 기술적 진보 덕분에 파괴 수단 역시 빠르게 발전했다. 결과적으로 군사적 소비지출이 늘어난 것이다.

둘째, 분열된 정치 지형에서 토지, 수익, 인력을 놓고 봉건제 거물들이 치열한 경쟁을 하면서 지배계급들은 군인을 고용하고 무기를 사고 요새를 구축하기 위해 현금이 필요했다. 봉건적 의무관계는 따라서 현금 지급관계로 축소되었다.

셋째, 소작농 마을들에서 저항이 일어나자 곳곳에서 봉건 영주제는 제약을 갖게 됐다. 농민들은 집단을 이루어 당시의 관습적인 권리를 보장받았고 그렇게 하여 상당히 많은 이득을 얻어냈다.

넷째, 시장이 성장하면서 중산층 사람들에게도 경제적으로 발전할 수 있는 기회가 생겨났다. 최상층에서는 봉건 거물들이 전쟁과 과시와 사치품 구입에 자원을 낭비하고 있었다. 최하층에서는 가난한 소농들이 생계형 농사로 생활을 겨우겨우 꾸려갔다. 그들 사이에는 중산층이라고 불리게 될 사람들이 있었다. 소젠트리[36], 부유한 소작농과 도시 장인, 상인들이 중세사회에서 경제적인 주도권을 잡게 되었다. 시장이 확대되고 사회적 관계가 점차 상업화되면서, 중산층들은 사회 변화의 최전선에서 소자본가로 부상했다.

다섯째, 봉건주의가 쇠락하면서 중앙집권적인 군주국가가 등장했다. 유럽에서는 아직도 왕이 확고한 권력을 거머쥐지 못한 채 귀족들이 정치적으로 지배하고 있는 나라도 있었다. 하지만 국가가 꾸준히 강하게 성장하는 경우가 많았다.

영국은 강한 국가로 성장한 대표적 사례다. 시간이 흐르면서, 중세 영국 왕들은 봉건 영주의 수행 기사보다는 직업 군인이나 훈련받은 민병대를 돈으로 고용하는 것을 더 선호했다. 영국의 왕실 국가는 거물급 충신과 중산층과 정치적 동맹을 맺어 적대적인 지방 거물을 견제함으로써 무정부 상태의 위험을 최소화했다. 이런 동맹에 힘입어 영국은 14세기 전장에서 놀랄 만한 우위를 점했다. 보병 무장기사 군대와 장궁수(이들은 웨일스의 요먼, 즉 부유한 소작농 계급에서 차출했다)를 앞세운 영국 군대는 크레시, 푸아티에, 아쟁쿠르 등에서 봉건 기사들로 구성된 프랑스 군대를 상대로 압도적인 승리를 거뒀다.

---

36 lesser gentry나 minor gentry는 일반적으로 2000에이커 이하의 토지를 보유한, 상대적으로 소규모 토지를 소유한 향신층을 의미했으나 19세기에는 1000~3000에이커 정도의 토지 소유자를 의미하는 것으로 변화했다.

중세 시대의 사육제 풍경(위)과 흑사병 공포를 묘사한 피터 브뤼겔의 작품.

변화의 동력은 14세기의 커다란 위기 덕분에 더 강화됐다. 인구는 늘어나고 사회 전체가 번영하면서 새로운 투자처가 필요했는데, 이와는 모순되게 봉건시대의 낭비적 지출은 계속 증가했다. 한편으로는 전쟁과 웅장한 건축, 한편으로는 영지와 산업, 상업에 대한 투자를 놓고 선택을 해야 하는 상황에 직면했던 것이다.

14세기 중반의 유럽 경제는 심각한 불균형 상태에 빠졌다. 많은 사람들이 가난과 굶주림에 직면했다. 1348년 유럽 대륙에 흑사병이 몰아닥쳤을 때 인구의 3분의 1가량이 죽어갔다. 인구 감소와 빈곤은 영주의 소득과 농민의 생존을 위협했다. 생존의 위기는 당연히 투쟁을 낳았다.

유럽 봉건주의

1358년에 농민 반란이 북프랑스와 파리에서 일어났고, 에티엔 마르셀[37]은 3000명의 도시 장인들을 이끌고 왕궁에 있는 도팽 왕세자에게 반란에 동참해달라고 요구했다. 1381년에는 와트 타일러가 이끄는 영국 농민들이 런던으로 몰려와 도시 사람들 일부와 동맹을 맺고, 왕과 시장에 맞섰다. 급진파였던 전직 신부 존 볼은 "아담이 밭 갈고 이브가 베 짤 때, 누가 귀족이었던가?"라고 외쳤다.

플랑드르의 도시와 마을에서도, 이탈리아 북부의 도시국가에서도, 민중은 지주와 상인과 주교의 억압에 맞서 봉기했다. 1378년 피렌체에서 치옴피ciompi 즉, 하층 노동자 장인인 모직 상인들이 상업 엘리트를 전복하기 위해 권력을 장악하고 두 달 동안 도시를 장악

---

37 프랑스의 혁명가. 전상인조합장이 되어, 3부회에서 지도적 역할을 하였다. 왕세자 샤를 (후에 샤를 5세)이 소집한 3부회에서 왕정의 개혁을 요구하여 샤를로 하여금 대칙령을 발표하게 하고 3부회 의원으로 구성된 왕정고문회의를 승인하게 함으로써 의회주의 실현을 위해 힘썼다.

하기도 했다.

멀리 보헤미아에서는 급진적인 신학자 얀 후스가 1415년 이단자로 화형을 당하자 체코 사람들이 반란을 일으켰다. 권총으로 무장하고 라아거^{laager}**38** 수레로 방어막을 쳤던 이들 후스파 추종자들은 봉건 유럽의 억압에 20년 동안 저항했다. 후스파 중 민주적 평등주의를 주창했던 타보르**39**파는 "우리 모두는 형제로 함께 살 것이다. 아무도 타인에게 복종하지 않을 것이다"라고 선언했다. 타보르파는 무자비한 반혁명적 폭력에 맞서 자유를 쟁취하기 위한 투쟁을 벌이면서 결코 타협하지 않았다 그들은 "모든 영주, 귀족, 기사들은 도망자처럼 숲에서 처형될 것이다"라고 외쳤다.

14세기의 위기적 상황에서 발생한 반봉건적인 혁명들은 끝내 모든 곳에서 패퇴했다. 그것은 중산층의 혁명이었다. 유럽에서 경제적으로 가장 앞선 북프랑스, 플랑드르, 영국, 북부 이탈리아, 보헤미아에서 일어난 이 혁명들은 위대한 추진력을 보여주었다. 그러나 당시 상황을 놓고 보면 아직 완전하게 형성되지 않았던 세력이 너무 빨리 자신들의 요구를 분출한 것이라고 할 수 있다. 봉건주의는 여전히 강력한 체제였고 그에 맞설 만큼 혁명이 제대로 조직된 것은 아니었다. 봉건주의는 너끈히 혁명을 제압할 수 있었기 때문에 소자본가와 중산층은 패권을 잡을 수 없었다.

심지어 혁명적인 반란이 진행 중일 때도 세계의 변혁을 둘러싼

---

38 수레요새. 가운데 있는 사람들을 보호하기 위해 빙 둘러 세워 놓았던 마차들.

39 15세기의 보헤미아의 후스^{Huss}파 중에서 전투적인 일파. 성서를 엄밀하게 글자 그대로 해석할 것을 주장했다.

급진적인 전망과 구시대적 편견이 뒤섞여 있었다. 흑사병이라는 생물학적 공포는 정치적인 공포로 번졌다. 주교와 왕들은 우물에 독을 넣었다며 유대인들을 비난했고, 반유대 군중들은 유대인 거주지를 미친 듯이 휩쓸고 지나갔다.

그런다고 구질서로 돌아갈 수는 없었다. 흑사병의 여파로 노동력 부족이 심각해지면서 유럽 대부분 지역에서는 농민들을 지지하는 방향으로 상황이 기울었다. 비록 반란은 실패였지만, 사회적 관계가 지속적으로 상업화하면서 봉건질서는 무너지고 있었다.

새로운 사회 세력들 즉, 시장을 위해 생산하는 소젠트리와 부농, 도시의 무역상인과 수공예 장인, 새로운 산업의 기업가, 선원, 뱃사공, 항만 노동자들은 정치적으로 구질서를 깨부술 정도로 강력하지는 않았다. 그러나 '시장 봉건주의'가 등장하면서 도시의 공예기술, 장거리 교역, 대금업 등의 수요는 늘어났다. 이에 따라 시장 지향적인 농민들의 생산도 증가했다.

유럽 봉건주의

상품과 서비스는 점점 더 상업화되었다. 전반적인 사회관계는 상업적 계약 형태로 재구성되었다. 황금에 대한 욕망이 봉건질서 속의 개인적 수행 기사를 사라지게 만들었다. 중산층의 경제적 발전은 계속됐다. 혁명의 유령이 후기 중세 유럽에 서서히 접근해왔다.

이탈리아 르네상스를 대표하는 레오나르도 다빈치, 미켈란 젤로, 라파엘로(왼쪽부터)

새로운 군주제

르네상스의 번개가 번쩍이며 곧 몰아칠 폭풍을 예고하고 있었다. 오래된 사상으로는 새로운 사회 현상을 설명할 수 없었다. 암호 같은 라틴어로 쓰여진, 교회의 고색창연한 교리는 점점 더 시대의 조류와 멀어지고 있었다. 기업과 발명을 통해, 기술과 노력을 통해, 사람들은 세계를 다시 만들어가고 있었다.

인본주의 운동은 인류가 더 나은 삶을 향해 나아갈 수 있다는 새로운 자신감의 표출이었다. 급성장하는 15~16세기의 도시를 온상으로 삼아 르네상스는 학문과 예술 분야에서 발전해 나갔다. 현학적인 중세 신학자들의 스콜라 철학 대신 그리스와 라틴의 문서에 구현된 고대의 가르침들이 다시 등장했다. 활력 있고 창조적인 인물을 중심으로 혁신적이고도 자연주의적인 예술 전통이 이전 시대의 종교적 이미지들을 대체했다.

유럽 봉건주의

르네상스의 완벽한 본보기는 세 명의 위대한 이탈리아 거장들이다. 예술가이며 발명가인 레오나르도 다빈치(1452~1519), 화가이자 조각가인 미켈란젤로(1475~1564), 화가 라파엘로(1483~1520)가 그들이었다.

르네상스는 이탈리아뿐 아니라 유럽 전체에 영향을 미쳤다. 가장 유명한 인본주의 학자는 네덜란드의 데시데리우스 에라스무스(1466~1536)였고 이 시대 가장 위대한 소설가는 프랑스인 프랑수아 라블레(1493~1553)다. 과학자로서 교회의 교리에 맞서 지구가 태양의 주위를 돈다고 밝혀낸 폴란드인 니콜라우스 코페르니쿠스(1473~1543) 역시 르네상스의 대표적인 인본주의자였다.

르네상스는 모든 것을 품에 안았다. 무엇보다 당대의 문화적 언어를 제공했다. 개신교 혁명과 가톨릭 반발이 있었지만 이들 또한 16세기 후반 이데올로기적으로 혼란했던 시기에 스스로 르네상스의 옷으로 갈아입었다. 특히 당시에 등장한 새로운 군주들의 스타일이 되었다.

1491년 프랑스왕 샤를 8세는 브르타뉴 공국의 상속녀 안^{Anne}과 결혼하여 나라의 통일을 완성했다. 그의 후계자 프랑수아 1세(1515~47)는 강력한 중앙집권적 절대왕정을 구축했다. 귀족들은 대포를 소유하거나 군대를 일으키는 게 금지됐다. 파리고등법원 Parlement⁴⁰은 심의기관으로서의 기능은 중지되었고 법정 역할만 담당했다. 1516년 조약으로 교회는 왕에게 종속되었다. 국왕은 1만2000명의 관리를 거느렸다. 성직자, 귀족은 모두 왕의 은혜에 의존하며 왕을 보필하는 신하가 되었다.

1489년 아라곤의 왕 페르디난드와 카스티야의 이사벨라 여왕의 결혼은 스페인 통일의 길을 닦았다. 이곳에서도 왕정 절대주의 국

---

40 파를망^{Parlement}은 카페 왕조(987~1328) 초기에는 궁정회의를 의미하였다. 13세기에 왕회^{王會} 내에서 생긴 소송 전문의 한 분과가 고등법원의 기원이다. 루이 9세(재위 1226~1270) 때에 항소제^{抗訴制}가 생기면서 왕권의 최고재판소로 개편되어 행정권의 일부까지도 행사하는 독립기관으로서의 위용도 갖추게 되었다. 고등법원의 소재지는 파리로 정해져 파리 고등법원이 가장 먼저 설치되었다. 15세기로 접어들면서 파리 고등법원 외에 지방에도 12개의 고등법원이 설치되었다.

가가 수립되었다. 귀족과 도시는 왕의 대리인들에게 권력을 빼앗겼고 의회^{Cortes}는 단순히 고충사항만 진술하는 역할로 제한되었다. 거룩한 종교재판소는 무자비한 국가 테러의 도구가 되었다. '이단'은 벌금, 투옥, 채찍 고문을 받았고 교수형이나 화형을 당했다. 결국 찰스 5세(1519~56)의 치하에서 독일과 스페인은 통일되었다. 또한 종교개혁의 도전에 직면하게 되자 종교재판소는 범유럽적인 탄압 시스템이 되었다.

영국에서는 장미전쟁(1455~85)이라고 부르는 봉건시대의 마지막 내전이 벌어졌다. 1485년부터 통치해왔던 튜더 군주는 지역의 거물들을 신하로 격하시켰고, 교회재산을 국유화했으며, 의회와 동맹을 맺어 지배했고, 영국 해군의 전력을 키우는 기초를 마련했다.

튜더 왕조의 지배 하에서 국가라는 집단의식도 발전했다. 이제 사람들은 자신을 마을이나 도시의 일원 혹은 봉건제의 수행 기사로 여기기보다는 '영국 국민'이라고 생각하기 시작했다. 셰익스피어의 희곡은 이런 분위기를 그대로 반영했다. 헨리 5세와 그의 병사들은 애국적인 피의 희생으로 맺어진 동등한 '형제 전우^{band of brothers}'였다.

새 군주들 간의 군사적 경쟁 때문에 각국은 급속도로 민족주의의 초기 양상을 드러냈다. 1494~1559년 사이에 유럽은 프랑스를 지배했던 발루아와 신성로마제국(주로 독일과 중앙 유럽), 스페인을 지배했던 합스부르크 간의 전쟁으로 혼란에 빠졌다. 북부 이탈리아는 툭하면 전장이 되었다. 수많은 포병, 기병, 창병을 동원한 대규모 군대 간의 전쟁이었다. 큰 국가들만 감당할 수 있는 전쟁을 벌인 것이다.

지역의 거물들과 작은 국가들은 굴복했다. 낙후된 국가들은 군사 경쟁이 필수가 된 세상에서 살아남기 위해 적응해야 했다. 경제가 낙후된 곳일수록 절대주의의 폭압은 심했다. 모스크바의 차르 '폭군 이반(1533~84)'은 자신의 제국을 구축하고 전통적인 보야르boyar 귀족들의 반대를 물리치기 위해 외국 용병을 고용했다. 그러나 사회적 지지를 받지 못하면서 러시아 경제는 퇴행했다. 시민사회는 그저 위로부터의 폭압을 견뎌야만 했다.

새로운 군주제는 전환기를 지나고 있었다. 봉건주의는 빠르게 쇠락하고 있었지만 새로운 세력이라고 할 수 있는, 시장 지향적인 농민, 상인, 산업가, 기업가로 이뤄진 부르주아들은 아직은 권력을 잡고 사회를 주체적으로 재편성할 힘이 없었다. 16세기 초반의 사회는 이도 저도 아닌 유동적이고 불안정한 상태였다. 국가 절대주의는 그 결과로 나온 것이다. 대개 중산층의 강력한 지원이 있으면, 국가는 봉건주의의 무정부체제를 억제할 힘을 갖게 된다. 그러나 강력한 신하들을 고분고분한 아첨꾼으로 바꿔나가자, 의회나 대중의 급진적 요구들은 가로막히고 말았다.

새로운 군주제는 점점 더 약해지는 봉건주의와 맹아 상태의 자본주의 사이에서 줄타기를 하고 있었다. 이탈리아 전쟁이 봉건적, 왕조적, 민족적, 정치-종교적인 다면적 성격을 띠고 있었던 이유도 그 때문이다. 그 전쟁은 체제 전환기의 전쟁이었다.

새로운 군주제는 유럽 각국에서 통일국가, 중앙집권적인 정부,

국왕의 군대, 국가적-왕조적 전쟁 등 다양한 형태로 도입됐다. 새 군주제가 유럽에서만 등장한 건 아니다. 여러 대륙에서 새로운 경제 세력들이 등장하면서 폭력적인 식민지 경쟁은 온 세계를 휘저었다.

새로운 식민주의

유럽은 15세기 후반부터 급속도로 변했다. 그러나 다른 지역들은 그렇지 않았다. 아시아, 아프리카, 아메리카에서 제국은 흥망성쇠를 거듭했지만 사회·경제적 질서는 본질적으로는 달라지지 않았다.

유럽 봉건주의

1368년 몽골의 패배 이후 중국은 비교적 주변국의 위협을 받지 않았다. 명 왕조는 지배층인 유교 관료들의 극단적인 보수주의를 기반으로 안정을 유지하고 있었다. 인도는 좀 더 혼란스러웠다. 1526~1529년 대포로 무장한 이슬람 바베르왕이 북서쪽에서 쳐들어와 인도 대륙 대부분을 정복하고 무굴 제국을 세웠다. 하지만 인도 사회의 기본적 특징을 바꿀 정도는 아니었다. 인도의 수천 개 마을에서 생활과 노동은 이전과 다를 바 없었다. 사파비드 페르시아와 오스만 투르크 역시 마찬가지였다. 정복이 있었고, 왕조가 바뀌었으며 사회 최상층은 새로운 정치적, 종교적 동맹을 맺었지만 일상생활의 조직은 거의 바뀌지 않았다. 왕조 국가들은 안정적인 쪽도 있었고 그렇지 못한 쪽도 있었다. 오늘날의 터키, 페르시아, 중앙

Prima ego velivolis ambivi cursibus Orbem
Magellane novo te duce ducta freto.
Ambivi, meritog; vocor VICTORIA: sunt mi
Vela, ala; precium, gloria; pugna, mare.

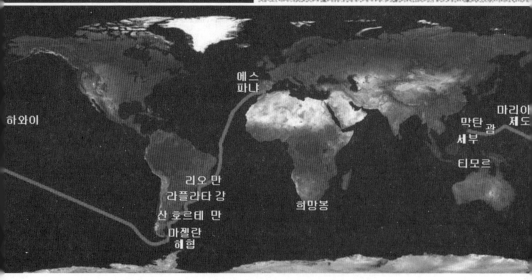

에스
파나

하와이

마리아
제도

막탄 괌

세부

티모르

리오만

라플라타 강

산호르테 만

마젤란
해협

희망봉

마젤란의 초상과 그가 타고 항해했던 선박. 아래는 마젤란이 항해한 여정.

아시아, 인도, 중국, 일본의 왕조국가들은 본질적으로 그 사회에 뿌리를 내리지 못했고 기생적인 성격을 띠었다.

아프리카와 아메리카도 마찬가지였다. 서아프리카의 송하이 제국, 멕시코의 아즈텍, 페루의 잉카는 폭력적인 국가의 강탈이 일방적으로 이뤄지는 체제였다. 국가 상부기관과 사회 · 경제적 기반 사이에 유기적인 관계는 없었다. 국가는 그저 사회로부터 잉여를 뽑아내 전쟁을 벌이거나 기념물과 사치품에 소비했다. 그런 국가들은 작은 돌멩이만 던져도 산산이 깨지는 유리창처럼 불안정했다.

반면 16세기 유럽의 새 군주제들은 제 각각의 사회에서 단단히 뿌리를 내리고 있었고 유럽의 황금욕과 화약은 세상을 바꿀 준비가 되어 있었다. 포르투갈인들은 유럽 식민주의의 개척자들이다. 포르투갈은 유럽 서쪽 끝의 산악 국가로 긴 대서양 해안선과 좋은 자연 항만을 갖추고 있었다. 이들은 유럽의 뱃사람들 중에서도 탁월했다.

'대항해 시대'에 핵심적 역할을 한 것은 거대하고 정교한 대형 선박이었다. 초기의 혁신 중 하나는 선미타船尾舵[41]였다. 점진적이고 복합적인 과정을 거치며 삭구索具[42]가 개선되었다. 15세기 후반까지, 중세의 목조 범선인 코그 선cog – 하나의 돛대와 돛을 단 사각 삭구로 이뤄진 배-은 세 개의 돛대와 혼합된 돛을 단 좀 더 큰 선박으로 진

---

41 선미타와 경사돛은 13세기 한자동맹의 선박에 처음으로 적용됐는데 대범선이 방향을 재빠르게 조종하고 바람을 한층 더 잘 탈 수 있게 했다. 이 기술로 큰 배를 타고 대양항해를 할 수 있게 됐다.

42 배에서 쓰는 로프나 쇠사슬 따위를 통틀어 이르는 말.

화했다. 때문에 풍력을 더 경제적으로 이용할 수 있게 됐다. 훨씬 빠르고 안전한 대양 여행이 처음으로 가능하게 된 것이다.

1492~1504년에 크리스토퍼 콜럼부스는 신세계라고 불리는 곳으로 네 번의 항해를 이끌었다. 그는 포르투갈인이었으나 스페인의 왕과 왕비에게서 자금을 지원받았기 때문에 그가 쿠바와 아이티에 세운 식민지는 스페인 소유였다.

1479~1499년에, 바스코 다가마는 리스본에서 아프리카 대륙을 돌아 인도 캘리컷까지 항해했다. 20년 사이에 포르투갈 사람들은 북아프리카 대서양 해안의 보가도르 곶에서부터 태평양의 몰루카 제도에 이르는 2만킬로미터의 해안선을 따라 해상무역 제국을 건설했다. 서아프리카, 페르시아, 인도에는 각각 무역기지를 세웠다.

1519~1522년에 페르디난드 마젤란은 지구를 한 바퀴 돌면서 주요 대륙의 기본적인 모양과 위치를 밝혀냈다. 마젤란은 스페인 정복자들을 위한 지도를 만들어냈다. 그 지도를 들고 정복자들은 16세기 초반 중앙아메리카와 남아메리카 대부분을 정복했다.

콜럼버스는 서인도 제도에서 약간의 금을 발견했다. 그는 원주민들을 노예와 농노로 만들어 새로운 식민지에서 수익을 만들어내려 했다. 그러나 식민지의 야만성과 이국 질병으로 아이티의 인구는 100만여 명에서 50년 만에 200명으로 줄어들었다.

금에 대한 욕망은 사그라지지 않았다. 1519년 에르난 코르테스가 이끄는 식민지 개척부대가 스페인의 쿠바 식민지를 출발했다. 660

명의 남자들과 18마리의 말, 10개의 대포를 앞세운 그들은 2년 만에 중앙아메리카의 아즈텍제국을 정복했다. 1532~35년에는 106명의 보병과 62명의 기병대만을 인솔한 프란시스코 피사로가 페루의 잉카제국을 멸망시켰다.

석기시대 기술력에 머물렀던 중앙아메리카 제국들은 철강, 화약, 말을 갖고 싸우는 유럽 국가를 당해낼 수 없었다. 그러나 꼭 그것 때문만은 아니었다. 아즈텍과 잉카 지배자들 사이의 분열과 피지배자들의 소외도 문제였다. 잔인한 아즈텍제국의 엘리트들이 자행한 폭압에 아메리카 대륙 원주민들은 테노치티틀란 전투에서 아즈텍이 아니라 스페인 쪽에 서서 싸웠다.

스페인은 유럽에서는 가장 후진적인 나라 중 하나였다. 스페인 군주

들은 정치적 라이벌에 맞서 왕조의 전쟁에 참여했고 프로테스탄트 종교개혁에 맞서 종교전쟁을 벌였다. 그들은 군인들에게 지급할 금이 필요했다. '새 스페인'의 착취는 그래서 무자비했다. 원주민들은 총에 맞아 죽거나 병 또는 기근으로 죽지 않으면 새로운 식민지 주인의 땅과 광산에서 죽을 때까지 일해야 했다. 1512~13년의 부르고스 법[43]에 따르면 인디언들은 스페인 사람들을 위해 1년에 아홉 달을 일해야 했고, 이를 거부하면 아내와 자식들이 노예가 되었으며 재산은 몰수당했다. 여기에 십일조까지 가톨릭교회에 내야 한다고 규정하고 있었다.

페루 리마 지역의 인구는 2만5000명에서 2000명으로 확 줄었다.

---

43 1512년 12월 아메리카에서의 원주민과 스페인인의 관계 및 행동에 관련된 내용을 규정한 첫 번째 법률.

멕시코 인구는 1000만 명에서 300만 명으로 급감했다. 오늘날의 볼리비아에 해당하는 포토시 광산 마을의 인구는 강제노동으로 차출된 인력 때문에 15만 명으로 급증했다. 한 스페인 귀족은 1535년에 왕에게 쓴 글에 이렇게 적고 있다. "나는 이 나라의 많은 곳을 돌아다니며 엄청난 파괴를 보았다."

유럽 식민주의는 세계 각국을 변화시켰다. 16세기 초반 포르투갈과 스페인이 해외 제국을 건설하자 곧 네덜란드, 영국, 프랑스 제국이 그 뒤를 따랐다. 유럽 식민주의가 동틀 무렵 그 체제는 이미 피묻은 손을 세 대륙에 뻗으며 식민지를 확장하고 있었다.

그런데 왜 봉건주의, 절대주의, 교회 지배로 뒤처져 있던 스페인이 이 길을 선도하게 됐을까? 거룩한 종교재판소의 국가였던 스페인에서 말이다. 스페인 왕은 자신들의 지정학적 야망을 유럽에서 펼치기 위해 자금 즉, 신세계의 금과 은이 필요했다. 마침 포르투갈과 인접한 지리적 환경 덕분에 그들은 포르투갈의 해상 전통을 어느 나라보다 빨리 체득할 수 있었다. 그로 인해 유럽은 훗날 큰 대가를 치러야 했다.

새로운 혁명의 물결은 1521년 시작되었다. 도시민, 농민, 젠트리의 반란이 1520년대와 1530년대 초반까지 독일을 휩쓸었다. 종교적 시민전쟁은 곧 여러 나라로 번졌다. 한 세대 뒤에는 프랑스로도 확산됐다. 무엇보다 1566년에 피로 가득한 혁명이 저지대 국가(유럽 북해 연안의 벨기에, 네덜란드, 룩셈부르크)에서 발발했다. 프로테스탄트 네덜란드와 가톨릭 스페인 사이의 전쟁은 1609년까지 지속됐다. 제국주의 스페인의 힘을 지탱해주고 세계 최초의 부르주아 혁명

을 익사시키려 했던 그들의 군대를 두 세대 동안 유지시켜준 것은
아메리카의 금이었다.

유럽 봉건주의

부르주아
혁명의
첫 물결

1517년~1775년

종교 분규로 시작했다가 프랑스와 합스부르크간의 헤게모니 싸움으로 번져
유럽을 초토화시킨 30년 전쟁

16세기 초가 되자 중세 유럽 사회에서 성장하던 새로운 사회세력은 임계 질량에 도달했다. 하지만 그것이 상업자본주의의 승리를 보장하는 것은 아니었다. 오래 지속된 사회·정치구조 속에 뿌리 내렸던 기득권자들 때문에 상업자본주의는 태어나보지도 못하고 사라질 상황이었다. 부패한 계급, 시대에 뒤떨어진 이데올로기 등 역사의 찌꺼기들을 치우기 위해서는 혁명적인 행동이 필요한 때였다. 오직 혁명으로만 구질서를 뒤엎을 수 있었다. 인류가 지금껏 쌓아 올린 생산력을 바탕으로 이룩한 축적과 상업을 폭발시켜야 다음 단계로 들어설 수 있었다.

16~17세기 동안 진행된 세계 자본주의의 첫 단계에서 종교개혁, 네덜란드혁명, 가장 중요한 청교도 혁명(1637~60)이 바로 그 역할을 했다. 이 사건들을 거치며 상업자본주의는 유럽 북서 지역을 지배하는 경제 체제가 됐다. 상업자본주의가 생겨난 결과 18세기에는 노예제도와 식민주의가 뒤이어 찾아왔고 이내 전 세계적인 전쟁이 발발했다.

종교개혁

18세기 이전은 종교가 인간의 모든 생활을 지배했다. 교리는 보통 사람과 신의 관계를 규정했을 뿐 아니라 사람들의 일상생활까지 좌우했다. 보통 사람이 순응할 때 그것은 '신의 뜻'이기에 믿었다. 그들이 지항할 때도, 그 역시 '신의 뜻'이기 때문이었다. 그들이 순응에서 반역으로 이동한 것은, 신의 마음이 변했기 때문이 아니었다. 그것은 세상이 바뀌었기 때문이었다. 신의 섭리는 이처럼 사람들의 정치적 행동을 설명해 주었다.

가톨릭교회는 1000년 동안이나 서구 유럽을 지배했다. 교리와 주교, 추기경 같은 고위 성직자의 권위에 도전하는 행동은 언제나 짓밟혔다. 소위 이단자와 이교도로 몰아서 사지를 잡아당겨 부러뜨리는 고문을 하거나 화형시켜 버렸다. 저항은 보이지 않는 곳에서만 있을 뿐이었다.

235

유럽 도시들에는 발도파^{Waldensians}, 보헤미아의 후스파^{Hussites}, 영국의 롤라드파^{Lollards} 같은 급진파들의 비밀 네트워크가 있었다. 이들은 한때 대중적인 운동으로 발전하기도 했다. 그러나 이들과는 비교할 수 없을 정도로 혁신적인 대중적인 종교운동이 일어났다. 종교개혁이었다. 거대한 종교개혁이 가능했던 것은 중세 후반 유럽 내부에서 성장해온 새로운 사회세력이 그만큼 성숙했기 때문이다.

위기는 이데올로기적 차원에서 시작됐다. 교회는 부패로 썩어 있었다. 교황의 자리를 차지하기 위해 라이벌 귀족 패밀리들은 서로 싸웠다. 추기경과 주교는 여러 관직까지 맡아 부를 쌓았다. 돈을 받고 면죄부를 팔았다. 수도사들은 사치를 누렸고 사제들은 무지하고 게을렀다.

교회는 엄청난 땅을 소유했고, 덩달아 수도원장과 주교는 어마어마한 부자가 됐다. 왕들과 세속 귀족들도 마찬가지였다. 봉건 지배계층의 성직자 집단을 특히 취약하게 만든 것은 교회의 부패에 내재돼 있던 위선이었다. 종교적 사명감을 가져야 할 그들이 부를 추구하는 모순을 저질렀던 것이다.

1517년 독일의 비주류 성직자 겸 학자였던 마르틴 루터(1483~1546)가 비텐베르크 성당 문에 95개의 반박문을 내걸었다. 면죄부 판매와 권력 남용을 공격한 그의 주장은 폭넓은 지지를 얻었다. 이에 확신을 갖게 된 그는 공세를 확대했다. 교황이 1520년 그를 파문하겠다고 위협하자 그는 비텐베르크 마을 광장에서 파문 칙서를 불태워버렸다. 신성로마제국 황제 역시 1521년 보름스 제국의회에 출석하라고 하면서 이교도로 몰아 화형시키겠다고 위협했지만

마르틴 루터(위)는 중세를 뒤흔들어놓는 종교개혁에 불을 질렀다.

그는 자신의 주장을 철회하지 않았다.

루터의 메시지가 혁명적이었던 것은, 성직자의 권한을 스스로 거부했기 때문이었다. 프로테스탄트(개신교)는 그들 스스로 성경을 읽고 해석하라고 했다. 루터에 따르면 교회에 다니거나, 성직자에게 순종하거나, 기부금을 낸다고 해서 구원을 받는 게 아니라고 주장했다. 인간이 하나님과 개별적인 관계를 신실하게 맺을 때 비로소 구원을 받을 수 있다는 것이다.

종교개혁에서 인쇄술은 핵심적 역할을 했다. 당시 중세의 책들은 라틴어로 씌어졌고, 인쇄술이 도입되기 전에는 일일이 손으로 베껴 쓰는 필사본을 만든 뒤 교회의 도서관에 보관했기 때문에 몇몇 수도원에서만 책을 읽을 수 있었다. 책은 사상을 담고 있었고, 사상은 전복적일 수 있었다. 그러므로 책이란 보통 사람들에게 널리 읽히면 안 되는 것이었다.

제프리 초서(1343~1400경)의 〈캔터베리 이야기〉는 이 같은 당시 상황을 잘 담아내고 있다. 14세기 후반 영어로 쓴 이 책은 수사, 성직자, 교회 관리들의 행태를 적나라하게 묘사해 종교적으로 급진적인 독자층을 끌어들였다. 영국 인쇄술의 개척자인 윌리엄 캑스턴(1420~92)은 이 이야기를 책으로 인쇄했다. 이 책의 복사본은 폭넓게 대중들에게도 퍼져 나갔다.

책은 충분히 불온했다. 하지만 롤라드파 지도자 존 위클리프(약 1320~84)가 대중화시킨 영어 번역본 성경은 훨씬 더 불온한 것으로 여겨졌다. 그의 가르침은 종교개혁을 예고했다. 무허가 필사본을 갖고 있는 사람은 사형을 당했다. 하나님의 말씀은 보통 사람들이 이해할 수 있는 언어로 들어서는 안 되는 것으로 여겨졌기 때문이었다.

영역본 성경을 처음 책으로 발행했던 윌리엄 틴데일(1492~1536)은 초판을 독일에 가서 인쇄한 뒤 1526년 영국으로 밀반입해야만 했다. 윌리엄 틴데일은 이단이라는 이유로 처형되었다. 종교개혁은 성경의 자국어 번역본과 인쇄본을 주요 무기로 삼아 싸운 사상 전투였다.

종교개혁의 두 번째 단계는 프랑스인 장 칼뱅(1509~64)이 이끌었다. 스위스 제네바에 정착한 그는 철저한 신권정치 체제를 내세웠다. 그의 결론은 가톨릭교회와의 결별이었다. 주교들의 위계질서 전체를 거부했으며 장로들이 중심이 되는 자치교회를 옹호했다. 사실상 지역의 중산층들이 운영하는 교회를 주장했다.

종교개혁의 핵심은 봉건주의의 이데올로기적 지주인 가톨릭교회와의 단절이었다. 자유로운 질문과 논쟁이 폭발했다. 프로테스탄트는 무엇보다도 중산층의 종교였다. 그들은 유럽에서 가장 발달된 지역에서 자본주의 농업과 상업에 종사하던, 산업 성장의 개척자들이었다.

독일의 도시들은 루터의 메시지가 전해지자마자 소용돌이 속으로 빨려 들어갔다. 도시의 길드들은 이전부터 봉건적인 의무, 교회의 십일조, 상업 엘리트들의 득세에 분노하고 있었기 때문에 새로운 종교를 계기로 규합되었다. 개혁 초창기에 늘 나타나는 열정으로 독일 도시들은 하나 둘 루터교를 받아들였고 결국 독일 도시의 3분의 2가 그들을 따랐다. 남부 독일의 가난한 기사들도 반란

(1522~3)을 일으켰다. 하지만 그들은 지역을 통치하던 왕에게 패배했다.

종교개혁은 이미 위로부터의 저항을 만나고 있었다. 1524~5년 독일 농민들은 훨씬 더 심각한 반란을 일으켰지만 역시 패했다. 사회의 최하층이 일으킨 그 반란은 봉건적 질서에 대한 도전을 상징했다. 반란의 '헌장'이 된 메밍엔 조약의 12개 조항은 봉건적 의무 사항을 없애라고 요구했다. 아울러 공유지 침해와 자의적인 재판을 끝내고 농노 신분도 철폐하라고 요구했다. 급진적인 프로테스탄트 지도자 토마스 뮌처는 이렇게 주장했다.

"우리 주권자와 통치자들은 고리대금업자, 도둑, 강도나 다름없다. 그들은 가난한 농부들과 장인들을 억압한다."

그러나 루터와 주류 프로테스탄트 지도자들은 반란을 규탄했고 사회 엘리트에 순종하라고 설교했다. 루터는 "왕자와 치안판사들의 죽음보다는 농민들의 죽음이 낫다"고 말했다. 그는 〈살인하고 도둑질하는 농민에 반대하며〉라는 소책자에서 반란자들을 '미친개를 죽이듯이' 때려잡으라고 봉건 영주에게 권유했다.

독일 왕자들도 종교개혁에 동참했다. 루터는 1521년 작센의 선제후에게서 피신처를 제공받았다. 대중의 호응을 얻은 아래로부터의 종교개혁에 맞서 귀족들을 중심으로 한 위로부터의 종교개혁도 생겨났다. 왕자들이 종교개혁을 지지한 데는 몇 가지 이유가 있었다. 일단 개혁의 바람이 매우 강력했고, 목숨 걸며 정면으로 맞서기보다는 '호랑이 등에 올라타는 게 낫다'고 느꼈기 때문이었다. 귀족 지도자들이 급진적인 흐름을 저지할 수는 있었다. 그러나 종교개혁은 상류층의 야망을 실현시키는 데도 유용했다. 프로테스탄티즘은 세속적, 교회적 군주의 권위를 밀어내는 역할을 했기 때문이다. 귀족 라이벌들에 맞서기 위한 지지를 이끌어내고, 교회 재산을 인수하는 수단이 되기도 했다.

독일 왕자들은 교황과 신성로마황제 둘 다에게 적대적이었기 때문에 루터주의자가 됐다. 그러나 그들은 자신들의 부와 권력을 위협하는 좀 더 급진적인 프로테스탄트들에게는 맹렬하게 반동적 폭력을 행사했다. 그럴 때마다 루터교 지도자들은 그들을 지지했다.

비슷한 일은 프랑스에서도 벌어졌다. 많은 귀족층들이 라이벌 가문들과 투쟁하기 위해 프로테스탄트가 되었다. 칼뱅주의 지도자들은 이 종교개혁을 지지했다. 결국 프랑스와 독일 양쪽에서 벌어진 가톨릭과 프로테스탄트의 싸움은 기득권층 간의 종교전쟁이 되고 말았다.

부르주아 혁명의
첫 물결

프로테스탄티즘은 반봉건주의 반란을 대표하는 듯했으나 결국에는 귀족 파벌에 충성을 나타내는 증표로 전락하면서 추진력을 잃었다. 남부 독일에서는 황제와 교회가 다시 세력을 회복했다. 절대군주가 통치하던 가톨릭 국가 프랑스에서 프로테스탄트는 영원한 소수로 남게 되었다.

종교개혁을 바라보는 대중과 귀족의 시선 사이에 얼마나 큰 차이가 있었는가는 독일 재세례파Anabaptist의 패배를 보면 알 수 있다. 거의 2년(1534~5) 동안 뮌스터는 네덜란드인 재단사 견습생 얀 반 레이덴이 이끄는 재세례파 급진파가 지배했다. 가톨릭과 루터교 엘리트들은 방출되었고, 평등주의 코뮌이 구성되었으며 재세례파는 심판의 날을 준비했다. 그러나 그날은 결코 오지 않았다. 그 지역의 왕자와 주교는 도시의 식량보급을 차단함으로써 이들을 굶겨서 굴복시켰고, 그런 다음 재세례파 지도자를 잡아들여 고문한 뒤 죽였다. 보수적 개혁과 급진적 개혁의 간극은 독일과 프랑스에서 벌어진 종교개혁의 혁명적 잠재력을 파괴했고 봉건-절대주의가 반격할 수 있는 힘을 결집시켜 주었다.

반종교개혁

"혁명을 절반만 완성한 자는 자신의 무덤만 팔 뿐이다."

프랑스 혁명가 루이 드 생 쥐스트의 말이다. 사회주의 역사학자 R.H. 토니도 "호랑이를 죽이려면 발톱만 뽑아놓아선 안 된다"고 지적했다. 대중적인 종교개혁의 패배에 내재된 위험은 바로 그런 것이었다.

부르주아 혁명이 종교개혁의 이데올로기 운동으로 시작되었던 것과 마찬가지로 반反혁명 역시 교리를 들고 나왔다. 반혁명의 시작은 가톨릭 정통 교리를 다시 앞세운 반反종교개혁이었다.

트리엔트 공의회The Council of Trient(1545~1563)는 교회의 부패를 뿌리뽑고 가톨릭 교리를 내세우는 교령을 발표했다. 주교는 소속 교구에 반드시 머물러야 했고 복수의 성직을 보유하거나 성직을 매매하는 것은 금지되었다. 새로운 신학교도 설립되었다. 가톨릭 교리의 최전선에 있는 사제와 주교의 품격과 태도를 개선하기 위해서였다.

동시에 공의회는 프로테스탄티즘과는 다른, 가톨릭의 중세 교리를 다시 한 번 확립시켰다. 즉 성인의 숭경, 선행을 통한 구원, 7성사 준수를 포함해 성체성사에서 그리스도의 현존, 교황의 무오류성無誤謬性 infallibilitas을 믿고 따르는 것이 주된 내용이었다. 이처럼 트리엔트 공의회는 가톨릭 교회를 든든히 지키는 기둥 역할을 했다.

급진적이고 공격적인 모습을 띤 또 다른 반종교개혁 움직임도 두 가지가 있었다. 첫 번째는 1540년 교황 바오로 3세가 승인한 예수회다. 예수회는 이그나티우스 로욜라가 설립한 종교 교단이다. 로욜라는 스페인 군인 출신으로 금욕주의자이자 신비주의자이자 신학자였다. 고도의 훈련과 엄격히 절제된 생활을 특징으로 하는 예수회 교인들은 반종교개혁의 '특수부대' 요원이 되었다. 가톨릭의 심장부인 유럽에서뿐 아니라 미국과 인도에서도 적극적으로 선교 활동에 나선 그들은 프로테스탄트가 지배하던 북유럽 국가에서 전복顚覆의 지하 네트워크를 형성했다.

공격적인 반종교개혁의 또 다른 모습은 종교재판이었다. 종교재판소라는 사악한 기관은 13세기 초반 남부 프랑스의 이단인 카타리파에 맞선 알비파 십자군에서 처음 등장했으며 이후 스페인에서만 남아 있었다. 이슬람교도 무어Moor에 맞서는 봉건 투쟁의 한 방식이었던 종교재판은 스페인에서 절대군주제의 버팀목 역할을 하면서 계속 유지됐던 것이다. 종교재판소가 스페인뿐 아니라 범유럽적인 억압기관이 된 것은 찰스 5세(1519~56)가 스페인, 오스트리아, 독일을 통일하면서부터다. 1542년 교황은 이탈리아에서 종교재판소를 다시 설치하겠다는 결정을 내렸다.

로마에서 여섯 명의 추기경과 종교재판관이 운영한 검사성성檢邪聖 省the Holy Office이라는 이름의 종교재판소는 영구적인 반개혁적 재판소가 되었다. 재판소가 결정하면 항소할 수도 없었다. 종교재판관은 가톨릭 국가면 어디든 들어가서 이단을 체포해 고문할 수 있는 권한이 있었다. 이단의 재산을 몰수할 수 있었으며 유죄 선고를 받은 사람을 사형에 처할 수도 있었다.

종교재판소는 또한 금서목록을 만들어 서적을 불태웠다. 종교재판소의 영장이 집행되는 곳에서는 미술, 과학, 사상, 탐구의 자유가 위협을 받았다. 르네상스의 인본주의 문화는 옛 전통을 기념하는 수준으로 위축되었다. 미술과 건축은 권력, 부, 신비주의를 찬양하는 바로크 문화로 바뀌었고, 과학자들은 자신의 책 때문에 화형을 당할 수 있을 정도로 사상의 자유가 위축되었다. 자기의 생각을 드러내는 것은 반종교개혁 시대의 유럽에서는 위험한 일이었다.

문화적 잠재력과 정치적 반응이 정반대로 나타나고, 르네상스와 반종교개혁이라는 모순적인 모습이 가장 극명하게 드러난 곳은 이탈리아였다. 그곳의 도시국가들은 12세기에 벌써 봉건적 경제체제와는 상관없이 독립적으로 상업의 중심지로 자리 잡은 곳이었다. 15세기와 16세기에 그들은 르네상스의 가장 위대한 미술적, 건축적, 과학적 성취를 이루는 데 중심적인 역할을 했다.

그러나 다른 나라에서 태동 중이던 상업자본주의는 이탈리아에서는 처음부터 질식될 위기를 맞았다. 새로운 사회 · 경제적 세력은 전통적인 정치·군사적 구조를 뚫지 못했다. 상업으로 쌓아 올린 사회적 부는 구시대 엘리트의 통제 아래 남아있었다. 르네상스는 반종교개혁의 노선에 종속되었다.

거기에는 결정적인 요인 두 가지가 있었다. 첫째는 도시국가들의 경제가 봉건 길드와 규제를 받는 시장이라는 틀에 묶여 있었다는 점이다. 이러한 틀을 지배한 쪽은 강력한 상업 과두들이었고, 이들은 대부분 한 가문의 사람들이었다. 상인과 은행가들은 도시에 기반을 둔 권력자가 되어 도시 정부와 길드를 통제하는 방식으로 자신의 지위를 지켰고 더 큰 정치적 야망을 위해 뛰었다. 예를 들어 피렌체의 메디치가는 봉건 사회의 최고 지위를 갖게 되었다. 그 가문에서 교황이 두 명이나 나왔고 프랑스 여왕 한 명이 배출됐다.

두 번째 요인은, 이탈리아에서는 너무 많은 라이벌 정치체제가 난립한 상태였기 때문에 고질적으로 봉건 세력 간의 전쟁이 있었고 이를 틈타 외국 군대들이 개입하면서 강대국들의 전쟁터가 되었다는 점이다. 교황을 지지하는 구엘프파와 신성로마제국 황제를 지지하는 기벨린파의 투쟁은 중세 내내 계속되었다. 마찬가지로 1494~1559년 사이에 북부 이탈리아에서는 프랑스와 황제 간의 군사 대결이 오래 계속됐다.

그 결과 이탈리아는 거대 상인, 용병대장condottieri, 외국 군대 등의 영향력에서 벗어나지 못하는 상태로 머물러야 했다. 프로테스탄티즘은 민중을 개종시키지 못했고 그나마 개종한 극소수도 로마에서 온 반종교개혁 십자군에 의해 곧 분쇄되었다.

이탈리아와 달리 스페인은 통일된 국가였다. 반종교개혁은 왕실 독재의 도구로 사용되었다. 펠리페 2세(1556~98)는 전형적인 가톨릭 지배자였다. 그는 우울하고, 무겁고, 관료적이며, 편협한 왕이었다. 그는 왕의 신성한 권리를 주장했다. 모든 사람은 무릎을 꿇고 그를 대했다. 도시대표가 참여하던 국왕의 자문기구 코르테스^{Cortes}는 권력을 박탈당했고, 귀족은 신하 계급으로 강등됐다. 지방의 권력은 축소되었고 권력은 중앙으로 집중되었다. 왕은 스스로 이단을 단죄하는, 끔찍한 화형 의식인 '믿음의 행위^{autos-da-fé}'를 직접 주재했다. 결국 스페인의 프로테스탄티즘은 10년 사이에 완전히 괴멸했다.

이슬람교도 무어족은 극단적인 탄압 대상이었다. 아랍어를 말하는 것은 물론 원주민의 옷과 전통결혼, 장례 관습도 금지됐다. 1568년 무어인들은 반란을 일으켰으나 몰살되었다.

하지만 프랑스는 달랐다. 스페인의 봉건주의는 무어와의 투쟁을 거치며 중세보다 더 강한 중앙집권화를 이뤄냈지만 프랑스 군주제는 늘 그보다는 더 약했다. 프랑스 일부 지역은 스페인보다는 경제적으로 더 발전했다. 따라서 프로테스탄트 종교개혁이 더 폭넓게 확산될 수 있었고 프랑스의 3분의 1정도가 그 영향권에 있었다. 2500여 개의 교회들은 시노드^{synod} 회의를 개최했다. 다른 곳에서처럼 프랑스 종교개혁은 중산층에 의해 아래로부터 추진되었다. 그러나 프랑스에서는 귀족들 일부가 개종했고 왕조의 이익을 키우기 위해 스스로 위그노 즉, 프랑스 프로테스탄트 커뮤니티의 우두머리 자리에 올랐다.

프랑스에서는 프로테스탄트 종교개혁을 거부하는 성바르톨로메오 축일의 대학살이 벌어졌다.

1562년에 프랑수와 드 기즈 공작의 군인들이 프로테스탄트 교도를 학살하는 사건이 벌어졌다. 프로테스탄트 귀족의 지도자였던 부르봉 왕가의 콩데 루이 왕자는 즉각 지지자들과 신교도들을 군대로 소환했다. 거의 40년 동안 프랑스는 라이벌 귀족세력들 간의 전쟁으로 피폐해졌다. 결국 이 종교전쟁은 1572년 8월 대량학살이라는 극단적인 사태를 낳았다. 파리의 성 바르톨로메오 축일의 대학살에 이어 비슷한 대학살이 프랑스 주요 도시에서 잇따랐다. 스페인에서 종교재판소가 대중의 종교개혁을 파괴했다면, 프랑스에서는 가톨릭의 학살이 종교개혁을 좌절시켰다.

전쟁은 계속되었다. 학살은 더 잔혹해졌고, 귀족들의 지배는 더 강화되었으며, 보통 사람들은 지방 귀족의 보호를 원했다. 종교개혁은 구종교의 오래된 모순들을 급진적으로 혁파하려는 운동이었지만 현실은 달랐다. 시간이 갈수록 귀족 파벌의 싸움과 신-구교 간의 전쟁이라는 왜곡된 모습으로 변질되어 버렸다.

전쟁은 결국 타협으로 끝났다. 프로테스탄트 지도자인 앙리 드 나바르가 프랑스 왕위를 계승해 앙리 4세(1589~1610)가 되었다. 이는 분열된 나라를 재결합하기 위한 것이었다. 신교도였던 그는 가톨릭으로 개종을 선언했다(1593). 마지막까지 남아있던 저항운동의 중심세력들이 위축되자, 그는 낭트칙령(1598)을 발표했다. 이는 위그노에게 양심과 신앙의 자유를 부여했다.

전쟁은 엄청난 경제적 손실을 입혔고, 종교개혁은 귀족 파벌주의로 퇴행하면서 더 이상 진전되지 못했다. 종교전쟁의 여파는 향후 200년간 프랑스 역사의 흐름을 결정하게 된다. 강력한 절대왕정이 17세기에 등장한 것이다. 귀족들의 성, 거대 봉건 지주의 지역적 권력 기반은 왕궁의 대포에 파괴되었으며 귀족은 단순한 신하로 강등되었다. 국가-봉건주의 정권은 사회적 관계의 역동성을 앗아갔고 프랑스 사회에 엄청난 군사적 부담을 안겨주게 된다. 시민사회를 억누른 절대국가의 승리는 결국 1685년 낭트칙령의 폐지로 귀결됐다. 위그노는 박해받는 소수가 되어버렸다. 대중의 종교개혁이 패배하면서 그 결과는 모순의 축적으로 이어졌고 결국은 1789년 프랑스 대혁명을 낳게 된다.

반종교개혁은 스페인과 이탈리아에서는 성공적이었고 독일과 프랑스에서도 의미 있는 성과를 이뤄냈다. 그러나 종교개혁은 적어도 북부 유럽에서는 살아남았다. 북유럽 국가들이 왜 지금 세계사의 실세 국가로 자리 잡게 되었는지 그 이유를 여기서 알 수 있다.

네덜란드혁명

부르주아 혁명의
첫 물결

저지대 국가로 불렸던 나라에서는 16세기에 300만 명이 살고 있었다. 잉글랜드와 웨일즈 전체 인구와 같은 숫자였다. 이들 중 절반에 가까운 사람들이 도시에서 살고 있었다. 브뤼헤, 헨트, 브뤼셀, 안트페르펜, 위트레흐트, 라이덴, 하를렘, 암스테르담, 그리고 기타 플랑드르와 네덜란드 타운들은 르네상스 시기의 유럽에서 가장 중요한 무역 중심지였다. 최소한 이 도시들 중 25개는 1만 명 이상의 인구를 갖고 있었다. 그곳의 중요한 특징은 강, 하구, 운하, 제방 같은 수로였다. 여러 큰 강들-라인, 뫼, 마스, 스켈트-은 유럽의 내륙에서 발원하여 저지대 국가를 지나 북해 연안의 하구와 섬, 갯벌을 향해 흘러간다.

봉건적 질서가 돈과 시장을 중심으로 이동했기 때문에 저지대 국가는 지리적 조건 덕분에 경제적으로 유럽에서 가장 역동적인 지역이 되었다. 플랑드르와 네덜란드 사회는 상인과 장인이 지배했다.

문화와 시민조직이 번성했으며 강력한 길드가 도시 생활을 좌우했다. 과거부터 내려온 자유와 권리를 보장해준 전통이 안정된 삶을 지켜주었다.

이런 저지대 국가에도 종교개혁은 폭풍우처럼 몰아쳤다. 유럽의 다른 곳에 비하면 봉건 군주의 과도한 권력과 교회의 부패는 용납되지 않았다. 그러나 저지대 국가들은 제국주의 스페인의 통치를 받고 있었고, 플랑드르와 네덜란드 상인들의 세금은 늘어나고 있었다. 스페인으로서는 15만 명이나 되는 강력한 군대의 자금을 지원하고, 가톨릭 합스부르크 왕가의 야망을 뒷받침하기 위해 더 많은 자금이 필요했기 때문이다.

저지대 국가를 지배하고 있던 플랑드르와 네덜란드 귀족들은 자신들이 제국주의 국가의 요구와 도시의 칼뱅주의자, 재세례파 사람들의 저항 사이에서 고통받고 있다는 것을 깨달았다. 1564년 그들은 스페인 총독 추기경 그랑벨을 물러나게 만들었다. 그러나 새로운 반대 세력을 진정시키는 데는 실패했다.

1566년 가톨릭 당국의 이단 탄압은 전례 없는 저항에 직면하게 된다. 무장한 프로테스탄트의 대규모 야외 집회가 저지대 국가들에서 열렸다. 벨기에 헨트 출신의 귀족인 어느 연대기 작가는 너덧 번의 설교만으로도 30~40년 동안 사람들이 갖고 있던 믿음을 바꿀 수 있다는 사실 앞에서 경탄했다.

그 해 8~9월 혁명 군중들은 여러 도시에서 잇달아 구질서를 뒤집었다. 성상파괴운동Iconoclastic Fury이 불어 닥치며 가톨릭 교회는 공격당했다. 보수적인 도시의 과두들은 붕괴했고 통치자인 왕자들은 루터교와 칼뱅교인들에게 예배의 자유를 허용했다.

빌럼 오라녜^{William of Orange}공이 이끄는 네덜란드 귀족집단의 한 분파가 혁명 운동의 선두에 스스로 나섰다. 대다수는 뒤로 물러나 수동적인 자세를 취하거나 스페인 왕의 반종교개혁적 폭력을 지지했다. 펠리페 2세는 제국을 위협한 종교개혁과 혁명의 힘을 물리침으로써 자신의 제국을 단합시켜야겠다고 마음먹었고, 급기야 저지대 국가들을 유럽의 주요 전장으로 바꿔놓았다.

40년 이상의 격렬한 요동 속에서 네덜란드혁명은 국가를 방어하려는 전쟁의 형태를 띠었다. 수만 명의 스페인 군대가 배치되었고 엄청난 양의 금과 은이 소비됐다. 전면적인 테러가 외국 군인과 종교재판에 의해 자행되었다. 1576년 안트베르펜을 점령한 후 며칠 동안 벌어진 '스페인의 약탈^{Spanish fury}'로 1000여 가구가 파괴되고 8000여 명이 처형됐다. 이 같은 군사적 테러는 플랑드르 지방의 혁명 운동을 패퇴시켰고 벨기에에서는 스페인의 통치를 복원시켰다. 네덜란드혁명은 훨씬 더 어려운 일이 되고 말았다.

남쪽에서 네덜란드로 접근할 수 있는 통로는 여러 강으로 나누어진 좁은 종주 지형^{corridor}으로 축소됐다. 그곳은 저지대 습지였고 수많은 배수 제방이 교차하는 곳이었다. 강과 제방은 자연적인 방어 라인을 제공했다.

네덜란드 정착민의 인구 밀도가 높았던 점도 효과를 발휘했다. 벽으로 둘러싸인 도시들이 많았고, 마을들도 즉석에서 성벽을 쌓을 수 있었으며 바리케이드, 로그하우스^{blockhouse} 등을 만들어 요새로 전환할 수 있었다. 군사 이론가들이 말하는 '복잡지형^{complex terrain}'—이동과 공급이 어렵고 침입하는 군대가 자연적 장애물과 인공적 요새로 꼼짝 못하게 되는 지역-이었다. 또한 '바다의 거지들'이라고 일컬어지던 네덜란드 칼뱅교 귀족동맹의 강력한 함대 작전이 성공을 거두었다. 같은 종교를 믿는 외국인 참전자들이 늘어났으며 나아가 네덜란드 군대의 핵심인 도시 민병대의 위력이 더해지면서 침입자들의 어려움은 더 커져갔다.

칼뱅교와 재세례파 신자들은 혁명 정당의 활동가처럼 자신들의 직무를 수행했다. 전쟁이 발발하자 혁명은 과격해졌다. 네덜란드의 연합 지방은 유럽에서 가장 높은 비율의 재세례파를 갖게 됐다. 일부 지역에서는 인구수의 절반에 가까울 정도였다. 재세례파는 정치적 민주주의와 사회적 평등을 옹호하는 사람들이었다.

동시에 독일, 프랑스, 영국, 스코틀랜드의 칼뱅교 교회는 네덜란드 망명자들의 지원을 받아 일종의 혁명적 '인터내셔널'로 기능했다. 네덜란드에서 싸우는 외국인 파견부대가 가시적인 결과로 나타났다. 이들은 사실상 프로테스탄트 '국제여단' 역할을 해냈다, 네덜란드혁명은 반종교개혁에 맞서는 투쟁의 최전선이 되었기 때문이다.

1584년 스페인의 세 번째 공격이 네덜란드를 위기로 몰고 갔을 때 프로테스탄트 국가였던 영국의 엘리자베스 1세가 스페인과의 전쟁을 선포해왔다. 영국이 내세운 것은 네덜란드를 스페인으로부터 지키는 것이었다. 그 목표는 튜더 왕조의 존립을 지지하고 있던 프로테스탄트 중산층에게 호응을 얻었다.

영국이 개입하자 펠리페 왕은 일생일대의 노력을 쏟아부었다. 스페인은 무적함대(1588)를 투입했다. 그러나 영국 해군의 엄청난 활

스페인의 무적함대가 네덜란드를 지키려는 영국 함대의 활약에 무너짐으로써 부르주아 혁명의 불씨를 제공했다.

약과 나쁜 날씨가 겹쳐져 무적함대는 패배하고 말았다. 이는 일종의 전환점이 됐다.

스페인 제국은 이미 지나치게 일을 벌여놓고 있던 상태였다. 스페인은 독일에서 합스부르크 사촌을 지원하고 있었고, 이탈리아에서 이해관계를 지키고 있었으며, 지중해에서는 오스만 제국과 싸우고 있었다. 또한 프랑스 종교전쟁에도 개입하고 있었으며 미국에서 광대한 영토를 방어해야 했고 대서양 무역경로를 부지런히 오가던 보물 함대까지 보호하고 있었다.

그러나 스페인 군인들은 계속해서 임금을 제대로 받지 못했기 때문에, 네덜란드 전선에서 반란과 폭동을 일으켰다. 네덜란드는 계속해서 저항했고, 스페인은 지쳐 나가 떨어졌으며 혁명은 새로운 국면을 맞았다. 스페인은 마침내 1609년 항복했다. 이로써 네덜란드 연합 지방은 세계 최초의 부르주아 공화국이 됐다.

마르크시스트 역사학자들조차 네덜란드혁명(1566~1609)의 의미를 놓치곤 한다. 그 혁명은 길었고, 복잡했으며 주로 전쟁으로 이어졌다. 혁명은 1565~8년, 1569~76년, 1576~81년 등 세 차례나 일어난 뚜렷한 봉기를 감당해야 했다. 그때마다 스페인의 반격이 따랐으나 마지막 봉기는 영국의 지원으로 격퇴할 수 있었다. 그 후 혁명은 통상적인 군사적 투쟁으로 진행되어 갔다.

오라네가[*]의 귀족적 리더십은, 혁명이 뒤로 갈수록 점점 더 힘을 발휘했다. 이들은 전쟁의 혁명적 성격을 다소 왜곡하기는 했어도 본질을 바꿔 놓지는 않았다. 상인 부르주아들이 승리의 역할을 맡았다. 도시의 소상공인, 수공예 장인, 노동자 등 프티 브루주아들이 그런 이들이었다. 칼뱅교와 재세례파 교회는 혁명의 핵심적인 리더십을 제공했다.

반종교개혁이 성공했던 다른 지역과 달리 17세기는 네덜란드의 황금기였다. 네덜란드는 유럽 최고의 해상무역국가, 해상제국이 되었다. 도시들은 거대한 빌딩을 갖고 있었고 유럽에서 가장 뛰어난 수준을 과시했다.

그러나 네덜란드는 아주 작은 나라였다. 장기적 관점에서 보면,

새 국가의 경제성장과 정치적 파워에 엄청난 제약이었다. 새로운 세계경제 질서에서 결정적인 돌파구가 되려면, 부르주아 혁명은 더 큰 국가에서 승리했어야 했다. 혁명은 17세기 동안 내내 이뤄졌어야 했다.

30년 전쟁

1609년경 스페인 제국이 네덜란드혁명을 분쇄하려는 전쟁에서 패배하며 네덜란드는 프로테스탄트 부르주아 공화국으로 번성할 수 있었다. 그러나 네덜란드 전쟁이 끝나자 스페인의 가톨릭 합스부르크 통치자들은 다른 곳에서 또 다른 일을 벌였다.

부르주아 혁명의
첫 물결

신성로마제국은 또 다른 합스부르크 일가에 의해 지배되었다. 황제의 권력 기반은 오스트리아였는데 이곳에 이 가문의 토지가 집중되어 있었다. 그들의 권한은 독일, 실레지아, 보헤미아, 모라비아, 헝가리, 북부 이탈리아 일부에까지 확장되어 있었다. 제국은 중부 유럽의 대부분 지역을 아우르는 왕조의 초대형 국가였다. 그러나 제국은 분할되어 있었다. 독일과 보헤미아에서는 특히 종교개혁이 두드러졌다. 황제의 권위는 현지의 왕자들과 새로운 토지 소유자들이 전유한 교회의 부에 의해 무시당했다.

17세기 초반, 스페인과 오스트리아 합스부르크는 독일의 종교개혁에 맞서서 봉건 절대주의의 반종교개혁을 일으켰다. 이 충돌의 의도치 않던 결과가 30년 전쟁(1618~1648)이었다. 30년 전쟁은 프

유럽 전역을 황폐화시킨 30년 전쟁은 베스트팔리아 조약으로 막으로 막을 내렸다.
그림은 이 조약의 한 파트인 뮌스터 조약을 체결하는 장면.

랑스 대혁명(1789~1815)이 일어나기 전까지 벌어진 그 어떤 사건들보다 훨씬 더 유럽을 근본적인 변화로 몰아넣었다.

위기는 보헤미아(오늘날의 체코 공화국)에서 터졌다. 체코 귀족의 독립성과 그들이 가진 부富는 비엔나의 중앙집권 정책과 가톨릭 강요로 위협을 받았다. 체코 귀족들은 제국의 관리 세 명을 성의 창문 밖으로 던져버리는 프라하 창 밖 투척 사건defenestration of Prague**44**으로 이에 맞섰다. 관리들은 분뇨 더미 위에 떨어졌다. 다음 해인 1619년, 귀족들은 새로운 가톨릭 합스부르크 황제 페르디난트 2세를 인정하지 않았다. 그 대신 독일의 프로테스탄트 왕자 프리드리히 5세, 팔츠 선제후Elector Palantine에게 보헤미아 왕국의 왕관을 수여했다. 제국과 교회로부터의 독립을 선언한 것이다.

부르주아 혁명의
첫 물결

보헤미아는 유럽에서 경제적으로 가장 앞선 지역 중 하나였다. 여전히 봉건 거물들이 지배했지만, 시장과 돈을 중심으로 영주, 상인, 농민 사이의 관계가 재편성되는 과도기에 있었다. 보헤미아는 선구적인 프로테스탄트교였던 '이단' 후스파가 15세기 초에 번성했던 곳이었다. 프로테스탄티즘의 번성과 종교적 관용의 전통은 변화하는 보헤미아 사회의 성격을 잘 보여주었다.

그러나 1620년 프라하 근처인 화이트 마운틴 전투에서, 가톨릭 제후 연맹은 프리드리히 5세의 군대를 격파했다. 제국의 정부는 복원되었고, 체코의 자유는 폐기되었다. 보헤미안 왕관은 합스부르크

---

44 1618년 5월 23일 프라하 흐라트차니 궁에서 어전회의를 하고 있을 때, 보헤미아 프로테스탄트 반란자들이 쳐들어와 가톨릭 의원 두 명과 그들의 비서를 창 밖으로 내던진 사건. 30년전쟁을 발발케 한 사건이다.

왕가에서 세습하게 되었으며, 반종교개혁이 맹위를 떨쳤다. 두 세기 전이었다면 보헤미안 귀족은 후스파의 반란 같은 대중적인 전쟁으로 갈등을 변화시킴으로써 저항할 수도 있었을 것이다. 그러나 계급의 이해관계가 이를 막았다. 그들은 사회혁명의 유령이 부활하는 것을 바라지 않았다. 그 대신 다른 프로테스탄트 왕자들에게 지원을 호소했으나 성공하지 못했다.

독일 북부의 프로테스탄트 연합은 군대가 모자랐다. 황제와 가톨릭 제후 연맹은 공세를 취하고 있었고, 전쟁은 신속하게 확산되었다. 네덜란드, 덴마크, 스웨덴, 마지막엔 프랑스까지 참전했다. 이들은 가톨릭의 승리를 막고 합스부르크 왕가의 유럽 지배를 막기 위해 개입했다. 종교전쟁은 따라서 지정학적 갈등으로 바뀌었다. 종교개혁의 변혁 가능성은 방향이 바뀌어 늘 그래 왔듯이 라이벌 국가 간의 군사 대결로 변해버렸다.

가톨릭 제후연맹이 독일에서 승리를 거두려고 할 때마다 새로운 방어자가 등장하곤 했다. 팔츠 선제후, 네덜란드 공화국, 덴마크 크리스티안왕, 스웨덴 구스타브 아돌프왕, 마지막으로 루이 13세의 총리였던 리슐리외 추기경이 그들이다. 때문에 전쟁은 계속 연장되었고 그 오랜 전쟁은 독일을 무너뜨렸다. 유럽에서 가장 앞선 경제 체제 가운데 하나였던 이 국가는 계속되는 불안정한 상황, 인구 감소, 무역 중단, 재산 파괴, 군대의 약탈에 의해 몰락하고 말았다. 인구수도 1618~1648년 사이에 절반 정도로 줄었다.

합스부르크는 싸움에서 비겼고, 범유럽적인 절대주의 제국을 만들려던 시도는 실패했다. 독일은 작은 나라들로 나뉘었다. 이들은 서로 종종 전쟁을 벌였고, 관습의 장벽에 의해 갈라졌으며, 종교에 의해 분열되었다.

가톨릭 제후연맹이 명백하게 승리한 곳에서는 구시대적인 봉건 질서로 되돌아가는 반작용이 일어났다. 봉건적 착취는 보헤미안 농민들을 옥죄었다. 이들은 대부분 자신의 생산물을 영주에게 넘겨야 했고, 농장을 개선하고 생산성을 높이는 데 필요한 시골 지역의 잉여를 빼앗겼다. 도시 인구는 감소했고 체코 언어는 쇠퇴했다.

중부 유럽 국가들은 언어나 인종 혹은 종교적 경계와 상관없이 쪼개지거나 합쳐졌다. 1871년에 독일만 결국 통일됐다. 1918년이 되어서야 합스부르크 제국의 피지배자들은 자유로워졌다. '변질된' 종교개혁이 치른 대가였다. 종교개혁이 당초의 대중혁명에서 귀족 파벌주의 싸움으로 변형된 결과였다.

이에 못지않게 중대한 것이 스페인과 프랑스 간에 벌어졌던 전쟁의 여파였다. 합스부르크 스페인은 유럽과 아메리카 신세계 제국에서 나오는 자금을 공급받고 있었고 16세기 당시 가장 강력한 군사력을 갖고 있었다. 그러나 지정학적 우월성 뒤에는 내부적인 사회·경제적 후진성이 숨어있었다. 봉건적 토지를 소유한 계급이 여전히 이 나라를 지배했다. 상업과 도시들은 발전되지 않은 상태로 남아있었다. 과학과 문화는 합스부르크 절대주의와 종교재판의 이중 압력에 눌려 시들었다.

16세기와 17세기는 전환의 시대였다. 상업자본주의와 부르주아 혁명이 성공적으로 진행됐던 몇몇 국가들은 한 단계 상승할 수 있었다. 이런 맥락에서, 제국 스페인의 정치·군사적 야망은 컸지만 자국의 사회 · 경제적 후진성이 모순을 낳다.

북유럽에서의 종교개혁을 무너뜨리기 위해 한 세기 동안 투쟁을 벌인 뒤, 1618~1648년 기간 동안 자원을 소모함으로써 스페인의 군사력은 마침내 붕괴했다. 그렇게 되자, 유럽의 지정학적 헤게모니는 프랑스로 넘어갔다.

16세기의 종교전쟁이 타협으로 안정을 찾은 뒤 1620년대부터 30년대까지 프랑스 군주제는 리슐리외 추기경의 정치적 리더십 아래에서 강력한 절대주의 국가가 됐다. 위그노는 거점을 잃었고 위세도 사그라들었다. 절대주의는 귀족을 굴복시켰고, 귀족들의 성을 철거했으며 귀족끼리의 결투를 법으로 금지시켰고 그들의 음모 또한 분쇄했다. 귀족들은 왕의 신하가 되었고, 지역의 고등법원들은 권한을 잃었으며, 왕실 관리인들과 지역 순회 감독관들은 지정된 장소에서만 통치했다.

충신들에게는 사무실과 특권을 주었고 프랑스 귀족들은 방자한 국가 공무원과 부양가족이 되었다. 군주의 전쟁 도구를 지원하기 위한 봉건적 강제 징수와 지방 귀족들의 득세, 국가 세금이 더해져 농민들은 끝없는 가난과 절망으로 몰렸다. 때문에 농민들은 간간이 반란을 일으키기도 했다.

1635년에서 1648년 사이 프랑스의 절대왕정은 합스부르크의 승리를 막기 위해 30년 전쟁에 개입했다. 그 결과 유럽의 패권을 차지했다. 이후 7년 동안, 군주는 자국에서 '프롱드의 난' 같은 도전을 받았다. 전쟁을 위해 징수한 세금에 항거한 이 대중 반란에 이어 절대주의에 항거하는 귀족들의 반란도 뒤따랐다. 프롱드의 난은 이질적인 사람들이 모이는 바람에 세력 간의 조율이 제대로 이뤄지지 않아 실패하고 말았다. 새로운 군주는 그 폭풍을 무사히 헤쳐나갔다.

절대주의 국가 프랑스는 유럽 대륙을 한 세기 넘게 지배했다, 강력한 절대군주제 덕분이라고 할 수 있다. 그러나 그 시기에 영국은 프랑스의 실질적인 라이벌로 점점 성장하고 있었고 마침내 영국은 승리했다. 영국은 프랑스와 물리적인 전쟁에서도 승리했지만 앞선 경제체제를 가장 먼저 구축했다는 점에서도 승자였다.

그 이유를 이해하기 위해, 우리는 이제 17세기 영국에서 벌어진 사건들로 방향을 전환한다. 영국에서의 종교개혁과 반종교개혁 간의 투쟁, 부르주아 혁명과 절대주의 간의 투쟁이 낳은 산물은 프랑스, 스페인, 독일의 것과는 아주 달랐다. 유럽의 북서부 끝에 있는 크지 않은 섬나라 영국에서는, 종교개혁의 혁명적 약속이 가장 충실하게 실현됐다.

부르주아 혁명의
첫 물결

영국혁명의 원인

17세기 초반 중부 유럽에서 진행됐던 반종교개혁의 결과는 마르크스가 말한 것처럼 "투쟁하는 계급들의 공도동망"으로 막을 내렸다. 합스부르크 가톨릭의 절대적인 권력은 30년 전쟁이 지난 뒤 힘을 잃었다. 또한 전쟁은 봉건주의적 절대주의 국가인 스페인의 위세를 무너뜨렸으며, 독일의 선진경제 또한 난파시켰다.

반면 영국에서는 반종교개혁이 봉건주의적 절대주의의 몰락을 이끌었고, 왕을 처형했으며, 부르주아 공화국의 건설을 가져왔다. 이처럼 완전히 다른 결과가 생긴 이유는 1640년대 내내 영국에서 전개된, 역사의 전환점에 혁명가들이 보여준 단호한 행동 덕분이라고 할 수 있다. 이러한 대중운동의 뿌리도 사실은 한 세기 전에 벌어진 영국의 종교개혁이었다.

1530년대 위로부터의 종교개혁은 교황의 지위를 무너뜨렸고, 영국 교회에 대한 왕실의 통제, 수도원의 해산(수도원 재산의 국유화)이라는 결과를 가져왔다. 이 사건들을 설명할 때 대부분의 역사가들은 튜더 왕조의 내부적 상황에 초점을 맞춘다. 사실 헨리 8세 (1509~47)가 이혼한 뒤 합법적인 후계자를 얻기 위해 재혼하려 했던 왕가의 내부 사정이 없었던 것은 아니다. 그러나 그만큼 중요한 두 가지 다른 요인들이 더 있었다.

첫째, 튜더 정권은 부분적으로 소농민, 무역상, 공예 장인들 같은 중산층의 지지를 기반으로 삼고 있었다. 이들은 영국의 선진적인 경제를 개척한 사람들이었고 대부분 일찌감치 새 종교로 개종한 사람들이었다. 당시 영국 경제에 역동성을 불어넣은 것은 모직 무역이었다. 상업적인 농업에 종사하던 농민, 상인, 선박 소유자들은 모직 무역을 통해 번영을 누릴 수 있었다.

헨리 8세의 수석장관(1532~1540)이었던 토마스 크롬웰 (1485~1540)은 이런 계층 출신으로 철저한 프로테스탄트였다. 앤 볼린과 헨리왕의 결혼은 크롬웰이 추진했는데 앤 역시 프로테스탄트

헨리왕(오른쪽)과 앤 볼린의 결혼은 영국혁명의 단초를 제공했다.

였다. 헨리왕은 종교적으로 보수적인 사람이었지만 그의 아들 에드
워드 6세(1547~53)의 통치기간 중 영국 교회는 급진적으로 개혁되
었다.

둘째, 국유화된 수도원 땅은 신속하게 매각되거나 사람들에게 나
누어졌다. 노르만 정복 시대 이후 토지 소유권이 가장 큰 규모로 이
전된 것이다. 토지 분배로 영국 젠트리 계층이 힘을 얻게 되었고 이
에 따라 튜더 왕조와 프로테스탄트 종교는 토지 소유 계급이라는
강력한 지지 기반을 갖게 됐다.

영국의 위로부터의 종교개혁은 따라서 연원이 깊은 종교적, 정치
적, 사회적 변화 과정이었다. 헨리의 딸 메리여왕(1553~8)이 가톨릭

을 복원하려고 했던 시도가 실패할 수밖에 없었던 것도 이 때문이었다. 또 같은 이유로 엘리자베스 1세(1558~1603)의 프로테스탄트 정권은 대중적인 호응을 얻어 강력한 힘을 갖게 되었다. 1588년 스페인 무적 함대의 패배는 영국 정권의 강력함을 두드러지게 드러낸 결과였을 뿐이다.

그러나 구질서가 완전히 패배한 것은 아니었다. 지역의 거물들은 특히 북부와 서부 지역에서는 상당한 권력을 유지하곤 했다. 상류층 귀족들은 궁중에서 자신들의 힘을 이용해 높은 지위에 임명되었고, 토지 승인권, 사업 계약권, 독점권을 누렸다. 봉건적 경쟁은 한때 군사력의 경쟁이었으나 이제는 누가 더 궁정 내부에서 정치를 잘 하는가에 달려 있었다.

1530년대의 종교개혁은 그러나 영국 사회의 핵심적인 모순은 해결하지 못한 채 남겨놓았다. 새로운 경제가 등장하면서 모순은 향후 몇 십 년 동안 더 커져갔다. 옛 귀족은 점점 더 궁정의 후원에 의존하면서 특권을 빼앗기지 않으려 애썼다. 한편 귀족의 아래 계층인 젠트리, 자작농 계층, 요먼, 산업가, 시민계층^{burgher}(도시인)은 자신들의 농장과 사업을 발전시켜 나갔다.

영국 인구는 1500년에서 1650년 사이에 두 배로 늘어났다. 이즈음에는 12명 중 한 명은 도시에서 살았고, 수십만 명의 사람들이 농촌의 산업에 고용되었다. 농촌 젠트리 계급과 시민계층은 기업 활동을 가로막는 장벽에 점점 더 분개했다. 왕궁의 과세, 관세, 무역 독점은 게으른 아첨꾼 신하들을 부자로 만들어 주는 것으로 보였던 것이다.

스튜어트 왕가의 제임스 1세(1603~25)와 찰스 1세(1625~49)는 튜더가의 계승자로 계속해서 의회와 충돌했다. 중요한 전환점은 1629년에 일어났다. 찰스 1세가 의회를 해산하고 의회 없이 통치하려고 한 것이다. 이후 그의 '11년 전횡기'(1629~40)는 영국에서도 유럽 대륙 국가들의 절대주의를 구현하려는 시도였다. 영국의 젠트리 계급과 시민(버거)계층은 모두 불안해졌다. 찰스 1세의 원칙 없는 과세, 징발, 민간인 거주지에 군인 숙소 설치 등은 자신들의 자산을 위협했기 때문이다. 정치적으로는 중앙집권화가 강화되면서 전통적인 지역 엘리트들의 권위를 훼손했고, 대외적으로는 외국의 가톨릭 권력층들과 협조하면서 도시 무역상들의 이익을 앗아갔다.

궁정에서 가톨릭의 영향력이 커지면서 압수된 교회 토지의 소유권이 계속 지켜질지도 믿을 수 없게 됐다. 찰스 왕조의 수석 장관인 스트래퍼드 백작이 조직한 아일랜드 가톨릭 군대는 반란의 움직임을 사전에 막기 위한 장치였고, 이들은 왕실의 절대권력이 필요할 경우 출동시킬 수 있었다.

위기는 1637년에 발발했다. 이슈는 종교였다. 라우드 대주교의 고교회파 성공회는 가톨릭과 거의 구별하기 힘든 프로테스탄티즘의 보수적인 분파였다. 종교적으로 가깝다는 말은 정치적으로도 가깝다는 의미였다. 영국의 한 쪽에는 '청교도' 칼뱅교도가, 다른 한 쪽에는 고교회 성공회와 가톨릭교가 있었다.

스코틀랜드에서는 귀족, 시민(버거), 칼뱅교 목사들이 스스로 종교개혁을 하기 위해 오래 전부터 연합해왔다. 영국과 스코틀랜드의 왕이었던 찰스는 자신의 권한을 양국에서 다 주장하려 했다. 라우드 대주교가 스코틀랜드에 영국 국교회(성공회)의 일반 기도서Book of Common Prayer를 도입하려 하자 큰 반발을 불러 일으켰다. 에딘버러의 세인트 자일스 성당 주임사제가 1637년 7월 23일 새로운 기도서를 낭독하자 시장 상인인 제니 게디스가 그에게 의자를 던지며 이렇게 고함을 쳤다.

"어찌 감히 내 귀에 더러운 예배를 올리겠다는 것인가?"

예배는 혼란 속에 중단됐고, 잠시 후 칼뱅주의 스코틀랜드 군중들이 에딘버러 성 앞에 몰려들어 자신들의 종교를 지키기 위한 엄숙동맹Solemn League and Covenant에 서명했다. 제니 게디스가 영국혁명을 촉발시킨 것이다(스코틀랜드는 전반적으로 아주 많이 참여했다. 그리고 브리티시 혁명British Revolution이 더 적절한 용어겠지만, 영국혁명English Revolution이란 용어가 이미 더 널리 쓰이고 있다).

왕은 스코틀랜드 엄숙동맹 서명자들을 무력으로 누르려 했다. 그러나 북부 영국의 민병대들은 스코틀랜드인들의 상대가 되지 못했고 '첫 번째 주교 전쟁'은 1639년에 결말 없이 사그라졌다. 다음해 더 큰 영국 군대가 차출되었지만 동맹주의자들은 대포 사격으로 적들을 국경 너머로 쫓아냈다. 스코틀랜드인들은 자신들과 접촉하고 있던 영국 청교도인들로부터 은밀한 격려를 받으며 최북단 영국 카운티 세 곳을 점령했다. '두 번째 주교 전쟁'이 끝났을 때 영국은 리폰 조약에 따라 40만 파운드의 손해배상금을 지불하는 데 서명했다.

배상금을 지불하고 스코틀랜드인들에게서 벗어나기 위해서 찰스는 의회를 소집할 수밖에 없었다. 그의 11년 독재 기간 동안 무리하게 인상한 세금은 법적 근거를 의심받게 되었고 점차 반발이 커졌다. 손해배상금을 지급하는 데 거둬들일 세금이 모자랐다. 절대주의 스튜어트 국가는 붕괴했다. 스코틀랜드와 영국의 유산계급과 맞붙게 되면서 반란에 직면했고 결국 파산상태가 되었다.

그러나 1640년 11월 소집된 장기의회Long Parliament는 왕의 군대를 만드는 사안, 스코틀랜드인들에게 자금을 지불하는 사안을 승인하려고 하지 않았다. 그 저변에는 다름 아닌 초기 절대주의의 전체 기구를 해체하려는 목표가 깔려 있었다. 이는 결국 내전을 치르지 않고는 성취될 수 없는 목표였다.

혁명과 시민전쟁

부르주아 혁명의
첫 물결

절대왕정은 지역 엘리트들의 권력과 특권, 재산을 위협했다. 왕정을 상대로 한 승리는 독단적 권위, 국가 독점, 상업 제한을 깨뜨리는 승리였다. 정치적 프로젝트의 사상적 선봉에 서있던 라우드의 고교회파 성공회는 급진적인 반대파였던 '컨트리'당의 프로테스탄티즘을 저지시키겠다는 목표를 갖고 있었다. 그러나 라우드가 스코틀랜드에서 성공회 예배를 도입하려 하자 혁명의 불씨는 타올랐다.

똑같은 문제가 이제는 런던 의회에서도 저항을 불러일으켰다. 스코틀랜드인에게 배상금을 지불하기 위해 왕이 새로운 과세를 부과하는 것을 승인하려는 의회에서 말이다. 의회는 자금 승인에 앞서 '불만 사항의 제거redress of grievances'를 요구했다. 요구안에는 자의적인 과세 금지, 왕립재판소 해체, 동의 없이 의회를 해산할 수 있는 왕의 권한 폐지, 상원에서의 주교 제외, 스트래퍼드 백작의 반역에 대한 기소 등이 포함돼 있었다.

장기의회 구성원들은 보수적인 자산 소유자들이었다. 그들은 두 가지 이유로 혁명적인 행동에 나섰다. 첫째, 절대왕정이 자신들의 재산에 직접적인 위협이 된다고 보았다. 둘째, 그들은 런던의 중산층, 도시 빈민, 여성 노동자 등으로 구성된 의회 외부 조직에 합류하거나 회유되거나 압력을 받는 등 큰 영향을 받았다.

왕이 런던타워의 중위로 왕당파를 임명하자 1641년 12월 27일부터 30일까지 거대한 군중이 화이트홀과 웨스트민스터에 모였다. 수도에서 가장 중요한 군대의 높은 보직에 왕당파를 앉혔다는 것은 찰스왕이 의회를 억압하고 런던을 위협하겠다는 것이나 다름 없었기 때문이었다.

시위가 시작되자 왕당파 임명은 철회되었다. 그러나 그것으론 부족했다. 함성은 높아만 갔다. "주교는 안 된다! 주교를 없애라! 주교 반대!" 주교는 의회에서 가장 반동적인 멤버였다.

왕당파는 칼로 시위대를 공격했다. 시위대는 벽돌, 타일, 자갈을 던지며 맞섰다. 소문이 퍼져나가면서 의회는 1만 명의 무장 훈련병에 의해 포위되었다. 그러나 런던 민병대는 해산을 거부했다.

12월 30일 하원은 12명의 주요 주교들을 탄핵했고 상원은 그들을 감옥으로 보냈다. 교회 종소리는 도시 전체에 울렸고 모닥불이 거리에서 타올랐다. 혁명은 아래로부터의 대중 행동을 통해 앞으로 나아갔다.

그러나 일주일이 채 안 되어 왕은 쿠데타를 시도했다. 1642년 1월 4

일 그는 무장한 경비대를 이끌고 하원으로 들어가 반대파 주요 지도자 다섯 명을 체포하려 했다. 문은 닫혀져 있었고 쇠창살문은 내려져 있었으며 쇠사슬이 거리를 가로질러 놓여졌다. 며칠 동안 수천 명의 사람들이 미늘창(도끼와 창을 결합한 무기), 칼, 지팡이로 무장한 채 맞설 준비를 하고 있었다. 여인들은 집에서 의자와 욕조를 가져와 바리케이드를 만들었고 물을 끓여 기병들에게 쏟아 부을 태세를 갖추었다.

그러나 기병들은 오지 않았다. 런던은 깨끗했고 혁명은 옆으로 비껴갔다. 런던은 물리적 폭력으로 회복될 게 아니었다. 1월 10일 왕은 달아났다. 다음날 반대파 지도자 다섯 명은 군중의 환호를 받으며 웨스트민스터로 돌아왔다.

찰스왕은 그러나 옥스퍼드에 라이벌 수도를 세우고 군대를 모으고 있었다. 혁명은 내전으로 바뀌었다. 수도에서 도시 폭동이 벌어진 데 이어 지방에서도 왕당파와 의회파 간의 투쟁이 수백 번 이어졌다. 무기고와 전략적 요충지, 지방의 민병대 부대를 장악하기 위한 치열한 전투가 벌어졌다.

의회파는 경제적 우위에 있던 사람들을 대표하는 쪽이었으므로, 이들은 런던을 장악했을 뿐만 아니라 고향 카운티, 그리고 대부분의 항구와 그 밖에 있는 벽으로 둘러싸인 도시들까지 지배했다.

그들은 전쟁을 효과적으로 수행할 수 있는 재정, 인력, 전략적 자원을 갖고 있었다. 한 가지 문제라면 아마추어리즘과 지역주의였다. 지방 전투는 전국 곳곳에서 벌어졌지만, 전국적 규모의 전쟁에 참여하려는 남자들은 적었다. 그들은 거대 야전군에 합류하기보다는 대부분 자신의 카운티를 떠나지 않으려 했다.

왕당파를 물리치고 공화국을 세우는 데 큰 공을 세운 올리버 크롬웰

　두 번째 문제는 의회파 리더십의 보수주의적 성격이었다. 상원의 3분의 1과 하원의 3분의 2는 1642년 의회파를 지지하는 상황이었다. 그러나 대다수는 칼뱅파 개신교도인 장로교파로 재산을 갖고 있던 자들이어서 전쟁으로 사회혁명이라는 괴물이 등장할지도 모른다는 것을 두려워했다. 전면적인 전쟁을 지지하며 어떤 일이라도 감수하겠다는 사람은 극소수였다. 이런 사람들은 대부분 젠트리 계층이었다. 그들은 교회 정부 체제 하에서 장로교들보다 더 많은 지방 분권과 민주주의를 원했기 때문에 독립파Independents로 알려져 있었다.

　독립파는 분리파 교회와 합쳐졌다. 이들은 급진적인 프로테스탄트 그룹이었다. 민주주의와 (불평등의)수평화levelling를 열망하는 평범한 의회파 지지자들이었다. 독립파들은 군 장교들 사이에서 지배적

270

인 대세가 되었다. 군대는 혁명의 영향력이 가장 집중적으로 드러나는 곳이다. 군대에서는 혁명에 대해 어떤 입장을 취하느냐가 곧 삶과 죽음을 갈라놓기 때문이다. 또한 아래로부터의 압력, 즉 무장된 사병들의 압력을 가장 민감하게 느낄 수 있는 곳이기도 했다.

올리버 크롬웰은 중년의 대지주 출신으로 캠브리지의 하원 의원이었다. 의회파 기갑부대 지휘관인 그는 장교들 가운데서 독립파 지도자로 등장하였다. 분리파의 수호자였던 그는 전면적인 혁명전쟁을 가장 강력하게 옹호하는 사람이었다.

자신이 독자적으로 꾸린 철기대[Ironside] 연대에 배속할 군인을 뽑는 기준으로 그는 '신실한 남자'를 내세웠다. 크롬웰은 '기도를 가장 잘하는 사람이 가장 잘 싸울 것'이라고 믿었다.

> 정직한 남자 몇 명이 많은 수의 무리보다 낫다…당신이 경건하고 정직한 남자를 기병대 대장으로 뽑는다면, 정직한 남자들은 그를 따를 것이다…내가 뽑을 사람은 자신이 누굴 위해 싸우는지 아는, 자신이 아는 것을 사랑하는, 소박하고 평범한 황갈색 코트를 입은 대장이다. 젠틀맨이라고 불리기는 하지만 그것 말고는 아무것도 아닌 사람을 뽑는 것보다는 이런 사람을 뽑겠다.

그의 목표는 명확했다. 장로교 영주와 장군들은 양쪽 진영의 유산계급들끼리 타협해서 싸우지 않기를 바랐다. 하지만 크롬웰은 강경했다. "만약 왕이 혹시라도 적진 안에 우연히 있다면, 나는 권총을 그에게 발사할 것이다. 다른 누구에게보다도 빨리."

1645년 2월 15일 의회파의 보수적 반대파는 패배했고 자금령$^{Self-}$
$^{Denying Ordinance}$**45**은 법으로 통과되었다. 의회의 상하원들이 갖고 있던
군사 명령권은 금지되었다. 보수주의, 파벌주의와 기득권에 뿌리내
리고 있던 기존의 군대 구조는 해체되었다. 그 자리에는 신모범군
New Model Army이 대신했다.

신모범군은 중산층의 혁명 군대였다. 대부분의 선발자들은 억압
받는 사람들이었지만, 퇴역 군인과 함께 급진파의 혁명적인 핵심세
력이었다. 혁명은 휴 피터스 같은 목사의 설교, 혹은 군인들 사이에
배포된 팸플릿과 전단지, 논쟁이 벌어질 때 나타나는 열광적인 참
여자의 행동에 따라 갈 길이 정해졌다.

1645년 내스비에서 신모범군은 왕당파 군대를 무찔렀다. 왕은 이
제 또 다른 군대를 키울 수 있는 형편이 아니었다. 신모범군은 그런
기회를 결코 주지 않았다. 1년이 채 안 되어 모든 왕당파 군대의 저항
은 제압되었다. 혁명은 승리했다. 그러나 이 혁명은 무슨 혁명이었을
까? 새로운 사회는 어떤 전망을 갖고 미래를 이끌어 가야 할 것인가?

신모범군, 수평파,
그리고 영 연방

의회에서 다수를 형성했던 장로교 젠트리 계

---

45 의원들이 전쟁의 지휘를 맡으면 전열이 흩어질 가능성이 있기 때문에 전적으로 전문 통
솔자에게 맡기기 위해 크롬웰이 의원들의 전쟁 지휘권의 금지를 명했던 조치.

급들은 신모범군을 늘 '필요악'으로 간주했다. 1646년 그들에게 가장 시급한 일은 신모범군을 해체하고, 왕과 합의해 정치·종교적인 반대자들을 꺾은 뒤 혁명을 종료시키는 것이었다. 거대한 재산 소유자들인 그들은 왕당파보다도 급진파를 더 두려워했다.

군인들은 아일랜드의 음울한 식민지 전쟁에 배치되거나 연금도, 다른 조건도 없이 즉시 해산되곤 했다. 게다가 급여는 몇 달 동안 연체된 상태였다. 그동안 쌓인 경제적 불만과 민주주의에 대한 희망이 맞물리게 되었다. 각 연대는 두 명의 '선동가'를 뽑아 자신들의 요구 사항을 알리고 다른 연대와 정치적 행동을 조율하도록 했다. 육군 내부의 행동가들은 수평파들과 긴밀한 관계를 형성했다. 수평파는 급진적인 민주주의 당파로 런던과 다른 도시에서 강력한 기반을 갖고 있었다. 수평파의 가장 유명한 지도자는 전직 군인 존 릴번이었다.

크롬웰 같은 육군 지도자들은 고민에 빠졌다. 자산을 소유한 젠트리 계급이었던 이들은 본능적으로 보수적이었고 되도록 왕과 합의하고자 했다. 그러나 그들 또한 성공한 혁명가로서 자신들이 전장에서 쟁취해낸 이익은 반드시 지키려고 했다. 한편으로는 육군 장교로서 급진적인 일반 병사들로부터 압력을 받았다.

1646~9년의 정치적 갈등 상황에서 네 갈래의 정치 세력들이 있었다. 왕당파는 내전의 결과물들을 뒤엎고 싶어 했다. 장로교파들은 왕과 타협해 자산 소유주들의 보수적인 정권을 만들고자 했다. 육군 지도자들과 의회의 소수파인 독립파는 타협과 혁명적 행동 사이에서 방황했다. 한편 수평파들은 런던의 군중과 육군 사병 대부분의 지지를 받으면서 철저하게 민주적인 변화를 밀어붙이려 했다.

1647년 10월 수평파들은 육군 지도자들과 공개 토론을 강행할 정도로 힘이 셌다.(이를 푸트니 논쟁이라 한다)

"나는 영국에서 가장 가난한 사람 역시 가장 지체 높은 자와 같은 삶을 영위할 수 있다고 생각하오."

급진파 장교 토마스 레인버러 대령은 이렇게 말했다.

"영국의 가장 가난한 사람이라도 엄격한 의미에서 자신이 선택하지 않은 정부에 묶여있는 건 아니다."

헨리 아이어턴은 장군들을 대변하며 이에 답했다.

"왕국에 확고한 권리가 없다면 아무도 왕국의 사안을 결정할 권리가 없습니다. 권리가 있는 사람들은 모든 토지가 그 안에 있고 모든 무역이 그 안에 있는 기업들입니다."

영국은 도대체 어떻게 되려는 것이었을까. 소 자산가들의 급진적인 민주주의였을까. 혹은 큰 지주와 상인에 의해 지배되는 보수적인 입헌 군주제였을까. 왕이 감금 상태에서 벗어나 두 번째 내전을 시작했을 때에도 문제는 풀리지 않은 상태였다. 왕당파는 스코틀랜드, 웨일즈, 다른 지역의 장로교파와 합류해 혁명으로 분출된 급진주의자들에 맞섰다. 그러나 신모범군은 1648년 여름 급속히 전개된 군사작전에서 모든 적들을 물리쳤다.

반혁명의 시도와 더불어 아래로부터 지속적인 압박을 받자 크롬웰과 독립파들은 혁명적인 행동으로 전환했다. 1648년 육군은 두 번째 혁명을 수행했다. 프라이드 대령은 기갑부대를 투입해 하원의 극렬 보수주의자(장로파)들을 의회에서 몰아냈다. 장로파가 지배하던 장기의회는 장로파 의원을 추방하고 독립파가 지배하는 잔부의회^{Rump parliament}로 바뀌었다. 왕은 재판에서 사형선고를 받고 영국 인민에 대한 반역자로 몰려 1649년 1월 30일 화이트홀에서 공개 처형됐다. 육군 지도자들은 좌파와 우파 사이에서 오락가락하다가 좌파의 지원으로 우파를 분쇄한 뒤 수평파에 맞서는 쪽으로 돌아섰다. 크롬웰은 국무회의에서 이렇게 선언했다.

"당신은 이 사람들과 타협하거나 이들을 무찌르는 방법밖에 다른 방법이 없습니다. 그렇지 않으면 그들이 당신을 파괴하는 방법도 있겠죠."

런던의 수평파 리더는 체포되어 타워에 감금되었고, 일반 병사들의 반란 폭동은 진압되었으며 지도자 네 명은 옥스퍼드셔 버포드의 교회묘지에서 총살되었다.

1637년 7월 세인트 자일스의 주임 사제에게 제니 게디스가 의자를 집어던지는 데서 시작됐던 영국혁명은 1649년 봄 대대적 진압에 대중운동으로서 생명을 잃었다. 중산층의 행동은 혁명의 여러 위기에서도, 영국 전역의 왕당파와 의회주의자 간에 벌어졌던 수백 번의 지역적 투쟁에서도 단호했다. 도시의 군중으로서든 신모범군으로서든, 인민들은 투쟁을 진전시키기 위해 계속 집단적으로 행동했다. 이런 대중운동이 패배한 것은 사실 하나의 중요한 전환점이었다. 혁명이 앞으로 나아갈 추진력을 얻어야 할 바로 그때 위로부터의 군사독재로 인해 급작스레 멈춰버렸기 때문이다.

1649년 이후 육군 지도자들은 소수의 지주, 상인, 장교들이라는 협소한 사회적 기반 위에서만 통치할 뿐이었다. 대다수 거대 자산가들은 적대적이었다. 작은 자산을 가진 사람들은 대부분 자신들의

당파가 패배한 후 수동적으로 바뀌었다. 육군은 심지어 잔부의회와
도 사이가 틀어졌다. 새로운 선거를 치른 뒤에도 의회와의 관계는
원만하지 않았다. 그러자 군사 독재가 시작됐다. 1653년 크롬웰은
영연방의 호국경이 되었다. 그리고 1654년 영국은 소수의 장군들이
지배하는 군사 구역으로 각각 분할되었다.

새로운 체제는 점점 더 대중의 지지를 잃었고 불안정해졌다. 특히
크롬웰이 1658년 죽고 난 뒤에는 사회 불안이 더 심해졌다. 육군이
사회적 기반을 넓힐 수도 없었다. 왜냐하면 유산 계급들이 군정통
치에 분개했고 군정이 낳은 급진파들을 의심했기 때문이었다.

상대적으로 보수적이었던 스코틀랜드 육군사령관 조지 멍크 장
군은 1660년 초반 쿠데타를 일으켰다. 그때는 저항이 이미 무의미
했다. 그는 런던으로 들어가 찰스 1세의 큰 아들을 데려와 찰스 2세
를 왕위에 추대하려 했다. 왕정복고는 사실상 신모범군이 자기 자
신에게 맞서서 벌인 쿠데타나 마찬가지였다. 영국 육군이 혁명적
운동을 얼마나 부실하게 진행했는지를 극명하게 드러낸 것이다.

부르주아 혁명은 매우 모순된 과정이다. 부르주아지는 재산을 소
유한 소수다. 부르주아지는 사회세력을 폭넓게 동원할 수 있을 때
만 혁명적으로 행동해 국가를 전복할 수 있다. 하지만 사회세력들
은 각자 나름대로의 이해관계를 갖고 있다.

사실 혁명이란 권력이 생겨나는 과정이다. 그 과정에서 사회세력들
의 기대와 요구는 부르주아지 혁명 지도자들이 용인할 수 있는 선을
순식간에 넘어 버린다. 이러한 대중운동에는 민주적인 열망과 '수평
화'하려는 열망이 내재되어 있기 때문에 거대 자산가들은 뿌리 깊은

두려움을 떠올릴 수밖에 없다. 부르주아 혁명은 이런 이유들 때문에 좌절됐다. 1520년대, 1620년대 독일의 혁명이 좌절한 이유도 바로 이 때문이다. 두 번 다 인민들의 급진적인 개신교 운동이 본격적으로 전개되자 보수적인 프로테스탄트 귀족들은 바로 움츠러들었다.

대중운동의 규모와 성격은 그래서 무엇보다 중요하다. 혁명 과정 동안은 계속 위기가 생기기 마련이다. 그때마다 혁명세력과 반혁명 세력은 충돌한다. 그 결과에 따라 혁명은 나아가거나 후퇴한다. 그러나 어떤 지점에서는 가장 급진적인 부르주아지일지라도 자신의 자산을 지키기 위해 아래로부터의 거센 대중운동을 중지시켜야만 한다. 그렇게 되면 되살아나는 반혁명을 만날 수밖에 없다. 이런 이유로 1660년의 왕정복고는 영국의 자산가들이 바라던 최종적인 해결책이 될 수 없었다.

식민지, 노예생활, 그리고 인종주의

네덜란드와 영국의 부르주아 혁명은 엄청난 사회·경제적 힘을 분출했다. 중세경제는 정치적 권위에 의해 무력화되었다. 십자군 전쟁 시대에 서유럽의 전통적인 봉건주의 사회는 잉여를 착취해 기사의 급여나 성의 사치재, 귀족들의 과시용 물품을 공급하는 데 활용했다. 국가 봉건주의의 상징인 스페인의 펠리페 2세나 프랑스의 루이 14세는 나라의 잉여를 왕의 군대 운영, 국경 요새 정비, 궁궐 치장에 낭비했다.

1566~1609년 네덜란드가 스페인에 승리하고 1637~60년 영국 의회가 왕에게 승리하면서 과거와는 다른 새로운 세계가 열렸다. 바로 시장과 이윤 동기에 지배되는 세계였다. 젠트리와 상인들이 생산적인 투자를 통해 자본을 축적하려는 세계였다.

17세기 후반은 네덜란드의 황금시대였다. 영토는 회복되었고 새로운 농법이 도입됐다. 암스테르담 북쪽의 잔스트리크 지역에는 산업용 풍차가 128대 있었다. 네덜란드는 무역기지를 잇따라 건설, 남아프리카와 인도 나아가 극동까지 진출했다.

발전 속도가 워낙 빨라 상업적 경쟁을 하게 되자 영국과 네덜란드는 1652~1674년 사이에만 세 번의 해전을 치렀다. 이후 두 나라는 힘을 합해 루이 14세의 프랑스에 저항하기 위해 국가동맹을 맺기도 했다.

영국은 커다란 섬나라였으며 자원이 풍부했고 역동적인 대륙의 첨단에 위치해 있었다. 이런 자연조건이 영국의 역사를 만들었다고 해도 과언이 아니다. 영국을 둘러싼 바다는 다른 나라로 치면 성을 수비하기 위해 주변에 파놓은 해자垓子 혹은 상업적인 고속도로 역할을 했다. 17세기 혁명은 영국의 지리적 조건이 제공한 경제 가능성을 활짝 열어젖혔다. 그 덕분에 해상무역을 발전시켰고 해군의 군사력을 키웠다. 영국이 해외 제국을 세우며 초강대국이 될 수 있었던 것이다.

영국의 석탄 생산량은 1650년 50톤이던 것이 1800년에는 1500만 톤으로 늘었다. 산업 성장률은 1710~1760년에는 연간 0.7퍼센트였지만 1780~1800년에는 9퍼센트로 증가했다.

18세기 말이 되자 산업적인 도약이 이뤄졌다. 17세기 후반~18세기 사이의 산업 생산은 고작 수공예인들이 작은 작업장에서 만드는 공예품을 일컫는 것이었다. 기계화와 공장 생산은 19세기 이전까지는 아직 배아상태였다. 18세기까지 자본축적은 생산의 통제를 통해서라기보다는 분배와 교환의 통제를 통해 이뤄졌다. 18세기 자본주의는 상업자본주의였을 뿐 아직은 산업자본주의가 아니었다. 이를 가장 잘 보여주는 것이 이른바 '삼자무역'이었다.

16세기에는 아즈텍과 잉카의 금과 은이 제국을 부자로 만들어주었다. 18세기에 같은 역할을 한 것은 서인도제도의 사탕수수 플랜테이션이었다. 그런데 은이나 사탕수수를 확보하는 데는 노동력 부족이라는 문제점이 있었다. 아메리카 원주민 인구는 최초 유럽 정착민들의 총과 질병 때문에 사실상 전멸했다. 정착민들과 그들이 데리고 온 노예들 역시 열대 질병 때문에 급격히 줄어들었다. 때문에 유럽인들은 말라리아, 황열병 같은 열대 질병을 버틸 수 있는 새로운 노동력이 절실했다. 해결책은 서아프리카에서 노예를 수입해오는 것이었다.

런던, 브리스톨, 리버풀, 글래스고에 사탕수수를 공급해 유럽인들을 부자로 만들자면 아프리카 사람들 수백만 명을 노예로 끌어와 죽을 때까지 일을 시켜야 했다. 대략 1200만 명의 아프리카인들이 17세기 후반에서 19세기 초반 사이에 배를 타고 대서양을 건넜다. 그중 대략 150만 명이 노예선 안에서 죽었다. 노예선을 안전하고 위생적으로 개선해 그들을 더 살리기보다는, 노예들을 배 안에 꽉 채워 놓고 죽는 사람은 죽도록 내버려 두는 것이 더 이득이었다. 서인도제도에 도착하기까지 기적적으로 살아남은 사람들의 삶 역시 하나도 나을 게 없었다. 채찍에 맞고, 과로와 영양 부족에 시달리던 농장 노예들의 사망률은 엄청나게 높았다.

아프리카인은 1200만 명이 끌려왔지만 유럽인들은 단지 200여만 명 정도만 이 시기에 신대륙으로 이동했다. 그러나 1820년에는 백인 인구가 흑인 인구의 약 두 배였다. 유럽인들은 살아남았고 자식을 낳았지만 아프리카 사람들은 그냥 죽어나갔기 때문이다.

신대륙의 원주민들을 전멸시킨 사건은 역사상 가장 큰 반인류적 범죄 중 하나다. 노예무역은 또 다른 최악의 범죄였다. 그 두 가지 범죄는 인종주의와 결합돼 스스로를 정당화했다. 어느 사회나 할 것 없이 인종주의는 모든 계급사회에서 존재했다. 여기에는 세 가지 이유가 있다.

첫째, 지배계급들은 잉여의 통제를 놓고 경쟁했고 이를 위해 보통 사람들을 동원해야 했다. 예를 들어, 십자군 전쟁 동안 중동에서의 대량학살, 약탈, 전쟁을 정당화하기 위해 그들은 이슬람교도들을 이교도, 악마로 몰았다.

둘째, 계급사회는 보통 사람들을 생존 투쟁 속에서 서로 경쟁하게 만든다. 지배계급은 분열을 조장해, 인민들이 착취자에게 맞서서 단결하지 못하도록 만든다. 예를 들어, 로마 귀족은 가난한 시민들을 특정한 권한을 허락하는 방식을 통해 자신들의 후원 세력으로 끌어들였다. 그들은 동시에 외국인과 노예들을 '야만인'으로 경멸하도록 부추겼다.

셋째, 제국주의는 타국의 영토, 자원, 인력을 장악하기 위해 군사력을 사용한다. 침략 대상인 사람들이 문화적, 인종적으로 열등하

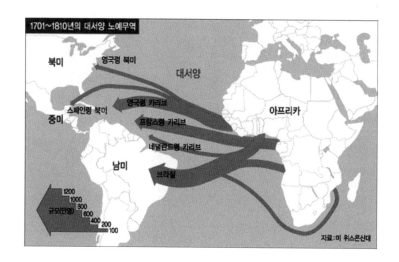

다고 믿게 할 수 있으면 이 같은 행동을 정당화하기 쉽다. 제국주의
는 그들을 문명화시킨다는 명목으로 자신들의 침략행위를 정당화
하는 것이다.

　18세기 동안 유럽인들의 식민지는 급속히 팽창했고 마찬가지로
노예무역 역시 빠르게 성장했다. 이 두 가지 요소가 결합해 인종주
의적 이데올로기를 재구성했다. 새로운 인종주의는 삼각무역을 배
경으로 발전했다. 선박들은 유럽의 상품들을 서아프리카 해안으로
가져와 흑인 노예와 교환했다. 현지의 왕과 추장들은 노예 무역시
장에 노예를 공급하고 유럽의 고급 상품을 받기 위해 인근 지역과
전쟁을 벌였다. 배를 타고 대서양을 건너온 노예들은 플랜테이션
농장 소유자에게 팔렸다. 노예를 싣고 갔던 선박들은 유럽으로 되
돌아오는 길에 설탕, 담배, 면화 등의 화물을 싣고 왔다.

인종주의는 식민지 경영과 노예 착취를 정당화했다. 아프리카 원주민들은 열등한 사람이라는 생각이 그 바탕에 깔려 있었다. 그들은 기껏해야 중노동에만 적합한 하위 인간으로 여겨졌다. 그들은 무지몽매하고 후진적인 인간들이어서 문명과 기독교의 도움을 필요로 한다고 생각했다.

자본주의는 항상 고도로 모순적이었다. 자본주의의 경제적 역동성은 우리의 능력을 놀랍도록 향상시켜 사람들이 필요로 하는 재화와 용역을 공급해준다. 한편으로는 자본주의 때문에 세계의 부가 소수에 의해 통제됨으로써 인류 대중을 지속적인 박탈에 시달리게 한다.

18세기에 제국과 식민지의 모습이 정반대였다는 사실은 이런 모순을 확실히 입증해준다. 영국 항구 도시의 상인-자본주의 계층은 부를 쌓았지만, 대서양 항해와 서인도 플랜테이션 농장은 비참한 삶에서 벗어나지 못했다. 부르주아지가 전 세계적인 지배를 향해 급부상하게 된 결과, 인류가 치러야 할 대가는 거기서 그치지 않았다. 영국 통치자들이 식민지에서 값나가는 상품을 쟁취하기 위해서는 무자비해야 했다. 권력의 균형이 기울어져 가는 것을 느끼는 다른 통치자들은 그들과 맞서 경쟁해야만 했다. 결과적으로 유럽에서는 전쟁이 계속됐고 유럽의 전쟁은 세계 전쟁이 되었다.

제국의 전쟁

영국혁명은 세계사에서 가장 결정적인 사건 중

하나다. 왜냐하면 혁명을 계기로 영국은 새로운 자본주의 경제체제로 나아갔고 전 세계적인 영향력을 발휘하기 시작했기 때문이다.

17세기 말경 유럽의 지배적인 강국은 프랑스였다. 프랑스는 인구가 영국보다 세 배 많았고 경제 총 생산량 역시 그만큼 더 많았다. 그러나 역동적인 자본주의에 힘입어 영국의 인구와 생산량은 18세기에 프랑스보다 훨씬 더 빨리 늘어났다. 게다가 프랑스는 유럽 대륙 안에 있는 나라였기 때문에 육지의 국경을 막기 위해 거대한 군대를 유지해야만 했다. 반대로 영국은 해상 강국이었고 섬나라 요새여서, 육군은 작은 규모로 유지하는 대신 해군을 강하게 키울 수 있었다.

영국은 또한 재정적으로 부유했다. 의회를 지배했던 상인들과 지주들이 저비용 정부를 선호해 대륙과의 전쟁을 꺼려했지만, 성장세에 있던 자본주의에 큰 위해가 있을 때면 군대를 지원하는 데 자원을 활용할 수 있었다. 예를 들어 잉글랜드 중앙은행은 1694년 창립된 직후 자금을 급속도로 모아 영국 해군의 확대를 위한 자금을 대출해줄 수 있었다. 성장하는 무역, 현대적인 은행은 영국의 큰 강점이었다.

영국과 프랑스의 대결은 1688~1815년 사이에 벌어진 세계에서 가장 중요한 충돌이었다. 전쟁이 시작된 시기는 영국혁명과 맞물렸고 전쟁이 끝날 때는 프랑스혁명이 터졌다.

여기서 유럽은 대륙이라는 지리적 환경 때문에 각국이 서로 전쟁을 치를 수밖에 없다는 점을 다시 한 번 상기할 필요가 있다. 유럽은 동서 교류가 쉬운 대륙이었고 항해 가능한 수로가 많아 이동이 용이했다. 동시에 대륙에는 많은 반도가 있었고 다양한 생태구역이 존재했기 때문에 민족적 다양성 혹은 국가적 다양성을 촉진시켰다.

서로마제국이 멸망한 이래로 유럽 대륙 전체를 통일하려는 제국주의적 시도는 어떤 것도 성공하지 못했다. 제국을 이루려던 통치자들은 너무도 강력한 동맹 혹은 연합에 직면하곤 했다.

16세기 이래로 영국은 어느 한 나라가 유럽 전체를 지배하는 것을 막으려는 정책을 펼쳤다. 특히, 영국 해협에 있는 항구의 통제권을 다른 국가가 차지하거나 영국 섬의 안전을 위협하는 일을 막기 위해 온 힘을 기울였다. 이를 위해 각국과 연합하거나 지원금을 지급했고 원정군을 파견하기도 했다. 18세기 내내 영국은 프랑스에 맞서기 위한 동맹을 잇달아 구축했고, 군사를 파견해준 독일에 지원금을 공급했으며, 유럽의 동맹국들을 위해 자국 군대 '레드 코트'를 정기적으로 파견하기도 했다.

영국은 처음에는 약해 보였다. 1649~1660년 사이의 대중혁명이 실패로 끝나면서 왕정 복고를 맞게 되었고 프랑스 군주들은 이 틈을 파고들었다. 찰스 2세는 제임스 2세에게 1685년 왕위를 물려주었다. 제임스 2세는 가톨릭이었고 친프랑스주의자였으며 절대군주제를 지키려 했다. 그는 프랑스에서 받은 지원금으로 아일랜드 가톨릭 군대를 내세워 왕정주의 반혁명의 도구로 활용했다. 처음에 그는 잉글랜드 재산가의 지원을 받았다. 찰스의 서자이며 철저한 개신교였던 몬머스공은 1685년 웨스트컨트리(잉글랜드의 남서부 지역)에 정착해 왕위를 찾으려 했으나 의회와 군대가 제임스 2세를 지지했다. 그들은 1641~9년에 벌어진 대중혁명의 재연을 두려워했고, 반란군들은 세지무어 전투에서 패배했다.

그러나 왕정주의는 프로테스탄트 지주와 상인의 자산과 권력, 종교에 심각한 위협이었다. 제임스의 의도가 명확해지고, 대중혁명의 위험이 세지무어 이후 줄어들자, 의회 지도자들과 군사 지도자들은 쿠데타를 획책했다. 1688년 명예혁명은 1645년 승리의 재천명이었으며 1660년의 타협을 재확인하는 것이었다. 네덜란드를 통치하던 빌럼 오라녜공과 아내 메리 스튜어트(제임스 2세의 누나)는 잉글랜드, 아일랜드, 스코틀랜드의 왕좌를 받아들이도록 초청받았다. 군대는 오라녜공의 편에서 반란을 일으켰고 제임스는 프랑스로 달아났다.

제임스 2세 지지파Jacobites는 1746년까지 위협적인 존재로 남았다. 프랑스의 지원을 받은 그들은 프로테스탄트들이 잉글랜드, 아일랜드, 스코틀랜드 '세 왕국'의 왕좌를 계승하는 일을 막으려는 시도를 1689~91, 1715, 1745~6년 등 세 차례에 걸쳐 계속했다. 제임스 지지파들의 반란은 좀 더 넓게 보면 영국과 프랑스 간의 충돌이었다. 이 두 나라는 1688~1815년 사이에 여섯 번이나 큰 전쟁을 치렀다. 이 기간 동안 절반은 전쟁 상태인 셈이었다.

영국과 프랑스 사이의 우위권 쟁탈전 외에도 유럽에서 전쟁은 계속 이어졌다. 9년 전쟁(1688~97), 스페인 왕위 계승 전쟁(1701~14), 오스트리아 왕위 계승 전쟁(1740~8), 7년 전쟁(1756~63), 미국 독립 전쟁(여기서 프랑스는 영국에 맞서 1778~1783년에 참전했다), 프랑스혁명과 나폴레옹 전쟁(이 기간에는 영국과 프랑스가 1793~1815년 사이에 지속적으로 전쟁을 벌였다) 등이 그것이다. 전쟁은 전 세계적으로 일어났다. 유럽뿐만 아니라 인도, 서인도, 북아메리카, 그 외의 지역에서 땅과 바다를 가리지 않고 큰 전쟁들이 벌어졌다.

영국은 처음부터 세 가지 주요한 이점을 갖고 있었다. 첫째, 영국

혁명을 거치며 새로운 군대가 만들어졌고 새로운 전쟁 방식을 익혔다. 절대군주제 하의 프랑스 군대는 느리고, 조심스럽고 지극히 수비적인 '진지전陣地戰'을 펼쳤다. 반면 1645~60년 신모범군의 전통 아래 있었던 영국 군대는 기동성과 화력을 보유했고 무엇보다 공격적이었다.

둘째, 영국의 경제적 부유함과 풍요로운 재정 덕분에 동맹 국가들의 군사적 공헌에 보조금을 지급할 수 있었다. 셋째, 영국은 해군 운영과 식민지 군사작전에 프랑스보다 훨씬 더 많은 자원을 쏟아 부을 수 있었다. 영국은 영국 해협의 보호를 받고 있었다. 프랑스는 넓은 지상 국경을 방어하는 데 우선순위를 두어야만 했다.

또한 영국 인구와 생산량은 프랑스보다 훨씬 빠르게 성장하고 있었다. 반면 프랑스의 힘은 유럽 대륙 안에 갇혀있는 상태였다. 프랑스 제국은 해외에서는 힘을 잃었다. 영국이 지정학적으로 승리한 세기였다.

이 시기에는 두 가지 결정적인 전투가 있었다. 1704년 블렌하임 전투에서 말보로 공작의 승리는 대륙에서 작동했던 루이 14세의 패권을 끝냈다. 또 워털루 전쟁(1815)에서 웰링턴 공작이 승리하면서 나폴레옹의 시대 역시 끝났다. 이후 영국은 19세기 전반 내내 세계를 지배하는 초강대국이었다. 영국은 1815~1914년 사이에는 큰 전쟁을 치르지 않았다. 이는 영국이 프랑스에 비교해 지정학적인 우위에 있었을 뿐만 아니라 산업혁명을 추진했기 때문에 가능했다. 두 가지 성취의 밑바탕이 된 것은 17세기 중반 영국 사회의 혁명적 변화였다.

영국의 지배력은 실질적으로 부르주아 혁명의 두 번째 물결에 기

워털루 전쟁에서 영국 웰링턴 공작이 승리하면서 나폴레옹의 시대는 끝나고 말았다.

여했다. 절대주의와 국가 봉건적 군주제에 머물러 있던 유럽 국가들은 역동적인 자본주의 경제를 이뤄낸 영국과 대적할 수 없었다. 프랑스는 영원히 뒤처졌고, 지정학적 경쟁의 압박이 늘어나면서 1789년 혁명을 맞을 수밖에 없었다. 그에 앞서 미국인들은 화려한 드레스 리허설을 치렀었다. 혁명의 새 시대가 매사추세츠 렉싱턴과 벙커힐에서 소총의 불꽃과 함께 1775년에 열렸다.

두 번째
부르주아 혁명

1775년~1815년

혁명의 대표자 : 막시밀리앙 로베스피에르.
프랑스공화국 제1공화국 공화력 2년에 공안위원회에서 자코뱅파를 이끌었다.

영국의 종교개혁은 강력한 중앙집권국가와 궁정 조신, 지주가 중심이 된 새로운 귀족정치를 낳았다. 이어진 영국혁명은 입헌군주제를 낳았는데 이는 자산을 소유한 계급들에게 정치권력을 부여했다. 이 두 가지 변화는 영국의 지배계급이 은행가, 상인, 대지주와 같은 엘리트 중심으로 재편되는 계기가 되었다. 그 결과 영국에서 상업자본주의가 폭발적으로 성장하게 되었다.

그 바람에 1450년경 시작된 세계사적 변화는 훨씬 더 가속을 받게 되었다. 영국 군대는 인도, 북아메리카, 서인도제도 등에 걸쳐 광범한 식민제국을 건설하는 데 첨병이 되었고, 식민지의 부가 영국으로 흘러들어오면서 경제적으로뿐 아니라 지정학적으로도 초강대국이 되었다.

프랑스는 강대해진 대영제국과 군사력 경쟁을 벌이는 과정에서 재정파탄에 이르고 절대군주제의 기반이 흔들리게 된다. 동시에 자본주의가 발달하고 부유한 상인 계층과 전문 직종으로 대표되는 부르주아 계급이 태동하면서, 군주제를 무너뜨려 새로운 사회를 건설하고자 하는 분위기가 형성된다. 그 결과가 바로 세계를 뒤흔든 프랑스혁명이었다. 이후의 세계사에서 프랑스혁명과 맞먹을 만한 사건은 없었다.

이 장에서는 근대사에서 가장 중요한 이 사건을 상세하게 분석할 것이다. 그에 앞서 먼저 계몽사상과 미국 독립혁명에 대해 살펴보려고 한다. 계몽사상은 1789년 프랑스혁명을 이끌어낸 '사상의 혁명'이라고 할 수 있다. 또한 미국 독립혁명은 식민지에서 일어난 위대한 저항으로서 사상을 어떻게 행동으로 옮기는지를 프랑스인들에게 보여준 모범적인 사례였다.

계몽사상

18세기의 유럽은 발달 수준에 따라 세 부분으로 나뉘어져 있었다. 하나는 남유럽과 동유럽에서 주로 나타난 형태인데, 봉건적인 절대군주 아래에서 지주와 성직자들이 소작농을 착취하는 전통적인 사회다. 이 사회는 중세 이래 변화가 거의 없는 상태로 지속되고 있었다.

다른 하나는 주로 북서 유럽에 분포한 형태로, 상업적인 농업(환금 작물)과 해상무역, 새로운 산업, 근대적인 금융 등을 토대로 자본주의적인 경제가 역동적으로 성장하고 있었다. 이러한 변화를 가장 극명하게 보여준 곳이 런던이다. 런던 인구는 1560년에는 겨우 10만 명을 넘는 수준이었으나, 1640년에는 35만 명, 1715년에는 63만 명으로 늘더니 1815년에는 140만 명으로 급증했다.

마지막으로 그 중간 단계의 지역이 있었다. 여기서는 봉건적 절대주의 통치 아래 상업적 자본주의가 자라나고 있었다. 가장 대표적인 예가 프랑스였다. 해상무역이 활발해지고, 인도와 남북 아메리카에 식민제국을 확장해 나가면서 국부가 증가했고 자신감 넘치는 도시 부르주아지도 늘어났다. 그러나 다른 한편으로는 여전히 절대 군주제가 유지되고 있었고 가톨릭교회의 권력도 막강했다. 아울러 국가의 녹을 먹는 궁정 신하들과 귀족으로 이루어진 지주들 같은 기생계급이 버티고 있는 가운데 소작농들은 봉건적 의무와 십일조, 각종 명목의 세금과 온갖 규제에 짓눌려 신음하고 있었다.

프랑스 자본주의의 성장은 이러한 국내 모순이 더 이상 지속될 수 없다는 것을 의미했다. 모순이 급속히 위기를 향해 나아갈 수밖에 없었던 이유는 초강대국의 지위를 놓고 대영제국과 경쟁을 벌였기 때문이었다. 파리의 인구는 16세기 중반에서 19세기 초 사이에 세 배가 늘었다. 이는 당시 프랑스 경제가 확장일로에 있었다는 것을 보여준다. 하지만 같은 기간 런던의 인구는 12배로 늘었다. 그 결과 16세기 중반만 해도 파리의 크기는 런던보다 두 배가량 컸지만, 19세기 초에는 상황이 역전돼 런던의 절반에 지나지 않게 되었다. 대영제국의 경제가 얼마나 역동적으로 성장했는지를 알 수 있다.

영국과 프랑스는 군사력 경쟁에서 첨예하게 맞붙었다. 7년 전쟁(1756~63)을 통해 프랑스는 인도와 아메리카에 구축해 놓았던 식민지를 영국에 빼앗겼다. 전쟁 패배는 점증하던 국내의 위기가 외부로 표출된 것이라고 할 수 있었다.

반면 사상적인 측면에서 일어나고 있던 혁명의 기운은 그 위기의 내부적 표현이었다. 1789~94년에 일어난 프랑스혁명으로 봉건적 절대주의가 전복되기 훨씬 이전부터 프랑스의 구체제(앙시앵 레짐 ancien régime)는 지적으로 파산 선고를 받은 것이나 다름없었다.

자신들의 이데올로기를 방어하지 못한 구체제의 무능은 반동적인 형태로 나타났다. 계몽사상이 불러온 새로운 물결은 오랫동안 누적돼 온 구체제의 이데올로기적 잔재를 완전히 쓸어버렸고, 그 결과 통치자들과 귀족들마저 '합리적'이고 '과학적'인 세계관에 열광적으로 매달리는 풍조를 낳았다.

17세기에 일어난 반혁명은 오스트리아, 이탈리아, 스페인, 그리고 프랑스에서 일어났던 반종교개혁과 어느 정도 궤를 같이한다. 이는 네덜란드, 잉글랜드, 스코틀랜드가 17세기 말에 사상, 과학, 예술 분야에서 진보의 중심지가 되는 결과를 빚었다. 그동안 받아들였던 성서의 가르침은 관찰과 실험, 이성이라는 무기 앞에서 헌신짝처럼 내버려졌다. 예를 들어 아이작 뉴턴은 우주의 운행에 관해 앞선 세대인 코페르니쿠스와 케플러, 갈릴레오가 제기했던 문제들을 푸는 데 있어서 이들보다 훨씬 자유롭게 접근할 수 있었다.

두 번째 부르주아 혁명

그러나 '이성'이 지배하는 새로운 영역은 자연과학에 국한되지 않았다. 네덜란드혁명과 영국혁명은 군주의 신성한 왕권을 더 이상 인정하지 않았고, 국민이 선출한 국민의 대표에게 더 많은 권리와 특권을 부여했다. 하지만 정치적 질서가 더 이상 신으로부터 내려오지 않고 인간 스스로 만들어낸 것이라면, 그 질서는 어떤 형태를 띠어야 할까?

신성한 권위가 사라진 정치 공간에서 사람들은 권력이 어떻게 집행되어야 하는지에 관해 일치된 견해를 가질 수 없었다. 1647년의 푸트니 논쟁은 이런 혼란을 그대로 드러냈다. 푸트니 논쟁 과정에서 '상위계층'의 사람들은 공적인 영역의 일은 '영속적으로 고정된 이자수입'을 갖는 사람들에게만 발언권이 주어져야 한다는 관점을 지지했다. 반면 '하층계급'을 대변하는 이들은 '자신들의 목소리를 반영해주지 않는 정부'를 따라야할 의무는 그 누구에게도 없다고 주장했다. 이런 갈등의 해법을 찾는 과정에서, 혁명의 분위기가 드높았던 영국에서 토머스 홉스, 존 로크 같은 정치철학자가 배출된 것은 놀라운 일이 아니다.

결국 푸트니 논쟁은 1660년과 1688년에 나온 해결책으로 진정 국면에 들어갔다. 분열돼 있던 영국 엘리트들은 하층계급에 대항하기 위해 자기네들끼리 타협하고 똘똘 뭉쳤다. 18세기 내내 의회를 대표하는 두 정당이었던 휘그당과 토리당은, 당시의 풍자가들이 '부패관행Old Corruption'으로 지적했던 관료들의 비리를 놓고 다투긴 했어도, 다른 계층과 갈등이 생기면 어김없이 단일 대오를 형성했다. 18세기 말 재산 관련 범죄를 저지른 죄수 가운데 약 200명이 사형 선고를 받을 정도였다.

한편 개혁의 바람이 불지 않았던 프랑스는 이와 같은 화급한 정치적 의문들에 대해 어떤 해답도 찾지 못하고 있었다. 바로 이런 토양 덕분에 계몽사상이 꽃을 피울 수 있었다. 계몽사상이 일궈낸 가장 위대한 업적은 백과전서Encyclopédie(1751~72)였다. 총 35권으로 이루어진 백과전서는 인간의 지식과 사상을 집대성한 것으로, 수백 명에 이르는 당대 지식인들이 참여해 완성했으며 당시 약 2만5000권이 판매되었다.

인간의 지식과 사상을 집대성한 백과전서는
당대의 초베스트셀러로 계몽사상 전파에 큰 몫을 했다.

계몽사상의 주창자들 가운데 많은 이들이 상대적으로 보수적인 관점을 지니긴 했지만, 계몽사상이 체제전복적인 성격과 정치적으로 강력한 폭발력을 지닐 수 있었던 것은, 당대의 사고방식으로 보면 비이성적이었던 제도와 관습을 비판했기 때문이었다. 여기서 비이성적이란 주로 상인과 전문직 부르주아지의 이익에 방해가 된다는 뜻이다.

상업과 시장에 기초를 둔 인간관계는 기득권 집단이 가진 네트워크의 영향력을 급격히 약화시켰다. 상속받은 신분과 토지에 기반을 둔 기득권 체제는 화폐경제로 대체되었다. 따라서 계몽 사상가들에게는 군주들이 교회와 신학과 신으로부터 권력을 부여받는 현실이, 관직을 얻기 위해 기웃거리는 부패한 귀족계급이 정치적으로 더 큰 권력을 갖는 현실이 너무나 이성에 어긋나는 것으로 비쳐졌다.

사유재산이란 어떠한가? 과연 그것은 이성에 합치하는가? 어떤 계몽 사상가들은 사유재산을 인정하는 것은 이성에 어울리지 않는다고 생각했다. 예컨대 장 자크 루소는 다음과 같이 말했다.

최초에 어떤 사람이 땅에 울타리를 치고 "이건 내 땅이야"라고 선언하고, 순진한 사람들이 그 말을 인정해 주었을 때, 문명사회가 시작되었다. 하지만 만약 누군가가 그 최초의 사람이 쳐놓은 울타리의 말뚝을 뽑아내고 배수로를 메우고, 주변 사람들에게 "저 사기꾼의 말을 듣지 마시오. 이 땅에서 나는 열매는 우리 모두의 것이고, 땅은 그 누구도 개인적으로 소유할 수 없습니다. 이 사실을 간과한다면 당신들은 앞으로 속수무책으로 당할 수밖에 없을 것입니다"라고 경고했다면 인류는 그 숱한 범죄와 전쟁과 살인, 고통과 불행으로부터 구원을 받게 되었을 것이다.

계몽사상은 여러 차원에서 진행된 지적으로 새로운 운동이었지만, 그 핵심은 사물과 사실에 대한 근본적인 비판정신, 인간 사회의 어떤 일도 '자유의 법정'에서 자유롭게 토론하고 탐구할 수 있다는 열린 태도에 있었다. 그 결과 이 사상은 18세기 말 유럽의 상황-즉 모순으로 가득 차 있고, 계몽된 사람들에게는 미신으로밖에는 보이지 않는 공허한 관습들로 가득 차 있던-에서는 이데올로기적으로 화약고 같은 역할을 했다. 특히 하층계급의 사람들에게 '이성'의 정신이 널리 파급되었을 때 상황은 급변했다. 국왕의 자리마저도 심하게 흔들리기 시작했던 것이다.

계몽주의 역사상 가장 급진적인 주장을 담은 것으로 평가받는 한 소책자는 정복왕 윌리엄과 관련해 다음과 같이 일갈했다. "무장한 도적이자, 국민의 동의도 없이 자신을 영국의 왕이라고 참칭한 프랑스 출신의 이 사생아는 한 마디로 말해 대단히 천박하고 비열한 족속이다." 소책자의 저자는 이어서 이렇게 말했다.

"세습 군주제도는...이 세계를 피와 잿더미 속으로 밀어 넣었다...자유의 정신은 오랫동안 이 세계를 떠돌고 있었으나 아시아와 아프리카는 그 자유를 추방해왔다. 유럽은 자유를 낯선 이방인이라고 간주하고 있으며, 영국은 자유에게 떠나라고 경고하고 있다."

두 번째
부르주아 혁명

이 소책자가 나온 것은 1776년이었고, 저자는 톰 페인이었다. 〈상식Common Sense〉이라는 제목을 단 페인의 소책자는 살롱 지식인들의 오만하고 잘난체하는 어투와는 달리 선술집의 기술자(장인)들이 일상적으로 쓰는 말투를 사용했다. 이 소책자는 발간 즉시 15만부가 팔려나갔으며, 1년도 안 돼 50만부가 팔렸다. 놀라운 일이 아니었다. 수십만 명의 보통 사람들이 혁명적인 사상을 받아들이고 세계를 새롭게 구성하기 위한 싸움에 기꺼이 나섰던 것이다.

필라델피아의 뉴잉글랜드에서 〈상식〉이 출간되기 9개월 전, 인접 지역인 매사추세츠에서 민병대원들이 렉싱턴에 주둔하고 있던 영국군을 향해 총격을 가했다. 미국 독립혁명의 불씨를 당긴 것이다.

미국 독립혁명

1764년 북아메리카 동부 해안의 13개 식민지에 거주하고 있던 미국인들은 자신들을 영국의 국왕 조지 3세의 신민이라고 생각했다. 하지만 1788년 무렵의 미국인들은 자신들을 혁명과 전쟁을 통해 창건한 새로운 공화국의 자유로운 시민으로 간주하게 되었다. 게다가 이 모든 것을 스스로 결정하고 행동해서 얻어냈다는 자부심을 갖고 있었다.

그뿐만이 아니었다. 13개 식민지는 독립적인 연방국가로 바뀌었고, 왕과 영국식 의회Parliament는 사라지고 대신 대통령, 상원Senate, 하원House of Representative이 새로 만들어졌다.

왕을 지지했던 왕당파 같은 재산가들은 자신의 부를 잃게 되었다. 봉건 영주와 같은 방식으로 일을 처리해왔던 이들은 소작인들이 더 이상 고분고분하지 않다는 사실을 알게 되었다. 여성들은 이전보다 훨씬 더 직설적이고 솔직해졌다. 또한 여성들은 신문을 읽었으며 자기 딸들을 교육시킬 학교를 세웠고, '자기 자신에 대한 존중감'을 갖게 되었으며, '애국자' 남편에게 이렇게 따져 물었다. "왜 나는 자유롭게 살면 안 되는 거죠?"

흑인 일부에게도 큰 변화가 찾아왔다. 매사추세츠주와 버몬트주는 노예제도를 전면 철폐했다. 다른 주들도 곧 이들을 뒤따랐다. 1776년에는 체스피크강 유역에서 자유로운 흑인들을 거의 찾아볼 수 없었으나, 1810년 무렵에는 그 수가 6만 명에 이르렀다.

하지만 변화는 애초 기대한 만큼 크지 않았다. 사실은 많은 이들이 희망했던 것에 비하면 훨씬 못 미치는 수준이었다. 왜냐하면 미국 독립혁명(1775~83)은 단순히 미국의 식민지가 대영제국으로부터 독립을 쟁취하기 위한 투쟁만은 아니었기 때문이다. 그것은 미국인들 사이에 존재하던 서로 다른 계층과 생활 조건들 사이의 투쟁이었고, 또한 미국인들이 어떤 형태의 공화국을 건설할지를 결정하기 위한 투쟁이기도 했다.

문제는 7년 전쟁(1756~63) 말기에 시작되었다. 프랑스에 승리를 거둔 영국은 프랑스 치하의 식민지였던 인도와 캐나다를 넘겨받았다. 전쟁 과정에서 미국인들도 일정 부분 역할을 했다. 미국인 민병대원들은 영국군을 도와 식민지의 서부전선을 지켜냈다. 전쟁의 승리로 프랑스의 군사적 위협은 사라졌다. 동시에 미국은 영국의 군사적 지원에 더 의존하게 되었다. 한편 영국 정부는 7년 전쟁을 통해 크나큰 전쟁 부채를 떠안게 되었고, 이를 갚기 위해서는 세금을 올리는 수밖에 없었다.

두 번째
부르주아 혁명

영국은 미국의 무역에 대해 세금을 부과했는데 세 가지 목적이 있었다. 첫째는 영국의 지주들에게 더 높은 세금이 돌아가는 것을 피하기 위해서였고, 둘째는 외국과의 무역경쟁에서 영국 상업을 보호하기 위해서였고, 셋째는 영국의 전쟁 부채를 갚는 데 쓰기 위해서였다. 간단히 말해, 당밀법Sugar Act(1764), 인지세법the Stamp Act(1765), 타운센드법the Townshend taxes(1767), 차세법the Tea Act(1773) 등은 영국 지배계급의 이익을 위해 미국의 부를 빼돌리려는 장치였다.

만약 미국인들이 영국의 요구에 따라 순순히 세금을 냈다면 미국은 경제적으로 침체에 빠져 더 이상의 발전을 이루지 못했을 것이다. 이런 위험을 감지한 미국인들은 '대표 없이 과세 없다'No taxation without representation'는 그 유명한 슬로건을 내세우면서 저항했다. 미국인들은 자신들의 이익을 거스르는 영국의 세금 정책에 맞서 자국의 일은 스스로 결정할 수 있는 권리를 영국에 요구했다.

1764년에서 1775년 사이에 미국인들이 직접적인 행동에 나섬으로써 과중한 세금을 부과하려던 영국의 시도는 좌절되었다. 13개 주에 걸쳐 고작 300만 명의 미국인들이 거주하고 있었고, 도시에 거주하는 이들은 20명에 1명 정도에 불과했으나, 미국인들은 대중적인 저항 운동을 조직해 영국의 강제적인 세금 징수에 맞섰다.

이 운동은 모임이나 거리 행진, 초상화나 허수아비 불태우기, 모자와 깃발을 이용한 자유의 기둥 세우기 등을 통해 퍼져나갔다. 군중들은 세리들과 군인들에 맞서 싸웠다. 본국에 협조하고 부역하기로 마음먹은 자들은 겁에 질릴 수밖에 없는 상황이었다. 가끔은 공공건물이 파괴되기도 했다.

세금 보이콧 운동은 공격적인 성향을 가진 도시 기술자들(장인)과 소상인들, 농민들, 반체제 지식인들이 가세하면서 더욱 거세졌다. 지도적인 활동가들은 '자유의 아들들Sons of Liberty'이라는 단체를 결성하기도 했다. '자유의 아들들'은 최소 15개 도시에 지부를 두었고 이들은 '통신 연합correspondence union'을 통해 서로 긴밀히 연결돼 있었다.

미국인들의 저항이 점점 불타오르면서 영국 군대와 유혈이 낭자하는 충돌이 종종 일어나기도 했고, 그러면 영국은 한 발 물러나는 것이 패턴이었다. 하지만 1773년 인디언으로 가장한 약 100명

미국 독립운동의 발단이 된 보스톤 차 사건

의 '자유의 아들들' 소속 운동가들이 항구에 정박 중이던 동인도회사의 선박에 실린 차茶 상자들을 모두 바다에 빠뜨려버리는 '보스턴 차 사건Boston Tea Party'이 일어나자 영국도 강력한 탄압에 나서기로 했다. 영국은 게이지 장군을 매사추세츠 주지사로 파견하면서 그의 권한을 강화하기 위해 영국 군대도 함께 딸려 보냈다. 또한 새로운 법 즉 '참을 수 없는 법Intolerable Acts'을 제정해 보스턴 차 사건의 주모자들을 영국으로 압송해 재판에 회부할 수 있도록 했다.[46]

이에 맞서 13개 식민지의 대표들로 이루어진 대륙회의Continental Congress는 차 불매운동을 벌이기로 결의했다. 불매운동을 강력하게 펼쳐나가기 위해 각 지역위원회가 나서기로 했고, 시민들의 활동을 돕기 위해 식민지 민병대도 동원되었다. 대륙회의를 주도한 세력은 대지주들과 상인들이었다. 지역위원회에서도 초기에는 이들의 입김이 강했다. 그러나 이들이 주도권을 쥐었던 '엘리트 혁명'은 오래지 않아 '중간계급의 혁명'으로 넘어가게 된다.

급진적인 요구 조건을 내건 혁명이 성공하려면 대중운동이 필요한 법이다. 자산가들은 혁명의 기운이 높아지면 겁을 집어먹기 마련이다. 그들은 현재의 경제 시스템으로부터 이익을 취하기 때문에 시스템이 바뀌는 것을 원하지 않는다. 그들은 정치권력에 대항해 본 경험이 있는 보통 사람들이 현재의 사회질서 전체에 대해 의문을 던지게 될까봐 전전긍긍한다. 이에 따라 당시 북아메리카의 많

---

46 영국 의회가 바다에 버려진 찻값을 매사추세츠 식민지가 배상할 때까지 보스턴 항구를 폐쇄하고 사건 주모자들을 영국으로 압송하여 재판하겠다는 일련의 강제법The Coercive Acts을 통과시켰는데 식민지인들은 이를 '참을 수 없는 법'The Intolerable Acts이라고 불렀다.

은 자산가들이 세운 전략은 대중의 에너지가 엉뚱한 방향으로 흐르지 않도록 운동의 흐름과 보조를 맞추는 것이었다. 뉴욕 출신의 지주이자 법률가였던 로버트 리빙스턴이 대표적인 인물이었다. 그는 자산가들의 전략은 '더 이상 거역할 수 없는 물줄기의 흐름에 맞춰 수영을 하는 것'과 같으며, '물줄기의 방향을 따라잡기' 위해 '급류'에 몸을 맡기는 것과 같다고 생각했다.

대륙회의는 밑으로부터의 대중운동에 떠밀려, 사실상 새로운 국가기구가 설립되는 것을 허용해왔다. 그 결과 모든 도시는 두 개의 선택지 중 하나를 택해야 했다. 즉 지역의회 의원들과 법관, 세무원, 왕의 군대 등의 권위를 인정하거나, 대륙회의가 지지하는 불매운동 연합회의 권위를 인정해야 했다. 혁명은 그 둘 중 하나의 선택에 달려 있었다. 이 '두 개의 권력'-서로 자기네가 정치적 충성을 받을 권리가 있다고 믿는 두 권력-은 모든 사람들로 하여금 하나를 선택하도록 강요했다. 왜냐하면 둘 모두에게 충성을 바칠 수는 없었기 때문이다.

최초의 총격전은 1775년 4월 19일 렉싱턴에서 발생했다. 영국군은 콩코드에 집결해 있던 무장한 저항세력을 진압하러 가는 도중에 미국인 민병대 8명을 사살하고 10여 명에게 부상을 입혔다. 영국군은 콩코드에 도착해서야 무장 저항세력이 사라지고 없다는 걸 알게 되었다. 그들은 보스턴으로 돌아갔는데, 거기서 한 무리의 민병대들로부터 공격을 받았다. 마침내 영국군은 보스턴에서 포위되는 신세가 되었고 이로 인해 본격적으로 전쟁이 시작되었다.

식민지 민병대는 곧 대륙군대^{Continental Army}에 의해 보충되었다. 대류군대는 대륙회의가 재정적 지원을 하고, 대륙회의가 임명한 워싱턴 장군이 총지휘를 맡았다. 이는 이후 미합중국^{United States} 군대의 토대가 되었다. 민병대는 자신들의 지역을 방어하고, 대륙군대는 나라 전체의 전쟁을 수행하는 식으로 역할이 나누어졌다.

영국은 대부분의 전투에서 이겼지만-예외적으로 1777년 사라토가와 1781년 요크타운에서는 크게 졌다-결국 전쟁에서 패하고 말았다. 영국이 패전한 데는 세 가지 주요한 이유가 있었다. 첫째는 북아메리카의 지형이 혁명세력에게 유리하게 작용했다는 점이다. 식민지 미국은 매우 황량하고 거친 지역이 많았기 때문에 영국군은 군수물자를 수송하는 데 상당한 애로를 겪을 수밖에 없었지만, 반대로 미국의 게릴라 저항군에게는 은폐하기에 더 이상 좋을 수 없었다.

두 번째 이유는 미국인들이 프랑스의 강력한 지원을 등에 업고 있었다는 점이다-프랑스는 처음에는 무기를 지원했으나 시간이 지날수록 육군과 해군을 동원해 군사적으로 전면적인 개입을 해왔다. 영국군은 또한 취약한 해양 공급망을 통해 본국으로부터 북아메리카까지 군수물자를 보급해야 했기 때문에 전쟁을 수행하느라 애를 먹고 있었다.

세 번째는 혁명세력이 스스로 정치적, 군사적으로 전면전을 펼칠 수 있는 조직을 구성했다는 점이다. 혁명의 핵심세력은 기술자(장인)들과, 소상인들, 시골의 농민들이었다. 이들은 지역위원회와 민병대를 장악하고 있었다. 반면 영국은 자신들의 군대가 점령한 지역에서는 통제권을 행사할 수 있었다. 혁명세력은 전투에서 영국군에 패하는 경우가 많았지만, 일단 퇴각했다가 전열을 가다듬은 다음 다시 전투에 나서는 식으로 끊임없이 영국군을 괴롭혔다.

전투에 나서지 않는 보통 사람들도 각자 자신의 역할에 충실했다. 그들은 자신들의 '권리'와 '자유'를 위해 싸웠다. 또한 '도덕 경제 moral economy', 즉 각자가 자신에 대한 존중을 요구할 수 있고, 개인적인 이익보다는 공동체를 위해서 일하는 경제 시스템을 위해서도 싸웠다. 그리고 공적인 영역에서 자신들의 목소리가 반영될 수 있도록 싸웠다. 가난한 사람도 부자와 마찬가지로 한 표를 행사할 수 있는 더 급진적인 민주주의를 위해서 싸웠던 것이다.

그러나 1776년의 야심찼던 이상들은 결국 1788년의 최종적인 협의과정에서 크게 희석되고 말았다. 1776년의 독립선언서Declaration of Independence는 모든 인간은 평등하게 창조되었고, 그 누구에게도 양도할 수 없는 권리를 갖고 있으며, 특히 스스로의 삶과 자유, 행복을 추구할 권리가 있다고 천명했다. 그러나 1788년에 성립된 헌법에서는 급진적인 민주주의와 윤리적인 경제 대신에 자산가들과 지주, 상인, 은행가 등으로 이루어진 부유한 엘리트 집단에 의한 통치를 더 강조했다. 이런 저런 이유로 미국의 부르주아 혁명은 결국 미완으로 남게 되었다.

두 번째
부르주아 혁명

무엇보다 노예제가 그대로 존속되는 바람에 이후 수십 년간 노예제는 거대한 이윤 경제 시스템 속으로 퍼져나가게 되었다. 혁명이 일어나고 1세기도 지나지 않아, 미국은 더 큰 내부 갈등인 '남북전쟁'으로 빠져들어 62만여 명이 죽는 참사를 겪게 된다. 남북전쟁은 '모든 인간은 평등하게 창조되었다'는 1776년의 선언을 하나의 과제로 완수하기 위한 것이었다.

따라서 미국 독립혁명은 미국의 이후 세대들-남성과 여성, 백인과 흑인, 부자와 가난한 자 모두-이 자신들의 현재 위상을 평가하는 기준이 되었다. 그뿐이 아니었다. 미국 독립혁명은 세계혁명의 새로운 시대를 여는 서막이었다. 왜냐하면 미합중국의 헌법이 공표된 이듬해 파리 사람들이 바스티유 감옥을 습격하고, 군사 쿠데타를 저지하면서 프랑스혁명의 불을 지폈기 때문이다.

바스티유 습격

바스티유는 파리 동쪽에 자리 잡은 오래된 요새이자 정치범을 가두는 감옥이었다. 절대군주제의 상징인 바스티유는 장인과 소상인, 일반 노동자가 살고 있는 도시를 위협적으로 내려다보고 있었다. 그들에게 바스티유는 절대군주제와 마찬가지로 결코 무너뜨릴 수 없는 존재로 비쳐졌다.

1789년 7월14일, 지난 이틀 동안 이곳저곳에서 획득한 각종 무기로 무장한 파리 사람들이 무리를 지어 바스티유 감옥을 둘러싸고 있었다. 이들이 감옥문을 열라고 요구하자 수비대가 시위대를 향해 발포했다. 3시간 동안의 교전 끝에 83명이 사망했다. 자신들의 발포로 엄청난 사망자가 생긴 것을 알게 된 수비병들은 사기가 크게 떨어졌고, 결국 감옥문은 열리게 되었다.

바스티유 감옥 습격 사건은 인민들을 향해 군사 쿠데타를 일으키려던 프랑스 국왕의 시도를 좌절시켰다. 반란은 절대군주제의 근간을 무너뜨렸고, 반란 세력이 만든 '국민의회'가 프랑스의 실질적인 정부가 되었다. 국민의회는 즉각 봉건제를 청산하고 '인권선언'을 통과시키는 한편 '국가경비대'를 창설했다. 프랑스 각지의 도시들도 파리를 따라 새로운 혁명 기관을 만들었다.

혁명의 소식이 시골에까지 전해지자, 무엇보다 소작인들이 무시무시할 정도로 격렬한 반응을 보였다. '대공포the Great Fear'라 불리는 사건이 벌어진 것이다. 이들은 지주들의 저택과 성에 난입해 봉건적 권리가 적힌 문서들을 닥치는 대로 불태웠다. 한편 여러 도시에서는 궁핍한 이들이 식량 부족과 물가 폭등, 실업 등에 항의해 시위를 벌였다.

세상은 완전히 뒤바뀌었다. 140년간 아무런 도전도 받지 않은 채 굳건했던 절대군주제가 단 사흘 만에 도시의 봉기에 의해 전복되었다. 프랑스혁명이 시작된 것이다.

1789년의 위업을 분쇄하기 위한 반혁명적인 시도는 그 후 25년간 프랑스 국내는 물론 국외에서도 이어졌다. 혁명세력은 혁명을 지켜내기 위해 대중의 힘을 끊임없이 동원해야만 했다. 1789년 10월 왕당파들은 하나의 책략을 꾸몄다. 베르사유 궁전에 머물고 있는 루이 16세와 그의 왕비 마리 앙투아네트에 관한 것이었다. 왕당파들은 약 2만 명의 부녀자들로 하여금 베르사유 궁전을 향해 행진하도록 만들었다. 부녀자들 뒤에는 그들의 남편이 뒤따르고 있었다. 이들은 베르사유궁으로 쳐들어가 루이 16세를 파리로 돌려보냈다. 왕과 왕족들, 조신들이 파리에서 대중의 감시를 받도록 하기 위해서였다. 이들의 요구가 받아들여지면서 입헌군주제가 성립하게 되었고, 프랑스혁명의 제 1단계도 막을 내리게 된다. 여기서 잠시 숨을 고르면서, 그 간의 사정을 되돌아보도록 하자.

1688년과 1783년 사이에 영국과 프랑스는 5차례의 긴 전쟁을 치렀는데, 전쟁 기간을 모두 합하면 42년에 달했다. 전쟁은 주로 유럽에서 벌어졌지만, 두 나라의 이해관계는 북아메리카에서부터 인도에 걸치는 넓은 지역에서 충돌하고 있었다. 영국 경제의 발전 속도는 프랑스보다 훨씬 앞섰다. 그 와중에 프랑스는 해상에서는 영국과 싸우고, 육지에서는 영국의 동맹국들과 격전을 치러야했다. 때문에 전쟁을 치를수록 식민지를 하나씩 잃었고 경제도 야금야금 갉아먹게 되었다. 가끔 승리를 거두었을 때조차 그 대가는 혹독했다. 특히 미국의 독립전쟁에 관여하면서 프랑스는 파산상태에 놓이게 되었다. 그 여파로 프랑스의 절대군주정은 조세 체계를 바꾸지 않을 수 없었다.

이런 기본적인 사실들도 더 넓은 맥락에서 파악해야 한다. 자본주의는 역동적인 경제 시스템이며, 우위에 선 이 체제의 경쟁력이 전통적인 사회와 국가에 위협적일 수밖에 없다.

영국은 혁명이 촉발한 사회적 역동성을 바탕으로 18세기 내내 프랑스보다 훨씬 빠르게 경제 성장을 이룩했다. 18세기를 통틀어 프랑스의 연간 경제성장률은 약 1.9퍼센트였을 것으로 추정된다. 직물 생산량은 250퍼센트 늘었고, 철은 350퍼센트, 석탄은 750퍼센트까지 생산량이 증가했다.

1789년 무렵 프랑스 인구의 5분의 1은 제조업과 가내수공업에 종사하고 있었다. 하지만 이 정도로는 영국을 따라잡기에 역부족이었고 전쟁에서도 밀릴 수밖에 없었다. 1780년대에 프랑스 제국이 맞닥뜨린 위기는 재정적인 위기이기도 했다. 루이 16세는 더 강력한 경제력을 토대로 군사력 경쟁에서 영국을 이기려면 국가를 근대화해야 한다는 압력을 받았다.

전쟁 과세는 이미 노동하는 보통 국민에게는 상당한 짐이 되고 있었다. 그럼에도 귀족과 성직자들은 세금을 한 푼도 내지 않았다. 개혁의 열쇠는 귀족과 성직자들도 세금을 분담하도록 하는 것이었다. 그러나 국왕이 조세체계를 합리적으로 바꾸기 위해 개혁 성향의 장관을 임명하자, 고등법원-파리와 지방에 있던 최고재판소로, 귀족계급이 장악하고 있었다-이 이를 거부했다. 심지어 귀족계급의 대표들은 왕정에 맞서 대중이 시위에 나서도록 선동하기도 했다. 귀족들은 위기를 해결하기 위해 삼부회 소집을 요구했다.

삼부회(신분회)는 1614년에 열린 이후 1789년까지 한 번도 열리지 않았다. 삼부회는 귀족과 성직자, 평민 등 각 신분의 대표자로 구성돼 있었다. 제3신분인 평민의 대표자들을 뽑는 선거는 작은 도시와 시골에서까지 치러졌는데, 선거 기간 동안 대중은 온갖 불만과 정치적인 요구를 쏟아냈다. 제3신분은 인구의 압도적 다수인 평민을 대표했지만, 주로 선출되는 사람은 전문직종의 중간계급, 특히 법률가들이 대부분이었다. 법률가들이 정치에 필요한 기술을 갖고 있었기 때문이다.

삼부회는 1789년 4월부터 6월까지 베르사유에서 열렸다. 하지만

프랑스혁명의 출발을 알린 바스티유 감옥 습격 사건.

정치적인 교착 상태에서 한 걸음도 나아가지 못했다. 국왕이 보낸
각료들은 조세제도 개혁을 요구했다. 평민 대표자들은 대중의 불만
을 처리하라고 요구하면서 귀족과 성직자의 우월적 지위를 인정하
지 않았다.

　제3신분은 자체적으로 '국민의회'를 선포하고 귀족과 성직자도
참여하라고 권고했다. 그러자 국왕은 평민대표들을 베르사유 궁전

밖으로 몰아냈다. 평민 대표자들은 궁전 근처 테니스 코트에서 의회를 열고 헌법이 제정될 때까지 해산하지 않겠다고 선언했다. 이에 대응해 국왕은 개혁적인 각료들을 해임하고 군 병력 2만 명을 파리에 집결시키도록 했다.

파리는 이미 정치적인 클럽과 모임들로 북적거리고 있었다. 거리는 한 장짜리 신문과 소책자, 웅변가들로 넘쳐났다. 삼부회에 파견할 대표를 뽑는 선거에 참여했던 중간계급의 유권자 약 400명은 파리 시청에 모여 자체적인 협의체를 만들어 자치기구를 꾸렸다. 하지만 그것은 이후 절대군주제를 무너뜨리게 될 파리 군중-주로 젊은 장인들, 소상인들, 일반 노동자들로 이루어진-모임의 서곡에 불과했다.

군중은 군인들을 친근하게 대하면서 그들을 자기편으로 끌어들였다. 국왕은 파리에 군인을 더 보낼 엄두를 내지 못했다. 군중은 바스티유 감옥을 함락시키는 데 성공했다. 파리를 비롯한 대도시에서의 성공에 고무된 각 지방의 소작인들이 대거 봉기에 가세한 것이 결정적이었다. 소작인들은 지주의 저택을 공격했고, 군인들은 지주들을 지켜주기 위해 할 수 있는 것이 아무것도 없었다.

제3신분이 구성한 국민의회에는 소수의 귀족과 성직자도 참여하고 있었다. 상대적으로 보수적인 대다수의 귀족과 성직자들은 입헌군주제가 혁명을 종식시키고 자신들의 재산과 기득권을 지켜줄 것이라고 믿었다. 이들을 대표했던 인물이 라파예트 후작으로, 미국 독립전쟁에도 참전했던 장군이다.

혁명 초기만 해도 급진적인 혁명주의자는 소수에 불과했다. 그러나 선전과 선동 활동이 계속되면서 그들의 힘은 점차 강해지기 시작했다. 1789년의 마지막 6개월 동안에만 약 250개의 신문이 새로 발행되었다. 그중에서 가장 인기 있었던 신문은 의사 출신인 장 폴 마라가 발간했던 '인민의 친구'였다.

우후죽순처럼 생겨난 급진적인 정치 클럽들이 향후 혁명이 나아갈 방향에 관한 토론의 장을 제공했다. 그중 가장 유명했던 클럽은 법률가인 막시밀리앙 드 로베스피에르가 주도했던 자코뱅파와 역시 법률가인 조르주 자크 당통이 이끌었던 코르들리에파였다.

1791년 6월 루이 16세는 국경 근처로 몰려들고 있던 반혁명 군대에 합류하기 위해 몰래 궁궐을 빠져나왔다가 체포돼 파리로 압송되었다. 그 다음 달, 평범한 파리 시민들이 공화제 추진 청원서에 서명하기 위해 마르스 광장에 길게 줄지어 있을 때, 라파예트가 이끄는 '국가경비대'가 총을 발포해 시민 50명이 사망하는 사건이 발생했다. 정확히 1년 전 같은 장소에서 파리 시민은 바스티유 습격 사건을 기리기 위해 사육제와 같은 '대혁명 1주년 기념 축제'를 벌인 바 있었는데, 바로 그 장소에서 이 같은 참상이 일어났던 것이다. 이제 라파예트를 비롯한 보수적인 입헌주의자들과 마라, 로베스피에르, 당통 등이 주도하는 급진적 공화주의자들 사이에는 피의 강이 흐르게 되었다. 혁명은 다시 새로운 단계로 접어들었다.

자코뱅 독재

1792년 여름이 되자 3년 전 도시의 봉기로 세워졌던 입헌군주제가 붕괴되었다. 같은 해 8월 10일 수만 명의 상퀼로트(반바지를 입지 않은 사람이라는 뜻)와 페데레(자원 군인)이 루이 16세가 머물고 있던 파리의 튈르리 궁전을 에워싼 채 공격을 가했다.

상퀼로트는 긴 바지를 입은 파리의 근로 대중을 가리키는 말이었다. 이들은 파리를 48개의 구역으로 나눠 조직화했다. 이 조직들은 지역의회와 같은 것으로, 도시의 자치협의체나 자치기구에서 선거를 지원하는 역할을 맡고 있었다. 이 자치구역들은 파리의 장인과 소상인, 일반 노동자에게 참여민주주의를 경험하는 기초 조직이 되었다. 페데레는 그 전 해에 전쟁이 선포되었기 때문에 전쟁에 참전하기 위해 각 지역에서 올라온 자원 군인들이었다. 이 자원 군인들은 프랑스 전역의 혁명적인 활동가들 중에서도 가장 적극적이었다.

두 번째
부르주아 혁명

국가경비대는 이제 국왕을 지키는 대신 민중의 봉기에 참여했다. 그러나 외국인들로 구성된 용병들은 여전히 국왕에게 충성을 다했다. 결국 튈르리 궁전을 놓고 벌어진 전투에서 왕당파 약 600명, 혁명파 370명이 사망했다. 궁전은 혁명세력에게 장악되었고 루이 16세는 체포되었다.

1792년 8월 10일의 봉기는 1789년 7월 14일의 봉기만큼이나 혁명세력에게 결정적이었다. 1791년에 자산을 가진 사람들에게만 선거권이 주어진 상태에서 통과되었던 헌법은 무효화되었다. 1789년의 '국민의회'를 계승한 '입법의회'도 선거권이 자산가에게만 주어진 상태에서 이루어졌기 때문에 해산되었다. 대신 모든 성인 남성에게 선거권을 주어 새롭게 '국민공회'를 탄생시켰고 여기서 새로운 헌법이 기초되었다. 국민공회는 군주제를 폐지하고 공화국을 선포한 공화주의자들이 주도권을 쥐었다. 루이 16세는 재판에 회부되었고 1793년 1월 사형에 처해졌다.

1789년에서 1792년 사이의 입헌군주제는 서로 화해할 수 없는 세 가지 모순에 무너졌다. 첫째는 대부분의 귀족과 성직자들이 혁명에 여전히 매우 적대적이었으며 호시탐탐 혁명을 뒤엎으려고 노리고 있었다는 점이다. 이들은 궁중에 모여 반혁명적인 모의를 꾸미는 데 여념이 없었고, 외국인들을 용병으로 모집해 군대를 조직했다. 이제 반혁명은 하나의 현실이 되었고 임박한 위험으로 대두했다.

두 번째는 1789년의 혁명적인 사건 이후 크게 고무되었던 민중의 기대가 점점 실망으로 바뀌고 있었다는 점이다. 권력 분산과 사회개혁에 대한 희망은 급속히 식어갔다. 대신 식량 부족과 인플레이션, 대량 실업 사태로 불만이 고조돼 가고 있었다. 그 결과 파리를 비롯한 여러 도시에서 폭동이 빈발했다.

세 번째는 새로운 체제에서 점점 커져가는 내부 분열을 무마하기 위해, 서로 다른 정치세력들이 위태로운 동맹을 맺었고 혁명을 방해하려는 국외의 적들을 상대로 전쟁을 벌이기로 합의했다는 점이다. 국왕과 그 지지자들은 이 전쟁을 통해 반혁명의 기운이 널리 퍼져나가기를 희망했다. 라파예트를 비롯한 입헌군주제 지지자들은 전쟁이 국가를 통합할 수 있을 것이라고 기대했다. 지롱드파-온건한 공화주의자들-는 국수주의적인 열정의 파도에 실려 집권을 향한 다툼이 사라져버리기를 희망했다.

하지만 누구도 만족스러운 결과를 얻지 못했다. 전쟁은 역효과만 낳았다. 보수파 장군들은 적에게로 넘어갔다. 프랑스인들은 패전에 따른 고통을 감수해야 했다. 적의 사령관은 "제대로 앙갚음을 해주겠다"면서 "파리를 군인들에게 넘기고 반역자들에게는 그에 합당한 처벌을 하겠다"고 선언했다.

이러한 팽팽한 긴장 상태는 8월 10일의 봉기 때 절정에 달했다. 대중이 가진 열정의 파도는 마침내 군대에 자진 입대하려는 자원 군인들의 행렬로 나타났다. 새로 선출된 국민공회의 멤버이자, 혁명 정부의 새 지도자인 당통은 "담대하라, 담대하라, 더욱 더 담대하라"며 민중을 독려했다.

두 번째
부르주아 혁명

1792년 9월 20일 프랑스 북동쪽에 위치한 발미에서 혁명군대는 침략군의 진군을 저지하는 데 성공했다. 이 날은 국민공회가 군주제를 폐지한 바로 이튿날이었다.

그러나 새로 들어선 지롱드파 정부는 전임자들과 마찬가지로 혁명을 멈추게 하려고 애썼다. 부르주아 혁명이 가진 주된 모순이 다시 한 번 드러나는 순간이었다. 온건한 공화주의자들은 권력을 잡자마자 민중의 요구와는 달리 개인의 재산을 보호하는 것에 최우선 목표를 두었다. 지롱드파 지도자 중의 한 명은 "당신들의 재산이 위협받고 있다"고 말했다. 또 다른 지도자는 "무정부주의라는 히드라가 만연하고 있다"고 주장했다. "반복되는 봉기들을 중단시키지 못한다면 파리는 파괴되고 말 것이다"라고 경고한 지도자도 있었다.

그러나 반혁명의 위협은 사라지지 않았다. 1793년 봄에는 영국이 반혁명 전쟁에 가세했고, 프랑스 서쪽의 방데 지역에서는 왕당파의 봉기가 있었으며, 외국 군대들은 또 다시 프랑스 북동지역으로부터 파리를 향해 진격해오고 있었다. 이 와중에 지롱드파의 장군인 뒤 무리에가 적군에 투항했다.

1793년 5월 26일, 로베스피에르는 민중에게 다시 봉기하라고 요구했다. 5월 29일 파리의 각 지역들은 선거를 통해 새로운 자치기구(코뮌)를 구성했다. 5월 31일과 6월 2일, 대중적인 시위가 국민공회를 에워싼 채 29명의 지롱드파 지도자들을 구속하라고 요구했다. 이후 지롱드파가 숙청된 국민공회는 자코뱅파가 접수했다.

이제 '공안위원회'-국민공회가 선출한 12명으로 이루어진 위원회-가 실질적인 정부 기구가 되었다. 공안위원회는 일주일에 한 번 국민공회에 보고해야 했고, 위원들은 한 달에 한 번 다시 선출하도록 돼 있었다. 자코뱅파의 세 지도자-로베스피에르, 루이 드 생 쥐스트, 조르주 쿠통-가 공안위원회를 이끌었다. 공안위원회는 전시 경제체제를 수립하고, 국민징병제를 시행했으며, 군수산업을 국유화하고 진보적인 조세제도를 도입했다. 부자들에게는 공채公債를 강제로 매입하도록 했다. 국외 망명자들의 재산과 교회 재산을 몰수한 다음 분할해 소작인과 농민에게 나누어주었다. 또한 물가를 통제했으며 투기를 한 자는 사형에 처했다.

'공포정치'는 반혁명 움직임에 제동을 걸기 위한 것이었다. 콩코드 광장에 세워진 단두대(기요틴)는 혁명적 정의의 상징이 되었다. 자코뱅 정권은 파리에서 뿐만 아니라 다른 지역에서도 사형을 남발

반혁명 움직임에 제동을 걸기 위해 공포정치의 도구로 활용한 단두대.

해 1793년 9월에서 1794년 7월 사이에 수천 명을 처형했다.

　그렇다면 공포정치는 왜 필요했을까? 두 가지 요인이 있었다. 하나는 반혁명 세력이 호시탐탐 혁명을 위협했는데 그 정도가 매우 심했기 때문이다. 그들은 도시와 시골을 가리지 않고 공화주의자들을 잡아다가 무차별적으로 학살했다. 그들은 자코뱅주의자들보다 훨씬 더 많은 인명을 살상했다. 만약 반혁명주의자들의 의도가 성공했다면 혁명을 피로 물들이고도 남았을 것이다. 이런 상황에서 자코뱅 정권의 단두대는 반혁명 세력의 기를 꺾기 위한 방편이었다.

　다른 하나는, 자코뱅 정권이 지닌 매우 모순적인 성격 때문이었다. 서로 대립하는 계급들이 아슬아슬하게 힘의 균형을 이루고 있

317

던 역사적 시기에, 자코뱅 정권은 특정 계급을 대표하지 못했기 때문에 그만큼 토대가 협소하고 불안정했다. 대부분의 부르주아들-왕당파, 입헌군주제 지지자, 온건한 공화주의자-은 이미 반혁명 편으로 넘어가 있었다. 자코뱅 독재를 지지한 것은 소수의 극단주의자들이었다. 자코뱅 지도자들은 주로 보통의 재산을 가진 전문직 종사자들이었지만, 그들의 통치는 상퀼로트의 대중운동에 기대고 있었다.

혁명적인 비상상황에서는 급진적인 방식-대부분의 자산가 계급이 두려워하고 분개하는-이 요구될 수밖에 없었다. 하지만 급진적 방식은 반혁명적인 분위기를 강화했다. 동시에, 공안위원회는 국민공회에서 선출한 인물들로 구성돼 있었고, 자코뱅 지도자들은 사유재산을 사회의 기초라면서 강력하게 옹호했다. 이런 입장은 급진적 지지자들과 자코뱅 정권 사이에 긴장을 초래할 수밖에 없었다.

이처럼 공화력 2년(1793~94)[47]의 정치적, 군사적 비상상황에서 혁명정부는 생존을 위협받게 되었고, 그 결과 단두대가 내외의 모순을 단칼에 풀어내는 해결책으로 등장했다. 하지만 자코뱅의 '공포정치'는 '자기 자식도 잡아먹는' 꼴이 되고 말았다. 노골적인 반혁명주의자는 물론이고 혁명주의자들도 자코뱅의 독재에 적대감을 갖게 되었던 것이다. 1794년 3월 좌파세력인 에베르파가 처단되었고, 다음 달에는 우파세력인 관용파Indulgents가 대상이었다. 점증하는 위기에 맞서 공안위원회의 중도파들은 이런 식으로 정치적 안정을

---

47 공화력共和曆Republican Calendar은 혁명력이라고도 한다. 프랑스 혁명정부가 1793년 11월 24일 도입해 1805년 12월 31일까지 사용했다. 공화정을 선언한 1792년 9월 22일을 공화력 원년 1월 1일로 정했다.

꾀하려고 했다.

그 결과 몇 개월 동안은 정부에 대한 저항을 마비시키는 효과를 불러왔다. 하지만 정권은 대중적 기반을 잃어버리는 대가를 치러야 했다. 자코뱅 정부가 내걸었던 사회적, 민주주의적 약속들은 이뤄지지 않았고 대중운동은 쇠퇴해버렸다. 생 쥐스트는 "혁명은 완전히 얼어붙었다"고 선언했다.

한편, 전선에서는 새롭게 꾸려진 프랑스 혁명군대가 침략군들을 물리치는 데 성공했다. 자코뱅 독재정부를 낳았던 혁명적 비상상황은 끝나가고 있었다. 자신들의 필요 때문에 혁명을 지지했던 부르주아들은 이미 뒤로 물러나 있었다. 국민공회는 공안위원회에 등을 돌렸다. 대혁명이 후퇴하기 직전이었다. 위기는 1794년에 터졌다.

테르미도르에서 나폴레옹까지

보은은 정치적인 태도가 아니다. 반혁명 세력의 저항이 진압되고, 혁명군대가 브뤼셀을 점령하자, 혁명적인 부르주아는 자신들을 구원해 준 자코뱅파로 공격의 방향을 틀었다. 권력이 약해지고 있다는 것을 간파한 로베스피에르는 대중에게 봉기를 촉구할 생각이었다. 그러나 1794년 7월 27일, 국민공회 내부의 로베스피에르 반대파들은 그의 연설을 막으면서 로베스피에르와 그 일파에게 체포영장을 발부했다.

자코뱅파는 파리 시청으로 도피한 다음, 혁명세력의 폭동을 선동했으나 지지는 미약했다. 자신의 지지자들을 공격했던 자코뱅 정권의 인과응보였다. 그들은 좌파 활동가들을 처형하고 식량 투기를 금지하고, 임금을 삭감했었다. 파리의 48개 지부 가운데 16개 지부만 무장한 사람들을 시청으로 보냈다. 하지만 이들은 자신들을 이끌어 줄 지도자를 찾지 못한 채 몇 시간 동안 하릴없이 서성대다가 결국 해산해버렸다. 결국 자코뱅 지도자들은 체포되었고 재판에서 사형 선고를 받았다. 로베스피에르, 생 쥐스트, 쿠통과 18명의 다른 멤버들은 7월 28일 단두대의 이슬로 사라졌다. 이튿날 71명의 자코뱅파 추종자들도 그들 뒤를 따라 단두대에서 죽음을 맞았다.

좌익들 가운데 일부는 테르미도르(공화력에서 11월을 가리키는 말) 쿠데타에 가담했다. 이는 실수였다. 혁명의 대중적 기반이 이미 무너진 상태에서, 로베스피에르의 독재가 파국을 맞자 권력은 좌익이 아니라 우익에게로 완전히 넘어갔다. 테르미도르는 반동적인 쿠데타였다.

거리는 유복한 젊은이들$^{jeunesse\ dorée}$(귀공자들)이 주축이 된 폭력배 집단으로 들끓었다. 성난 군중은 자코뱅 클럽을 폐쇄했다. 재산이 투표권의 자격이 되었다. '백색 테러'가 횡행했다. 이에 맞서 일어난 상퀼로트의 필사적인 봉기는 1794년 4월과 5월에 짓밟혔다(공화력으로는 7월과 9월). 힘의 균형은 급격히 우익으로 기울었고 부활한 왕당파는 1795년 10월에 쿠데타를 기도했다.[48] 이 쿠데타는 한 젊은 포병장교에 의해 진압되는데, 그가 바로 나폴레옹 보나파르트다. 그는 산탄포를 무차별 발사함으로써 쿠데타 세력을 무력화했다. 왕

---

48 방데미에르^{Vendémiaire}의 반란. '포도'를 뜻하는 방데미에르는 공화력의 1월이다.

당파가 쿠데타를 기도했다는 사실은 테르미도르 정권이 얼마나 취약한 상태인지를 그대로 드러냈다.

테르미도르는 반혁명적인 정권은 아니었다. 단지 대혁명 안에서 급진적인 민주주의가 뿌리내리는 것에 저항하는 부르주아적인 반동이었다. 하지만 민중 봉기를 막고 그들의 사기를 꺾음으로써, 왕당파가 주도하는 반혁명에 더 가까운 성격을 띠게 되었다. 결국 테르미도르 정부는 5인 총재 정부Directoire에 권력을 집중시켰다. 총재 정부는 민중의 봉기와 왕당파의 반혁명을 동일하게 취급하면서 강압적인 정책을 펴게 된다.

그러나 5인 총재 정부는 선거를 통해 권한을 위임받은 것은 아니었다. 그러다 보니 1797년 군대의 지지에 의존하는 독재정부로 변질되었다. 이러한 변칙은 그해 11월에 일어난 브뤼메르(공화력으로 2월) 쿠데타로 바로잡히게 되었다. 공화국의 가장 걸출한 장군이었던 나폴레옹은 이 쿠데타를 통해 권력을 손에 넣었다. 새로운 첫 통령First Consul이 된 그는 1804년 스스로 황제 대관식을 치렀다.

브뤼메르의 쿠데타는 프랑스 대혁명의 막을 내리게 했지만, 대혁명을 후퇴시킨 것은 아니었다. 오히려 혁명을 공고히 하고 혁명이 거둔 핵심적인 소득을 지켜냈다. 나폴레옹은 크롬웰과 마찬가지로 혁명의 장군이었지, 혁명의 적은 아니었다. 봉건적 의무는 사라졌고 소작인들은 자신의 땅을 그대로 지켰다. 경제적으로도 국내 거래에 관세를 부과하지 않았다. 행정체계가 갖추어졌고 법 앞에서는 만인이 동등했으며, 교회와 정치의 분리가 이루어졌다. 심지어 1815년 외국 군대에 의해 군주제가 부활하게 되었을 때조차 구체

두 번째
부르주아 혁명

1804년 12월 파리 노트르담 대성당에서 치러졌던 나폴레옹 1세의 대관식.

제(앙시앵 레짐)를 되살려낼 수는 없었다.

오히려 총재 정부와 통령 정부^{Consulate}, 황제의 군대는 대혁명의 전통을 유럽의 다른 나라로 확산시켜 농노제를 폐지하고, 교회의 땅을 국유화하고 국내 관세를 없애도록 했다. 이러한 변화들 가운데 몇몇은-특히 독일과 오스트리아, 이탈리아 등에서-권력을 누가 잡더라도 결코 과거로 되돌릴 수 없다는 사실로 입증되었다. 그뿐만이 아니었다. 대혁명의 모범적인 사례는 매우 전염성이 강해서, 유럽 전역의 지식인과 행동가들은 대혁명의 사상과 성공으로부터 많은 영감을 받았다. 그것은 나폴레옹 군대를 환영하는 식으로 나타나기도 했고, 대혁명을 본 딴 새로운 혁명을 시도하는 것으로 표출되기도 했다.

산업 자본주의의 태동

1750년~1850년경

아크라이트 방적기는 증기동력과 기계, 반숙련 노동을 결합함으로써 공장 시스템의 기초를 닦았다.

부르주아 혁명의 두 번째 물결은 유럽과 그 너머 세계에 상업자본주의를 더 빠르게 확산시켰다. 또한 제2차 부르주아 혁명과 맞물려 자본주의의 본고장에서는 급격한 변화가 일어나고 있었다. 산업혁명이 싹을 틔우고 있었던 것이다. 상업자본주의는 상품의 교역과 화폐의 유통, 자본 축적을 통해 눈부시게 발전해왔다. 하지만 상업자본주의는 제품의 생산 자체를 변화시키지는 못했다. 18세기 동안 제품에 대한 수요는 기하급수적으로 늘어났지만, 생산 방식은 거의 변하지 않고 있었다. 경제는 여전히 기계가 아닌 인간의 노동을 통해 농업과 장인들이 개별적으로 꾸려가는 소규모 수공업에 기반을 두고 있었다.

1750년에서 1800년 사이에 새로운 생산 시스템(공장)이 영국에서 처음으로 도입되었다. 이 새로운 시스템은 1800년에서 1850년까지 세계 경제의 틀을, 과거 농업혁명이 초래한 만큼이나 근본적으로 바꾸어 놓았다. 농업혁명이 그랬던 것처럼 산업혁명은 새로운 사회계급-산업 프롤레타리아-을 탄생시켰다. 이 새로운 계급은 역사상 전례가 없을 만큼 집단적인 조직화와 거대한 저항 세력의 가능성을 보여주었다.

독일 라인란트 출신의 두 젊은 지식인, 칼 마르크스와 프리드리히 엥겔스는 새롭게 대두된 사회질서에 대한 이해와 독일 철학, 프랑스 사회주의, 영국 경제학 등의 이론적 전통을 결합시켰다. 그 결과로 만들어진 마르크시즘은 당대의 세계질서를 설명하는 데 그치지 않고, 세계혁명과 모든 형태의 착취, 폭력, 억압으로부터 인간을 해방시키는 길잡이로 기능했다.

산업혁명

산업자본주의의
태동

워털루 전투가 일어나기 1년 전인 1814년, 한 독일 여행객이 영국 도시를 방문한 뒤 다음과 같은 글을 남겼다.

"수백 개의 공장이 늘어서 있는데 높이가 5, 6층에 이르고, 공장 측면에 세워진 거대한 굴뚝에서는 시커먼 석탄 증기가 뿜어져 나오고 있었다. 이것은 공장에서 강력한 증기기관이 사용되고 있다는 것을 말해준다."

이 여행자가 말하고 있는 도시는 바로 세계 최초의 산업도시인 맨체스터다. 1773년에서 1801년 사이에 맨체스터 인구는 2만3000명에서 7만 명으로 세 배가 늘었다. 또 1799년에는 방직공장이 33개 있었으나 1816년에는 86개로 늘어났다. 50년 뒤 맨체스터의 인구는 30만 명으로 급증하게 되고, 그 전에 172개의 방직공장 대부분이 들어서 있었다. 면직물은 이 도시의 주요 생산물이 되어 전세계로 팔려나가게 된다. 맨체스터 면직물이 세계 시장을 석권하는 바람에 '맨체스터 제품Manchester goods' 이라는 말은 곧 '면제품'을 가리키는 것으로 굳어버렸다.

세 개의 강이 합류하는 지형적 이점 덕분에 맨체스터는 수력을 적절히 이용할 수 있었고 제품 수송에도 유리했다. 운하와 부두, 창고가 긴밀하게 연결돼 있다는 점도 맨체스터가 산업혁명의 1단계를 견인할 수 있었던 근간이었다. 증기에너지와 철도의 건설은 산업혁명이 2단계로 나아갈 수 있게 했다. 증기에너지를 이용한 최초의 방직공장은 1789년 처음 세워졌고, 리버풀을 잇는 철도는 1830년 완공되었다.

혁신의 속도나 제품이 만들어지는 어마어마한 속도는 전무후무했다. 맨체스터는 경제적인 혁명을 대표하는 도시로 자리 잡았다. 이 경제적인 혁명은 약 1만 년 전의 농업혁명 이후 인간의 경험을 가장 전면적으로 변화시켰다.

그렇다면 산업혁명은 왜 그 시점에 일어나게 되었을까? 17세기의 영국 시민혁명은 절대군주와 군주를 지지하는 지주들과 성직자들의 통치를 끝내고, 그 자리에 젠트리와 무역 상인들의 지지를 받는 입헌군주제를 들여놓았다.

영국의 '부르주아 혁명'으로 인해 상업적인 농업(환금 작물)과 해외무역이 급팽창했고, 제국의 건설도 빠르게 이루어졌다. 부와 재화는 런던, 브리스톨, 리버풀 같은 대항구 도시로 흘러들어갔다.

이 과정에서 무엇보다 중요했던 것이 삼각무역이었다-즉 영국이나 유럽에서 생산된 물품은 서아프리카로 수출되고 대신 노예를 수

거대한 굴뚝들에서 뿜어져나오는 연기는 산업혁명의 전초기지였 던 영국 맨체스터 하늘을 뒤덮었다.

입한다. 노예들은 다시 대서양을 통해 아메리카로 팔려나가고 현지의 사탕수수 농장, 담배 농장, 목화농장 등에서 일하게 된다. 이렇게 노예들이 생산한 작물들은 다시 배에 실려 영국과 유럽으로 팔려나간다. 1750년에 브리스톨은 영국의 두 번째 도시였는데 인구가 4만 5000명이었다. 당시 브리스톨은 조선소와 창고, 상인부르주아들이 소유한 으리으리한 도시형 대저택townhouse이 즐비했다. 브리스톨은 노예제도를 기반으로 배를 불렸다.

상업자본의 축적은 지주와 무역상인, 영국의 떠오르는 지배계급인 은행가들의 배만 불린 것이 아니었다. 과학자와 엔지니어들의 공동체도 번창하게 했다. 왜냐하면 이들의 창의성이 더 많은 부를 창출할 수 있는 가능성을 보여주기 시작했기 때문이다.

고대 그리스인들은 증기기관의 원리를 밝혀냈지만, 실제로 증기기관을 만들어내지는 못했다. 호기심 차원에 머물러 있었을 뿐 더 나아가지 못했던 것이다. 반짝이는 아이디어를 실제로 활용하고 널리 이용할 수 있는 생산적인 장치로 변환시키기 위해서는 경쟁력을 갖춘 자본 축적이 필요했다. 그런데 18세기의 영국에서 바로 이런 조건이 충족되고 있었다. 양적인 변화-상업을 통한 부의 축적-가 꾸준히 이루어지면서 혁신과 투자를 통해 산업을 성장시킬 수 있는 새로운 동력이 확보되었던 것이다.

일찍이 1698년 영국의 발명가이자 기업가인 토머스 세이버리는 단순한 증기기관을 만들어 특허를 신청했다. 곧 이어 더 효율적인 엔진이 만들어졌다. 토머스 뉴커먼이 1710년 무렵에 발명한 이 증기기관은 탄광에서 빔 펌프beam pump를 작동시키는 데 이용되었다. 제임스 와트가 1763~75년 효율이 더 높은 엔진을 개발했다. 이는 기존 증기기관에 비해 석탄 소비량을 약 75퍼센트나 줄였고, 산업 현장에 폭넓게 투입돼 경제성을 높여주었다. 와트는 버밍햄 출신의 금속제품 제조업자인 매튜 볼턴과 손잡고 더 개선된 증기기관을 만들어 특허를 얻었고, 판매량도 크게 늘었다.

이와 비슷한 시기에 리처드 아크라이트-방직산업에 수력을 처음으로 이용했다-는 맨체스터에서 최초로 증기에너지 실험을 진행하고 있었다. 아크라이트는 방적기^{spinning frame}와 빗질기^{carding engine}를 발명하기도 했다. 아크라이트는 방적공장에 증기동력과 기계, 반숙련 노동을 결합시킴으로써 공장 시스템의 기초를 닦는 데 선구적인 역할을 했다.

과거에 맨체스터의 면직물업계 큰 손들은 선대제^{先貸制 putting out system} 방식으로 돈을 불렸다. 선대제란 자신의 집에서 일을 하는 방적공과 방직공들에게-이들은 주로 시골 인근의 마을이나 소도시에 거주했다-원료와 도구 등을 먼저 지급하고, 그들이 면직물을 만들어내면 일정한 수수료(임금)를 주고 면직물을 확보하는 방식이다. 18세기 중반의 맨체스터는 상인들이 소유한 저택과 작업장을 겸한 주택들로 이루어진 도시였다. 작업장 겸용 주택은 3층짜리 건물로 위층이 개인 작업장이었다. 작업장에는 빛을 최대한 많이 받아들일 수 있도록 커다란 유리창이 하나 있었다. 그래야 숙련공이 베틀^{handloom}과 다축 방적기^{spinning jenny}를 제대로 다룰 수 있었기 때문이다.

이에 반해 공장 시스템은 '규모의 경제'를 효과적으로 구현할 수 있었다. 노동력을 줄여주는 기계와 엔진, 여성과 아이를 비롯한 반숙련 노동자들의 값싼 노동력을 기반으로 대량생산이 가능했기 때문에 노동생산성과 생산량 자체가 엄청나게 증가했다.

여전히 선대제 방식에 의존하고 있던 면직물 상인들은 가격 경쟁이 격화되면서 방적공들의 임금을 떨어뜨릴 수밖에 없었고, 이윤도 점점 박해졌다. 결국 자기 작업장에서 일하던 방적공들은 방적공장으로 갈 수밖에 없는 처지가 되었고, 상인들도 증기기관과 방적기에 투자를 늘렸다.

작업장 겸용 주택과 운하, 부두로 이루어졌던 맨체스터는 다닥다닥 붙은 공동주택과 방직공장, 철도로 이루어진 도시로 변모하게 되었다. 게다가 급속히 증가하는 인구는 도시를 더욱 숨 막히게 만들었다.

산업혁명의 어두운 측면은 스물두 살의 독일 청년에게 큰 충격을 주었다. 청년의 아버지는 맨체스터에 방직공장을 소유하고 있었는데, 아들이 그 기업에서 일하도록 영국으로 보낸 터였다. 하지만 청년은 1844년의 맨체스터를 보고 이렇게 결론 내렸다.

"맨체스터와 그 인근의 노동자 35만 명은 거의 대부분이 볼품없고 눅눅하고 지저분하기 그지없는 단칸집에서 살고 있다. 오물로 넘쳐나는 거리는 비참해서 눈을 뜨고 볼 수가 없으며, 통풍이나 환기 따위는 아예 생각할 수도 없고, 공장주들의 관심은 오직 이윤에만 쏠려있다."

아버지가 청년을 맨체스터로 보낸 까닭은 아들의 급진적인 성향 탓도 있었다. 외국에 나가 생활하다 보면 그런 성향에서 벗어날 수 있지 않을까 하는 기대가 있었다. 하지만 기대는 정반대 효과로 나타났다. 이 청년, 즉 프리드리히 엥겔스는-조만간 칼 마르크스를 만나 평생의 친구가 된다-혁명적인 사회주의자가 되었다. 그뿐만이 아니었다. 엥겔스는 새로운 산업이 만들어낸 프롤레타리아-그는 자신의 주요한 논문인 〈영국 노동자계급의 상태The Condition of the Working Class in England〉에서 프롤레타리아를 매우 적절하게 묘사했다-에게서 비참함 이상을 발견하게 되었다. 공장과 빈민가에 대거 몰려 있는 노동자들을 하나의 정치적인 세력으로 본 것이다.

엥겔스가 맨체스터에 도착했을 때는 영국이 산업 노동자들이 주도한 최초의 거대한 대중운동으로 요동치고 있을 때였다. 수십만 명의 노동자들이 차티스트[49]를 요구하고 있었다. 엥겔스가 맨체스터에서 보았던 빈곤과 저항의 강력한 결합은 이후 그와 마르크스가 역사를 이해하고, 인간들 사이의 갈등, 사회 변혁의 메커니즘을 이해하는 데 큰 영향을 미쳤다. 그 결과 마르크시즘-국제노동계급의 혁명을 위한 이론과 실천-이 탄생하게 된다.

차티스트와 노동운동의 기원

산업자본주의의
태동

프랑스혁명의 추진력은 노동자의 대중운동에 힘입은 바가 컸다. 혁명은 그들로 하여금 민주주의에 대한 꿈과 사회개혁에 대한 희망을 품게 했다. 그러나 테르미도르의 쿠데타 이후 대중적인 급진주의자들은 패퇴하고 말았다.

당시의 대중운동은 내부적으로 많은 모순을 안고 있던 계급연합 운동이었다. 자코뱅파 지도자들은 부르주아 출신의 급진주의자들로 소수파를 대표했다. 반면 대부분의 혁명적인 활동가들은 부르주아가 전혀 아니었고, 법률가나 전문직 종사자들로 이루어진 도시 중간계급과 장인, 소상인 같은 도시의 프티 부르주아petit-bourgeois(소시민)들이었다.

---

49 '인민헌장'이라는 뜻. 노동자들이 보통선거를 비롯한 6개 항목의 요구로 이루어진 인민헌장 제정을 요구한 데서 붙여진 이름이다.

한편 임금 노동자들은 스스로 정치적인 정체성을 갖추지 못했기 때문에 분명한 하나의 사회적 계급을 이루지 못했다. 이들은 거의 모두 소규모 작업장에 고용돼 있었는데, 이들의 꿈은 자기 손으로 돈을 벌어 작은 재산을 모으는 것이었다. 이들은 대부분 자신과 함께 살고 일하고 있던 프티 부르주아의 지도를 따르고 있었다. 따라서 혁명적인 군중을 형성했던 상퀼로트는 소규모 재산을 보유한 이들과 임금 노동자들이 태반이었다.

소작농들도 비슷한 특징을 보였다. 가난한 농민들과 시골의 임금 노동자들은 자신보다 형편이 좀 더 나았던 농민들을 따라 봉건주의 철폐 투쟁에 나섰다. 혁명에 가담했던 시골 사람들은 지주와 조세 징수관에 대항하기 위해 뭉쳤다.

당시 프랑스 혁명군대와 나폴레옹 군대가 그토록 강력할 수 있었던 것은 귀족과 지주에 대항해 일어섰던 농민들이 군 병력의 대부분을 차지했기 때문이다. 농민 출신 병사들은 귀족들이 다시 지배하는 것을 막기 위해 필사적으로 싸웠다. 그러나 그들은 원하는 만큼 얻지는 못했다. 프랑스혁명이 약속했던 것은 완전하게 성취되지 못했다. 혁명은 결국 사유재산을 지키려는 부르주아혁명에서 멈췄기 때문이다. 사회적 평등도, 참된 민주주의도 사유재산과는 양립할 수 없는 법이다.

대중운동은 테르미도르 이후 프랑스를 지배했던 이들에 의해 스러지고 말았다. 그러나 완전히 말살된 것은 아니었다. 혁명은 모든 세대를 더 급진적으로 변화시켰고, 수천 명의 혁명적인 활동가들은 1794년 이후 오랫동안 '프랑스혁명의 이상'을 보듬고 있었다. 혁명의 실패로부터 무엇을 배울 것인가라는 토론이 활발하게 일어나기도 했다.

하지만 토론의 결론은 자주 잘못된 방향으로 흘렀다. 그라쿠스 바뵈프가 이끄는 그룹은 1796년 '평등주의자들의 음모$^{Conspiracy of Equals}$'라 불리게 되는 정치 쿠데타를 통해 정부 전복을 꾀했으나 실패하고 말았다. 활동가 몇 명의 음모가 대중운동을 대체할 수는 없는 법이다. 테러리스트들은 국가를 뒤집을 수 없다. 바뵈프는 결국 체포되어 재판을 받고 1797년 사형에 처해졌다.

그러나 바뵈프의 혁명적인 이상은 그대로 살아남았다. 그는 "자연은 모든 사람에게 모든 재산을 동등하게 향유할 권리를 부여했다"고 선언했다. 이 선언에는 바로 프티부르주아 급진주의자들과 노동자계급 사회주의자들을 구별하는 쟁점이 들어 있었다.

운동이 따르지 않는 이상은 무력하다. 반면 이상이 빠진 운동은 방향을 잃는다. 급진주의 역사학자인 에릭 홉스봄이 '이중 혁명^{dual} ^{revolution}'－프랑스혁명과 산업혁명의 결합－이라고 부른 것의 핵심은 이상과 운동이 적절히 융합할 때 사회개혁이 가능하다는 점이다. 차티스트는 그러한 융합이 최초로 완전하게 표현된 운동이다.

프랑스혁명은 영국에 심대한 영향을 미쳤다. 톰 페인이 쓴, 프랑스혁명의 원칙인 '인간의 권리'를 옹호한 책은 영국에서 10만부나 팔려나갔다. 런던통신협회처럼 자코뱅파를 지지하는 급진적인 조직들이 우후죽순처럼 생겨났다. 1797년에 일어난 반란은 영국 해군을 무력화시켰다. 아일랜드에서는 1798년 혁명적인 봉기가 일어났다. 정부의 탄압이 저항을 잠재웠지만, 에드워드 톰슨이 〈영국 노동계급의 형성The Making of the English Working Class〉에서 지적하듯이, 1790년대의 시위는 19세기 초의 계급투쟁의 물결과 합쳐지면서 급진주의 전통을 만들어냈다. 마치 산업혁명이 새로운 사회계급, 즉 공장과 도시에 집중돼 있던 임금 노동자 집단인 프롤레타리아 계급을 만들어냈듯이 말이다. 급진주의 지도자인 존 설월은 1796년 다음과 같이 썼다.

> 소수의 손에 집중된 독점과 자본의 무자비한 축적은...자기 자신 안에 엄청난 해방의 씨앗도 동시에 품고 있다. 대중을 억압하면 할수록 지식은 더욱 더 빠르게 전파되고 인간의 자유를 최대한으로 추구하려는 열망은 더 강해진다. 모든 대규모 작업장과 공장은 하나의 정치적 공간이다. 따라서 의회나 판사가 어떤 제약을 가하더라도 이들을 침묵시킬 수 없으며, 이들을 흩어지게 할 수도 없다.

프랑스혁명에 가담한 상퀼로트 가운데 사유재산을 소유했거나, 사유재산 갖기를 소망했던 이들과는 달리, 산업혁명이 탄생시킨 프롤레타리아는 오직 집단소유제를 통해서만 스스로를 해방시킬 수 있었다. 그들은 증기기관, 탄광, 운하 수송선, 방적공장 등은 개인의 소유가 되면 안 된다고 보았다. 만약 노동자들이 자신들의 주인을 쫓아낸다면, 작업장과 공장은 집단체제로 운영되어야 했다. 따라서 프롤레타리아는 모든 의미에서 집단적인 계급이었다. 노동자들의 투쟁은 사유재산을 철폐하는 방향으로 흐르고 있었다. 사유재산 철폐는 프랑스혁명이 이뤄내지 못했던 완전한 사회적 평등과 정치적 민주주의를 실현하기 위한 전제조건이었다.

영국 프롤레타리아의 초기 투쟁은 여러 형태로 진행되었다. 기술자들을 미숙련노동자로 전락시켰고 탈숙련, 임금 삭감, 실업을 초래하는 기계를 파괴하자는 러다이트 운동이 있었으며, 정치개혁을 요구하는 대중시위도 있었다. 이중에서 1819년 맨체스터 세인트 피터 광장에서 자행된 '피털루 학살'처럼 의회개혁을 요구하는 대중을 향해 군도를 찬 기병대가 시위대를 공격한 경우도 있었다.

파업과 노동조합 결성은 특히 1820년대 중후반 거세게 퍼져나갔다가 1830년대 중반에 다시 불이 붙기도 했다. 전국통합노조The Grand National Consolidated Trades Union에는 1834년 한 해에만 약 50만 명의 노조원이 새로 가입하기도 했다. 같은 해 영국 남서부의 도셋 농장에서 일하던 노동자 6명(톨퍼들 희생자)이 노동조합에 가입했다는 이유로 추방형에 처해졌는데, 이에 항의하기 위해 킹스크로스에서는 10만여 명이 참여한 가운데 노동조합 연합시위가 벌어졌다.

이러한 투쟁의 물결은 1833~48년에 일어난 차티스트 운동에서 절정에 달했다. 차티스트 운동은 두 가지 실패의 경험으로부터 자라났다. 하나는, 1832년의 선거법 개정 법안이 대부분의 중간계급에게는 선거권을 부여하면서 노동자계급에게는 주지 않았다는 점이다. 선거법 개정을 위해 함께 운동을 펼쳤던 계급 간 연합은 서로 적대감만 품은 채 분열됐다. 다른 하나는, 잇따른 파업이 진압되고, 내부의 의견대립으로 조직이 망가지면서 전국통합노조라는 혁명적인 노동자 조직이 와해되었다는 점이다. 자유주의적인 중간계급과의 연대도, 총파업도 노동계급의 이익을 보장해주지는 못했다.

그러나 1830년대의 대격변은 혁명적인 분위기가 사회 전체에 폭넓게 퍼져 있다는 점을 확인시켜 주었다.

1833년 새롭게 결성된 런던노동자협회는 6가지의 요구를 담은 인민헌장People's Charter을 발표했다. 첫째 인구비례에 따라 평등하게 선거구를 나눌 것, 둘째 재산에 따라 의원이 될 수 있는 자격을 주는 제도를 폐지할 것, 셋째 모든 성년 남성에게 동등하게 선거권을 줄 것, 넷째 의원을 선출하는 선거를 매년 시행할 것, 다섯째 무기명 비밀투표를 시행할 것, 여섯째 의원들에게 급여를 지급할 것 등이었다. 인민헌장은 많은 사람들이 모인 장소에서 공개적으로 지지를 받았다. 글래스고에서는 20만 명이 참석했고, 뉴캐슬은 8만 명, 리즈는 25만 명, 맨체스터에서는 30만 명이 각각 참석했다. 새로운 대중운동이 만들어진 것이다. 인민헌장을 받아들이라는 청원서에는 모두 128만 명이 서명했고, 1839년에는 런던에서 차티스트 대회가 열리기도 했다.

그러나 의회는 인민헌장을 거부했고, 운동을 진압하도록 정부에 요구했다. 그 바람에 수많은 사람이 체포되었다. 런던에서 파견된 경찰은 버밍햄의 불링 지역을 전쟁터를 방불케 하는 아수라장으로 만들었다. 차티스트 운동을 지지하는 뉴포트의 광부들은 무장시위를 벌였으나 군대의 공격을 받고 사망하거나 부상을 입는 참변을 겪었다.

그럼에도 불구하고 차티스트 운동은 다시 살아났고 1842년에 다시 청원서명 운동으로 전개됐다. 이번에는 모두 331만5000명이 서명에 참여했다. 하지만 이번에도 역시 거부되었다. 이렇게 되자, 임금 삭감에 반발하는 파업 물결이 인민헌장을 지키기 위한 정치적

차티스트 운동은 경제적 사회적 불만이 많았던 노동자층이 중심이 되어 선거권 획득을 위해 싸운 민중운동이었다.

총파업으로 변했다. 그러나 또 다시 군대와 경찰의 탄압으로 운동은 더 이상 진행되지 못했다.

인민헌장 청원운동은 1848년 세 번째로 일어났으나 이번에는 이전보다 훨씬 관심이 줄었다. 약 500만 명이 서명에 참여할 것으로 기대했으나 197만5000명에 그쳤다. 또 케닝턴그린에서 벌이기로 예정돼 있던 대중 시위에도 예상에 못 미치는 인원이 모였다. 많은 사람들은 경찰과 군대가 대형을 이뤄 늘어서 있는데다, 심지어 대포가 시위대를 향해 배치돼 있는 것을 보고서는 정부의 폭력적인 진압을 예상하고 지레 겁을 먹고 뒤로 물러났다. 그러나 대중들이 미온적으로 나오게 된 더 근본적인 문제는, 차티스트 운동에 정치적 의지가 결여돼 있었기 때문이었다. 차티스트 지도자들은 정부에 직접적으로 도전하기 위해 대중을 조직하려는 준비가 돼 있지 않았던 것이다.

차티스트 운동이 구조적으로 약점을 갖고 있었던 것은 확실하다. 차티스트 운동이 가장 정점에 있었던 시기는 영국 사회가 경제적으로 침체기에 빠졌던 때와 일치했다. 이후 경제가 점점 살아나면서 고용이 늘고 임금이 오르자 대중적인 시위도 시들해지기 시작했다. 그리고 1848년 이후에는 영국 경제가 장기간의 호황을 누리게 된다.

1840년대의 노동계급은 아직도 맹아 단계에 있었다. 인구의 상당수는 시골에 살고 있었고, 도시 인구 중에서는 작업장을 운영하거나 홀로 작업하는 장인들이 공장 노동자들보다 더 많은 수를 차지했다. 사정이 이렇다보니 차티스트 운동 내에서도 지역적으로 나뉘는 현상이 생기게 되었다. 즉 런던에서는 프티 부르주아적인 성향이 더 강했고, 새롭게 공업도시로 부상하고 있던 북부지역에서는 프롤레타리아적인 성향이 더 강했다.

그러나 이런 지역적인 차이보다도 더 문제가 됐던 것은 정치적인 측면에서의 취약성이었다. 차티스트 운동의 지도자들 중 일부는 상대적으로 보수적이어서 '도덕적인 힘'을 강조했다. 반면 다른 지도자들은 '물리적인 힘'-시위, 파업, 봉기 등-을 옹호했다. 하지만 물리적인 힘을 주장하는 지도자들은 일관성이 없고 우유부단하기 일쑤였다. 지도층의 분열은 곧 현존하는 정치 틀 안에서 저항하기를 원하는 개혁주의자들과 국가를 전복시켜야 한다고 믿는 혁명주의자들의 분열로 나타났다. 혁명주의자들 중에는 상대적으로 일관성을 견지한 이들도 있었다.

차티스트 운동은 약점도 많았고 실패도 거듭했지만, 당시 새롭게 성장하고 있던 혁명적인 계급이 역사의 무대에 폭발적으로 등장하는 계기가 됐다는 점에서 의미가 매우 크다. 자본주의는 마르크스가 '자신의 무덤을 파는 자'라고 불렀던 존재[50]를 자본주의 안에서 만들어냈던 것이다.

1848년 혁명

유럽 강대국들의 몸부림에도 불구하고 1813~15년의 나폴레옹의 패배는 구체제를 복원시키지 못했다. '이중 혁명'-프랑스의 부르주아 혁명과 영국의 산업혁명-은 인류 사회가 세계적인 차원에서 더 이상 과거로 돌아갈 수 없는 변화를 겪었음을 의미했다.

산업자본주의의
태동

과거로의 회귀 즉 군주와 성직자, 세습지주들이 배타적으로 지배하는 세계로 돌아가려는 전방위적인 시도는 두 개의 넘을 수 없는 장벽에 가로막혔다. 첫째, 새롭게 등장한 유산계급의 힘이 커졌다. 식민지 무역을 통해 부를 축적한 상인계급, 교회 땅을 사들이는 등 자본주의화한 부유한 농민들, 봉건적 의무에서 벗어난 소농이 바로 그들이었다. 다른 하나는 국민국가들nation-states이 세수稅收를 늘리고, 사회기반시설을 확충하고, 근대적인 공업을 발전시키고, 급증하는 인구에 대처하기 위해 경제를 발전시켜야 하는 압력을 받고 있었다는 점이다. 이러한 압박은 국민국가들 사이의 군사력 경쟁으로 표출됐다. 그런데 강력한 군대를 갖추기 위해서는 국가 재정이 탄탄

---

50 프롤레타리아를 말한다.

하고 산업기술이 발달해야 했다.

군주와 성직자에 의존하고 있던 1815년의 유럽 국가들은 형식적으로 보면 완전히 반동적이었지만 내용적으로 보면 꼭 반동적이지만은 않았다. 예를 들어 1789년의 독일은 300개의 제후국으로 나눠져 있었다. 또 나폴레옹은 1806년 라인동맹을 만들면서 농노제를 폐지하고, 자유로운 상업거래를 허용했으며, 하나의 통일된 법전을 도입했다. 1815년 비엔나 회의에서 강대국들은 라인강 주변 지역인 라인란트를 프로이센에 넘겨주었으나, 자유주의적인 개혁은 지속되도록 했고, 독립성을 지닌 독일 제후국의 수도 39개로 줄였다. 그 결과 독일의 정치적 발전은 과거로 회귀하지 않을 수 있었고, 그런 상태가 30년간 고착되었다. 그렇지만 경제적으로는 계속 발전이 이루어졌기 때문에 프로이센의 세습귀족인 융커^{Junkers}에 의한 절대주의 경찰국가와 라인란트 지역의 부르주아들이 가진 경제력 사이의 모순과 긴장은 점점 커져갔다.

이와 같은 팽팽한 긴장은 유럽 여러 나라에서 목격되었다. 1848년, 마침내 이들 국가에 거대한 폭풍이 몰아쳤다. 유럽 근대사에서 흔히 보듯이, 이번에도 새로운 새벽을 알리며 목청껏 운 것은 '프랑스의 수탉$^{Gallic\ cock}$'이었다. 파리는 1789년 이후 혁명의 전통을 면면히 이어왔는데, 이 전통이 마지막으로 발현된 것은 1830년 7월이었다. 1815년 즉위한 부르봉 왕가의 샤를 10세는 절대주의 정책을 되살려내면서 인민들의 반감을 사다가 결국 1830년 나흘에 걸친 도시 대중의 봉기로 왕위에서 쫓겨나게 되었다. 샤를 10세의 뒤를 이어 왕족의 한 갈래인 오를레앙 가문 출신의 루이 필리프가 즉위했

1848년 혁명은 신흥부르주아의 정치적 불만과 노동자계급의 사회주의적인 요구가 만나
반정부 운동으로 이어진 운동이었다.

는데, 그는 샤를 10세와는 달리 입헌군주제로 나라를 다스리겠다고
약속했다.

1830년의 혁명은 토지를 소유한 세습귀족들의 권력이 금융 부르
주아지에게로 넘어가는 계기가 되었다. 루이 필리프의 '7월 왕정July
Monarchy'은 결국 금융가 · 은행가들의 전제정치였다—부를 소유한 전
체 인구의 1퍼센트만이 선거권을 가지게 되었던 것이다.

1848년 2월, 공화제를 지지하는 학생들 및 중간계급 대중이 시위
를 하자 경찰은 발포하며 진압작전을 폈다. 하지만 경찰의 공격은

파리 동부에 몰려 있던 도시 빈민층이 대거 시위에 가담하도록 만든 신호탄이 되었다. 상퀼로트들은 다시 거리로 나와 행진을 벌였고 결국 국왕 루이 필리프를 쫓아냈다.

당시 베를린, 부다페스트, 밀라노, 팔레르모, 프라하, 로마, 베니스 등 유럽 곳곳의 도시들에서 일어났던 성공적인 봉기에는 프랑스혁명이 메아리치고 있었다. 유럽의 주요 국가들 가운데 이 '인민의 봄Springtime of the Peoples'의 영향에서 자유로웠던 나라는 영국과 러시아뿐이었다.

모든 지역에서 구체제가 허물어지고 있었다. 절대주의 군주들은 자신의 군대를 철수하는 대신 자유주의적 헌법을 인정하고, 새로 선출한 의회 의원들이 정부 정책에 관여하도록 허용했다.

1848년 혁명의 역동성은 1789년의 그것과 흡사했다. 장인, 소상인, 노동자로 이루어진 시위대는 거리에서 구체제 경찰과 군대를 몰아냈다. 경제적인 곤궁에 시달리고 있던 대중은 사회개혁을 전면에 내걸고 운동을 벌여나갔다. 당시 유럽은 1845년 이후 지속된 극심한 경제 위기로 수백만 명이 일자리를 잃고 궁핍한 생활을 하고 있었다.

그러나 대중운동 과정에서 획득한 권력은 부르주아 자유주의자들 손으로 넘어갔다. 공화주의자나 입헌군주제 지지자들로 이뤄진 부르주아 자유주의자들은 절대주의자의 반동과 대중적인 급진주의 둘 모두를 두려워했다. 그 결과 이들은 머뭇거리면서 아무런 행동을 하지 않게 되었다. 우유부단과 행동중지는 혁명에 치명적인 법인데 말이다.

이 틈을 비집고 반혁명 세력이 반격을 가해왔다. 같은 해 6월, 새 공화제 정부는 앞서 2월에 실업자들을 구제하기 위해 파리에 세운 '공공일터'를 폐쇄한다고 발표했다. '공공일터'의 실업자들은 고향으로 되돌아가거나 군에 입대해야 했다. 이렇게 되자 파리의 노동자들은 다시 거리로 나섰다. 그러나 봉기에 참여한 4만 명의 노동자들을 진압하기 위해 약 3만 명의 군인과 약 10만 명의 민병대가 동원되었다. 6월 23~26일까지의 참혹한 나흘 동안 카배냑 장군이 이끄는 군대는 바리케이드를 헤치면서 파리 동부의 변두리 지역으로 거침없이 나아가 민중봉기 세력을 진압했다.

6월 봉기June Days는 유럽의 반혁명 세력에게는 '분명한 메시지'로 작용했다 1848년 후반과 1849년 초에 걸쳐 유럽의 모든 지역에서 절대주의의 군대는 급진적인 혁명세력에게 공격을 가했다. 그럼에도 독일의 프랑크푸르트 의회를 구성했던 법률가나 지주 같은 자유주의적인 정치가들은 연설을 하고 결의안을 채택할 뿐 더 적극적으로 대항하지 않았다.

1848년 혁명은 왜 실패했을까? 몇 가지 요인이 있다. 1848년의 자유주의자들은 영국혁명이나 프랑스혁명 때 자유주의자들이 취했던 입장을 희미하게 반영하고 있었다. 크롬웰이나 로베스피에르는 절대주의 왕정을 상대로 확실한 승리를 거두기 위해 혁명을 앞으로 밀고 나갈 태세를 갖추고 있었으나, 1848년의 부르주아 지도자들은 소심한 데다 줏대가 없었다.

이전까지의 성공한 혁명들, 예를 들어 1566년의 네덜란드, 1642년의 영국, 1775년의 아메리카, 1789년의 프랑스 등에서 혁명을 이끌었던 추진력은 프티 부르주아가 주도한 대중운동에서 나왔다. 그것은 구체제를 무너뜨리기 위해서뿐만 아니라 부르주아 지도자들의 보수주의를 극복하기 위해서도 필요한 것이었다.

그러나 프티 부르주아 중심의 대중운동은 사유재산에 대한 실질적인 위협은 되지 않았다. 사유재산에 대한 위협은 1848년에 막 싹을 틔우고 있던 노동자계급으로부터 나오고 있었다. 프티 부르주아가 가장 혁명적인 경우는, 소자산가들의 급진적 민주주의를 지지할 때 정도였다. 이와 달리 프롤레타리아는 공장을 자신들이 통제하고, 사회의 부를 집단적으로 소유해야 한다는 생각을 품고 있었다.

1848년 당시 프롤레타리아는 (영국을 제외하고는) 상대적으로 수가 적었고, 조직화되지 않았으며, 정치의식이 결여돼 있었다. 하지만 그 해에 일어난 혁명 때문에 막 생성되기 시작한 프롤레타리아가 빠르게 성장함으로써 사태의 방향을 바꾸어 놓을 수 있을 만큼 힘을 가진 주인공이 되었다. 그러나 부르주아는 마르크스와 엥겔스가 말한 '공산주의라는 유령'에 겁을 집어먹고 프롤레타리아가 활동할 수 있는 무대를 치워버렸다.

프랑스에서 2월 봉기가 군주제를 무너뜨렸다면, 6월의 반혁명은 민중운동을 괴멸시켰다. 그 결과 1848년 12월의 대통령 선거에서 나폴레옹의 조카인 루이 보나파르트가 압도적인 득표로 당선됐다. 그는 2년 뒤인 1851년 12월 군사 쿠데타를 통해 독재권력을 구축하더니, 이듬해에는 제2제정을 선포하고 스스로 나폴레옹 3세라 칭했다.

1789년과 1848년 혁명의 결정적인 차이는 소작농의 역할에서 나왔다. 1789년에는 소작농들이 봉건제의 속박에 묶여 있었기 때문에 혁명의 물결이 시골에까지 광범위하게 퍼져나갔다. 그러나 1848년에는 이미 봉건제가 철폐된 상황이어서 시골은 혁명에 별다른 반응을 보이지 않았다. 그래서 파리는 고립된 상태에서 대중운동이 괴멸돼 버렸다. 농민 출신의 군인들은 혁명을 향해 총부리를 겨눴고, 이후 선거에서 루이 보나파르트에게 열광적인 지지를 보냈다.

다른 유럽 국가에서도 유사한 상황이 전개됐다. 반혁명 분위기가 지배했던 시골은 혁명의 기운이 드높았던 도시들을 분쇄하는 데 이용되었다. 그러나 1815년의 반혁명이 시계 바늘을 1789년 이전으로 돌려놓을 수 없었던 것처럼, 1848년 6월의 봉기 진압이 그해 2월에 일어났던 혁명의 영향력을 지워버릴 수는 없었다. 프로이센과 오스트리아에서도 농노제가 철폐된 것이다.

산업자본주의의
태동

또한 유럽의 많은 나라에서는 제한적이나마 헌법이 제정되었다. 독일과 이탈리아에서는 통일운동이 사람들의 관심을 끌기 시작했다. 민족주의의 발흥은 여러 언어를 사용하는 오스트리아 합스부르크 제국에게도 영향을 미쳤다.

다른 가능성도 열렸다. 아일랜드에서 폴란드, 마케도니아에 이르기까지 민족주의는 사회적인 불만과 강력하게 결합했다. 1848~73년 동안의 장기적인 경제 호황을 통해 새로운 세력이 탄생하게 되는데, 이 세력은 다가올 '인민의 봄'을 세계를 뒤흔들 엄청난 사건으로 만들 수 있는 잠재력을 지니고 있었다.

마르크시즘이란 무엇인가?

마르크시즘은 독일 철학과 프랑스 사회주의, 영국 경제학이 종합된 것이라는 평가를 종종 받는다. 틀린 말은 아니지만, 온전한 평가는 아니다. 마르크스주의를 실천과 분리된, 단순한 이론적 문제로 다루는 이런 관점은 마르크시즘의 핵심을 놓치고 있기 때문이다.

마르크시즘의 기본 사상은 칼 마르크스(1818~83)와 프리드리히 엥겔스(1820~95)가 1843~47년에 세웠다. 두 사람의 협동 작업은 아이작 뉴턴, 찰스 다윈, 지그문트 프로이트, 알베르트 아인슈타인 등이 이룬 성과와 맞먹을 정도로 '사고의 혁명'이라는 평가를 받았다. 두 사람은 인간사회 전체를 이해하는 데 있어 이전의 어떤 것과도 구별되는 혁신적인 패러다임을 제안했다.

그들의 지적 관심은 인간사회였기 때문에 두 사람의 연구실은 바로 자신들이 살아가고 있던 당대의 사회였다. 마르크시즘이 가능할 수 있었던 것은 마르크스와 엥겔스가 당대의 민중운동에 녹아들어 행동하는 혁명가들이었기 때문이다. 특히 그들은 1848년 혁명의 정치적 용광로에서 자신들의 사상을 시험하고 다듬었다.

마르크스는 쾰른 지역에서 발행되는 혁명적 신문인 라인신문 편집장으로 일했고, 엥겔스는 프로이센의 침공으로부터 라인란트팔츠지역을 방어하기 위한 혁명군대의 장교로 복무했다. 둘 모두 혁명이 무산되면서 1849년 독일 땅에서 추방되었다.

마르크스와 엥겔스는 철학과 사회, 경제학에 관한 현대적인 개념들을 받아들여 자신들이 직접 겪은 구체적인 경험의 토대 위에서 그 개념들을 변용했다. 바로 이 때문에 마르크시즘을 '관념론idealism' -경험에 토대를 두지 않아 실천 속에서는 결코 옳고 그름을 확인할 수 없는 이론을 위한 이론-과 반대되는 의미에서 '유물론materialist'이 라고 부르는 것이다.

두 사람은 독일 철학을 깊이 공부했다. 당시의 독일 철학은 게오 르크 헤겔(1770~1831)의 사상이 주류를 이루고 있었는데, 헤겔의 변 증법은 마르크시즘의 주요 개념으로 자리 잡게 된다. 헤겔 변증법 은 '만물은 자기 안에서 모순적이다', '모순은 모든 운동과 생명의 뿌리에 있으며, 만물은 자기 안에 모순을 품고 있을 때에만 움직이 고 충동과 활기를 갖는다'라는 두 가지 개념에 기초를 두었다.

그러나 헤겔 변증법은 관념적이었다. 그의 주된 관심은 인간의 사 고 변화에 맞춰져 있었다. 특히 헤겔은 역사를 '절대정신'의 전개 과정이라고 생각했다. 헤겔이 만든 절대정신이라는 용어는, 세계를 변화시키는 거대한 정신이라는 뜻이다. 절대정신은, 절대정신에 부 합하지 못하는 현실과 절대정신 사이의 모순에 의해 세계를 변화시 키게 된다.

마르크스는 이 같은 관념론적인 변증법을 유물론적 변증법으로 바꿈으로써 '헤겔을 물구나무 세웠다.' 마르크스의 관점은 아주 간 단했다. 주요한 모순은 실제 세계에 존재하는 것이지 사람들의 머 릿속에 존재하는 것이 아니다. 따라서 역사를 추동하는 것은 실재 하는 사회적 세력 간의 충돌(모순)이다. 사고의 역할은 이런 세력을 이해함으로써 인간의 실천적 개입이 더 나은 방향을 향하고, 더 효과적으로 작용할 수 있도록 돕는 데 있다.

당시에 현실 세계를 이해한다는 것은 세계 안에서 급부상하고 있던 새로운 자본주의 경제를 연구하는 것을 의미했다. 영국의 경제학자들이 자본주의 연구를 선도하고 있었다. 이 점에서 마르크스와 엥겔스에게 가장 큰 영향을 미친 인물은 영국의 고전파 경제학자 데이비드 리카도(1772~1823)였다.

리카도는 자본주의의 본성에 관해 두 가지 혁신적인 발견을 했다. 하나는 '상품의 가치는 그 상품을 생산하는 데 필요한 노동의 상대적인 양에 따라 결정된다'는 것이었다. 다시 말하면 '자본'이 아니라 인간의 '노동'이 모든 부의 원천이라는 것이다. 다른 하나는 '노동가치가 올라가면 이윤은 하락한다'는 것이었다. 즉 노동에게 이익인 것은 자본에게는 손실이고, 반대로 자본의 이익은 노동의 손실이다. 임금과 이윤은 서로 반비례 관계에 있는 것이다.

이것은 수익의 분배를 둘러싼 충돌, 즉 계급투쟁이 자본주의 자체에 내재해 있다는 말이기도 하다. 리카도는 그래서 자본주의 시스템은 매우 모순적이며 언제든지 폭발할 가능성이 잠재해있다는 것을 보여주었다. 이런 발견들 때문에 리카도의 연구는 주류 고전경제학이 배출한 가장 뛰어난 성과로 평가받았다. 하지만 그의 후계자들은 리카도 경제학이 가진 혁명적 의미로부터 후퇴해 버렸다. 부르주아 경제학은 서서히 타락해 오늘날 우리가 보듯 인간의 탐욕과 자유시장의 혼돈을 이데올로기적으로 정당화하는 데 기여했다.

마르크스는 리카도의 경제학을 과학적으로 더 깊이 파고들었다. 마르크스의 최고 업적은 1867년에 〈자본론Capital〉 1권을 출간한 것이

마르크시즘으로 세계를 새롭게 해석한 마르크스(아래)와 엥겔스.

었다. (2권과 3권은 마르크스 사후에 그가 남긴 논문들을 편집해 각각 1885년
과 1894년에 발간되었다.) 〈자본론〉은 현대 세계경제를 진지하게 분석
하려는 사람이라면 반드시 출발점으로 삼아야 할 필독서가 되었다.

　마르크스와 엥겔스에게 지적으로 영향을 미친 세 번째 요소는 프
랑스 사회주의다. 프랑스 대혁명으로부터 태어나고, 인간의 자유를

향한 혁명의 쓰라린 실패로부터 배우고 성장한 프랑스 사회주의는 개혁적-유토피아주의자reformist-utopian와 혁명적-공산주의자revolutionary-communist 두 파로 나뉘어졌다.

클로드 생시몽, 샤를 푸리에, 영국의 로버트 오웬 등 유토피아주의자들은 합리적인 논쟁과 모범적인 사례들, 점진적인 개혁을 통해 사회를 충분히 개혁시킬 수 있다고 믿었다. 반면 공산주의자들인 그라쿠스 바뵈프, 오귀스트 블랑키 등은 착취계급을 뒤엎기 위해서는 무장봉기가 필요하다고 주장했다. 공산주의자들이 잘못 생각한 것이 있다면, 소수가 비밀스러운 지하운동을 통해 직접적인 행동에 나서면 대중도 자발적으로 전면 봉기에 나설 것이라고 믿었다는 점이다.

마르크스와 엥겔스는 착취와 빈곤에 대한 프랑스 사회주의자들의 적대감에 공감했다. 유토피아주의자들처럼 더 나은 세계를 상상했고, 공산주의자들처럼 혁명적인 행동만이 세계를 바꿀 수 있다는 점을 믿어 의심치 않았다.

그러나 두 사람은 유토피아주의자와 공산주의자 모두에게서 도저히 동의할 수 없는 지점이 있다는 사실을 깨달았다. 유토피아주의자들은 순진하게도 부유한 자들이 자발적으로 자신들의 부와 권력을 내놓으리라고 믿고 있었다. 공산주의자들은 군대와 경찰, 감옥을 보유한 국가를 은밀한 쿠데타를 통해 뒤집을 수 있다는 공상에 빠져 있었다. 두 사람은 수백만 명이 참여하는 대중혁명만이 국가를 분쇄할 수 있고, 자산계급의 재산을 빼앗을 수 있으며, 민주주의와 평등, 협동에 기초를 둔 새로운 사회질서를 세울 수 있다고 보았다.

프랑스혁명은 참여한 민중들의 규모면에서는 충분했으나, 결국은 새로운 종류의 착취사회를 출현시키는 데 기여한 꼴이 되었다. 프랑스혁명에서 결여되었던 것은 보편적인 이익을 대변하는 혁명적 계급이었다. 혁명적 부르주아지는 자신들만을 위한 권력을 원했다. 상퀼로트들과 소농들은 작으나마 재산을 갖고 있었다. 아무리 가난한 이들도 자기 소유의 작업장이나 농지를 갖고 싶어 했다. 그러나 새로이 등장한 맨체스터의 산업 노동자들은 그들과는 완전히 달랐다. 방적공장과 급속히 커가고 있던 대도시에 몰려 있던 이들은 재산을 거의 소유하지 못한 임금 노동자였다. 그런 환경 때문에 그들은 집단적 방법으로 인간이 자유로워질 수 있는 문제를 생각할 수 있게 되었다. 또한 영국의 차티스트 운동은 노동계급이 혁명세력으로서 무궁한 잠재력을 지니고 있다는 사실을 잘 보여주었다.

1789년의 교훈과 1848년의 경험, 그리고 맨체스터의 노동계급에 대한 엥겔스의 연구는 모두 같은 방향을 가리키고 있었다. 즉, 역사의 수수께끼에 대한 해답을 찾는 것이었다.

그 수수께끼란 이런 것이었다. 역사를 통해 인간의 노동생산성이 서서히 증가해 왔다는 것은 결핍을 없앨 수 있는 인간의 능력이 점점 커져왔음을 의미한다. 하지만 수백만 명이 가난 속에서 힘겹게 살아가고 있는 데 반해 소수의 사람들은 터무니없이 많은 부를 누려오고 있었다. 도대체 어떻게 그런 불합리한 상황이 가능했을까? 역사의 수수께끼는 바로 이것이다.

그렇다면 과연 인간의 노동이 인간의 필요에 맞게 적절히 배분되도록 세계를 재편성할 수 있는 사람은 누구일까? 답은 바로 노동계급이었다. 노동계급은 착취당하는 계급이었고, 자본주의 체제에서 어떤 기득권도 누리지 못하고 있었기 때문이다. '사슬 외에는 잃을 것이 없는' 존재였던 것이다. 그런데 이는 고대 로마의 노예에게도, 중세유럽의 농노에게도 해당되는 상황이었다.

따라서 다음의 요소가 더 중요했다. 노동자들에게 '개별적'으로 사유재산을 배분해 준다고 해서 그들 스스로 해방시킬 수는 없었다. 노동자들은 본성상 거대하고 점점 성장하고 있던 국제적인 노동시장의 일부였다. 따라서 생산과 분배, 교환수단을 집단적으로 통제하는 것만이 자본주의의 믿을 만한 대안이 될 수 있었다. 이런 의미에서 산업자본주의 시대의 노동계급은 인간 전체를 해방시킨다는 보편적인 관심을 가진, 인류 역사상 최초의 계급이었다. 이들이 역사의 무대에 비로소 등장했기 때문에 마르크시즘도 태어날 수 있었다. 프롤레타리아가 가진 혁명적인 잠재력을 알아본 것은 마르크스와 엥겔스의 가장 중요한 지적 업적이다. 마르크시즘의 핵심은 바로 자본주의에 대항하는 노동계급의 투쟁에 있었다.

자본주의란 무엇인가?

자본주의가 얼마나 폭넓게 우리 사회를 변화시켰는지 제대로 이해하려면, 인류 역사에서 자본주의에 버금가는 경제혁명이었던 '농업혁명'과 비교해 보는 것이 좋다. 농업혁명은 그 이전까지의 수렵채집 사회가 막을 내리게 하는 대신 식량을 스스로 생산하는 농민의 세계가 도래하도록 만들었다. 농업은 노동생산성과 식량의 산출량을 엄청나게 증대시켰다.

높은 생산성과 산출량이 잉여 축적을 가능하게 해주면서 생산에 종사하지 않는 사회계급이 탄생했다. 사회적 잉여는 군대를 유지하고 정치·군사경쟁에 이용되었다. 이런 측면에서 보면, 기원전 2500년 무렵의 수메리아 문명, 2세기의 로마제국, 1700년 무렵의 루이 14세 시대는 외관상으로는 큰 차이가 있지만 본질적으로는 유사하다고 할 수 있다. 지배계급이 농민들이 생산한 잉여를 갈취해 전쟁을 일으키고, 기념비적인 건축물을 짓고, 사치와 향락을 누렸다는 점에서 시대를 불문하고 비슷했던 것이다. 누가 더 군사적으로 강하고, 누가 더 화려하고 장엄한지를 겨루었기 때문에 이런 시스템에는 다이내믹한 면이 있었다. 동시에 매우 낭비적이었다. 전투용 마차와 신전들, 갑옷 입은 기사들, 높이 솟은 성들, 대포와 궁궐 등은 생산성이 높은 경제로부터 부를 빨아들임으로써만 가능한 것이었다. 잉여가 기술혁신과 개발에 투자되는 경우는 거의 없었다. 결국 산업시대 이전 사회에서 인간의 노동생산성은 아주 서서히 높아졌을 뿐이었다.

산업자본주의와 비교하면 노동생산성의 차이는 훨씬 더 극명하다. 이와 관련해 마르크스는 '공산당 선언The Communist Manifesto'에서 다음과 같은 유명한 말을 남겼다.

부르주아계급은 생산수단을 끊임없이 혁신하고, 그에 따른 생산관계와 사회 전체 관계를 변혁하지 않고서는 존재할 수가 없다. 오래된 생산방식을 바꾸지 않은 채 보존하는 것은...자본주의 이전의 모든 계급이 존재하는 첫째 조건이었다. 생산의 부단한 변혁, 모든 사회적 조건의 쉼 없는 변동, 불안정성과 동요의 지속은 부르주아가 지배하는 시대를 이전의 모든 시대와 구별하는 특징이다. 고착되고 꽁꽁 얼어붙은 모든 관계들은 오래되어 숭고해진 편견이나 상식들과 함께 모두 쓸려 나가고, 새로이 형성된 것들은 미처 골격을 갖추기도 전에 낡은 것이 돼버린다. 견고한 모든 것들이 공기 속으로 녹아들어간다...

약 2500년 전의 세계 인구는 2억 명 정도로 추정되는데, 200년 전까지만 해도 10억이 되지 않았다. 하지만 현재 세계 인구는 70억을 헤아리고 있다. 이는 산업혁명 이후 세계 인구의 증가 속도가 그 이전보다 18배나 증가했음을 뜻한다.

로마제국은 1년간 약 8만 5000톤의 철을 생산했던 것으로 추산된다. 그러나 1900년 무렵에는 주요 철 생산국 다섯 나라가 '매일' 그 정도를 생산했다. 오늘날 철 생산량 상위 5위권 국가가 '한 시간'만에 같은 양을 생산해 낸다. 생산하는 데 걸리는 시간은 한 시간에 불과하다.

이런 변화를 어떻게 설명할 수 있을까. 답은 〈자본론〉 1권에 담겨 있다. 마르크스는 〈자본론〉 1권을 상품—자본주의 경제의 기본 벽돌—에 관한 설명으로 시작하면서, 상품은 '사용가치use value'와 '교환가치exchange value'를 모두 갖고 있다고 주장한다. 사용가치는 상품이 만족시켜주는 필요에 근거하고 있다. 예컨대 바나나의 사용가치는

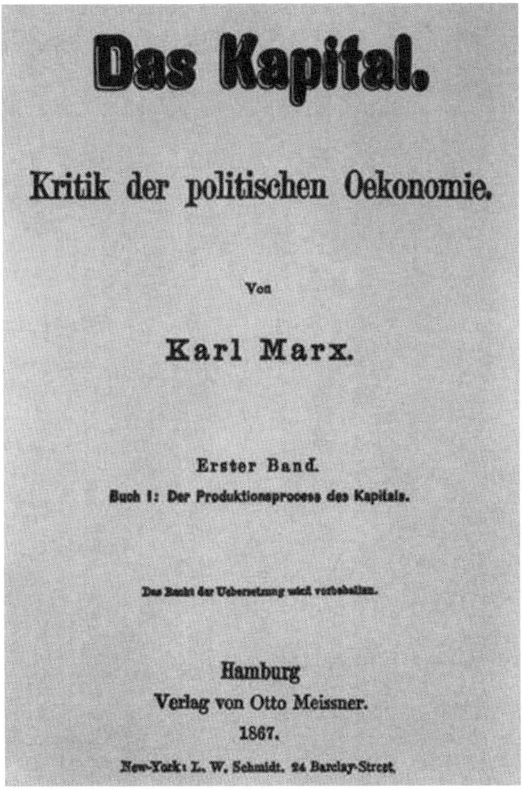

Das Kapital.

Kritik der politischen Oekonomie.

Von

Karl Marx.

Erster Band.

Buch I: Der Produktionsprocess des Kapitals.

Das Recht der Uebersetzung wird vorbehalten.

Hamburg

Verlag von Otto Meissner.

1867.

New-York: L. W. Schmidt. 24 Barclay-Street.

마르크스의 대표 저서인 <자본론> 초판. 3권으로 구성된 이 책은 공산주의 사상의 교과서로 통한다.

바나나가 가진 영양분에 있다. 반면 교환가치는 다른 모든 상품과 공통적으로 갖고 있는 것에 근거하고 있다. 교환가치는 시장에 팔기 위해 그 상품을 만드는 데 들어간 노동의 양이며, 시장에서의 가격으로 나타난다. 그렇기 때문에 사용가치와 교환가치는 언제든지 일치하지 않을 가능성이 있다. 상품이 가진 사용가치와 교환가치 사이에는 모순이 존재한다는 말이다. 예컨대 바나나는 배가 고픈 사람에게 필요한 가치를 지니고 있지만, 수중에 돈이 없으면 사 먹지 못할 수 있다. 사용가치는 자본주의 이전 단계의 교환관계에서 지배적인 것이었다. 이 단계에서의 상인은 잉여를 팔려는 생산자와 그것을 필요로 하는 소비자 사이의 단순한 중개자였다. 자작농은 자신의 남는(잉여) 곡식을 팔아 쟁기를 살 수 있었다. 부유한 귀족은 자신이 거느리는 하인들을 먹여 살리기 위해 그 곡식들을 사들일 수 있었다. 상인도 이익을 남기긴 했지만, 그의 역할은 서로 다른 사회계급들 사이에서 경제적으로 중개를 하는 데 불과했다.

교환가치는 자본주의에서 지배적으로 나타난다. 상인은 이윤을 붙여 팔기 위한 목적으로만 산다. 상인들은 교환을 위한 교환을 한다. 이러한 상인의 원칙이 그 사회의 일반적인 원칙이 될 때, 자본주의로 이행하게 된다.

17세기 네덜란드와 18세기 영국의 상업자본주의는 교역을 통해 자본을 축적한 상인들의 자본주의였다. 그러나 상인들은 축적된 자본을 산업혁명 시기에 운하와 기계, 공장 등에 투자했다. 산업화는 다시 더 큰 자본 축적이 가능하게 만들었다.

1800년 무렵 자본주의는 스스로의 동력으로 가속적인 성장을 일

귀내고 있었다. 그런 성장의 동력은 경쟁이었다. 고대 도시국가들 사이에서 볼 수 있었던 정치·군사적 경쟁이 아니라, 자본가들 사이의 경제적인 경쟁이었다.

방적기 한 대는 8명의 노동자가 생산할 수 있는 양만큼의 실을 만들어냈다. 동력 직기(베틀) 한 대는 6명이 할 수 있는 양만큼의 실을 짜낼 수 있었다. 새로운 기술에 투자하지 않는 자본가는, 노동력을 절감해주는 기계를 사용해 비용을 줄임으로써 값을 낮추는 다른 자본가들에게 밀릴 수밖에 없었다. 자본가들은 시장의 철칙을 인식하게 되었다. 모든 자본가들은 경쟁의 압박을 받아 비용을 절감하고, 생산량을 늘리고, 가격을 낮출 수밖에 없었다. 성공의 척도는 이윤에 있었다. 경쟁에서 이긴 자본가는 시장에서 점유율을 더 높일 수 있었고 이윤도 더 많이 거둘 수 있었다. 이렇게 남긴 이윤은 경쟁력을 더 높이기 위해 다시 투자되어야 했다.

결국 자본주의는 경쟁적으로 자본축적을 할 수밖에 없는 시스템이다. 이는 다음의 세 가지 요소가 융합한 결과다. 오직 이윤을 붙여 팔기 위해서만 사야 하는 상인의 원리, 산업혁명이 초래한 노동생산성의 변화, 각각의 경제 파트가 자본들 사이의 경쟁 단위가 돼 버린 상황.

이러한 자본주의화 과정의 가장 원초적인 재료는 물론 노동력이다. 노동력은 이제 본질적으로 상품이 되었다. 또한 노동력은 그것이 갖고 있는 실제 가치 이하로 시장에서 거래되는 게 일상화되었다. 둘사이의 차이 즉 자본가가 노동자에게 지급하는 임금, 노동자들이 임금으로 구입하는 상품의 가치 사이의 차이가 이윤의 본질이다.

이를 처음으로 명확하게 설명한 인물이 마르크스다. 그는 노동자의 임금은 노동에 대한 대가-실제로 행해진 일의 양-가 아니라, 노동력-일할 수 있는 능력-에 대한 대가라는 사실을 밝힘으로써 리카도의 '노동가치설'에 기여했다.

노동에 대한 대가와 노동력에 대한 대가의 차이는 자본주의에 내재된 비밀이다. 임금이 노동에 대한 대가라면, 노동자들은 자신이 생산한 가치에 대한 정당한 지불을 받는 것이기 때문에 이윤이 발생하지 않는다. 하지만 임금이 노동력에 대한 대가인 경우, 임금은 시장의 거래가격에 따라 결정되고, 자본가들은 이윤을 얻기 위해 임금보다 더 큰 가치를 만들어내라고 노동자에게 요구하게 된다.

핵심은 이것이다. 자본주의 하에서 노동은 임금과 이윤을 합친 가치를 만들어낸다. 따라서 임금은 생산과정에 투입된 노동의 가치를 전부 반영하지 않는다. 자본가들이 임금을 지급하고 사들이는 것은 일정한 시간 동안, 특정한 수준의 기술로 얼마만큼 일할 수 있는가에 대한 능력이다. 자본가는 임금에 지불된 가치 이상의 가치를 생산과정에서 얻기를 바란다. 이 가치의 차이가 바로 '잉여 가치', 즉 이윤이 된다.

그렇기 때문에 자본주의 노동자들은 소외되고 착취당할 수밖에 없다. 그들은 자신이 하는 노동에 대해 아무런 통제권이 없기 때문에 소외되며, 자신이 제공하는 노동의 가치만큼 대가를 얻지 못하기 때문에 착취당한다. 필연적으로 계급갈등이 생길 수밖에 없는 것이다.

이처럼 자본가와 노동자는 생산과정에서, 또 노동의 산물에 대한 대가를 둘러싸고 끊임없이 갈등 상황에 놓이게 된다. 자본주의는 다른 의미에서도 모순적이다. 경쟁적인 경제는 맹목적이고 무정부적일 수밖에 없다. 과잉 투자는 생산의 과잉을 낳을 수밖에 없다. 팔리지 않는 상품이 쌓이게 되고, 그 결과 파산하는 자본가들이 줄을 잇게 된다. 경기의 활황은 필연적으로 파탄으로 이어진다. 호황으로 인한 거품은 악성 부채의 블랙홀로 변한다. 부는 낭비되고, 부의 창조는 붕괴한다.

자본주의는 노동의 생산성을 높여, 인간이 안고 있는 물질적인 문제의 많은 것이 해결될 수 있으리라는 희망을 약속했지만, 그 약속은 시스템 자체에 의해 부정되고 말았다. 한편으로, 경쟁과 자유시장의 무정부성은 서로 모순적일 수밖에 없는 경제주체들을 모두 파멸시키고, 불황을 초래하며, 대중이 빈곤해지는 것을 의미한다. 다른 한편으로, 작업장에서의 소외와 착취는 대부분 민중의 삶이 과로와 빈곤, 스트레스에 의해 파괴된다는 것을 뜻한다.

노동계급의 형성

전前자본주의 사회에서 노동계급은 생산수단에 어느 정도까지는 통제권을 가졌다. 중세시대의 농민들은 가끔 자기 땅을 소유하기도 했고, 때로는 마을 구성원의 일원으로서 공동 소유의 농지와 목초지, 숲에 접근할 수 있었으며 마을 사람들과 함께 땅을 일구며 삶을 꾸려갔다. 또한 중세의 장인들도 자기 소유

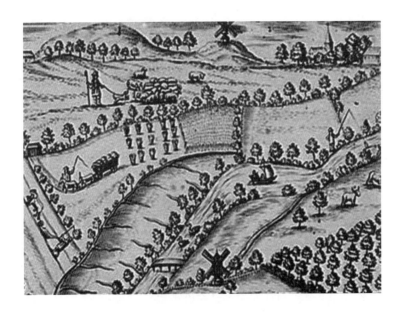

대지주가 목양업을 하기 위해 공유지에 울타리를 쳐서 사유지로 만든 땅. 이같은 인클로저 운동은 중소농민을 공업노동자 또는 농업노동자로 전락시켰다.

의 도구를 이용하거나, 자치적으로 꾸려가는 길드의 일원으로서 도시의 작업장에서 일할 수 있었다.

초기 자본주의는 이러한 중세사회의 농민과 장인들의 상층부에서 시작되었다. 농민 가운데 부유한 이들은 농업 기업가로 발전했고, 직공을 거느리면서 작업장을 운영하는 성공한 장인들은 상인으로 발전했다. 자본주의와 부르주아 혁명은 바로 이들, 17세기 영국에서 '중산층middling sort'으로 불리던 사람들에 의해 추진되었다.

생산량의 증가와 시장의 확대는 부유하게 될 수 있는 기회를 크게 늘렸다. 대규모 토지를 개발하거나 새로운 작업장을 짓는 데 투자할 여력이 있는 사람들은 경쟁에서 다른 사람들보다 앞서 나갈 수 있었다. 그 결과 가장 부유한 상인이나 농부와, 가장 가난한 노동자 사이의 격차는 점점 커져만 갔다.

특히 17세기 후반부터 가속화된 자본 축적은, 처음에는 상업자본주의와 선대제 형태를 띠었다. 장인들은 여전히 자기 집이나 집에 딸린 작업장에서 일했으나, 이전과 달리 자신이 판매하기 위해서가 아니라, 상인자본가들의 주문을 받아서 생산하는 방식이 주를 이루었다.

공장 시스템은 이 모든 것을 한꺼번에 바꾸어놓았다. 18세기 후반부터 산업화가 진행되면서 자본축적은 훨씬 더 탄력을 받게 되었다. '중산층'은 직공들을 거느린 소수의 장인과 다수의 임금 노동자로 나뉘어졌다. 임금 노동자들 중에는 장인 출신의 숙련 노동자들뿐 아니라 미숙련 일반 노동자도 대거 포함돼 있었다. 이들이 새로운 사회계급, 즉 프롤레타리아를 형성하게 되었다.(프롤레타리아라는 용어는 마르크스와 엥겔스가 고대 로마 시대의 가난한 도시 거주자들을 일컫는 라틴어에서 따온 말이다.)

프롤레타리아 계급이 형성되는 과정은 매우 폭력적이었다. 농민들은 자신들의 땅에 집요하게 매달렸고, 장인들은 독립적으로 작업하는 것에서 오는 자유와 자존감을 소중히 여겼다. 하지만 프롤레타리아를 만들어내기 위해서는 이들 생산자를 생산수단으로부터 분리시킬 필요가 있었다. 따라서 자본주의의 역사는 축출과 탈취, 빈곤화의 역사다.

영국 농민들의 파멸은 중세시대에 시작돼, 16세기와 17세기 동안 심화되었다가, 18세기와 19세기에 정점에 이르렀다. 이 과정에서 작동한 기본적인 메커니즘은 인클로저^{enclosure}였다.

중세 농업은 노지露地open field에 근간을 두고 있었다. 두세 개의 대규모 농지를 여러 부분으로 나눠 각각을 농민 가족들에게 할당하는 방식이었다. 그렇게 나눠진 토지에는 울타리가 없었다. 대부분의 농사일이 마을 공동으로 이뤄졌기 때문이다. 농민 가족들은 숲을 공동으로 사용하면서 각자 필요한 땔감을 대거나 사냥을 할 수 있었고 소나 양을 방목할 수 있도록 목초지도 마을 공동으로 사용했다.

하지만 인클로저는 소수의 부농들에게 토지에 울타리를 칠 권리를 주었고, 그렇게 울타리를 친 땅을 사유지로 취급해 다른 농민들의 접근을 막았다. 따라서 인클로저는 농민들로부터의 토지 탈취를 의미했다. 이 때문에 인클로저는 수 세기에 걸쳐 영국 시골에서 격렬한 계급전쟁을 초래했다. 당시에 널리 퍼져 있던, 작자를 알 수 없는 시에 그때 상황이 잘 나타나 있다.

공유지에서 거위를 훔쳤다며
사내는 목을 매달고
아낙은 매를 때린다네
하지만 거위한테서 공유지를 빼앗은
더 큰 도적은 보고도 못 본체하네

농지를 강탈한 자들은 대개 국가의 든든한 보호를 받았다. 의회에서 인클로저 법안이 통과되면서 18세기 말과 19세기 초에 인클로저는 더욱 기승을 부렸다. 당시의 의회는 재산가들이 모인 입법기관이었기 때문이다.

또한 스코틀랜드의 고지대에서는 지주들이 높은 이윤이 보장되는 양 방목지로 쓰기 위해 자기 땅에서 살고 있던 소작농들을 쫓아내는 일이 비일비재했다. 1814년에서 1820년 사이에 서덜랜드 공작부인은 영국군을 고용해 1만5000명에 달하는 소작농들을 몰아내고 마을을 불태워버린 다음, 80만 에이크의 땅에 양 13만 마리를 방목시켰다.

독립적으로 작업장을 운영하던 장인들도 결국 버티지 못하고 빈곤으로 내몰렸다. 방직기계가 도입되면서 수공업으로 방직을 하던 장인 80만 명이 일손을 놓아야 했다. 공장 제품과 경쟁을 하다 보니 제품 단가가 떨어져 생계를 이어갈 수가 없었던 것이다.

일거리를 잃은 방직 장인들은 가만히 있지 않았다. 벼랑 끝에 몰린 그들은 필사적으로 후방에서 공격을 감행했다. 실존 인물인지 아닌지 불확실하지만, 전설적인 이름으로 남아있는 네드 러드 장군의 지휘 아래 비밀리에 조직을 만들어 기계파괴운동을 펼쳤던 것이다. 러다이트^{Luddite}라 불린 이 파괴운동은 국가의 탄압으로 실패로 끝나고 만다. 1812년 영국 요크에서 행해진 공개재판에서 주동자들은 사형을 당하거나 국외로 추방당했다. 결국 방직 장인들은 굶주림에 지친 나머지, 일자리를 찾아 급속히 커져가고 있던 도시로 몰려가야만 했다.

아일랜드에서의 프롤레타리아화는 영국에서보다 훨씬 더 폭력적이었다. 영국의 식민지였던 아일랜드에서는 영국 및 아일랜드 출신 개신교 지주들이 아일랜드 가톨릭 농민들을 지배하고 있었다. 아일랜드인들은 불굴의 정신으로 엄청난 저항을 펼쳤으나, 우세한 군사력과 잔인한 진압 작전에 밀려 번번이 무릎을 꿇고 말았다.

1845년과 1852년 사이에, 아일랜드 농민의 주요 작물이었던 감자 농사가 병충해로 흉작을 맞고 말았다. 하지만 지주들은 이윤을 위해 얼마 수확하지도 못한 감자를 수출했고, 그 결과 약 100만 명이 기아로 사망했고, 기근을 피해 또 약 100만 명이 나라를 떠났다. 이 시기 동안 전체 인구의 약 25퍼센트가 감소했다.

맨체스터, 글래스고를 비롯해 10여 개에 이르는 북부 산업도시들에 몰려든 프롤레타리아는 대부분이 잉글랜드의 인클로저와 스코틀랜드의 하이랜드 클리어런시스^{Highland Clearances}(스코틀랜드 고지대의 강제이주), 아일랜드의 기근을 피해서 왔거나, 가난에 빠진 방직 장인과 다른 기술자들이 일자리를 찾아서 온 것이었다. 한마디로 이들 도시의 노동계급은 굶주림을 통해 형성되었다.

그래서 마르크스가 '자본의 원시적 축적'이라고 불렀던 현상은, 농민들을 토지로부터 강제적으로 추방하고, 장인들한테서 생산수단 통제권을 빼앗는 것을 수반할 수밖에 없었다. 마르크스는 '자본의 축적에 관한 역사는 피와 불이라는 문자를 통해 인류의 연대기에 기록돼 있다'고 썼다.

지난 250년간 국제자본주의가 작동해 온 방식은 더 많은 농민과 장인들의 공동체가 생산수단을 빼앗기고 빈곤에 몰려 결국 임금노동자로 변하는 과정이었다. 이 과정은 오늘날에도 중국과 인도, 브라질에서 찾아볼 수 있다. 그 과정은 현존하는 노동계급에게도 계속 영향을 미치고 있다. 낡은 산업은 지고, 새로운 산업이 떠오른다. 오늘날 글래스고의 콜센터 노동자수는 1세기 전의 공장 노동자들만큼이나 많다.

서로 경쟁하는, 자본을 축적하는 방식이 바뀜에 따라, 노동계급의 성격과 구성도 변한다. 따라서 계급의 정체성과 연대, 조직화를 이루는 방식도 새로워져야 한다. 마르크스는 이 점을 논의하면서 '즉자적卽自的 계급class in itself'과 '대자적對自的 계급class for itself'이라는 말을 구분했다. 즉자적 계급이란 사회관계와 경제적인 과정에서 계급이 처하게 되는 현실을 가리킨다. 때문에 노동자들이 자신의 삶의 조건을 의식하든 안 하든 무관하다. 반면 대자적 계급은 계급의식을 갖고 노동조합을 조직하거나 적극적인 저항을 해나가는 것을 가리킨다.

또 전자는 객관적인 사실이지만, 후자는 주체적인 결단의 결과다. 노동자는 현실에 무심하고, 파편화되고, 수동적인 채로 남아 있을 수 있다-역사의 피해자로서 말이다. 반면 자신들의 처지를 인식하고 동료들과 단합하고, 세계를 변화시키는 투쟁에 참여할 수도 있다. 이럴 때 역사의 주체가 된다. '즉자적 계급'과 '대자적 계급' 사이의 차이점을 인식해야 인류의 미래도 바뀔 수 있다.

철혈 시대

1848년~1896년

'위로부터의' 부르주아 혁명 :
미국의 남북전쟁은 노예를 소유한 남부와 산업화된 북부가 싸워 자본주의의 우월성을 확인시킨 사건이었다

영국의 인민헌장(차티스트) 운동이 실패하고, 유럽의 여러 나라에서 일어났던 1848년 혁명이 실패로 돌아간 뒤, 자본주의는 오랫동안 호황기를 누렸다. 하지만 1873년에 이르러 자본주의 시스템이 붕괴되면서 긴 불황의 늪에 빠져들게 된다. 당시의 호황을 주도한 것은 철도 건설이었다. 철도는 상품과 사람의 수송을 기계화함으로써 석탄과 철, 토목과 건설업을 위한 거대 시장을 창출했다. 철도는 새로운 '자본의 시대'가 도래했음을 상징적으로 보여주는, 시각적으로도 매우 강력한 사건이었다.

호황을 누리던 자본주의는 사회 질서와 지정학적 질서를 불안정하게 함으로써 세 번째의 부르주아 혁명이 일어날 수 있는 환경을 제공했다. 하지만 아래로부터의 대중운동에 의해서가 아니라 위로부터 폭넓게 기획된 혁명이었다. 이탈리아의 통일운동, 미국의 남북전쟁, 일본의 메이지유신, 독일의 통일운동은 위로부터의 부르주아 혁명으로 봐야 가장 적절하게 이해할 수 있다.

그러나 그 시기는 두 개의 드라마틱한 사건으로 문이 열리고, 닫혔다. 두 사건은 서로 다른 방식으로 20세기의 거대한 투쟁을 예고했다. 하나는 1857년의 인도 반란으로, 이후 '제3세계'^{Third World}라고 불리게 되는 반제국주의적 봉기를 말한다. 다른 하나는 1871년의 파리코뮌으로, 역사상 최초의 프롤레타리아 혁명이었다.

세포이의 항쟁

농업혁명과 산업혁명은 역사적으로 별개의 사건이지만, 인간의 경험을 전면적으로 바꾸어 놓았다는 점에서 공통점이 있다. 물론 둘 사이에는 매우 중요한 차이점이 있다.

농업혁명은 수천 년에 걸쳐 서서히 퍼져나갔고, 그것이 만들어낸 전통적인 농업 공동체들은 매우 보수적이어서 몇 세기 동안 거의 눈에 띄지 않을 정도의 변화만 겪었다. 반면 산업혁명은 사회 · 경제적으로 엄청난 소용돌이를 일으켰다. 마르크스가 지적했듯이 '생산의 부단한 혁명'과 '사회적 조건의 끊임없는 요동'을 초래했다. 산업혁명 이전에도 유럽의 자본주의는 낡은 봉건적–절대주의 질서에서 맹아적 형태로나마 국제적으로 퍼져나가고 있었고, 탐험가들과 선원들, 상인들, 노예무역업자들은 약탈과 이윤을 좇아 다른 대륙을 훑고 다녔다.

1750년 이후 자본의 축적과정이 급속히 빨라지면서 자본주의 시스템은 '세계화globalization'를 더 강하게 밀어붙였다. 자본주의는 급성장하는 산업을 지원하고, 제품을 팔기 위한 시장을 만들고, 잉여 자본을 위한 새로운 투자처를 늘리기 위해 1차 산업을 필요로 했다. 따라서 제국을 건설할 수밖에 없었는데, 자본주의는 유럽인들이 제국을 세우는 데 유리한 환경을 제공했다.

높은 기술력과 체계화된 조직력으로 무장한 유럽 병사들은 군대 규모는 상대적으로 작으면서도 아메리카, 아프리카, 아시아 등지에서 토착정부를 굴복시키는 데 훨씬 유리했다. 유럽 군대가 쳐들어간 국가들은 부패했고, 폭압적이었고, 내부적으로 분열돼 불평불만이 가득 차 있었다. 그래서 수만 명의 군대가 수백 명 혹은 수십 명의 유럽 병사들한테 쫓겨 달아나곤 했다.

인도는 자원이 가장 풍부한 땅 중 하나여서, 몇몇 유럽 국가들이 17세기 내내 인도 해안에 무역거래소를 설치하기도 했다. 18세기 중엽에는 식민지 쟁탈전을 벌이고 있던 영국과 프랑스가 벵골과 마드라스에서 소규모 전쟁을 벌이면서 긴장을 높여갔다.

1757년 영국 동인도회사에서 복무하고 있던 장교 로버트 클라이브가 캘커타를 점령한 다음, 플라시 전투에서 벵골의 나와브Nawab of Bengal51가 이끌던 군대를 꺾었다. 나와브는 델리에 있던 무굴 제국의 명목상 총독이었지만, 실제로는 한 지역의 통치자였다. 당시 인도는 여러 지역으로 나눠져 있었으며, 각 지역의 통치자들은 서로 반

---

51 무굴제국 시대의 지방을 지배하던 지방관리를 일컫는 현지어.

목하면서 자주 전쟁을 벌여온 터였다. 유럽인들은 이렇게 분열된 인도를 야금야금 정복해 나가기 시작했다.

인도에는 사회적으로 큰 격차가 존재하고 있었다. 나와브 궁전의 화려함과 일반 서민의 빈곤은 극명하게 대비되었다. 벵골의 농민들은 자기네 통치자를 압제자로 간주했다. 통치자를 위해 싸울 아무런 동기를 느끼지 못하고 있었다. 조신들은 기본적으로 기생적이었고, 벵골 사회에 실질적인 뿌리가 없었기 때문에 내부 분열과 음모가 판치고 있었다.

3000여 명에 불과했던 클라이브의 군대가 5만 명에 달하는 나와브의 군대를 이길 수 있었던 것은 우수한 화력 덕분이 아니었다. 벵골인들은 동인도회사보다 더 많은 소총과 대포를 보유하고 있었다. 그러나 나와브의 부하들 가운데는 배신자가 많았고, 장교나 병사들 가운데 다수가 전투에 참가하지 않았다. 물론 유럽 군대가 이동성이나 화력, 공격 전술 면에서 선진적인 방식을 도입한 게 효과를 발휘했다.

인도의 봉건적인 군대들은 단지 개별 전사들을 모아 놓은 오합지졸에 불과했다. 반면 부르주아 군대는 제대로 훈련된 병사들이 조직적으로 움직이고 있었다. 당시의 총포 무기들은 탄약을 장전하는 데 시간이 걸렸고 사정거리도 짧았으며 정확도도 낮았다. 가장 이상적인 공격 방식은 50미터 내외의 거리에서 적을 향해 집중포화를 퍼붓는 것이었다. 이런 공격은 적의 대형을 흩트러 놓아 결정적인 순간에 적진을 무너뜨릴 수 있었다.

클라이브의 군대는 플라시 전투에서 나와브군의 일부를 상대했지만, 그 수는 클라이브 병사들보다 3~4배 많았다. 결국 벵골을 정복하게 된 것은 봉건적인 내부 분열과 부르주아적인 전투방식 덕분이었다. 이는 유럽인들이 인도에서뿐만 아니라 아시아, 아메리카, 아프리카를 정복할 때도 마찬가지였다.

플라시 전투가 하나의 터닝 포인트였다. 인도에서 프랑스의 위세는 점점 기우는 대신 토후들은 동인도회사의 위세에 굴복하게 되었다. 인도 중부의 마라타는 1823년에, 신드(파키스탄 남서부)는 1843년에, 펀자브주의 시크(파키스탄 북부와 인도 북서지역)는 1849년에, 아우드(인도 북중부)는 1856년에 동인도회사에 점령당했다. 19세기 중반 무렵 영국은 겨우 25만 명의 군대로 2억 인구를 지배하게 되었다. 군인들 중 80퍼센트는 영국군 장교들 휘하의 인도 출신 병사들이었다. 동인도회사는 현지의 나와브(총독)들과 마하라자(왕)들을 꼭두각시로 내세워 인도를 다스렸다. 이들 토착 권력자들은 사치스러운 생활을 즐기면서, 겉으로는 제왕적인 위엄을 뽐내고 있었지만, 실제 권력은 동인도회사의 관료들이 쥐고 있었다.

자민다르(대지주)와 대상인들도 동인도회사 치하에서 번창했다. 이들은 이전보다 더 심하게 소작농을 쥐어짰고, 거기서 얻은 이윤을 동인도회사의 관료들과 나눠먹으면서 호의호식했다. 시골 농민들은 점점 더 깊어지는 빈곤에서 헤어나질 못하고 있었다. 플라시 전투가 있고 나서 12년이 흐른 1769년에는 가뭄으로 흉년이 들면서 굶주림과 역병으로 약 1000만 명이 사망하기도 했다.

영국 제국주의는 인도 경제를 크게 후퇴시켰다. 가장 좋은 예가 직물산업이다. 영국에서 직물산업이 기계화되면서 인도시장은 영국에서 수입된 값싼 면직물로 넘쳐나게 되었다. 토착 직물 상인들과 가내 직공들은 하루아침에 생계 위협을 받게 되었다. 그 결과 19세기 동안 농업에 종사하는 인구 비율이 50퍼센트에서 75퍼센트로 껑충 뛰었다. 영국 식민지 치하의 인도는 '개발을 저해당했던 de-developed' 것이다.

결국 1857년 인도 북동부 지역에서 민심이 폭발하고 말았다. 힌두교, 이슬람교, 시크교도로 이루어진 세포이sepoy(영국 장교 휘하의 인도 병사들)들은 소총의 총구에 힌두교도가 신성시하는 소의 지방과 무슬림들이 '불결한' 동물로 간주하는 돼지의 지방이 칠해져 있다는 것을 알고는, 자신들의 종교가 금기시하는 행동을 하지 않겠다며 반란을 일으켰다. 반란군은 기습적으로 영국인들을 공격해 인도 북부의 상당 지역을 장악했고, 카운포르와 러크나우에 주둔하고 있던 영국군을 포위한 다음, 옛 수도 델리에 새로운 무굴제국을 세웠다.

잃어버린 정복지를 되찾기 위해 영국은 힘겨운 군사작전을 펼쳐야 했고, 그 과정에서 유례없이 야만적으로 인도인들을 학살했다. 영국 정부는 대규모 병력을 인도에 파견하는 한편, 인도 북부의 반란을 진압하기 위해 남부지역인 마드라스와 봄베이 출신 세포이들을 전선에 배치했다. 생포된 반란군은 포탄이 장전된 대포의 포구에 묶고 발사해 몸을 산산조각 내버렸다.

세포이 항쟁(1857~59)은 서로 다른 부족과 종교적인 배경을 가진 인도인들이 힘을 합쳐 일으킨 최초의 독립전쟁이자 반제국주의 투쟁이었다. 인도인들의 단합은 영국인들이 구사한 '분할 통치'에 대

세포이의 항쟁은 종교도 다르고 부족도 다른 인도인들이 힘을 합쳐 일으킨 최초의 독립 전쟁이자 반제국주의 투쟁이었다.

한 대응이기도 했다.

 그러나 반란군들은 과거에 한 발을 디딘 채 싸우고 있었다. 영국의 통치에 대항하기 위해 그들이 생각할 수 있었던 유일한 대안은 봉건적인 과거로 회귀하는 것이었다. 전통적인 통치 권력과 그들이 누리던 기생적인 생활과 엄청난 재화에 대해서는 아무런 도전도 하지 않았다. 그래서 사회개혁에 대한 어떤 전망도 내놓을 수 없었고, 그러다 보니 소작농들을 혁명으로 끌어들이는 데도 실패하고 말았다.

 그럼에도 불구하고 세포이 반란으로 영국 통치자들은 크나큰 위협을 느꼈고, 이후 제국주의 정책 전반을 재편하게 된다. 빅토리아 여왕이 인도의 여제로 즉위했고, 새로운 인도 정부가 들어섰다. 인도 토착 권세가들과의 관계도 강화되었고 성직자, 공무원, 법률가 등으로 이루어진 중간계급을 발달시켰으며, 지방의 브라만과 족장들에게는 세금과 소작료를 징수하는 일을 맡겼다. 또한 법률을 제정해 동인도회사의 관료들이 자의적으로 권력을 행사하지 못하도록 했다.

이제 잘 짜여지고 엄격하게 통제되는 관료제와, 영국인과 인도인으로 구성된 앵글로 인디언^{Anglo Indian} 군대를 통해 착취가 이뤄졌고 가난은 고착화되었다. 특권을 등급화하고 부족과 종교, 카스트에 따른 차별을 은밀하게 조장함으로써 식민지 통치자들은 인도인들의 저항을 분쇄했다.

인도인들은 예속에 따른 대가를 치러야했다. 세수의 25퍼센트가 군대에 지출되었던 반면 겨우 1퍼센트의 세수만 의료와 교육, 농업에 쓰였다. 인도인들은 기근으로 속절없이 죽어갔다. 1860년대엔 100만 명이, 1870년대엔 350만 명이, 그리고 1890년대엔 1000만 명이 굶주림으로 사망했다. 미국의 급진주의 역사학자 마이크 데이비스는 이러한 대기근에 의한 참상을 '후기 빅토리아 시대의 대학살'이라고 부르면서 이 때문에 '제3세계'가 태동하게 되었다고 밝힌 바 있다.

인도는 영국의 식민 지배로부터 경제적으로 혜택을 입었다는 주장이 자주 제기되고 있지만, 이는 거짓말이다. 영국 식민지 하에서 인도 농업은 파괴되었고, 토착 산업은 괴멸되었으며 국가의 부는 외국 자본들에게 넘어갔다. 이런 현실로 인해 시간이 흐르면서 인도 독립을 향한 새로운 투쟁이 일어나게 되었다.

이탈리아 통일운동

1860년 민족주의로 무장한 자원병들이 시칠리아 섬을 통치하고 있던 부패한 절대주의 군주를 전복하고, 시칠리아와 이탈리아의 다른 지역을 통일하기 위해 섬에 상륙했을 때, 현지 농민들은 민족주의 군대가 내걸었던 'Viva Italia(이탈리아 만세)'라는 구호가 봉기 세력의 여왕을 가리키는 줄로만 알았다. 근대적이고, 통일된, 부르주아 국민국가라는 뜻의 '이탈리아ltaly'는 'de novo', 즉 새로운 것을 만드는 행위였다.

이탈리아 반도는 1796~1814년에 일어난 불완전한 부르주아 혁명을 경험한 이후 정치적으로 안정을 찾지 못하고 있었다. 위로부터의 혁명이었던 이 부르주아 혁명은 정복군이었던 나폴레옹 군대가 주도한 것이었다.

프랑스는 구체제를 전복하고 이탈리아 자유주의자들이 이끄는 공화국 정부를 세웠다. 하지만 프랑스 공화국이 나폴레옹 제국으로 변하면서, 이탈리아 공화국 정부도 보나파르트 일가가 통치하는 왕조로 바뀌게 되었다. 이 과정에서 봉건주의가 철폐되고, 중간계급도 육성되었지만, 외국에 의한 통치와 토지개혁의 부재라는 한계 때문에 민중들은 새로운 정부체제를 마냥 환영하지는 않았다.

1814년 절대주의 체제가 부활했지만 세상을 과거로 되돌릴 수는 없었고, 프랑스혁명으로 촉발돼 새롭게 등장한 사회세력의 반발에 직면했다. 따라서 이탈리아 정치가들은 19세기 내내 미완의 부르주아 혁명이 남긴 과업에 매달려야 했다.

가장 중요했던 과업은 네 가지였다. 첫째는, 몇 개의 국가로 나뉘어 있던 이탈리아는 통일된 국가 체제가 관리하는 하나의 국내 시장을 갖지 못한 탓에 경제 발전이 이뤄지지 않았다는 점이다.

둘째는, 민족이 서로 분열돼 있었고 그래서 국력이 취약했던 탓에, 끊임없이 외국의 지배를 받아야했다는 점이다. 19세기 초반에는 합스부르크 왕가의 오스트리아에 지배당했다.

셋째는, 절대군주와 가톨릭교회, 귀족계급의 지주들이 통치하는 정치체제에서 부르주아계급은 권력에서 거의 완전히 배제되었다는 점이다. 따라서 자유주의적인 헌법으로 개헌하자는 요구는 곧 부르주아에게 정치권력을 넘기라는 요구였다.

넷째는, 프랑스와는 달리 이탈리아에서는 소작농의 혁명이 없었다는 점이다. 봉건주의의 철폐는 광범위한 토지 재분배로 이어지지 못했다. 이탈리아는 여전히 지주와 소작농으로 이루어진 전통적인 사회였고, 그 속에서 대다수 민중은 극심한 빈곤-육체적, 지적, 문화적 빈곤-에 시달리고 있었다.

이처럼 사회적으로 긴장이 높은 상태였기 때문에 이탈리아는 40년간 4차례-1820년, 1831년, 1848년, 1860년-의 혁명을 겪었다. 앞의 세 차례 봉기는 실패로 돌아갔으나 1860년의 혁명으로 국가의 통일과 독립을 완수하게 된다. 하지만 통일과 독립이 사회가 안고 있던 문제들을 해결하지는 못했다.

근대 이탈리아 국가를 탄생시킨 통일운동^{Risorgimento}(rebirth, 부활이라는 뜻)은 1859년부터 1870년 사이에 일어났다. 이는 피에몬테 왕국의 야망, 프랑스와 오스트리아 사이의 경쟁, 이탈리아 남부 지방에서의 혁명적인 봉기가 결합함으로써 가능했다. 이는 또한 위와 아래로부터 동시에 진행된 부르주아 혁명이었다.

빅토르 엠마누엘 국왕과 자유주의 온건파 수상인 카밀로 카보우르가 통치하고 있던 반#입헌군주국인 피에몬테 왕국과 사르데냐 왕국은 상당한 경제발전을 이루고 있었다. 이런 바탕 위에서, 또한 자신들의 이해관계 때문에 피에몬테 왕국의 통치자들은 이탈리아 민족의 대의를 위해 자신들이 정치적 리더십을 발휘해야 한다고 믿었다.

피에몬테 왕국은 프랑스와 손잡고 1859년 북 이탈리아에서 오스트리아를 무찔렀다. 그 결과 이탈리아 반도 전체의 권력 균형이 급격히 기울기 시작했다. 오스트리아의 지지를 받고 있던 소규모 국가들이 도미노처럼 무너지기 시작했다. 북부의 롬바르디아, 파르마, 모데나, 에밀리아, 로마냐, 중부의 토스카나에 들어섰던 자유주의 정부들은 투표를 통해 피에몬테 왕국과 합치기로 결정했다.

이듬해 5월에는 베테랑 혁명가인 주세페 가리발디가 혁명적인 자원병 1000명을 이끌고 시칠리아 섬에 상륙했다. 가리발디의 목표는 나폴리와 시칠리아를 통치하고 있던 절대주의 권력에 대항하는 봉기를 조직하는 것이었다. 그 해가 가기 전에, 두 시칠리아 왕국(시칠리아와 이탈리아 남부에 있던 왕국)이 멸망함으로써, 남부 이탈리아

주세페 가리발디는 혁명군을 이끌고 갈갈이 찢어진 이탈리아를 통일시키는 '위와 아래로 부터'의 혁명을 펼쳐나갔다.

전체가 새로운 통일 국가에 편입되었다.

1866년 피에몬테는 오스트리아-프로이센 전쟁에서 프로이센과 동맹을 맺음으로써, 베니스와 베네치아를 지키는 데 성공했다. 1870년에는 프랑스-프로이센 전쟁의 격전지인 스당에서 교황의 주된 보호세력이었던 나폴레옹 3세가 패하는 일이 일어나자 이탈리아 군대는 교황령을 침공해 굴복시키고 이탈리아 왕국으로 병합시켰다.

그러나 여전히 사회혁명은 일어나지 않았다. 1860년 8월 가리발디 휘하의 일부 병사들은 남부 지방의 지주들을 자기네 편으로 끌어들이기 위해 반란을 일으킨 농민들에게 발포하기도 했다. 뒤이어 많은 남부 지방에서 농민들이 빈곤에서 벗어나기 위해 미개간지를 점령했다. 그러자 지주들은 사병들을 고용해 이에 맞섰는데, 이 사병들이 이후 마피아로 발전하게 된다.

국가를 등에 업은 마피아의 테러는 농민들을 겁주어 한 세기 동안 그들을 계속 빈곤 상태로 묶어놓는 데 일조했다. 19세기 후반 이탈리아 농가들은 수입의 4분의 3을 식량을 구하는 데 사용했지만, 여전히 많은 사람들은 허기에 시달려야 했다. 또 매년 200만 명이 말라리아에 걸려 고통을 받았다. 시골 사람들은 거의 대부분이 문맹이었고, 성직자들의 지배 아래 무지한 상태로 살아갔다.

그러나 국가의 통일은 산업혁명을 촉발시켰다. 1861년과 1870년 사이에 철도 건설은 세 배나 늘어났다. 1896년과 1913년 사이에는 공업이 매년 평균 5퍼센트 비율로 성장했는데, 이는 당시 유럽 국가들 가운데 가장 높은 성장률이었다. 밀라노와 토리노, 제노바 같은 북서지역 도시들은 산업의 중심지로 자리 잡았다. 호황을 누린 북부 도시들은 가난에 찌든 시골 내륙지방으로부터 노동력을 빨아들였고 굶주림에 시달리던 농민들은 산업노동자로 변신하게 되었다-이는 곧 농민들이 프롤레타리아화하는 과정이었고, 이후 1차 세계대전을 전후해 격렬한 계급투쟁으로 폭발하게 된다.

미국 남북전쟁

1861년 4월 12일 미국 남부에 있는 섬터 요새에서 총격전이 벌어졌을 때만 해도, 많은 미국인들은 여름이 가기 전에 전쟁이 끝날 것이라고 믿었다. 링컨 대통령도 민병대원 7만 5000명의 징집을 요구하면서 90일만 복무하면 될 것이라고 밝혔다. 그 정도면 충분할 거라고 예상했던 것이다.

하지만 전쟁은 4년을 끌었고 전쟁 중에 62만 명이 사망했다-이 사망자 수는 미국이 겪은 역사상의 다른 모든 전쟁을 합친 것보다도 많았다. 남북전쟁이 이처럼 많은 피해를 낳았던 까닭은 양측에 사활을 걸 만큼 예민한 문제가 걸려 있었기 때문이었다.

남북전쟁은 미국 역사에서 가장 중추적인 사건이었다-남북전쟁은 앞서의 혁명(독립혁명)을 완수하려는 두 번째 혁명전쟁이었으며, 서로 양립할 수 없는 두 사회체제 가운데 어떤 체제가 북아메리카 대륙을 지배해야 하는지를 결정하기 위한 전쟁이었다.

11개 남부지역의 주州states는 '블랙' 공화당원이라고 불리던 링컨이 대통령으로 선출되자 연방에서 분리 탈퇴했다. 남부 지도자들은 그 이유를 이렇게 밝혔다. "미국의 노예제도에 영원히 반대한다는 것은 전쟁을 의미한다." 남부 동맹의 대통령 제퍼슨 데이비스의 설명이다. 남부 동맹의 부통령 알렉산더는 새로운 국가의 존재 이유를 이렇게 정의했다.

"이 나라의 기반과 초석은 흑인이 백인과 동등한 존재가 아니라는 위대한 진리에 놓여있다. 흑인들이 노예로 살아야 하는 것과 우수한 인종에 복속하는 것은 흑인들의 자연적, 도덕적 조건이다."

노예제도라는 문제를 놓고 4년 동안이나 사람들은 피를 흘리며 싸워야 했다. 전쟁이 그토록 치열하고 오랫동안 시간을 끌었던 데는 군사적인 이유가 있었다. 미국 영토가 광활했다는 점, 그 영토의 대부분이 울창한 삼림지역이었다는 점, 원시적인 통신수단, 현대 무기의 살상능력, 그리고 큰 규모의 군대에 충분히 장비를 공급할 수 있게 된 대량생산 산업도 원인을 제공했다. 그러나 핵심적인 이유는 따로 있었다. 이 전쟁은 혁명전쟁으로서 미국이 앞으로 어떤 종류의 사회가 될 것인지를 결정했기 때문이다.

1860년 선거는 미국 역사에서 가장 양극화된 선거였다. 공화당의 프로그램은 급성장중인 북부의 자본주의 경제의 열망과, 빠르게 확장중인 서부의 개척자 공동체를 대변했다. 핵심 정책은 미국 산업을 지키기 위해 더 높은 관세를 매기고, 새로운 정착민들에게는 무료 토지를 제공하고, 철도 건설을 위해 정부 보조금을 지급하는 것이었다. 슬로건은 '자유 토지, 자유 언론, 자유 노동, 자유인free soil, free speech, free labour, free men'이었다. 링컨은 "자유 노동 체제가 모두를 위한 길을 연다-모두에게 희망을 주고, 에너지와 진보와 상황 개선을 모두에게 가져다 준다"고 설명했다. 이는 젊고, 확신에 차고, 진보적인 부르주아지의 수사학이었다.

남부는 보수적인 농업 사회로서 주로 목화라는 단일 품목의 수출에 의존하고 있었다. 남부는 북부와 마찬가지로 호황을 누리고 있었다. 뉴잉글랜드와 영국, 프랑스 그리고 다른 곳에서 섬유 수요가 폭증하고 가격이 치솟으면서 섬유산업은 확장일로였다. 1800년에

4년 동안 62만명의 사상자를 낸 미국의 남북전쟁은 미국을 초강대국으로 바꿔놓았지만
내부적으로는 깊은 상처를 남겼다.

면화 수출액은 500만 달러였고 이는 미국 총 수출액의 7퍼센트나 됐다. 1860년에는 총 1억9100만 달러로 총 수출액의 57퍼센트까지 차지했다. 북부에서는 면직물 소유주, 광산 사장 그리고 철도 운영자들이 부를 쌓았고, 남쪽에서는 전통적인 대농장주(귀족)가 점점 더 많은 돈을 벌어들였다.

북부와 남부의 차이점은 많았다. 북부의 산업에서 관세는 보호(관세)를 의미했지만 남쪽의 소비자들에게는 더 높은 가격을 의미했다. 북부의 개척자들이 중심이 되어 서쪽으로 진출을 확장해 나가면서, 미 연방 안의 노예 해방 주(州)와 노예제도 주 사이의 힘의 균형을 위협했다. 철도 보조금은 북부 자본가들의 부만 쌓아줬지 남부 농장주들에게는 혜택이 돌아가지 않았다. 두 개의 경제체제, 두 개의 사회질서, 두 개의 지배계급 유형이 서로 다른 필요와 서로 맞서는 요구사항을 갖고 있으면서 하나의 정치체제 안에 묶여 있었던 것이다. 과연 국가는 누구의 이익을 대변해야 할까?

이처럼 상호 적대적인 상황을 프리즘처럼 한 곳에 모아 거대한 불씨를 피워 올리기 시작한 이슈가 하나 있었다. 바로 노예제도였다.

남부 대농장의 거대한 부는 400만 흑인 노예의 노동에 의존하고 있었다. 공화당은 노예폐지론자인 급진 세력을 포함하고 있었다. 하지만 상대적으로 온건주의자였던 링컨은 "서로 반목하며 갈라선 의회는 유지될 수 없다. 나는 이 정부가 영구적으로 반노예, 반자유인 상태로 지속될 수 없다고 믿는다"고 밝혔다.

링컨은 1860년 대통령 선거에서 전국 투표수의 40퍼센트밖에 얻지 못했지만, 북부 상부지역의 거의 모든 카운티를 휩쓸었고, 북부 전체로 봐도 54퍼센트라는 확고한 다수의 지지율을 얻었다. 반대로 남부에서는 최소한의 득표만 했으며 그마저도 대부분 고립된 연방주의자 지역인 웨스트 버지니아와 이스트 테네시에서 나온 것이 전부였다. 북부의 노예 폐지론자들은 이 결과의 의미를 확신했다. "위대한 혁명이 실제로 일어났다"고 찰스 프란시스 애덤스는 썼다. 그는 "미국은 노예 소유자들의 지배로부터 완전히 벗어났다"고 기록했다.

그 결과로 벌어진 전쟁은 길고도 유혈이 낭자했다. 이는 라이벌 시스템 간의, 정치적 이데올로기 간의 혁명전쟁이었기 때문이다. 1861년 봄 미국이 남북전쟁에 돌입한 이후 단 한 번도 양측 간에 타협도 협상도, 합의도 없었다. 남북 모두 한 발짝도 물러날 수 없는 이해관계가 걸려있었다. 북부로서는 연방군의 생존, 통일된 국가 경제, 그리고 산업 성장을 향한 정책이라는 문제가, 남부 엘리트들에게는 노예제도를 방어하고 자신들의 사회질서의 초석을 마련해야 한다는 목표가 걸려있었다.

전쟁이 점점 격화되고 오래 지속되면서 점점 더 첨예화되었다. 처음 18개월 동안은 노예제 폐지가 북부 연방군의 전쟁 목표는 아니었다. 그러나 노예제도를 지지하는 장군이 전쟁을 이끄는 동안 전쟁은 교착상태로 빠졌고 전쟁의 피로감과 패배의식이 북부 쪽에 퍼져갔다. 링컨은 노예 해방을 선언함으로써 이 전쟁에 힘을 불어 넣을 수밖에 없었다.

현실적인 좋은 이유가 있었다. 노예 노동은 남부 연합군에서 백인의 군복무를 해방시켰지만 반면 탈출한 노예들은 북군으로 차출할 수 있었다. 그러나 정치적인 이유가 더 컸다. 즉 노예제도에 반대하는 전쟁을 내세움으로써 북군은 윤리적으로 비난받을 여지가 없어지게 되었다. 그럼으로써 유럽 국가들이 남부를 지원할 근거를 차단함과 동시에 노예폐지론자들의 열정을 전쟁터로 끌어모으고 또 '불의 심판' 속에 있는 노예들 역시 전쟁터로 끌어 모을 수 있었던 것이다. 링컨은 결국 "우리가 노예를 해방시켜야 하며 그러지 않으면 우리가 진압당할 것이다"라는 결론을 내렸다. 1862년 9월 제창된 노예해방선언Emancipation Proclamation에 내포된 의미는 미국 민주주의의 새로운 정의였다. "나는 노예가 되지 않을 것이다. 마찬가지로, 나는 노예 주인이 되지 않을 것이다. 이것이 민주주의에 대한 나의 생각이다."

남북전쟁에서 북부 연합군 쪽을 지지해 승리를 쟁취한 사람들은 '자유의 새로운 탄생'이라는 링컨의 비전에 고무되었다. 그들 중 한 명이 조수아 체임벌린이라는 뉴잉글랜드 칼리지 교수였다. 그는 강력한 노예폐지론자였으며 독일에서 마르크스와 엥겔스와 교류한 독일혁명 망명자의 친구였다. 체임벌린은 나중에 남북전쟁의 가장 중요한 전투인 게티즈버그에서 메인 20연대를 지휘하여 리틀 라운드 탑이라는 중요한 지역을 성공적으로 방어해 승리에 이바지했다.

또한 로버트 굴드 쇼 대령은 보스턴 출신의 젊은 폐지론자로서, 매사추세츠 54연대장이었다. 1863년 6월 18일 54연대는 난공불락으로 여겨졌던 사우스 캐롤라이나의 찰스턴 항구 입구에 있는 와그너 요새를 습격했다. 엄청난 기세로 감행한 공격이었지만 결국 이들은 패배하고 만다. 쇼는 총에 맞아 적들의 성벽 위에서 쓰러졌다. 이 전투는 노예폐지 혁명의 상징이었다. 왜냐하면 이 전쟁이 남부 연맹 영토 한 가운데서 펼쳐진 것이었으며 쇼 대령의 연대는 흑인, 즉 대부분이 노예 출신 병사로 구성됐기 때문이다. 남북전쟁이 끝날 무렵에는 20만 명의 흑인이 북부 연합군에 있었다.

1864년 남북전쟁은 세 번째 국면으로 접어들었다. 연합군은 이제 남부군을 무너뜨리기 위해 총력전을 펼쳤다. "성에는 전쟁을, 오두막엔 평화를" 조르주 자크 당통은 프랑스혁명에서 이렇게 선언했다. 미국의 두 번째 혁명이 절정에 달했을 때, 셔먼 장군의 군대는 남부연맹의 심장부로 행진해 들어가 집들을 불태우고 노예들을 자유롭게 놓아주었다.

전쟁은 1865년에 끝났다. 종전 후 10년은 '재건'의 기간이었다. 남부 대부분은 군사 점령 하에 있었다. '카펫 베거carpet begger[52]로 불린 북부의 벼락부자들이 점령지로 몰려왔다. 자유의 몸이 된 흑인들이 직접 투표권을 얻었고 그들이 이제 직접 판사나 주의원 하원 의원들을 자신의 투표로 선출하게 되었다.

그러나 일단 남부 대농장주 귀족의 권력이 무너지고 북부 자본의 지배력이 확보되자, 연합군은 철수하고 주 정부는 다시 기존의 엘리트에 의해 다시 식민지화했다. 남부 흑인들은 투표권을 박탈당했고 분리의 대상이 되었으며, 인종차별주의 깡패집단인 쿠 클럭스 클란ku Klux Klan의 테러를 받았다. 노예에서 벗어난 이들이 이제는 가난

---

52 미국 남북전쟁 직후 출세하기 위하여 남부로 간 북부 사람들을 남부 사람들이 경멸조로 부르던 말.

한 소작인이나 비천한 노동자가 되었다. 남부에서는 노예제도가 사라진 자리에 흑인에 대한 노골적인 인종차별이 등장했다. 한 세기 가까이 그 차별은 지속됐다.

따라서 남북전쟁은, 모든 부르주아 혁명과 마찬가지로 거대한 진보와 함께 쓰라린 실망을 모두 가져다주었다. 미국의 거대한 지리적, 산업적 팽창을 가져와 미국이 초강대국으로 성장하게 만들어주었으나, 미국인 대부분의 삶을 착취와 가난 그리고 인종차별로 황폐하게 만드는 결과를 남겼다.

일본 메이지 유신

1848년은 세계사의 분수령이 되는 해였다. 1848년 이전만 해도 부르주아지는 대중혁명을 이끌어 국가를 해체하고, 지배계급을 타도하고 자본주의 방식으로 사회를 개조했다. 이것이 네덜란드, 영국, 미국, 프랑스에서 벌어진 혁명의 본질이었다. 그러나 1848년 이후 부르주아지들은 이런 역할을 더 이상 하지 않았다. 왜일까.

산업혁명을 통해 유럽은 이미 자본주의 경제로 전환했으며 공장주와 노동자의 사회로 바뀌었다. 영국은 예외적으로 앞선 자본주의 국가였다. 다른 나라의 경우도, 비록 자본주의 초기 상태이긴 했으나, 부르주아지들이 아래로부터의 혁명이라는 정치적 대변혁을 이끌어 낼 정도로 충분히 발전한 상태였다. 당시의 맹아적 노동운동은 사유재산에 위협이 되는 것으로 여겨졌다. 농민, 상인, 독립기능공 등 프티 부르주아가 지배하던 17~18세기의 급진적 운동에서 사유재산은 신성불가침이었다. 19세기에 새로운 급진적 운동이 점점 더 많은 임금 노동자들을 행동으로 끌어들이면서 – 잃을 것은 쇠사슬밖에 없는 그들이었다-그런 확신은 흔들리기 시작했다. 혁명은 모든 자산 소유자들에게도 위협이었다.

이와 달리 이미 자본주의 경제체제로 발전하고 있던 나라, 특히 영국 같은 나라로부터 경쟁적인 압박을 받으면서 각국의 지배 정권은 더욱 더 자본가, 자유주의자, 민족주의자들에게서 요구받던 개혁을 승인하려고 했다.

강대국을 결정짓는 것은 군사력, 총, 전함이었다. 이는 다시 현대적 산업과 사회기반시설에 좌우된다. 개혁과 현대화는 지정학적인 필수요건이 되었다. 자본주의 세계화가 지닌 변혁의 힘은 그렇게 강력한 것이었다.

격렬한 전쟁은 여전히 필요했다. 북부 이탈리아는 1859년 프랑스와 오스트리아 간의 전쟁 이후 피에몬트 왕국의 지배 아래 통일돼 있었다. 그러나 남부 이탈리아는 1860년 시칠리아의 작은 혁명 군대가 도착해 촉발된 대중 봉기의 결과로 북부에 합류했었다.

남북전쟁 동안에 북부 자본주의자들은 200만 명의 남자를 동원해야만 했는데 이들은 열 명 중 한 명꼴로 노예 출신이었다. 이들은 남부 대농장 귀족의 무장 저항을 무찔러야 했다.

링컨은 혁신적인 지도자였다-반란에 맞서 타협하지 않았고 노예 해방을 통해서 전쟁에 활력을 불어 넣었고, 끝까지 전면전을 밀어

메이지유신을 이끈 젊은 무사들. 맨 왼쪽이 조선을 비롯해 아시아 침략에 앞장선 이토 히로부미다.

붙인 사람이었다. 하지만 그 과정은 기존의 국가권력기구를 이용해 위에서부터 만들어진 것이었다.

위로부터의 부르주아 혁명 중 좀 더 극단적인 예는 1868년 일본 메이지 유신이다. 이는 1945년까지 극동 전체의 역사를 좌우하는 사건이었다.

15~16세기에 일본은 봉건 내전으로 분열되어 있었다. 중세 유럽의 군벌들처럼 일본의 영주(다이묘)는 직업적 무사(사무라이)들을 고용해 계속해서 권력 투쟁을 벌였다. 17세기가 시작될 무렵, 도쿠가와 가문은 모든 경쟁자들을 물리치고 이들을 정복하는 데 성공했다. 도쿠가와 일족의 수장은 사실상 국가의 통치자인 쇼군이 되었

고, 천황은 의례적인 임무만 하는 역할로 내려앉았다. 에도(현재의 도쿄)는 새로운 수도가 됐다.

도쿠가와 막부는 18세기 유럽의 절대군주 같았다. 다이묘의 가족들을 인질로 궁정에 잡아놓았다. 총과 외국 서적은 금지되었고 대외무역은 단일한 항구로 제한했다. 가톨릭 개종자는 박해를 받았다. 일본은 새로운 사상을 의심하는 정치적 독재 치하의 폐쇄사회가 되었다.

하지만 봉건 지배의 종말로 농업과 무역은 되살아났다. 농민, 장인, 상인은 번영했고 경제는 점차 화폐중심으로 변해갔다. 도시는 성장했고 시, 소설, 연극 같은 도시 문화도 확산되어 갔다. 외국 상품과 외국 문물에 대한 금지도 점차 덜 엄격해졌다.

철혈 시대

과거의 계급은 점점 더 줄어들었다. 긴 시간 동안의 평화가 계속되자 사무라이들은 불필요해졌다. 따라서 그들은 농민이나 상인이 될 수밖에 없었다. 여전히 사무라이로 남아 있던 사람들은 기생적인 계급으로, 그들의 삶의 방식은 점점 더 시대착오적인 것으로 되어갔다. 이 같은 경제적, 사회적 변화로 19세기 중반쯤엔 도쿠가와 막부의 정치적 기반이 거의 무너졌다.

막부를 붕괴로 몰고 간 것은 1853년 미국 페리 제독의 해군 함대가 에도만에 도착한 일이었다. 페리 제독의 임무는 미국 자본주의를 위해 무역 양보를 받아내는 것이었다. 그 결과 일본은 외국상품 수입에 문을 열었고 수출에 대해서는 제약을 받는 '불평등조약'을 맺게 됐다. 또한 상업 권한과 함께 외국인 거주자들에게 '치외법권(일본 사법권으로부터의 면제)'을 부여해야만 했다. 영국 프랑스 러시아 네덜란드는 모두 미국과 맺은 조약과 똑같은 조건의 양보를 요구했고 그걸 일본으로부터 받아냈다.

도쿠가와 막부는 정치적, 군사적 약점을 드러냈다 이들은 외국 제국주의에 맞서 나라의 이익을 지켜내지 못했다. 1867~1869년 천황은 사무라이의 지원을 받아 도쿠가와 쇼군을 몰아내고 황제 권력의 '유신'을 강행했다. 당시 황제의 이름인 메이지를 따서 메이지 유신이라 불렀다.

메이지 유신은 당시 일본 사회에서 가장 보수적인 사람들이 주도했다. 이들이 내세우는 구호는 전통주의적이었고, 대중들의 지지를 이끌어내지 못했다. 따라서 상인, 장인, 농민들은 유신에 아주 소소한 역할을 했을 뿐이었다. 대포와 철갑의 시대에 민족주의가 사무라이의 옷을 입고 온다면 살아남지 못하는 건 오히려 당연한 일이었다.

메이지 유신의 헌장은 '일본이 제국 전체에 단일한 법을 원하며', 그래서 나라가 세계 각국의 다른 나라들과 동등하게 서는 것이라고 밝히고 있다. 말하자면 그들은 현대적인 국민국가와 발전된 선진 자본주의 산업을 필요로 한다는 뜻이었다.

이후의 변화는 급속도로 펼쳐졌다. 구시대의 계급 구분과 계급상의 특권들은 일소되었다. 새로운 의회 제도가 마련됐고 철도와 공장이 세워졌다. 군 징병제가 도입됐으며 군대는 독일식으로, 해군은 영국식으로 재편되었다.

일본의 변혁은 보수파와 진보세력 모두에게 도전을 받았다. 봉건 시대로의 회귀를 꿈꾸는 사무라이 로닌이 반란을 일으켰지만 새로운 군대에 의해 진압되었다. 전 인구의 5분의 4를 차지하던 소농들 역시 패배자였다. 현대화가 이뤄진 대신 높은 토지세와 낮은 수준의 소비를 대가로 치러야만 했다. 메이지 시대에는 수많은 지역 농민들의 반란이 일어났다. 일본 소농들은 2차 대전이 끝나는 시기까지 계속해서 가난 속에서 살아야만 했다.

현대 일본은 이 같은 지정학적 경쟁, 현대화에 대한 내부적 저항, 자본의 축적, 과거로부터 이어져 왔고 새로운 군사 제도로 승화된 무사문화 등이 합해져 만들어진 결과물이었다.

일본은 이런 압박 속에서 군국주의 엘리트의 지배에 따라 제국 확장에 매진하는 탄압적인 국가로 진화했다. 1894년 일본은 중국에 제국주의적 침략을 강행했다. 10년 뒤 그들은 조선과 만주의 지배권을 놓고 러시아와 전쟁을 벌여 승리했다. 다시 10년 뒤, 일본은 1차 대전에 참전해 중국에서 독일 점령지를 휩쓸어 버렸다. 메이지 유신 이후 50년 만에, 일본의 통치자들은 현대적 장군 즉 제국주의자 계급으로 변신했다. 전함을 가진 사무라이로 변모한 것이다.

독일 통일

19세기 중반 무렵 독일은 여전히 39개의 연방으로 나뉘어져 있었다. 독일 자본주의의 핵심적 과제는 정치적으로 통일을 이룸으로써 단일한 국가의 통합된 시장을 만드는 일이었다.

그 '국가의 문제'를 해결하기 위한 아래로부터의 혁명이 1848년 있었으나 실패로 끝났다. 프랑크푸르트 국민의회는 독일을 통일하려 했고 연설과 결의안을 통과시켜 자유주의 헌법을 채택하려 했다. 국민의회는 독일 연방국가들이 1849년 벌인 반혁명 때 연방국가들의 군대에 의해 해산됐다.

연방국가들 중 가장 지배적이었던 것은 프로이센이었으며 프로이센의 지배계급은 융커Junker[53]라 불리는 지주 귀족들이었다. 원래 융커는 북독일 평야 동쪽 지방의 슬라브 땅에 정착했던 게르만족 십자군 기사계급이었다.

융커는 세 가지 요소 때문에 사회적으로 진화했다. 첫째, 농사짓던 땅이 비옥하지 않아 수익이 미미했기 때문에 융커들은 귀족계급에 비해 상대적으로 가난했다. 마르크스는 그들을 '양배추 융커'라고 조롱했다. 둘째, 그들의 영토는 공격에 취약한 지역이었다. 유럽의 한가운데 위치한 독일은 자연적인 국경이 별로 없었고, 특히 동쪽으로는 북독일 평원이 폴란드와 러시아의 드넓은 평원지역과 합쳐지는 지형이었다. 셋째, 독일 전체가 정치적으로 분할되어 있었다. 19세기에 39개의 연방국가였던 독일은 17~18세기에는 연방 숫자가 300개가 넘었다. 독일은 이 시기에 유럽에서 가장 많은 전쟁이 있었던 세 나라 중 하나다(다른 두 유럽 국가는 벨기에와 북부 이탈리아다).

프로이센은 이런 요소들의 산물이었다. 18세기 동안 프레데릭 대

---

53 원래는 '젊은 주인(도련님)'을 뜻하며, 아직 주인의 지위에 오르지 않은 귀족의 아들을 가리켰다. 16세기 이래 엘베강 동쪽 프로이센 동부의 보수적인 지방귀족의 속칭으로 사용되었다.

제(1740~86)는 프로이센을 군대 병영으로 변모시켰다. 유럽의 스파르타가 된 것이다. 국가 지출의 6분의 5가 전쟁에 쓰였다. 징병의 숫자는 15만 명에 달했다. 그리고 융커는 엘리트 장교 계급이 되었다. 융커가 토지를 소유한 대가로 군에 복무하는 대신 국가는 그들의 재산과 특권을 보장해주었다. 융커들은 또한 절대군주에 절대 충성을 바쳤다. 프로이센의 융커는 독일 반혁명의 검은 심장이었다. 이들은 1848년 혁명 세대들을 무너뜨렸다.

그러나 세계는 융커들이 통제할 수 없는 방식으로 변화하고 있었다. 산업혁명은 경제적, 사회적, 군사적으로 유럽의 지형을 바꿔놓고 있었다. 첫 번째 철도가 1830년대 중반에 건설되었고 1850년쯤에는 약 2만3500킬로미터의 철도가 건설됐다. 새로운 기술이 갖고 있던 군사적 의미는 확연했다. 즉, 철도는 군인들이 행진하는 것보다 훨씬 짧은 시간에 군대를 이곳에서 저곳으로 이동할 수 있게 해주었다. 융커에게 국민의회는 필요 없었지만 철도는 필요했다.

1815년 나폴레옹의 패배 이후 유럽이 재편되는 과정에서 프로이센은 라인란트를 승인받았다. 라인란트는 독일 산업의 중심지로 빠르게 성장 중인 지역이었다. 마르크스와 엥겔스를 포함한 라인란트의 혁명가들은 비록 1849년에 패했지만 융커 국가의 군사력은 점점 더 이 지역의 광산 제철소나 기계 공장에 의존하게 되었다.

1848년 혁명이 준 하나의 교훈은, 산업 시대에 새로운 사회계급-부르주아지나 프롤레타리아 및 전문가, 관리자, 공무원 같은 중산층들-이 오랫동안 분할된 독일에서 반봉건적인 지배의 혼란스런 상황에서 계속 살 수 없다는 사실이었다. 문제는 국가적, 경제적 통일이 아래로부터의 대중혁명이 아니라 위로부터 설계될 수 있느냐의 여부였다.

융커 출신 귀족 오토 폰 비스마르크가 1862년 총리에 임명됐을 때, 그가 내세운 역사적 사명은 초기 독일 자본주의의 동력을 프로이센의 군국적 군주가 마음대로 이용할 수 있게 함으로써 융커 계급을 지켜내는 것이었다. 중세의 껍질을 깨고 부르주아지의 혁명이 분출되게 하는 대신, 프로이센은 '자본주의의 기지 위에 있는 봉건주의 포탑(트로츠키의 표현)'으로 재건되었다. 당대의 커다란 문제들을 '다수의 의견과 의결'로 해결하는 대신 '철혈정책'(비스마르크의 표현)으로 해결하게 됐다. 무장봉기, 대저택 불태우기, 단두대의 그림자 같은 프랑스혁명의 모델 대신 프로이센의 방식이 있었다. 바로 징병과 왕실 군대의 대포에 의한 위로부터의 혁명이었다.

비스마르크의 계획은 세 가지 전격전을 통해 이뤄졌다. 1864년 덴마크와의 전쟁은 슐레스비히와 홀슈타인이라는 두 국경지역의 지위를 놓고 다투었는데, 프로이센 왕을 독일 민족운동의 선구자로 만들었다. 잠재적인 대안적 패권세력이었던 오스트리아와 독일의 1866년 전쟁은 독일에서 합스부르크 가문의 영향력을 무너뜨리고 프러시아가 지배하는 새로운 북독일 연방을 만들어냈다. 그리고 1870~71년 오랫동안의 적국이었던 프랑스와의 전쟁을 통해 작은 독일 연방국들은 프로이센이 지배하는 제국으로 변하게 되었다.

실제로 세 전쟁을 치르는 7년 동안, 프로이센은 독일을 정복했다. 새로운 질서가 계산된 정치적 연극에 의해 출범되었다. 프로이센왕은 1871년 1월 18일 베르사이유 궁전의 웅대한 행사에서 독일의 황

융커 출신 귀족인 비스마르크는 철혈정책으로 독일을 통일한 뒤 보호관세 정책을 펴 독일의 자본주의 발전을 이끌었다.

제임을 천명했다.

왕은 함락된 적국 프랑스의 수도에서 근대 독일 민족주의의 깃발로 몸을 감쌌다. 1871년의 정치적, 군사적 승리는 이후 40년 동안 급속한 산업화로 이어졌다. 1870~1914년 사이에 독일의 석탄 생산은 3400만 톤에서 2억7700만 톤으로 급격히 증가했고, 선철생산은 130만 톤에서 1억4700만 톤으로, 철강 생산은 30만 톤에서 1400만 톤으로 늘어났다. 루르 지방의 에센에 있는 철강과 무기 공장으로 이뤄진 크루프Krupp 복합단지는 유럽에서 가장 큰 기업이 되었다.

1873년에 1만6000명의 노동자를 고용했던 기업이 1900년에는 4만 5000명을 고용했고, 그 숫자는 1912년 다시 7만 명으로 불어났다.

산업적 팽창은 보증 대부, 연방 계약, 보호관세 등의 도움으로 가능했다. 독일 거대 은행의 총 보유예금은 1907~8년에서 1912~13년의 5년여 기간 동안 약 40퍼센트 늘어났다. 은행은 산업 투자를 위한 돈을 대출해주었고 기업 주식의 대주주가 되었다.

철도와 무기에 쓰인 국가 지출은 산업의 붐을 뒷받침해주었다. 가장 큰 국가기업인 프로이센 국가철도청Prussian State Railway Administration은 가장 큰 민간기업인 도이체 방크와 같은 규모였다. 육군과 해군에 쓰인 정부 지출은 1870년~1914년 사이에 10배 증가했다.

1879년 독일은 새로운 관세의 첫 문을 열었다. 주로 수입에 대한 관세로 국내 시장에서 외국 상품의 가격을 올림으로써 국내 산업을 보호하기 위한 것이었다. 1914년 독일은 외국 수입품에 평균 13퍼센트의 관세를 매겼다.

영국은 19세기 중반 세계경제에서 지배적인 국가였으나 20세기 초반에는 독일에 추월당했다. 독일의 석탄 생산은 1914년 영국과 거의 맞먹었고 선철 생산은 3분의 1 정도 더 많았으며 강철 생산은 두 배였다. 새로운 화학산업과 전기산업에서 독일 자본주의의 활약은 더욱 두드러졌다. 1914년쯤 독일의 기업들은 전 세계의 화학 합성 염료의 생산을 지배했고 전세계 전기제품 거의 절반을 판매하고 있었다.

독일의 위로부터의 부르주아지 혁명은 절대군주와 귀족 장교 그리고 소농 징병 중심으로 이뤄졌고 맹렬한 산업적 변화를 분출시켰다. 그 결과 독일 사회와 유럽 국가 체제 모두 불안정해지는 결과를 가져왔다.

프로이센 융커들과 라인란트 자본가들은 상호 의존을 기반으로 불안한 정치적 동맹을 형성했다. 반면 급성장하는 독일의 노동계급들은 전체 사회에 치명적인 위협이 되었다. 동시에 독일 자본주의는 점점 더 원자재, 새 시장, 투자처를 필요로 했고 이는 다른 유럽 강대국과의 충돌을 불러왔다. 무엇보다 세계의 지배적인 제국주의 국가로 자리 잡고 있던 영국과의 충돌은 피할 수 없었다. 프랑스-프로이센 전쟁 이후 25년이 채 되지 않아 이 두 가지 갈등—자국에서는 계급투쟁, 국외에서는 제국주의적 투쟁이 새로운 독일을 대격변의 위기로 몰아가고 있었다.

파리코뮌

프랑스-프로이센 전쟁이 남긴 것은 독일 통일만이 아니었다. 전쟁의 산물은 두 가지가 더 있었다. 첫째, 전쟁은 붕괴 직전이던 루이 나폴레옹 보나파르트 즉, 나폴레옹 3세의 독재 정권을 끌어내렸다. 둘째, 역사상 첫 번째 프롤레타리아 혁명을 낳았고 노동자 국가가 어떤 모양을 띨 수 있는지를 전 세계에 보여줬다. 파리코뮌은 겨우 두 달여밖에 지속되지 않았지만, 코뮌을 지킨 사람들은 마르크스가 말한 것처럼 '전세계적인 중요성의 새로운 출발점을 제공하는 낙원의 습격자'들이었다.

루이 나폴레옹(마르크스는 그의 삼촌과 구분하기 위해 나폴레옹 리틀이라고 불렸다)은 2월 혁명의 결과로 권좌에 올랐고, 혁명에서 파리는 항상 선도적 역할을 했지만 프랑스의 나머지 지역은 그걸 종종 따라오지 못했다. 1848년 혁명의 행진은 일찌감치 6월에 중단되었다. 혁명의 선봉에 섰던 동부 파리 노동자들은 카베냐크 장군의 부대에 의해 진압되고 고립되었다.

그해 12월 대통령 선거에서 루이 나폴레옹이 깜짝 등장해 프랑스 전역에서 대중들의 표 75퍼센트를 차지하며 압도적인 승리를 거두었다. 그의 성공 비결은 텅 비어 있다는 것이었다. 그는 누구에게도 어떠한 존재도 아니었다. 바꿔 말하면 그는 모두에게 모든 것이 될 수 있었다. 루이 나폴레옹은 질서와 정의와 번영을 약속하는 듯한 유명한 이름을 본딴 '독재자strong man'였다. 그는 3년 동안 대통령으로 통치했고 그런 다음 1852년 12월 스스로 황제가 되었으며 스당 전투에서 패배한 1870년까지 권력을 유지했다.

나폴레옹 3세의 통치는 정치적 모순이었다. 혁명적 불안정성이 관료주의적으로 고착화된 대표적인 사례였다. 독재의 얼굴을 앞세워 사회에 존재하던 불안을 가렸다. 1848년 6월(혁명이 중단된 날) 이후, 프랑스의 정치 세력들은 파리를 중심으로 한편으로는 군주제, 성직자 등 보수파 세력이, 다른 한 편으로는 공화주의자, 자유주의자, 민주주의자들의 진보 진영으로 양분돼 있었다.

1848년 12월의 대통령 선거는 소작농 투표의 엄청난 무게로 이런 양분 체제를 무너뜨렸다. 루이 나폴레옹은 수동적인 다수에 의해 선출되었다. 그 후, 제3제정Third Empire의 관료적 국가 기구는 파리의 분파들의 활동을 저지했다.

마르크스의 관점에 따르면, 보나파르트 국가의 역할은 '계급투쟁에 휴전을 가져왔으며' '착취계급의 의회 권력을 깨트리는 것이며', 따라서 '낡은 질서의 생명을 유예시켜준' 것이었다. 그러나 국가가 시민사회로부터 떨어져 있게 된다면, 만약 정치 엘리트들이 감시와 책임감을 피할 수 있다면, 부패는 관료 기구 전반에 퍼질 수 있는 법이다. 황제와 가까운 사이인 투기꾼과 기업이 정부 계약을 따내며 스스로 배를 불리고 있을 때, 다른 자본가들은 그런 특권 그룹에서 배제되었다는 사실에 분개하게 되었다.

동시에 정권의 국가적, 왕조적 권리를 팽창시키기 위해 벌였던 이탈리아와 멕시코에서의 군사적 도발은 실패했다. 비록 경제가 성장했다고는 하나ー루이 나폴레옹 치하에서 산업 생산량이 두 배가 되긴 했다ー가난 때문에 파리와 대도시 시민들의 삶은 고통에서 벗어나지 못했다. 독재자의 경찰과 정보원들은 미움을 받고 있었다.

비스마르크는 1870년 6월 손쉽게 나폴레옹 3세를 전쟁으로 도발할 수 있었다. 권력이 손에서 멀어지자, 프로이센 총리가 프랑스 황제에게 외교적 굴욕을 안기려 할 때도 프랑스 정권은 체면을 잃을 수밖에 없었다. 전쟁은 정권의 몰락을 고스란히 노출시켰다. 군대는 패해서 무너졌고, 황제는 생포되어 권좌를 빼앗겼으며, 새로운 부르주아 공화국 정부가 파리에서 권력을 잡았다.

프로이센의 승리 후 비스마르크는 징벌적 배상을 요구했다 프랑스는 알자스와 로렌의 동부 국경지역을 프로이센에 넘겼고 엄청난 전쟁 배상금을 지불했다. 공화국 정부가 이를 거부하자 다섯 달 동안 파리는 프로이센 군대에 포위되었다. 국가의 군대는 패했고 이제 그곳은 파리 민병대가 장악했다. 새로 구성된 국민방위대는 곧 그 숫자를 30만 명 수준으로 늘렸다. 투쟁은 국가 간의 전쟁에서 혁명을 수비하는 전쟁으로 변모했다.

대중혁명의 망령이 프랑스 지배계급을 괴롭혔다. 더 급진적인 세력들이 두 번이나 공화국 정부를 전복시키려 했으나 패배했다. 하지만 그들은 공화국 정부의 권력이 휩쓸려 나가고 있음을 감지했다. 마르크스는 '무장한 파리는 무장혁명이었다'고 기록했다. 가능한 선택은 프로이센이냐 혁명이냐 둘 중 하나였다.

부르주아 공화주의자들은 적국에 도시를 항복시키는 쪽을 택했다. 그들은 1871년 1월 프로이센과 휴전하는 데 합의했다. 그리고 즉각 총선을 실시했다. 1848년처럼 수동적이었던 시골 유권자들을 동원해 혁명적인 도시에 맞서려고 했던 것이다. 그 결과 돌아온 675명의 대의원 중 400명은 왕정주의자였다. 군인 출신 보수파 정치인인 오귀스트 티에르가 새 정부의 수장으로 임명되었다.

3월 18일 그는 군대를 보내 파리 국민방위대를 무장 해제시키기 시작했다. 군대는 자신들에 맞서기 위해 모여든 군중에게 발포하기를 거부했다. 그날 오후 지배력을 잃은 티에르와 그의 정부는 파리를 떠났다. 권력은 처음으로 국민방위대의 중앙위원회로 넘어갔다. 열흘 후에 권력은 새로 선출된 코뮌에게 옮겨졌다. 코뮌은 파리 혁명의 인민을 대표했다.

코뮌은 역사상 가장 민주적인 의회 중 하나였다. 모든 지역에서

파리 코뮌은 본질적으로 노동자계급의 정부였고 착취계급에 저항하는 계급,
생산하는 계급이 싸워서 얻은 결과였다.

남성의 선거권에 의해 선출된 의원들은 자신의 의무를 다하지 않을 경우 즉각 소환되도록 했다. 그 의원들은 집단적인 의사 결정을 해야할 개인적 책임이 있었고, 숙련된 노동자의 평균임금을 넘지 않는 보수를 받았다. 코뮌은 역사의 비밀 중 하나를 드러냈다. 그것은 노동자 국가가 반드시 취해야 할 필수적인 형태라는 점이었다.

이는 새로운 종류의 권력이었다. 사회 위에 존재는, 지배계급이 지배하는, 무장 경찰과 군인이 저항을 제압하기 위해 존재하는 억압적인 국가가 아니었다. 사회에 국가가 포함되며, 투표로 선출된 조직과 무장한 민병대가 대중 참여적인 보통사람의 민주주의를 대변하는 그런 국가였다. 마르스크는 코뮌이 진압당한 뒤 이렇게 썼다.

> '코뮌 헌법'은 사회의 자유로운 운동 덕분에 살고 있으면서 한편으로 그 운동을 틀어막았던 국가 기생충이 지금껏 흡수했던 모든 세력들을 사회적 실체로 복원시키려했다...코뮌은 본질적으로 노동자계급의 정부였고 착취 계급에 저항하는 생산하는 계급의 투쟁의 산물이었다. 또한 노동의 정치적 해방을 이뤄내기 위해 어떤 정치적 형태가 이뤄져야 할 것인가에 대한 최종적 발견이었다.

코뮌은 완벽하지는 않았다. 여성들은 코뮌의 시작부터 끝까지 투쟁에서 빛나는 역할을 했음에도 참정권을 받지 못했다. 여성들은 3월 18일 혁명의 첫 번째 시위를 이끌었다. 혁명적 활동가 루이즈 미쉘이 코뮌의 패배 이후 법정에서 남긴 도전적인 웅변은 코뮌의 마지막 사자후라 할 수 있다.

"나는 내 자신을 변호하지 않겠다. 나는 변호받지 않을 것이다. 나는 전적으로 사회혁명에 속해 있다. 날 살려준다면 나는 멈추지 않고 복수를 부르짖을 것이다."

코뮌의 계획과 전략은 대담하지 못했다. 정치적으로나 군사적으로 혁명이 파리의 한계를 벗어날 수 있도록 공격적인 과감성을 보여줬어야 했지만 코뮌은 그렇지 못했다. 반혁명이 되살아나고 그 세력들이 결집할 시간을 허용하고 말았다. 5월 21일, 티에르의 군대가 파리로 밀고 들어왔다. 그 다음 주 내내 그들은 도시를 다시 빼앗기 위해 치열하게 싸웠다. 5월 28일 혁명도시였던 파리의 동부 요새가 무너졌고 이어 엄청난 학살이 시작되었다. 약 2000명이 이틀 동안 총에 맞아 죽었다.

많은 사람들이 단순히 가난하다는 이유만으로 거리에서 30초 정도의 재판을 거쳐 즉각 처형되었다. 끝내는 2만~3만 명이 살해되었고 4만 명 정도가 감옥에 갇힌 채 재판을 기다려야 했다.

파리코뮌은 세계사에 새로운 장을 열었다. 자본가의 폭력 대 프롤레타리아 혁명 간의 투쟁, 야만주의와 사회주의 간의 투쟁이 바로 그때 1871년에 시작된 것이다.

장기불황 1873~96년

1843년부터 1873년까지 유럽 경제는 전례 없는 호황을 누렸다. 1850~60년의 단 10년 동안 이뤄진 영국 면직물의 수출은 이전 30년 동안의 수출량과 맞먹었다. 벨기에의 1857년 철 수출액은 1851년에 비해 두 배로 늘어났다. 전반적으로 세계 무역액이 1800년에서 1840년 사이에 두 배로 뛰었으며 1850~1870년 사이에 다시 250퍼센트 증가했다.

유럽에는 1850년만 하더라도 2만335킬로미터의 철도가 있었지만 1870년에는 10만2000킬로미터로 늘어났다. 영국 증기선이 실어나른 화물은 1850년에서 1880년 사이 16배나 폭증했다. 전 세계적으로는 4배 정도가 늘어났다.

모든 지표가 상승일로였다. 1840년대의 무역 불황과 혁명이 지나가자 확신과 성장, 끝없는 기회가 존재하는 풍요로운 시대가 도래한 것이다. 에릭 홉스봄은 1848~1875년의 기간을 '자본의 시대'라 불렀다. 따라서 이 시대를 흔드는 위기가 왔을 때 충격은 그만큼 더 컸다.

1873년 5월 비엔나 주식시장이 붕괴하면서 자금 공급이 위축되자 은행들이 잇달아 파산했다. 공포는 빠르게 확산되었다. 독일에서는 투기 거품을 터뜨리게 된 계기가 발생했다. '철도 제국' 베델 헨리 스트라우스베르그의 붕괴였다. 이후 4년 동안 독일의 기업들은 기업 가치의 60퍼센트를 잃었다. 1873년 9월 제이쿡&컴퍼니라는 철도의 주 투자자였던 미국 은행 역시 도산했다.

기업들의 잇단 도산은 98개의 은행을 망하게 하고 89개의 철도 회사와 총 1만8000개 회사의 문을 닫게 만들었다. 1876년쯤에는 미국인 일곱 명 중 한 명이 실업 상태였다.

도대체 무슨 일이 벌어진 것일까? 이 질문은 두 가지 수준에서 답을 구할 수 있다. 단기적으로 보면 유럽과 미국의 호황 경제가 잉여 자본의 세례를 받은 뒤 투기적 투자로 유입되면서 자산 가치를 창출했다는 점이다. 정치도 여기에 한 몫을 했다.

비스마르크가 프랑스-프로이센 전쟁에서 승리한 뒤 독일을 통일하고 프랑스로부터 배상금을 받게 되자 독일에서는 벼락부자들의 투기 붐이 일었다. 미국 남북전쟁에서 연합군이 승리하고, 정부 지원을 받은 1865~77년의 자본주의 역시 비슷한 영향력을 발휘했다. 유럽과 미국 양쪽 모두에서 정치적 통일과 철도 붐으로 시장에 열풍이 불었던 것이다.

그러나 더 깊은 요소들이 있었다. 금융적인 붕괴를 장기적인 침체로 돌려놓는 요소들이 그것이다. 자본주의는 계획되지 않은 것이다. 호황기에 자본가들은 이윤이 나는 기업에 앞 다투어 투자하지만, 같은 산업을 너무 많은 사람이 선택할 경우 상품과 서비스가 팔리지 않으면 그 결과는 초과설비이며, 잇따른 파산으로 나타난다.

호황을 더 불안정하게 만드는 것은 노동계급의 구매력이 떨어지는 상황이다. 자본가들은 임금은 최소화하고 이윤은 최대화하는 것을 목표로 삼기 때문에 노동자들은 자신의 노동으로 생산되는 모든 상품과 서비스를 살 수 있을 만큼의 수입을 벌어들이지 못한다. 과잉 생산과 과소 소비는 모든 자본주의의 위기에서 나타나는 쌍둥이 특징이다. 금융시장의 거품과 붕괴는 더 광범위한 경제체제가 더 심각한 기능 장애를 낳을 때 발생한다.

1873년 이후 이윤과 가격은 급락했다. 많은 중소 규모 기업들이 줄어든 시장을 놓고 더 치열하게 경쟁하면서 가격은 폭락하고 이윤도 대폭 줄어들었다. 1873~96년의 장기불황은 인플레이션이 아니라 디플레이션이었다. 1850~73년의 기간과 비교해 볼 때 1873~90년 기간 동안 성장률은 급격히 떨어졌다. 독일에서는 4.3퍼센트에서 2.9퍼센트로, 미국은 6.2퍼센트에서 4.7퍼센트로, 영국에서는 3.0퍼센트에서 1.7퍼센트로 뚝 떨어졌다. 이 시기의 장기불황은 1930년대의 대공황과는 다르게 상대적으로 느리고 얕았다는 것을 알 수 있다.

많은 기업들이 번영했고 노동자들도 생활수준을 높이고 있었다. 임금이 가격 폭락과 비례해 삭감되지는 않았기 때문이었다. 화학이나 전기 같은 새로운 산업은 빠르게 성장했다. 자본 축적의 새로운 중심이 낡은 '세계의 작업장'을 앞섰다. 그러나 농산물 가격은 한 세대 동안 여전히 낮았고 실업은 점점 더 심각한 문제가 되었다. 세계의 자본주의는 자유주의 경제학자 존 메이너드 케인즈가 '불완전고용'이라고 지칭한 상태로 들어갔다. 자본주의 시스템은 결국 언제나 호황일 수만은 없다는 것이 드러났다. 시장은 자기 스스로 교정하지는 않았다. '보이지 않는 손'(아담 스미스)은 영원한 호황만 가져다주는 것이 아니라 영구적인 불황도 가져다주었다.

엥겔스는 1886년의 상황을 연구한 뒤 이렇게 결론 내렸다.

"세상은 영구적이며 만성적인 불황으로 낙담의 진창 속에 있다. 그 판단 지표는 실업자들의 딱한 처지였다. 매년 다가오는 겨울은 거대한 질문을 해마다 새롭게 던진다. 실업자들을 어떻게 할 것인가."

실업자의 숫자는 매년 늘어났지만 그 질문에 대답하는 사람은 아무도 없었다. 우리는 실업자들이 인내를 잃었을 때는 어떤 운명이 닥치게 될지를 예측할 수 있다.

첫 번째 자본주의의 위기에 부르주아지들은 어떻게 대응했을까? 세 가지 경향을 찾아볼 수 있다. 첫째, 자본의 급격한 중앙집중화였다. 중소 규모의 기업들은 궁지에 몰렸고, 시장을 지배하는 거대 기업들은 트러스트나 카르텔로 스스로를 조직화했고 가격과 이윤을 보호하기 위해 경쟁을 관리했다. 거대 기업들은 주로 정부 계약이나 은행 대출에 크게 의존하면서 국가와 금융자본, 산업자본 간의 단단한 연쇄를 만들어 나갔다.

'고전 자본주의'는 현대의 마르크시스트 해설자들이 말하는 '독점자본주의' '국가자본주의' 혹은 '금융자본주의'에 길을 내주었다. 사실 그 셋은 동시에 한꺼번에 생긴 것이었다. 그 과정은 독일과 미국이 가장 앞서 있었다. 두 나라는 이제 영국을 제치고 세계 경제에서 초강대국이 되어 가고 있었다.

새로운 자본주의의 특징은 보호주의였다. 영국만 자유무역을 여전히 고수했다. 외국 수입품에 매긴 평균 관세는 1914년 독일에서 13퍼센트였고 오스트리아-헝가리에서는 18퍼센트, 프랑스 20퍼센트, 러시아 38퍼센트였고 미국에서는 30퍼센트였다(1897년엔 57퍼센트로 최고조에 달했던 것에 비하면 많이 내린 셈이다).

두 번째 경향은 식민지주의다. 초강대국들은 값싼 원자재, 전속 시장^{captive market}⁵⁴, 새로운 투자처를 찾아 저개발국가들을 지정학적 전쟁터로 바꾸어놓았다.

식민지 경쟁은 극동, 중앙아시아, 중동, 아프리카, 발칸 반도에서 불을 뿜었다. 1876년에는 아프리카 나라의 10퍼센트만 유럽이 지배했지만 1900년쯤에는 90퍼센트 이상의 국가가 식민지가 되었다.

철도가 다시 분쟁의 중심에 있었다. 유럽에서 (공급)과잉된 시장을 놓고, 새 철도들이 세계를 가로지르며 건설됐다. 가장 유명한 예는 베를린에서 바그다드를 연결하는 철도다. 독일과 오스트리아, 헝가리, 발칸 반도와 오스만 제국을 연결하도록 설계된 철도였다. 이는 점차 중요해지는 중동 지역을 노려왔던 영국과 프랑스를 겨냥한 직접적인 도전이었다.

보호무역과 식민지주의는 서로 경쟁해가면서 강도를 더해갔다. 이는 장기불황의 세 번째 결과를 낳았다. 바로 강대국들 간의 긴장 고조와 군비지출 증가다. 이 때문에 주요 자본주의 국가 내부의 권력 관계는 재구성되었다. 정부, 군부, 무기업체는 서로 연계되어 '군산 복합체'를 구성했다.

예를 들어, 영국의 군비 지출은 1870~1880년대에는 큰 변동이 없었지만, 1887~1914년에는 3200만 파운드에서 7700만 파운드로 급상승했다. 영국의 통치자들은 유럽 전역의 군비경쟁에 가세했고, 특히 성장세였던 독일 해군의 도전에 민감하게 반응했다. 독일 해

---

54 잠재적 소비자들이 제한된 공급자만을 만날 수 있는 시장. 여기서 소비자는 특정 상품을 사거나 사지 않는 선택밖에 할 수 없다.

군은 1890년대에는 9000만 마르크를 지출했지만 1914년에는 군비 지출액이 4억 마르크로 뛰어올랐다. 독일 함대는 7대의 전함을 29대로 늘렸고 이에 맞서기 위해 영국 함대는 1899년 29대에서 1914년 49대로 늘렸다.

장기불황은 대공황 때와 마찬가지로 군비 지출에 의해 끝이 났다. 국가의 무기 계약이 이어지며 영국의 암스트롱-위트워스 같은 기업은 거대 기업으로 성장했다. 그 회사는 타인사이드Tyneside를 지배하게 되었는데, 거기서 나중에는 모든 엔지니어링 노동자들의 40퍼센트를 고용하기까지 했다.

상승효과는 엄청났다. 1500개의 소기업들은 암스트롱-위트워스의 직접 하청으로 일했다. 한편 수천 개의 또 다른 소기업들은 인구 20만 명의 산업 도시에서 필요한 상품과 서비스를 공급했다. 장기불황은 새로운 형태의 제국주의 자본주의를 만들어냈다. 그에 따라 1차 세계대전의 카운트다운이 시작됐다.

제국주의와 전쟁

1873년~1918년

제1차 세계대전은 제국의 이익을 확장하려는 세력들이 저지른 산업화된 학살이었다.

1800년부터 1875년 사이에 상업자본주의는 산업자본주의로 탈바꿈했
다. 자본가와 국민국가 의 경쟁이 동력이 되어 기하급수적인 성장이 이뤄
졌고 동시에 세계화 과정이 진행되기 시작했다. 이는 경제와 사회구조와
정치체제를 변형시켰다.

하지만 그 과정이 순탄하게 진행된 것은 아니었다. 자본주의적인 발전
은 무계획적이고 모순적이었다. 체제가 확장될수록 주기적으로 생겨나
는 위기의 규모와 영향력도 커져갔다. 세계 자본주의 시장은 인간의 노
동으로 생겨난 것이었지만, 이제는 독자적인 생명력을 지닌 거대한 메
커니즘이 되었고 인간의 통제를 벗어나 인류의 모든 행위를 지배하게
되었다.

이 체제는 고전경제학의 환상이 바라듯 자율적으로 규제되지 않을 뿐
아니라, 인간의 규제를 고분고분 받아들이지 않는다는 것이 드러났다.
경쟁적으로 이뤄지는 자본축적의 논리는 정치인, 금융인, 기업인들에게
철칙처럼 자리 잡았다. 때문에 자본주의 체제의 큰 위기는, 자본 논리 대
인류의 요구, 출혈 경쟁 대 주린 배를 채우는 일, 제국주의 전쟁 대 국제
연대 사이에서 선택의 문제가 되었다.

이 장에서는 깊이 병들어 있는 한 체제가 어떻게 제국주의를 낳게 되었
는지 살펴보고, 1875년부터 1918년 사이에 있었던 세계 전쟁과 무기 사
용을 분석할 것이다. 또한 대중의 저항운동이 체제에 얼마나 도전이 되
었는지, 혁명적 대안을 제기할 수 있었는지도 아울러 들여다 볼 것이다.

아프리카 쟁탈전

1898년 9월 2일 아프리카 수단의 수도 카르툼에 인접한 옴두르만에서는 2만 병력의 영국군이 5만 병력의 수단군과 대치하고 있었다. 수단은 아프리카에서 얼마 남지 않은 독립국가의 심장부였다.

불타는 사막에서부터 질병이 만연한 열대 우림에 이르기까지 수단은 가혹한 환경의 나라였다. 수단 사람 자신들도 스스로 그렇게 생각했다. 그들은 "알라신이 수단을 창조해놓고 웃었다"고 말하곤 했다. 이런 험준한 땅에서의 삶은 고난이다. 하지만 영국은 그곳 사람들에게서 그 땅을 빼앗으려고 했다.

100가지 언어로 말하고 10여 가지의 독특한 생활방식을 영위하는, 600여 종족으로 구성된 수단이 단일한 정치체제를 형성한 지 얼마 되지 않은 때였다. 19세기 후반에 이런 일이 일어날 수 있었던 것은 제국주의 영향 때문이었다. 그것은 굉장히 폭력적인 방식이었다.

터키계 이집트인들의 수단 정복은 1920년대에 시작해 이후 60여 년 동안 지속됐다. 그 방식은 착취적이고 폭압적인 점령이었다. 마을에서 세금을 징수할 때는 마치 군사작전이라도 치르듯 코뿔소 가죽으로 만든 채찍을 사용했다. 공무원들의 부패는 일상화되어 있어서 세금 위에 뇌물과 헌금이 쌓여갔다. 이처럼 거칠고 빈약한 땅에 외세 지배자까지 괴롭히는 쓰디쓴 고통이 더해졌다. 하지만 1881년에서 1884년 사이에 거대한 저항의 파도가 일어나면서 수단은 외세를 몰아내고 이슬람 독립국가를 건설했다.

이 저항이 이슬람 형식을 취한 이유는 간단했다. 수단의 다양성과 파편성을 극복할 수 있는 지도력과 활동가, 조직, 이념의 틀을 제공할 수 있었던 것은 종교뿐이었기 때문이다. 또한 제국주의에 대한 투쟁 과정에서 국가가 건설되었기 때문에 군사독재로 나아갔다.

같은 시기인 1882년 이집트인들도 카이로에서 영국의 꼭두각시 정권에 대항해 자신들의 혁명을 일으켰다. 하지만 이 혁명은 진압되었고, 영국은 이집트를 효율적으로 지배하기 위해 투르크인을 내세웠다. 그러나 수단을 재정복하려던 영국의 시도는 실패하였고, 1885년 후부터는 이 새로운 이슬람 국가가 자신의 영토에서 완전한 통제권을 갖게 됐다. 사실, 재정복하려던 영국의 시도는 미온적이었다. 수단은 허허벌판이었고 통제하기도 어려웠으며 소유할 가치가 별로 없었기 때문에 영국 정부는 애써 싸울 의지가 없었다.

그 후 10여 년이 지나면서 많은 것이 변했다. 1876년까지만 해도 아프리카 대부분은 유럽인들에게는 알려지지 않은 '암흑의 대륙'이었다. 유럽인들이 영향을 끼칠 수 있는 지역은 해안과 그에 인접한 곳이었으며 상당 부분은 17세기에 시작된 무역기지로 한정돼 있었다. 당시 유럽 자본주의는 상업적 특성이 강했기 때문이다.

나머지 아프리카는 발전단계가 서로 다른 정치체제들로 짜깁기되어 있었다. 이집트는 19세기 대부분을 근대화를 추진한 민족주의적 정권이 지배했다. 그 밖의 다른 북아프리카는 전통적인 이슬람 통치자들이 지배했고 이들은 오스만 제국에 종속되어 있었다.

아비시니아(에디오피아)는 내륙 고원지대 왕국으로, 고대 기독교 문화를 유지하고 있었다. 서아프리카의 아샨티와 남아프리카의 줄루스는 군사주의 성격이 강한 부족 왕국이었다. 나머지 사하라사막 이남의 아프리카는 대부분 수단과 마찬가지로 소규모 부족들의 모자이크였다. 예외적으로 남아프리카에서는 영국이 케이프 식민지와 나탈을 통치했고, 네덜란드계 농장의 백인 정착민 보어인(또는 아프리카너)이 내륙에 위치한 오렌지 자유주와 트란스발을 지배했다.

이러한 아프리카의 정치적 지형도는 영국과 프랑스, 포르투갈, 스페인, 독일, 그리고 이탈리아 제국주의에 의해 1876년 이후 한 세대만에 완전히 변형됐다. 19세기 동안 유럽 대부분 지역에 산업자본주의가 확산되자 농산물과 새로운 시장과 잉여자본을 투자할 곳이 점점 더 필요해졌던 것이다. 1873년 금융 붕괴와 뒤이은 세계적 불황은 유럽 자본가들의 경쟁을 증폭시켰다. 그 결과, 1876~1914년 아프리카는 유럽 권력들의 식민지로 쪼개졌다. 이러한 토지 수탈은 지금까지도 '아프리카 쟁탈전^{the Scramble for Africa}'의 흔적으로 남았다.

아프리카는 성장세였던 유럽의 산업과 도시에 금과 다이아몬드, 구리, 주석, 면, 팜유, 코코아, 차 등 많은 자원을 공급했다. 점점 늘어난 백인 정착민을 비롯해 아프리카 대륙의 주민들은 유럽 제조업자들에게 시장을 제공했다. 철도 건설 같은 식민지 기반시설 사업들은 유럽의 기업가들과 채권 소유자들을 부자로 만들었다.

경제적 상황과 맞물려 열강들 사이에 지정학적 갈등이 고조되면서 아프리카는 경쟁과 각축의 장이 되고 말았다. 아프리카 분할은 특정 영토의 경제적 가치와 무관한 역학 구도를 갖게 됐다. 열강들은 앞 다퉈 식민지를 쟁탈했다. 그들은 쟁취한 영토를 장벽 삼아 타국의 식민지 확장을 막았고 자신의 세력권에 군사력을 침투시키기 위한 발판으로 활용했다. 또한 그들은 식민지 영토를 제국주의적 흥정을 위한 협상카드로 삼으려 했다.

사실상 마그레브(모로코, 알제리, 튀니지) 전체와 서아프리카를 통치했던 프랑스는 대서양에서 인도양에 걸쳐 대륙을 가로지르는 제국을 꿈꿨다. 이와는 대조적으로 영국은 이미 획득한 이집트와 동아프리카, 남아프리카를 연결하여 '카이로에서 케이프까지' 남북으로 확장된 제국을 원하고 있었다. 하지만 탄자니아를 손에 넣은 독일이 이들 사이에 끼어들었다.

아프리카인들의 희생은 막대했다. 대포와 기관총, 대학살로 저항은 짓밟혔다. 백인 사유지를 만들기 위해 들이댄 총구 앞에서 그들은 속수무책이었다. 원주민 농부들과 목동들은 몰수와 조세, 강제 징집뿐 아니라 마구 휘둘러대는 폭력에 어쩔 수 없이 임금노동자가 됐다.

북나이지리아 영국 보호령의 고등판무관이었던 프레데릭 루가드 경은 1906년 농민폭동이 일어나자 '말살'을 자행했다. 괭이와 손도끼를 든 아프리카 주민 약 2000명은 연발총으로 무장한 군인들에게 살육당했다. 포로들은 참수되었고 그들의 목은 창에 꽂혔다. 반역 마을은 완전히 파괴됐다.

독일 사령관이었던 로타르 폰 트로타는 루가드와 마찬가지로 '성가신' 아프리카인들을 다루는 방식으로 '말살'을 공공연히 주장했다. 독일인들은 1904년에서 1907년 사이에 헤레로와 나마 사람들 수만 명을 나미비아 사막으로 몰아냈고, 그들은 굶주림과 갈증으로 죽었다.

벨기에가 장악한 콩고는 영토 전체가 거대한 강제노동 수용소로 바뀌었다. 1885년에서 1908년 사이에 인구의 절반에 가까운 수백만 명이 전쟁과 굶주림, 질병으로 죽었다. 할당된 고무를 채취하지 못한 원주민 노동자들은 손이 잘렸다.

1886년에서 1895년 사이에 아프리카 분할 경쟁이 첨예화되자, 영국은 다시 수단으로 돌아갔다. 아프리카인들이 스스로 통치하는 사례를 남긴 것만으로도 충분히 유감스러운 일이었다. 하지만 영국의 뒷마당에 프랑스가 개입할 가능성이 보이자 발등에 불이 떨어졌던 것이다.

허버트 키치너 장군은 2년에 걸쳐 나일강 아래로 진격하면서 자신의 군대에 보급물자를 대기 위해 철도를 건설했다. 그의 군인들

아프리카 쟁탈전에 나선 영국군은 옴두르만 전투에서 창과 칼로 무장한 수단인들에게 기관총과 대포를 난사해 수많은 사상자를 냈다.

은 현대화된 소총과 기관총, 대포를 갖고 있었다. 수단인들은 대부분 창과 칼로 무장했다. 옴두르만 전투는 대학살이었다. 키치너의 군대는 429명이 중경상을 입었지만, 수단인은 1만 명이 죽었고 1만 3000명이 다쳤으며 5000명은 포로로 잡혔다. 영국군은 부상당한 수단인들을 전장에서 그대로 죽도록 내버려뒀다.

소규모의 프랑스 원정군이 수단 남부의 나일강 상류지역에 있는 파쇼다에 도착했다. 키치너는 이들을 대적하기 위해 상류로 이동했고 영국은 프랑스군이 퇴각하지 않으면 전쟁이 벌어질 것이라고 위협하자 프랑스는 물러났다.

'파쇼다 사건'은 열강들 사이에 끓어오르던 제국주의적 갈등이 드러난 사례였다. 이러한 양상은 아프리카만이 아니라 극동지역과 중앙아시아, 중동, 발칸, 중부 유럽, 북해에서도 마찬가지였다. 자본주의는 광산과 조림지, 기관총을 내세운 약탈적 식민주의만 양산한 것은 아니었다. 자본주의는 근대의 산업화된 세계전쟁으로 인류를 내몰고 있었다.

중국 유린

1900년 8월 14일, 1만9000명의 다국적 병력이 중화제국의 수도인 베이징을 함락했다. 영국과 프랑스, 독일, 러시아, 이탈리아, 일본, 미국의 군대가 이 군사작전에 참여하였다. 그들의 목적은 식민주의에 저항하는 민족주의적 봉기를 억압하는 것이었다.

이 봉기를 일으킨 것은 '권비拳匪·Boxer'로 알려진 비밀조직 의화단이었다. 의화단은 사면초가 상태였던 서태후 자희慈禧의 황궁으로부터 암묵적인 지원을 받았다. 권비 반군과 황군은 침략자에 맞서 함께 싸웠다.

의화단 봉기(1899~1901)는 19세기 식민주의에 항거한 중국인들의 봉기 가운데 가장 강력한 것도 처음 발생한 것도 아니었다. 이에 앞서 1850~64년에 일어났던 '태평천국의 난' 때는 2000만 명에서 3000만 명에 가까운 사람들이 목숨을 잃었던 것으로 추산되는데 2차 세계대전 이전 역사에서 벌어진 가장 참혹한 유혈전이었다.

유럽의 상인들은 13세기에 마르코 폴로가 중국을 다녀간 이래로 중국의 부를 탐내왔다. 하지만 중국은 보수적이었고 자급자족이 가능한 나라였다. 중국은 유럽인들로부터 아무것도 필요로 하지 않았다.

영국 동인도회사는 인도의 방대한 땅에 자가 수요를 창출하는 상품을 재배함으로써 19세기 초에 이 문제를 해결하였는데, 그것은 바로 아편이었다. 1810년에 이르자 이 회사는 매년 350톤의 아편을 중국인들에게 팔고 있었다. 황국이 이 교역을 금지시키려고 나서자 영국은 전쟁을 일으켰다. 따라서 1839~42년과 1856~60년에 일어난 두 번의 아편전쟁은 대영제국이 기업화된 마약 대부들을 위해 벌인 것이었다.

중국의 역사는 종종 일어난 반란과 정복으로 황족이 교체되는 '회전문' 역사였지만, 국가와 사회의 핵심구조는 줄곧 유지됐다. 회전문이 마지막으로 돈 것은 분열 중이던 명나라가 만주족에 전복된 1644년이었다. 동북부 만주 출신의 오랑캐였던 만주 황제들은 중국의 지배적인 만다린 문화를 재빨리 수용했다. 만다린은 전문성 있고 높은 보수를 받으며 행정업무를 관장하던 극보수 관료들이다. 그들은 지역 지주들과 도시 상인들과 연합하여 중국을 지배했다.

19세기 중엽에는 부패와 억압이 심해져 다시 위기국면으로 접어들었고, 소작인들은 폭발하기 직전이었다. 그러나 이번에는 유럽 제국주의가 개입하면서 더 이상 회전문은 돌아가지 않았다. 두 번의 아편전쟁은 배타적인 중국의 만성적인 군사적 후진성을 드러냈다. 첫 번째 전쟁에서 영국인들은 소함대와 원정병력을 동원해 광

역사상 가장 부도덕한 전쟁으로 통하는 아편전쟁(위)과 아편굴 장면.

저우, 상하이와 다른 중국 항구들을 장악했다. 그들은 양쯔강을 거슬러 올라가 난징을 위협했고 황궁은 어쩔 수 없이 화평을 청했다. 난징조약 체결로 중국은 홍콩을 내주게 되었고, 광저우와 상하이를 비롯한 항구 4곳을 영국과 교역하기 위해 개방했으며 엄청난 전쟁 배상금도 지불했다.

하지만 이것으로 끝난 게 아니었다. 영국은 추가적인 요구를 했고 중국이 공식적으로 저항하자 15년 만에 두 번째 전쟁을 일으켰다. 이번에는 프랑스와 러시아, 미국이 가세하여 중국의 주권을 유린했다. 결국 1만8000명의 영국과 프랑스 병력이 톈진의 다구포대를 장악하고 내륙으로 베이징까지 진군하기에 이른다. 황국의 수도는 함락되었고 황실의 이화원은 약탈당했고 불태워졌다.

아편전쟁의 결과 중 하나는 고수익의 마약거래가 엄청나게 증가했다는 것이다. 19세기 말에 이르면 중국의 아편소비는 100배나 증가하였고 전체 성인 남성의 4분의 1이 중독자가 됐다. 또 다른 결과는 중국 항구들과의 교역을 유럽이 관할하게 되었다는 것이다. 해안을 따라 외국인 거류지가 줄지어 들어섰고 식민지 안의 식민지(조계지)도 자리를 잡았다. 유럽 관료들이 중국 세관을 관리했고 유럽 거주민들은 치외법권(중국 사법권에 대한 면책)을 누렸다. 유럽 선교사들은 어디에서건 자유롭게 선교를 할 수 있었다.

아편전쟁과 외국 조계지들의 등장으로 만주 왕조와 고대 제정국가가 얼마나 부패했는지 드러났다. 이는 결국 중국의 농촌 마을에서 오랫동안 무르익고 있었던 소작인 봉기의 도화선이 됐다. 봉기는 소작농, 노동자, 무력화된 반체제 지식인들을 중심으로 중국 남부에서 시작했다.

이 운동의 지도자는 학교 선생님이자 기독교 신비주의자였던 홍슈촨洪秀全이었다. 홍슈촨은 자신의 종교적 소명이 악마를 물리치고 '태평'한 '천상의 왕국'을 건설하는 것이라고 주장했다. 천상의 왕국은 균등한 토지분배, 재화의 공동소유, 사회적 차이의 소멸이 보장되는 곳이었다. 사회 해방을 고취시키는 이런 메시지는 당시 상황에서 강력한 대중운동을 촉발시켰다.

그러나 19세기 중국의 극심한 빈곤은, 초기 상태였던 평등주의적 이상주의의 불씨를 꺼뜨려 버렸다. 결핍을 겪으며 사람들은 잘 살 수 있는 것은 소수뿐이라고 믿었고, 봉기(태평천국의 난)의 지도자들은 자신들의 지위를 악용하여 자신의 패거리들이 바로 그 소수가 되려고 했다. 이런 점에서 태평천국의 난은 과거의 틀에서 벗어나지 못했다. 즉, 소작농 봉기로 제국의 새 왕조가 들어서도 억압적인 통치는 바뀌지 않았던 과거 상황과 비슷했다.

그럼에도 불구하고 태평천국 운동은 엄청난 지지와 투쟁으로 탄력을 유지했다. 그러나 공교롭게 만주 왕조를 구한 것은 반역 진압에 개입한 외세 제국주의였다. 중국 상인들에게서 자금을 받고, 유럽의 무기를 갖추고, 미국과 영국 장교의 지휘를 받아 재조직한 군대가 봉기를 주저앉혔다. 이 '상승군'의 성공은 중국 역사에 심대한 영향을 남겼다. 태평천국의 난이 발생하면서 중국은 제국주의 위협에 대응해 개혁과 근대화를 추진할 가능성이 있다는 것을 보여주었다.

그러나 봉기가 실패하자 그 가능성은 빛을 잃었다. 대신 만주 왕조는 제국주의가 지탱해주는 정치적 유물이 되어 명맥만 이어갔고, 1860년과 1900년에도 그러했듯이 왕조는 사실상 참패했다. 수도가 외세의 점령에 놓였을 때도 마찬가지였다. 만주 제국과 외세는 중국 인민들에 대적하여 서로를 지원해줄 필요가 있었다. 왜냐하면 중국은 아프리카와는 같지 않았기 때문이다. 다시 말해 유린할 수는 있어도 분할할 수는 없었다.

중국인들은 인구수가 많았을 뿐만 아니라-19세기 중엽에 거의 3억5000만 명에 달했다-언어와 문화, 역사가 단일한 국민이었다. 중국을 정복하려 했던 침략자들의 군사력은 모두 얼마 못 가 한계에 부닥치곤 했다. 어떤 시도도 결국 실패를 피하지 못했을 것이다. 1931~45년 일본 점령의 결과도 마찬가지였다. 일본은 자신들이 점령한 해안지역을 수호하는 데는 성공했지만, 중국의 광활한 내륙지역을 지배하지는 못했다. 또한 끊임없는 전투로 말미암아 수십만 명의 병력을 영구 배치해야 했다.

만주 제국의 지배와 외국인 조계지가 결합되면서 19세기와 20세기 초반 동안 중국의 독립적 발전은 사실상 질식당했다. 유럽과 미국, 일본은 발전한 반면 중국은 퇴보했다. 이러한 모순 때문에 1922년과 1949년 사이에 혁명적 격변이 여러 차례 일어나게 됐다. 그때서야 정치적 난국이 타개될 수 있었고 중국의 경제적 잠재력이 드러나기 시작했다.

제국주의란 무엇인가?

망명한 러시아 볼셰비키당 지도자였던 블라디
미르 일리치 레닌은 1916년 1월과 6월 사이에 〈제국주의 : 자본주
의의 최고단계〉라는 제목의 유명한 소책자를 발간했다. 노동계급
활동가를 대상으로 쓴 이 소책자는 당대 자본주의의 특성과 1914
년에 발발했던 제국주의 전쟁을 설명하기 위한 것이었다.

레닌은 독창성을 내세우지 않았다. 그의 목적은 세계체제에 관한
선도적 이론가들의 저작을 요약하고 대중화하는 것이었다. 그중에
는 영국 자유주의자 존 홉슨의 〈제국주의(1902)와 오스트리아 마르
크스주의자 루돌프 힐퍼딩의 〈금융자본(1910)〉, 폴란드계 독일 마
르크스주의자 로자 룩셈부르크의 〈자본의 축적(1913)〉, 러시아 마
르크스주의자 니콜라이 부하린의 〈제국주의와 세계경제(1915)〉가
있었다.

이들 연구는 훗날 에릭 홉스봄이 '제국의 시대'(1875~1914)라고
정의했던 시기를 이해하려는 시도였다. 이들은 마르크스의 자본주
의 이론을 혁신했다. 처음에는 불길한 유럽의 군사화에 직면했고
뒤이어 그것이 1차 세계대전으로 완결되는 것을 지켜봤던 이 사상
가들은 이 체제의 엄청난 폭력성을 설명하기 위해서 새로운 이론을
발전시켰다.

그들의 결론은 빠른 속도의 경제성장과 엄청난 규모의 산업투자
가 자본주의의 특성을 변모시켰다는 것이다. 마르크스 시대에 이 체
제를 지배했던 것은 주로 국내 시장과 식민지 시장 안에서 경쟁했던

중소 규모 회사들이었다. 그러나 마르크스 자신도 자본론에서 고찰한 바 있듯이, 자본주의는 '자본의 집적과 집중'으로 향하고 있었다.

자본축적은 경쟁적으로 이루어지고, 더 큰 기업들이 더 큰 규모의 경제를 달성할 수 있기 때문에 소규모의 경쟁자들을 몰아내려는 경향이 있다. 대기업이 집중적으로 소유하고 있는 큰 공장에 생산이 집중되는 것이다. 위기는 이런 과정을 가속시키면서 경쟁력을 강화시켜 허약한 회사들을 도산시킨다. 반면 충실한 회사는 낮은 가격으로 자산을 사 모으고 시장점유율을 높인다. 자본축적이 이뤄지는 개발의 중심부는 새로운 산업에 착수할 때 최신 기술을 취할 수 있기 때문에 특별한 이점을 누린다.

장기불황 덕분에 이런 효과가 나타난다. 19세기 후반 내내 산업별로 몇몇 거대 회사들이 자본주의를 지배하게 되었다. 동시에 경제적 권력은 오랜 전통 산업들을 보유했던 영국에서 세기의 전환기를 맞았고 영국의 생산량을 추월한 독일과 미국으로 넘어갔다.

레닌은 다섯 가지 특징으로 제국주의를 간결하게 정의했다.

1. 생산과 자본의 집적이 고도의 단계에 도달하여 경제생활에서 결정적 역할을 하는 독점체를 창출한다.
2. 은행자본이 산업자본과 융합하여 '금융자본'을 형성하고, 이를 기초로 금융과두제가 등장한다.
3. 상품 수출과는 구별되는 자본 수출이 특별히 중요성을 갖는다.
4. 국제적 독점 자본가 협회가 형성되어 세계를 분할해 나눠 갖는다.
5. 자본주의 열강에 의한 전세계의 영토 분할이 완성된다.

마르크스가 19세기 중엽 〈자본론〉에서 지적했던 것처럼, 레닌과 동시대 학자들은 이 체제에서 가장 앞서 있던 지점에 집중함으로써 중요한 흐름을 짚어냈다. 그들은 세계 자본주의가 어디로 흘러갈 것인지 전체적 지도를 그려냈는데, 그 경로를 실제로 보여준 것은 독일과 미국이었다.

20세기 초반에 거대기업은 엄청난 규모로 성장했다. 이 기업들은 국가경제를 좌지우지하는 데 그치지 않고 국가를 지배할 정도였다. 부문별 주요 회사들은 카르텔이나 트러스트를 형성해 시장을 나눠 먹고 생산량, 가격, 이윤을 조종했다. 지멘스Simens와 아에게AEG, 두 회사는 독일 전자산업 전체를 실질적으로 지배했다. 각각 세 개의 회사로 구성된 두 개의 그룹이 화학산업을 지배하기도 했다. 한 연구에 따르면 1905년에 대략 1만2000개의 주요 독일 회사들이 385개의 카르텔로 조직되어 있었다. "카르텔은 전체 경제생활의 기초 중 하나가 된다"고 했던 레닌의 말은 적중했다. 그야말로 '경쟁은 독점으로 전환됐다.'

대규모 투자가 이뤄지려면 우선 신용자금에 접근할 수 있어야 했기 때문에 자연스럽게 금융자본은 독점자본과 결탁하며 성장했다. 대규모 독일은행이 보유했던 전체 예금은 1907~8년에서 1912~3년에 이르는 5년 사이에 40퍼센트나 증가했다. 산업자본과 마찬가지로 금융자본은 지속적으로 집중화됐다. 1913년에 이르면 베를린의 최대 은행 9곳과 그 계열회사들이 전체 독일 은행자본의 83퍼센트를 관리했다. 그 가운데 가장 거대한 도이체방크는 단독으로 23퍼센트나 관리했다.

산업과 은행은 상호의존적인 관계가 됐다. 경제학자 루돌프 힐퍼딩은 "산업에서 꾸준히 증가한 자본의 비율이 그것을 끌어들인 산업가들에게 귀속되지 않는다. 그들은 자본 소유자를 대변하는 은행을 통해서만 자본 사용권을 얻는다. 한편, 은행은 산업에 쏟아 붓는 주식형 자금을 늘여갈 수밖에 없다"고 했다. 그리하여 은행은 대출을 늘리고 주식과 채권을 사들이는 등 다양한 형식으로 신용대출을 해줌으로써 산업의 소유자이자 창립자가 된다."고 설명했다. 힐퍼딩은 "금융자본은 은행이 관리하고 산업가가 사용하는 자본이다"라고 결론지었다.

산업 카르텔과 은행 신디케이트의 권력은 국가의 역할을 바꿔놓았다. 국가가 자본축적에 거의 아무런 역할을 하지 않았던 것은 오로지 1차 세계대전 이전의 영국에서뿐이었다. 반대로 독일에서 민영은행인 도이체방크에 대적할 만큼 자본을 축적한 유일한 기업체는 국영회사인 프러시아 국유 철도회사뿐이었다.

철도 투자는 전략적으로 필수적인 선택이었다. 철도는 무기 산업과 더불어 국가를 중공업 생산의 가장 큰 고객으로 만들었다. 육군과 해군을 위한 독일 정부의 지출은 1870년과 1914년 사이에 10배나 증가했다. 에센 지방에 있던 철강그룹 크루프의 한 해 생산량이 1차 세계대전 이전의 40년 동안보다 4배 증가한 것은 전적으로 국가와 맺은 무기 계약 덕분이었다. 정부는 직접투자와 국가계약을 통해서뿐만 아니라 수입품에 관세를 부가해 외국산 상품과의 경쟁을 지원해 주기도 했다. 이처럼 '네 이웃을 궁핍하게 만드는' 정책은 1879년에 독일이 시작했고 영국을 제외한 모든 열강들이 그 뒤를 이었다.

20세기 초반에 이르자 세계 자본주의의 발전은 심각한 모순을 드러냈다. 한편으로는, 급속한 경제성장과 거대기업들의 지배, 끊임없는 새로운 시장 탐색, 확장일로의 국제교역 등 세계화가 있었다. 다른 한편으로는, 산업 카르텔과 은행 신디케이트, 군사국가가 민족 자본가 블록으로 융합되면서 서로 대립하게 되는 경제 민족주의가 있었다.

가장 첨예한 형태로 모순을 겪은 것은 이들 블록 가운데 가장 역동적이었던 독일이다. 시장을 찾는 독일자본의 규모가 계속 확대되면서 기존의 국가 영토의 한계를 넘어섰다. 하지만 곧 장애물에 부딪쳤다. 보호관세, 폐쇄적인 식민지 시장, 외국 자본가들과의 경쟁이 그런 장애물이었다. 1차 세계대전의 뿌리도 여기에서 생겨났다. 거대 독점기업이 성장하고 산업, 은행, 국가자본이 융합돼 금융자본주의가 형성되면서 경쟁적 민족주의라는 위태로운 괴물이 나타나게 된 것이다. 부하린은 '경쟁의 최고 단계에 도달했을 때'에 어떤 일이 일어나는지 이렇게 설명했다.

> 국가 자본가 트러스트들 사이에 경쟁이 벌어질 때, 국가권력은 이 경쟁에 연루될 가능성이 높고 그 권력은 아주 커다란 역할을 하기 시작한다...우리 시대의 특징은 금융자본의 '민족' 그룹들끼리 경쟁이 극심해졌다는 것이다. 경쟁 상황이 치열해질수록 국가권력이 무력에 기대는 일은 잦아진다.

1905년 혁명:
러시아의 위대한 시연회

1905년 1월 9일, 20만 명에 이르는 엄청난 규모의 시위대가 상트페테르부르크에 있는 러시아 차르의 겨울궁전으로 몰려들었다. 한 사제를 선두로 삼아 모여든 노동자들은 교회에 갈 때 입는 가장 좋은 옷을 차려입고 가족들을 이끈 채 찬송가를 부르며 차르의 초상화를 들고 있었다. 그들은 '친애하는 아버지'에게 자신들의 고충을 덜어달라는 청원을 하러 가는 길이었다.

궁전 앞쪽 눈 속에 서있던 검은 무리. 남자, 여자, 아이들에게 칼을 휘두르며 갑작스레 진격하는 코사크 경찰기병대. 겁에 질려 달아나는 사람들에게로 쏟아진 근위병들의 총알. 그렇게 아마도 1000명 이상은 죽었다. 피의 일요일이었다.

그 다음날 상트페테르부르크 노동자 12만5000여 명은 대학살에 항거하며 파업에 돌입했다. 1905년 러시아혁명이 시작된 것이다. 그 후로 일진일퇴를 거듭하며 거대한 물결의 총파업과 시위, 소작농 봉기, 군인들의 반란이 일어났다. 한국과 만주의 지배권을 놓고 극동에서 일본과 제국주의 전쟁을 벌였던 차르 국가가 대패한 이후, 혁명은 그해 8월 최고조에 이르렀다. 10월 중순에서 12월 초에 이르는 50일 동안, 약 20만 노동자들을 대표하는 민주적 인민의 회인 상트페테르부르크 노동자대표 평의회가 러시아 수도를 실질적으로 지배했다. 10월과 11월에 있었던 상트페테르부르크 총파업과 뒤이은 모스크바에서의 12월 무장봉기로 경찰국가는 타격을 입었다.

하지만 이 운동은 돌파구를 찾지 못했고, 지친 노동자들은 나가떨어졌다. 그러자 정권이 반격을 시작했다. 국가의 지원 아래 비밀경찰이 조직한 '검은 백인조black hundred'라는 준군사조직이 유대인 대학살을 자행해 3500명을 살해했다. 상트페테르부르크 평의회도 진압돼 지도자들은 체포되었으며, 모스크바 근교의 노동계급 거주지에는 폭격이 가해졌고 포로들은 총살됐다.

그 후 소그룹으로 뿔뿔이 흩어진 혁명 망명자들은 무엇이 잘못되었는지 논의했다. 러시아에서 벌어진 혁명적 격변의 내적 역학을 가장 잘 파악한 사람은 혁명 정신을 직접 실천했던 이였다. 상트페테르부르크 평의회의 실질적 지도자였던 25살의 유대인 지식인, 레온트로츠키가 바로 그였다.

1917년에 일어난 사건들은 결과적으로 트로츠키의 '영구혁명론'이 옳았다는 것을 증명했다. 한 세기를 넘는 러시아 역사의 수수께끼, 즉 혁명이 승리하기 위해서는 어떤 형식을 취해야 하는가라는 의문을 풀어 주었던 것이다.

19세기 내내 러시아의 급진적 지식인들은 중세 전제군주의 독재에 맞서 외롭게 싸우면서, 자신들의 난관을 끊임없이 토론했다. 대중에게 다가설 수 있는 방법을 수차례의 실패 속에서도 꾸준히 찾았다. 지식인들은 '인민의 목소리'를 자처했지만 그들의 목소리는 주인 없는 메아리일 뿐이었다.

나로드니키(인민주의자)였던 혁명가 대부분은 차르, 지주, 사제들을 전복시키는 소작농 혁명을 꿈꾸었다. 그들은 마을과 자유농장,

러시아 혁명의 발단이 된 노동자 학살사건 '피의 일요일'

지역생산을 기반으로 하는 혁명 후의 유토피아를 그리고 있었다. 일부 인민주의자들은 '인민 속으로 들어가' 농촌지역을 여행하고 마을에서 혁명을 선동했다. 또 다른 인민주의자들은 고위 인사들을 암살하는 등 테러 행위를 통해 혁명을 조기에 실행한다는 목표를 내세우며 '행동으로 보여주는 선전선동'을 일삼았다.

인민주의자들은 선언과 포탄으로 차르주의를 전복시키려고 했다. 그러나 그들이 얻어낸 것이라곤 그들을 파멸시킨 경찰국가였다. 그들이 각성시키려고 했던 소작농들은 여전히 정치적 수면상태에 있었다.

소작농의 삶은 농사일과 사회적 고립이 특징이다. 소작농의 야망은 농지에서 짐을 덜어내고 부유하고 독립된 농부가 되는 것이었다. 마르크스가 프랑스의 소작농을 묘사했던 바대로, 러시아의 소작농들은 '감자 한 포대'였다. 그들은 집단적이지 않았다. 다만 미미한 소유권을 실제로 갖고 있어서 그 희망을 가진 것만으로 하나의 계급으로 묶인 개인들의 집합이었다.

소작농 봉기는 혁명이 성공하는 데 필수조건이었다. 그들이 봉기하지 않으면, 압도적으로 많은 소작농을 징병해서 구성한 군대가 혁명가들을 사살할 터였다. 하지만 그것이 충분조건은 아니었다. 여기저기 흩어져있는, 미미한 소유권을 가진 자들로 엮인 소작농들은 자신들만의 혁명 정당과 지도자를 만들어 낼 수 없기 때문이었다. 그들은 외부에서, 도시에서 누군가가 이끌어줘야 했다. 하지만 어떤 도시계급이 지도자를 내세우겠는가? 지식인들에게는 사회적 무게가 부족했다. 부르주아거나 프롤레타리아여야 했다.

거의 모든 사회민주주의자들(당시 러시아에서 사회주의자들은 그렇게 알려져 있었다)은 후진적인 러시아에서는 오로지 부르주아 혁명만 가능하다고 믿었다. 그들은 기존의 소작농 마을이 농업 공동체로 손쉽게 변환될 수 있을 것이라고 본 인민주의자들의 생각은 유토피아적 환상이라며 거부했다.

1903년 런던에서 열린 러시아 사회민주노동당 제2차 대회에서 러시아 사회민주주의자들이 분열한 이후 '소수파'로 불렸던 멘셰비키는 자유주의적 부르주아들이 투쟁의 선봉에 설 것이라고 주장했다. 따라서 계급동맹에 파열을 낼 '과격함'이나 '극단주의'를 피하면서 그들을 지원하는 게 사회민주주의자의 임무라고 생각했다.

'다수파'인 볼셰비키는, 러시아 부르주아가 너무 숫자가 적고 약하며 차르주의와 외국자본에 너무 의존적이라고 봤다. 또한 대지주계급인 그들은 혁명적 격변이 벌어질 가능성에 너무 겁을 먹어서, 필요한 지도자를 내세울 수 없다고 주장했다. 따라서 즉각적으로 나타나는 혁명의 역사적 산물은 필연적으로 '부르주아적'이겠지만, 혁명은 소작농과 동맹한 프롤레타리아가 이끌어야 한다고 믿었다.

부르주아의 소심함을 지적했던 볼셰비키 지도자 레닌의 판단은 옳았다. 1905년에 총성이 터지자마자 자유주의자들은 피할 곳을 찾아 도망쳤다. 노동자들만 홀로 남아 싸웠다.

하지만 트로츠키는 1905년의 사건을 더 깊숙이 들여다보았다. 프롤레타리아만이 혁명을 주도할 잠재력이 있고, 도시에서의 총파업과 반란 시위가 농민 봉기를 촉발시킬 수 있으며, 그렇게 되고 나서야 군대가 반란을 일으켜 국가가 해체될 것이라고 보았던 것이다. 그런 다음에 혁명을 짓밟기 위해 반동세력이 재결성되는 것을 막고 민주주의의 승리를 확고히 다지기 위해서는 프롤레타리아가 노동자의 국가를 세워야 한다고 봤다. 또한 계급에 기초한 국가는, 노동자들이 공장을 장악하고, 소작농이 토지를 수용하며, 부자의 재산을 몰수하는 것 등을 지원함으로써 프롤레타리아의 이익기관이 될 수밖에 없을 것이었다. 이 중 하나라도 빠지면 승리는 위태로워지며, 재산과 권력이 적대계급의 손에 들어가면 혁명의 주인인 노동자와 소작농의 사기는 꺾일 것이라고 트로츠키는 주장했다.

'부르주아 혁명'을 완수할 '프롤레타리아와 소작농의 민주적 독재'를 내세우는 레닌에 맞서, 트로츠키는 러시아의 민주화를 이룩해냄으로써 세계 사회주의 혁명을 위한 투쟁을 열어젖힐 '영구혁명'과 '프롤레타리아 독재'를 내세웠다.

트로츠키의 전망은 비범했다. 러시아는 주요 유럽 국가 가운데 가장 퇴보한 상태였다. 도시는 별로 없었고 넓게 펼쳐져 있는 땅덩어리에서 소통은 어려웠다. 인구 1억5000만 명 대부분은 소작농이었고 이들 가운데 대부분은 메마른 토양과 거친 기후, 원시적 기술로 인해 궁핍했다. 대략 2500만 명은 임노동자와 그들 가족이었지만 주로 작은 마을에서 살았다. 진짜 도시 프롤레타리아는 공장과 광산에 고용된 약 350만 노동자 정도였다. 이들 중 약 200만 명만이 정부의 검사를 받는 큰 공장에 고용되어 있었다.

이렇게 적은 수의 프롤레타리아는 차르의 경제·정치권력의 중심에 전략적으로 배치되었고 상당히 집중되어 있었다. 국가의 지원 아래 진행된 급속한 산업화는 한 세대 동안 이 계급을 형성했다. 철도와 곡사포, 기관총의 시대에 러시아가 강국으로 남기 위해서는 이런 것들을 생산할 탄광과 제철소, 설비공장이 필요했다. 국가가 나서서 근대산업을 이끈 것도 이렇듯 지정학적인 필요가 있었기 때문이었다.

높은 세금과 외채를 통해 자금을 마련하고 보호관세로 바람막이를 만들어준 정부 투자는 18퍼센트라는 기록적인 연간 성장률을 유지했다. 그리고 새로운 산업은 가장 앞선 것들이었다. 미국에서 1000개 이상의 거대기업들이 고용한 노동자는 18퍼센트밖에 되지 않았지만, 러시아에서는 41퍼센트 이상이었다. 게다가 러시아 프롤레타리아의 3분의 2는 상트페테르부르크와 모스크바, 우크라이나, 이 세 지역에만 집중되어 있었다. 차르주의는 자기 무덤을 팠다. 1905년에 노동자들은 이 야수를 매장하는 데 실패했지만, 1917년은 달랐다.

오스만제국과 '청년투르크' 혁명

혁명은 전염된다. 러시아의 1905년 혁명도 예외가 아니어서 혁명의 물결을 일으켰다. 특히 페르시아(1906)와 터키(1908), 멕시코(1910), 중국(1911)에서 그랬다. 터키에서 일어난 혁명의 물결은 이후 20년 넘게 중동을 변화시키는 도화선이 되었다.

1908년 이 지역은 터키와 시리아, 이라크, 서아라비아를 통치했던 오스만 제국의 지배를 받고 있었다. 14세기 터키어권의 군벌이 아나톨리아(터키)에 세운 오스만 제국은 두 세기에 걸친 정벌을 거쳐 형성되었으며, 16세기 전반기에 최고조에 이르렀다. 옛 비잔틴 수도 콘스탄티노플은 1453년에 점령됐다. 그 후 오스만 군대는 발칸반도를 가로질러 유럽 중앙으로 밀고 들어와 빈의 초입에까지 이르게 됐다. 동으로는 카스피아해와 페르시아만으로, 아래로는 나중에 오스만 호수가 된 홍해의 양측에 이르렀고, 북아프리카 전 지역에 해당하는 이집트, 리비아, 튀니지, 알제리가 모두 오스만 제국의 영토가 됐다.

이 제국은 군부와 관료로 이루어진 정치적인 기구와 절대군주 술탄이 통치했다. 근대적 대포와 머스킷을 갖춘 제국의 군대는 직업 군인과 토지를 소유하는 대가로 병역 의무를 수행하던 소지주로 구성되어 있었다.

농촌은 지주와 소작농으로, 도시는 상인과 장인으로 구분되는 오스만의 시민사회는 인종과 종교를 바탕으로 한 독자적인 '밀레트(비이슬람교도의 종교자치제)'들로 나뉘어졌다. 행정적으로 분리된 이 밀레트는 보수적인 공동체 지도자가 관리했다.

오스만 국가가 내부적으로 신경을 썼던 것은 주로 질서와 세금징수였다. 시민사회는 제국을 위해 존재했다. 경제는 정치를 위한 것이었다. 전통적인 권력과 특권을 단호하게 지켰던 군사관료 엘리트와 봉건 엘리트, 부족 엘리트들은 경제세력과 사회세력들이 자유롭게 발전하는 것을 봉쇄했다. 이 때문에 18세기에 이 지역의 지정학

적 권력은 정체된 오스만 제국에서 벗어나 좀 더 역동적인 유럽의
경쟁자에게로 옮겨갔다.

　중앙권력이 약해지자 지리적, 국가적 응집력이 떨어지는 오스만
제국의 내재적 취약성이 드러났다. 19세기 초 이집트는 지방관리
의 지배 아래 사실상 독립적인 상태가 되었고, 그리스는 무장봉기
를 통해 자유를 얻어냈다. 그러나 오스만 제국은 '유럽의 환자'가
됐다. 분열의 위협이 치닫고 있는데도 오스만의 지배계층은 개혁과
근대화를 거부했다. '위로부터의 부르주아 혁명'을 추진하려던 시
도들은 중단됐다.
　19세기에 오스만 왕조를 구한 것은 열강들의 경쟁, 외국으로부터
의 대출, 투자 유입 등이었다. 영국과 프랑스는 크림전쟁(1853~6)에
서 러시아의 남진을 저지하기 위해 오스만 제국을 지원하는 방벽
이 되어주었다. 그 후 영국과 프랑스 은행들은 철도 개설과 군비 마
련을 위한 자금을 대출해주었다. 그리하여 19세기 후반의 근대화
는 오스만 제국을 반식민지 종속국가로 바꿔놓았다. 압둘 하미드 2
세 술탄 정권(1876~1909)은 국가 예산의 60퍼센트를 군비와 행정에,
30퍼센트를 외국은행에 이자로 지출했다.
　터키 동쪽의 아르메니아 국민들은 러시아 혁명에 자극을 받아
1905~7년 새로운 세금과 징병에 저항해 봉기를 일으켰다. 오스만
정권은 이 봉기를 제압하지 못했다. 세금은 철회되었고 사면이 이
뤄졌다. 그러나 이미 봉기는 제국의 다른 지역으로 번져나갔다.
　발칸반도에서 복무하던 하급 장교들 사이에 존재하던 지하 저항

네트워크인 '통일진보위원회the Committee of Union and Progress(CUP)'가 발족했다. '청년 투르크' 운동의 심장부는 오스만이 통치했던 살로니카(현재 그리스의 테살로니키)였다. CUP는 허약하고 부패한 압둘 하미드 정권에 분노한 중산층 민족주의자들의 당이었다. 이 당은 자유 헌법을 만들었고 더불어 강대국의 지위를 얻기 위해 필요한 개혁과 근대화에 전념했다.

1908년 7월 3일 한 명의 소령이 혁명 선언문을 발표하면서 일방적인 행동에 들어갔다. 이 때문에 어떤 행동이라도 취할 수밖에 없었던 CUP 지도자 엔버 파샤는, 1876년 12월에 승인됐다가 3개월후 무효가 됐던 오스만 헌법의 복원을 선포했다. 발칸지역 오스만 군대들은 일제히 즉각 봉기했다. 엔버가 선포한 다음 날, 압둘 하미드 술탄은 의회선거를 공표했다. 군대가 봉기하자 독재는 굴복하고 말았다.

그럼 이 사건은 군사 쿠데타였을까 아니면 대중혁명이었을까? 둘 다에 해당했다. 혁명은 장교들이 선도했다. 정권의 군사 규율은 역으로 작동했다. 일반 사병은 반란을 일으키지 않았고, 정부에 저항하라는 장교들의 명령에 복종했다. 하지만 미지급된 급여와 만연한 부패 때문에 불만이 가득했다. 결국 혁명은 1908년 8월에서 12월 사이에 111건이나 되는 파업의 물결을 일으켰고, 그 결과 평균급여는 15퍼센트 증가했다. 혁명은 계속해서 농촌으로 번져갔고, 세금 징수와 징병에 저항하는 소작농 봉기가 시작됐다. 아르메니아가 봉기를 시작했고, 투르크와 아랍이 곧 합류했다. 따라서 이 봉기는 중산층 장교들이 선도한 대중혁명이기도 했다.

투르크 청년혁명은 어째서 이렇듯 독특한 방식으로 이뤄졌을까? 산업은 후진적이었고 외국 자본에 의존하고 있었다. 때문에 이례적으로 부르주아와 프롤레타리아 모두 허약했다. 오스만 사회는 대도시 밖으로 나가면 지리적으로 뿔뿔이 흩어져 있었고, 사회적으로 파편적이었으며, 문화적으로 다양했다. 장교들처럼 국가직에 종사하던 중산층만이 혁명을 이끌 응집력과 조직, 미래전망을 지닌 유일한 사회계층이었다. 오스만 제국은 군사국가여서 오스만 혁명 역시 군사적 지도력을 갖추고 있었다.

근대성의 힘에 밀려 쇠퇴한 전통적인 제국은 독특한 부르주아 혁명을 몰고 왔다. 아래로부터의 프랑스 혁명과 위로부터의 프러시아 혁명이 혼합된 방식이었다.

독재는 무너졌지만 독재자는 권좌에 남았다. CUP가 혁명을 통솔하였지만, 국가권력을 장악하지는 못했다. 1908년 7월에서 1909 4월 사이에 오스만 제국은 불안정한 이중권력, 즉 정치적 권위를 놓고 싸우던 궁전과 병영에 의해 통치됐다.

1909년 4월 중순 마침내 위기가 닥쳐왔다. 이슬람 보수주의자들은 술탄의 암묵적 지원을 받으며 이스탄불에 들어선 새로운 개혁정부에 반대하는 대중 시위를 시작했다. 정권에 충성하는 준군사조직은 아다나에서 1만7000명의 아르메니아인을 대학살했다. CUP는 이제 사실상 반혁명 시도를 진압하는 길로 접어들었다. 일주일 후에 그들은 이을디즈궁을 점령하고 압둘 하미드를 하야시켰다.

두 번째 혁명으로 CUP 지도부는 사실상 국가권력을 거머쥐었다. 하지만 새로운 정권도 오스만 제국의 누적된 모순들을 풀 수는 없었다. 1909~14년은 정치적 위기가 계속될 수밖에 없는 시기였다.

혁명은 강력한 세력을 등장시켰다. CUP가 근대적 자본주의 국민 국가를 건설하기 위해서는 터키 안에서 일어나는 프롤레타리아와 소작농의 봉기를 억제해야 했다. 그리고 오스만 제국에 정복된 국민들, 즉 세르비아, 그리스, 불가리아, 아르메니아, 아랍 국민들의 민족적 열망 역시 진압해야 했다.

그러나 혁명은 전쟁에 의해 변질될 운명이었다. 터키는 1911년에서 1923년 사이에 연이은 전쟁에 휘말리고 말았다. 전쟁의 결과는 구정권을 파멸시키고 새로운 터키 공화국을 창조하는 것이어야 했다. 오스만 제국은 1912년에 리비아, 1913년에 마케도니아에 대한 통치권을 상실했다. 궁지에 몰린 CUP 지도자들은 갈수록 권위주의적으로 변했고 심각할 정도로 외국의 기술과 자본에 의존하게 됐다. 1913년 1월에는 입헌정부가 군사 쿠데타에 의해 전복되었고 CUP 최고 지도자 3인의 독재로 대체됐다. 독일 자본과 독일 군사고문관에 지나치게 의존하게 되면서 1914년 8월 초에는 베를린과의 비밀 군사동맹을 맺게 됐다.

CUP 지도자들은 이제 범터키 민족주의를 선포하려고 했다. 이는 오스만 제국 내부의 피정복 민중과 중앙아시아, 러시아의 이해관계에 모두 위협이 되었다. 피정복민 가운데 절반 정도는 투르크족이 아니었고, 중앙아시아에는 상당수의 투르크인이 차르의 통치 하에 있었다. 소수민족에 대한 억압이 심해지자 코카서스에서 전쟁이 터졌고 오스만 제국은 독일 제국주의 전초기지가 되었다.

1908~1909년의 청년 투르크 혁명은 민족주의적 목적을 가진 부

르주아 중산층 지도부가 주도했다. 노동자, 소작농, 병사, 소수민족에 의한 대중혁명은 억압됐다. 그 바람에 그들의 지도부는 산업화된 세계전쟁의 용광로 속으로 그들을 끌고 들어갔다. 오스만 제국의 인민들은 엄청난 값을 치르게 될 것이었다.

1914년 : 야만주의로의 퇴행

1914년 6월 28일 보스니아의 사라예보를 국빈 방문 중이던 오스트리아-헝가리 제국의 왕위계승자 프란츠 페르디난트 대공이 세르비아의 민족주의자 학생에게 암살됐다. 이 일이 발생하고 5주 후 오스트리아와 러시아, 독일, 프랑스, 영국이 모두 교전을 시작했다. 4년 동안 이어진 대학살로 1000만 명이 죽었다. 도대체 무슨 일이 벌어졌던 것일까?

큰 사건에는 여러 원인이 있다. 좀 더 정확히 말하자면, 눈앞의 사건들은 러시아 목각인형처럼 서로 연결된 일련의 모순을 유발했다. 경제 안에 지정학이, 지정학 안에 외교가, 외교 안에 군사문제가 러시아 인형처럼 겹겹이 중첩되어 있었다.

역사가인 A. J. P. 테일러가 당시의 철도 시간표를 근거로 1914년 7~8월에 세계전쟁이 발발했다고 주장할 수 있었던 것도 그런 이유 때문이었다. 그가 주목했던 것은 참전국들이 전쟁이 단기간에 신속히 종료될 것으로 생각했다는 점이었다. 철로를 통해 누가 빨리 군대를 배치하는가가 승리를 결정지을 터였고 일단 한 나라가 군대를 동원하기 시작하면 다른 나라들도 그렇게 할 수 밖에 없었다는 것이 테일러의 주장이었다.

그러나 그것은 위기가 터지기 직전의 기록일 뿐이며, 그나마도 가장 중요하지 않은 기록이었다. 복잡한 사건들을 다룰 때 주류 역사가들이 범하는 흔한 실수는 하나의 기록에 집착하는 것이다. 철도 시간표를 놓고 왈가왈부하는 것은 큰 전쟁이 작은 문제들에 의해 촉발될 수 있다는 관점에서 출발한다. 하지만 큰 전쟁에는 언제나 큰 원인들이 있다. '역사의 실수론^{cock-up theory of history}'으로는 설명할 수 있는 게 거의 없다. 1차 세계대전은 수십 년 동안 만들어진 제국주의 전쟁이었다. 지금부터 그 근본 원인으로 파고 들어가 보자.

유럽에서 긴장이 고조되던 때이긴 했지만, 사라예보의 암살 사건은 아무런 경고신호도 없이 터졌다. 이 사건은 오스트리아-헝가리 제국의 내부 문제로 보였다. 유럽의 중심부에서 독일어권 합스부르크 왕조의 통치를 받던 오스트리아-헝가리 제국은 몰락하는 왕가의 제국이었다. 인구 3900만 명 중 오스트리아인 1200만 명, 헝가리인 1000만 명, 체코인 660만 명, 폴란드인 500만 명, 우크라이나인 400만 명, 크로아티아인 320만 명, 루마니아인 290만 명, 슬로바키아인 400만 명, 세르비아인 200만 명, 슬로베니아인 130만 명, 그리고 이탈리아인 70만 명으로 구성되어 있었다. 오스트리아인과 헝가리인들은 나란히 지배계급으로서 제국을 운영했다. 노후한 합스부르크 전제군주였던 프란츠 요제프는 오스트리아의 황제이자 헝가리의 왕이었다.

합스부르크 정권을 위협한 것은 성장하는 노동계급의 투쟁의지

세르비아 청년이 오스트리아 대공인 프란츠 페르디난트를 암살하는 장면. 이 사건은 제1차 세계대전이 벌어지는 계기가 되었다.

와 피정복민 사이에서 커져가던 민족주의였다. 이 정권은 억압과 개혁 사이를 불안스럽게 오가며 이에 대응했다. 1914년 입헌정부는 와해되었고 고위급 장성 콘라트 폰 회첸도르프 같은 매파가 집권했다. 그는 "공세적 정책만이…이 국가를 멸망에서 구원할 수 있다"고 주장했다. 과감한 군사행동으로 국가의 권위를 되살리려고 하였고, 그 서슬에 반대파는 몸을 웅크릴 수밖에 없었다.

공격의 목표물은 세르비아였다. 세르비아는 발칸의 독립국가였다. 오스트리아의 통치 하에 살던 세르비아인들에게는 저항의 등대 같은 나라였다. 회첸도르프는 1906~1914년 국가 최고위원회에서 세르비아를 '독사'로 표현하며 25차례나 그들과의 전쟁을 촉구했다.

사라예보에서의 암살은 합스부르크 매파에게는 최고의 기회였다. 7월 23일 오스트리아 정부는 세르비아인들이 프란츠 페르디난트의 암살을 공모했다고 비난하면서 진상조사와 더불어 그들의 영토에서 벌어지는 반오스트리아 저항운동을 제압하는 데 협조하지 않으면 전쟁이 일어날 것이라는 최후통첩을 세르비아에 보냈다. 세르비아의 반응에 만족하지 못한 오스트리아는 7월 28일 전쟁을 위한 동원령을 내리고 도나우강 건너편의 베오그라드에 포격을 개시했다. 1차 세계대전의 첫 발포였다.

세르비아는 러시아 동맹국이었다. 러시아와 오스트리아는 발칸 지역에서 지정학적 경쟁자였다. 또한 러시아는 혁명 직전의 상태였다. 상트페테르부르크의 비보르크 지역에는 바리케이드가 세워졌고 노동자들은 차르 군대와 총력전을 펼쳤다.

7월 30일 차르는 자신의 군대에 동원령을 내렸다. 빈과 마찬가지로 상트페테르부르크도 매파가 지배하고 있었다. 강경노선의 장관들과 장군들은 발칸반도에서 러시아의 이익을 지켜내기 위해서는 전쟁이 필요하며, 전쟁이 민족주의를 고조시켜 혁명의 분위기를 잠재울 것이라고 주장했다.

러시아의 동원령은 독일에게는 치명적인 위협으로 여겨졌다. 민족통합과 빠른 산업화 덕분에 독일은 유럽의 최강국으로 변신했다. 초조해진 경쟁국 즉 러시아, 프랑스, 영국은 3국협상이라는 적대적 동맹으로 뭉쳤다. 독일에게 남은 유일한 동맹국은 오스트리아-헝가리 제국뿐이었다. 독일은 우월한 세력에 맞서 두 개의 전선을 형성해야 하는 버거운 현실에 직면했다.

독일은 이러한 위험에 대응하기 위해 신중하게 전쟁계획을 짰다. 이 계획을 고안한 참모총장의 이름을 딴 '쉴리펜 작전계획'에 따르면 서쪽에서는 전광석화 같은 작전으로 프랑스를 6주 만에 무너뜨린 다음 병력을 동쪽으로 옮겨 '러시아 스팀롤러'에 대적한다는 구상이었다. 시기를 놓치지 않는 것이 무엇보다 중요했다. 러시아가 동원령을 내린 7월 30일에 쉴리펜 계획의 시계는 째깍거리기 시작했다. 독일정부는 8월 1일에 러시아에, 8월 3일에 프랑스에 전쟁을 선포했다.

영국은 주저했지만 잠시뿐이었다. 독일이 유럽을 제패하고 대영제국의 안전에 직접적인 위협을 가하는 것을 두려워했다. 마침내 위기의 구체적인 구조가 모습을 드러냈다. 그것은 독일과 영국이 벌였던 제국주의적 경쟁이었다.

'세계의 공장' 원조였던 영국은 19세기 중엽 세계 면직물 생산의 50퍼센트와 석탄의 60퍼센트, 철의 70퍼센트를 생산하는 유일한 산업 최강국이었다. 하지만 1914년에 이르면 영국의 점유율은 면 20퍼센트, 석탄 20퍼센트, 철 10퍼센트로 떨어졌다. 독일과 미국이 모두 영국을 추월하여 산업 강국이 된 것이다.

물론 영국은 여전히 가장 거대한 제국이었다. 19세기 초만 해도 영국은 전세계 땅의 5분의 1, 인구의 4분의 1을 장악했던 나라였다. 그러나 전세계적 헤게모니를 유지하는 데 필요했던 산업 강국의 지위는 점차 쇠락 중이었다.

동시에 제국주의적 갈등은 고조되고 있었다. 나라마다 한 줌밖에 안 되는 거대 독점회사들이 분야 별로 국내경제를 점점 더 강력하게 지배하고 있었다. 이들 회사는 원자재와 새로운 시장을 끊임없이 찾는 일에 몰두했고, 그 결과 전세계적 규모로 외국 경쟁업체들과 갈등관계에 놓이게 됐다. 다시 말해 국민국가들 사이에 존재했던 전통적인 지정학적 갈등에 자본 블록들의 경제적 경쟁이 합쳐진 형국이었다.

열강들은 그들 사이의 제국주의적 경쟁에 자극을 받아 군비경쟁에 빠져들었다. 그 바람에 전쟁 전야에 유럽은 유례없는 규모의 징병군들로 가득찼다. 기업들은 음식과 옷, 무기, 장비, 군수품을 공급했다. 이는 130만 명의 후방 예비군들과 약 600만 명의 정규군이 즉각 전쟁터로 행군할 수 있다는 것을 의미했다.

1906년과 1912년 사이에 독일인들은 세계정책^{Weltpolitik}을 추구했다. 영국과 프랑스라는 확고한 제국에 맞서 독일 제국주의가 부상하고 있음을 확실히 했다. 이 정책은 기본적으로 영국과 해양 군비경쟁으로 나타났다. 독일의 세계정책은 영국이 고집했던 두 가지 치국 원칙, 즉 대륙에서 세력 균형을 유지한다는 원칙과 영국해협의 항구들이 적대세력 손에 넘어가는 것을 방지한다는 원칙에 도전장을 내민 것이다. 사실 두 원칙은 섬나라 영국의 입지와 상업적 이해관계, 전통적으로 우세했던 해상권에 뿌리를 두고 있었다.

영국과 바닷길은 막강한 해군에 의해 잘 보호되고 있었다. 유럽 대륙이 여러 나라로 분할되어 있었기 때문에 영국 지배계급은 자유롭게 자신의 제국을 착취했고 해외무역에서 이윤을 얻었다. 단일 권력의 헤게모니 아래에서 유럽이 통합되는 것, 특히 유럽이 영국해협을 장악하는 것은 영국에게 위협이었다. 해양 군비경쟁이 중요한 이유도 그 때문이었다. 영국은 독일을 상대로 우위를 유지하기 위해 1899년에 29대였던 전함을 1914년에는 49대로 늘렸다. 또한 영국은 '영광스러운 고립^splendid isolation'에서 벗어나 프랑스, 러시아와 동맹을 맺었다. 이는 독일에게 지속불가능한 군사적 부담을 안겨주었다.

프랑스와 러시아도 영국 함대와 함께 같은 시기에 병력을 키웠다. 독일은 양쪽에 적을 둔 대륙의 세력이었다. 그래서 독일은 해양 군비경쟁을 포기하고 육군을 확대하는 데 힘을 집중할 수밖에 없었다. 독일은 유럽 대륙 안에서 스스로를 방어하면서 동시에 바다에서 영국을 상대할 수는 없었던 것이다.

1912년 후반에 이르자 독일 지도자들은 군비경쟁에서 지고 있으며 세력이 불리한 방향으로 기울고 있음을 확실히 알게 됐다. 그들은 차라리 선제공격을 하는 게 낫다고 믿었다. 독일 육군의 수장인 헬무트 폰 몰트케가 '국가들의 전쟁'이 불가피하다고 주장한 것도 그 때문이었다. 결국 1차 세계대전은 대립하던 국민국가들의 동맹체가 군사경쟁을 벌인 결과였다. 이들 국민국가들은 제국주의 자본의 경쟁 블록들의 이익을 대변했던 것이다.

1870년대 중반 이후 빠르게 진행된 자본의 집적과 집중은 전세계적으로 기업 경쟁을 불러 일으켰다. 또한 산업화가 확산되면서 자본주의 산업의 새로운 중심이 만들어졌다. 경쟁적인 자본축적은 유럽 열강들 사이에 있었던 전통적인 갈등 구도를 재편하고 재점화시켰다. 이는 전쟁을 초읽기로 몰아넣은 군비경쟁과 동맹체제, 전쟁계획에 드러난 모순들보다 더 뿌리 깊은 모순이었다. 7~8월의 위기로 터져 나온 근본적 갈등이 이 경제적 모순이었다.

하지만 산업화된 제국주의가 유럽을 전쟁으로 몰아넣은 것만은 아니었다. 제국주의는 그 전쟁을 역사상 가장 끔찍한 전쟁으로 만들 파괴 수단들을 만들어내기도 했다. 1914년에 자본주의는 인류를 야만의 구렁텅이로 밀어 넣었다.

전쟁이 발발했을 때 그 양상은 경악스러웠지만, 사실 상당수의 좌파들은 어느 정도는 예견하고 있었다. 그러나 다양한 사회주의 정당의 지도자들이 전쟁 도발을 적극적으로 방조하리라는 것은 아무도 짐작하지 못했다.

개혁 또는 혁명

1914년 8월 4일, 유럽에서 가장 큰 사회주의 정당이었던 독일 사회민주당^{SPD}이 독일 국회의사당에서 전쟁을 위한 신용자금을 만장일치로 가결시켰다. 독일 사민당은 1000만 명이 죽게 되는 제국주의 전쟁을 지지한 셈이다. 이 결정은 유럽의 좌파를 충격에 빠트렸다.

러시아 혁명가 니콜라이 부하린이 보기에 그것은 '우리 인생에서 가장 큰 비극'이었다. 트로츠키는 "독일 사회 민주주의의 굴복은 심지어 전쟁 선포보다 더 나를 충격에 빠트렸다"고 말했다. 레닌은 처음 그 기사를 읽고 신문이 위조됐다고 생각했다.

독일 노동계급 운동은 괴멸됐다. 당시 사민당의 청년 활동가였던 토니 젠더는 "모든 것이 무너진 듯 했다"고 기술했다. 그는 전선으로 이동하는 병사를 가득 채운 화물기차에 있었다. 대부분 결혼한 남자들이었고, 앞으로 맞게 될 일에 대한 열정은 보이지 않는 암울한 표정이었다.

전쟁 발발 며칠 전인 7월 28일 베를린 거리에는 10만 명이 반전 시위를 벌였다. 마지막 나흘 동안 독일 전역에서 70만~80만 명이 참여한 반전 시위는 288건 이상이었다. 1911년 이래로 구축되어 온 이 대중운동의 선두에는 사민당이 있었다. 하지만 8월 4일 벌어진 당의 결정은 대중운동을 완전히 끝내는 것이었고 노동계급을 융커 계급과 전쟁광의 손에 넘겨준 것이었다.

8월 4일 저녁에 혁명가 몇 명이 로자 룩셈부르크의 베를린 아파트에서 만났다. 그들은 반제국주의 선언문을 발행하고 사회주의 지도자 약 300명에게 서명을 요청하는 초청장을 보냈다. 클라라 제트킨은 지지한다는 전보를 즉시 보낸 유일한 사람이었다. 갑자기 독일 반전 사회주의자들은 극소수가 됐다.

독일의 사례는 유럽 전역에서 복제됐다. 사회주의 정당은 국제주의를 폐기하고 제국주의 세계전쟁에 참여한 자국의 부르주아 정부를 지지했다. 제2인터내셔널(세계 사회주의 정당 연합)은 가식으로 드러났다. 제2인터내셔널은 프롤레타리아 연대에 내포된 국제주의를 지켜내지 못한 채 민족적 국수주의가 전쟁의 북소리를 울리자마자 해체됐다.

1914년에 유럽은 두 가지 가능성을 품고 있었다. 사회주의 혁명이냐 제국주의 전쟁이냐가 그것이었다. 전투적이고 잘 조직된 수천만 명의 노동자들 앞에 서있던 사회주의 지도자들이 만약 첫 번째의 가능성을 택했다면, 1차 세계대전의 대학살은 일어나지 않았을지도 모른다. 무엇이 잘못된 것일까? 국제연대와 전쟁 반대를 주장하던 그 모든 연설들과 결의들은 어째서 허풍으로 드러난 것일까? 사회주의 지도자들은 도대체 왜 지난 세기 내내 지지해준 노동계급의 이익을 배신하고 자본주의 요구에 반복적으로 순응하기만 한 것일까?

1870년대부터 유럽의 자본주의는 폭발적인 성장을 이어왔고 그 결과 1914년에는 산업 프롤레타리아가 수천만 명으로 늘어났다. 이들은 총파업을 통해 하나의 노동계급이 되었고 유럽 전역에서 전투적으로 노동운동을 벌여나갔다. 선거에서 사민당 같은 정당들을 지지하는 대중적 기반을 마련하기도 했다. 1912년에 이르자 독일 사민당은 당원 100만 명과 일간신문 90종을 보유한 세계에서 가장 큰 노동조직이 되어있었다. 이 당은 여성부와 청년부, 다양한 노조와 조합, 수많은 스포츠 모임과 문화 동호회를 운영하기도 했다.

그해 선거에서 사민당은 극적인 대전환을 만들어냈다. 세 표 중 한 표를 얻어 110석을 차지함으로써 연방의회에서 가장 큰 정당이 됐다. 불법적인 소수에서 대규모 선거기계로 변하게 되자 당의 사회적, 정치적 특성도 변했다.

후일 개량주의로 불리게 되는 수정주의가 부상하게 된 것도 그런 변화의 하나였다. 수정주의를 주창한 사람은 에두아르트 베른슈타인(1850~1932)이었다. 그는 자본주의가 위기에 빠질 가능성이 줄어들고 있고, 호황이 꾸준하게 이어지고 있으며, 점진적 개혁으로도 노동계급의 조건이 충분히 개선될 것이라고 주장했다. 베른슈타인은 사민당을 사회혁명 정당이 아니라 민주적 사회주의 개혁 정당으로 재정립하고자 했다. 베른슈타인이 사민당에서 우월한 지위를 누린 적은 없지만, 당을 급격하게 우경화시킨 것만은 분명했다.

당의 다수를 대표한 사람은 칼 카우츠키(1854~1938)였다. 그는 수정주의자이기보다는 중도주의자였다. 그는 여전히 자본주의가 착취적이고 폭력적이라고 믿었고, 사회주의가 합리적이고 필연적이라고 믿었다. 하지만 그는 이 체제가 워낙 모순투성이여서 노동계급의 혁명적 실천 없이도 결국 저절로 무너질 것이라고 생각했다. 카우츠키는 이론에서는 혁명적이었지만 실천에서는 개량주의적이었다. 이런 입장은 그를 베른슈타인의 철두철미한 개량주의와 로자 룩셈부르크 같은 혁명적 사회주의자들의 간극을 잇는 다리가 될 수 있게 해주었다. 이런 세 가지 성향이 분당으로 이어지지는 않았고 사민당 안에서 공존했다.

개량주의는 덜 여문 계급의식과 그 사회에 존재하는 물질적 이해관계를 모두 반영한다. 자본주의 하에서 대부분의 노동자는 상충하는 의식을 갖기 마련이다. 그것은 세 가지 요소의 상호작용 때문이다. 첫째, 자본주의 체제는 착취와 억압, 폭력을 기반으로 하고 있기 때문에 체제의 피해자들은 분노와 저항을 일으킨다. 계급투쟁은 자본주의에 내재되어 있다. 둘째, 사회를 지배하는 것은 그야말로 지배계급의 사상이고, 노동자들은 대체로 이를 어느 정도는 받아들인다. 이들 사상을 강화시키는 것은 세 번째 요소다. 즉 계급 간의 세력균형이 기울기 때문에 보통 노동자들은 싸워나갈 자신감이 부족하다.

레닌은 '노동조합 의식'과 '혁명 의식'을 구분했다. 전자는 노동자 대부분이 갖고 있는 태도다. 그들은 이 체제의 상황을 좋아하지 않기 때문에 때로는 특정 개혁을 위해 싸우기도 하지만, 체제를 전복하기 위한 전면적인 투쟁에 뛰어들지는 않는다. 때문에 개량주의는 노동조합 의식의 정치적 형식이라고 할 만하다. 체제 안에서의 정치적 변화를 노동자들은 제한된 범위 안에서 열망하는 것이다. 개량주의는 계급으로서 노동자의 이해관계를 반영하지 않는다. 노동자의 계급적 이익은 자본주의의 전복, 민주주의, 공동소유, 인간적 욕망을 기반으로 하는 대안적 체제에 들어있다.

그러나 개량주의는 노동계급 운동 안에서 특별히 구분되는 부류의 이해를 반영한다. 노조 지도부와 사회주의 정치인, 상근 직원과 연구자, 공보 담당자로 구성된 관료들이 그들이다.

노동 관료집단의 정치적 역할은 작업장의 근무 조건을 협상하거나 의회에서 사회개혁을 보장하는 것이다. 이런 역할을 수행할 때 그들은 지배계급의 대표자들에게 협조한다. 그들의 역할은 자본과 노동을 중재하는 것이다.

노동 관료의 사회적 지위는 일반 노동자들과 비교하면 다소 특권적이다. 노조 관리들과 정치인들은 더 많은 봉급과 보람 있는 일, 더 나은 노동 조건을 누린다. 그들은 상대적으로 안락하고 보수적인 환경에서 산다. 노동 관료는 노동자들의 정상적이고 일상적인 개량주의적 의식을 갖고 있는 것이다. 좌파 정치가 갖고 있는 최소한의 공통분모가 바로 이것이다.

이런 개량주의적 의식에는 민족주의가 들어있다. 체제 안에서 개혁을 성공시키는 것이 목적이라면, 부르주아 국민국가는 혁명적 전복의 대상이라기보다는 정치적 실천을 위한 틀이 된다. 그리하여 '국가적 이익'은 개혁이 가능한 범위를 제한한다

1914년 이전에는 개량주의의 어떤 것도 분명하지 않았다. 로자 룩셈부르크는 수정주의에 맞서는 투쟁의 전선에 있었다. 그녀는 점점 더 깊어져가는 사민당 지도자들의 관료적 보수주의에 대항해 혁명적 사회주의자 전통을 방어하는 핵심 역할을 했다. 특히 두 권의 소책자 〈개혁이냐 혁명이냐(1899)〉와 〈총파업(1906)〉은 마르크스 전통의 발전에 이정표 같은 것이었다. 하지만 룩셈부르크도 세계 사회주의 운동을 산산이 흩어놓은 사건, 1914년 8월 4일의 배반까지는 예상하지 못했다.

1차 세계대전은 혁명에 의해 종결됐다. 1917년 러시아에서의 첫 혁명, 다음으로 1918년 독일에서의 혁명이 그것이다. 이 혁명이 일어났을 때 사회주의자였던 장관들은 혁명적 노동자들이 쳐놓은 바리케이드의 저편에 있었다. 노동자들을 제국주의 전쟁의 대학살 현장으로 이끌었던 그들은 그 다음에는 파시즘적인 반혁명의 손아귀에 노동자들을 넘기는 데 힘을 쏟았다. 자본주의가 위기에 처한 순간에 개량주의는 이런 역할을 했던 것이다.

1차 세계대전

1차 세계대전이 시작되자 푸른 외투와 붉은 바지를 입은 프랑스 보병 대열은 기관총과 현대화된 대포를 장전했다. 프랑스는 단 한 달 안에 참전 병력의 4분의 1을 잃고 말았다.

3년 후 전쟁의 양상은 완전히 바뀌었다. 전투는 몇 달씩 지속되었고 전장은 10여 제곱킬로미터 이상 확대됐고 온갖 잔해와 나무 밑동, 포탄 구멍, 가시철망, 시체들로 황폐해졌다. 대개 전장에서는 아무도 보이지 않았다. 병사들은 참호와 굴을 파놓은 지하에 머물렀다. 공격을 할 때는 충분히 위장한 다음 무리를 지어 포복, 전진했다.

사상자 숫자는 참혹할 정도로 늘어났다. 베르둔 전투(1916년 2월~12월)에서 약 100만 명의 사상자가 발생했다. 솜 전투(1916년 6~11월)에서도 100만 명이 죽거나 다쳤다. 그런 전투는 겨우 몇 제곱킬로미터의 땅을 적에게서 얻어냈을 뿐이었다. 어떤 전투에서도 교착 상태를 타개하지는 못했다. 전쟁은 그 전처럼 계속됐다. 파스샹달 전투(1917년 7~11월)에서는 100만 명 이상이 죽거나 다쳤다. 비가 쉴 새 없이 내려 전장은 진흙탕으로 변했다. 수천 명의 부상자들은 쓰러진 곳에서 익사했다. 전선은 역시나 고작 몇 킬로미터만 이동했을 뿐이었고, 전쟁은 계속 이어졌다.

1차 세계대전이 가져온 대학살과 파괴, 폐기물은 전례가 없는 규모였다. 대량생산을 통해 인간의 욕구를 만족시켜야 할 산업사회의 능력은 정반대로 발휘되고 말았다. 산업화된 학살인 전쟁은 민족자본가 블록 사이의 경쟁이 극단적으로 표현된 것이었다. 경쟁 블록

제1차 세계대전은 군수산업 발전에 힘입어 인류에게 전례가 없는 치명적인 피해를 입혔다.

들이 지닌 산업은 대규모 병력을 무장하고 유지하는 데 이용됐다. 그 결과가 바로 교착상태였다.

대규모 징집으로 수백만 명의 병력을 갖춘 군대가 창설됐다. 1815년 워털루에서의 프러시아 군대는 기껏 6만 명에 달했고, 1870년 스당에서는 20만 명이었다. 그러나 1914년 서부전선의 독일 군대는 1500만 명에 달했다. 이러한 대규모 전투를 유지하기 위해 총과 탄약, 군수품들이 대량으로 공급됐다. 영국이 1815년 워털루에서 보유한 총은 156대였다. 그들은 당시 수천 번 정도 발포하는 선에서 그쳤다. 그러나 1916년 솜 전투에서는 1400대의 총이 있었고 며칠 만에 200만 번 발포했다.

근대의 화력은 뚫을 수 없는 '강철의 폭풍'과 '텅빈 전장'을 만들어냈다. 병사들은 포탄 구멍을 따라 기어 다니거나, 폭격 맞은 건물의 잔해에 몸을 숨기거나, 땅에 굴을 파고 숨었다. 교착 상태와 소모전이 곧 전쟁의 모습이었다. 더 많은 총과 더 많은 포탄, 더 많은 폭발물이 언제나 필요한 상황에서 산업 생산량은 결정적인 영향을 발휘했다. 당연히 수백만 명의 노동자들이 군수 산업에 동원됐다. 국내 전선은 폭격과 봉쇄의 목표물이 됐다.

1차 세계대전의 참호는 학살의 상징이 됐다. 하지만 참호가 학살을 유발한 것은 아니다. 참호는 화력이 지배했던 전장에서 강철의 폭풍을 막아내는 방어막이 되어주었다.

교착 상태라는 말은 참상의 절반 정도만 나타내는 표현에 불과하다. 산업화된 군국주의의 동력은 갈수록 더 치명적인 파괴수단을 만들어냈다. 과학자와 공학자들이 자국 군대의 살상력을 높이는 경쟁을 함으로써 바야흐로 기술적인 무기 경쟁이 시작됐다. 1914년만 해도 기병이 수만 명이었지만, 1918년에는 탱크가 수천 대가 되었다. 1914년 8월에는 영국이 서부전선 전체에 배치한 항공기는 단 30대였지만, 1918년 8월에는 단일 전투에서 무려 800대를 출격시켰다.

전쟁의 성격은 필연적으로 변할 수밖에 없었다. 1914년 8월과 9월에 벌어졌던 기동전은 10월과 11월에는 참호전으로 교착상태가 되었다. 1915년에 정면공격으로 교착상태를 타개하려던 시도들은 무참하게 격퇴됐다. 정치인과 장군들은 더 많은 병사와 군수품이 필요하다는 결론을 내렸다. 베르됭, 솜, 파스샹달에서 수개월 동안의 가공할 공격이 벌어진 것은 전쟁의 세 번째 국면인 1916년에서 1917년 사이였다. 이 공격은 총력적으로 동원된 전시경제가 만들어 낸 물자의 대량생산과 징집이 낳은 열매였다.

참호전은 모든 전선에 퍼져 있었다. 서부전선의 경험은 발칸과 중동의 동부전선에서도 적용되었다. 확장된 동부전선에서는 전열이 더 취약했고 쉽게 깨지는 일이 잦았다. 그러나 엄청난 거리를 이어줘야 하는 통신 시설은 빈약해 승전군의 진군 속도를 늦추었고 그 바람에 패잔군은 뒤로 물러나 참호 전열을 새롭게 구축할 수 있었다.

'사격과 기동력'에 토대를 둔 새로운 보병 전술과 탱크와 공군력을 혁명적으로 결합하게 되자 교착상태는 깨졌다. 그렇다고 학살이 멈춰진 것은 아니었다. 새로운 기동전이 참호전의 교착상태보다 훨씬 더 치명적이었다. 전사자 명단의 두께는 전투의 성격이 아니라 전투의 규모에 의해 정해졌다. 그 또한 산업 자본주의의 산물이었다.

거기에는 두 가지 결정적인 요소가 있었다. 첫째는 산업이 확장되면서 경쟁의 대열에 들어서게 된 열강들은 경쟁을 하면서 분열됐다. 둘째는 열강들이 충돌하자 파괴수단을 대량 생산할 수 있게 된것이다. 1차 세계대전보다 2차 세계대전이 더 길고 유혈이 낭자했던 것도 이 때문이었다. 4년 동안 1000만 명이 죽은 1차 대전과 비교해 2차 대전은 6년 동안 6000만 명이 죽었다. 세계의 산업 역량은 20년 후 훨씬 더 커졌다. 오늘날의 세계전쟁은 훨씬 더 치명적일 가능성이 높아졌다.

근대의 산업화된 전쟁 속에 내재된 학살과 궁핍으로 사회는 분열됐다. 지배계급은 전쟁을 계속 뒷받침하기 위해서 '적'을 악마로 몰았고 '변절자'와 '스파이'를 비난했다. 점점 정도가 심해지면서 인종 학살도 일어났다. 오스만 투르크인들은 1915년 '대테러' 내전에서 1500만 명의 아르메니아인들을 살해했다. 그들은 소총과 곤봉으로 사람들을 아무렇게나 죽였다. 한 세대가 지난 후에는 인종 학살마저 산업화됐다. 나치는 유대인 600만 명과 또 다른 600만 명의 사람들을, 아예 살인을 위한 목적으로 지어놓은 공장에서 학살했던 것이다.

지배계급에게 닥칠 위험은, 군인과 노동자들이 살인적인 소모전에 항거해 반란을 일으키는 것뿐이었다. 그들은 제국과 이윤을 위한 전쟁을 계속하는 대신, 민족적 증오보다 계급의 이익을 우선했으며 '적국'의 군인과 노동자들과 제휴할 수도 있었다.

1차 세계대전은 이러한 아래로부터의 봉기에 의해 끝이 났다. 1917년부터 시위와 혁명의 물결이 유럽 전역을 휩쓸었다. 러시아가 동부전선을 폐쇄하면서 처음으로 전쟁에서 물러났다. 독일도 서부 전선에서의 전쟁을 끝맺었다. 그 후 몇 년 동안 혁명은 전 지구적으로 번질 태세였다. 전쟁에 대한 대중의 혐오는 어디에서건 지배계급을 전복시킬 만할 정도였다. 그러나 자본주의는 가까스로 살아남았다. 우리가 지금부터 보게 될 것은 바로 세계혁명의 해일이다.

혁명의
물결

1917년~1928년

세계혁명의 목소리: 레닌이 1920년 페트로그라드에서
노동자와 군인들에게 연설하고 있다.

1차 세계대전은 국가자본주의 진영 간의 제국주의 전쟁이었다. 전쟁의 목표는 하나의 지배계급이 자신들의 이익을 위해 다른 지배계급을 누르고 전세계의 자원과 권력을 재분배하는 것이었다. 보통 사람들은 그저 희생자일 뿐 전쟁에서 이겨도 얻을 게 없었다. 그들은 대학살, 파괴, 궁핍을 견디며 잃기만 했다.

이런 상황에서 당시 꾸준히 성장 중이던 반전주의 소수집단이 강력한 선동을 시작했다. 그 바람에 전쟁 발발로 중단됐던 대규모 투쟁이 조금씩 재개되었다. 향후 이 투쟁은 역사상 가장 거대한 노동자 혁명으로 발전했다. 투쟁이 시작되자 동부전선의 전투가 중단됐고, 이어 서부전선의 전투 역시 멈췄다. 위력을 더해가던 투쟁의 힘은 결국 유럽 자본주의의 존속을 위협하는 데까지 이르렀다.

1917년 러시아 혁명부터 1923년 독일 혁명에 이르기까지, 요즘 운동가들에게는 가장 풍요로운 역사적 체험이라고 할 수 있는 사건들이 잇달아 펼쳐졌다. 이 운동들은 어떻게 계획되었고, 어떤 형태로 나타났으며, 왜 실패했는지 살펴보자.

1917년 : 2월 혁명

전쟁이 발발하자 빈, 페트로그라드(상트페테르부르크), 베를린, 파리, 런던에서 애국자 군중들은 환호하며 거리로 쏟아져 나왔다. 파업은 끝났고, 시위도 잠잠해졌으며 노동계급이 살고 있는 교외지역에서는 바리케이드가 치워졌다.

트로츠키는 오스트리아-헝가리 제국 대중의 '애국적 열의'에 대하여 글을 썼고, 아서 랜섬은 러시아에서 "그 순간이 민족을 하나로 만들었다"고 기록했다. 로자 룩셈부르크도 독일 군중의 기쁨에 찬 광분을 기록하기도 했다.

그러나 이 분위기에 모두가 휩쓸린 것은 아니었다. 열광한 군중은 대부분 중산층이었다. 공장과 노동자 거주 구역의 분위기는 가라앉아 있었다. 정치는 급격히 우경화되었고, 노동운동 지도자들은 국수주의에 굴복했다. 처음에는 드높았던 반전의 목소리가 나중엔 잘 들리지 않았다. 수천만 명이 전쟁을 열렬히 지지했던 것이다. 혹은 자국 군대를 지지할 수밖에 없다고 생각했다. 자본주의는 세계를 야만 상태에 빠뜨렸을 뿐만 아니라 인류를 전쟁의 열기로 몰아넣었다.

사람들은 대부분 이 전쟁이 1870년의 프랑스-프로이센 전쟁처럼 빨리 마무리될 거라고 생각했다. 독일인들은 6주 이내에 자신들이 파리에 있을 것이라고 믿었다. 프랑스 군인들은 그들의 군 열차 옆면에 'à Berlin(베를린으로)'라는 글씨를 써놓기도 했다. 영국 정치인들은 "크리스마스 때까지는 전쟁이 끝날 것이다"라고 했다. 그러나 그렇게 되지 않았다. 현대 자본주의의 산업 발전에 힘입어 이전에 볼 수 없었던 파괴 수단이 대량생산되면서 전쟁은 매우 흉폭해졌고 기간도 길어졌다.

전쟁과 학살에 들어가는 비용이 점점 증가하면서, 참전국들은 투입한 비용만큼의 결과를 원했다. 전쟁의 목표는 당연히 점점 커졌다. 독일 수뇌부들은 중앙 유럽 전체를 지배하고, 벨기에와 프랑스 동부의 산업지대를 합병하며 발칸, 터키, 중동지역에 영향력을 행사하겠다는 계획을 갖고 있었다. 영국은 아프리카에 있는 독일 식민지들을 차지하고 중동지역을 프랑스·러시아와 나누어 가질 궁리를 하고 있었다. 프랑스는 1871년 독일에게 빼앗긴 알자스-로렌을 되찾고 싶었고, 라인 지방에도 눈독을 들이고 있었다. 자본을 확대하기 위한 최우선적 수단이 경제력 경쟁에서 군사력 경쟁으로 바뀌었으며, 이윤을 돌려받기 위해서는 피와 재산이라는 대가가 필요했다.

유럽의 군인, 노동자, 농민들은 천문학적인 대가를 치렀다. 독일은 참전 남성 8명 중 1명을, 프랑스는 5명 중 1명을 잃었다. 수백만 명이 영구적인 신체장애를 입었다. 전방에서 복무 중인 지역 연대들이 소집명령을 내리자 마을에서는 남자를 찾아보기 힘들 정도였다.

자원이 전쟁과 관련된 생산으로 빠져나가면서 국내에서는 임금 삭감, 가격 인상, 식량 부족 현상이 생겼다. 1917년 독일 노동자들은 평균적으로 필요 칼로리의 3분의 2만 섭취하고 있었다. 약 75만 명 은 전쟁이 끝나기도 전에 아사했다.

그 결과 사회 전체가 뒤숭숭해졌다. 고향 땅을 떠나 본 적이 없었 던 농민들은 먼 전장으로 목숨을 내놓으러 가야만 했다. 도시 빈민 가에 살던 젊은 노동자들은 근대 산업화 전쟁의 소용돌이에 던져졌 다. 살림을 하던 주부들은 남성을 대신해 군수공장에서 일했고 노 동조합의 일원이 되었다.

계급 간 갈등은 심화되었다. 포화 속에서 물에 잠긴 참호에 머물 며 제대로 먹지도 못하던 군인들은 후방의 시골 저택에 사는 참모 장교들을 점점 더 원망하게 됐다. 생활수준이 낮아지면서 노동자들 은 파업을 금지당했고, 은행가와 사장들은 전쟁 수익으로 더 부유 해졌다. 1916~17년 겨울의 참호 속과 유럽 전역의 전선 분위기는 침울했다. 최악의 상황이 전개되고 있었다. 과연 이런 모순은 어떻 게 폭발하게 될까?

"우리 구세대는 앞으로 다가올 혁명에서 치러지게 될 결정적 전 투를 보지 못하고 죽을 수도 있다."

레닌이 1917년 1월 취리히의 젊은 노동자들에게 한 말이다. 경제 적, 정치적으로 후진국이었던 러시아는 유럽 최약체 국가 중 하나였다. 러시아는 세계 정복을 위한 전쟁에 참전은 했지만 그들의 능력으로는 감당하기 힘든 일이었다. 러시아는 방대한 영토를 가진 국가로 지방 도시들 간 거리가 너무 멀었고, 농업은 원시적이었으며 철도망은 빈약했다. 수백만 명의 군대를 유지하기에는 너무나 약소한 산업 기반을 갖고 있었다. '처음 몇 달간'에 대해서 트로츠키는 이렇게 적고 있다.

> 군인들은 별 생각 없이 포화 속으로 뛰어들었다. 그러나 날이 갈수록 그들은 새로운 경험을 하게 됐다. 무식한 명령을 받는 낮은 계급들의 쓰라린 경험이었다. 밑창 빠진 군화를 신고 벌이는 의미 없는 훈련과 굶주림이 늘어나면서 그들은 장군들이 점점 더 큰 혼란에 빠져 들고 있음을 짐작할 수 있었다. 사람과 물건이 피투성이로 섞여있는 것을 아우르는 용어가 나타났다. '엉망the mess'이 그것이었다.

배고픔과 절망은 참호 속의 농민 보병들을 옥죄었다. 기강 해이와 탈영이 전염병처럼 퍼졌다. 전선은 채찍질과 총살로만 유지되고 있었다. 굶주림은 노동자들의 구역에도 몰려왔다. 1917년 2월 23일 아침 황제 니콜라스 2세의 정권은 여느 때처럼 안정돼 보였다. 그날 벌어진 '국제 여성의 날' 시위가 러시아 혁명의 도화선에 불을 붙일 줄은 그 누구도 몰랐다.

그날 지하 혁명가들은 사실 회의, 연설, 전단 배포 외에는 따로 계획한 일정이 없었다. 파업이나 시위를 개시하라는 신호도 없었다. 그러나 그와 상관없이 일은 터졌다. 군중들은 더 이상 참지 않았다.

직물 공장의 여성 노동자들은 파업을 선언하고 거리로 나와 행진을 하며 외쳤다.

"물가를 내려라! 굶주림을 없애라! 노동자들에게 빵을!"

여러 공장을 지나가면서 행동을 개시한 그들은 눈덩이를 던졌고, 공장 안에 있는 노동자들에게 동참하라고 소리쳤다

"나오세요! 일은 그만 하세요!"

거리 시위의 열기가 노동자들 한 명 한 명을 끌어들였고 자발적인 파업으로 점점 더 번져나갔다. 다음날 페트로그라드의 노동자 40만 명 중 절반이 시위에 동참했고, 값싼 빵을 요구하던 구호는 점점 더 위협적인 내용으로 바뀌었다.

"독재정치 물러나라! 전쟁을 멈춰라!"

그날 이후 노동자 군중은 경찰, 군, 카자크(제정 러시아의 비정규군)와 충돌했다. 그러나 모든 충돌이 피로 물들진 않았다. 카자크들이 에릭슨의 직물 제분소에서 2500명의 노동자들을 기소하라는 명령을 받았지만 장교들 몇 명은 좁은 길을 내려가면서 노동자들에게 미소를 보이기도 했다. 트로츠키는 "언제든 찢어질 수 있는 얇은 막이 있었을 뿐이다"라는 말로 당시 상황을 표현했다.

1917년 2월 23일부터 27일까지 닷새 동안 노동자 군중이 국가의 무장 세력과 수도 한복판에서 대치하면서 불안정한 상태는 계속됐다. 트로츠키는 "혁명의 운명은 어느 한 순간 군의 태도가 돌변하는 그때 결정된다"고 말했다. 군인이란, 아무리 마음속에 불만과 슬픔을 갖고 있어도, 총구를 겨누는 대중을 속으로는 동정해도, 총부리의 방향을 자신의 상관 쪽으로 돌리려면 엄청난 위험을 무릅써야

한다. 자기 앞에 서 있는 군중이 결국에는 승리할 수 있는 힘과 의지를 갖고 있다는 확신을 스스로 가져야 하는 것이다.

닷새 동안 페트로그라드의 거리에서 벌어진 수천 개의 크고 작은 충돌 끝에 그들은 그런 확신을 갖게 되었다. 군중 속에서 보이던 한 순간의 시선을 통해, 깊이 울려 퍼지는 슬로건을 통해, 잔혹한 명령에 맞서는 굶주린 어머니들의 호소를 통해, 혼잡한 대로에서 벌어진 탄압을 통해 점점 더 군인들은 확신을 얻게 되었다.

4일째 되는 날 반란의 물결이 막사를 휩쓸었다. 군인들은 노동자들과 거리로 나와 총과 붉은 깃발을 들고 행진했다. 질서 회복을 위해 전선에서 돌아온 새 연대도 혁명의 물결에 동참했다. 장군들은 군대를 제어할 수 없었다. 그들은 황제에게 퇴위하는 것 외에는 군을 다시 통제할 방법이 없다고 보고했다. 황제의 제국은 5일간의 프롤레타리아 혁명에 무너졌다. 러시아는 이제 공화국이 되었다.

하지만 어떤 형식의 공화국이었을까? 어떤 식으로 정치가 펼쳐질 것인가? 이제 누가 통치를 하는가? 사람들은 자신들이 요구한 빵과 평화를 얻을 것인가? 이러한 질문들은 여전히 답을 찾지 못하고 있었다. 러시아 혁명은 시작 단계에 불과했다.

이중권력 : 혁명의 역학

역사상 가장 큰 프롤레타리아 반란이 벌어졌다. 노동자들의 집단행동만으로 치러진 싸움이었고 그들이 거둔 승리였다. 부르주아와 중산층은 아무 역할도 하지 않았다. 그러나 권력은 노동자에게 넘어가지 않고 두마^{Duma}**55**의 카데트(입헌민주당) 진보주의 부르주아 정치인들에게 넘어갔다. 카데트는 자유 성향의 지주, 경영주, 지식인들의 당이었다. 마치 고생 끝에 산山이 쥐를 낳은 이솝 우화의 상황이 되어버렸다. 트로츠키는 이를 '2월 혁명의 모순'이라고 불렀다. 무슨 일이 일어난 것일까?

군중은 정치 세력을 만들어 사회를 운영할 만한 조직력을 갖추지 못했다. 스스로의 통치 능력을 확신하지도 못했다. 그렇지만 정치는 공백을 싫어하고, 권력은 가장 저항이 약한 곳을 파고들기 마련이다. 빈자리가 된 러시아 고위직은 진보주의 부르주아로 이뤄진 '반대파' 정치인들이 즉시 채웠다.

대중은 이런 정치인들의 미사여구와 공약을 여전히 믿었다. 교육도 제대로 받고 경험도 있으며 언변이 있는 사람들이었기 때문이다. 쓰라린 경험을 겪고 나서야 그 믿음은 헛된 것이었다는 것을 깨달았다. 카데트들은 부자들을 대변하는 적대 계층이었던 것이다.

좌익 정당의 대표들 때문에 혼란은 더 악화되었다. 사회혁명당^{SRs}은 옛 나로드니키 파벌 출신들이 모인 급진적 지식인 정당이었다. 소작농 계층에 계속 집중해온 그들은 혁명 기간 동안 농민들의 표를 얻어 몸집을 키웠다. 그러나 보수적인 부농, 불안정한 중농, 수동적인 빈농 등 이질적인 계층들을 정당이라는 틀 안에 간신히 끌어안고 있었을 뿐이었다.

---

55 1906~1917년에 존속한 제정 러시아의 의회.

곧 균열이 생겼고 하층민들은 사회혁명당이 혁명의 결정적인 주도권을 갖는 것에 반대했다. 그들은 곧 갈라섰다. 우익 사회혁명당 당원들은 임시정부를 지원했다. 좌익 사회혁명당 당원들은 사회민주노동당 볼셰비키와 동지가 되었다.

사회민주노동당 멘셰비키(개혁적 사회주의자)들은 자신들의 역할이 의회 민주주의와 시민적 자유를 확립하려는 진보 부르주아들을 지원하는 것이지, 자신들 스스로 혁명을 일으키는 것은 아니라고 주장했다. 볼셰비키(혁명적 사회주의자)들도 처음엔 이와 유사한 입장을 취했다. 1903년 멘셰비키와 갈라섰을 때도 그들은 러시아 혁명이 제한적인 '부르주아 혁명'이 될 것이라고 계속 믿었다. 이런 논리로 보자면 볼셰비키는 1917년 임시정부를 지지해달라고 요구할 것처럼 보였다.

4월 3일 볼셰비키당을 이끌던 레닌이 페트로그라드의 핀란드 정거장에 도착했다. 망명에서 복귀한 그는 수천 명의 노동자와 군인 인파로부터 환영받았다. 그는 제국주의 전쟁을 비난하면서 즉각적인 평화와 임시정부 체제 전복을 주장했다. 자신이 속한 정당의 정책을 거스르면서 '전세계적인 사회주의 혁명'을 선언했다. 볼셰비키당은 1917년 내내 열띤 토론을 벌일 만큼 대다수가 민주적이었다. 때문에 레닌이 연설 한 번 했다고 해서 그들의 태도를 쉽게 바꿀 수는 없었다. 그래서 그는 이오시프 스탈린 같은 보수적 지도자들이 밀어붙이는 정책을 바꾸기 위해 힘든 싸움을 벌여야 했다.

이 같은 국면이 바뀌게 된 결정적인 요소가 세 가지 있었다. 첫째, 레닌은 일반 평당원 대중정당 운동가들의 분위기를 대표했는데, 그들은 급격히 좌익성향으로 변한 대규모 노동자계급 운동에 편입되었다.

둘째, 임시정부는 부르주아 세력의 대표였기 때문에 볼셰비키의 '평화, 빵, 그리고 땅'이라는 슬로건에 담긴 국민들의 요구를 충족시킬 수 없었다. 정부는 전쟁을 지속할 생각이었고 경제위기를 해결할 능력이 없었기 때문에 농민에게 토지를 줄 생각이 없었다.

셋째, 군중은 노동자, 군인, 농민 별로 자신들을 대표하는 평의회 '소비에트'들로 조직되어 있었다. 소비에트는 대중의 요구를 대변하며 이를 실현하기 위해 대규모 시위를 조직함으로써 대안적인 인민정부의 초기 형태를 보여주었다.

볼셰비키는 두 가지 슬로건을 내걸고 소비에트의 잠재력을 구체적으로 드러냈다. '임시정부 타도'와 '모든 권력을 소비에트에게로'가 그것이다. 그들의 주장은 부르주아 정부를 타도하고 새로운 프롤레타리아 정부를 세워야 한다는 것이었다.

2월 혁명의 모순은 '이중권력'을 낳았다. 트로츠키가 명명한 '이중권력'이란 두 개의 대안적인 정치권력이 경쟁하면서 동시에 존재하던 당시 상황을 말한다. 이중권력의 한 쪽에는 옛 정부기관을 통제하며 유산계급을 대변하던 임시정부가, 다른 한 쪽엔 혁명 군중의 민주의회였던 소비에트가 있었다.

이중권력은 매우 불안정했기 때문에 지속될 수 없었다. 상황은 둘 중의 하나가 될 터였다. 임시정부가 소비에트들을 파괴한 뒤 사유재산을 무소불위로 지배하거나, 소비에트들이 임시정부를 타도하고 새로운 사회 질서를 구축하거나.

레닌의 임무는 이런 상황 인식을 바탕으로 볼셰비키가 두 번째 혁명을 준비하도록 하는 것이었다. 7월에 트로츠키와 함께 몇몇 지지자들이 볼셰비키당에 가입하면서 그의 입지는 강해졌다. 두 지도자는 이후 밀접한 정치적 동지가 되었다.

레닌은 1917년 8월에 정당을 재무장시키기 위해 〈국가와 혁명〉이라는 소책자를 썼다. 그는 자본주의 정부는 중립적인 세력이 아니라 지배층의 이익을 지키기 위한 세력이라고 주장했다. 그의 강렬한 비판은 정통 마르크스주의 전통을 되살려낸 주장이었다. 마르크스는 1871년 파리코뮌의 경험을 바탕으로, 자본주의 정부를 파괴하고 인민이 참여하는 민주주의를 바탕으로 한 새로운 형태의 정부를 대신 세워야 한다고 주장한 바 있다.

레닌은 "국가는 계급 간 갈등이 화해할 수 없다는 것을 현실로 보여주는 것이며, 계급갈등의 산물"이라고 썼다. "계급 간 갈등이 객관적으로 해결되지 않을 때, 국가가 들어선다. 역으로, 국가가 존재한다는 것은 계급 간 갈등이 해결될 수 없다는 것을 증명한다."

간단히 말해 '국가는 계급 지배의 도구이며, 한 계급이 다른 계급을 억압하기 위한 도구'라는 것이다. 국가는 지배층의 착취, 억압, 폭력에 반대하는 인민들의 저항을 억누르기 위해 '경찰과 군사 같은 무장한 사람들의 집단'(즉 국가 기구)을 만든다.

레닌은 사회주의자들이 계급을 철폐하고 억압적인 국가를 철폐하기를 추구한다고 주장하였다. 그러나 계급 간 갈등이 사멸되어야만 국가가 '사멸'한다. 계급투쟁이 최고조에 달했을 때, 혁명의 용광로 속에서 노동자들은 자신들의 국가를 만들어 스스로의 이익을 지키고 발전시켜야 한다는 것이다.

레닌은 마르크스를 인용해 이를 '프롤레타리아 독재'라고 불렀다. 단어 선택은 좋지 않았다. '독재'란 말은 '민주주의'와 상극인 단어처럼 들리기 때문이다. 그러나 그 말에 담긴 생각은 맞는 것이다. 어떤 계층이 통치를 하든 국가는 억압적인 조직이다. 하지만 부르주아 정부가 들어설 경우 부자의 재산만 보호하겠지만, 노동자들의 국가에서는 선출된 대표들이 대중의 의회에 책임을 지며 무장한 민병대들이 민주적 통치 아래에 있기 때문에 다수의 이익을 보호하게 된다.

소비에트들은 1917년 내내 사회 운영에 더 큰 역할을 했다. 혁명의 중심 도시에서 일반 노동자, 군인, 선원들은 임시정부의 명령을 무시하고 소비에트들의 지시만 따랐다. 대중의 의식은 여러 사건의 영향으로 급격히 왼쪽으로 옮겨가고 있었다. 권력은 기존 정부에서 새로운 민주주의 쪽으로 이동하고 있었다. 중요한 순간이 다가오고 있었다. 인민들은 소비에트가 혁명의 위기를 마무리해 자신들의 요구를 만족시키고 혁명의 약속을 실현해주리라 믿었다.

타이밍이 가장 중요했다. 반란을 너무 일찍 벌이면 혁명의 선봉장들을 고립시키고 지배층이 혁명을 파괴할 틈을 줄 수도 있기 때문이다. 반란을 늦추는 것 역시 위험하다. 인민의 희망이 가장 고조됐을 때 혁명가들이 앞장서지 않는다면 사람들은 다시 무관심해지고 체념한 채 판에 박힌 일상생활로 다시 돌아갈 것이기 때문이다. 혁명의 불을 지핀 열정과 힘은 시들해지고 지배계급은 잠시 손상되었던 권력 장치들을 다시 구축하게 될 것이다. 레닌의 볼셰비키당은 가장 큰 시험을 위해 재무장하고 있었다. 국가권력을 장악하기 위해 무장한 프롤레타리아 반란을 주도하고 조직하는 일이었다.

2월에서 10월까지 : 혁명의 리듬

1917년 내내 계급투쟁이 일진일퇴하면서 러시아 혁명은 크게 다섯 개의 고비를 거쳐야 했다. 이중 2월 혁명, 4월 위기, 8월 코르닐로프의 반란, 10월 정부 전복 등 네 번은 대중 행동으로 혁명을 진전시키는 데 성공했다. 이를 통해 구정권을 약화시키고, 인민의 조직력을 강화시켰으며, 사람들의 의식과 확신과 전투력을 키웠고, 다음 단계로 나아갈 수 있는 발판을 마련했다. 반면 7월 시위는 부분적으로 실패였다. 이 사건은 혁명 운동을 후퇴시키는 결과를 낳았다. 그러나 이때 총리를 끌어내리면서 대중들은 뜻깊은 교훈을 얻었다.

첫 번째 고비(2월 혁명)는 닷새간의 봉기였다. 이를 계기로 왕정은 붕괴되고 부르주아 자유주의자들이 득세한 임시정부가 권력을 잡게 됐다. 또 민주적 인민의회인 '소비에트' 네트워크가 활성화됐다.

두 번째 고비(4월 위기)는 4월 18일에서 5월 5일 사이에 전개된 상황이다. 새 외무상 밀류코프가 영국과 프랑스와 연합하여 제국주의 전쟁을 계속하겠다는 밀약을 한 것이 계기가 됐다. 이것이 도화선이 되어 4월 20~21일에 대중 시위가 벌어졌다. 많은 이들이 임시정부 타도에 대한 열망을 외쳤다. 그러나 결정적인 전투를 벌이기엔 너무 일렀다. 레닌과 볼셰비키들은 고삐를 늦췄다. 그럼에도 4월의 시위는 정부에 위기를 초래해 밀류코프를 5월 2일에 끌어내렸고 케렌스키와 다른 다섯 명의 '사회주의' 장관들로 구성된 연립정부를 구성할 수 있었다.

7월 3~5일 페트로그라드에서 벌어진 7월 시위는 실패한 반란이었다. 이때는 4월 위기 때보다 임시정부에 대한 도전이 훨씬 더 거셌다. 또한 반란 이후에는 진압 공세가 몰아쳐 볼셰비키당을 지하로 보내기도 했다. 문제는 페트로그라드와 다른 도시들의 차이였다. 페트로그라드의 공장과 군대에서는 혁명의 기운이 강했지만 다른 도시들은 그렇지 못했다. 때문에 페트로그라드는 고립되었고 자칫 파리코뮌처럼 피로 물들 위험이 있었다. 따라서 강력한 기강이 필요했다. 볼셰비키들은 지금껏 대중과 함께 발맞춰왔지만, 정부를 즉시 타도하는 데는 반대했던 것이다.

노동자들은 그들을 배신자라며 비난했다. 당원들과 열성 지지자들은 절망에 빠졌다. 혁명이 잦아들자 수백 명이 체포되었고, 혁명 언론은 폐쇄되었으며, 레닌과 볼셰비키 대표들은 숨어 다녔다. 노동자계급 거주구역의 분위기는 우울했고, 당에 대한 지지도 급감했다.

그러나 7월 시위는 결정적인 패배였다고 할 수 없다. 이 시위를 통해 카데트 총리였던 르포프 왕자를 끌어내렸기 때문이다. 사회주의자 케렌스키가 7월 21일 그 자리를 대신했다. 또한 볼셰비키들은 후퇴 국면을 지휘하면서도 혁명이 완전히 소멸하는 것은 막았다. 페트로그라드의 대규모 운동은 일시적으로 위축됐지만 무너지지는 않았다. 혁명이 후퇴하면서 황제 진영의 반혁명 시도가 생겨나긴 했다.

8월 26일 코르닐로프 장군은 국내 정세와 군의 질서를 유지한다는 명목으로 독재적 권력을 요구했다. 케렌스키는 임시정부를 대표하여 거절했다. 그러자 코르닐로프는 페트로그라드로 군대를 몰고왔다. 레닌은 혁명이 위협당하고 있으므로 혁명 동지들은 코르닐로프에 맞서 케렌스키를 지켜야 한다고 주장했다. 케렌스키 정부의 배신과 억압에도 불구하고 쿠데타 장군들에 맞서서 그 정부를 지지해야만 했다. 장군들의 쿠데타가 성공하면 소비에트와 남은 당들이 파멸할 수도 있었기 때문이었다.

볼셰비키의 개입은 결정적이었다. 혁명운동 전체가 쿠데타에 맞서는 형세가 된 것이다. 코르닐로프의 군대는 괴멸했다. 군인들은 차르주의자 장군을 위해 싸울 준비가 되어 있지 않았다. 트로츠키는 "반란은 사그라졌고 조각조각 나 땅으로 꺼졌다"고 표현했다. 나흘간(8월 27~30일)의 쿠데타였다.

혁명은 이제 맹렬히 전진했다. 수백만 명의 희망이 점점 커져 폭발 직전까지 갔다. 7월의 우울함은 8월의 기쁨으로 바뀌었다. 볼셰비키에는 새 당원들이 몰려 들어왔다.

볼셰비키는 혁명이 일어난 그해 3월 초 페트로그라드에서 회원약 2000명의 작은 대중정당으로 시작했다. 당원 수는 4월 말에 1만 6000명, 7월 말에 3만6000명으로 늘어났다. 이때는 페트로그라드 산업 노동자 10명 중 1명 이상이 당원이었다. 당의 영향력이 노동자 계급 전체에서 증가하고 있었던 것이다. 수도에서 볼셰비키 득표율이 5월엔 20퍼센트이던 것이 8월에는 33퍼센트, 11월에는 45퍼센트까지 증가했다. 6월 초 열린 첫 소비에트 의회에서 볼셰비키는 13퍼센트의 의석을 차지했으나 10월 말의 두 번째 의회에서는 53퍼센트나 됐다. 그들의 동맹인 좌익 사회혁명당이 추가로 21퍼센트를 갖고 있었다.

코르닐로프의 패배 이후 러시아의 경제, 사회, 군사 위기가 깊어지면서 볼셰비키로 이동하려는 움직임은 계속됐다. 군인들은 상사인 장교들에게 총을 쏘거나 탈영하며 전투를 거부했다. 농민들은 땅을 소유하기 시작했다. 소수 민족들은 독립을 주장하고 있었다. 산업은 비틀대며 멈추기 직전이었다. 국가권력 기관들은 작동을 멈췄다. 사회는 점점 더 소비에트의 영향권 안으로 들어갔다. 임시정부는 사실상 마비되었다.

9월 12~14일 사이에도 여전히 은신 중이던 레닌은 '볼셰비키가 정권을 장악해야 한다'로 시작되는 편지를 썼다. 수신 주소는 볼셰비키당의 중앙위원회, 페트로그라드, 모스크바 위원회 등이었다. 볼셰비키는 페트로그라드와 모스크바 소비에트에서 다수 의석을 확보한 상태였다. 레닌은 이것을 혁명의 기운이 무르익었음을 보여주는 증표로 보았다. 대중의 의식이 좌파로 이동한 정도를 보았을 때, 혁명의 선봉자들이 행동에 나서면 대중이 따를 것이라는 확신이 있었다.

그러나 볼셰비키 대표들은 주저했다. 즉각적인 반란을 개시하자는 레닌의 결의안은 10월 10일이 되어서야 중앙위원회에서 통과됐다. 그럼에도 여전히 중앙위원회의 반체제 인사들인 지노비에프와 카메네프가 레닌의 정책을 전면적으로 반대하는 등 노골적인 저항이 있었다. 반란 예정일 전날인 10월 24일, 레닌은 중앙위원회에 '최고로 중요한 상황이다…봉기를 지연시키는 것은 너무나 치명적이다…승리할 수 있을 때에 혁명가들이 혁명을 미룬다면 역사는 용서하지 않을 것이다…'라는 내용의 서신을 보냈다.

그렇다면 볼셰비키 지도부는 왜 그토록 행동하기를 꺼려했던 것일까? 왜 최후의 시험에서 낙방할 뻔 했을까? 모든 당은 아무리 혁명적인 당이라 해도 조직 내에 보수파가 있기 마련이다. 신중함은 어느 조직에서나 필수적인 요소이기 때문이다. 격렬한 모험주의만 있다면 조직은 유지될 수 없다. 수년간의 투쟁 끝에 만들어진 볼셰비키는 경찰국가 아래에서 지하활동을 해왔던 경험으로 구성된 당이었다. 자기 보호의 측면에서는 보수적일 수밖에 없었다. 그러나 짧은 한 순간 힘의 균형이 혁명가들 쪽으로 기울어지는 그 때가 왔다. 토니 클리프는 자신이 쓴 레닌 전기에서 노동자들은 그들의 적들보다 약하다고 설명했다.

어느 혁명당이든 스스로 성급함을 주체하지 못했을 때 모험주의에 빠져 자멸을 초래해왔다. 그러나 적이 더 강하다고 여기는 습관이 승리로 가는 길의 주된 장애물이 되는 순간이 온다. 이것이 혁명의 의미다.

1917년 : 10월 혁명

우익 역사학자들은 10월 혁명을 볼셰비키의 '쿠데타'라고 설명하곤 한다. 1917년 가을부터 러시아가 '무정부 상태'였기 때문에 시도할 수 있었던 쿠데타라는 것이다. 이는 매우 잘못된 이해다. 그들의 기본적인 오류는 역사를 아래로부터가 아니라, 위로부터 관찰했다는 것이다. 그들이 말하는 무정부 상태는, 사실은 국가권력이 빠져나간 자리에 새로운 인민의 권력기관이 등장한 상태다. 그들이 쿠데타라고 묘사했지만 실제로는 수백만 노동자, 군인, 선원, 농민들이 민주적 의지를 표현한 것이었다.

제정 군주는 수백만 명의 군대를 통솔했지만 2월 혁명에 의해 무너졌다. 임시정부는 그 수백만 군을 물려받았지만 역시 10월 혁명에 무너졌다. 이런 규모의 역사적 사건들은 단순히 쿠데타만으로 발생하지는 않는다. 따라서 10월 혁명의 성공 뒤에 가려진 진면모를 짚어봐야 한다. 혁명의 시기가 무르익었고, 사회적 갈등의 골은 깊었으며, 정부의 권위는 사라졌고, 인민들은 결정적인 행동을 할 준비가 되어있었다. 인민의 의지를 실행에 옮기는 데는 몇 만 명이면 충분했다.

1917년 10월 25일 2만5000명의 무장한 노동자, 군인, 선원들은 혁명의 열기로 타올랐다.   이들의 지휘자는 트로츠키와 고위 군 지도자 3인방, 그리고 페트로그라드 소비에트의 군사혁명위원회였다. 그밖에 다른 사람들이 해야 할 일은 별로 없었다. 노동자 대부분은 집에 있었고, 대부분의 군인들은 그들의 막사에 머물렀다. 그들

에이젠슈타인이 제작한 영화 <10월>의 한 장면.

은 토론했고, 투표했고, 지도자들에게 권한을 부여했다. 이제 정식으로 한 계급에서 다른 계급으로의 권력 이동을 이행할 일만 남았다. 극장, 영화관, 가게들은 여전히 영업을 하고 있었다. 사상자는 2월이나 7월에 벌어진 그 어떤 사건들보다도 훨씬 적었다.

한 쪽이 절정에 이르면 반대쪽은 최악의 상황을 맞는다. 정부가 있던 겨울궁전에는 제정의 관료, 카자크 기동대원들, 참전 용사들, 자원한 여성 대대 등 오합지졸만 있을 뿐이었다. 케렌스키 편에서 싸워줄 세력은 이게 전부였다.

방어군은 네바강에서 전함 오로라호의 총에 위협을 느꼈고, 궁전 입구와 미로 같은 통로들 사이로 노동자와 뱃사람들이 침투해 들어오는 것을 막을 수 없었다. 결국 방어군은 격렬한 난투 속에서 무너졌다. 에이젠슈타인은 1927년 영화를 통해 이날의 사건을 생생하게 그렸다.

10월 25일 저녁, 트로츠키는 페트로그라드 소비에트에게 "임시 정부는 이제 존재하지 않는다"고 보고했다. 그때까지 숨어 다니던 레닌은 마침내 모습을 드러내며 '러시아 역사의 새 시대'를 선언했다. 그는 "우리는 그 무엇과 싸워도 승리하여 프롤레타리아의 세계 혁명을 이룰 인민의 단결력을 가졌다"며 "우리는 바로 프롤레타리아 사회주의 정부를 설립해야 한다. 전세계적인 사회주의 혁명이여, 영원하라!"고 외쳤다.

새 정부는 이전에는 볼 수 없을 정도로 급진적이었다. 토지에 대한 법령을 바꿔 지주가 소유한 땅을 수백만 농민들에게 나누어주었다. 산업 관련법을 개정해 공장 통제권을 노동자들에게 넘겨주었다. 민족자결권에 대한 법령 역시 바꾸어 러시아 제국에 억압받던 민족들에게 독립할 권리를 주었다. 시민 모두는 차별 없는 교육과 의료를 받을 권리를 누리게 됐고 결혼과 이혼 관련법은 사라졌으며, 양성평등은 의무가 되었다. 간통, 동성애, 낙태는 더 이상 범죄가 아니었다.

역사상 이런 적은 한 번도 없었다. 이전의 혁명들은 대부분 가장 급진적인 단계일 때도 부르주아의 통제 아래에 있었다. 가장 대표적인 예외라 할 수 있는 1871년 파리코뮌은 파리 시내로만 한정되었고 2개월밖에 지속되지 않았다. 이제 역사상 최초로 노동자계급이 근대 국가에서 권력을 잡은 것이다.

혁명 이전의 8개월은 준비 기간이었다. 투쟁의 일진일퇴. 즉 혁명의 리듬은 인민들에게 교훈을 주었다. 뿐만 아니라 그들이 환상을 걷어내고 신념을 갖게 만들었으며, 정치적 역경 끝에 좌경화할 수 있었던 중요한 과정이었다. 이중권력은 사회세력 간의 상호 대립이 격화되어 국가 내 조직 구조가 변화하는 상황을 드러내 보여주었고, 임시정부는 모든 대응 세력이 한데 모이는 집합소 역할을 했으며, 소비에트들은 성장하는 인민들의 의식과 의지를 구현해 주었다. 혁명을 주도한 볼셰비키당은 각계각층에서 투쟁을 지휘할 인민 운동가들의 연결망 역할을 했다.

인민, 소비에트, 당 사이의 관계는 마치 엔진의 증기, 증기실, 피스톤과 같았다. 인민의 기운(증기)이 혁명의 동력을 제공했고, 이 힘을 집중시킨 것은 소비에트(증기실)들이었으며, 혁명을 지휘한 것은 당(피스톤)이었다.

그럼에도 불구하고 혼란 끝에 얻은 붉은 10월의 승리는 곧바로 이어진 경제 붕괴, 농민들의 저항, 민족 분열, 군과 제정의 분단 등에 의해 위협받았다. 그런데 1억5000만 명의 러시아 사람 중 약 350만 명만이 공장 노동자였다. 대부분은 농민이었고, 전쟁에 동원된 1200만 명의 군인은 대부분 시골 출신들이었다. 제정 군대에서 장교와 병사 간의 계급 분열은 농촌 지역에서의 지주와 농민 사이에 존재하던 계급갈등을 그대로 가져온 것이었다. 농민 출신 군인들이 혁명을 지지한 이유는 장교들을 증오했고, 전쟁은 지긋지긋했으며, 땅을 원했기 때문이었다. 그들이 볼셰비키를 지지한 것은 땅을 주었기 때문이다. 그러나 도시는 굶주리고 있었고, 산업의 붕괴로 노동자들은 식량을 살 돈이 없었다. 페트로그라드의 일 평균 1인당 빵 배급량은 1917년 10월 300그램에서 이듬해 1월 150

그램으로, 2월에는 50그램으로 떨어졌다. 빵 한 덩어리의 10분의 1 정도였다.

여기에 독일의 공격이 더해지며 위기는 악화되었다. 독일은 곡물과 석탄이 풍부한 우크라이나의 땅 중 일부를 내주지 않으면 평화를 유지하지 않겠다고 선언했다. 독일의 최후통첩은 볼셰비키 지휘부를 갈라놓았다. 어떤 이들은 러시아 영토를 지키기 위한 '혁명전쟁'을 주장했다. 레닌은 볼셰비키가 싸울 힘이 없으니 독일의 최후통첩을 받아들여야 된다고 했다. 트로츠키는 혁명전쟁도 최후통첩 수락도 아닌, 독일 내에서 혁명이 일어나야 한다고 믿었다. 독일군이 우크라이나를 침략했을 때 러시아는 거의 저항하지 못했다. 결국 레닌의 주장이 받아들여진 셈이다. 브레스트-리토브스크 조약을 통해 우크라이나의 큰 부분을 독일 제국주의에게 내줬다. 식량난은 심해졌고 혁명은 굶주림과 함께 서서히 사멸되어 갔다.

머지않아 다른 제국주의 국가들도 상대해야 했다. 시베리아 횡단철도 지역에서는 체코 부대가, 북쪽의 무르만스크와 남쪽의 바쿠 유전에서는 영국군이, 블라디보스톡과 태평양 해안에는 일본이 있었다. 자국에서는 이 상황을 틈타 반혁명군 '백군白軍'이 저항을 시작했다. 바야흐로 흉포한 내전이 시작되었다.

볼셰비키는 늘 사회주의는 세계적인 규모로만 이루어질 수 있다고 주장해왔다. 그들은 러시아에서의 사회주의 혁명을 망설였다. 러시아의 경제적 후진성 때문에 자국에서는 의회 민주주의와 자본주의 성장을 도모하는 부르주아 혁명 정도밖에는 이룰 수 없다고 생각했기 때문이다. 그들은 국가 차원에서는 해결할 수 없는 경제적 모순에 갇혀 있었다. 유럽의 산업적 파워를 활용하지 못하는 한, 프롤레타리아 혁명은 빈곤에 질식당하거나 외세와 제정 군주의 군대에 의해 피로 물들 것이었다.

"단일 국가에서 사회주의가 최후의 승리를 거두는 것은…불가능하다"고 레닌은 1918년 1월 제3회 소비에트 의회에서 말했다. "소비에트의 힘을 떠받들고 있는 우리의 농민과 노동자 대표단은 더 큰 세계 군대를 대표하는 일원이다." 2개월 뒤 그는 더욱 더 분명하게 말했다 "독일 혁명 없이는 우리는 끝장 날 것이다. 이것은 엄중한 진실이다."

혁명은 위험에 빠졌다. 혁명은 구제받을 수 있을까? 과연 세계로 뻗어나갈 수 있을까?

chapter 12

1918년 : 전쟁은 어떻게 끝났는가

혁명이 1917년 초 러시아에서 발생할 수 있었던 것은 러시아가 강대국 중 가장 약체였기 때문이다. 하지만 혁명은 곧 다른 나라로 퍼져나갔다. 전쟁이 발발하고 3년쯤 지나자 전쟁의 압박은 유럽 사회 전체에 엄청난 긴장을 안겨 주었다.

1916년의 참사로 여러 나라의 정부가 무너졌고 장군들은 속속 자리에서 내려왔다. 프랑스군의 수장 자리에는 조프르 장군 대신 니벨 장군이 올랐다. 그는 즉시 새로운 공세를 벌이며 "우리는 공식이 있다…승리는 확실하다"고 선언하였다. 그러나 승리는 확실하지 않았다. 프랑스는 닷새 동안 12만 명의 병력을 잃었다. 한 달 뒤에는 니벨 장군도 자리에서 쫓겨났다. 때마침 프랑스군에서는 반란의 물결이 일고 있었다. 프랑스 사병들인 푸알뤼poilus는 더 이상 참지 않았다.

봉기는 1917년 4월말에 시작되어 5월에 확산되었고 6월에 절정에 이르렀다. 엄청난 인원이 탈영했고, 부대 전체가 전선으로 돌아가길 거부하는 일이 발생했다. 군인들은 혁명가를 부르며 시위를 벌였다. 약 4만 명이 봉기에 직접적으로 관여했고 68개 사단이 그 영향을 받았다. 2주 동안 전방에는 프랑스 병력이 사실상 없는 상태가 되기도 했다. 폭동은 진압되었지만 554건의 사형선고 중 49건만 혁명의 물결 집행되었다. 참호의 여건은 개선되었고, 프랑스군은 이후 1년간 방어선을 유지했다.

1917년 10월에는 이탈리아 군대가 무너졌다. 1915년 5월부터 1917년 9월 사이에 카도르나 장군은 이탈리아 북동쪽 국경에 위치한 이손초강에서 최소 열 한 번의 공격 명령을 내렸다. 그러나 모든 공격은 실패했다. 1917년 두 번의 공격에서만 약 33만 명의 사상자가 나왔다. 오스트리아와 독일이 10월 말 반격을 가하자 이탈리아군은 붕괴했다. 무려 112킬로미터 길이의 전선에서 잇따라 패배했다. 탈영병 숫자는 전장에서 실종된 병사의 두 배였다. 수만 명이 무기를 버리고 줄줄이 전방을 등지며 "전쟁은 끝났다! 우리는 집에 간다! 투쟁하라 러시아!"라고 외쳤다. 이탈리아 북동쪽에서는 새로운 전선이 생겼다. 카도르나는 파면되었고, 병사들의 여건은 개선되었으며, 1918년 하반기까지는 새로운 공격 명령이 내려지지 않았다.

독일, 오스트리아-헝가리, 불가리아, 오스만 제국에서는 상황이 더 안 좋았다. 총력전이 시작되며 살인적인 공격이 이어졌고 전선에서는 '군수품 전쟁'이 벌어졌다. 적을 굶겨 항복하게 만들려는 시도도 있었다. 영국 해군은 독일 항구를 봉쇄했고 독일 잠수함은 영국 군함을 공격했다.

독일은 1차 세계대전 때 180만 명의 병력을 잃었지만, 이 숫자의 절반가량이 집에서 굶주림으로 죽어갔다. 징집 때문에 농촌에서 일할 사람이 없어지자 식량 생산도 줄었다. 전쟁 물자 생산이 소비자 생필품 생산보다 우선이었다. 독일 무역은 해상이 봉쇄돼 불구가 되었다. 전쟁 후반에는 독일 노동자의 평균 식사량이 생존에 필요한 칼로리의 3분의 2 정도밖에 되지 않았다.

1917년 4월 빵 배급량이 줄어든데 항의하며 약 20만 명의 독일 노동자들이 파업을 벌였다. 킬 군항의 함대에서도 불만이 넘쳐났다. 배급량이 줄면서 열악한 여건, 가혹한 규율, 간부층의 특권 등에 대한 분노가 폭발했다. 해군들은 '식량위원회'를 선출함으로써 권력자들의 관심을 받고자 했다. 그렇지만 폭동은 결국 성공하지 못했다. 지도자 2명이 사형을 당했고 나머지 사람들은 수감되어 고된 노동을 해야 했다.

그때 새로운 파업의 물결이 1918년 1월 독일을 휩쓸었다. 50만 명이 베를린을 비롯한 여러 공업 도시에서 거리로 몰려나왔다. 초기 단계의 노동자 의회가 등장해 행동을 조직화하기 시작했다. 반전 사회주의자들은 리더 역할을 했다. 운동가들은 독일에서 벌어지는 사건들과 러시아의 혁명을 직접적으로 비교했다. 그러나 권력자들은 강력하게 탄압했고, 또 다시 운동은 진압되었다.

독일 통치자들에게는 마지막 기회가 주어졌다. 러시아 혁명과 브레스트-리토브스크 조약으로 동부전선에서의 전쟁은 끝났다. 이제 서부전선을 지원하고 영국과 프랑스를 상대로 공격적으로 나아갈 수 있었다. 그러나 미국이 전쟁에 참전해 수십만 명의 병력을 유럽으로 보내고 있었다. 독일의 전망은 밝지 않았다.

1918년 봄 루덴도르프 장군은 다섯 번의 공격을 감행했다. 연합국의 전선은 거의 무너졌다. 영국군 총사령관 더글라스 헤이그는 "우리는 배수진을 치고, 대의명분의 정당성을 믿으면서, 모두가 끝까지 싸워야한다"며 전투 명령을 내렸다. 전투는 지속됐고 7월 초에 공격이 끝나자 독일은 50만 명 병력을 잃은 상태였다. 연합국은 이보다 더 많이 잃었지만, 미국 병력이 매달 30만 명씩 추가됐다.

연합국들은 이제 공세로 나설 수 있게 되었고, 큰 승리를 거두기 시작했다. 서부전선에서의 전투는 전례 없이 치열했다. 독일은 연이어 패했고 1914년에 정복했던 영토 중 많은 부분을 빼앗겼다.

1차 세계대전은 동맹국들이 대규모로 포위를 당하는 모양새가 되었다. 1918년 가을, 모든 전선에서 강한 압박이 가해졌고 압박은 점점 커지고 있었다. 9월과 11월 사이에 동맹국 4국 모두 무너졌다.

팔레스타인에 있는 오스만 투르크 전선은 9월 19~21일 메기도 전투에서 뚫렸다. 2개 군 전체가 박살난 뒤 북쪽으로 달아났다. 터키-시리아 국경 지역에서도 계속 완패였다. 아랍 민족주의 게릴라들이 요르단 동부의 아랍어권 지역을 해방시키면서 승리에 중요한 역할을 했다. 중동지역의 전쟁은 10월 30일 무드로스 정전 협정으로 끝났다.

마케도니아에서의 불가리아 전선은 9월말 영국, 프랑스, 세르비아, 그리스, 이탈리아 연합 군대가 감행한 2주간의 공격 끝에 뚫렸다. 불가리아는 작은 후진국이었다. 전쟁이 벌어진 1912년에서 1918년까지 6년 동안 다른 어떤 교전국보다도 많은 군인을 잃었다. 농업은 몰락했다. 초기 단계에 머물러 있던 공업은 독일 군수물자 생산에 얽매여 있었다. 불가리아의 지도자들은 자국민들을 국가적 재난상태로 끌고 갔다. 살로니카 전선에서 휴전협정이 맺어질 때는 이미 자국에서 군이 대부분 해체되었고 혁명이 발발했을 때였다.

오스트리아-헝가리 전선은 비토리오 베네토 전투(10월 24일~11월 4일)에서 이탈리아에 무너졌다. 이탈리아가 아드리아해 연안의 항구도시인 트리에스테를 점령한 다음날 휴전 협정이 맺어졌다. 무너지기 일보 직전이었던 오스트리아-헝가리 제국은 군의 패배를 계기로 붕괴했다. 동맹을 맺었던 군은 각국 별로 나뉘어졌고 진보적인 정치인들이 여러 도시에서 권력을 쥐었다-프라하, 브르노, 브라티슬라바에서는 체코와 슬로바키아인들이, 자그레브와 사라예보에서는 남슬라브인들이, 크라코우에서는 폴란드인들이 권력을 잡았다. 합스부르크 '이중 제국'의 수도 양쪽-독일어를 사용하는 빈과 마자르어를 하는 부다페스트-또한 혁명의 물결에 휩쓸렸다. 빈에서는 사회 민주주의자들이 이끈 연합체가, 부다페스트에서는 진보주의 귀족들이 권력을 쥐었다.

9월 29일 독일군을 이끌던 힌덴부르크와 루덴도르프 장군은 황제에게 전쟁에서 패했다고 알렸다. 그들은 휴전 협정, 타협된 평화, 그리고 사회 민주주의자들이 가담하는 새로운 정부를 요구했다. "위로부터의 혁명을 통해 아래로부터의 혁명을 예방할 필요가 있다"는 것이 그들의 생각이었다. 황제는 완고한 자세로 이를 받아들이지 않고 전쟁을 계속하려 했다. 대양 함대는 바다로 나가라는 명령을 받자 필사의 정신으로 영국 해군을 누르기 위해 최후의 노력을 다 했다. 독일 해군은 전쟁의 신에게 바쳐질 마지막 제물이 될 운명이었다.

10월 29일, 해군이 반란을 일으키기 시작했다. 이번에는 단순히 배 위에서 가만히 있지 않았다. 그들은 공격적으로 함대 전체와 부두에서 반란을 퍼뜨리기 위해 무장시위를 조직하였다. 11월 3일에는 킬에 위치한 독일 해군기지가 혁명의회에 의해 통제되고 있었다. 킬의 반란이 발단이 되어 독일 전역에 거대한 시위들이 벌어졌다. 며칠 사이에 수많은 독일 마을은 노동자, 군인 의회가 다스리고 있었다.

11월 9일 혁명은 베를린으로까지 퍼졌다. 수십만 명이 거리로 나왔다. 도시는 붉은 깃발과 사회주의 현수막들로 장관이었다. 반전 혁명가인 사회주의자 카를 리프크네히트는 황궁의 발코니에서 군중을 향해 연설을 하며 '사회주의 공화국'과 '세계혁명'을 선언했다. 바야흐로 독일 혁명이 시작된 것이다. 러시아에서는 2월 혁명이 있었고 이제 독일에서는 11월의 혁명이 시작된 것이다. 1917년 벌어진 러시아 혁명이 독일에서 재연될 조짐을 보였다.

인류 역사상 가장 참혹했던 대학살 중 하나였던 1차 세계대전은 이렇게 유럽의 수백만 노동자, 군인, 해군, 농민들의 혁명 활동에 의해 종결되었다.

독일 혁명

전쟁의 패배가 명확해지자 동맹국들은 잇따라 평화협상을 했다. 동맹국 모두 원하는 것을 얻지는 못했다. 3국 협상 세력인 영국, 프랑스, 이탈리아, 미국은 완전한 승리를 원했다. 그들은 자국이 원하는 대로 세계를 분할할 수 있는 권리를 얻으려고 했다. 독일, 오스트리아-헝가리, 오스만, 불가리아의 지도자들은 계속해서 싸울 결심을 하고 있었다.

세계 인류는 지배계급의 제국주의적 탐욕으로 끝없는 학살의 수렁으로 빠질 뻔했다. 이를 막은 것이 바로 혁명이었다. 처음엔 러시아, 그 다음엔 불가리아, 오스트리아-헝가리, 독일로 혁명이 이어졌다. 패전한 동맹국에서만 혁명이 전염된 게 아니었다. 곧 영국, 프랑스, 이탈리아에까지 퍼졌다.

"유럽 전체가 혁명의 정신으로 가득 찼다."

영국 총리 데이비드 로이드 조지는 1919년 프랑스 총리에게 보낸 편지에서 이렇게 불평했다. "기존의 정치적, 사회적, 경제적 질서에 대해 유럽 전역의 사람들이 의문을 제기하고 있다."

1차 대전이 끝날 무렵 혁명의 폭풍은 유럽의 변방 페트로그라드에서 유럽의 심장부 베를린으로 옮겨졌다. 독일 혁명의 성공 여부에 따라 역사는 달라질 운명이었다. 독일이 혁명에 성공한다면 유럽에서 가장 부유한 산업 경제와 가장 많은 노동자계급을 가진 나라에서 사회주의 혁명이 성공한다는 점에서 큰 의미가 있었다. 또한 고립되어 있던 러시아의 볼셰비키 정권을 구제해주고, 북해에서 태평양에 이르는 넓은 지역에서 노동자들이 권력을 잡게 됨으로써 혁명이 전세계적으로 전파되는 계기가 되었을 것이다. 만약 이런 일이 실제로 일어났다면 인류의 역사는 달라졌을 것이다. 대공황도, 나치주의도, 스탈린주의도, 2차 세계대전도, 냉전도 없었을지 모른다.

독일의 11월 혁명 때는 거대한 시위, 대규모 파업, 폭동이 있었고 노동자, 군인, 해군이 참여한 평의회들이 급속히 형성됐다. 러시아 혁명에서는 이러한 평의회 네트워크를 통해 직접 민주주의적인 대안 정부의 가능성을 볼 수 있었다. 그러나 독일 평의회들은 전통적인 의회 형태의 정부에 권력을 넘겨주기로 했다. SPD(우익 사회주의자)와 USPD(좌익 사회주의자) 장관들로 구성된 새로운 행정부는 노동자와 군인 대표 1500명의 승인을 받았다. 이처럼 평의회는 혁명 지지 세력이었으면서도 자신들이 얻어낸 신뢰를 직업 정치인들에게 넘겨주었다.

독일의 사회주의자들은 세 집단으로 나뉘었다. 사회민주당SPD은 전쟁에는 찬성했고 혁명은 반대했다. 사민당의 주된 목표는 자신들에게 힘을 실어준 혁명운동을 파괴하고 독일 자본주의에 안전을 보장하는 것이었다. 사회민주당 지도자 프리드리히 에베르트는 11

러시아 볼셰비키와 유사한, 스파르타쿠스동맹 을 이끌었던 로자 룩셈부르크.

월에 독일 총리가 되었다. 그러자 그뢰너 장군이 곧 전화를 걸었다. '엄격한 기강과 엄격한 질서'를 지지하고 '볼셰비즘에 맞서 싸우는' 데 헌신한다는 전제 아래에서만 군 최고사령부는 새 정부를 인정하겠다는 뜻을 밝혔다. 에베르트와 그뢰너는 굳건한 동지가 되었다.

두 번째, 독립사회민주당USPD은 중도주의자들이었다. 여기에는 에두아르트 베른슈타인 같은 사회민주주의 수정론자, 카를 카우츠키 같은 급진적인 사회주의자, 그리고 경제학자 루돌프 힐퍼딩 같은 마르크스주의 지식인 등이 있었다. 그들은 혁명의 구호와 개혁주의적인 실천을 결합하려는 목표를 갖고 있었다. 1919년 1월 선거에서 사회민주당은 1150만 표를 얻어 독립사회민주당보다 다섯 배나 많이 득표했다. 1년 뒤 1920년 6월에는 두 당의 세력이 비슷비슷했다. 1차 세계대전 이후 2년 동안 유럽의 혁명이 진행되면서 독일 노동자들이 급격이 좌경화했음을 알 수 있다.

세 번째 집단은 1919년 1월부터 독일 공산당이 된 스파르타쿠스 동맹^{KPD}이었다. 카를 리프크네히트와 로자 룩셈부르크가 이끌던 혁명 사회주의 집단이었다. 이 당은 러시아 볼셰비키와 비슷한 점이 많았다. 1918년 11월 독립사회민주당은 스파르타쿠스 동맹보다 10배 정도 많은 회원들을 보유했던 것으로 보인다.

사회민주당은 다수당이었고 그 지도자들은 육군 최고사령부와 긴밀히 협력하고 있었다. '혁명 정신'에 감염되어 있던 군인들에 맞서기 위해 사회민주당의 내무부 장관이었던 구스타프 노스케는 장군들이 준^準군사조직인 의용군 '프라이코르프스^{Freikorps}(자유군단)'을 만드는 데 동의했다.

전쟁의 패배, 경제적 위기, 사회적 격변을 겪으면서 많은 독일인들이 좌파로 옮겨갔다. 반면 하급 장교, 부사관, 엘리트 군인들은 우파로 이동했다. 프라이코르프스는 극우파들 중에서 선발되었다. 이들은 반유대주의, 극우 민족주의, 반노동조합, 좌파에 대한 적대감 등으로 유명해졌다. 여기서 미래의 나치 당원들이 자라나고 있었다.

베를린은 혁명의 수도였고 새로 구성된 독일 공산당의 근거지였다. 1월 4일, 다수당인 사회민주당 정부는 노동자 시위를 제대로 처리하지 못한 베를린 경찰청장이자 독립사회민주당 당원인 에밀 아이크혼을 파면했다. 수십만 노동자들이 거리로 쏟아져 나왔고, 이 중 많은 이들은 무장했다. 과도 혁명위원회가 경찰본부에 설치되었다.

그러나 지도부는 주저했고, 지역 군인들은 계속 적대적이었다. 베를린을 제외한 다른 도시에서는 혁명을 적극적으로 지지하지 않았다. 혁명 상황이 채 무르익지 않은 상태에서 베를린의 혁명은 진행되었다. 그러다 보니 혁명 수도는 고립되었다. 극우파 프라이코르프스 외에도 베를린 외부의 군인들이 혁명 진압에 참여했다. 리프크네히트는 얻어맞은 뒤 의식을 잃었고, 총에 맞아 쓰러졌다. 로자 룩셈부르크는 소총 개머리판으로 머리를 강타당한 뒤 총을 맞고 운하에 던져졌다. 독일 혁명이 참수당하는 순간이었다.

KPD는 신생 정당이었고, 베를린 외부에서는 지지를 얻지 못했다. 또한 체계적인 지도부가 없었으며, 운동가들은 대부분 경험이 적었고 모험주의에 쉽게 빠졌다. 1917년 7월 러시아 혁명 당시 볼셰비키는 너무 이른 시기에 권력을 장악하지 않기 위해 프롤레타리아 혁명의 속도를 늦췄다. 그러나 1919년 1월 독일 공산당은 이 같은 완급 조절에 실패했다.

그럼에도 불구하고 치명적인 패배만은 아니었다. 위기는 독일 전역에 걸쳐 고조되고 있었다. 사회민주당과 독립사회민주당을 지지하던 사람들은 독일 공산당으로 옮겨갔다. 프라이코르프스에 맞서는 무장한 노동자들과 혁명 군인들의 저항 역시 점점 더 효력을 발휘했다. 1920년 3월 계속된 내전에서는 2만 명 정도의 사망자들이 발생했다.

이 시점에서 독일 지배계급은 쿠데타를 일으켜 베를린으로 병력을 보냈고, 사회민주당 정부를 타도한 뒤 그 자리에 보수 관료 볼프강 카프를 앉혀놓았다. 그러나 이번에는 우파들이 완급 조절에 실패했다. 너무 서둘렀던 것이다.

연대한 노동조합들은 전면 파업을 선언했다. 노동자 수백만 명은 거리로 나와 행진했고, 새 의회를 구성했으며 무기를 탈취했다. 루르의 붉은 군단은 극우 군대로부터 독일 최대 산업지대를 해방시켰다. 카프의 반란은 며칠 만에 무너졌고 사회민주당 각료들은 원래 직무로 돌아갔다. 쿠데타로 지배계급의 본성이 드러나자 독일 노동자들은 급격히 좌경화되었다. 지배계급을 무너뜨리면서 혁명의 힘을 절감한 노동자들의 자신감은 하늘을 찔렀다.

그러나 혁명은 실현되지 못했다. 독일 공산당은 프롤레타리아 반란을 밀고가지 못하고 뒤로 물러섰다. 1917년 8월의 코르닐로프 쿠데타와 달리 카프 반란은 사회주의 혁명으로 가는 길을 트지 못했다. 1919년 1월 너무 서둘렀던 독일 공산당 지도자들은 뼈저린 교훈을 얻게 되었고, 이제 완전히 달라진 상황에서 그들은 너무도 소심했다.

혁명에서는 타이밍이 모든 것을 좌우한다. 1920년 여름은 혁명가들이 유럽의 심장부에서 노동자들을 확실한 승리로 이끌 수 있었던 때였다. 그러나 그들은 실패했고 그것이 가져온 대가는 헤아릴 수 없을 정도였다.

이탈리아의 '붉은 2년'

이탈리아도 1920년에 독일처럼 혁명 직전의 상황에 놓여 있었다. 이탈리아의 '붉은 2년'(1919~1920) 동안 사회주의 혁명은 완성될 수도 있었다. 그러나 혁명은 실패했고 이탈리아 역사에 심각한 결과를 가져왔다. 좌파의 실패는 우파에겐 기회였다. 베니토 무솔리니의 파시스트들이 1922년 권력을 장악한 것이다.

1차 세계대전 후 이탈리아가 위기에 처한 근본적 이유는 이탈리아의 부르주아 혁명이 오랫동안 더디게 진행된 데다 결국 마무리되지도 못했기 때문이다. 이탈리아는 프랑스 통치 아래 있던 1796~1814년 반봉건적 개혁을 시도한 바 있었고 이후 1820년, 1831년, 1848년, 1860년에 성공적인 봉기들을 통해 불완전하나마 근대화를 이뤄냈다. 트로츠키가 말한 "복합적이고 불균형적인 발전의 법칙law of combined and uneven development"[56]을 가장 잘 드러낸 사례가 바로 이 나라였다. 1915년 5월 이탈리아가 1차 세계대전에 참전했을 무렵 밀라노와 토리노 같은 북부 도시에는 근대적인 노동자계급이 있었지만 남부의 시골에는 가난 때문에 절망에 빠진 농민과 그들을 지배하는 지주, 성직자, 마피아들이 있었다.

전쟁이 터지기 전 북부 지방 노동자계급의 군사력과 급진성은 시골 내륙 지방에 침투하기 시작했고 마을 사람들을 행동에 나서게 만들었다. 그러자 부패한 정치 지도층은 혹독한 억압으로 맞섰고

---

56 발전 수준이 고르지 않은 나라들이 역사적으로 동일한 세계적 과정(예컨대 세계대전)에 휘말리는 와중에서 '약한 고리'(국가권력이 약하거나 부패한 후진국)가 먼저 끊어질 수 있다는 논리

이탈리아 노동운동의 실패는 사회당의 보수적 성향 때문이라고 비판한
안토니오 그람시는 이탈리아 공산당을 창당해 투쟁을 이어갔다.

제국주의와 국가주의로 방향을 전환했다. 다른 유럽 국가와 마찬가
지로 제국주의는 사회주의를 약화시키기 위해 이용되었다. 이탈리
아는 1886년에 에티오피아에서, 1911~12년에는 리비아에서 식민
지 전쟁을 벌였다. 이후 발칸 지역을 지킨다는 명목으로 1차 세계대
전에 참전하였다.

당시의 경제 발전에도 불구하고 이탈리아는 제국주의적 야망을
뒷받침할 산업 기반이 부족했다. 비스마르크가 말했던 것처럼, 이
탈리아는 식욕은 왕성했지만 이빨은 썩어 있었다. 전쟁은 이탈리아
사회에 엄청난 압박을 주었고 이미 뿌리 깊었던 사회 내부의 긴장
은 최고조가 됐다.

이탈리아인 대다수는 처음부터 끝까지 전쟁을 반대했다. 하지만 사회당은 개혁주의자들과 혁명가 모두를 갖고도 반전 운동을 제대로 이끌어내지 못했다. 그들의 슬로건은 "전쟁을 지원하지도, 거부하지도 않는다"는 것이었다. 레닌의 입장은 "제국주의 전쟁 타도"였는데 말이다.

이탈리아는 전쟁에서 50만 명의 전사자를 냈고, 국내 전선의 식량 부족과 굶주림이 맞물려 고통을 당했다. 1917년 8월 토리노 공장들에서 대규모 파업이 발생했고 10월에서 11월 사이에는 군에서 탈영 사태가 널리 퍼지고 있었다. 오랫동안 지속된 빈곤, 공장에서 새로 벌어지는 착취, 전쟁이 안겨준 대학살과 궁핍이 한데 합쳐져 '붉은 2년'을 만들어냈다.

1919년 여름에는 러시아 혁명과 연대하여 3일간의 총파업이 일어났다. 1920년 봄에는 토리노 금속 노동자들이 공장의회(카메레 델 라보로)의 승인을 요구하며 파업을 벌였다. 혁명가 안토니오 그람시는 공장의회를 이탈리아판 소비에트로 여겼다. 1920년에 공장의회 운동이 절정에 이르렀을 무렵 밀라노의 공장 노동자들은 고용주의 공장 폐쇄에 대응하여 공장을 점거했다. 이후 공장 점거 운동이 이탈리아 북서부의 '삼각 산업지대'를 휩쓸었다. 40만여 명의 금속 노동자들과 기타 노동자 10만 명이 참가했다. 점거된 공장들을 기지 삼아 노동자들은 경찰에 맞서 공장을 방어했고 그 안에 무기들을 쌓아놓았다. 이탈리아 노동자계급은 더 이상 참지 않았다. 노동자들은 폭동 분위기를 자아냈다.

정부는 마비되었다. 총리 지오바니 졸리티는 폭동을 진압할 군사력이 부족하다는 것을 인정했다. 그는 몇 가지를 양보하며 노동조합 대표들과 타협했다. 사회당은 이 결정에 이의를 제기하지 않았다. 당시 노동조합과 당의 기관은 모두 개혁주의자들이 지배했다. 건실한 혁명적 정당이 1920년 8월 봉기를 지휘했다면, 이탈리아 노동자계급이 국가권력을 장악하고 농민, 시골 주민, 도시 빈민들을 지원군으로 끌어들였을 것이다. 그러나 그러기에는 이탈리아 혁명에서 명확성, 조직성, 방향성이 부족했다. 그들이 치른 대가는 매우 컸다. 프롤레타리아 운동이 후퇴하면서 파시스트 세력이 성장한 것이다.

세계혁명

자본주의는 세계체제world system다. 요즘의 '세계화globalisation' 논리에 따르면 이런 세계체제는 최근에 생겨난 것이다. 이에 반해 마르크스는 1848년 '공산당 선언'에서 이 체제의 초기 발전 과정을 다음과 같이 설명한다.

> 아메리카 대륙의 발견, 아프리카의 케이프 회항은 신흥 부르주아지들에게 새로운 길을 터주었다. 동인도와 중국 시장, 아메리카의 식민지화, 식민지 무역, 교환 수단과 상품의 전반적인 증가는 상업, 항해술, 산업 부문에 큰 충격을 주었고, 봉건사회 속의 혁명 요소들을 빠르게 성장시켰다.

마르크스는 근대 산업과 세계시장이 서로 병행하며 발전하는 것으로 보았다. 세계화는 자본주의 역사만큼 오래된 것이다. 21세기 초의 디지털 기술, 20세기의 라디오 통신, 19세기의 전신 케이블 등장보다 앞선 시대에 등장했다. 18세기의 노예 거래와 최초의 식민지화가 벌어졌던 17세기보다도 앞서 있다. 세계화는 15, 16세기 상업 자본주의자들의 무역망에서 태동했다.

자본주의는 전세계적으로 작동할 뿐만 아니라 강한 확산성까지 갖고 있다. 세계의 한 쪽에서 자리를 잡기 시작하면 급속도로 퍼진다. 라이벌 기업과 국가들로 세계가 분할되어 경쟁하기 때문이다. 경제적 발전을 이루지 못하고 산업화 이전 단계의 체제에 머물러 있는 국가들은 패배할 수밖에 없다.

스페인의 강철과 총은 아즈텍과 잉카의 석기 무기들을 이겼다. 유럽은 화승총과 사격 군기^{fire discipline}로 인도를 정복했다. 기관총과 대포가 아프리카 줄루 왕국과 데르비시를 무너뜨렸다. 네덜란드, 영국, 미국, 프랑스 등에서 아래로부터의 부르주아 혁명이 일어난 후에 이탈리아, 독일, 일본, 터키와 다른 여러 국가들에서 위로부터의 부르주아 혁명이 일어났던 이유가 바로 이것이다.

자본주의는 산업혁명을 불러왔고, 지배계급은 어쩔 수 없이 변화를 수용하게 된다. 그러지 않으면 지정학적 경쟁에서 낙오하기 때문이다. 따라서 경제적, 정치군사적 경쟁이 있는 한 산업화는 국경을 넘나들며 진행된다.

자본주의가 세계체제라는 말은 곧 노동자계급이 국제적인 계급이라는 뜻이다. 노동자들은 서로 다른 국가의 국민이지만 노동자들

의 이해관계는 국가에 따라 다른 것이 아니다. 지배계급은 세계적
으로 움직이고 있기 때문에 이들과 맞서기 위해서는 노동자들 역시
국경 너머와 연합해야 한다. 사회적 해방을 이루기 위해서 그들은
국가정부를 파괴하고 대안적인 민주국가 정부를 건설해야 한다. 국
제자본의 반혁명에 맞서 자신들의 이익을 지키기 위해서는 자신들
의 투쟁을 전세계에 퍼트려야한다.

'한 국가에서의 사회주의'를 이룩하는 것은 불가능하다. 마르크
스, 엥겔스, 레닌, 트로츠키 등 많은 마르크스주의의 주요 사상가들
은 모두 프롤레타리아 혁명은 전세계적이지 않으면 실패할 것이라
고 봤다. 사회주의 '포위 경제siege economy'는 어디까지나 일시적인 조
치일 수밖에 없다. 결국에는 빈곤이나 불안정성 때문에 혁명은 진
전되지 못하고 새로운 형태의 착취를 만들어 낸다. 혹은 노동자 정
부가 경제적 보이콧, 내전, 외부 군사개입과 같은 적대적 압력에 굴
복하게 될 것이다. 10월 혁명 이후 볼셰비키 지도자들은 이 같은
생각을 중심으로 국제공산당 코민테른Comintern(제3 인터내셔널The Third
International)을 설립했다.

볼셰비키들은 사회민주당의 제2 인터내셔널을 대체할 국제적
인 혁명 기구를 만들고 싶어 했다. 새로운 코민테른이 세계혁명의
사령부가 되도록 하는 것이었다. 코민테른의 네 번째 대회까지는
진정한 혁명의회로서 그 규모와 중요성을 점점 늘려가고 있었다.
1919년 3월의 첫 번째 대회는 33개국 51명의 대표로 구성되었고,
1922년 11, 12월의 네 번째 대회에서는 61개국 408명의 대표가 참
가했다. 그렇다면 세계혁명이라는 목표는 얼마나 현실적이었을까?

혁명은 전염성이 있다. 자본주의가 세계체제이기 때문에, 자본주의의 위기도 언제나 국제적이다. 유사한 상황들은 유사한 반응을 유발한다. 다른 나라에서 혁명이 발생했다는 소식을 접하면 순응과 복종이라는 장벽을 순식간에 부술 수 있다. 미국혁명이 발생하자 이에 자극받아 프랑스혁명이 일어났다. 1848년 혁명이 한 곳에서 시작되자 곧 유럽 전역에 혁명이 퍼졌다. 1917년의 러시아혁명은 인류 역사상 가장 강력했던 세계적 혁명의 물결을 일으키는 도화선이 되었다. 격변은 독일과 이탈리아에만 있었던 게 아니다. 유럽 전역과 그 너머에서도 일어났다.

1918년 말 헝가리의 자유민족주의 정부가 무너졌고 벨라 쿤이 이끌던 공산주의자들과 사회민주주의자들의 급진적인 '소비에트' 정부가 들어섰다. 1919년 4월 '소비에트 공화국'이 뮌헨에 수립되었고, 혁명가들은 빈에서 권력을 장악하려 했다. 혁명의 잠재력이 새로운 미래를 만들 가능성을 잠시 보여준 순간이었다. 부다페스트, 뮌헨, 빈이 유럽의 심장부에서 혁명 진영을 만들 수도 있었다.

그러나 그렇게 되지 않았다. 모든 국가에서 개혁주의자들은 결국 혁명 노선에서 탈선했다. 바이에른의 혁명 지도자들 중 한 명은 소비에트 공화국의 타도 이후 사형당하기 직전 자신이 사회민주주의자들, 독립 사회주의 '연합'들과 함께 일한 경험에 대해 이렇게 말했다.[57]

"사회민주주의자들은 먼저 시작한 뒤, 우리를 배신하고 도망간다. 독립사회주의자들은 미끼를 물고, 우리와 동참한 뒤 우리를 실

---

57 독일 공산당 지도자 유진 레바인의 1919년 법정 최후진술.

망시킨다. 그러고 나면 우리 공산주의자들이 벽에 부딪치게 된다. 우리 공산주의자들은 잠시도 방심해선 안 된다."

요점은 간단하다. 혁명은 가능했다. 그러나 그것이 계속 좌절된 이유는 자본주의와 국가를 버리지 못하고 지키려한 개혁주의 지도자들을 노동자들이 신뢰했기 때문이다.

혁명적 열기는 오스트리아–헝가리와 독일 같은 패전국이나 러시아와 이탈리아 같은 약소국에서만 나타난 건 아니다. 영국, 프랑스, 스페인도 모두 혁명의 분위기에 휩쓸렸다. 영국군은 프랑스에 있던 자신들의 귀국이 연기되자 항거했고, 러시아로 가서 볼셰비키 세력들을 상대하라는 명령도 거부했다. 글래스고의 공업지대에서 파업이 일어나자 경찰과 격렬하게 충돌했고 1919년에는 이를 막기 위해 병력을 배치했다. 광업, 운송, 철도 노동조합들이 구성한 '삼각연합'은 1920년 초 정부를 두려움에 떨게 하였다.

스페인에서는 1918~20년의 '볼셰비키 3년Trienio Bolchevista' 동안 식량 폭동, 대규모 파업, 농민들의 토지 점거, 폭력적인 거리 시위가 일어났고 도시들에서는 볼셰비키 공화국을 잇달아 선언했다. 미국 소설가 존 도스 파소스는 "여기서도, 다른 곳과 마찬가지로, 러시아가 신호탄이었다"고 적었다.

유럽 대륙에서만 그런 것은 아니다. 오스트레일리아, 캐나다, 미국에서도 노동자들이 조합을 만들어 임금 인상과 여건 개선을 요구하며 대규모 파업 투쟁을 벌였다. 식민지 국가에서도 마찬가지였다. 아일랜드 공화국 사람들은 독립을 위해 게릴라 전쟁을 벌였다. 이집트 군중들은 영국의 통치를 끝내자고 요구했다. 파업, 시위, 폭동이 인도를 휩쓸었다. 중국 학생들도 식민지배에 대항하는 대규모 운동을 벌였다.

1918년과 1923년 사이 인류의 미래는 풍전등화였다. 주류 사학자들은 이 시기에 드러난 잠재력은 무시한 채 '무정부 상태' 때문에 혁명이 가능했다는 미숙한 역사 인식을 드러냈다. 그들은 세계혁명의 잠재력을 가졌던 평범한 보통 사람의 힘에 관심을 두기보다는 유명 군인 몇 명이 어떤 전략을 선보였는지, 유명 정치인들이 어떤 일을 벌였는지 이런 데만 관심을 기울일 뿐이다.

첫 번째 중국 혁명

chapter 12

1911~1949년의 30여 년 동안 중국은 수많은 전쟁과 혁명을 거치며 계속 변화해갔다. 오랜 전쟁과 혁명 과정에서 첫 단계는 1차 세계대전과 러시아 혁명의 여파로 가속되었지만 1927년 반혁명으로 종결되었다. 두 번째 단계는 2차 세계대전 무렵 시작되어 1949년 중화인민공화국이 수립되면서 끝났다. 첫 번째 단계에서는 러시아를 모델로 한 프롤레타리아 혁명이 가능했다. 그러나 1927년 혁명이 패배로 끝나면서 이후 중국의 역사는 다른 방향으로 결정지어졌다.

중국의 혁명은 제국주의에 의해 촉발되었다. 19세기에 외국 열강들은 중국 연안지역 항구를 개방시켰고 상업적 특권을 얻어 냈다. 이를 위해 열강들은 중국을 위협하거나 매수했고, 군을 개입시켰다. 중국 민족주의의 저항은 분쇄되었고 열강들은 자국의 양도 행위를 위한 방어막으로 쓰기 위해 무너져가는 청나라를 떠받치고 있었다.

그러나 1911년 10월, 영토를 지키지 못하는 무능한 국가에 대한 불신이 겹쳐지며 청나라에서 신해혁명이 일어났고 결국 왕국은 타도됐다. 공화국이 수립되었고 망명에서 돌아온 민족주의 지도자 쑨원이 대총통이 되었다.

군 사령관 위안스카이가 곧 쑨원을 사임시킨 뒤 의회를 해산하고 독재자가 되었다. 민족주의 부르주아지는 중국의 역사적 과업, 즉 안정적인 정부를 구축하고, 국가를 통일하고, 근대화 개혁을 이뤄내기에는 너무 약했던 것이다. 군 지도자들이 그 자리를 대신 차지했지만, 그들 역시 중국 사회를 분열시킨 갈등을 극복할 능력은 없었다.

쑨원과 중국 국민당은 남부 항구도시 광저우로 옮겨가서 새로운 정치적 근거지를 마련했다. 그러나 베이징의 독재자 위안스카이도, 쑨원을 비롯한 광저우의 진보주의자들도 중국을 실질적으로 지배하지는 못했다. 그 대신 중국 대부분은 1000명이 넘는 지역 군벌들의 영향 아래 있었다.

중국 부르주아지는 약했다. 세 가지 이유 때문이었다. 첫째, 중국의 인구 3억5000만에서 5명 중 1명만 도시^{town}에 살고 있었다. 중국은 기본적으로 지주들과 농민들의 농업국가였다. 철도도 거의 없었고 도로도 형편없었으며 대규모 산업은 거의 없었다.

둘째, 부르주아지는 제국주의에 의해 분열되어 있었다. 어떤 중국

자본가들은 자국 산업을 키우길 원했지만 외국과의 타협에는 반대했다. 다른 자본가들은 외국 자본가들과 긴밀한 경제적 유대가 있었다.

셋째, 부르주아지는 대중을 두려워했다. 민족의 독립을 위해 싸우길 원했던 부르주아지들조차 급진적인 세력에게 주도권이 넘어갈까봐 걱정했다. 그들은 태평천국 운동과 의화단 운동 같은 급진적인 운동이 다시 일어나는 것을 원치 않았다.

광저우 부르주아지와 베이징의 독재정권 양쪽 모두 나약한 모습을 드러내면서 정치적인 공백이 생기자 그 빈자리는 지방의 군사독재세력인 군벌들이 채웠다. 군벌은 지역 지주, 사업가, 군 장교, 범죄단과 동맹관계를 맺으며 세력 기반을 키우던 이들이었다. 중앙정부의 권력이 몰락하면서 질서가 무너지고 재산도 위협받았다. 그 결과 중국은 강도 같은 군벌이 할거하는 형국이 되었다. 결국 1911년 청나라 왕조가 무너지자 중국은 제국주의 열강의 약탈 앞에서 더욱 취약해졌다.

가장 큰 위협은 일본이었다. 일본은 1894~5년 청일전쟁을 통해 한국 통치권을 얻어냈고, 1904~5년 러일전쟁을 통해 만주 지방도 장악하기 시작했다. 두 전쟁을 통해 일본은 중국에서 지배적인 제국주의 세력이 되었다. 1차 세계대전 기간 중에 일본은 중국에 있는 독일 식민지를 장악했고 21개 요구사항을 담은 '21개조'를 통해 중국 전역에 대한 권리를 주장하였다. 전쟁이 끝났을 때 일본은 세계 3위 규모의 해군을 보유한 강대국으로 자리 잡았고 1919년 베르사유 평화조약 회의에서 승전국들의 승인을 얻어 중국 영토에 남아

1919년 5월 4일 중국 베이징에서 학생들이 일으킨 항일운동이자 반제국주의 반봉건주의 혁명운동이었던 5·4운동.

있던 독일의 권리를 빼앗았다.

중국 대표들은 베르사유조약에 서명하는 것을 거부했고, 베이징에 이 소식이 전해지자 새로운 혁명적 봉기였던 '5·4운동'이 일어났다. 제국주의에 맞서 학생들이 시작한 시위가 수백만 중국 시민들에게 확산되면서 대규모 회의, 시위, 일본 제품 보이콧, 총파업이 벌어졌다.

1919년의 '5·4운동'은 1911년의 신해혁명보다 훨씬 강력했다. 전쟁 물자를 생산하면서 상하이 등의 주요 항구와 산업도시에 있던 노동자계급의 규모는 커져있었다. 또한 1917년에 일어났던 러시아 혁명은 농업 위주 국가에서 노동자계급이 어떻게 사회주의 혁명을 주도해야 하는지 모범을 보여주었다. 1918년 베이징 대학에서 마르크스주의 연구 서클이 생겨나기 시작했고, 중국 공산당이 1921년 상하이에서 창당되었다. 이듬해 여러 도시에서 대규모 파업이 일어났다. 중국 노동자들은 기업, 외국 경찰, 군벌 부대와 싸웠다. 중국 공산당은 이제 대중정당이 되었다.

민족주의와 사회주의 투쟁은 서로 힘을 합했다. 제국주의와 군벌을 상대로 대중이 승리하지 않고서는 중국의 독립은 불가능했다. 노동자들도 외국 자본가와 경찰에 맞서지 않으면 궁핍한 삶을 끝낼 수 없었다.

1924~1927년 사이 국민당과 공산주의자들이 연합해 제1차 국공합작을 시도했다. 러시아는 국민당이 군 장교를 길러낼 수 있도록 황푸에 군사학교를 세워 주었고, 중국 공산주의자들에게 쑨원 같은 민족주의자들의 정치적 지도를 따라야 한다고 지시했다.

1926년 장제스 장군은 국민당을 이끌고 북벌 운동에 나섰다. 노동자들과 농민들은 국민당 군대가 가까이 왔을 때 지역 군벌들을 상대로 봉기했다. 전 국가적인 혁명의 소용돌이가 중국 남부 일대에서 일기 시작했다.

지주, 상인, 대금업자들은 달아났다. 마을 협동조합들이 설립되었으며 도시 노동자들은 공장을 점거했다. 전족纏足, 아동 매춘, 아편 중독 등 오래된 억압들이 사라졌다. 사회 해방의 새로운 시대가 열리는 듯했다.

상하이는 중국 혁명의 페트로그라드였다. 1927년 3월, 장제스가 상하이에 접근하자 60만 명의 노동자들은 12일간의 총파업에 참가했다. 무장한 노동조합의 민병대는 도시를 장악했다. 노동자계급의 지도자들로 이뤄진 정부가 정권을 잡았다. 국민당 군대가 도착하자, 노동자 지도자들은 노동자들에게 무기를 내려놓고 해방군인 국민당 군인들을 환영하라고 지시했다. 그러나 장제스는 1927년 4월 도시에 군대를 풀어 반혁명 학살을 주도했다. 5만 명 이상을 죽이고 조합을 해체했다. 운동가 네트워크는 이렇게 공중분해되었다. 상하이의 노동자 혁명운동은 며칠 만에 무너졌다.

상하이에서 출발한 반혁명의 공포는 다른 도시와 지역들로 퍼졌다. 몇 달 못 가 민족주의자들은 지주, 자본가, 외세 등과 연합해 중국의 첫 번째 혁명을 무너뜨렸다. 민족의 독립을 위해 대중의 힘을 동원할 수 있었던 가능성을 말살시킨 셈이다.

국민당은 부르주아 민족주의 정당이었다. 당 지도자들과 군 장교들은 유산계급 출신이었다. 1926~7년에 이들이 군벌과 제국주의자보다 프롤레타리아와 농민의 혁명을 더 큰 위협으로 느낀 것은 계급적 이유 때문이었다.

하지만 왜 상하이의 노동자들은 무기를 내려놓았던 것일까? 왜 그들은 민족주의 부르주아지들에게 권력을 내주었을까? 노동자계급의 공산주의 지도부는 어쩌다 이런 중대한 실수를 저지른 것일까?

트로츠키는 애초 국민당과의 국공합작을 강력하게 반대했다. 그는 중국 노동자들이 무장 혁명군을 보유한 독립적인 단체로 남아 사회주의 혁명을 주도해야 한다고 주장했다. 하지만 그의 의견은 묵살됐다. 레닌은 죽었고, 트로츠키의 영향력은 사라졌으며, 스탈린이 러시아 최고 지도자가 되었다. 당시 국제적으로 고립되어 있던 러시아 공산당 지도자들은 국제 노동자 혁명에 적대적인 자세로 돌아서 있었다. 중국 공산주의자들은 러시아 공산당의 잘못된 조언 때문에 참사를 당하고 말았던 것이다.

식민지주의에 대항한 봉기들

중국 혁명은 1차 세계대전 이후 식민지 국가에 서 벌어진 가장 중요한 봉기였다. 물론 다른 나라에서도 중요한 반식민주의 봉기는 있었다.

19세기에 일어났던 반식민지주의 봉기들은 대개 전통적인 형태를 띠었다. 봉기를 주도한 것은 부족 족장들과 왕조의 유력자들이었다. 근대적인 화력에 맞서서 옛날 무기와 구식 전술이 동원됐다. 봉기의 목표는 구체제로 되돌아가는 것이었다.

그러나 20세기 초의 반식민주의 봉기들은 달랐다. 새로운 저항운동이 대중을 이끌었고 러시아 혁명을 비롯해 당시 가장 급진적인 이념의 영향을 받은 선진적인 지도자들이 앞장섰다. 이것이 가능했던 것은 제국주의가 주도한 전통사회의 변화 때문이었다. 외국 자본을 통해 사회 기반이 바뀌면서 산업이 발전했고 새로운 노동계급이 생겼다. 상하이와 광저우, 뭄바이와 캘커타, 벨파스트와 더블린은 이렇게 근대 산업도시로 성장한 곳이다. 시장경제가 시골 마을에까지 침투하면서 그곳의 경제를 더욱 힘들게 했다. 인도 직물 방직 노동자들은 맨체스터로부터 수입된, 기계로 만든 제품들이 들어오자 몰락했다. 상품가격이 추락하자 라틴아메리카 농민들은 가난에 허덕였다.

여기에 전쟁이 일어나면서 산업화와 빈곤화는 동시에 가속화되었다. 전쟁 산업은 시골 노동자들을 빨아들였다. 수백만 명의 아시아인들과 아프리카인들은 군인이나 인부로 동원되었다. 그러나 징병, 전쟁 세금, 식량난으로 빈민가에는 고통이 가중됐다. 자본주의와 전쟁은 전통사회를 해체시켰다. 그 바람에 교육받은 중산계급과 산업 노동자계급 등 근대적인 저항운동을 이끌 새로운 사회세력이 만들어진 것이다.

트로츠키는 당시 세계 자본주의의 특징이었던 '복합적이며 불균형적인 발전'을 피력했다. 한층 발전한 기술, 대규모 산업, 근대 도시들이 있었지만 한편에서는 여전히 손으로 쟁기를 사용하는 시골의 문맹 농민들도 엄연히 공존하고 있는 현실을 날카롭게 지적했던 것이다. 대학생들이 공산주의 연구 모임을 위해 찾아간 도시에는 여전히 봉건 군벌들과 그들의 무장한 하인들이 있었다. 파업하는 노동자들의 피켓은 중세의 검을 휘두르는 폭력배들과 맞서야 했던 것이다.

'복합적이며 불균형적인 발전'이 주변의 식민지와 반半식민지에서 극단적으로 나타났기 때문에 계급투쟁은 폭발적인 모습을 띠곤했다. 지금부터는 멕시코, 아일랜드, 인도에서 벌어진 사태들을 살펴보자.

1910년 멕시코는 스페인 식민시대 후손의 엘리트 지주들이 지배하고 있었다. 독재자 포르피리오 디아스가 통치하던 그때의 멕시코 경제는 미국 기업의 이해관계에 종속되어 있었다. 인디언 원주민들과 혼혈 메스티조[58]들 대다수는 이러한 반#식민지적인 구조에서 짐꾼 역할을 할 뿐이었다.

진보 정치인 프란시스코 마데로는 1910~11년 무장 봉기를 일으켜 디아스를 축출했다. 그러나 그는 농업개혁에 실패했다. 그러자 그의 지지자였던 북부의 산적 출신 판초 비야와 남부의 소작농 에밀리아노 사파타가 정부를 상대로 혁명전쟁을 선포하였다.

역사는 여기서도 또 다른 형태로 반복됐다. 마데로는 자신의 장군이었던 빅토리아노 우에르타에게 살해당했지만, 또 다른 진보주의 정치인 베누스티아노 카란사는 재빨리 '입헌주의' 군대를 조직해 농민들과의 연맹을 도모하고 독재주의에 대한 투쟁을 재개했다.

비야와 사파타의 농민군대는 1914년 멕시코시티에 입성했다. 그러나 그들은 권력을 장악하지 않고 자유주의 부르주아지들에게 돌려주었다. 비야와 사파타가 1927년 상하이에서 중국 공산당과 같은 역할을 했다면, 카란사의 입헌주의자들은 장제스의 국민당 역할을 한 셈이다. 진행은 조금 느렸지만, 결말은 비슷했다. 입헌주의자들은 근본적인 토지개혁을 거부했다. 정부 병력은 농민 게릴라들을 무너뜨리기 위해 미국 군대와 함께 싸웠다. 사파타는 1919년, 비야

---

58 중남미 원주민인 아메리카인디언과 에스파냐계·포르투갈계 백인과의 혼혈인종.

는 1923년에 살해당했고, 멕시코는 결국 거대기업과 부자들을 위한 나라가 되었다.

1916~1923년 아일랜드에서도 비슷한 양상을 볼 수 있다. 아일랜드는 영국의 가장 오래된 식민지였고 오랜 빈곤과 억압, 저항의 역사를 갖고 있었다. 1916년 부활절에 800명의 무장한 공화주의 반란군들이 중앙우체국을 포함, 더블린 중심지의 주요 공공건물들을 점거하면서 경계부대와 접전을 펼쳤다. 벨파스트와 더블린은 1차 세계대전 직전 맹렬한 계급투쟁이 벌어졌던 곳이며, 아일랜드는 1914년 자치를 눈앞에 두고 있었다.

하지만 부활절 봉기는 성급했다. 대중의 지지는 크지 않았고 자치를 지지하는 아일랜드 의용군은 당초 계획과 달리 마지막 순간에 발을 뺐다. 그 결과 공화주의 선두주자들은 고립됐고 결국 패했다.

혁명의 물결

체포된 지도자들이 잇달아 사형을 당하자 아일랜드의 여론은 격분했고 국민들은 급속히 좌경화했다. 그로 인해 1918년 말 총선에서 공화주의 정당인 신 페인Sinn Fein당[59]은 대승한다. 신 페인 당원들은 영국 의회로 들어가길 거부하고 독자적으로 아일랜드 국민의회를 만들었다. 마이클 콜린스[60]는 영국 안보기관을 파괴하기 위한 군

---

59 1905년 결성된 아일랜드의 민족주의적 공화주의 정당이다. 신 페인이란 아일랜드어로 '우리들 자신' 또는 '우리들만으로'라는 뜻을 갖고 있다. 신 페인은 영국으로부터 완전한 독립 쟁취를 목표로 정치, 경제, 사회, 문화 등 여러 분야에서 자립정책을 채택했다.

60 아일랜드 민족주의자로서 비밀무장단체인 아일랜드공화국군을 창설하여 도시 게릴라전을 이끌었고 영국군 합참의장 윌리엄을 암살하였다. '영국-아일랜드 조약을 성사시키고 자유아일랜드의 초대 총리를 지냈다.

사작전을 펼치기 위해 아일랜드 공화국군을 조직했다.

영국은 1919~1921년 사이에 아일랜드를 상대로 잔혹한 식민지 전쟁을 치렀다. 그들은 대승을 거두지는 못했지만 저항군을 갈라 놓는 데 성공했다. 남아일랜드에는 독립을 제공하는 대신 북부 얼스터의 통치권을 인정받았다. 독립전쟁은 그 후 내전으로 악화되었다. 에이먼 데 벌레라의 '공화주의파'와 마이클 콜린스가 이끄는 분할 지지자들인 '자치국가파'가 맞섰다. 영국은 자치국가파를 지원했다.

부활절 봉기에 참여했다가 살해당한 아일랜드 사회주의 혁명가 제임스 코놀리는 분할상황이 "국경 양쪽에서 반발의 카니발"로 이어질 것이라고 예측했다. 그의 말은 맞았다. 농민들이 다수인 남쪽은 아일랜드 가톨릭 공화주의자들의 '초록색' 정치 엘리트들이 지배하게 되었고, 산업화가 더 진행된 북쪽은 앵글로 아일랜드 개신교 통합주의자들로 구성된 '오렌지색' 정치 엘리트들이 지배했다. 종파 갈등은 더욱 깊어졌고 아일랜드 노동자계급이 분열하면서 그들의 영향력도 약화됐다.

아일랜드가 영국의 가장 오래된 식민지였다면, 2억5000명 인구의 인도는 영국의 가장 큰 식민지였다. 전쟁 기간 동안에는 인력, 보급품, 자금 등이 유럽과 중동의 전선으로 유입되었다. 전쟁이 끝나자 시위, 파업, 식량 폭동이 여러 나라를 휩쓸었다.

1919년 4월 16일, 암리차르에 모인 시위자 2만 명에게 다이어 장군은 발포 명령을 내렸다. 소총수 50명이 10분 동안 총을 쏘아 1000

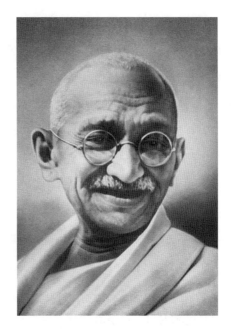

마하트마 간디는 제국주의 전쟁의 폭력성에도 불구하고
인도 독립운동에서 무기 사용을 반대하는 비폭력 원칙을 고수했다.

여 명을 죽였다. 학살 소식이 전해지자 저항의 강도는 한 단계 격상
됐다. 수백만 농민, 노동자, 도시 빈민들이 나섰다. 힌두와 무슬림
할 것 없이 직장 상사, 지주, 경찰과 어깨를 나란히 하고 싸웠다. 봄
베이 총독은 그들의 저항운동이 "우리에게 두려움을 주었"고 "성공
하기 일보 직전까지 다가왔었다"고 시인했다.

그들의 저항이 실패한 것은 영국 때문이 아니었다. 마하트마 간디
와 독립주의 정당인 인도 국민회의의 지도자들이 저항운동을 철수
시켰기 때문이다. 간디는 '비폭력'(아힘사)을 원칙으로 내세웠다. 제

국주의 전쟁의 폭력성에도 불구하고, 시위자들에게 언제든 무력을 행사하는 점령군의 폭력에도 불구하고, 간디는 인도의 독립운동에서 무기 사용을 반대했다.

신비주의 모습을 한 중도 민족주의자 간디에게 아힘사는 원칙의 문제였을 수도 있다. 그러나 정치적 의미로 볼 때 그러한 원칙 때문에 민족주의 투쟁은 제한적일 수밖에 없었다. 또한 투쟁의 방향이 착취에 저항하거나, 인도 부르주아지의 이익을 위협하는 계급투쟁으로 나아가는 길 역시 막은 셈이었다. 단호한 추진력이 있었다면 인도의 민족운동은 1920년대 초에 영국의 지배를 끝냈을 수도 있었다. 흔들리는 진보주의 리더십 아래에서 전개된 독립운동 때문에 외세의 지배는 100년이나 더 계속됐고 그 후에는 집단 폭력, 인종청소, 전례 없는 규모의 학살이 이어졌다.

식민지 혁명은 왜 실패했을까? 러시아 혁명의 특징을 설명하는 트로츠키의 영구 혁명론이 이 질문에 답을 제공해준다. 민족주의 부르주아지는 토지와 자본의 사유私有에 기반을 둔 사회질서에 묶여 있기 때문에 흔들렸다. 노동자와 농민들의 대중운동이 식민 통치자들을 위협할 만큼 강력해지면, 국내 지주와 자본가들의 재산과 권력에도 위협이 됐다. 계급 본능 때문에 민족주의 지도자들은 혁명의 고삐를 죄거나 혁명을 파괴해버리는 반혁명에 참여했다. 이는 예부터 반복된 교훈이었다. 인민의 해방은 그들 스스로 주도해야 하는 것이다. 자유는 누가 안겨주는 게 아니다. 쟁취해야 하는 것이다.

스탈린주의:
혁명의 패배가 남긴 쓰디쓴 열매

1차 세계대전이 촉발시켰던 위대한 혁명의 물결이 1923년 말쯤에는 세계의 대부분 지역에서 사그라졌다. 독일 혁명은 패배했고 자유주의 정권인 바이마르 공화국이 자리를 잡았다. 1917년 10월 혁명은 볼셰비키들이 추구했던 세계 사회주의 혁명의 불꽃을 피워내지 못했다. 레닌은 이제 사그라드는 혁명을 상징하는 인물이 되었다. 뇌졸중으로 쓰러진 레닌은 1924년 세상을 떠났다. 러시아 혁명은 고립되었고, 적들에게 포위되었으며 전쟁으로 쇠퇴했고 경제적 붕괴로 빈곤의 나락에 빠졌다. 절망적인 상황에서 살아남기 위해 투쟁하면서, 볼셰비키 정권은 결국 이전의 사회주의자들이 갖고 있던 이상론을 엉성하게 되풀이하는 수준으로 떨어졌다.

혁명의 물결

이런 결과가 불가피한 것이며, 볼셰비키 혁명의 직접적인 결과물로 스탈린주의가 탄생했다고 말한다면, 20세기 정치사에 대해 심각한 거짓말을 하는 것이다. 현실은 그와는 매우 다르다. 1928년 스탈린의 공산당 관료들이 수행한 것은 반反혁명이었다. 반혁명은 지난 10년 동안 힘을 축적해온 뒤 1920년대 말에 결정적으로 움직이기 시작했던 노동계급이 그동안 쌓아온 민주주의의 모든 흔적을 파괴했다. 혁명 이후 공산당에 합류했던 당 간부들은 집회를 금지시키고 웅변가들의 발언을 금지했으며 반대파들을 숙청하거나 추방했다. 트로츠키가 이끄는 좌익 반대파도 해산됐다.

스탈린은 노동계급이 쌓아온 민주주의의 흔적을 파괴하는 반혁명주의로 권력을 휘둘렀다.

1930년대에 당 관료들은 사실상 구볼셰비키당 전체를 청산하면서 권력을 확고히 했다. 10월 혁명 참가 군인들이 체포되어 고문을 받았고 공개재판에 세워졌으며, '방해자'나 '파괴자'로 비난받았고 스탈린의 비밀경찰에 죽임을 당했다.

레닌의 1923년 마지막 정치국Politburo[61] 멤버 9명 중에서 1940년까지 살아남은 사람은 스탈린, 몰로토프[62]와 콜론타이[63]뿐이었다. 나머지 사람들 중 레닌은 병으로 죽었고 톰스키는 체포를 앞두고 스스로 목숨을 끊었으며, 카메네프, 지노비에프, 부하린, 리코프와 트로츠키는 모두 살해됐다.

왜 이렇게 된 것일까. 다시 한 번 말하자면 볼셰비키 지도자들은 후진국인 러시아가 자국의 힘만으로는 사회주의를 이뤄낼 수 없다고 믿었다.

혁명의 물결

"한 나라에서의 사회주의(일국사회주의)가 최종적으로 승리하는 것은 당연히 불가능하다."

레닌은 1918년 1월 11일 이렇게 설명했다.

"우리 소비에트를 떠받치고 있는 노동자, 농민 대표들은 위대한 세계 군대의 대표단 중 하나다."

---

61 반혁명군을 진압하는 과정에서 레닌은 정치국을 창설하여 비상 시국에 소수 지도자의 합의만으로 정책결정을 할 수 있도록 했다.

62 스탈린의 충실한 지지자로서 10월 혁명 후 1918년 북부 국민회의 의장이 되었고 1920년 러시아 공산당 중앙집행위원회 서기·1926년 정치국원·1930년 인민위원회 의장·1939년 외부 인민위원 겸임, 1949년 외상 겸 부수상·1953년 스탈린이 죽은 후 좌천되어 1957~60년 몽골 대사·1960~62년 국제원자력 상임 대표를 역임했다.

63 러시아 제국과 소비에트 연방의 노동운동가, 페미니스트 운동가. 세계 최초의 여성외교관.

볼셰비키 지도자들이 미리 예측하지 못했던 것은 반혁명이었다. 반혁명이 결국 볼셰비키를 무너뜨렸다. 러시아 혁명이 분쇄된 데는 세 가지 요소가 있었다. 농민들의 사회적 무게, 전쟁으로 인한 경제적 붕괴, 노동계급의 분열이 그것이다.

노동자와 농민의 연합은 혁명을 가능하게 만든 원동력이었다. 농민들은 노동자보다 숫자가 열 배나 많았다. 노동자들이 농민들을 끌어들이지 못했다면 그들은 아마도 차르 전제군주에 충성했던 군인들의 총에 맞았을지도 모른다. 하지만 볼셰비키는 '빵과, 평화, 그리고 토지'를 약속했기 때문에 농민들은 10월 혁명을 지지했던 것이다.

그러나 노동자와 농민은 각자 이해관계가 달랐다. 노동계급은 집단적 계급이다. 노동자들의 노동이 집단적이기 때문이다. 노동자들은 광산이나 공장, 철도 같은 노동환경을 개인이라는 단위로 나눠 생각할 수 없다. 그들은 경제를 통합된 하나의 전체로 운영한다. 하지만 농민은 개인주의적인 계급이다. 모든 농민은 독립적인 농부로 부를 얻고 싶어 하기 때문이다. 농민들은 자신들이 토지를 소유하게 해주는 도시 혁명가를 지지할 것이다. 그러나 그 혁명가를 계속 지지할 것인가의 여부는, 그 도시에서 충분한 상품을 생산할 수 있어서 농가 마을과 교역을 할 수 있는가에 달려 있다. 만약 도시가 그럴 능력이 없다면 농민들은 교역을 하지 않을 것이고 도시는 농산물을 받지 못하게 되어 굶주리게 될 것이다. 볼셰비키들도 이를 잘 알고 있었다. 문제는 도시의 생산력이 붕괴되었다는 점이다. 세계대전, 혁명과 내전이 겹치면서 경제는 급격히 와해되었고 공업 생산은 1914년의 5분의 1수준으로 떨어진 상태였다.

식량과 연료뿐 아니라 기타 생필품이 부족해지면서 1918년 후반부터 1920년 후반까지 약 900만 명의 러시아인들이 굶주림, 질병, 추위로 죽었다. 이 숫자는 세계대전에서 사라진 사람의 두 배가 넘는다. 이는 세 번째 요인을 만들어냈다. 노동자계급은 실질적으로 해체되어 수백만 명이 도시를 버리고 고향 농촌 마을로 돌아가 버렸다. 러시아 도시의 인구는 절반으로 뚝 떨어졌다.

심지어 남아있던 노동자들조차 다 똑같지는 않았다. 혁명정부는 광대한 영토를 다스려야 했고 무너지는 경제를 회복시켜야 했으며, 반볼셰비키 백군에 맞서 내전도 벌여야 했다. 1917년의 혁명적인 프롤레타리아는 1920년 노농 적군 '레드 아미'로 바뀌었다. 게다가 경제의 일부 영역이 다시 돌아가기 시작하면서, 새로운 노동자들이 시골에서부터 몰려들었다. 따라서 1920년의 러시아 노동계급은 1917년보다 훨씬 적었을 뿐 아니라 구성 성분 역시 매우 달랐다.

내전이 끝날 무렵 혁명적인 노동자계급은 해체되었고, 농민들은 토지를 갖고 있었으며 지주와 자본가 계급은 패퇴했다. 유일하게 조직되어 있는 국가 수준의 사회세력이라곤 일당제 국가의 행정부뿐이었다.

비록 혁명의 전통이 혁명적 계급의 등장보다는 혁명적 국가기구라는 모습으로만 존재했지만 완전한 민주주의가 복원되었더라면 나라는 아마 국제 노동자계급의 이해와 러시아 농민의 이해 사이의 모순으로 분열됐을 것이다. 볼셰비키들은 세계혁명에 의해 그들이 구제될 것이라는 희망을 갖고 힘에 의존할 수밖에 없었다. 얼마 동안은 혁명적 전통 그 자체가 역사의 힘으로 작용할 수 있었다.

그러나 볼셰비키는 역사의 변화들을 거스를 수 없었다. 결국 그들은 주변에 둘러싸인 적대적인 사회세력에게 질 수밖에 없었다. 레닌은 그것을 예견했었다. 그는 1920년부터 "우리나라는 사실상 노동자 국가가 아니라 노동자와 농민의 국가다"라고 말해왔다. 그는 또 "그러나 그것이 전부는 아니다. 우리 공산당의 계획을 보면 우리나라는 관료제의 왜곡을 갖고 있는 노동자 국가라는 걸 알 수 있다"고 지적했다.

이후 구제정주의 관료와 정부 기구에 새로 합류한 경력자 관료들의 영향에 충격을 받은 그는 이렇게 질문을 던졌다. "이 엄청난 관료들이라니-도대체 누가 누구를 이끄는 것인가?"

1921~8년의 신경제정책NEP은 경제적 모순을 해결하고 다가올 세계혁명에 앞서 숨 쉴 공간을 마련하려는 시도였다. 신경제 정책에서는 사유 생산과 자유시장을 허용하고 국유기업을 이런 환경에서 발전시키도록 했다. 그 효과로 기업인 계급, 즉 '신경제 맨NEPmen'이 양성되고, 부농 계층 '쿨락kulaks'도 생겨났다. 동시에 국유기업을 운영하는 '붉은 산업가'들은 점점 더 노동자들에게 자본주의자들처럼 행동하게 됐다. 후진적 경제를 가진 국가에서 필수적인 것은 정권의 정치적 성격을 바꾸는 일이었다.

1928년 레닌이 질문했던 '누가 누구를 이끌고 있는 것인가'는 확실한 답을 얻게 됐다. 우익(신경제 맨과 쿨락을 대표하는)과 좌익(볼셰비키 전통을 대표하는)을 모두 무너뜨린 스탈린의 중앙위원회는 공산당의 후방에서 등장하면서 새로운 관료적 통치계급의 정치적 얼굴이 되었다.

혁명의 물결

대공황과
파시즘의 등장

1929년~1939년

대공황이 세계경제를 뒤흔들자 전쟁을 주장하는 파시즘이 대두되었다.

세계혁명이 실패하고 러시아 혁명도 쇠퇴하면서 잠깐 동안 안정적인 시기가 찾아왔다. 자본주의 체제는 회복됐고 통치자들은 안심했으며, 1917~23년의 혁명적 대중운동으로 일어섰던 수백만 명의 사람들은 일상 속의 무관심으로 다시 가라앉았다. 그러나 숨 돌릴 틈은 짧았다.

1920년 중후반의 경제 호황은 금융 투기라는 모래성 위에 세워졌다. 1929년 호황이 파산으로 향했을 때, 체제는 이전의 어떤 위기보다 더 깊고 치료하기 힘든 새 위기 속으로 내던져졌다. 대공황이라고 불리게 되는 사회적 상황은 아주 절망적이었다. 수백 만 명의 보통 사람들이 다시 한 번 유럽과 세계 역사의 흐름을 결정짓는 대중 투쟁으로 빠져들었다. 파시즘 세력과 사회주의 혁명 세력 간의 치열한 대립이라는 모습으로 드러난 대중 투쟁이었다. 파시즘은 여러 대륙에서 승리를 거두고 지배적인 위치를 차지했다. 그 결과로 등장한 것은 또 다른 세계대전이었다. 첫 번째 세계대전보다 훨씬 길고 잔혹하고 더 야만적인.

포효하는 20년대

미국에서 1차 세계대전 후 등장한 투쟁과 급진주의의 물결은 오래 가지 못했다. 1920년부터 경제는 호황이었고 개인주의라는 새 문화가 힘을 얻었다. 1928년의 총생산량은 1914년의 두 배 수준이었다. 경제학자들은 자본주의가 아동기를 지났으며 이제 "세계경제 상황은 위대한 전진을 앞두고 있다"고 말했다.

미국 시장엔 부자들만 쓰던 소비재가 넘쳐났다. 일반 가정에도 전력이 공급되었다. 중산층은 전화, 라디오, 축음기, 진공청소기, 냉장고 등을 구입했다. 수백만 명이 매주 영화를 보러 극장에 갔다. 자동차는 더 이상 사치품이 아니었고 대량시장 mass-market**64** 상품이 되었다. 아메리칸 드림은 매일매일 현실에서 이뤄졌다. 제너럴 모터스의 디렉터이자 민주당 전국위원회 의장인 존 J 라스코브는 "모두가 마땅

---

64 대량 판매에 의해 대량 소비가 이뤄지면서 형성되는 시장

히 부자가 되어야 한다"고 말했다. 미국의 보통 사람들 대부분은 이에 동의했다.

유럽은 '포효하는 20년대'에 약간 늦게 동참했다. 전쟁이 남긴 경제적 여파, 사회 혼란 그리고 혁명의 분출이 미국에서보다 훨씬 더 강력했기 때문이다. 그러나 1923년 이후 유럽 사람들 역시 '재즈 시대Jazz Age'에 합류했다.

도스 플랜Dawes Plan[65]에 따라 미국에서 대출이 들어오게 되면서, 독일 자본주의는 부활했고 1920년대 후반의 바이마르 공화국은 안정을 찾았다.

영국은 새로운 산업혁명에 착수했다. 남동지역과 미들랜드를 중심으로 자동차, 항공기 같은 첨단 산업을 키워나갔고, 내구 소비재 산업이 발달하기 시작했으며 옛 도심을 중심으로 새로운 교외를 만들었다.

자본주의가 다시 안정되자 유럽에서도 미국과 마찬가지로 번영과 조화가 영원할 것이라는 낙관적인 예측이 쏟아졌다. 독일 사회민주당 총리 헤르만 뮐러는 1928년 "우리 경제는 건전하다. 우리의 사회복지 시스템은 건전하며, 공산주의자뿐 아니라 나치도 전통적인 정당에 흡수될 것이다"라고 선언했다. 독일 유수의 경제학자들도 이에 동의했다. 유럽 경제의 흐름을 보면 적대적인 경향은 점차

---

[65] 제1차 세계대전 뒤 패전국인 독일의 배상 문제에 관하여 전문가위원회의 위원장인 미국의 C.G. 도스가 제안한 해결안. 배상총액 및 지불기한에 상관없이, 1924년부터 5년간의 지불 연액을 2억3500만~5억8700만 달러로 정하고, 5년이 지난 뒤에는 독일 경제의 번영 여하에 따라 증액하기로 하였으며, 배상 재원은 철도 수입·관세·알코올세·연초세·설탕세로 충당하기로 하였다. 이에 따라 프랑스·벨기에는 루르 지방에서 철수하였고, 독일은 외국 자본의 원조를 받아 산업을 회복시킬 수 있었다.

균형을 맞추다가 성장을 멈추고 최후에는 사라지게 되는 뚜렷한 흐름이 있다는 것이다.

그러나 자본주의의 모순은 소멸되지 않았다. 경제회복에는 분명 뚜렷한 한계가 있었다. 그러나 낙관적 전망에 가려 제대로 조명되지 않았다. 국가의 군비 지출은 1차 세계대전 동안 세계경제를 지탱했다. 1873~96년의 대불황을 끝낸 것은 군비 경쟁이었다. 심지어 19세기 후반에도 자본주의 체제는 무기 경쟁에 치명적으로 중독되어 있다는 징표가 나타났다. 군비 지출이 1918년 후 대폭 줄어들자 대량 실업과 해고 사태가 벌어졌다. 따라서 이 체제는 민간 부문의 생산을 질서 정연하게 회복시킬 수 있는 능력이 없다는 것이 증명됐다. 시장은 '자율적으로 조절'되지 않는 것으로 드러났다.

성장은 1920년대 내내 낮은 수준으로 드문드문 이뤄졌을 뿐이다. 모든 성공에는 실패가 따랐다. 실업자 수는 1, 2차 대전 사이에 영국에서 100만 명 이하로 떨어진 적이 없었다. 광산에서 임금이 삭감되면서 광부들은 6개월 동안 파업을 했고 1926년에도 9일간의 총파업이 있었다. 전쟁 배상금은 1920년대 초기 독일 경제를 무릎 꿇게 했고, 1923년엔 극심한 인플레이션 때문에 은행 저축은 아무런 의미가 없었다.

프랑스 경제는 독일의 전쟁 배상금으로 든든하게 받쳐졌으며, 미국 경제는 전쟁 대출 상환과 '이지 머니'(저금리지만 값싼 신용) 정책에 의해 뒷받침됐다. 미국 경제가 20년대 호황을 누린 것도 이 때문이었다. 그러나 몇몇 자본주의자들이 '포효'할 수 있었던 것은 오직 다른 사람들이 비명을 지르며 죽어간 덕분이었다. 아메리칸 드림은 사실상 환상일 뿐이었다.

자본주의의 핵심적 모순은, 직장에서는 낮은 임금을 주면서도 시장에서는 임금노동자들의 많은 지출을 필요로 한다는 점이다. 긴 안목으로 보면 이 두 가지가 다 만족될 수는 없다. 비용을 줄이고 수익을 높이기 위해 임금을 압박하는 경우, 노동자들은 정작 자신의 노동으로 생산해낸 물건을 살 수 없다. 그러나 임금이 늘어나고 기업의 수익이 줄어들면, 자본가는 투자를 할 동기가 없어진다. 이익을 추구하는 것이 자본주의 체제의 기본 동력이기 때문이다.

포효하는 20년대에 미국에서 농장 소득은 줄어들었고 임금은 오르지 않았다. 따라서 실물경제의 수요는 침체돼 있었다. 산업 투자는 너무나 부진해서 넘쳐나던 잉여자본을 흡수하지 못했다. 따라서 그 자본이 투기로 유입되었다. 구체적으로는 자본이 월스트리트 증권거래소의 자급자족적인 투기 거품의 자금줄이 되었다.

스콧 피츠제럴드의 소설 〈위대한 개츠비(1926)〉는 이 시기의 공허함을 포착하고 있다. 소설 속 캐릭터들, 즉 지나치게 부유한 미국 자본가들의 허무한 삶은 그들에게 사회적 기능이 부재한 모습을 그대로 드러내고 있다. 소설 속 주인공들의 공허한 마음과 끝없는 방종은 금융업에 기생하는 거품 경제를 반영한 것이었다.

금융 거품은 사실 자본주의 역사만큼이나 오래된 것이다. 17세기 초부터 네덜란드에서는 튤립 투기(튤립 매니아)의 거품이 있었고 18세기 초 영국에서도 식민지 투자의 투기 거품(남해 버블^{South Sea Bubble})이 있었다. 1873~96의 대공황 역시 투기 붐에 뒤따라온 금융 사고로 시작되었다.

1920년대의 부유한 자본가들의 허무한 삶을 그려낸 스콧 피츠제럴드의 소설 <위대한 개츠비>.

거품의 작동원리는 간단하다. 페이퍼 자산^{paper asset}[66]에 대한 수요가 높아지면서 가격이 오른다. 자산의 가격이 오르면, 더 많은 투자자가 그걸 사려 할 것이고, 그걸 되팔 때 가격을 더 높여 수익을 내려 할 것이다. 충분한 잉여자본이 있고 높은 수요에 힘입어 페이퍼 자산의 가격이 계속 오른다면 도약이 가능해진다. 가격과 상품의 실제 가치, 가격과 서비스의 관계와 상관없이 점점 더 많은 투자자가 그것을 사려 하기 때문에 자산 가치는 계속 오르기만 한다.

페이퍼 자산은 본질적으로 소유권 증서와 맞바꾼 대출금이다. 페이퍼 자산은 기업의 주식, 국채, 보험 정책, 통화 보유, 주택 담보 대출, 상품의 선 구입, 모기지 번들 등 여러 가지 다른 형태로

---

66 보석·금·미술품 같은 물건으로서의 자산과 달리 현금 또는 증권 같은 자산을 말함.

존재한다. '금융 서비스 산업'이란 이런 점에서 매우 창의적인 것이라 할 수 있다. 자본의 '정상적'인 회수란 실물경제의 수익을 공유하는 것이다. '투기적인' 회수는 가격과 페이퍼 자산 그리고 실제 상품 가치의 연결고리가 깨졌을 때 발생한다. 그런 다음 일확천금을 노리는 사람들이 이것을 사고파는 열풍에 휩싸이며 마치 핵반응을 일으키듯 가격 상승이 계속되어 상상을 초월한 가격으로 올라간다.

글로벌 채권은 1920년대 때 약 50퍼센트 증가했다. 이것이 의제擬制자본fictitious capital[67]을 창조해내는 한 방식이다. 지주회사 및 투자신탁이라는 완전히 새로운 회사들은 실제로는 아무것도 생산하지 않는다. 단순히 다른 회사의 주식을 사고 팔 뿐이다. 그들은 다른 지주회사나 다른 투자신탁에 투자하기도 한다. 이런 식으로 계속되다 보면 때로는 의제자본의 층위는 다섯 겹 혹은 열 겹일 수도 있다.

골드만삭스 트레이딩 회사가 그런 예다. 이 회사는 1928년 설립되어 초기에 1억 달러의 주식을 발행했고, 이중 90퍼센트는 일반 대중에게 직접 판매했다. 이 자본을 갖고 이 회사는 다른 회사의 주식에 투자했다. 1929년 골드만삭스는 다른 투자신탁과 합병했다. 현재 자산평가액은 2억3500만 달러다. 이 합병회사는 7월에 세난도어 공사Shenandoah Corporation를 발족시켰다. 이 회사가 1억200만 달러를 판매 주식으로 제공했을 때, 발행 주식은 일곱 배 초과 신청됐다. 이처럼 '아무 일도 안하고 공짜로 돈을 버는' 기적 같은 돈벌이는 아

---

67 현실 가치를 갖지 않고, 장래의 수익을 낳게 하는 원천으로서 가공적인 자본의 형태.

무도 놓치고 싶어 하지 않았다. 회사는 기대에 부응해 더 많은 주식을 발행했다.

광란이 시작되자, 자본은 외국 차관으로 들어왔고 또 산업 투자, 사회기반시설 계획으로부터 몰려들었다. 월스트리트의 투기만큼 수익을 올리는 것은 아무것도 없었다. 넘쳐나는 돈과 허약한 경제로 인해 페이퍼 자산과 실물 상품 가치 사이에는 엄청난 불균형이 생겼다.

버블은 덫이었다. 몇몇 전문가들은 경고의 목소리를 내려했다. "조만간 폭락이 올 것이다." 로저 밥슨은 1929년 9월 5일 연례 국가 사업 회의에서 이렇게 경고했다. "그것은 엄청난 폭락일 것이다."

그러나 비극의 예언자는 파티에서 환영받지 못했다. 이미 큰 부자가 된 사람들이 더 많은 돈을 벌기 위해 다시 돈을 걸었다. 그들은 쿨리지 대통령이 12월에 발표한 낙관적인 일반 교서를 지지했다. 그 내용은 이렇다.

"미국 의회가 지금처럼 밝은 전망을 눈앞에 둔 적은 한 번도 없었다...평온과 만족이 있다... 그리고 가장 수익이 높은 번영의 해라는 기록이 있다."

얼마 뒤 주식시장이 불안감에 휩싸이자 이번엔 앤드류 멜론 재무부 장관이 다시 한 번 확신을 불어넣었다. "걱정할 필요가 없다. 번영의 높은 파도가 계속될 것이다." 월스트리트 저널 또한 투자자들의 근심을 일소하기 위해 이렇게 썼다. "어제 주식시장의 가격 변동이 있었던 이유는 큰 상승을 앞두고 기술적 재조정을 위해 일시적으로 숨고르기에 들어갔기 때문이다."

그러나 1929년 10월 24일 월스트리트 주식시장은 붕괴했다. 금융 붕괴는 세계를 대공황으로 몰아넣었고 일련의 사건을 거쳐 결국 스탈린그라드, 아우슈비츠, 히로시마에 이르렀다. 인류 역사상 최악의 비극이 펼쳐지기 시작한 것이다.

배고픈 30년대

'검은 목요일'에 월스트리트 증권거래소의 주가는 거의 3분의 1로 폭락했다. 금융자본가 수천 명이 전멸했다. 보통 사람 수백만 명은 저금한 돈을 잃었다. 붕괴가 일단 시작되자, 이전에 나타났던 거품이 그랬던 것처럼 붕괴는 계속해서 자가 증식했다. 가격 상승 때 투기 자본들이 소용돌이에 빨려 들어갔던 것처럼 가격이 붕괴하자 자본을 '청산'하기 위해, 가격이 더 떨어지기 전에 시장에서 철수하기 위해 '팔자'가 미친 듯 쇄도했다. 게다가 투자자들이 스스로 과다 대출했다고 판단하자 다른 부채를 갚기 위해 기존 부채들을 회수했다. 그러면서 역방향으로 '팔자'의 패닉이 나타났고 이는 다시 가격 하락으로 이어졌다. 금융 부채의 전 복합체가 한꺼번에 풀어헤쳐졌다.

셰난도어 회사의 주식 가치는 한때 38달러까지 치솟았지만 나중에는 결국 50센트까지 떨어졌다. 222.50달러를 기록했던 골드만삭스 트레이딩 회사의 주식은 2년 만에 1~2달러로 떨어졌다.

붕괴가 이유 없이 온 것은 아니었다. 농업은 1927년부터 부진했

농업과 산업의 위기가 금융붕괴를 촉진시키자 신용 붕괴와 대출-투자 중단으로 이어지면서 대공황이 발생했다.

고, 산업은 1929년 봄여름 동안 과도한 확장과 과소한 소비로 순환적인 침체에 빠져 있었다. 즉 농업과 산업의 위기가 금융 붕괴를 촉발한 것이다. 하지만 붕괴의 여파는 실물경제로 다시 되돌아와서, 신용을 붕괴시키고 대출, 투자를 중단시키고 수요를 위축시켰다.

자본의 중앙화와 집중화로 위기의 규모는 더 커졌다. 이를테면 중소규모의 회사가 부도를 내면 부도가 안 난 다른 회사들이 여전히 남아 사업을 계속하므로 전체 경제에 주는 영향이 그리 크지 않다. 그렇지만 주요 은행이나 산업 회사가 부도를 내면 다른 많은 회사들도 함께 무너지므로 광범위한 경제에 디플레이션 파동을 던진다. 당시에 이런 일이 일어났던 것이다. 1933년에 미국 은행 9000개가 부도를 냈으며 산업 생산은 절반으로 줄었고 3명 중 1명의 노동자가 실업상태였다. 회복의 희미한 빛조차 보이지 않았다. 미국의 자본주의는 익사한 것처럼 보였다.

세계체제인 자본주의가 위기를 맞자 세계적인 위기가 닥쳤다. 월스트리트의 붕괴는 세계적인 불황으로 이어졌다. 세계 무역액은 1929년 수치의 3분의 1로 내려앉았다. 실업자 수는 전세계 1000만 명에서 1932년 4000만 명까지 올랐다. 그 해에 독일 국민 3명 중 1명, 영국 국민 5명 중 1명이 실업자였다.

대공황이 그토록 처참한 재앙이 된 것은 세계 지도자들이 당시 추구한 정책 때문이었다. 주식시장이 붕괴되었을 때 긴축정책이 즉각적으로 나온 것은 아니었다. 그러나 그 뒤 1931년 세계경제가 급락했을 때 정치인들은 당황했다. 미국 후버 대통령은 '건전한 돈'과

'균형 잡힌 예산'에 집착했다. 그는 큰 규모의 지출안을 비난했고, 초긴축 정책을 펼쳤다. 후버 행정부 재무장관은 '노동을 청산하고 주식을 청산하고 농민을 청산하는 것'이라는 해결책을 내놓았다.

게다가 곧 강경한 우익정권들이 대중의 저항에 맞서 임금을 삭감하면서 민주주의가 공격을 받게 됐다. 보수적 독일 총리 하인리히 브뤼닝이 경제 붕괴에 맞서서 내놓은 대책은 임금 삭감, 급여 삭감, 가격 삭감 그리고 세금 인상이었다. 당시 독일 노동자 네 명 중 한 명은 실업자였다. 삭감 이후 실업자 비율은 세 명 중 한 명으로 늘어났다.

브뤼닝은 오래 가지 못했다. 독일 경제의 깊은 위기와 사회 양극화로 정치 시스템이 마비될 지경이었다. 브뤼닝이 사임한 뒤 힌덴부르크 대통령은 총리 후계자들을 잇달아 임명했다. 폰 파펜, 폰 슐레이허, 그리고 아돌프 히틀러였다. 이들 중 의회 다수당 지도자는 아무도 없었다. 독일 총리들은 비상 법령에 근거해 통치했다. 독일에서 민주주의는 1930년부터 작동을 멈추었다. 1933년 1월 이후에는 민주주의의 가능성마저 나치 독재에 의해 파괴되었다. 힌덴부르크 덕분에 정권을 얻은 나치 독재는 마치 독일의 전통적 지도자를 대표하는 듯 나섰다.

영국에서는 1929년 선출된 소수당 노동당 정부가 금융자본의 공격을 받았다. 실업률이 치솟자 '예산 균형을 확보하기 위한 긴급 필요'를 내세우며 실업수당 지불을 삭감하자고 몰아부쳤다. 당시 장관 한 명은 그 상황을 이렇게 회고했다.

내가 기억하는 것은.…이 나라 정부를 대표하는 스무 명의 남자와 한 명의 여자가 어느 블랙 선데이 저녁에 다우닝 스트리트 가든에 서서 뉴욕에서 날아오는 전보를 기다리고 있던 모습이었다. 파운드화는 구제받게 될 것인가 말 것인가, 그 대가로 실업수당 10퍼센트 삭감을 요구할 것인가 말 것인가에 관한 소식을 담은 전보였다.

실업수당 삭감은 결국 요청되었다. 은행들은 노동당 정부를 완전히 복종시키려 했다. 이를 증명하기 위해 정부에게 실업자 수당을 깎을 것을 요구했다. 은행들은 만장일치를 원했다. 모든 내각이 투표로 실업수당 삭감을 통과시켜야 하며 그러지 않으면 정부는 사임해야 한다고 압력을 넣은 것이다. 페이비언주의자인 베아트리체 웹은 자신의 일기에 "영국 정부의 정책과 공무원을 좌우한 것은 다름 아닌 영국과 미국의 금융인들이었다"고 적은 뒤 "자본가들의 독재에 복수를!"이라고 기록했다.

내각은 해산됐으며 정부는 사임했다. 전 노동당 총리 램지 맥도널드가 적자 삭감을 추진하는 반동적인 정부의 수장이 되었다.

정부는 또한 수출 가격을 낮추고 수입품에 관세를 부과해 가격을 높이려고 자국 통화를 평가절하했다. 그러나 보호무역주의란 서로 경쟁적일 수밖에 없다. 경쟁하는 국가들이 서로 똑같은 정책을 펼치면 결국 '바닥을 향한 경쟁'이 가속화될 뿐이다. 서로 가격을 낮추고 시장을 위축시켜 국제무역에서 재앙적인 붕괴를 낳게 되는 것이다.

디플레이션과 보호무역주의는 경기침체와 금융 붕괴보다도 훨씬 더 경기 회복의 가능성을 말살시켰다. 덕분에 1930년대는 전세계가 경기 침체와 대량 빈곤에 꽁꽁 묶여 있었다. 이는 자유주의 경제학자이며 국가정책 비평가인 존 메이너드 케인즈가 말한 '불완전 고용 균형' 즉 영구적인 대량 실업 상태를 가져왔다.

대공황 경제는 광란의 경제였다. 경제체제란 어떤 것이라도 사람들이 풍족하고 행복한 삶을 사는 데 필요한 상품과 서비스를 생산하기 위해 존재해야 한다. 그러나 그것이 자본주의의 목적은 아니었다.

자본주의는 소수의 이익과 부로 추동되는 경쟁적인 자본축적의 체제다. 가능한 한 많은 이익을 가능한 한 빨리, 무슨 수를 써서든 만들어내야 한다. 이 같은 이익 추구가 1920년대의 투기 거품을 만들어냈다. 이제 붕괴의 시기에 이익을 늘리려면 임금을 삭감하고, 서비스를 절감하고, 무역을 중단하는 수밖에 없었다. 그렇게 되자 세계가 영구적인 침체 속으로 빠져들었다.

수백만 명의 삶이 파탄에 이르렀다. 시장이 사라지고 상품가격이 붕괴하자 농민들의 삶은 무너졌다. 노동자들은 일자리를 잃고 급식소 배급에 근근이 기대어 살았다. 겨우 일을 한다고 해도 해고의 두려움에 떨어야 했다. 사장들은 임금과 노동환경과 노동량과 관련된 일들에서는 무조건 공격적으로만 나아갔다.

대부분의 유럽 국가들은 긴축정책과 함께 주류 정당에 대한 지원을 축소했다. 그러자 정치는 노동자 계층의 급진적인 운동과 중산층 계급의 파시스트 운동으로 양극화되었다. 베를린, 비엔나, 파리, 바르셀로나, 런던의 거리에서 희망과 절망, 혁명과 반혁명의 세력

들이 1930년대 내내 충돌하면서 유럽의 심장과 영혼을 놓고 투쟁
했다.

1933년 : 나치의 권력 쟁취

1933년 1월 31일, 아돌프 히틀러 '독일 노동자
국가 사회주의 당'(나치당) 총수가 독일 총리가 되었다. 한 달 후 공
산당 활동은 금지되었고 신문이 폐간됐으며 1만 명의 당원들은 강
제수용소로 보내졌다. 곧 이어 나치는 사회민주당 지도자와 독일
노동조합 지도자 역시 강제수용소로 보냈다. 나치는 몇 달 만에 세
계에서 가장 강력한 노동운동을 파괴했다.

노동조합과 사회주의 정당은 민주주의의 기초다. 대중의 노동
계급 조직을 파괴하자 자본과 국가는 아무런 도전을 받지 않은 채
통치하게 됐다. 그 결과 1933년 말쯤에는 보수정당과 자유주의
정당도 파괴되었다. 이렇게 독일은 전체주의적 경찰국가가 되어
갔다.

나치즘의 등장으로 역사가 치러야 할 대가는 상상을 초월했다.
700만 명의 독일인이 죽었고 1400만 명이 2차 대전 중 집을 잃었다.
러시아 군대가 1944~1945년에 동부 독일로 진출했을 때 수백 만
명의 남자가 총에 맞았고 수백 만 명의 여자가 강간당했다. 전세계
적으로 나치가 벌인 전쟁에서 6000만 명이 죽었다. 10세기에 만들
어진 인종에 관한 신화와 20세기의 기술이 결합하면서 1939~1945

년 사이에 인류 역사상 가장 끔직한 재앙이 발생한 것이다. 도대체 어떻게 이런 일이 가능했던 것일까?

대공황은 다른 유럽 국가보다 훨씬 더 강하게 독일을 강타했다. 미국의 은행은 1920년대 중반 경제를 일으켰던 도스 플랜에 따라 지급했던 대출금의 상환을 요구했다. 은행들은 또 엄청난 재정삭감을 요구했다. 독일 정부는 그 요구대로 일자리를 줄이고 임금과 보조금을 삭감했다. 경제는 급락했고 노동자 3분의 1이 실직했다. 농장과 소규모 사업자들은 몰락했다. 관리직, 전문직, 사무직 노동자들, 광부와 철광 노동자들 역시 일자리에서 떠나야만 했다.

자본주의 위기는 사회의 기본 구조를 흔들고 정치를 양극화시킨다. 민중의 분노가 은행, 정치인, 체제에 반하는 방향으로 향할 때 민중은 좌파로 이동해 계급투쟁과 혁명적 변화를 지향한다. 그러나 그들이 서로 등을 돌릴 때는, 우익으로 이동해 증오의 정치로 나아간다. 대공황은 혁명적 희망을 가진 사회주의자 정당과 반혁명적 절망을 가진 파시스트 정당 간의 날카로운 양극화를 만들어 냈다.

파시즘은 새로운 형태의 정치운동으로서 1차 세계대전 직후 이탈리아에서 발생했다. 파시즘이란 단어 자체가 이탈리아 말이다. 베니토 무솔리니는 정치적 모험가로서 제국주의 전쟁을 지지하며 사회주의 정당과 절연했다. 그는 이탈리아의 '붉은 2년(1919~1920)'이 지나가자 우익 국가주의자들을 중용하기 시작했다.

파시스트는 본질적으로 퇴역 군인, 전문직, 학생, 소지주, 소자산가들의 중산층 운동이었다. 파시스트 '블랙 셔츠'라는 무장 민병대

히틀러는 독일의 방황을 끝내고 하나로 통합하기 위해 반동적인 대의명분을 내세워 지지세력을 모아갔다.

스콰드리스티^{squadristi}는 거주지를 공격하고 시위대와 노조 사무실, 사회주의 언론과 운동가들을 공격했다. 노동자들의 운동이 강력했을 때는 이들의 영향력은 크지 않았다. 그러나 1920년 여름 노동자들의 공장 점거가 실패한 뒤부터 파시스트는 주요 세력이 되었다. 무장 민병대의 숫자는 1920년 10월 190명에서 1921년 11월 2300명으로 늘어났다.

좌파가 실패하면서 사회주의 전통이 미약했던 슬럼가의 실업자들과 노동계층의 젊은이들에게 파시스트는 매력적인 것으로 다가왔다. 좌파의 핵심적 중산층 지지자들에게도 마찬가지였다. 여전히 좌파는 위협적 존재였기 때문에 산업가들과 자유주의적 정치인들은 무솔리니를 더 지지하게 됐다. 따라서 스콰드리스티는 자본가들로부터 자금을 지원받았고 경찰들도 이들의 행패를 눈감아 주었다. 이탈리아 지배계급은 파시스트 깡패들이 노동자들의 운동을 마음껏 위축시키도록 내버려두었다.

1922년 10월 무솔리니는 정부에 당당히 한 자리를 요구할 정도로 힘이 세졌다. 이 파시스트의 '로마 진군'은 누구도 저지할 수 없었다. 빅토리오 엠마누엘은 무솔리니를 총리로 임명했다. 그 뒤 '블랙 셔츠'와 경찰은 힘을 합해 노동운동을 무너뜨리고 전체주의 국가를 세웠다.

무솔리니는 유럽의 지배계급 사이에 '스트롱 맨'으로 칭송을 받았으며 혼돈에서 질서를 이끌어낸 사람으로 여겨졌다. 이탈리아의 블랙 셔츠는 다른 나라에 정치적 모델을 제공했다. 그 중 하나가 히틀러였다. 히틀러는 이루지 못한 화가의 꿈을 가진 사람이었고, 학교에서 쫓겨난 퇴학생이었으며, 참전군인이었고 맹렬한 반유대주의자였다.

초기 나치당의 비어홀 폭동(1923년 11월 뮌헨에서 일어난 우익 쿠데타)은 경찰에 진압됐다. 히틀러의 당은 6년간 별 볼 일 없는 상태로 있었다. 그러나 선거에서 1928년에는 80만 표(3퍼센트)를 얻는 데 그쳤으나 1930년에는 600만 표(18퍼센트)를, 1932년에는 1400만 표(37퍼센트)를 얻었다. 나치당의 돌격대 SA(Sturmabteilung)의 브라운 셔츠는 1930년 말 10만 명에서 1932년 중반 40만 명으로 네 배나 늘었다.

나치의 정권 쟁취 투쟁은 세 갈래로 진행됐다. 사회적 위기가 팽배해 있는 상황에서 대중 집회와 퍼레이드를 통해 결단력 있고 힘 있는 조직으로 깊은 인상을 남겼다. 브라운 셔츠는 노동계급 조직을 무너뜨리기 위한 거리투쟁에 거침없이 참여했다. 히틀러는 거대 기업과 국가 지도자들에게 로비를 해서 재정 지원을 얻어냈고 지지를 확보하면서 권력을 공유해나갔다.

이탈리아 파시스트와 마찬가지로 나치를 지지한 핵심 세력은 중산층이었다. 히틀러는 분열되고 절망적인 세상 속에서 강렬한 사회적 열망을 가진 계층의 분노를 대변했다. 소자산가, 중간급 간부, 소도시의 전문가들은 자본가들과 정치인들을 똑같이 증오했다. 정치인들이 위기를 불러왔다는 판단을 갖고 있었기 때문에 그들은 노동자들을 대표하는 정당을 떠난 것이다. 무력한 정당은 노동자들을 분노하게 만들었다.

'유대인 세계지배 음모론'은 모스크바와 월스트리트, 공산주의와 자본주의, 노동자와 부유층을 가리지 않고 먹히는 음모였다. 나치의 비합리적 세계관이 극단적으로 드러난 모습이었음에도. 트로츠키가 '인간 먼지'라고 부른 계층들은 이런 끔직한 음모론을 자신들의 이념으로 삼았다. 원자화된 상태로 있던 개인들을 단단히 한 데 묶어 파시스트 대중운동을 일으키는 수단으로 삼은 것이다.

나치는 또한 독일의 국가적 대의명분을 내세웠다. 베르사유조약 때문에 독일은 영토의 많은 부분을 몰수당했고, 무장 군인의 규모를 제한당했으며, 거대한 배상금을 지불해야 했다. 독일의 국가권력을 무력화하려는 이런 조약을 바이마르 공화국 정치인들은 극복하려고 하지 않았다. 하지만 히틀러는 행동에 나서겠다고 약속했다.

1932년 후반께 독일의 지배계급은 나치를 이용해 독자적인 방식으로 경제위기를 해결하고자 했다. 히틀러는 베르사유조약을 파기하려 했으며, 배상금 지불을 유야무야시키고, 유럽에서 독일의 힘을 다시 일으켜 세우려 했다. 브라운 셔츠는 자국에서 좌파를 무너뜨렸다.

나치는 독일의 방황을 끝내고 하나로 통합하려 했다. 그들은 독일 수도를 위해 세계를 안전하게 만들려고 했다. 이런 이유로 사업가, 정치가들은 나치주의자가 되었다. 루르 지방 사업가 프리츠 티센은 열정적인 나치주의자가 되었으며 총리 폰 파펜은 "히틀러 운동이 붕괴하거나 축소되면 재앙이 될 것"이라고 말했다. 또 나치 지지세가 시들해질 때쯤 대통령 힌덴부르크는 1933년 1월 히틀러를 불러들여 정부를 구성하게 했다.

파시스트의 승리가 불가피한 것은 아니었다. 1932년 7월만 해도 사회민주당과 공산주의 연합^{KPD}이 얻은 표는 1300만 표(36퍼센트)을 약간 넘어 나치당(37퍼센트)과 거의 비슷했다. 사회민주당과 공산주의 연합은 무장된 자위군대도 독자적으로 갖고 있었다. 이들은 노동계급 거주 지역에서 나치의 행진이 있을 때 이들을 공격해 해산시키곤 했다. 1933년 1월 30일 오후까지만 해도 히틀러에 반대하는 대중시위가 독일 전역에서 자발적으로 일어나고 있을 정도였다. 노동자 수백만 명이 위험을 감지하고 맞설 준비가 되어있었다.

하지만 사회민주당 지도자들은 경제공황과 나치 문제 어느 쪽도 맞서서 이길 수 없을 정도로 무기력했다. 브라운 셔츠라는 폭력배들이 날뛰고 다니는데도 겨우 '관용'과 '합법성' 같은 한가한 소리만 할 뿐이었다. 히틀러가 권력을 잡았을 때도 당 신문은 당이 '헌법과 합법성 안에' 있을 것이라고 밝혔다.

공산주의 지도자들 역시 마찬가지였다. 그들은 사회민주주의 노동자들에게 호소해 파시스트 폭력과 권력 탈취에 맞서 연합전선을 형성했어야 했다. 하지만 그들은 종파주의적인 어리석음에 빠져 스스로 고립되는 전략을 택했다. 그들은 파시스트의 위험성을 얕보았고, 사회민주당을 '사회적 파시스트'라고 비난하면서 그들과 연합하기를 거부했다. 그들이 히틀러보다 노동자계급에 더 큰 위협을 가한다는 이유에서다.

왜 공산주의자 지도자들은 이런 노선을 따르게 됐을까. 사회민주당은 1918~1923년 독일 혁명을 실패로 이끈 주역이었다. 공산당연합은 이후 줄곧 '극좌파' 경향을 띠었으며 개혁적 지도자에게 심히 적대적이었다. 그들과 공동 목표를 추구하는 연합전선을 형성하려

하지 않았다.

하지만 독일 공산당의 종파주의 본능은 모스크바에서 온 노선 때문에 더 심해졌다. 모스크바의 코민테른은 당시 스탈린의 지배 아래 있었고 러시아의 새 관료 지배계급이 되었다. 당시 러시아 내부에서 벌어지고 있는 극적인 변화에 도사리고 있던 반혁명 성격을 가리기 위해, 극좌파적인 종파주의를 소비에트의 공식 정책으로 내세웠던 것이다.

1923년 젊은 독일 공산당은 사회주의 혁명을 이끌 기회를 놓쳤다. 1933년이 되자 독일 공산당은 더 이상 젊지 않았고 현명해지지도 않았으며, 게다가 스탈린주의에 의해 상당히 변질돼 있었다. 그들은 파시스트 쿠데타를 막을 수 없었다. 혁명의 리더십이 역사에서 얼마나 중요한지를 이때만큼 명확하게 보여준 예도 없을 것이다.

러시아의 국가자본주의

1929년 검은 목요일^{Wall Street Crash}은 세계를 대공황으로 몰아넣었고 4000만 명을 실업자로 만들었다. 그 뒤 현대사에서 가장 야만적 정치운동인 나치즘이 독일에서 권력을 장악했다.

절망한 운동가들은 당연히 대안을 찾았다. 그들은 스탈린의 주장이 자본주의와 파시즘에 맞서는 세계의 기수가 될 것이라고 믿었다. 대량 실업과 파시즘의 위협 때문에 그들은 스탈린주의를 무비판적으로 받아들였다. 그들은 그러나 소련에서 벌어지는 잔혹 행위와 부정을 고발하는 서방 언론의 보도를 믿어야 했다. 자본주의 언론이 사회주의 혁명의 고향을 비난하는 일은 어쩌면 피할 수 없는 일이었다.

어쨌든 소비에트 경제는 활황이었고, 세계의 나머지는 불황의 수렁에 빠져 있었다. 스탈린의 5개년 계획은 엄청난 성공을 거두었다. 1927~8년과 1937년 사이에 산업 생산량은 5배 늘어났다. 소비에트의 산업 생산량은 1929년엔 전세계의 4퍼센트 정도였지만 1939년에는 12퍼센트로 늘어났다.

그러나 이런 실적이 사회주의의 승리를 의미하는 것은 아니었다. 그와는 반대로 산업현장에서 노동자의 지배권은 모두 사라져 버렸다. 대신 국가자본주의라는 새 모델이 발전하고 있었다. 국가자본주의에서는 지배계급의 자리를 정부 관료가 차지했고, 국가경제는 하나의 거대한 기업처럼 운영되었다. 반론과 저항은 어떤 것이든 국가에 반하는 범죄로 여겨졌다.

노동자 민주주의가 이처럼 새로운 계급사회로 변해버린 것은 혁명적 대중운동의 고립과 부패 때문이라고 할 수 있다. 레닌은 이런 위험성을 예견했다. 그는 "지금 당의 프롤레타리아 정책은 평당원이 결정하는 것이 아니라 당의 일부 보수파들이 가진 엄청난 권위가 결정한다"고 지적했다. 당은 혁명 이후 시대의 '야심가'로 가득 찼다. 당시엔 당원증이 정부, 군대, 산업으로 진출할 수 있는 보증수표처럼 되어버렸기 때문이다. 1922년만 하더라도 단지 40명 중 한 명이 2월 혁명 이전 당원으로 가입한 상태였다.

레닌은 당시 급부상하던 당—국가 관료체제에서 스탈린을 잠재적 지도자로 여기고 있었다. 그가 죽기 직전 작성한 '정치 유언 Testamanet'에서 레닌은 당 간부 동료들에게 경고했다. 당 사무총장이던 스탈린이 무제한적 권한을 장악하고 있다면서, 그는 신중치 못하고 관료적인 사람이어서 그런 권력을 행사하기에는 적절치 못한 사람이라는 내용이었다. 따라서 스탈린을 해임하고 다른 사람을 임명해야 한다는 것이 레닌의 주장이었다.[68]

그러나 레닌의 유언은 널리 공표되지 않은 채 묻혔고, 전쟁과 경제 붕괴로 시민사회가 공백을 맞자 그 공백을 채우는 당-국가기구가 급증했다. 스탈린은 그 국가기구의 통제권을 가지기 시작했다. 1920년대 말경 국가기구의 관료들은 지배세력이 됐다.

대공황과
파시즘의 등장

당은 1928년 관료집단 산하의 경찰을 동원해 당 내부의 반대세력을 소멸해 나갔다. 우익이나 좌익 할 것 없이 반대세력은 다 제거 대상이었다. 부하린을 대표로 하는 우익은 신경제 정책 하에서 발전한 사유 자본가의 이익을 대변하는 쪽이었다. 좌익은 트로츠키를 필두로 볼셰비키의 혁명적 사회주의 전통을 대변하는 그룹이었다.

트로츠키는 이미 지치고 가난한 농민 국가 내부에 만연해 있던 거대한 타성과 맞서 힘겹게 싸워야 했다. 세계혁명으로 그들에게 힘을 실어주지 못하는 상황이 되면서 전쟁으로 파탄 난 러

---

68 레닌은 죽기 직전까지 혁명의 진전과 사회주의 건설에 관한 자신의 생각을 계속 쏟아냈다. 레닌의 '정치 유언'이라고 불리는 〈대회에 보낸 편지〉에서 그는 스탈린, 트로츠키 등 당 지도자들의 성격과 장단점을 지적하고 당의 단합을 강조했다.

시아는 자생적인 자국의 혁명가들을 그저 한 번 쓰고 내팽개쳐 버렸다. 결국 혁명가들은 극소수만 남아 강제수용소로 휩쓸려가게 되었다.

그럼에도 불구하고 혁명기에 대중 사이에 자리 잡은 이상주의와 자기 해방의 열망은 여전히 그들의 기억 속에 남아 있었다. 때문에 혁명가들은 1930년대에 죽도록 괴롭힘을 당했다. 1917년 당시 볼셰비키당의 당원 중 14분의 1 정도만 1939년까지 소련 공산당 당원으로 남아 있었다. 사실상 나머지 사람들은 거의 모두 죽었다.

관료 집단들은 1928년 행동을 개시했다. 그들은 그럴 힘도 있었고 무엇보다 당시 '가위 위기'[69]라고 하는 협상가격 위기가 닥쳤기 때문이었다. 농민들은 도시에 곡식을 충분히 공급하는 것을 거부했고 외국 정부들은 외교 관계를 끊었으며, 무역 연계를 금지시켰고, 전쟁의 공포는 커져가고 있었다.

지도자들이 내놓은 대책은 농산품을 장악하고 임금을 낮추며 서둘러 공업화를 도입하는 것이었다. 스탈린은 "공업화 속도를 늦추는 것은 뒤처진다는 걸 의미한다. 그리고 뒤처지는 사람은 패배한 사람이다...우리는 선진국에 비해 50년, 100년 뒤처져 있다. 10년 안에 이것을 따라잡지 않으면 그들이 우리를 무너뜨릴 것이다"라고 말했다.

러시아는 내전을 견뎌냈으며 외국의 침입에도 살아남았던 나라

---

69 트로츠키의 용어. 공산품 가격이 농산물 가격보다 비교가 안 되게 오른 결과, 경제의 양 날인 농업과 공업의 가격 격차가 마치 가위처럼 벌어지는 '협상가격의 위기'를 말한다. 신경제정책 기간인 1923년 가위위기가 정점에 달했다.

다. 새 정권은 군사력에 무너진 게 아니었다. 그들이 파멸한 이유는, 세계혁명이 실패함에 따라 자본주의가 지배하는 글로벌 경제 속에서 고립된 채 빈곤한 상태로 남게 되었기 때문이었다. 따라서 반혁명이 벌어진 것도 폭력적 전복에 의해서가 아니라, 외부의 경제적, 군사적 경쟁 압박에 끝없이 시달렸기 때문이었다.

소련은 기계를 사기 위해 식량을 수출할 필요가 있었다. 현대적인 산업을 확립하기 위해 기계가 필요했기 때문이다. 또한 러시아는 무기를 생산하기 위해서라도 현대적 산업이 필요했다. 무기가 있어야만 침략 국가들의 경쟁이 벌어지고 있는 글로벌 시스템 속에서 스스로를 방어할 수 있기 때문이었다.

민간의 자본축적은 너무나 느렸다. 부하린은 1920년대에 '달팽이 속도로 가는 사회주의'가 적대세력에 의해 해체될 수도 있다고 지적했다. 오직 국가만이 자원을 집중시키고, 계획경제를 도입하고, 반대 세력을 물리쳐가면서 신속하게 강제적으로 산업화를 밀고나갈 힘을 갖고 있다고 본 것이다.

스탈린의 정책은 당시 세계경제의 동향을 반영한 것이었다. 대공황의 여파로 전세계가 국가가 주도하는 자본주의로 이동하고 있었다. 경제부문에서 민간자본의 투자 실패를 보상하기 위해 공공지출을 늘리고 정부 개입을 늘리는 방식이었다. 소비에트 체제에서 정부 개입은 극단적이었다. 스탈린의 목표는 국가권력을 세우기 위해 대량 생산을 하는 것이었다. 소비에트 통치자들은 따라서 국가자본주의 축적의 화신이 되었다.

그러나 그들 스스로는 권력을 이용해 후한 임금을 가져갔다. 농부

들을 약탈하고 임금을 깎고 노동 강도를 높이고 공장의 강제노동수
용소를 노예 노동자로 가득 채우면서도 자신의 주머니를 채우는 일
은 빼먹지 않았다. 1937년쯤 공장 감독관은 한 달에 2000루블을 받
았고, 숙련 노동자는 200~300루블, 최저임금 노동자는 110~115루
블을 받았다. 군대의 급여 차이는 훨씬 더 컸다. 2차 세계대전 중에
대령은 월 2400루블, 사병은 월 10루블을 받았다. 하지만 공장 감독
관과 육군 대령의 급여는 국가 부르주아지의 최상위 멤버에 비하면
대단치 않은 액수였다. 그들은 한 달에 2만5000루블을 받았다. 최저
임금의 200배가 되는 금액이었다.

관료들은 스탈린과 국가자본주의 시스템에 충성하기만 하면 명
확한 물질적 이익을 누리며 특권계층으로 진입할 수 있었다. 관료
들은 민중의 엄청난 고통에는 아랑곳하지 않고 무자비할 정도로 모
든 분야에서 산업화를 강제로 밀어붙였다. 중공업에 대한 투자가
늘어나며 소비는 위축될 수밖에 없었다. 공장, 기계, 원자재에 투입
된 투자비율은 1927~8년 33퍼센트에서 1932년 53퍼센트로 증가
했다.

당연히 그 결과로 물자 부족 현상이 나타났다. 사람들은 물건을
구하기 위해 길게 줄을 서야했다. 물론 당시의 열악한 상황을 고려
한다면 예상보다 물자 부족은 적은 편이라고 할 수 있다. 6년 동안
임금이 절반으로 깎였기 때문이다.

도시 인구가 늘어나고 외국 기계의 수입 비용이 늘어나자 정부는
농민들로부터 곡식을 몰수했다. 때문에 1929년 세계시장에서 가격
이 폭락했을 때 최소 300만 농민이 굶어죽어야 했다.

그것으로도 끝이 아니었다. 국가는 '농업의 집단화'[70]를 선포했다. 쿨락kulaks(시장을 위해 생산하는 부유한 농민)으로 불리며 비난받았던 수백만 농민들이 재산을 박탈당했고 유배되었다. 많은 사람들이 죽거나 강제수용소에서 노예 노동자가 되었다.

스탈린의 안보기구가 운영을 맡았던 시베리아 강제수용소는 엄청난 노예 제국으로 확장되었다. 수용자 수가 1928년 3만 명에서 1931년에 200만 명으로, 1935년에는 500만 명으로 늘어났고 1930년대 말에 이르러서는 1000만 명 이상이 되었다. 경찰에 의해 사망한 사람의 수도 엄청났다. 연간 사망자 수는 1930년 2만 명에서 1937년 35만 명으로 늘어났다.

엄청난 규모의 국가 테러가 자행된 사정을 들여다보면 당시 러시아의 경제가 역행하고 있었으며, 국가자본주의 축적의 속도가 얼마나 급속하게 진행됐는지, 또 그것을 성취하기 위해 얼마나 많은 착취가 필요했는지 알 수 있다. 노동자계급, 농민, 소수민족은 완전히 분쇄되어 굴복할 수밖에 없었다.

그 피해는 소련 안에서만 발생한 게 아니었다. 마르크시즘은 강령이나 관료주의 정책을 위해 사용하는 문구로만 남았을 뿐 그 속에 담긴 혁명의 본질적 내용은 금지되었다. 코민테른은 소비에트 국가의 이데올로기와 정책을 외국 공산당에 도입시키기 위한 수단이었다.

1927년에 소련이라는 '한 국가에서의 사회주의'를 이루기 위해

---

70 농업 집단화는 경영의 대규모화·기계화를 통해 농업 생산력을 높이고, 농촌의 과잉인구를 도시의 공업 노동력으로 제공하며, 농업을 사회주의 계획경제 속에 편입시킴으로써 국가 통제를 통해 잉여 농산물을 흡수하고 공업 원료를 확보할 수 있게 한다는 목표로 진행됐다.

세계혁명을 금지시킨 뒤, 스탈린은 자국이 처한 사회주의적 고립에서 벗어나기 위해 동맹국들을 찾으려 했다. 중국 공산당에게는 국민당 총통 장제스에게 굴복하라고 지시했고 상하이 노동계층에게는 무기를 버리도록 했다. 그 결과 중국 노동자들은 장제스의 반혁명적 학살의 희생자가 됐다.

다음 해 정책은 갑자기 종파주의와 모험주의로 전환했다. 코민테른의 재앙적인 '3기'에서 스탈린은 새로운 혁명적 진보를 선언했다. 공산주의자들이 사회민주당과 모든 연대를 끊고 권력을 장악할 준비를 해야 한다는 것이었다. 이는 소련 내에서의 정책에 힘을 실어주기 위한 것이었다.

쿨락을 공격하는 일이 민간 자본주의에 대한 공격으로 제시되었고 사회주의의 중요한 진전으로 제시되었다. 그러나 그것은 진정한 사회주의의 진전이라고는 할 수 없는 일이었다. 국내적으로는 제3기가 극좌파로 전환함으로써 관료들의 권한과 강제 산업화를 숨기는 연막 역할을 했다. 국외적으로는 재앙적인 종파주의를 키웠다. 그중에서도 독일에서는 종파주의의 영향으로 노동운동 세력이 분열했고 때문에 결과적으로 히틀러가 1933년 권력을 장악할 수 있었다.

하지만 나치는 공격적인 독일 제국주의의 부활을 위협했고, 그래서 스탈린은 유럽 동맹국가들을 찾아 나섰다. 코민테른은 때맞춰 극좌의 광기에서 '대중적 프론티즘'으로 선회했다. 공산주의자는 이제 자유 부르주아지와 연합하려 했고, 잠재적 동맹국을 달래기 위해 노동계급의 고삐를 바짝 조이려 했다. 따라서 스탈린의 코민테른은 1930년대에는 세계혁명을 촉진하는 대신 적극적으로 반혁명적인 성격을 띠게 되었다. 이는 1927년과 1933년의 끔직한 재앙을 낳았다.

1936년 6월 :
프랑스 대파업과 공장 점거

나치의 권력 장악은 유럽 전역에 충격파를 던졌다. 히틀러는 경제 위기의 해결책으로 자국에서는 독재를, 해외에서는 제국주의에 기반을 둔 정책을 내놓았다. 다른 나라의 지배계급들도 그런 해결책을 모델 삼아 따라하려 했다.

대공황과
파시즘의 등장

국가의 억압, 파시스트의 테러로 노동조직이 파괴되자 자본가들은 노동현장에서 점차 착취를 늘려가기 시작했다. 노동조직이 파괴되면서 사회주의적 대안의 가능성마저 완전히 소멸되었다. 트로츠키는 파시즘에 대해 이렇게 설명했다.

"자본가가 민주적인 방법으로 스스로 통치하고 지배하지 못할 때, 파시즘의 역사적 기능은 노동계급을 분쇄하고, 조직을 파괴하고, 정치적 자유를 억압하는 것이다."

이런 파시즘의 행태를 그대로 따라하려 했던 첫 시도가 오스트리아였다. 오스트리아에서는 1차 대전 이후 혁명의 물결이 일면서 강력한 사회민주당이 탄생했다. 사민당은 총 60만 명의 당원을 갖고 있었으며 득표율이 40퍼센트에 달할 정도였다. 자체적으로 준準군사방위군을 갖고 있었다. 오스트리아의 지배계급은 이런 상황을 무너뜨리고 싶어 했다.

연방 총리 엥겔베르트 돌푸스는 1933년 3월 쿠데타를 일으켜, 의회를 해산하고 반헌법적인 포고령을 내렸으며 노동계급 조직을 단속했다. 그런데도 사회민주당 지도자들은 지지자들에게 아무것도 하지 말라고 권고했다. 경쟁관계인 친나치 파시스트당보다는 친가톨릭 파시스트인 돌푸스가 더 낫다고 판단했다. 1934년 2월 12일, 돌푸스 정권은 사회민주당에 본격적인 경찰 공격을 시작했다. 나흘 동안 노동자들도 맞서 싸웠지만 끝내 경찰에 무너졌다. 11명의 운동가들은 교수형을 당했다. 오스트리아 노동운동은 지하로 내몰렸다.

수년 전의 독일 노동자들과 달리 오스트리아 노동자들은 최소한 저항은 했었다. '베를린이 되느니 비엔나가 되겠다'는 게 유럽 좌파들의 시위 구호였다. 1930년대 중반 종종 들을 수 있었던 말이었다.

파시스트가 1934년 2월 권력을 잡으려고 한 수도는 비엔나만이 아니었다. 2월 6일 파리에서 열린 거대한 우익 시위에서 에두아르 달라디에가 이끄는 자유주의 정부의 사임을 요구했다. 시위대와 경찰 간의 치열한 싸움은 15명의 사망자를 남겼다. 달라디에는 질서를 유지할 수 없다는 판단에 따라 물러났다. 파시스트는 힘으로 정부를 무너뜨릴 수 있을 것만 같았다.

프랑스 노동총동맹General Confederation of Labour GCT은 2월 12일 총파업을 선언했다. 사회주의 인터내셔널 프랑스 지부SFIO[71]와 공산당PCF은 대중 시위를 조직했다. 사회주의 인터내셔널과 공산당의 시위는 파리에서 하나로 합쳐졌다. 고함과 환호성이 폭발했고 '단결! 단결!'이

---

71 SFIO의 계보를 이어 1969년 프랑스 사회당이 창당됐다.

라는 구호가 넘쳤다. 그러나 공산당 지도자들은 두 시위대가 하나로 뭉치는 것을 원치 않았다. 그들은 여전히 '제3기' 코민테른의 광기에 발맞추어 사회주의자들은 '사회주의-파시스트'일 뿐이라고 몰아붙였다.[72] 하지만 노동계급이 원한 것은 그것이 아니었다. 그들은 종파주의 지도자들에게 단결을 요구했다.

스탈린은 유럽에서 고립되었고 히틀러에게 위협을 받고 있던 상황이어서, 서구 열강들과 절실하게 동맹을 맺으려 했다. 따라서 코민테른은 사회민주당뿐 아니라 자유주의자와도 정책적 동맹을 추구하는 방향으로 전환했다. 프랑스에서는 공산주의자, 사회주의자, 급진주의자(프랑스 자유주의자)들이 선거를 앞두고 연합해 인민전선을 만들었다. 인민전선은 1936년 총선에서 승리했고 사회주의자 지도자 레옹 블룸을 총리로 하는 새 정부를 출범시켰다.

대공황과
파시즘의 등장

노동자들은 '자신들의' 정당이 승리하자 활력을 얻었고 즉시 공세적으로 나아갔다. 5월 26일부터 이런 움직임은 계속 확대되면서 노동자 200만 명이 참여하는 총파업으로 커나갔다. 이 파업의 4분의 3 이상은 공장 점거 방식이었다. 영국 대사는 이 상황을 1917년의 러시아 상황에 비유했다.

고용주들과 경찰들은 힘이 없었다. 지배계급은 사회주의자 블룸 총리가 자신들을 구해주기를 바랐다. 총리는 '공공의 안정'을 요구하면서 고용주와 노동조합 대표를 마티뇽 호텔에 소집해 협상을 이

---

72 제3인터내셔널 코민테른에서 스탈린은 "사회민주주의자들은 사회주의의 탈을 쓴 파시스트들이며, 국제 노동운동을 배신한 배신자들이다"라고 했다. 사회민주주의자들과 공산주의자들이 적대 관계를 형성하게 된 것이다.

끌었다. 고용주들이 한 발 물러서면서 큰 양보를 얻어낼 수 있었다. 임금 인상은 7~15퍼센트, 주당 노동시간은 임금 삭감 없이 48시간에서 40시간으로, 유급휴가는 2주, 단체 교섭을 자유롭게 하는 원칙 등에 합의했다.

인민전선에 가담한 모든 정당들은 마티뇽 합의의 수용을 권고했고 즉시 작업장으로 복귀하라고 했다. 공산당도 마찬가지 입장이었다. 공산당 지도자 모리스 토레스는 이렇게 말했다.

"자 이제 무엇을 할 것인가? 우리는 만족할 만한 성과를 얻었을 때 파업을 끝낼 줄도 알아야 한다. 우리는 모든 요구가 다 충족되지 않았을 때도 타협을 받아들일 수 있어야 한다."

그러나 고용주가 주도권을 회복하자마자 노동자의 경제적 이익은 깎일 수밖에 없었다. 불황기에는 더했다. 하지만 토레스는 노동자들의 경제적 이익을 보호하고 미래의 행동을 조직하기 위한 노동자위원회 네트워크를 만드는 일에 대해서는 아무런 말도 하지 않았다. 그는 6월의 운동이 영구적인 대중 민주주의 조직을 세우는 기회가 될 것으로 보지 않았다. 그는 공장 점거 투쟁을 한걸음 더 진전시켜야 함에도 불구하고 지지자들을 반대 방향으로 이끌었다.

노동자들이 1936년 6월 당시 더 심도 있는 투쟁에 나서지 않았을 수도 있다. 하지만 분위기는 급속도로 좌파로 이동했다. 공산당 당원은 한 해 동안 9만 명에서 29만 명으로 급증했다. 공산당은 곧 인민전선 안에서 지배적인 세력이 되었다.

공산당 지도부는 스탈린에 죽도록 충성했다. 공산당은 인민전선을 강경하게 고수했다. 따라서 자유주의 정치인들을 뒤엎는 어떤 행동도 하지 않았다. 또한 정치적 요구를 최소화하고 파업과 시위를 위축시켰다. 이런 접근방식에 의문을 품는 반대자는 축출되었다. 결국 지배계급에 노동계급의 이익을 종속시키는 결과를 낳았다. 트로츠키는 인민전선에 대해 이렇게 썼다.

> 인민전선은 프롤레타리아와 제국주의자, 부르주아지의 연립정부를 대표한다. 연정은 의회 내외부적인 영역 양쪽으로 확대되는데 어느 영역이든 급진 정당은, 스스로에게는 행동의 완전한 자유를 보장하면서, 프롤레타리아의 자유에는 야만적으로 제한을 가한다.

대공황과
파시즘의 등장

노동운동 계급이 쇠퇴하자 정부는 우익으로 옮겨갔다. 블룸은 경제적 확장과 사회적 개혁을 포기하고, 디플레이션과 재무장을 지지하기 시작했다. 인민전선은 버터 대신 총을 선택했다. 하지만 총리는 이런 식으로는 살아남지 못했다. 자본은 금융 위기를 만들어 냈고 이 때문에 블룸은 1937년 사임해야만 했다.

두 번째 인민전선 정부는 사회주의가 아니라 급진주의가 이끄는 중도 우익 행정부였다. 1938년 세 번째 정부에서는 우익 급진주의자 에두아르 달라디에가 총리로 복귀했다. 인민전선 행정부가 전혀 아니었다. 사회주의자들은 그 안에 하나도 없었고 우익 정당만 있었다.

1938년 11월 12일 프랑스 재무부 장관 폴 레이너는 이렇게 밝혔다. "우리는 자본주의 체제에 살고 있다. 자본주의 체제에서는, 자본주의의 원칙이 지켜져야 한다. 즉 그것은 이윤창출의 원칙이며, 개인적인 리스크의 원칙, 그리고 자유시장, 경쟁의 장려라는 원칙이다."

정부는 임금 삭감 법령에 이어, 주당 노동시간을 늘리고 고용 조건과 기간을 취약하게 하는 법령들을 잇달아 발표했다. 인플레이션이 발생하면서 1936년 6월에 쟁취한 임금 인상의 효과는 싹 씻겨내려갔다. 프랑스 정부는 노동자들을 끝까지 밀어붙인 것이다.

프랑스 노동총동맹은 총파업을 선언했다. 그러나 지지는 미약했고, 경찰은 무자비한 폭력으로 파업 참가자들을 내리눌렀다. 파리 외곽의 빌란쿠르에서 르노의 노동자는 1500명의 과격한 경찰들과 24시간 싸움을 벌였다. 경찰에 패한 뒤 그들은 공장에서 나와 파시스트들에게 '경찰 만세'라고 소리치며 행진해야 했다.

파업이 실패하면서 1934년 2월과 1936년 5~6월이 낳은 위대한 노동자 운동의 맥은 끊어져 버렸다. 노조원들은 최고 400만 명에서 100만 명으로 줄었다. 노동총동맹 여섯 개 지역 중 한 지역의 조합이 사라졌다. 노동투사 수천 명이 희생된 것이다. 이를 두고 1934년 트로츠키는 이렇게 썼다.

"프랑스는 독일이 아니다"라는 말로 스스로를 위로하는 사람이라면 희망이 없다. 모든 나라에서 같은 역사적 법칙이 작동한다. 자본주의 쇠퇴의 법칙이...부르주아지는 자신의 사회를 완전한 부도로 이끈다. 부르주아지는 사람들에게 빵도 평화도 제공해줄 수 없다. 그렇기 때문에 부르주아지는 민주적 질서를 더 이상 관용하지 않는다.

트로츠키는 따라서 선택은 사회주의 혁명 혹은 파시스트 야만주의 둘 중 하나라고 말했다. 프랑스 노동운동의 패배와 해체 그리고 이에 따른 의기소침한 분위기가 이어지며 1940년 프랑스는 군사적으로 항복하는 상황이 되었다. 나치가 프랑스 북쪽을 점령하고, 이어 페탱 원수의 친파시스트 비시 정권이 남쪽에 들어섰다. 트로츠키의 분석은 현실에서 그대로 증명되었다.

스페인 내전

'그 때 생전 처음으로 노동자계급이 실권을 쥐고 있는 걸 보았다.'

조지 오웰은 1936년 11월 바르셀로나에 대해 이렇게 썼다.

> 사실상 모든 빌딩을 노동자들이 점령했고 건물엔 붉은 깃발이 내걸렸다…모든 상점과 카페에 '집산화됐다'는 글씨가 새겨졌다. 개인 소유의 자동차는 모두 징발되어 없었고, 전차와 택시 같은 교통수단 대부분에 빨간색과 검은색을 칠했다. 겉으로만 보면 바르셀로나에선 더 이상 부유한 계급이 존재하지 않는 듯 했다. 무엇보다 혁명과 미래에 대한 믿음이 있었고, 갑자기 평등과 자유의 시대로 들어간 것 같은 느낌이었다. 인간이 자본주의 기계의 톱니바퀴로서가 아니라 인간으로 행동하고 있었다.

7월 17~18일에 프란시스코 프랑코 장군은 군사 쿠데타를 일으켜 민주적으로 선출된 마드리드 인민전선 정부로부터 권력을 탈취하려 했다. 쿠데타는 군대, 교회, 거대 토지 소유자, 모든 우익 정당

스페인 인민전선 내각에 반대하는 프랑코 장군의 군부가 반란을 일으키면 서 시작된 스페
인 내전은 국제전쟁의 양상으로 번져갔다.

들-카를로스 당원, 군주제 지지자. 팔랑헤 당원Falangist[73](파시스트)의 지지를 받았다. 쿠데타는 주로 스페인의 미개발 지역, 시골 지방에서 성공적이었다. 그러나 7월 19~20일에 무장한 노동자들이 바르셀로나와 마드리드의 막사를 둘러싸고 군인들에게 투항을 강요했다. 이에 자극받은 스페인 전역의 노동자계급이 대중반란을 일으켰다.

스페인의 노동자계급은 1910~1930년 사이에 두 배로 늘어났고, 전체 인구의 4분의 1을 넘은 상태였다. 1936년 7월 5개의 중심 지역에서 폭동이 일어났다. 첫째 바스크 시골-스페인의 철, 강철, 조선의 70퍼센트를 생산하는 곳이었다. 둘째 아스투리아스 탄광지역. 셋째 마드리드. 넷째 안달루시아-80만 일용직들이 일하는 곳이었다. 다섯째 카탈로니아-절반 이상의 노동자들이 모여 있는 곳이었다.

19세기 후반 이래 스페인에서는 계급갈등이 늘 고조되었다. 산업화가 이뤄지면서 전투적으로 투쟁하던 전통을 갖고 있던 노동계급 조직이 만들어졌다. 그러나 이들은 정치적으로는 한 갈래가 아니었다. 마드리드에서 주도권을 쥐고 있었던 노동총동맹UGT은 사회노동당PSOE이 이끌었고, 카탈로니아를 지배했던 전국노동연맹CNT은 아나코 생디칼리즘[74](무정부주의 조합주의) 조직이었다. 더 작은 좌파 정당

---

73 1933년 조직된 스페인의 극우 정당

74 생디칼리즘Syndicalisme은 조합주의 또는 노동공산주의라고도 부른다. 조합만을 유일한 노동자 조직으로 간주하고, 의회의 역할을 부정하며 경제 분야에서의 '직접 행동'을 주창한다. 파업, 사보타주, 보이코트 등의 투쟁 형태를 중시하면서 특히 총파업에 의해 정부를 쓰러뜨리고 노동조합이 생산의 관리권을 장악해야 착취 없는 자유로운 사회를 만들 수 있다고 주장한다. 무정부주의를 계승하여 노동자계급의 정치 투쟁을 거부하고, 노동자계급 정당의 필요성을 부정하면서, 조합에 대한 정당의 지도를 거부하고, 혁명 후의 사회에서도 국가 기관 없이 조합이 생산의 관리를 담당할 것을 주장하였다.

으로는 스페인 공산당^{PCE}, 카탈로니아 통합사회당^{PSUC}, 마르크시스트 노동연맹^{POUM}, 그리고 이베리안 무정부주의연맹^{FAI}이 있었다.

1931년 군주 독재 정권이 타도되고 자유주의 공화정부가 그 자리를 대신했다. 하지만 새로운 정부는 약속했던 개혁을 수행하는 데 실패했고 토지 점유와 파업을 가혹하게 단속했다. 1934년 정부는 의회 다수당의 지위를 잃었고 새로운 보수 행정부가 다수당이 되었다. 아스투리아스 광부 2만 명이 반란을 일으켰지만 그들의 치열한 전투는 2주 만에 진압됐다. 투항 후 3000명 이상이 죽임을 당했고 4만 명의 운동가들이 투옥되었다.

그러나 1936년 2월 자유주의, 사회주의, 분리주의 정당이 연대한 인민전선이 총선에서 승리했다. 이를 계기로 수백만 명의 노동자와 농민들이 행동하기 시작했다. 감옥으로 몰려가 투옥된 운동가들을 풀어주었고 경제적, 정치적 요구를 위해 파업을 일으켰으며 지주로부터 토지를 압류했다.

그러자 이번에는 우익이 쿠데타를 일으켰다. 스페인의 절반 정도 되는 지역에서 쿠데타는 패배했지만 인민전선 정부는 아무 상관없는 듯 행동했다. 인민전선 정부의 공식 발표는 "국가의 군사력을 이용해 안정과 믿음을 바로 세우는 모습을 보여주기 위해 정상적인 일상생활을 보장하겠다"는 것이었다.

그런데 '국가의 군사력'이 쿠데타를 수행하고 있었기 때문에, 정부의 공식 발표는 결국 프랑코에게 항복하는 것으로 마무리되었다. 게다가 사회주의와 공산주의 지도자들은, 다음과 같은 메시지만 앵무새처럼 반복했다.

"이 순간은 어렵지만 그러나 결코 절망적인 것은 아니다. 정부는 확신한다. 범죄적 시도를 극복할 충분한 자원을 갖고 있다."

노동자들은 그 말을 믿지 않았다. 아래로부터의 혁명이 북스페인과 동스페인 대부분의 지역을 지켜냈다. 노동자들이 공장과 농민의 토지를 장악하고 인민민병대를 만들어냈다. 민병대에서 장교는 투표로 선출되었다. 어떤 계급도 특권을 갖지 않았고, 전술을 함께 논의해 만들어 냈다.

많은 것들이 즉흥적으로 결정되고 진행되어야만 했다. 국민당이 무기의 대부분을 갖고 내전을 시작했기 때문이었다. 그러나 공화주의자들은 결정적인 이점이 하나 있었다. 장교와 지주, 목사의 이익을 지키기 위해 징집된 평범한 국민당 군인들에게 그들의 혁명적인 메시지를 호소하는 것이었다. 이를 두고 트로츠키는 "내전은 벌어졌다...군사적 무기와 함께 정치적 무기를 갖고 벌이는 내전이었다"라고 설명했다.

순수하게 군사적인 관점에서 볼 때, 스페인 혁명은 그 적들보다는 훨씬 약하다. 혁명의 강점은 엄청난 대중을 행동으로 이끌 수 있다는 점에 있다. 혁명은 심지어 반동적인 장교들로부터 군대를 빼앗아 올 수도 있다. 이를 위해서는 진지하고 용감하게 사회주의 혁명의 프로그램들을 진행시키는 것이 필요할 뿐이다. 지금부터 토지에서, 공장에서 혁명을 선언해야 할 필요가 있다. 상점들은 자본가들의 손으로부터 인민의 손으로 넘겨질 것이다...파시스트 군대는 24시간 내내 그런 프로그램의 영향력을 거부할 수 없을 것이다.

그러나 상황은 그렇게 되지 않았다. 전국노동연맹 지도자들은 바르셀로나에서 권력을 자유주의자들에게 이양했고, 마르크시스트노동연맹 지도자들은 전국노동연맹과 깨지지 않으려고 했으며 결정적인, 독립적인, 혁명적인 리더십을 제공하려 하지 않았다.

바르셀로나는 스페인 혁명의 페트로그라드였다. 그러나 그곳에는 소비에트나 볼셰비키가 없었다. 대중의 의지를 조직적으로 대변할 만한 민주적인 위원회가 없었고, 권력을 위해 단호한 투쟁을 수행하거나 노동자 국가를 만들기 위해 전념하는 혁명적 정당도 없었다. 혁명의 증기는 있었지만 박스나 피스톤이 없었던 셈이다.

마드리드에서는 스페인공산당^{PCE}이 점차 세를 얻었다. 노동자들이 그들의 급진적인 주장에 매료됐기 때문이다. 또한 스탈린이 무기를 제공해주고 있었기 때문이기도 했다. 그런데 비용을 지불한 사람이 결정권을 가지기 마련이다. 공산당이 가진 총은 공산당의 영향력을 키워주었다.

하지만 스페인 공산당은 이제 적극적으로 반혁명적 역할을 하고 있었다. 그들의 슬로건은 '먼저 전쟁에서 이기고, 그런 다음 혁명에서 이기자'는 것이었는데 이는 노동자들에게 그릇된 희망을 심어주었을 뿐이었다. 민병대를 무장 해제시키고 공장이 자본가에게 되돌아가고, 토지가 지주에게 되돌아가는 것도 이런 슬로건이 정당화해주었다. 모스크바의 '인민전선' 지지에 감사하는 뜻에서, 스페인 공산당은 러시아 무기 통제권을 이용해 공화당 부르주아지가 관습적인 '인민군대'를 만들도록 도와주었다. 그 인민군대는 사유재산을 지키려는 상층계급이 통제하는 군대였다.

1937년 4월경 오웰은 바르셀로나에서 그 차이점을 볼 수 있었다.

"멋진 레스토랑과 호텔에서는 부자들이 모여 비싼 음식을 게걸스럽게 먹어치우고 있었으나, 노동계급들은 오르지 않는 임금과 폭등하는 물가로 고생하고 있었다...빵이나 올리브 오일 같은 필수품을 사기 위해 줄을 수백 야드씩 늘어서야 했다."

그 다음달, 자유주의적 부르주아지와 그들의 스탈린주의 동지들은 공격적으로 나아가도 된다는 감을 잡았다. 그들은 세 트럭에 탄 돌격대(아살토스Asaltos) 대원들을 동원해 전국노동연맹을 바르셀로나 전화교환국에서 쫓아냈다. 이 장소는 이전에 7월 노동자들이 장악했던 빌딩 중 하나다.

그러자 온 도시에 바리케이드가 세워졌다. 만약 그 때, 전국노동연맹과 마르크시스트노동연맹 리더가 단호히 행동했더라면 – 즉 카탈로니아에 국가권력을 장악하기 위한 반란을 조직하고 토지 압류, 노동자의 통제권, 식민지 독립(프랑코 최고의 군대 2만5000명은 모로코인이었다) 등을 위한 요구를 밀어붙였더라면-그들은 이길 수 있었다.

하지만 그들은 그렇게 하지 않았다. 오히려 그 반대로 행동했다. 그들은 지지자들에게 총을 내려놓으라고 했다. 닷새간의 싸움 동안 500명이 죽었고 바리케이드는 대부분 내려졌다.

야만적이고 잔인한 탄압이 그 뒤를 이었다. 도시에는 5000명의 돌격대 아살토스가 넘쳐났다. 마르크시스트노동연맹POUM은 불법이 되었다. 지도자들은 체포되었고 고문을 당하거나 살해되었다. CNT와 POUM 민병대는 강제로 인민군대에 통합되어 정규 군사훈련을 받게 되었다. 반대하는 자는 '트로츠키 파시스트'라며 비난받았다.

부동산과 공장은 이전 소유자들에게 반환되었다.

1937년 5월의 반혁명은 1936년의 7월 혁명을 죽였다. 스페인 내전은 계급 간의 혁명적 전투로 시작됐으나 결국 같은 계급 안의 라이벌 파벌인 자유주의자 대 파시스트 간의 통상적인 전쟁으로 변질되었다. 이제는 정치력이 아니라 화력에 따라 결과가 결정되었다. 이는 프랑코의 승리를 의미했다. 그는 파시스트 이탈리아와 나치 독일의 지원을 받았다.

바르셀로나는 1939년 1월에, 마드리드는 3월에 파시즘 치하로 들어갔다. 이를 통해 스페인 혁명을 위한 트로츠키의 묘비명이 옳았다는 것을 사람들은 깨닫게 된다.

"부르주아지 민주주의의 경계를 넘어서려 하지 않는 요구란, 민주주의 혁명을 지키는 것이 아니라 민주주의 혁명을 거부하겠다는 의미다."

chapter **13**

│ 2차 세계대전은 왜 일어났을까

1939년 후반 노동자계급의 운동은 유럽 대부분 지역에서 패퇴했다. 반면 스탈린주의와 파시즘이 득세했다. 독재가 민주주의를 상대로 승리를 거두었다. 혁명의 희망 대신 반혁명적인 절망이 깊이 내려앉았다.

1000만 명이 스탈린의 강제노동수용소로 보내졌고 15만 명이 히틀러의 강제수용소에 감금되었다. 프랑코의 국민당은 스페인 내전이 시작된 이후 20만 명을 죽였다. 프랑스에서 노조 회원 수는 4분의 3이

영국 수상 윈스턴 처칠이 2차대전에 사용된 자동 소총의 성능을 시험하고 있다.

줄었다. 정도는 다르지만 파시스트적 성격을 가진 권위주의 정부가 유럽 전역에 자리를 잡았다. 1920년대는 터키, 헝가리, 이탈리아, 폴란드, 포르투갈이 그러했고, 1930년대에는 유고슬라비아, 독일, 오스트리아, 불가리아, 발트해 연안 국가, 그리스, 스페인 정부가 그랬다.

전체주의는 한 가지 모습으로만 나타난 게 아니었다. 스탈린주의와 나치즘은 똑같이 잔인했지만 성격과 목표가 달랐다. 러시아는 경제적으로 후진적이었다. 때문에 사회기반시설과 중공업, 군사력을 만들어내는 데 필요한 자본을 축적하려면 고도의 착취가 있어야만 가능했다. 이를 위해 국가는 어떤 형태의 저항도 허락하지 않는 공포정치를 펼쳐야 했다.

독일은 경제적으로 전혀 후진적이지 않았다. 당시 독일은 유럽에서 산업적으로 가장 발전한 국가였다. 그러나 경제적 붕괴가 닥치자 사회는 분열됐고 중산층은 절망 속으로 빠졌으며 사회주의 혁명의 기운이 되살아났다. 나치즘은 이런 위기 상황에서 등장한 극단적인 우익의 반응이었다.

나치즘은 세 가지 기본적인 특징을 갖고 있었다. 첫째, 중산층과 노동계급 중 가장 후진적인 집단의 대중운동이었다. 서로 이질적인 '인간 먼지'였던 이들을 하나로 모은 것은 나치정당과 강령이었다. 내부의 적을 무너뜨리고 독일의 강력한 힘을 회복하자는 내용이었다.

두 번째, 나치즘은 반反혁명의 도구였다. 나치당이 권력을 장악하기 전부터 민병대 성격의 '브라운 셔츠' 대원 40만 명은 노조를 공격하고, 좌익 정당과 노동자 시위를 공격했다. 1933년 1월 이후 나치의 민병대는 독일 국가에 합류한 뒤 괴물 같은 경찰 기구가 되어 반대 세력을 일소해버렸다.

세 번째로 나치즘은 독일 제국주의의 표현이었다. 슬라브의 '열등인간Untermenschen(하위 인간)'의 희생을 바탕으로 하는 히틀러의 '레벤스라움Lebensraum[75](생활권 혹은 생활공간)' 요구는 독일 자본주의의 전통적인 제국주의적 야망과 궤를 같이 했다.

1차 세계대전 기간 중 독일 지도자들은 거대한 제국주의 영역을 꿈꿨다. 그들은 발트해에서 보스포러스해협에 이르는 중유럽지역은 물론, 여기서 다시 페르시아만까지 영향력을 펼치려고 했다. 히틀러는 잠자고 있던 독일의 이런 야망을 1930년대에 되살려내 확장시켰다. 그는 인종주의 사이코패스였고 전체주의적 독재자였다. 그러나 그는 자신만의 이익을 위해 세계 전쟁과 전세계적 지배에 몰두한 것은 아니었다. 그의 외교 정책은 독일 자본주의가 오랜 시간 동안 관심을 가져왔던 것이었다.

강대국들 간의 긴장은 1918년의 베르사유조약만으로는 해결되지 않았다. 어떤 면에서는 더 악화되었다. 베르사유조약은 부분적으로는 독일 식민지를 해체했고, 국경을 재조정했으며, 엄청난 타격을 안길 배상금과 군비 제한을 부과했다. 이것으로 충돌은 끝나

---

75 생존하는 데 필요한 절대적 공간을 의미한다. 1901년 독일 지리학자 프리드리히 라첼은 다윈의 진화론을 응용해, 국가도 다른 유기체와 마찬가지로 충분히 먹고 자고 숨 쉴 수 있는 공간이 있어야 끊임없이 진화하고 발전할 수 있다고 말했다. 따라서 독일 민족은 영국과 프랑스처럼 생활권역을 확대해나가야 한다는 것이다. 1924년 히틀러는 <나의 투쟁>에서 '혈통이 깨끗하고 우수한 독일인은 중부유럽에서 우랄산맥까지 지배할 권리와 의무가 있다'며 '생활권'의 확대를 주장한다. '생활권' 개념은 독일 민족의 확장에 필요한 토지와 자원을 안정적으로 공급하기 위해 서부 러시아의 곡창지대를 정복해 이주할 수 있도록 해야 한다는 계획으로 발전해 나치즘의 침략을 정당화하기 위한 논리로 이용되었다.

지 않았다. 이를 계기로 갈등은 다음 단계로 나아가고 있었다.

1930년대에 긴장이 고조된 데에는 대공황이라는 강한 충격파가 있었기 때문이었다. 무역이 붕괴되면서 각국은 통화를 평가절하해 자국 생산 제품을 세계시장에 싸게 내놓고 외국 수입품에는 보호관세를 부과했다. 세계는, 경제적으로 자립한 국가들로 이뤄진 자본주의 진영들로 나뉘어 서로 경쟁하게 됐다.

국가권력은 또한 공공투자를 통해 성장을 촉진시키는 데 활용되었다. 러시아에서는 모든 경제활동이 극단적으로 국가에 의해 통제되었고, 독일 또한 국가권력을 이용해 고속도로 같은 사회기반시설을 건설했고 재무장에 투자했다.

수익성 있는 국가 계약과 함께 임금을 25퍼센트 정도 삭감하면서 독일은 산업 투자를 엄청나게 확대시켰다. 1933년엔 600만 명이던 실업자가 1939년에는 거의 없어졌다. 그러나 호황을 누리던 독일 자본주의 경제는 원자재와 시장이 부족했기 때문에 언제든 질식할 위험을 갖고 있었다. 자국 내에서는 자본축적이 더 이상 힘들 것처럼 보였다. 독일은 1919년 프랑스에 반환했던 알자스-로렌의 제철소가 필요했고, 체코슬로바키아의 무기 산업, 폴란드의 탄광, 루마니아의 유전도 필요했다. 가능하다면 우크라이나의 곡물 생산 지역과 멀리 떨어진 코카서스 또는 중동의 유전까지도 필요했다.

독일의 경제력과 군사력이 증가하면서 히틀러는 베르사유조약을 점점 더 어기기 시작했다. 1936년 3월에 독일은 비무장지역인 라인란트Rhineland를 재점령했는데, 이곳은 프랑스의 동부 국경을 보호하는 완충지대로 설계된 곳이었다. 독일은 스페인 내전이 벌어지던 1936~1939년에 프랑코 국민당에 총, 탱크, 폭격기, '자원군'을 지원했다. 급성장하는 독일의 군사력을 스페인 내전에서 시험해보기 위해서였다.

1938년 3월 히틀러는 오스트리아를 독일에 합병했다. 오스트리아 당국은 합병을 반대하지 않았으며 오스트리아 나치 역시 열렬히 환영했다. 1938년 9월 30일 독일, 이탈리아, 영국, 프랑스가 뮌헨협정을 맺자마자 바로 다음 달인 10월에 독일은 체코슬로바키아의 주데텐란트를 합병했다. 주데텐란트를 내주면서 체코슬로바키아는 산악지대 차단벽을 빼앗겼고 독일 공격에 무방비상태가 되었다. 결국 1939년 3월 체코슬로바키아의 나머지 지역이 정식으로 나치 제국으로 흡수되었다.

그 즈음 유럽은 확연하게 두 진영으로 나뉘어졌다. 독일, 이탈리아가 1936년 한 축을 형성했다. 양국은 모두 야심만만한 팽창주의 국가였기 때문에 영국과 프랑스의 이익을 위협했다. 그러나 영국 정부는 교묘하게 전쟁을 피했고 프랑스 통치자들은 자국의 힘만으로는 독일, 이탈리아에 도전할 수 없는 형편이었다.

서구 열강은 공식적으로 유화정책을 내세웠다. 이는 스페인 공화국에 물자 제공을 거부하고, 히틀러의 유럽 국가 합병들을 묵인하며, 이탈리아가 북동 아프리카 에티오피아를 정복하는 것을 못 본 체 한다는 뜻이었다.

영국의 지배계급은 점점 더 분화되었지만 유화정책은 적어도 1939년 9월까지는 다수의 이익과 맞물려 있었다. 영국 통치자들은

1919년 분할^{carve-up}의 본질 자체는 그대로 유지하고 싶어 했다. 유럽 약소국가들은 더 큰 시각으로 보면 포기해도 상관이 없었다. 영국 지배계급은 히틀러가 권력의 균형을 지켜주기를 바랐다. 이들은 또 한 파시즘이 노동계급을 내리 누를 수 있는 도구가 될 수 있기 때문에 파시즘을 특별히 거부하고 싶은 생각이 없었다. 또 그들은 독일을 소비에트 러시아에 맞서줄 방패막이로 생각했다. 게다가 세계전쟁이 벌어지기라도 한다면 또 다른 혁명의 소용돌이 속으로 빠져들지 모른다는 우려도 있었다. 따라서 유화정책은 당시 영국 자본주의의 이해를 정확하게 반영한 결과였다.

유화정책이 더 이상 지속될 수 없었던 것은, 독일 자본이 계속 팽창하면서 유럽의 지정학적 시스템의 한계를 넘어섰기 때문이다. 독일 경제와 군사력이 점점 확대되어 폭발 직전에 달하게 되면 영국과 프랑스의 제국주의가 위험에 처할 것은 분명했다.

폴란드가 그런 임계점이었다. 국가 간에 다급하게 외교활동이 전개됐다. 1939년 영국과 프랑스는 폴란드가 침공당할 경우 군사 지원을 하기로 약속했다. 그러나 독일이 계속해서 영토를 요구해오자 영국과 프랑스는 외교적으로만 해결책을 찾으려 했고 소련과 어떤 협정도 맺으려 하지 않았다.

스탈린은 영국과 프랑스와의 동맹을 확보할 수 없게 되자 대신 1939년 히틀러와 독일-소련 불가침조약을 맺고 폴란드를 분할하기로 합의했다(몰로토프-리벤트로프 협정). 약 일주일 뒤 1939년 9월 독일은 폴란드 서쪽을 침공했다. 러시아가 뒤따라서 9월 17일 동쪽을 공격해 들어왔다. 3주가 채 되지 않아 폴란드는 독립국가 지위를 잃었다. 영국과 프랑스가 독일에 9월 3일 전쟁을 선포하기는 했지만 폴란드에 군사를 지원하지는 못했다. 그렇게 2차 세계대전은 시작됐다.

　1~2차 세계대전 사이에 사회주의 혁명의 패배는 파시즘의 승리를 의미했다. 즉 1930년대에 닥친 위기를 자본주의 전복으로 해결하지 못하고 새로운 제국주의 전쟁으로 해결했다는 뜻이다. 그 시기에 유럽에서 노동계급이 패배한 대가로 치른 비용은 인류 역사상 가장 흉악하고 야만적인 것이었다.

대공황과
파시즘의 등장

세계대전과 냉전

1939년~1967년

1914년부터 1945년까지는 전 세계적으로 위기의 시간이었다. 유럽을 중심으로 한 이 글로벌 위기는 두 가지 차원에서 전개됐다. 첫째, 국가주의-자본주의 진영 간의 경쟁으로 생겨난 지정학적 위기였다. 제국주의 전쟁이 벌어졌고 이들 국가는 군비 경쟁을 벌였으며 강제적으로 세계를 재분할했다. 둘째, 다른 차원에서 본다면 이 같은 세계적 위기란 역사 속에서 되풀이되며 나타났던 사회 위기라 할 수 있다. 즉 아래로부터의 대중운동이 노동계급을 중심으로 잇따라 일어나면서 제국주의 부르주아의 지배에 도전한 것이고 사회주의 혁명을 역사의 중심에 놓는 역할을 한 것이다.

1917년부터 1936년 사이 유럽에서는 거의 모든 나라에서 혁명적 잠재력을 가진 노동자들의 봉기가 있었다. 유럽은 이 시기에 사회주의와 야만주의 중에서 무엇을 택할 것인가 고민해야만 했다. 노동계급의 패배는 파시즘의 승리로 나타났다. 이는 2차 세계대전, 그리고 더 심화된 세계의 재분할로 이어졌다. 이 시기의 재분할은 미국과 소련을 중심으로 한 두 진영 간에 이뤄진 것이었다. 이 장에서는 2차 대전과 그 전후의 시기를 다룬다. 서구에서는 무엇보다 오랜 경제 호황을 누렸던 시기였으며 초강대국들은 서로 핵무장으로 맞섰고, 제3세계에서는 반식민주의적 자유화 투쟁의 물결이 일어났던 시기다.

2차 세계대전 : 제국주의

2차 세계대전은 인류 역사상 가장 큰 비극이었다. 6년간의 전쟁으로 6000만 명이 죽었고 수억 명의 삶이 파탄에 빠졌다. 1차 대전 때와 마찬가지로, 생산적이고 자유로운 현대 경제의 잠재력은 전쟁을 통해 살육과 파괴를 위한 산업화된 기구로 뒤바뀌었다. 전쟁이 노동의 산물을 대학살의 도구로 변질시키면서, 2차 대전은 자본주의 체제의 심장부에 있는 소외를 드러냈다.

그야말로 엄청난 생명과 부가 희생되었다. 1939년 9월부터 1945년 8월 사이에 매일 평균 2만7000명이 사망했다. 1942년 러시아 공장은 매년 2만4000대의 탱크와 2만2000대의 항공기를 생산해냈다. 1945년 4월 베를린에 최종 공격이 있던 첫날 거의 9000개의 러시아 무기가 120만 개의 포탄을 발사했다. 포격이 얼마나 강렬했는지 60킬로미터 밖에 있는 건물의 벽까지 진동할 정도였다.

무엇 때문에 이런 무지막지한 피와 자원을 지불해야만 했을까. 영국, 러시아, 미국의 지배계급들은 '파시즘을 물리치고 민주주의를 위해 세계를 안전하게 하기 위해서'라고 주장했지만 결코 그것만이 이유는 아니었다. 연합국들의 참전 동기는 전쟁 도발국들의 동기보다 고귀하다고 할 수 없었다. 그 증거를 살펴보자.

독일은 유럽에서의 지배적인 위치를 회복하고자 했다. 또한 자본주의의 지속적인 팽창에 필요한 원자재, 예비 노동력, 공장, 시장 등을 확보하기 위해 노력 중이었다. 이탈리아는 독일에게 승산이 있어 보이자 전쟁에 뛰어들었다. 아직은 2류 강대국이었던 이탈리아지만 북아프리카와 발칸에 제국을 세우겠다는 야심을 갖고 있었고 지중해를 이탈리아의 호수로 만들고 싶어 했다. 이를 위해 파시스트 이탈리아는 강력한 동맹국이 필요했다.

소비에트 연합은 거대한 영토, 풍부한 자원, 여전히 기초산업에 머물러 있었던 경제 사정 때문에 다른 나라들보다는 외국에 덜 욕심을 내고 있는 상태였다. 스탈린의 주된 관심은 자국의 안정이었다. 그러나 자국의 안정을 위해서라면 핀란드를 공격하고, 발트해 국가들을 합병하고, 폴란드를 나치 독일과 분할할 준비가 되어 있었다.

스탈린 정권의 무능과 만행은 1941년 6월 독일의 침략에 소련이 속수무책으로 당하는 결과를 가져왔다. 대량 숙청으로 붉은 군대Red Army(노농적군)의 장교 군단은 쑥대밭이 된 상태였다. 수백만 명의 남자들이 전쟁 시작 한 달 만에 사라졌다. 그러나 영토, 인력, 자원 측면에서 러시아는 거대했다. 때문에 러시아는 충격을 흡수하고 독일 군대를 삼켰다. 그 뒤 러시아는 군을 총동원시켜 스탈린그라드 전투(1942~1943)에서 전쟁의 흐름을 바꿔놓았다. 그 뒤에도 계속해서 붉은 군대가 전진하자 스탈린의 제국주의적 야망은 더욱 커졌다.

스탈린, 미국 대통령 루즈벨트, 영국 총리 처칠 등 '빅3'는 전후 처리를 논의하기 위해 전쟁의 마지막 두 해 동안 잇따라 회의를 개최했다. 그 중 1944년 10월 모스크바 회담에서 처칠은 다음과 같은 메모를 써서 스탈린에게 전달했다.

세계대전과
냉전

루마니아 : 러시아 90%, 나머지 국가들 10%

그리스 : 영국 90%, 러시아 10%

유고슬라비아: 영국 50%, 러시아 50%

헝가리 : 영국 50%, 러시아 50%

불가리아: 러시아 75%, 나머지 국가들 25%

스탈린은 이 노트를 보고 불가리아에 대한 러시아의 비율을 90퍼센트로 바꿨다. 그리고서는 파란색 연필로 왼쪽 상단 모서리에 체크 표시를 한 뒤 다시 처칠에게 넘겨주었다. 유럽의 당대 정복자들이 수천만 인구를 가진 국가의 운명을 이런 식으로 결정해 버렸다.

연합국은 유럽의 동부전선^{Ostfront}**76**(독일-소련 전쟁)에서 승리했다. 러시아는 약 450만 명의 독일 장병을 죽였고 영국과 미국은 독일 장병 약 50만 명을 죽였다. 양국의 사상자 숫자에 큰 차이가 나는 이유는 영국군이 소련군보다 약했기 때문이기도 하지만 당시 영국과 미국이 유럽뿐 아니라 극동 아시아에서 일본과 전면전을 동시에 펼치고 있었기 때문이었다.

처칠의 주된 전쟁 목표는 영국 제국을 방어하는 것이었다. 그가 전쟁을 승인한 이유는 독일이 유럽에서 패권을 장악할 움직임이 보였기 때문이다. 영국의 통치자들은 늘 북서 유럽의 지배권을 놓고 적대적 강국과 대결해왔다. 영국은 해역에서 자국의 지배권을 잃거나 무역이 위협 받게 될까봐 우려했다.

이런 위협이 현실화된 것은 전차 부대를 앞세운 독일의 블리츠크리그^{Blitzkrieg}(전격전)**77** 때문이었다. 1940년 5~6월 전투가 시작된 지 6주 만에 프랑스가 무너졌다. 영국이 침략을 당한 건 아니었지만 해

chapter **14**

---

76 1941년 6월 22일에 나치 독일이 독일-소련 불가침 조약을 깨고 국경을 넘어 소련을 침략하면서 독일과 소련 사이에 일어난 전쟁이다. 전쟁 초기 독일군은 막강한 화력과 기동력을 이용한 전격전으로 공세를 주도하여 모스크바 함락을 목전에 두고도 초토화 작전을 이용한 러시아의 동장군으로 인해 패퇴해야만 했다. 장기전을 대비하여 석유자원을 확보하고자 코카서스 진격을 시도했지만 스탈린그라드에서 막대한 소모전 끝에 패했다. 막대한 미국 물자 지원으로 시간을 번 소련은 우랄 동쪽으로 이전한 공업시설에서 군사 물자를 증산하면서 본격적인 반격을 시도할 수 있었고 미국의 참전으로 서부전선에서 부담이 가중된 독일은 차츰 밀리는 전세가 되고 말았다. 최후의 항전을 각오한 베를린 공방전으로 버텨보았지만 독일과 베를린은 대포와 폭격기의 공격으로 폐허의 도시가 되면서 1945년 5월 9일 연합군에 무조건 항복하면서 전쟁은 끝났다.

77 공군의 지원 하에 전차가 주축이 된 기계화 부대가 신속한 기동과 기습으로 일거에 적진을 돌파하는 기동작전.

외 제국과의 교류가 즉시 위태로워졌다. 때문에 처칠은 전쟁 후반부까지 북서유럽의 제2전선[78] 즉 독일군 점령 하의 유럽 상륙작전보다 지중해, 중동, 극동에서의 작전을 우선했다. 처칠은 이집트, 수에즈 운하, 인도를 방어하고 싶었다. 처칠은 "나는 영국 제국의 해체를 지켜보는 총리가 되지 않았다"고 선언했다.

이런 이유로 전쟁은 예상보다 훨씬 더 격렬했고 오랜 기간 동안 지속됐다. 1942년 영국은 일본과 맞설 때보다 더 많은 병력을 인도에 배치했다. 인도 국민회의파 시위는 총격이나 태형, 강간 등으로 잔인하게 진압됐다. 3만 명이 투옥됐다. 1년 뒤에는 300만 명이 벵골에서 굶어죽었다. 이 때문에 일부 인도인들은 '인도 국군[INA]'에 들어가 일본편에서 싸우기도 했다.

세계대전과 냉전영국은 발달한 산업을 바탕으로 무장한 제국주의 강국이었지만 쇠퇴하고 있었다. 영국은 바다를 가운데 두고 유럽 대륙에서 격리되어 있었기 때문에 간신히 나치의 점령을 피할 수 있었다. 또 이런 이유로 영국이 1942년부터 계속 미국 군사력의 분출을 위한 발

---

78 1944년 여름까지도 대규모의 지상군을 동원하여 독일과 전면전을 벌이고 있던 나라는 소련뿐이었다. 그러므로 소련은 미국과 영국에 '제2전선[Second Front]'의 구축을 강력히 요구하였다. 소련은 서방측이 독일과의 전쟁을 자기들에게만 맡기려고 한다고 비난하였다. 그러나 미국과 영국은 아직 대규모의 육군을 훈련시키지 못했기 때문에 그때까지는 공군과 해군에 의존하는 도리밖에 없었다. 공군은 50여 개의 독일 도시를 계속 폭격하여 막대한 피해를 주었다.

대규모 지상군이 갖추어지자, 마침내 미군과 영국군은 1944년 6월에 아이젠하워 장군의 지휘로 프랑스 중부 해안 노르망디에 상륙하였다. '제2전선'이 구축된 것이다. 노르망디 상륙에 성공한 미군은 독일군을 계속 서쪽으로 몰아 붙여 8월에는 파리를 해방시켰다. 독일군은 벨기에의 아르덴 숲에서 최후의 반격을 시도하였지만, 미군의 진격을 멈추게 하지는 못했다.

판이 될 수 있었다. 미국 폭격기는 영국 비행장에서부터 독일을 공격했다. 또 미군은 영국 항구에서 프랑스로 침공했다.

　재정적으로나, 경제적으로, 또 군사적으로도 세계대전을 스스로 유지할 수 없었던 영국은 미국이 '민주주의의 무기고'가 되어서 식량과 연료, 무기들을 공급해주기를 바랐다. 미국이 무기대여법^{Lend-Lease}[79]을

79　제2차 세계대전 중인 1941년 3월, 미국이 연합 맹방에 군사원조를 하기 위하여 제정한 법률. 유럽에서 제2차 세계대전이 일어나자 미국은 연합국 측의 병기창이 되었으면서도 전쟁에는 직접 참전하지 않았다. 그러나 미국 방위에 필요하다고 인정되는 나라에 무기를 대여하기로 결정하고 이 법을 제정하였다. 참전 후 무기 대여는 더 활발해졌으며, 1945년까지 이 법률에 따라 약 500억 달러의 군수물자가 연합국, 특히 영국(전체의 약 60퍼센트)과 소련(전체의 약 22퍼센트)에 공급되어 연합국 측의 승리를 이끈 일대 원동력이 되었다.

제정해 무기를 공급하려 했기 때문에 영국은 미국을 필요로 했다. 그
러나 이를 '민주적인' 지배계급 간의 연대라고 할 수는 없었다. 미국
은 제국주의 야망을 갖고 있었다. 미국은 전쟁을 통해 지배적인 세계
강국으로 떠올라 오랫동안 닫혀있던 유럽 제국의 시장들을 미국 무
역에 개방시킬 수 있길 원했다. 무기대여법은 원래 영국 제국이 약간
희생해주는 토대 위에서 미국의 이익을 증진하기 위해 고안된 것이
었다. 그 법은 영국에게 거의 모든 금융 보유고와 해외 지분을 청산
할 것을 요구했다. 영국 지배계급이 할 수 있는 선택은 평화를 위해
소송을 제기해 제국을 잃거나, 혹은 미국에 경제적, 군사적으로 종속

되는 것이었다. 그들은 후자를 선택했다. 2차 대전 동안에 형성된 그 '특별한 관계'는 아직도 여전히 그대로 존속되고 있다.

영국과 미국은 사실상 두 개의 제국주의 전쟁을 치르고 있었다. 하나는 독일과 이탈리아에 맞서 유럽과 지중해에서 벌인 전쟁이고, 또 하나는 극동에서 일본과 맞서 벌인 전쟁이다.

일본은 청일전쟁, 러일전쟁, 1차 세계대전을 통해 제국주의 강국으로 부상했다. 일본은 빠르게 산업화되고 있었지만 필수 자원들은 부족했다. 노동조합은 약했고 민주주의는 뿌리가 없었다. 게다가 1927년부터는 군국주의파들이 일본의 정책을 지배해가기 시작했다. 일본 군국주의자들은 극동에 있는 영국, 프랑스, 네덜란드, 미국 제국을 빼앗아 일본 제국으로 만들고자 했다. 1931년 일본은 만주를 점령한 데 이어 1937년 중국과 전면전을 시작했다. 그리고 1940년 일본은 '대동아 공영권'을 만들겠다고 천명했다.

영국과 미국 대 일본의 전쟁이 1941년 12월 시작되었다. 일본은 영국이 점령하고 있던 말레이 반도와 미국 진주만의 태평양 함대를 동시에 공격했다. 6개월 이내에 일본은 사실상 동남아시아와 서태평양 전체를 빠르게 점령해버렸다. 영국은 일본에게 인도를 빼앗기지 않고 국경을 수비하기 위해 대규모 군대를 유지했다. 미국도 일본 제국을 꺾기 위해 엄청난 해군과 해양자원을 배치했다. 1944년 10월 레이테만 전투에서 미국 함대는 225척의 군함을 동원했다. 그중 항공모함이 34대였으며 전투기만 1500대를 배치했다.

길고 긴 소모전 속에서 소련과 미국의 산업적 파워의 결합은 결정적인 역할을 했다. 나머지 국가들은 그 승리에 보조적 역할만 했을 뿐이었다. 때문에 전쟁은 독일, 이탈리아, 일본 제국의 종말만 의미하는 것이 아니었다. 전쟁이 끝나자 영국과 프랑스 제국 역시 사라졌다. 2차 세계대전은 상호 경쟁하는 자본주의 국가 간의 세계 재분할을 위한 제국주의 전쟁이었다. 승자들 중에서 지배적인 강자로 떠오른 것은 미국과 소련의 지배계급이었다. 제국주의 세계전쟁은 세계를 양극화하는 새로운 분할을 낳았다.

| 2차 세계대전 : 야만주의

나치 독일, 스탈린 러시아, 군국주의 일본은 세 가지 공통점을 갖고 있었다. 노동운동이 약하거나 존재하지 않았다는 점, 권위적인 경찰국가라는 점, 원시적이고 야만적인 방법으로 전쟁을 수행한다는 점이었다. 세 가지는 서로 연관되어 있다. 강력한 노동계급은 민주주의의 기반이다. 원자화된 노동계급은 독재의 전제조건이다. 1930년대 혁명운동의 패배는 국수주의, 인종주의, 군사주의의 지배를 초래했다. 그것은 야만주의로의 몰락을 의미한다.

반유대주의는 나치즘에 이데올로기적인 틀을 제공했다. 월스트리트와 모스크바를 연결하는 '국제적인 유대인 음모론'이 그것이다. 노동계급을 두려워하는 중산층의 비합리성이 여지없이 드러난 셈이다.

반슬라브 인종차별주의가 제국의 새로운 전쟁을 정당화하는 도구로 등장하면서 천년 묵은 인종주의 신화가 또 다시 고개를 들었다. 동유럽의 하등인간^{Untermenschen} 즉, 폴란드와 러시아인들은 중세 게르만 혈통을 이어받은 아리안 출신의 지배자 민족이 살아갈 생활권^{Lebensraum}을 만들어주기 위해 노예가 되거나 인종청소가 이뤄져야 한다는 음모였다. 나치 인종차별주의와 독일 제국주의가 결합하면서 독일은 폴란드를 침공하고 러시아를 점령했을 때 대규모 인종 학살을 자행했다. 인종 학살은 전쟁이 지속되면서 더 거세졌다. 특히 유대인들이 희생양이 되었다.

약 600만 명의 폴란드인이 죽임을 당했다. 폴란드 전체 인구의 16 퍼센트나 되는 숫자다. 이중 절반은 유대인이었다. 이들은 게토로 강제 이주된 뒤 1942년부터 처형 캠프 건물로 옮겨졌다. 아우슈비츠 비르케나우^{Auschwitz-Birkenau}는 이런 캠프 중 가장 큰 규모의 건물이었다. 사람들을 가장 빠른 시간 안에 가장 많이 죽이기 위한 목적으로 세워진 산업단지였다. 300만 명이 이 캠프에서 죽었다. 이들 중 250만 명은 가스실에서, 나머지는 굶주림이나 병으로 죽었다.

나치는 총 600만 명의 유대인과 600만 명의 타 인종들을 죽였다. 이외에도 수백만 명이 기근이나 학대, 총격으로 죽었다. 동부전선에서는 2700만 명의 러시아인이 희생됐다. 전체 인구의 16퍼센트였다. 이들의 대다수는 전쟁 포로이거나 점령지의 민간인들이었다.

스탈린은 마치 짐승처럼 전쟁을 치렀다. 그는 인종적 대학살을 지시하거나 학살 공장을 짓지는 않았다. 하지만 그는 군대를 정복의 도구로 이용했고, 노동자 수백만 명을 노예처럼 부려먹었고, 히틀러의 게슈타포처럼 경찰 테러를 무자비하게 자행했다.

1918년 볼셰비키는 독일 참호에 전단지를 돌렸다. 독일 군인들에

유대인 학살 캠프 중 가장 규모가 컸던 아우슈비츠 비르케나우.

게 총부리를 장교에게로 돌리고 세계혁명에 동참하라고 호소했다. 1941년 스탈린은 히틀러에 대한 전쟁을 '위대한 애국주의 전쟁'이라 부르고, 19세기 전제 군주 차르 치하의 장군의 업적을 찬양했다.

소련 군대가 1944년 독일 영토로 들어가면서, 소련은 국가가 승인한 무차별 살인, 강간, 파괴 등의 폭거를 자행했다. 약 200만 명으로 추정되는 여성들이 강간을 당했다. 그 테러가 너무나 끔찍해 민간인 1400만 명이 고향땅을 떠나 서쪽으로 이주했는데 이는 역사상 가장 큰 이주였다.

일본의 중국 점령 역시 나치의 폴란드 점령이나 스탈린의 동부 독일 점령과 마찬가지로 살인적이었다. 최소한 1500만 명의 중국인들이 2차 대전 중에 죽었다. 성노예로 이용된 젊은 여성들도 있었고 생체의학 실험과 생체무기 실험에 희생된 죄수들, 그리고 인간 가축으로 일본 군인들에게 먹혔던 지역 주민들도 있었다.

야만주의는 전체주의 정권에만 한정되지 않았다. 민주주의 국가들 역시 원주민 지배에 몰두한 제국주의 국가들이었다. 인도에서의 영국, 인도차이나에서의 프랑스, 그리고 필리핀에서의 미국이 그랬다.

'민주주의'는 또한 끔찍한 전쟁범죄도 저질렀다. 영국과 미국 공군은 아무런 군사적 목적 없이도 종종 독일 도시들에 융단폭격을 가했다. 1943년 7월 27일 함부르크의 폭격은 어마어마한 불기둥을 만들어내며 민가를 폭발시켰다. 지하실에 숨은 사람들은 질식하거나 산 채로 불에 탔다. 포장도로가 끓어올라 도망가던 사람들이 마치 끈끈이에 붙은 파리처럼 도로에 붙어버렸다. 머리카락에 불이 붙고 눈동자가 녹고 살이 새카맣게 탔다. 런던 공습 8개월 동안의 전체 사망자보다 두 배나 많은 사람들이 하룻밤의 공습으로 죽었다. 사망자 대부분은 민간인이었다.

영국 공군RAF의 사령관 아서 해리스는 보복전과 폭탄 테러를 뻔뻔하게 옹호했다. 그의 목표는 독일의 모든 주요 도시를 파괴하는 것이었다. 영국 공군의 야간 공습은 100대의 비행기를 동원해 독일 민간인 60만 명을 죽였고 64개 도시에서 340만 가구를 파괴했다.

그러나 이 모든 것은 일본의 히로시마와 나가사키의 운명에 비하면 덜 끔찍하다고도 할 수 있다. 1945년 8월 6일 미국 B29 폭격기 에놀라 게이는 '리틀 보이'라는 별명을 붙인 원자 폭탄을 히로시마에 투하했다.

폭발 첫날 적어도 4만5000명이 죽고 비슷한 수의 사람들이 이후 상해와 질병으로 천천히 고통 속에서 죽어갔다. 사흘 후 또 다른 폭탄 '팻맨fat men'을 나가사키에 떨어뜨렸다. 투하 당일 최소 3만 명이 죽었고 비슷한 수가 이후에 또 죽었다.

두 도시 모두 군사적 의미가 있는 곳은 아니었다. 전쟁도 거의 끝난 상황이었다. 그 무기가 존재한다는 것을 과시하기만 했어도 일본의 항복을 받아냈을 것이다. 하지만 미국 정부는 새로 발굴한 무기를 선보이고 싶었고 그것을 통해 전 세계적인 지배력을 선언하고 싶어 했다. 미국은 또한 살아있는 목표물에 원자폭탄을 테스트하고 싶었다. 히로시마와 나가사키의 주민들은 어떤 의미에서는 냉전이 시작되기 직전의 첫 번째 희생자였다.

2차 대전의 제국주의적 특징은 세계의 민중을 산업화된 소모전과 대량 학살의 전쟁 속으로 몰아넣었다. 이 끔직한 전쟁의 뿌리는

1917~23에 패했던 위대한 혁명이었다.

1차 대전 후 인류는 선택의 기로에 서있었다. 사회주의 혁명에 성공하느냐 아니면 실업, 파시즘 그리고 전쟁이냐 하는 것이었다. 그러나 사회주의 혁명 조직과 리더십은 실패로 끝났다. 그 실패의 대가는 전쟁이 완전히 종결되고 나서까지 치러야 했다. 두 번의 세계대전 기간 동안 유럽지역에서는 노동계급 운동이 붕괴되어 1917년 같은 혁명이 일어날 수 없었기 때문이다. 그 대신에 전쟁이 치러졌고 이후 나치가 최악의 폭력을 이끌었다.

히틀러가 베를린 벙커에 숨어서, 존재하지도 않는 군대에 "목숨을 걸고 싸우라"는 불가능한 명령을 내리고 유대인, 볼셰비키, 반역자들을 대상으로 광란을 벌이는 동안, 그의 비밀경찰은 러시아 군대와 싸울 청소년과 노인을 징집하고 탈영병 무리를 처형했다.

스탈린주의 테러 역시 1944~5년에 정점에 달했다. 약 300만 명의 전쟁 반환 포로들이 항복 또는 이적행위 혐의로 기소되어 강제노동수용소로 보내졌다. 13만5000명의 군인들은 반혁명 범죄로 체포되었다. 1945년 이후 벌어진 전후의 세계 분할에 대한 도전은 대부분 성공하지 못했다.

2차 세계대전 : 레지스탕스

독일, 이탈리아, 일본 등 추축국樞軸國들이 2차 대전을 벌이며 점점 더 잔인한 모습을 보이자, 그에 대한 반발 역시 점점 거세졌다. 일본이 중국을 1937년 침공했을 때 그들은 손쉽게 중국을 정복할 줄 알았다. 하지만 일본의 야만성에 중국은 민족주의자와 공산주의자 양 진영이 격렬한 저항운동을 벌였다. 일본은 따라서 전쟁이 끝날 때까지 약 65만 군대를 중국에 주둔시킬 수밖에 없었다.

독일 역시 점령지 유럽 국가에 주둔시켰던 경찰로도 모자라 거대한 군대를 배치해 점령지 반발을 억눌러야 했다. 심지어 전쟁의 막바지에 베를린이 공격을 받고 있을 때도 히틀러는 여전히 노르웨이에 40만 명의 군대를 유지시켜야 했다.

점령국들은 대부분 자국 스스로의 힘으로 해방을 이뤘다. 유고슬라비아는 연합군에 의해 해방된 것이 아니라 자국의 파르티잔, 즉 공산주의자들이 이끄는 대중운동의 힘으로 해방됐다. 파르티잔의 지도자는 요시프 브로즈(티토)였다. 이들은 독일을 몰아내고, 자국 내의 파시스트연합 크로아티안 우스타세^{Croat Ustaše}를 격파했으며, 체트니크^{Chetnik} 왕당파 운동[80]을 무력화시켰다. 파르티잔은 진정한 다민족 대중운동이었다. 전쟁이 끝날 무렵에는 거의 약 100만 명의 유고인들이 적극적으로 참여했다. 이는 티토가 독립적인 태도를 취할 수 있게 해주는 기반이 되었다. 이후 냉전 기간 동안에도 유고슬라비아는 서유럽 혹은 동유럽 어느 쪽의 편에도 서지 않았다.

폴란드 또한 강력한 저항운동을 했다. 폴란드의 자국 군대는 최고 40만 명에 달했다. 소비에트 군대가 바르샤바에 도착했을 때 라디

---

80 제2차 세계대전 중 유고슬라비아 망명정부의 전쟁 장관이었던 미하일로비치가 세르비아 건설을 위해 조직한 군사조직.

2차 대전 당시 각국에서 활동한 레지스탕스의 활약으로 독일군의 패배는 앞당겨졌다.

오 모스크바 방송은 "행동의 시간이 왔다"고 선언했고 폴란드 사람들에게 독일에 맞서서 투쟁하라고 촉구했다. 약 5만 명의 폴란드 사람들이 이에 응했다. 투쟁에 참여한 사람 중에는 숨어 지내던 공산주의자와 유대인도 있었다. 바르샤바의 중심지가 점령되었다. 유대인 게토 지역에 설치됐던 집단수용소가 해방되었다. 무기가 탈취되었고 즉석 무기 판매숍이 열렸으며 군매점과 병원이 세워졌다.

그러나 그때 스탈린은 소비에트의 전진을 중단시켰다. 견제받지 않은 나치는 전력을 집중해 폴란드의 저항을 진압할 수 있었다. 두 달 동안 나치의 반격으로 도시는 폭격을 당한 뒤 항복했다. 징벌적인 테러가 뒤를 이었다. 부상당한 병사들이 누워있던 침대를 화염방사기로 공격해 산 채로 불에 태워 죽였다. 간호사들이 강간당했고, 채찍에 맞아 살해당했다. 폴란드 어린이들은 재미로 쏜 총에 맞아 죽어갔다. 구도심에서만 최소 3만 명이 죽었다. 폴란드인들의 저항은 처참한 최후를 맞았다.

나치가 폴란드인들에게 교수형을 집행했다면, 스탈린주의자들은 교수대를 세운 셈이었다. 소비에트 연합은 정복전쟁을 벌인 제국주의 국가였다. 그들은 자신들이 옹립하려는 괴뢰정권에 맞서는 어떤 폴란드 세력도 원치 않았다. 따라서 소비에트 연합은 적극적으로 반혁명적인 태도를 취했다. 스탈린의 동유럽에서의 정책은 영국과 미국이 서유럽에서 펼친 방식과 똑같았다. 그러나 스탈린은 훨씬 단호했다.

2차 세계대전을 통해 영국과 프랑스의 지배계급이 심각하게 갈라져 있는 상황이 드러났다. 그들은 사회주의 혁명의 공포와 독일 제국주의의 공포 사이에서 입장을 달리했다. 처칠은 유화정책에 반대했다. 혁명의 위협은 사그라지는 반면 나치의 위협은 커지고 있다고 판단했기 때문이었다. 그의 목표는 영국 제국을 수호하고 거대 기업과 부자들을 위해 세계를 안전하게 지키는 것이었다. 이를 위해선 영국과 식민지 양쪽에서 혁명적인 운동을 무너뜨려야 했다.

전쟁 중 회담에서 3국이 동의한 협정은 유럽을 세력권[81]별로 분할하는 것이었다. 스탈린은 동쪽에서 권리를 부여받았고 처칠과 루즈벨트는 서쪽에서 자유재량을 갖게 됐다. 영국과 미국은 프랑스, 이탈리아, 그리스 세 국가의 주요한 도전에 직면했다.

1940년 5~6월의 군사적 패배에 뒤이어 프랑스 지배계급은 영구적으로 분열되었다. 친독일파인 페탱 장군의 비시Vichy 정권이 남프랑스에 있었고 다른 한 쪽은 영국에 망명해 있던 샤를 드골이 이끄는 민족주의 진영이었다. 드골 진영은 미국의 도움을 받으며 자유 프랑스군을 조직하고 있었다.

자유 프랑스위원회는 북아프리카와 북서 유럽의 연합군 전쟁에 참가했다. 그러나 공산주의자들이 이끄는 프랑스 지하 레지스탕스는 훨씬 더 강력해지고 있었다. 1944년 6~11월 프랑스 해방의 기간 동안 노동자들은 파업에 들어갔고 레지스탕스는 지역의 독일군을 패퇴시키고 국민 해방위원회와 부역자 재판소를 세웠다.

하지만 모스크바로 망명 가있던 공산당 지도자 모리스 토레즈는 파리로 돌아온 뒤 '하나의 국가, 하나의 군대, 하나의 경찰'을 슬로건으로 내세우며 노동자계급에게 스스로 드골주의자가 될 것을 촉

---

81 한 나라의 정치적·경제적 영향력이 미치는 다른 나라의 영토

구했다.

이탈리아에서는 무솔리니가 파시스트 평의회의 의결로 1943년 당수에서 물러나게 되었다. 보수적 장군인 바도글리오 원수가 새 정부를 구성해 연합군과 휴전협정을 맺었다. 그러나 독일은 이탈리아에 군대를 보내 무솔리니를 괴뢰 파시스트 정권의 우두머리로 복권시켰다. 나치의 점령으로 인해 공산당 주도의 반란이 일어났다. 폭동에 참가하는 숫자가 급격히 불어나 1943년 후반에는 비 도시 지역에서 1만 명의 무장 파르티잔이 참가했고 전쟁이 끝날 무렵에는 그 숫자가 10만 명 이상 됐다.

도시에서도 지하 저항단체가 만들어졌고 수십만의 노동자들이 파업에 들어갔다. 북부 산업도시 세 곳 제노바, 토리노, 밀라노는 무장 반란을 통해 1945년 해방되었다. 공산당 세력은 5000명에서 40만 명으로 늘어났다.

하지만 이탈리아 공산당 지도자 팔미로 토글리아티는 망명지 러시아로부터 돌아와 공산당이 바도글리오 정부에 합류할 것이라고 발표했다. 파르티잔은 무기를 반납해야 했고 노동자들은 일터로 돌아가야 했다.

그리스에서도 나치에 저항하는 게릴라 반란이 급증했다. 1944년 말 독일군이 철수하자 그리스는 공산주의자 중심의 저항세력 인민해방전선EAM-ELAS이 사실상 장악하게 됐다. 프랑스와 이탈리아의 공산당은 스탈린의 명령에 복종해 무장을 해제했다. 그리스 공산당도 마찬가지였다. 공산당원들은 '질서를 강화하기 위한 최우선적 국민 의무'라고 설명하면서, 당원과 지지자들에게 '국가연합정부'를 지지해 달라고 촉구했다.

　그러나 처칠은 군주제를 복원하고 좌파를 처치하기 위해 무력을 사용하기로 했다. "현지 반란이 일어나는 곳에서는 정복당한 도시에 있는 것처럼 행동하라." 처칠은 현지에 있는 영국 사령관에게 이렇게 지시했다. 그 결과 영국의 지원을 받은 내전이 시작돼 저항운동의 주역이며 나치로부터 조국 그리스를 해방시켰던 인민해방전선을 무너뜨렸다. 스탈린 역시 서구 지도자들의 결정을 지지했다. 그는 처칠에게 "그리스에 대한 영국의 정책에 대해 전적으로 지지한다"고 말했다.

　나치 점령 치하의 유럽 국가 대부분은 2차 대전의 마지막 두 해 동안 각국의 레지스탕스 조직에 의해 해방되었다. 나치 권력이 무너져 가면서 이들 조직은 작은 지하조직에서 벗어나 수백만 명의 사람들이 참가하는 대중운동으로 진화해나갔다. 이들 대부분이 공산주의자들이 주도한 것이었다.

　그러나 유럽 사회에서 철저한 혁명적 변화가 일어날 가능성은 처음부터 없었다. 파시스트와 친나치파였던 구지배계급들이 자국과 식민지에서 권력을 다시 잡았다. 서유럽이나 동유럽 할 것 없이 반혁명의 주요 동인은 스탈린주의였다. 그 이유는 동유럽에서는 소비에트 군대가 힘으로 독립적인 정치세력들을 분쇄했고, 서유럽에서는 수백만 노동자들이 모스크바의 명령을 받는 공산당에 리더십을 기대했기 때문이다.

냉전

'세계를 뒤바꾼 버섯구름.'

역사학자 맥스 헤이스팅스는 히로시마에 투하된 원자폭탄을 이렇게 묘사했다. 원자폭탄은 전례를 찾아보기 힘든 상처를 낳았다.

> 기병대의 말은 거죽이 벗겨진 채 벌건 살을 드러낸 채 서있었고, 사람들의 옷 조각들이 살갗에 눌러 붙어 있었다. 얼굴 피부가 벗겨져내려 덜렁거리는 모습을 한 소녀들, 죽음을 눈앞에 둔 사람들, 끔찍하게 타버린 사람들, 의료진의 도움을 받을 희망조차 가질 수 없는 사람들, 숯처럼 까맣게 타서 오그라든 시체들 더미.

폭탄의 위력은 TNT 1만2500개와 맞먹었다. 지상 온도는 4000도까지 치솟았다. 도시 빌딩 90퍼센트 이상이 폭발이나 화재로 파괴되었다. 히로시마 인구의 약 25퍼센트가 즉사했다. 비슷한 수의 사람들이 피폭의 상처로 서서히 죽어갔다.

이런 무기의 광기와 공포에도 불구하고 1952년 미국은 히로시마에 투하했던 원자폭탄보다 100배 더 강력한 수소폭탄을 시험했다. 소련도 핵무기 경쟁에서는 미국에 뒤처지지 않았다. 1949년에 소련은 최초의 원자폭탄을, 1955년에는 첫 번째 수소폭탄을 시험했다.

군비 지출액은 전쟁 기간이 아니었는데도 전례 없는 수준으로 치솟았다. 미국은 GDP의 20퍼센트를, 소련은 40퍼센트를 군비에 쏟아 부었다. 1960년대 후반 미-소 양쪽이 배치한 무기의 파괴력을

나가사키 원폭 폭파(왼쪽) 장면과 히로시마 폐허 모습.

합하면 히로시마 원자폭탄의 100만 배에 가까울 정도였다. 미국과 소련의 지배자들은 인류문명을 몇 번이라도 파괴할 수 있는 능력을 갖게 되었다.

'상호확증파괴^{MAD}전략'[82]이란 용어는 두 제국주의 진영 사이의 공격 균형을 일컫는 말이다. 각각이 보유한 핵무기가 전면적인 전쟁을 억지하는 역할을 했다. 하지만 상호 의심과 경쟁심 때문에 전쟁은 그리 멀지 않은 곳에 존재했다. 1962년 쿠바 미사일 위기 때 전쟁이 벌어질 뻔하기도 했다.

소련은 비밀리에 미국에서 가장 가까운 쿠바에 핵미사일을 설치했다. 미국은 즉각 이를 철수하라고 요구하며 핵전쟁을 준비했다. 미국은 대륙간 탄도미사일과, 잠수함 발사 미사일, 공중폭격기를 배치하며 경계태세에 들어갔다. 10만 명의 공격군도 편성했다.

"우리는 만약 소련이 쿠바를 놓고 핵전쟁을 벌인다면 우리 또한 6개월 뒤에 공격할 것이라는 데 모두 동의했다."

당시 미국 법무장관 로버트 케네디의 회고다. 핵이라는 힘을 가진 몇몇 통치자의 명령 한 마디면 전세계가 멸망할지도 모르는 일이었다. 온 인류를 이런 위험 속에 몰아넣는 극단적 광기를 전세계는 2주 동안 숨죽인 채 지켜봐야했다.

결국 양국 간의 전면전으로 연결되지는 않았다. 그러나 두 제국의 주변국가에서는 수많은 대리전이 치러져야 했다. 그 첫 번째 전쟁은 2차 대전이 끝난 지 5년도 채 되지 않아 한국에서 벌어졌다.

---

82 적국의 핵무기 선제공격을 단념시키기 위한 것으로, 적이 핵공격을 가할 경우 남아 있는 핵전력으로 상대편을 전멸시킨다는 보복전략.

한국은 1945년 위도 38도선을 경계로 미국과 소련의 점령지역으로 남북이 갈라졌다. 냉전이 심화되면서 분단은 고착화되었고 남북은 1948년 두 개의 공화국을 각각 세웠다. 이어 1950년부터 3년간 전쟁이 벌어져 소련과 미국이 합세했다. 소련의 지원을 받은 중국이 북한 쪽을, 미국과 기타 연합군들이 남한 쪽을 지원했다. 중국과 미국 등 총 200만 명의 참전 군인들이 희생됐다. 남한 인구의 절반은 집을 잃었다. 남북한 모두 경제적으로 엄청난 타격을 입었다.

그럼에도 전쟁은 원래 있던 38선을 경계로 휴전상태에서 끝나버렸다. 공식적인 평화협정도 없었다. 남북의 갈등은 반세기가 넘도록 고착된 상태로 남아 있다. 철조망, 상호 감시탑, 그리고 의례화된 군사 대결이 벌어지곤 하는 휴전선만을 남긴 채. 한국 전쟁은 완전히 무의미한 것이었다.

이런 지속적인 군사 대결 뒤에는 무엇이 있었을까? 2차 세계대전은 미-소 초강대국을 중심으로 전세계를 양분해놓았다. 전쟁이 끝났을 때 양국은 전세계의 '영향권Sphere of Influence'을 실질적으로 지배한 상태였다. 각각의 영향권 안에서 양국은 경제적으로 지배적인 지위를 차지했다. 두 영향권은 서로 독립적이었다. 자급적인 제국주의 블록을 형성한 것이다.

스탈린은 처음에는 동유럽 국가에 공산주의자뿐만 아니라 민족주의자, 자유주의자, 사회민주주의자를 포괄하는 정부를 세웠다. 하지만 소련의 통제가 강화되면서 비공산주의자들은 강제로 쫓겨나야 했다. 1948년에는 친소련 스탈린주의 독재정권이 동유럽 전역에 세워졌다. 주요 산업시설들이 국유화됐고 정부 주도의 계획이 도입됐다. 러시아에서 시작된 국가자본주의 경제개발 모델이 동유럽 전역에 가동됐다. 이는 제국주의 틀 안에서 진행됐다. 동독, 폴란드, 체코슬로바키아, 헝가리, 루마니아, 불가리아 등은 소련의 경제에 종속되었다. 토니 클리프는 〈러시아의 국가자본주의〉라는 저명한 저작에서 이렇게 밝혔다.

> 전통적인 제국주의 국가들은 식민지 국가를 세 가지 방법으로 착취했다. 낮은 가격으로 식민지 상품 사들이기, 그들에게 모국의 상품을 높은 가격으로 팔기, 기업을 세워 '모국의 자본가들이 소유하게 하고 식민지 주민들을 노동자로 고용하기. 소련의 국가자본주의는 이 세 가지 방식을 똑같이 식민지에 적용시켜 착취했다.

소련은 경제적으로 여전히 뒤처져 있었다. 따라서 지배자는 제국주의적인 폐쇄시장을 창출하려는 목표를 세웠다. 반대로 미국은 세계에서 가장 앞선 경제 국가였다. 전 세계 생산의 50퍼센트를 차지하며 세계시장을 지배했다. 미국은 당연히 공개시장을 원했다. 즉 유럽의 옛 식민지 제국들을 파괴하고, 새 제국인 소련의 범위를 제한하고 싶어 했다. 이를 쟁취하기 위한 최우선 정책이 마셜 플랜 Marshall Plan(1948~1952)이었다. 미국이 관대한 조건으로 유럽 국가들에게 재건 비용을 원조해주는 계획이었다. 그러면서 자유무역을 촉진하고 공산주의를 배척했다. 마셜 플랜을 추진했던 미국의 경제학자는 훗날 "스탈린이 아직 장악하지 못한 서유럽 지역 국가들을 강화하기 위한 것이었다"고 말했다.

"철의 장막이 유럽 대륙에 드리워졌다."

처칠이 1946년 3월 미국 대중에게 이렇게 연설했다. 맞는 말이었다. '철의 장막'은 1945년과 1989년 사이의 긴 냉전 동안 세계를 경제적으로, 정치적으로, 이데올로기적으로 갈라놓았다.

동유럽에서는 반체제 인사를 '제국주의 앞잡이'나 '파시스트'로 몰아세우며 강제수용소로 보냈다. 서유럽에서는 공산주의자들을 블랙리스트에 올려 "러시아로 돌아가라"고 압박했다. 일부 영국 노조는 공산주의자들이 사무실을 얻지 못하도록 했다.

미국 상원의원 조 매카시의 반미활동조사위원회가 '공산주의 동조자'를 대상으로 조직적인 마녀사냥에 착수했다. 급진파들은 종류를 가리지 않고 해임시키거나 일을 못하게 만들었다. 몇몇 사람들은 스스로 목숨을 끊기도 했다. 줄리어스와 에델 로젠버그는 러시아에 원자폭탄의 비밀을 전해주었다는 혐의로 처형되기도 했다.

자국의 체제를 반대하는 사람들은 종종 반대편의 제국주의 세력과 동질감을 느끼는 실수를 범하곤 한다. 동유럽에서는 반스탈린주의자들이 서구의 자본주의식 민주주의를 이상화했다. 서유럽에 있던 공산주의자들은 러시아를 계속 사회주의의 모국으로 여기고 있었다. 동구권은 국가자본주의로 착취당했고 서유럽 역시 시장자본주의로 착취당하고 있는데도 사람들은 동서 할 것 없이 냉전 이데올로기와 공산주의-자본주의 체제 간의 잘못된 이분법 때문에 헷갈려했다.

어떤 활동가들은 그러나 서구의 민주주의나 동구의 공산주의 어느 쪽도 인류를 위한 진정한 대안이 될 수 없다고 믿는다. 어떤 사람들은 훨씬 더 급진적인 혁명, 민중의 힘, 이윤이나 전쟁을 필요로 하지 않는 평등주의 사회를 계속 추구하기도 한다. 대중 투쟁이 착취나 억압, 냉전 상대국의 폭력에 맞서 분출했을 때 이 같은 활동가들은 아래로부터의 투쟁이라는 오래된 전통을 신봉하는 사람들로 이뤄진 새로운 대중세력과 다시 연결된다.

대호황

자본주의는 비합리적이고 역기능적인 체제다. 위기는 결코 멀리 있지 않다. 호황과 불황은 번갈아 오간다.

19세기 말의 긴 불황은 제국주의, 재무장, 세계대전으로 끝이 났다. 1920년대 체제의 침체는 투기 거품을 일으켜 자본을 산업이 아니라 은행으로 흘러들어가게 만들었다. 거품이 1929년에 터졌을 때 자본주의 시스템은 대공황으로 곤두박질쳤다. 이 체제는 다시 한 번 경기 침체를 끝내기 위해 제국주의 재무장, 세계대전이 필요했다. 1948년부터 1973년까지 지속된 대호황 역시 이런 맥락에서 살펴봐야 한다.

성장률은 전례를 찾기 어려울 정도로 놀라운 수준이었다. 미국의 1970년대 경제 총생산량은 1940년대보다 세 배나 높았다. 독일의 산업 생산량은 1948년에서 1970년 사이에 다섯 배나 늘었고 프랑스의 경우 네 배 늘었다. 구식 산업은 신장됐고 새로운 산업이 생겨났으며, 거대한 공장에서 수백, 수천 혹은 수만 명의 노동자들을 고용했다. 특히 자동차 공장은, 대량 시장을 위한 조립 생산라인을 갖춤으로써 새로운 소비자 경제를 견인했다. 미국은 제조업 노동자만 7000만 명에 달했다.

선진 경제 국가에서는 실업률도 떨어졌다. 미국은 3퍼센트, 영국은 1.5퍼센트, 독일은 1퍼센트였다. 새로운 노동자들은 직장으로 빨려 들어갔다. 미국 흑인들은 남부의 농장에서 북부의 공장으로 이동했다. 이탈리아 농민들은 시실리의 가난한 농장을 떠나 토리노와 밀라노에서 일자리를 잡았다. 터키인들은 쾰른의 자동차 공장에서, 알제리인들은 파리의 호텔에서, 펀자브 사람들은 영국 직물공장에 취직했다.

노동력의 수요가 워낙 높았기 때문에 여성들도 전례 없는 수의 사람들이 일터로 향했다. 1950년대만 해도 영국 기혼 여성 5명 중 1명 정도가 일을 했다. 이후 비율은 꾸준히 늘어 1970년에는 5명 중 2명, 2000년에는 5명 중 3명이 됐다. 임금이 오르며 생활수준도 상승했다. 노동계급 가족들이 진공청소기, 세탁기, 냉장고, TV, 중고차를 사들였다.

국가에서는 '요람에서 무덤까지'라는 구호를 내세우며 복지 시스템을 만들었다. 정부는 공공부문 일자리, 공공 임대주택, 국립병원, 학교 같은 공공영역에 주로 많은 투자를 했고, 가난한 사람들을 위한 혜택을 늘렸다.

청년문화도 새로 생겨났다. 처음으로 젊은 사람들이 충분히 독립적인 삶, 수입, 일로부터의 자유를 10대 때부터 얻었고 그들 나름의 패션, 음악, 정체성을 키울 수 있었기 때문이다.

높은 성장률로 생활수준은 빠르게 향상되었다. 가끔씩 비즈니스 사이클이 저하되기도 했지만 거의 눈에 띄지 않을 정도로 경미한 것이었다. 때문에 대부분의 사람들은 자본주의가 체제의 문제를 해결했다고 생각했으며 영구적으로 계속되는 번영을 모두에게 안겨줄 거라 믿었다. 사회민주주의 정치가 토니 크로슬랜드는 〈사회주의의 미래^{The Future of Socialism}〉(1956)에서 당시의 분위기를 이렇게 묘사했다.

> 완전고용 복지국가…는 초기 사회주의 개척자들에게는 파라다이스처럼 보였을 것이다. 가난과 불안은 사라지고 있었다. 생활수준은 빠르게 높아지고 있었고 실업의 공포는 점점 엷어졌다. 또 평범한 청년 노동자들은 그런 것들이 그의 아버지의 머리에 떠오르지 않게 되기를 바랐다. 영국은 엄청난 대량 풍요의 문턱에 서있다.

학자들은 이런 '대량 풍요'의 새로운 시대를 지적인 용어로 표현했다. 사회학자들은 '풍요로운 노동자^{affluent worker}'들의 '부르주아지화^{embourgeoisement}'라고 불렀다. 풍요로운 노동자들이란 편안하고 안전하고 만족을 느끼는, 따라서 더 이상 계급정치에 관심이 없고 라이프 스타일에만 관심을 갖는 노동자계급을 말한다.

또 다른 학자들은 응집과 합의를 강조한 사회 모델을 구축했다. 또 다른 학자들은 '이데올로기의 종언'을 주장하기도 했다. 테크노크라트와 사회공학의 시대에는 이데올로기가 전혀 상관없다는 의미였다.

과거에도 이처럼 낙관적인 시대가 있었다. 이전의 호황 즉 1848~1873년, 1896~1914년의 호황 때 역시 새로운 사회가 영원히 부를 늘려 나갈 것이라는 낙관적인 예언들로 가득 찼었다. 크로슬랜드의 수정주의적 시각은 1차 대전 직전의 사회민주주의 학자 에두아르트 베른슈타인의 이론과 비슷했다.

그러나 자본주의의 모순은 소멸된 것이 아니었다. 호황은 불안정한 기반 위에 있었고 장기적으로 봤을 때 지속가능하지 못한 것이었다. 사실, 호황은 세 가지의 요소의 산물이었다. 세 가지 모두 2차 대전에 뿌리를 내리고 있는 것들이다. 즉 군비 지출, 국가 관리, 노동계급의 투쟁이 그것이다.

1945년 이후 감축되긴 했지만 군비 지출은 냉전시대에도 아주 높은 상태로 계속됐다. 국가의 무기 계약은 거대 기업에게 판매와 이윤을 보장해주었다. 계약만 이뤄지면 무기 생산이나 연구개발에 투자하는 일은 위험 부담이 없었다. 무기 생산에서의 호황이 경제 전체를 자극한다는 '승수 효과'를 낳기도 했다. 무기 제조업자는 원재료를 구입하고 부품, 전력, 기타 서비스들은 다른 자본가들로부터 사들이게 되고 무기 산업의 노동자들은 자신들의 임금으로 더 다양한 범위의 상품들을 구매하기 때문이다. 더 나아가, 무기 생산은 소비적 지출이기 때문에, 잉여의 부를 시스템으로부터 새어나가게 만든다. 자본축적이 경제 과열 경향을 누그러뜨리면서 시장, 가격 ,이윤에 압박을 넣어 불황을 촉발시킨다.

두 번째 요소는 국가의 경제적 역할이 더욱 강화된 것이다. 무기를 사들이는 것 외에도 전후의 국가들은 주요 산업시설을 국유화했고 사회기반 시설들을 세웠으며, 정부 고용을 확대했다. 또한 수입을 보조금, 연금 그리고 병원이나 학교 등 공공서비스 같은 '사회적 임금'[83]의 형태로 재분배했다. 이 역시 자본가들을 위한 시장과 이윤을 제공하는 역할을 한다. 건설 회사는 공공주택을 짓고, 제약 회사는 공공의료시설을 위한 약품을 제공하며, 철도 차량 제작사는 국유화된 철도에 기차를 공급하게 된다. 여기서도 승수효과가 작동하는 것이다.

두 번째 요소와 세 번째 요소는 밀접한 연관이 있다. 세 번째 요소는 노동자들의 투쟁 즉 대공황과 전쟁으로 급진화된 노동자들의 투쟁이다. 지배계급은 1차 대전이 1917~1923년 혁명 의 물결 속에서 끝났다는 것을 알고 있다. 그들은 1, 2차 세계대전 사이 경제적 불황을 계기로 삼아 새로운 혁명이 급증했다는 점을 잘 알고 있었다. 1936년의 프랑스나 스페인의 경우가 그러했다. 유럽의 노동자들은 간전기間戰期의 실업수당 시대와 가난의 쓰디쓴 기억을 갖고 있다. 하지만 그 노동자들은 또한 1939~1945년의 전시경제에서 완전고용으로 힘을 얻게 된 노동자들이기도 했다. 이렇게 양면성을 가진 노동자들이 2차 대전으로부터 등장했다는 것을 지배계급은 잘 알고 있었다.

---

83 개인 임금 혹은 화폐임금은 노동에 대한 대가 즉 동등한 가치를 갖는 상품과 교환(노동력의 구매)하기 위해 자본가가 노동자에게 지불하는 것인데 비해, 사회적 임금은 전체 자본(혹은 국가)이 전체 노동에 지불하는 비용으로서 총자본(국가)과 전체 노동의 정치적 투쟁에 의해 결정된다. 흔히 국민연금, 실업수당, 건강보험급여, 보육지원금, 기초생활보장급여 등 국가가 개인에게 제공되는 복지 혜택을 모두 돈으로 환산해 더한 수치를 말하며, 이는 각종 세금과 부가가치세, 사회보험료를 비롯해 국가가 국민과 기업에서 거둔 돈을 현금이나 서비스로 국민에게 돌려주는 개념이다.

전후에 즉각적인 공산주의 위협은 뒤로 물러갔지만 좌파들의 계획과 복지에 대한 요구는 유럽 노동자계급에게서 보편적인 것이 되었다. 그 노동자들은 1930년대로 되돌아가선 안 된다는 생각을 갖고 있었다. 보수적인 관료이자 총리였던 쿠엔틴 호그는 그럴 경우에 대비해 영국의 국회에 개혁을 제안했다.

"대중에게 사회개혁을 주지 않으면 당신에게 사회혁명으로 돌아올 것이다."

전후의 마샬 원조는 이와 같은 동기를 갖고 있었다. 즉 사회적인 어려움을 감소시킴으로써 공산주의의 확산을 막자는 의도였다. 유럽 자본주의는 미국의 원조로 2차 대전 이후에도 살아남았다. 미국의 원조로 투자와 완전고용, 복지 시스템을 마련할 수 있었다.

'영구적인 무기경제'와 '복지국가 컨센서스'가 합쳐지면서 국가가 지원하는 호황이라는 경제적 효과를 낳았고, 이는 자본주의를 엄청나게 성장하게 해주었다. 그러나 그것은 영원할 수 없었다. 그것은 지속되지 않았다. 자본주의 체제의 모순은 일시적으로는 흡수되었지만 해결된 것은 아니었다. 1960년대 후반 서구 자본주의는, 우리가 앞으로 보듯 새로운 위기 국면으로 들어가고 있었다.

마오주의 중국

1949년 여름, 중국 공산당CCP은 인민해방군PLA의 선두에서 베이징으로 들어가 권력을 잡았다. 민족주의 지도자 장제스는 도피했고 그의 군대는 4년간의 내전 끝에 해체됐다. 마오 쩌둥은 공산당 지도자로서 '사회주의 혁명'과 '인민공화국'이라는 기초를 천명했다. 세계의 많은 나라들이 이를 받아들였고, 마오이즘은 1960년대와 1970년대의 활동가 세대에게 이데올로기적인 영감을 제공했다.

1949년의 사건은 두 말할 필요가 없는 진정한 혁명이었다. 수백만의 농민군이 지배계급을 전복시키고 서구 제국주의 권력을 타도했으며 새로운 사회 질서의 기반을 만들어냈다. 지주와 자본가를 대표하던 장제스의 군대는 부패했다. 군인들은 자신들이 지배하던 지역에서 농민들을 무자비하게 착취했다. 그리고 민족주의자들은 국가의 첫 번째 의무, 즉 외국에 맞서 나라의 영토를 수호하는 일에 실패했다.

2차 대전이 끝났을 때 민족주의자들은 공산당보다 강해 보였다. 그들은 더 많은 영토를 지배하며 관리하고 있었고 그들의 군대는 미국의 도움으로 군비도 갖추고 있었다. 하지만 민족주의 진영의 권위는 아주 허약했다.

반대로 공산당은 해방된 지역에서 사회적으로 잘 녹아들어 있었다. 인민해방군은 아주 잘 훈련되었고 농민들을 약탈하지 않았다. 중국 공산당은 지주가 부과하는 임대료를 제한했다. 공산주의자들은 군벌과 싸울 때나 민족주의자, 일본과 싸울 때도 한결같이 강력했다.

마오가 인민들의 신임을 얻을 수 있었던 이유는 그가 유능한 민족주의자이면서도 사회 개혁가이기 때문이었다. 공산주의자들은 제국주의에 맞서는 한편 농민들을 지지함으로써 중산층 계급의 지원을 끌어들일 수 있었다. 그들은 약탈적인 군인이나 지주, 관리들로부터 마을을 보호해 주었기 때문이다. 그 결과 수십만의 민족주의 군대가 중국 내전기간 동안 공산당 쪽으로 옮겨갔다.

그렇다고 해서 1949년의 움직임이 사회주의 혁명이었다는 뜻은 아니다. 또한 아래로부터의 혁명도 아니었다. 그것은 민주적으로 조직화된 노동자들의 대중운동이라고 할 수 없었으며 자발적인 행동으로 스스로 해방을 이끌어내는 노동자들의 대중운동과도 성격이 달랐다. 반대로, 중국 공산당은 사실상 도시 노동자 당원을 갖고 있지 않았다. 1926년 말 공산당원 3분의 2는 노동자였다. 1928년에는 10퍼센트로 주저앉았고 1930년엔 2퍼센트, 그 후에는 거의 0퍼센트가 되었다. 1949년 중국 공산당은 중산층 계급 지도자와 농민 추종자들로 이뤄진 당이었다.

그렇다면 어떻게 혁명이 전개된 것일까. 1927년 첫 번째 중국 혁명은 피로 물든 채 끝났다. 장제스의 민족주의자들은 5만 명의 상하이 노동자들을 학살하고 태동기의 중국 노동운동을 파괴했다.

마오와 1000명의 공산주의자들은 멀리 떨어진 산악 지대로 후퇴해 간신히 살아남았다. 그들은 게릴라 군처럼 움직이면서 천천히 '중국-소비에트 공화국'을 확장했다. 그러나 그 뒤로도 민족주의 진영의 군사 공격을 지속적으로 받았다.

소멸 위기에 처하자 1934년 10월 마오의 공산당은 그 유명한 대장정을 시작해 중국의 농촌 내부로 깊숙이 들어갔다. 그것은 인간

중국 공산당의 인민해방군은 '대장정'(아래)을 마무리한 뒤 베이징에 입성. "인민공화국"선
포를 하게 된다. 마이크 앞에 선 이가 마오쩌둥.

의 인내심으로 쓴 장엄한 서사시였다. 8만 명에서 9만 명의 인민들이 대장정에 동참했다. 그러나 대부분 도중에 죽었고 어떤 사람들은 새로운 '붉은 기지'를 만들기 위해 도중에 떠나기도 했다. 겨우 4000명 정도의 사람들이 1년간의 긴 여행을 완수했다. 그때쯤 마오는 이견이 없는 지도자였으며, 중국 공산당은 더 이상 도시의 노동계급 당이 아니었다. 중국의 가장 후미진 지역에서 재건된 중국 공산당은 주요 도시로부터 벗어나게 되면서 중산층 리더와 농민 게릴라 운동이라는 성격으로 바뀔 수밖에 없었다.

공산당 지도자들은 이기적인 정치인들이 아니었다. 그들은 자신들이 믿는 것을 위해서는 희생을 감수하는 혁명가들이었다. 그러나 혁명적인 노동계급의 운동이 없는 상태였기 때문에 그들은 사회주의 혁명가들은 아니었다. 공산당은 중산층 계급이 지배했고 농민 조합원들은 공산당에 민주적 지배를 행사하지 않았다. 인민해방군이 주요 도시로 진출했을 때, 이들은 성명을 발표했다

"노동자들과 상업에 종사하는 고용인들은 앞으로도 계속 일할 것이며 해당 사업 역시 다름없이 운영될 것이다."

그들은 또한 정부 관리와 경찰에게 원래의 자리를 유지하도록 했다. 그들의 권위에 도전할 도시혁명은 없어 보였다.

1949년 당시 중국은 세상에서 가장 가난한 나라 중 하나였다. 1928년 스탈린이 러시아에서 전권을 장악했을 때와 비교해 봐도 훨씬 뒤처져 있었다. 중국은 또한 제국주의의 위협도 받았다. 미국은 중국 민족주의자 쪽을 지지했다. 전세계는 냉전이 막 시작된 때였다. 마오의 승리는 미국 지도자들에게 충격으로 다가왔다. 그

뒤 인민해방군이 베이징으로 입성한 지 1년 만에 한국 전쟁이 발발했다.

중국 지도자들은 국가의 독립성을 지키기 위해 가능한 한 빨리 산업화와 군사화를 서둘렀다. 중국은 낮은 경제적 기반에서 시작했기 때문에 산업화를 추진한다는 것은 필요한 잉여를 생성하기 위해 높은 수준의 착취를 한다는 의미였다. 사유재산 자본주의를 단계적으로 이뤄내기에는 중국 경제의 기반이 너무 취약했고 외국의 자본주의는 적대적이었다. 국가자본주의만이 새로운 중국에서 급속한 경제 개발을 가능하게 할 수 있었다. 따라서 중국 공산당의 지도층은 민족주의 혁명에서 관료주의적 지배계급으로 변모해갔다

그들은 자본축적의 정치적 실체가 되어야만 했다. 1950년대 동안 국가의 생산량 약 15퍼센트가 중공업과 무기로 사용됐다. 반면 사람들의 생활수준은 거의 오르지 않았다.

튼튼한 기반 없이 집을 잘 짓기란 힘든 일이다. 중국 경제의 후진성 때문에 중국은 탄탄한 기반을 쌓는 데 많은 시간이 걸렸다. 지도자들은 산업과 군사력을 쌓는 지름길을 원했다. 그들은 기술과 사회기반시설이 부족했지만 풍부한 노동력을 갖고 있었다. 그들은 노동력으로 기반시설의 부족을 메울 수 있었다. 이것이 바로 그 재앙적인 대약진 운동(1958~61)의 기원이었다. 이 운동은 농업과 공업 부문에 극히 무리한 목표를 제시했다. 토지는 강제로 집단화되고 2만5000명에 이르는 농민들이 한꺼번에 '인민공사人民公社'라는 국영

농업기업으로 집단 조직화되었다. '토법고로土法高爐·Backyard steel furnace'[84] 가 인민공사에 설치되었다. 노동시간을 늘리고 작업장 근무규율을 강화하자는 대중운동도 시작됐다.

그러나 공장 관리자들은 생산량을 속이는 등 문제를 일으켰다. 설비 유지가 잘 되지 않아 기계는 고장나기 일쑤였다. 토법고로는 쓸만한 철을 만들어내지 못하고 원자재만 낭비했다. 노동자들이 긴 노동시간에 지쳐가면서 노동생산성은 떨어져갔다.

1961년에 기근이 중국 북부 지역을 강타했고, 절망한 농민들은 고향 마을을 떠났으며 무장 반란이 최소 두 곳에서 발생했다. 대약진 운동은 중국을 10년 뒤로 후퇴시켜 놓았다는 평가를 받았다. 마오는 이 정책을 추진한 뒤 중국 권부의 중심에서 밀려나게 됐다.

1966년 그는 문화대혁명을 시작하며 복권을 시도했다. 문화혁명은 인민 세력들을 동원했다. 특히 중국 청년들을 홍위병으로 조직해 관료층 내부에 있는 마오의 적들을 공격하는 데 활용했다. 지방 관리들과 지식인들을 '자본주의 추종세력' '반혁명 분자'로 몰아 세우며 그들을 '범죄자'로 몰아 인민재판에 세웠다. 마오를 둘러싼 개인숭배는 광신적으로 변해갔다. 인민들은 '마오 주석 어록Little Red

---

84 토법고로는 1958~1962년 대약진 운동 당시 중국인들이 사용한 홈메이드 용광로다. 이 작은 용광로는 각 인민공사의 뒤뜰마다 건설되었다. 인민들은 석탄부터 나무 관에 이르기까지 태울 수 있는 모든 형태의 물건을 태워 이 용광로를 돌렸다. 철광석을 구할 수 없었기 때문에 냄비, 프라이팬, 자전거 등 철로 된 물건은 무엇이든 손에 잡히는 대로 긁어모아 용광로에 쏟아부었다. 그렇게 해서 강철 거더를 만들어냈지만, 이렇게 만든 거더는 철이 순수하지 못하고 품질이 형편없어 쉽게 바스러졌기 때문에 쓸모가 없었다. 공산당 지도부는 몰랐지만, 그들이 만들어낸 것은 강철이 아니라 탄소덩어리 선철이었던 것이다. 이 물건은 대약진 운동 최대의 실패 중 하나로 거론되고 있다.

Book'을 마치 성경처럼 떠받들었다.

이처럼 통제할 수 없는 세력들이 온 사회를 휘저으면서 1년 만에 중국은 혼란 상태에 빠졌다. 교육 시스템은 사실상 폐쇄되었다. 도시에서는 무장 세력들이 각자 지지하는 장군들을 따르면서 분열했다. 노동자들은 파업에 들어갔고 국가 기구는 점점 마비되었다.

늘어만 가는 무질서를 제압하기 위해 인민해방군이 도입되었다. 구관리들은 그들의 자리로 복직했다. 도시 인구의 약 10퍼센트인 수백만 명이 시골 지역으로 보내졌다. 탄압은 치명적이었다. 광시 등 중국 남부 지역에서 10만 명의 사람들이 사망했고 오주의 도심 대부분이 파괴되었다.

그럼에도, 공산당은 1971년 이전까지는 전권을 회복하지 못했다. 그때 마오의 건강이 나빠지고 있었다. 1976년 마침내 그가 죽자, 중국 정치 지도자들 사이에 정권 투쟁이 치열하게 시작됐다. 4인방이 주도한 강경파 마오주의자들은 인기를 얻지 못하고 고립되었으며 급격히 다른 세력에게 압도되었다. 그들은 제거되었고 지배권은 덩 샤오핑이 이끄는 개혁주의자의 손으로 넘어갔다.

1978년 덩 샤오핑은 중국 경제를 변화시킬 야심찬 프로그램을 시작했다. 두 가지 주요 방향은 외국인 투자 및 기술에 중국을 개방하는 것, 그리고 시장의 힘을 지지하며 국가 통제를 줄여가는 것이었다. 마오의 국가자본주의는 중국의 후진성 때문에 발이 묶였다. 선전선동과 의지력 그리고 '사회주의 노동'을 통해 자본축적을 하려던 거대한 실험은 실패했다. 중국의 통치자들은 이제 신자유주의로 전환했다.

제국의 종말?

2차 세계대전은 제국주의 전쟁이었다. 승리한 세력들은 제국을 유지하기 위해 싸웠고, 전쟁이 끝났을 때는 그것을 지키기 위해 모든 노력을 다했다. 잃었던 식민지 권한을 복원하려는 경우도 있었다. 일본은 말레이시아로부터 영국을 몰아냈고, 베트남에서 프랑스가, 인도네시아에서 네덜란드가 쫓겨났다. 식민지는 모두 반환되었다.

하지만 많은 것이 바뀌었다. 유럽 국가들의 힘은 세계를 양분한 미국-소련 초강대국에 의해 가려졌다. 뿐만 아니라 유럽은 재정적으로도 무너진 자국 경제를 재건하기 위해 미국의 원조에 의존하게 되었다. 특히 영국의 경우가 그러했다. 영국은 6년 동안 세계대전에 참가한 뒤 1941년부터 미국의 재정과 군사 원조에 크게 의존하게 되었다.

동시에 식민지에서는 민족주의자들이 영국 통치에 점점 더 크게 저항했다. 저항이 커질 수 있었던 것은 원주민 부르주아지와 중산층들의 부가 확대됐으며, 도시 노동자 계층의 규모 역시 커졌고, 정치 노조와 상업 노조 조직이 강화됐기 때문이었다. 전쟁 기간 중 급진적 분위기는 확대되었고, 반식민지 투쟁이 성공적으로 벌어진 데 따른 것이다.

인도에서 영국 통치는 이전에도 민족주의적 저항을 세 번이나 받았다. 1920년대 초반, 1930년대 초반, 1940년대 초반 세 번에 걸쳐 이런 움직임이 일어났었다. 특히 1942년 '인도를 떠나라!'^{Quit India} **85**는 운동은 특히 큰 영향력을 발휘했다. 이 운동은 3억2500만 인도인을 대표해 전쟁을 선포하면서 영국 정부에 도전장을 던졌다. 영국은 엄청난 폭력으로 진압에 성공했지만 이 사건들을 통해 영국의 통치자들은 현실을 다시 보게 됐다. 영국 총독 아치볼트 웨이벌 장군은 1943년 처칠에게 "전후에 인도를 식민지로 유지하는 데 필요한 억지력은 영국의 능력으로 감당할 수 없다"고 보고했다.

2대 대전 후 제국주의의 과도한 확장은 세 가지 결과를 가져왔다. 억압, 분할 통치, 그리고 제국을 대리한 괴뢰 통치자 지원 등이었다. 억압은 전면적인 식민지 전쟁들을 촉발시켰다. 프랑스는 베트남과 장기전쟁에서(1946~54)에서 50만 명의 인원을 희생해야 했다. 그리고 알제리와의 전쟁(1954~62)에서도 약 100만 명을 희생시켰다. 영국은 말레이시아(1948~60), 케냐(1952~6), 키프로스(1955~9), 아덴(1963~7)에서 각각 식민지 전쟁을 치렀다. 이 '더러운 전쟁'에서는 학살과 고문과 강제수용소 수용이 난무했다.

제국주의 국가들은 민족주의 게릴라들과 맞서 길고 긴 식민지 전쟁을 벌였는데 이는 제국에 엄청난 부담이 되었다. 포르투갈의 경우가 그런 예다. 포르투갈은 아프리카에 구제국을 갖고 있는 작은 유럽 국가였다. 기니-비사우(1956~74), 앙골라(1961~74), 모잠비크(1964~74)에서 동시 다발적으로 벌어진 전쟁은 1974~5년 포르투갈

---

85 1942년 8월 마하트마 간디는 영국을 향해 "인도를 떠나라"는 통첩을 보내며 인도 국민들에게는 이를 위해 "불복종 운동을 전개하라. 아니면 죽는다!(Do or Die)"고 요구했다. 영국 군대는 기관총 발포로 맞서 수천 명의 인도 국민이 사망했다.

혁명의 직접적 원인이 되었다. 불만을 품은 군 장교가 혁명을 주도했던 것이다.

2차 대전 후의 마지막 식민지 전쟁은 로데시아(현재 짐바브웨)의 인종 차별 정권과 맞선 전쟁(1964~79)이었다. '모국'은 백인 정착자들 지원을 거부했다. 보수적인 총리 해롤드 맥밀란은 1960년 남아프리카 공화국을 방문, 영국 통치자들의 관점을 파악한 뒤 이렇게 말했다.

"변화의 바람이 이 대륙에 불고 있다. 우리가 좋든 싫든, 민족의식의 이런 성장은 정치적인 사실이다."

제국은 좀 더 다른 미묘한 방식으로 제국주의적 이익을 보호하는 방식이 필요했다. 예를 들어 1947년 인도의 '탈식민지화' 같은 방식이 좋은 예다. 인도 민족주의를 오랫동안 대표한 것은 1885년 설립된 인도 국민회의였다. 국민회의의 급진세력은 힌두-무슬림-시크교 연합을 승인했고 인도 대륙에서 단 하나의 국가, 철저한 토지 개혁, 노동자 권리 지원 등을 지지했다. 그런 움직임의 잠재력이 드러난 것은 1946년 2월 인도의 선원들이 영국 함선 78개와 해군기지 20개에서 폭동을 벌였을 때다. 반란자들은 학생과 노동자의 지지를 얻었다. 힌두교인과 이슬람교도들은 나란히 행진했다.

그러나 민족주의 진영 내부에서는 인도 지주들과 자본가의 이익을 위협하는 계급투쟁을 적대시하는 우익 인사들이 지배적이었다. 국민회의는 부르주아 민족주의 정당이었지, 혁명 정당은 아니었다. 마하트마 간디는 국민회의 우익으로서, 폭동에 반대했고 좌파라 할 수 있는 자와할랄 네루 역시 그런 입장을 취하려 했다. 이러한 이유로 민족주의 운동은 허약한 상태에 머물렀고 힌두교 우월주의자나 이슬람 분리주의자, 영국 제국주의 당국에 의해 운동이 악용될 수밖에 없었다. 계급투쟁은 착취자들에 맞서는 피착취 계층을 단합하게 만든다. 계급투쟁이 없을 때는 반대의 결과를 낳는다. 사람들을 서로 분열하게 만들고 증오의 정치에 물들게 만든다.

영국은 모하메드 알리 진나의 이슬람 연맹^{Muslim League}을 적극적으로 지원했다. 이들은 국민회의에 맞서 분리된 이슬람 독립국가를 원하는 쪽이었다. 그 결과 가난한 힌두교도들과 이슬람교도들이 서로 공격하는 폭력적 상황이 벌어졌다. 힌두, 이슬람, 시크의 교도들은 서로 뒤섞여 살고 있었다. 인도 대륙의 북서쪽 펀자브 지역에서는 특히 그랬다.

국민회의와 이슬람 연맹 지도자들이 영국의 묵인에 따라 영토 분할에 합의했을 때, 우익 깡패집단들이 양쪽 나라로 몰려와 자신들의 영토를 인종적으로 청소하겠다고 선언했다. 인도와 파키스탄이 1947년 각각 독립할 때까지 양쪽에서는 25만 명에서 100만 명 정도에 이르는 사람들이 죽임을 당했다.

영토 분할 때 생겨난 대립은 여전히 해결되지 않은 채 남았다. 인도와 파키스탄은 아직도 카시미르 지역을 놓고 맞서고 있으며 우월주의와 커뮤널리즘^{communalism}[86] 때문에 이 지역의 정치적 상황은 계속 악화돼 있다.

---

86 어느 공통의 이해·직업·언어·종교로 결합된 사회집단이 다른 집단과 구별해 자신의 특질이나 우위성을 강조하는 사고양식. 인도에서는 특히 2대 종교인 힌두교와 이슬람교 신자의 관계에서 이용되었다.

영국은 인도인들을 갈라놓았고, 국민회의 급진파를 무력화시켰으며, 델리와 카라치의 새 정권이 외국 자본에게 협조하도록 만들어 놓았다. 비슷한 방법을 이용해 다른 지역에서도 이런 방식으로 원주민들을 지배했다.

말레이시아에서는 공산당 주도의 게릴라 운동이 벌어졌다. 영국은 이에 맞서 반란 진압 전쟁을 벌였다. 게릴라들은 주로 중국 민족들이었다. 영국은 이 상황을 악용, 말레이시아 사람들로 하여금 중국 소수민들을 증오하게 만들었다. 온건한 말레이시아 정치인들에게는 향후 독립을 약속해주는 당근을 제공했다.

케냐에서 영국은 처음에는 마우마우^{Mau Mau} 반란(1956) 때 패배하였으나 몇 년 뒤 상대적으로 온건한 민족주의 지도자 조모 케냐타를 구금에서 석방시켰다. 이후 1963년 영국은 케냐타와 평화롭게 독립 이행을 협상했다.

비슷한 양상이 키프로스에서도 펼쳐졌다. 영국은 그리스계 키프로스인 해방운동^{EOKA}으로 불리는 민족주의 게릴라 운동을 제압할 수 없었다. 그러자 영국은 휴전을 선언한 뒤 게릴라를 이끌던 그리바스 장군 대신 좀 더 보수적인 민족주의 지도자 마카리오스에게 권력을 이양하기로 했다.

제국의 직접적인 식민지 통치는 1940년대부터 1970년대까지 계속된 크고 작은 전쟁들을 끝으로 공식적으로는 막을 내렸다. 그러나 그것이 제국주의의 종말을 의미하는 건 아니었다. 식민지의 이양 과정에서도 외국의 이익은 대부분 보호되었다. 새 독립국가들은 경제적 의존 상태를 벗어나지 못했다. 그들은 거대 기업과 군사 초강대국이 지배하는 세계 속에서 가난을 벗어나는 길을 쉽게 찾을 수 없었다. 좀 더 급진적인 민족주의 정권이 때때로 그 족쇄를 풀려고 노력하기도 했다. 하지만 그럴 때마다 그들은 이에 맞서는 제국주의의 경제적, 군사적 파워를 다시 한 번 실감할 수밖에 없었다. 세계 권력의 배경막이 바뀌었다. 그러나 그들이 활동하는 무대는 변하지 않고 똑같이 남아 있었다.

석유, 시오니즘,
그리고 서양제국주의

1945년 이래로 세계의 몇몇 나라들이 눈독을 들이기 시작한 곳이 있었다. 바로 중동이었다. 이 지역이 세계 석유 매장량의 약 70퍼센트를 차지하고 있었기 때문이다. 석유는 세계경제에서 가장 중요한 상품이다. 석유는 연료이며 열과 빛이다. 석유가 없다면 자본주의는 서서히 멈출지도 모른다. 석유는 또한 엄청난 수익을 만들어 낸다. 세계 10위 기업 중 다섯 개가 석유 회사다.

1945년 이후 미국의 경제성장은 국내 석유 생산량 수준보다 훨씬 빨랐다. 1950년대에 미국은 자국 석유 필요량의 10퍼센트 정도만 수입했다. 1980년대에는 수입량이 전체 필요량의 절반 이상으로 뛰어 올랐다. 동시에 새롭게 산업화된 중국이나 인도는 석유 공급량에 점점 더 압력을 가하고 있었다. 매년 8퍼센트 이상의 경제성장률을 보이면서 중국의 세계경제 총생산량 비율은 1978년 5퍼센트에서 오늘날은 20퍼센트를 차지한다.

석유는 없어서는 안 될 자원이며, 그 수요는 늘어만 간다. 그러나 석유는 또한 한정된 자원이다. 중동지역이 전쟁터가 된 데에는 이런 이유가 있다.

19세기 말 영국은 이집트와 수에즈 운하의 통제권을 차지했다. 인도, 호주와의 교역을 지키기 위해서였다. 1차 대전 직후 영국은 중동에 대한 영향력을 유지해야 할 또 하나의 시급한 이유가 생겼다. 영국 왕립 해군 함대의 원료가 석탄에서 석유로 바뀌었기 때문이었다. 남부 이라크의 유전에 지배권을 갖는 것이 최우선 목표가 되었다.

오늘날의 중동 지역은 1차 대전 이후 탄생했다. 50여만 명의 영국 군인들이 오스만투르크를 이라크와 시리아에서 몰아내기 위해 1928년 배치되었다. 중동은 당시만 해도 비밀 전시협정을 통해 영국과 프랑스의 식민지로 각각 나뉘어져 있었다.

영국은 또한 두 개의 또 다른 전시협정을 맺었다 그들은 터키 지배에 맞선 아랍 원주민 지도자 하시미테에게 독립을 약속했다. 또 그들은 유대민족들에게 시온주의 정착 지원을 약속하며 팔레스타인 지역에 고향 나라를 세울 수 있도록 지지하겠다는 약속을 내밀었다. 아랍인과의 약속은 지켜지지 않았고 유대인과의 약속은 지켜졌다.

시오니즘은 우익 민족주의 운동으로서 19세기 말에 시작되었고 소수의 유럽 유대인들에 의해 1차 대전 이전에 지지를 받았다. 이 시기에 정치적으로 적극적인 유대인들은 대부분 좌익 쪽이었다. 유

세계 각 지역에 흩어져 있던 유대인이 조상의 땅인 팔레스타인에 자신의 국가를 건국하려
는 유대민족주의운동을 일으켰다. 시오니스트 회의 장면.

대교는 종교적인 신념이었지, 민족적인 혹은 민족주의적인 신념은
아니었다. 유럽의 대다수 유대인들은 중동에서 유대교로 개종한 사
람들의 후손이었다. 그들의 유일한 실제 '고향땅'은 유럽이었다. 그
러나 시오니스트들은 반유대주의 위협을 피할 수 없다고 주장했다.
유대인들은 분리된 국가로 존재해야 하고, 세계의 다른 지역에서
온 유대인들이 한 곳에 정착해서 함께 살아야 한다고 주장했다. 그
곳이 어디여야 하는가는 부차적인 문제였다. 아프리카의 마다가스
카르가 그 장소로 제안되기도 했다.

　대부분의 유대인들은 이런 계획을 환상으로 여겼다. 그들은 각자
사는 곳에서 직장과 집과 사업체를 갖고 있었기 때문이다. 그들은
지역 커뮤니티로 통합되어 있었다. 반유대주의는 실제로 존재하는

위협이긴 했다. 그러나 가장 현실적인 대응은 이상화한 '고향땅'으로 도망가는 것보다는 사회주의와 노동조합 연대와 뭉쳐 싸워나가는 것이었다.

시오니즘을 표면으로 이끌어낸 것은 제국주의였다. 시오니즘 지도자는 이걸 알고 있었다. 그들은 높은 수준의 지원을 받기 위해 열심히 로비했다. 로비 대상에는 독일의 카이저, 러시아의 차르, 오스만 술탄 등이었다.

그러나 실제 시오니즘을 지원한 것은 영국이었다. 그들은 시오니스트들이 유대인을 전쟁 중에 군대에 자원하도록 권유하길 원했고, 친영국 시오니스트 영토가 전후 팔레스타인 지역에 생길 경우 자신들에게 돌아올 이점을 미리 내다보고 있었다. 한 시오니스트 지도자는 1914년에 이렇게 주장했다. "우리는 나라를 발전시킬 수 있다. 문명을 되살리고 수에즈 운하를 효과적으로 지킬 수 있는 방법을 만들 수 있다."

문제는 팔레스타인이 이미 점령된 땅이었다는 점이다. 1918년 이 지역에 사는 70만 명 중 유대인은 고작 6만 명뿐이었다. 나머지는 아랍인들로 대부분 정착 농민이었다. 그러나 1947년 영국이 그들의 '총독'에게 팔레스타인 통치권을 넘겨줬을 때, 유대인 숫자는 열 배인 65만 명으로 늘어났고 아랍인들은 약 200만 명이었다. 이 같은 유대인의 급증은 영국 통치 하에서 유대인의 대규모 이민을 허락했기 때문이다.

시오니스트들은 유럽과 미국의 후원자들로부터 많은 투자를 받았다. 그들은 아랍 지주들에게 매력적인 땅값을 제시해 토지를 사들였다. 그런 다음 거기서 수백 년간 일하던 아랍 농부들을 일거에 쫓아내버렸다.

시오니스트들의 토지 점령과 아랍 시위에 대한 영국의 억압이 겹쳐지자 1936~9년에 팔레스타인 반란이 일어났다. 시오니스트 민병대들은 2만 명의 영국군과 함께 싸웠는데 약 5000명의 팔레스타인 사람들이 사망했다.

영국은 긴장을 완화하기 위해 유대인 이민 비율을 제한했다. 이것이 다시 1940년대 시오니스트 민병대와의 무력 충돌을 가져왔다. 팔레스타인들은 패배했다. 영국의 지원을 받던 시오니스트 운동이 이제는 자생력을 가진 단계로 발전했다는 것을 보여준 사건이었다.

시오니즘에 더욱 거대한 동력을 제공한 것은 홀로코스트였다. 600만 명의 유대인이 조직적인 학살 프로그램으로 살해되었다는 것이 드러나 전세계를 경악시켰다. 시오니스트들이 주장하던 분리 독립된 유대인 국가의 필요성이 현실감을 얻기 시작했다. 반유대주의가 너무나 퍼져 있어서 독립된 유대인 국가를 갖는 것만이 유일한 해결책이라는 주장이 나온 것이다. 세계 공동체가 시오니스트의 요구를 들어줘야 할 것 같은 윤리적 책임감을 갖게 됐다.

1947년 영국의 철수가 임박했을 무렵 유엔은 국제평화 계획을 중재했다. 팔레스타인은 시오니스트들이 55퍼센트를 할당받는다는 내용이었다. 유대인들이 이 지역 전체 인구의 30퍼센트에 불과했고 그마저도 대부분이 이민자 출신이던 때였다.

아랍인들은 그 계획을 거부했다. 거대한 반제국주의 시위가 아랍 국가들의 수도에서 시작됐다. 팔레스타인 사람들은 자경 부대를 조직하고 아랍에 더 많은 지지를 해주기를 희망했다. 그러나 시오니스트들은 이미 숫자로도, 조직력으로도, 군대로도 감당해낼 수 없는 규모였다. 유대인들은 공세를 강화하며 팔레스타인 지역이었던 곳의 80퍼센트를 점령했다.

테러는 그들의 정복 과정에서 필수 조건이었다. 군사 지하조직 이르군Irgun단이 데이르 야신에서 250명의 팔레스타인 사람들을 학살한 뒤 트럭을 타고 '데이르 야신! 데이르 야신'이라는 구호를 외치며 돌아다녔다. 적어도 70만 명의 팔레스타인 사람들이 1948년 이 땅을 떠났다.

아랍의 왕들은 보잘 것 없는 작은 군대를 이끌고 전쟁을 벌였다. 전쟁에서 패하더라도 어쨌든 작은 땅덩어리라도 차지할 수 있었기 때문이다. 이 때문에 팔레스타인 영토 일부는 다시 이집트와 요르단 두 나라로 나뉘게 됐다.

이스라엘이 1948년 건국했다. 이 나라는 건국 이후 계속해서 1956, 1967, 1973, 1982년에 이웃 국가들과 전쟁을 벌였다. 이스라엘은 1967년 시리아로부터 골란 고원을 차지했고, 요르단으로부터 서안을, 이집트로부터 시나이 사막과 가자지구를 빼앗았다. 팔레스타인의 35만 명이 같은 해에 대거 고향땅을 떠났다. 이 밖에도 더 많은 영토가 이스라엘 영토로 편입됐다. 이스라엘은 계속해서 영토를 합병하고, 정착촌을 세우고, 유대인들을 이민시켰다. 이스라엘 내부에서도 팔레스타인에 맞서는 내부 전투가 벌어졌다. 극에 달했을 때가 1차 인티파다(1987~93), 2차 인티파다(1987~93), 가자 전쟁(2008~9)이었다.

이스라엘은 본질적으로 군사화된 팽창주의 국가다. 강탈을 근거로 세워진 식민지 정착민 국가이기 때문이다. 이 나라는 이웃 나라와는 평화롭게 살 수 없다. 이웃들의 땅을 죄다 빼앗아 버렸기 때문이다. 불안감 때문에 자꾸만 영토와 인력을 늘려야 한다는 끝없는 압박감을 가질 수밖에 없는 것이다.

이스라엘은 또한 제국주의의 전초기지다. 이 나라는 정기적으로 미국으로부터 해외 군사 원조의 25퍼센트 정도를 받는다. 시오니스트 국가는 중동 국가에 자리 잡은 서구 제국주의의 유료 감시견이라 할 수 있다.

시오니즘과 미국 제국주의는 중동의 억압과, 폭력, 그리고 불안정을 끝없이 제공하는 원천이다. 오직 아랍 민중의 아래로부터의 혁명만이 이 지역의 지정학적인 구조를 재구성할 희망을 제공한다. 예루살렘으로 가는 길은 카이로를 통해 가야 한다.

| 1956년 : 헝가리와 수에즈 운하

1956년은 전쟁의 해였으며, 혁명과 환멸의 해였다. 전쟁으로 인해 결코 예전으로는 돌아갈 수 없는 상황이 되었다. 1948년 전쟁과 이스라엘의 탄생은 아랍 민족주의에게는 치명적인 패배였다. 그 패배의 여파는 중동 지역 전반에 걸쳐 느껴졌다. 부패하고, 반동적이며, 꼭두각시에 지나지 않는 왕이 아래로부터의 강한 압력 아래 놓이게 되었다. 이런 대중의 불만은 아랍 군대의 하급 사관을 통해 드러났다. 그들은 1948년 패배의 최전선에 있었다. 그들은 개혁과 현대화를 선호했다. 아랍 군대들은 민족 군대로 조직되었다.

점점 늘어나는 대중 시위 가운데, 1952년 7월 23일 자유장교단 운동Free Officers Movement은 이집트에서 군사 쿠데타를 일으켜 파루크왕을 권좌에서 끌어내렸다. 이 자유장교단 운동의 핵심 인물은 대령이었던 가말 압둘 나세르였다.

나세르는 독재자가 되었다. 그러나 토지 개혁을 시도하고, 국가자본주의 발전을 가져왔으며 시온주의와 서양 제국주의를 향해 집요한 공격을 주도했다. 때문에 그는 고국과 중동에서 아랍 민족주의의 상징으로 떠오르며 대중의 지지를 얻었다.

권력을 잡은 지 3년 뒤에 나세르는 수에즈 운하를 국유화했다.

1956년 영국과 프랑스는 이에 대한 반격으로 이스라엘과 동맹을 맺고 이집트를 침공했다. 침략은 제국주의 권력에게 정치적 재앙이었다. 아랍 세계에 분노의 폭풍이 일어났고 고국에서는 반전 시위가 벌어졌다.

노동당과 영국 노동조합 회의Trades Union Congress가 소집한 시위가 2차 대전 이후 런던에서 가장 큰 규모로 열렸다. 시위자들이 총리 관저 앞에서 경찰과 충돌하면서 갈등은 극에 달했다. 미국은 이런 대중의 적대적인 반응을 이용, 미국에 의존적이었던 영국에 자금 지원을 삭감하겠다고 협박했다. 미국의 의도는 원유가 풍부한 중동에서 제국주의 중심 권력을 잡고 있던 영국의 지위를 자신들이 차지하는 것이었다.

수에즈 위기는 따라서 영국 제국에 위기의식을 불러왔다. 영국은 확실히 제국의 종말을 향해 달려가고 있었다. 영국은 더 이상 미국 도움 없이는 이전과 같은 영향력을 발휘할 수 없었다. 아랍 세계에서 나세르의 권위는 엄청나게 치솟았다.

훨씬 더 드라마틱한 사건이 철의 장막 다른 편에서 동시에 펼쳐지고 있었다. 스탈린이 1953년 사망했다. 그의 독재는 엄청난 희생자들을 낳았다. 이제 러시아의 지배계급들이 공포의 국가기구를 억제할 수 있는 기회가 온 것이다. 그 바람에 스탈린의 경찰국장 베리아도 처형되었다.

당 관료 내부의 권력투쟁이 1956년 2월 공적인 무대로 분출되었다. 새로운 소비에트 지도자 니키타 흐루시초프는 20차 당 대회에서 스탈린을 규탄했다. 그는 스탈린이 수천 명을 죽였고 수백만 명을 추방했으며 1941년 6월 독일의 침공 때 비겁하고 무능했다고 말했다. 스탈린의 프로파간다가 한창 기세를 높일 때는 25년 동안 이런 소리는 한 마디도 할 수 없었다. 갑자기 모든 것이 의문의 대상이 되었다. '사회주의 모국'에서 모든 일이 제대로 진행되지는 않았던 것이 확실했다. 사회주의에 대한 모든 비판들을 단순히 '자본주의자의 거짓말'이라고 폄하할 수는 없는 상황이었다.

불만은 소비에트 제국 내부에서 1953년 이후 커지고 있었다. 그해 6월 동베를린에서 대형 공사장에서 일하던 건설 노동자들이 임금 상승 없이 더 많은 시간 일하라는 지시를 받자 거리로 나왔다. 도심 행진에 수십만 시민들이 동참했다. 그 다음날 동독 전체는 총파업에 들어갔다. 일부 도시에서 시위대는 당 사무실을 약탈하고, 경찰서를 공격했으며 교도소로 쳐들어갔다.

러시아의 북쪽 보르쿠타에 있는 거대한 노예노동수용소에서는 7

월 반란이 일어났다. 닷새 만에 50개의 탄광이 작업을 중단했고 광부 25만 명이 파업에 들어갔다. 이 파업은 군에 의해 진압되었다. 그러나 개혁의 필요성은 명백해졌다. 2년 안에 강제노동수용소에 수용돼 있던 수백만 명 중 90퍼센트 정도가 풀려났다. 이런 흐름 속에서 스탈린을 규탄한 후르시초프의 20차 당대회 연설이 나온 것이다.

논쟁을 재개하고 개혁을 시작하는 움직임은 독재정권에게는 늘 위험으로 다가온다. 변화를 향한 눌려있던 갈망이 갑자기 급류로 팽창할 수 있기 때문이다. 나치 치하를 오래 겪었던 폴란드에서는 아직도 아픈 기억이 생생했지만 한편으로는 전쟁이 끝나면서 자유와 번영을 향한 열망도 높았다. 소비에트 독재자의 죽음과 그 뒤 쏟아진 비판 덕분에 폴란드는 다시 자유를 위한 희망의 불을 지폈다.

1956년 6월, 3년 전 동베를린의 노동자들처럼 포즈난시 노동자들은 파업에 들어갔고 도심으로 나와 시위를 벌였으며 곧 경찰과 대치했고 수감자들을 풀어주었으며 무기를 빼앗았다. 폭동은 제압되었지만 제한된 개혁을 지지하는 일부 관료들은 노동자들보다는 권력을 향해 조심스럽게 계책을 궁리하고 있었다. 브와디스와프 고무우카는 스탈린 시대 투옥생활을 했던 독립적인 성향의 공산당 지도자로서, 수감생활에서 풀려나 새로운 정권을 창출했다.

소련은 침공 위협을 해왔으나 곧 철회했다. 고무우카는 25만 명의 열렬한 지지자들이 모인 군중집회에서 연설을 펼쳤다. 노동계급의 봉기로 시작된 일이 관료주의적 쿠데타로 전환됐다. 폴란드의 '10월의 봄'은 결과물로 폴란드의 국가자본주의 지배계급의 개혁파에게 권력을 안겨줬을 뿐이다.

헝가리의 학생 노동자 시민들이 공산당 독재와 공포정치에 반대하자 소련군은 탱크를
앞세우고 부다페스트를 침공해 친소정권을 들어앉힌다.

헝가리에서는 사건이 다르게 펼쳐졌다. 포츠난과 폴란드의 봄은 유럽의 심장부에서 위대한 노동계급 혁명의 폭발을 가져올 뇌관이었다. 1956년 10월 22일, 부다페스트 폴리테크닉 대학 학생들은 14개 항목의 선언문을 발표했다. 민주주의, 언론 자유, 수감자 석방, 러시아군 철수, 그리고 소작농 생산물에 대한 국가 징세의 종식 등을 요구하는 내용이었다.

다음날 학생들은 요구사항을 외치며 거리에서 행진했다. 수십만 명의 노동자들이 학생들의 행진에 합류했다. 저녁 때 그들이 라디오 방송사에 모였을 때, 비밀경찰들은 그들에게 총을 쐈다. 노동자들은 총을 들고 무장했다. 군인들은 자신들의 무기를 시위대에게 나눠 주었다. 도시 전역에서 시작해 전국적으로, 권력은 인민위원회와 무장 민병대의 손으로 넘어갔다.

피터 프라이어는 영국 노동당 기관지 '데일리 워커The Daily Worker'에 사건을 보도하면서, 새로운 민주적 집단에 대해 이렇게 썼다.

> 1917년 러시아에서 급조된 노동자들의, 소농민들의, 병사들의 평의회 같았다...그들은 한편으로는 폭동의 기관이었다-공장과 대학, 광산 그리고 군대에서 선출된 대표자들이 하나로 모였다-한편 그들은 무장한 인민들이 신뢰한 자치정부의 기관이기도 했다.

헝가리 지배계급 일부는 임레 너지의 주도로 폴란드의 고무우카 같은 방식으로 정권을 다시 잡으려 시도했다-민중 봉기의 노도에 편승하려 했던 것이다. 그러나 민중운동은 너무나 거셌다. 사태는 정부가 추스를 수 있는 수준이 아니었다.

11월 4일 러시아의 탱크가 부다페스트로 밀고 들어왔다. 도시는 전쟁지역으로 바뀌었고 노동계급이 거주하던 도시 주변부는 폐허로 변했고 수천 명의 헝가리 사람들은 거리 곳곳에서 침략자들과 싸우다 죽었다.

부다페스트 중앙노동위원회는 1905년, 1917년 소비에트의 페트로그라드의 역할을 하며, 총파업을 지시했고 도시는 보름간 마비되었다. 11월에 부다페스트는 이중권력의 지배를 받았다. 노동자위원회는 필수 공급품을 조달했고, 빵을 배급했고, 보건 서비스를 유지했고, 무기를 제조했다. 새로 등장한 야노스 카다르 정권은 반대로 러시아 군대에 의존했다. 그러나 노동자들은 동부 유럽의 다른 곳에서 혁명이 계속 뻗어나가지 않는 한 3000대의 탱크와 20만 군대를 당해낼 수 없었다.

파업은 실패로 끝났고 노동자위원회는 활동이 금지되었으며, 나지를 포함한 350명의 반대파가 처형되었다. 그럼에도 불구하고, 친러시아파 카다르 정권은 여전히 불안한 상태였다. 정권이 다시 힘을 얻으려는 과정에서 이들은 평균 22퍼센트의 임금을 인상해야 했다. 또 기존의 모든 행정 기관에서 민주적 선거 이행을 약속해야만 했다.

1956년 사태는 스탈린 단일체제를 붕괴시켰다. 진정한 마르크스주의의 아래로부터의 혁명 전통과 노동자들의 해방이 부다페스트의 거리에서 다시 살아났다. 전세계 수만 명의 좌익 활동가는 정치적 충성을 재고할 수밖에 없었다.

동독에서는 1953년 봉기 때 공산당에서 제거되었던 68퍼센트의 사람들이 1933년 이전 멤버들이었다. 구혁명가들은 자신들의 계급과 싸웠다.

피터 프라이어의 부다페스트 발 보도는 금지됐다. 그는 데일리 워커 기자직을 그만두었고 공산당에서 추방당했다. 그만 그런 게 아니었다. 헝가리 혁명 직후, 영국 공산당은 전체 당원의 5분의 1에 해당하는 7000명의 당원을 잃었다. 뛰어난 지식인들과 노동조합원들도 포함돼 있었다.

스탈린주의가 흔들리면서 뉴레프트(신좌익)가 조직되었다. 운동가들이 새로운 조직으로 다시 집결하면서 그들은 '반스탈린주의'와 경쟁하는 쪽으로 기울었다. 이들 중 많은 이들이, 스탈린주의와 마찬가지로 지나친 이상주의였다. 마오이즘도 그 중 하나였다. 또 다른 이상주의가 카리브해 섬의 외진 산악지역에서 생겨나고 있었다. 착취와 부정으로 상처받은 세계 속에서 혁명적 이상주의의 화신이 됨으로써 세상 사람들에게 영감을 던져주는 아이콘이 등장한 것이다. 바로 체 게바라다.

체 게바라와 쿠바 혁명

1956년 12월, 82명의 혁명 동지들이 쿠바 해안에 상륙했다. 미국의 지원을 받는 부패하고 잔인한 풀겐시오 바티스타 독재정권을 무너뜨리기 위해서였다. 그들은 이를 '7월 26일 운동'이라고 불렀다. 이는 1953년 몬카다 병영 습격에 실패한 것을 기리기 위한 이름이었다. 이 원정의 핵심 지도자는 피델 카스트로였다. 또 다른 지도자는 피델의 형제 라울, 그리고 아르헨티나 의사인 에르네스토 체 게바라였다.

그들 중 12명만 살아남아 시에라 마에스트라의 게릴라전에 착수했다. 이들은 새 지원자들을 모았다. 1958년 여름에 게릴라군은 200명을 확보했다. 6개월 뒤인 1959년 1월, 그들은 쿠바의 수도 아바나에 혁명전쟁의 승자로 입성했다. 놀랄 만한 업적이었다. 승리할 당시 게릴라 군의 숫자는 800명에 지나지 않았지만 그들은 바티스타의 무장 군인들을 격퇴하고 700만 인구의 쿠바를 장악했다.

미국은 중앙아메리카와 카리브해 지역을 자국의 뒷마당으로 여기고 있었다. 미국 괴뢰 정권에 의해 운영되는 독립국가들은 군인, 지주, 기업가, 그리고 갱스터로 구성되어 있었다. 미국의 비즈니스 이익을 이 지역에서 보호하기 위해 고안된 이 시스템은, 미국 정보국에 의해 감시받고 있었다. 예를 들어 1954년 과테말라에서 온건 개혁주의 정권이 권력을 잡았지만 미국 CIA가 획책한 쿠데타에 의해 곧 전복됐다.

그러나 쿠바 혁명 당시 바티스타는 워낙 국민들의 신망을 잃은 상태였기 때문에 미국은 그를 버리기로 작정하고 카스트로와 협상을 할 수 있으리라 기대했다. 미국이 협상을 기대할 만한 이유는 있었다. 러시아 혁명은 노동자에 의해 이뤄졌다. 중국 혁명은 농민에 의해 일어났다. 쿠바 혁명의 주체는 노동자도 농민도 아니었다. 중산층 지식인들의 혁명이었다.

카스트로는 일련의 성명을 발표하면서 자유주의적 개혁을 지지한다고 천명했다. 1959년 그는 이렇게 선언했다.

"우리는 민간 투자에 반대하지 않는다. 우리는 실용성, 경험, 그리고 개인 투자자의 열정을 믿는다. 국제 투자를 받는 회사들은 국영기업들과 똑같은 권리를 보장받을 것이다."

혁명가들은 순진했다. 그들이 승리할 수 있었던 것은 쿠바의 농민들과 시골 노동자들의 지지 때문이었다. 미국 자본가들에게는 아무런 관심도 없는 계급들이었다. 쿠바인의 삶은 거대 비즈니스의 이해와 충돌하지 않고는 나아질 수가 없었다.

쿠바의 경제적 후진성이라는 모순 때문에 카스트로는 선택의 여지가 많지 않았다. 그는 바티스타처럼 괴뢰정권이 되거나, 아니면 토지개혁을 실시하고 쿠바의 부를 학교와 병원, 복지를 늘리는 데 활용할 수 있었다.

카스트로는 처음에는 조심스럽게 움직였다. 그러나 그는 미국의 이익에 반하는 조그만 위협에도 맹렬한 보복을 받아야 했다. 점점 더 긴장은 커졌다. 그러다 미국 회사들을 전부 국유화시키고 러시아와 강력한 상업 연결망을 구축한 뒤 쿠바 혁명이 '사회주의적이었다'는 선언을 뒤늦게 발표했다.

미국과의 긴장 관계는 최고조에 달했다. CIA는 1961년 4월 부유한 쿠바 망명자들에게 무장 침공을 지원했다. 바티스타를 축출했던 쿠바의 보통 사람들은 이제 카스트로 정권을 지키기 위해 힘을 합했다. 피그만 침공은 대실패였다. 다음해 10월 카스트로의 (일시적인) 동맹국 소련이 쿠바에 핵무기를 설치하면서 핵전쟁 일보 직전까지 가게 됐다. 이를 계기로 쿠바와 미국은 돌이킬 수 없는 관계가 되었다.

도시 노동자들은 혁명에서 아무런 역할을 하지 않았고 그 뒤에도 아무런 힘을 행사하지 않았다. 농촌 노동자들은 측면에서 혁명을 응원했지만, 게릴라가 되지는 않았다. 혁명은 거의 전적으로 중산층 이상주의자와 혁명 과정에서 계속 충원된 소수의 소농들의 과업이었다. 쿠바 혁명은 따라서 '노동계급의 자기 해방'에 해당하는 사례는 아니었다. 그 결과 쿠바의 '사회주의'는 빈곤한 국가자본주의가 되었으며, 미국이 수출금지 조치를 내리면서 경제적으로 독립하지도 못했다. 개혁이 진행되긴 했지만 위로부터의 개혁이었으며 가난에 의해 발이 묶인 개혁이었다.

체 게바라는 그럼에도 불구하고 쿠바의 경험을 일반화해서 전 세계적으로 적용할 수 있는 혁신적인 게릴라전 이론을 내놓았다. 그가 말하는 세 가지 핵심 교훈은 다음과 같다.

1. 대중 게릴라 군대는 정규 정부군을 패배시킬 수 있다.
2. 도시지역이 아닌 시골지역이 저개발세계 투쟁의 영역이다.
3. 혁명가들은 상황이 무르익을 때까지 기다릴 필요가 없다. 혁명가들은 스스로 게릴라 그룹을 만들고 촉매 역할을 함으로써 스스로 혁명을 창조해낼 수 있다.

체는 작고, 기동력 있고, 강인한, 헌신적 혁명가 집단이 폭동의 기지focos를 제공할 수 있으며 그럼으로써 혁명적인 게릴라 전쟁을 급속히 발진시켜 아프리카, 아시아, 아메리카 지역에서 미국의 지원을 받는 독재자들을 축출할 수 있다고 주장했다.

쿠바 혁명의 두 주역 카스트로(왼쪽)와 체 게바라

체는 자신의 약속을 지켰다. 그는 쿠바에서 편안하게 인기를 누리며 고관대작으로 살 수도 있었다. 하지만 그는 곧 쿠바 지도층이 추진한 소비에트 스타일의 경제체제와 외교에 실망했다. 그는 자신의 모습을 언제나 잃지 않았다. 체는 용감하고 이상주의적이었으며 헌신적인 혁명 전사였다. 그는 대중의 시선에서 사라진 뒤 비밀리에 쿠바를 떠났다. 첫 번째로 간 곳은 1965년 콩고였으며, 다음에는 1966년 볼리비아로 갔다. 그곳에서 자신이 주장한 혁명 기지 이론을 현실화하려고 했다.

그러나 그의 이론은 잘못된 것으로 결론이 났다. 혁명은 단순한 의지와 활력으로만 똑같이 반복될 수 없었다. 역사는 자발성만으로 이뤄지지 않는다. 주관적인 요인들, 즉 리더십, 조직, 아이디어 같은 것들이 혁명 상황에서는 결정적 역할을 했다. 그러나 객관적 조건은 옳은 것이어야 했다. 혁명의 가능성은 계급 세력의 균형, 국가의 일관성, 대중들의 의식과 확신 같은 요소에 따라 결정되는 것이다.

그리고 이 객관적-주관적 요소 사이에는 적절한 관계가 설정되어야 한다. 즉 혁명 조직은 사회에 뿌리 박혀 있어야 하고, 그 내부의 계급투쟁과 대중운동에 뿌리 박혀 있어야 한다. 그래서 혁명가들은 대중의 분위기에 민감해야 하며 대중의 요구와 실행 가능한 것이 무엇인지 파악해 조화를 이뤄나가야 한다.

쿠바에서는 모든 사회세력이 약했다. 사회 엘리트들, 바티스타 정권, 중산층, 노동운동, 소작농, 농촌 노동자들 모두 약했다. 부패와 착취가 만연해 있었다. 삶은 피폐했고, 소외와 무기력이 퍼져 있었다. 공허한 이 사회에서 게릴라들은 구심점이 될 수 있었다.

다른 나라에서는 상황이 달랐다. 체는 부패와 군벌들의 파벌주의 때문에 콩고에서 승리를 쟁취하지 못했다. 자신의 건강도 좋지 않은 상태였다. 볼리비아에서는 훨씬 더 나쁜 상황에 직면했다. 그의 게릴라 세력은 50명 규모였고, 외진 산악 지역으로 깊숙이 침투했지만, 결국 지역 주민들의 무관심과 공포 속에서 고립되고 말았다. 계속된 패배 끝에 1967년 10월 결국 몇 명 되지 않는 게릴라 군들이 1800명의 볼리비아 군대에 포위되었다.

체는 생포되었고 처형됐다. 그럼에도 불구하고 그는 고통에 찌든 세상에서 그가 보여준 영웅주의와 이상주의로 혁명적 저항의 아이콘이 되었다. 그는 사후 지구상에서 가장 유명한 얼굴이 되었다. 그러나 그가 바라던 대로 세상은 바뀌지 않았다. 그의 실패에서 우리가 깨달아야 할 점이다.

새로운
세계 혼란

1968년~현재

미래의 역사는 지금 만들어지고 있다.
1968년에는 세계 곳곳에서 새로운 세계를 열망하는 사람들
이 반체제 운동을 동시다발적으로 펼쳐 나갔다.

1956년부터 1968년까지는 자본주의 선진국들 사이에 정치적 합의가 꽤 이루어진 시기다. 제3세계 일부 지역에서는 계속 식민지 전쟁이 벌어졌지만 동유럽 진영의 저항과 서유럽의 파업과 시위는 이 세계에 특별한 영향을 주지 못했다.

하지만 1968년 세계는 거대한 시위의 물결로 뒤덮였다. 1968년에 급진적 운동이 퍼져나가면서 노동자들의 일자리와 임금, 노동조건 탄압에 대한 저항 역시 거세졌다. 전후의 경제호황은 점점 사그라들다 마침내 1973년에는 정지했다. 이후 자본주의 세계에서는 계급투쟁이 분출했다. 지배계급은 이런 운동과 노동조합에 공격적으로 맞섰다. 특히 1980년대 영국의 계급투쟁에서 공격성은 절정에 이르렀다. 노동계급들이 잇달아 처참하게 패배하면서 힘의 균형은 부자들과 거대 기업 쪽으로 기울었다. 그 결과 노조는 약화되고 서비스가 민영화-사영화privatization 됐으며 비정규직은 늘어났고, 노동에서 자본으로 전반적인 부의 재분배가 이뤄졌다.

이러한 새로운 형태의 자본주의를 '신자유주의'라고 부른다. 신자유주의는 제국주의적 권력이 다시 발휘되고, 전쟁이라는 도구를 적극적으로 활용해 미국과 동맹국들의 전세계적 이익을 강화하는 것으로 나타난다. '테러와의 전쟁'이라고 흔히 알고 있는 것들이 바로 그런 것들이다.

하지만 신자유주의적 자본주의는 부채에 근거한 단기적인 해결책일 뿐이었다. 21세기 초 2010년까지 '금융화'는 거대한 투기 거품을 만들어냈다. 이는 자본주의 역사상 가장 큰 은행가의 붕괴로 이어졌다. 동시에 독선적이고 자만적인 분위기가 낳은 제국주의 전쟁들은 대학살, 종파 간의 혼란, 끈질긴 반란만 낳았다.

이것이 새로운 세계의 혼란이다. 이것이 우리가 살고 있는 세상이다. 우리가 살고 있는 이 시대는 1945년 이후 최악의 식민지 전쟁인 베트남 전쟁에서부터 시작한다.

베트남 전쟁

네이팜은 피부에 달라붙어 뼈를 태워버리도록 고안된 끈적한 휘발유다. 미국의 기자 마사 젤혼은 1966년 베트남 병원에 있는 아이들을 보고 네이팜의 위력을 실감했다.

얼굴의 피부가 가슴까지 녹아내린 뒤 그 자리에서 생장하기 시작한다.
녹아내린 살이 너무 두꺼워 아이들은 고개를 돌릴 수도 없다. 괴저가
시작되면 그들은 손 또는 손가락, 발을 절단해야 한다. 머리만 남기고
모두 다 절단해야 하는 지경에 이른다.

인도차이나에서 벌어진 월남, 북베트남, 라오스, 캄보디아와의 전쟁에서 미국은 800만 톤 이상의 폭발물을 투하했다. 2차 대전 참전국들이 투하한 총량의 약 3배나 되는 양이다.

베트남 전쟁에서는 총 500만 명이 사망했다. 5만8000여명은 미군이었다. 나머지는 베트남인으로, 100만 명 정도는 군인이었으나 나머지는 민간인이었다. 사망자 대부분은 폭격으로 죽었다. 이유는 간단했다. 미국은 베트남 국민 전체를 적으로 놓고 전쟁을 치르고 있었기 때문이다. 이때 가장 쉽고 안전하게 적을 사살할 수 있는 방법은 공중 폭격이다. 당시 상황에서 '공산주의의 확산'을 막는 가장 효율적인 방법으로 여겼던 것이다.

이 전쟁에서 침략자인 미군들에게 가장 큰 골칫거리는 베트콩(베트남 공산주의 게릴라 집단)들이 농촌 마을에 뿌리를 내리고 있었다는 점이었다. 그들은 마을 사람들의 아들딸들이었으며, 베트남 소작농들의 무장조직이었다.

만약 선거가 치러지면 80퍼센트 이상의 표가 공산주의자에게 갈 것으로 미국은 예상했다. 그래서 선거는 없었다. 대신, 지주와 자본가의 지원을 받는 부패한 독재정권을 지탱하기 위해 50만여 명의 미군이 배치되었다. 베트남의 벤트레 마을을 파괴한 미군 소령이 "마을을 구제하기 위해서는 파괴할 수밖에 없었다"고 말한 것은 이러한 이유에서였다. 대대적인 파괴 전쟁의 논리란 이런 것이었다.

놀랍게도 베트남은 굴복하지 않았다. 오히려 폭격과 화염이 점점 더 커질수록 저항하는 베트남 청년들은 늘어났다. 미 제국주의는 불꽃에 석유를 들이붓듯 급속도로 폭력적으로 변해갔다.

베트남은 가난한 나라였다. 게릴라들은 구식 무기와 수제 폭탄 그리고 정글 부비트랩[87] 등으로 싸웠다. 이들은 대부분의 시간을 지하

---

87 사람이나 어떤 물체가 건드리면 폭발하도록 만든 위장 폭탄.

터널 시설에서 보냈다. 그러나 그들은 물리치기 힘든 강력한 적수였다. 우선 그들은 공산주의자들이 이끄는 민족해방전선 소속으로서 단합해 있었다. 또한 하나의 인종과 문화로 단합돼 외세의 침략에 저항한 긴 역사를 갖고 있었다. 과거 일본과 프랑스의 침략도 막아냈던 이들이었다.

2차 세계대전이 끝나갈 때쯤, 일본을 꺾은 후 베트남 민족 저항운동을 이끌었던 호치민은 베트남 독립을 선언했다. 그러나 프랑스는 식민 지배권을 되찾고자 했다. 베트민^{Viet Minh}(베트남독립동맹)들은 그 후 8년간 프랑스와 싸웠고 1954년 디엔비엔푸 전투에서 결정적인 승리를 거뒀다.

이후 수차례 선거를 앞둔 베트남의 지도자들에게 소련과 중국은 베트남의 남북 분할을 제시했다. 이를 받아들인 것은 중대한 실수였다. 베트남은 독일, 한국, 팔레스타인만큼 분단을 해야만 하는 역사적 배경을 갖고 있지 않았다. 분단은 냉전시대의 정치공학이었다.

월남의 수도로 지정된 사이공에는 미국이 지원하는 독재정권이 권력을 잡았다. 베트남 국민 누구도 이에 투표할 수 있는 권리는 없었다. 북쪽에는 민족주의 정권이, 남쪽에는 괴뢰정권이 설립된 채 분단이 영구적으로 계속될지 모르는 상황이었다. 미국에게 골칫거리는 남쪽에 있는 베트민 전사 출신이었다. 그들은 지주, 세금 징수자, 경찰을 상대로 저항할 거대한 지하조직을 만들었다. 곧 시골 일부 지역에서 낮은 단계의 게릴라 반란이 이어졌다.

케네디 대통령은 사이공의 독재정권을 군사적으로 지원하며 갈등을 부추겼다. 미국이 파견한 고문단 숫자는 2년 만에 400명에서

1만8000명으로 늘어났다. 미국 입장에서는 특별한 조치가 아니었다. 미 법무장관 로버트 케네디는 당시 한 기자에게 "우리는 30개의 베트남을 갖고 있다"고 말한 바 있다.

하지만 베트남은 다른 나라와는 달랐다. 전쟁은 곧 전면전으로 확대됐다. 1965년 말 베트남에 파병된 미 지상군 숫자는 20만 명이었지만 3년 뒤 1968년에는 50만 명에 달했다. 북 베트남은 1965년 이후 계속해서 대규모 공중 폭격을 당했다.

1970년 이후 이웃 국가 캄보디아도 마찬가지였다. 1973년 미군은 여섯 달 동안 2차 세계대전 때 일본에 투하한 것의 1.5배에 달하는 폭격을 캄보디아에 가했다. 수십만 명의 사망자가 발생했다. 당시 캄보디아의 공산주의 세력이었던 크메르 루즈는 진압되었다. 그러나 인민의 저항을 뿌리 뽑기 위해 자국민에게 폭격을 승인한 이적 정권 프놈펜에 대한 증오는 가득 차 있었다. 1975년 전쟁이 끝나자 농민군의 축적된 분노는 스탈린주의 지도자들에 의해 정치적 인종 학살, 도시 해체, 농업 노예노동으로 표출되었다. 폴 포트의 '킬링 필드'에서는 수백만 명이 학살당했다. 이것의 씨앗은 B52 폭격이었다. 가난한 국가에 가해진 폭력은 경제를 파괴했고 사회적 유대를 깨뜨렸으며, 정치적 합리성을 다 파괴시켜 놓았다.

1967년 말 미국 여론이 전쟁을 반대하는 쪽으로 기울었다. 존슨 대통령 정권은 이에 승리가 눈앞에 있다고 대응했다. 베트남의 미군 총사령관이었던 웨스트모어랜드 장군은 베트콩이 대공세를 펼칠 형편이 되지 않는다고 했다. 또한 그는 "1965년에는 적군이 이기고 있었으나 현재는 처참하게 지고 있다. 우리는 이 싸움의 끝을 볼 수 있는 시점에 와있다"고 장담했다.

1968년 1월 31일 아침 베트남 민족해방전선^{National Liberation Front}은 '구정 대공세^{Tet Offensive}'를 개시했다. 남베트남에서는 북베트남군의 지원을 받는 베트콩 게릴라 부대들이 주청사, 주요 미군기지, 심지어 철통 방어되던 사이공 중심부의 미국 대사관 등 100개의 시설에 공격을 가했다. 19명으로 구성된 특공대가 대사관 건물 안으로 들이닥쳐 수 시간 동안 점거하기도 했다.

미국인들은 그날 밤 TV를 보고 경악했다. 전쟁이 끝났어야 할 시기에 월남의 주요 도시와 마을에서는 전투가 일어나고 있었다. 웨스트모어랜드 장군은 20만 명의 추가 병력을 요구했다. 하지만 전쟁을 지지한 당사자인 존슨 대통령은 재임에 도전하지 않겠다고 선언했다. 이를 시작으로 향후 5년간 베트남에 대한 미군의 개입은 점점 줄어들었다. 이후 미국의 월남 점령 중단(1973), 사이공 독재체제의 전복(1975), 공산주의로 통일(1976) 등이 이어졌다.

농민 게릴라 군대는 미국 제국주의와의 전면전에서 승리했다. 그들은 홀로 싸우지 않았다. 전쟁이 진행되면서 미국인들이 그들의 지원자가 되었다. 세계 각지의 사람들도 지원했다. 1968년에 전쟁은 제국주의 국가들에게 돌아갔다. 세계 자본주의의 중심지들은 반란의 불길에 휩싸였다.

미군은 대량의 네이팜탄을 투하하며 베트남을 압박했으나
베트콩의 공세와 국제적 압력에 밀려 베트남을 떠나게 된다.

1968년

'구정 공세'는 이 해에 세계 전역에서 일어날
반란의 시작이었다. 자본주의 체제의 주요 도시에서 과격한 시위
와 대규모 파업, 도심 폭동이 일어났다. 당시 상황을 경험했던 사람
들은 그 해가 1848년이나 1919년 같은 혁명기처럼 느껴졌다고 했
다. 새로운 기대와 희망으로 분위기가 무르익었다. 베이비 붐 세대
로 태어나 폭격의 그늘 아래서 새로운 전후 세대가 성장하여 역사
의 장에 뛰어든 것이다.

1968년에 일어난 사건들에서 흔히 찾을 수 있는 공통점은 체제
전체에 대한 반란이라는 점이었다. 학생과 노동자 등 젊은이들이
그 중심에서 활약했다. 시위자들은 자신을 큰 운동의 일부라고 생
각했다. 한 곳에서 일으킨 행동은 다른 곳에서 일어날 운동에 영향
을 주었다. 하지만 1968년의 사건들은 다양한 특징을 갖고 있었다.
나라마다 투쟁을 일으킨 요소가 제각각 달랐다.

영국에서는 베트남 전쟁 문제가 핵심이었다. 3월에 수천 명이 손
에 손을 잡고 그로스베너 광장에 위치한 미국 대사관으로 베트민
국기를 들고 행진하였다. 그들은 '어이 LBJ(린든 베인스 존슨 대통령의
이니셜), 오늘은 몇 명의 아이들을 죽였나?'라는 노래를 불렀다. 시위
대는 경찰과 무력충돌을 빚기도 했다. 10월에는 베트남 연대 운동
Vietnam Solidarity Campaign이 두 번째 시위를 일으켰다. 3월에 있었던 시위 인
원의 3~4배에 달하는 10만여 명이 참여했다. 이는 당시의 정치적
시위에서는 전례 없는 규모였다. 주요 대학의 대표단과 함께 수많

은 노동자들이 노조 깃발을 들고 행진했다.

　미국에서도 전쟁은 최대 관심사였다. 1968년 8월 시카고 시장 데일리가 민주당 전당대회장 앞에서 열린 평화 시위에 경찰과 주 방위군을 투입해 맞섰다. 이는 세계 각국의 TV로 방영되었고 시청자 수백만 명은 자본주의 국가가 민주적인 반대자들을 어떻게 대하는지 보면서 두려움을 느꼈다.

　그러나 이러한 움직임의 절정은 흑인 빈민가에서 나타났다. 인권운동가 마틴 루터 킹이 1968년 4월 멤피스에서 암살되자 흑인사회의 분노가 폭발한 것이다. 이전에도 흑인이 경찰과 대치하는 큰 시위가 없었던 것은 아니다. 1964년 할렘에서, 1965년 와츠, 1966년과 67년 여러 군데서 벌어졌다. 하지만 이날 밤의 파괴, 약탈, 충돌은 유례없는 규모였고 미국 전역의 100여 개 도시가 불길에 휩싸였다.

　체코슬로바키아에서는 다른 충돌이 일어나고 있었다. 지식인과 학생들 간의 논쟁이 불붙으며 스탈린주의식 검열을 무너뜨렸고 관료체계는 균열되기 시작했다. 학생들은 자유노조를 결성했다. 노동자들은 투표로 국영노조의 수장들을 정부 임명직에서 끌어내렸다. 언론은 논쟁으로 끓어올랐다. 1968년 8월 러시아 탱크들이 들어와 '프라하의 봄'을 깔아뭉개기 시작했다. 개혁파 지도자들은 체포되어 강제 추방되었다. 그 후로도 조용히 전개된 저항을 러시아가 완전히 진압하기까지는 9개월이 걸렸다.

　그해 다른 여러 자본주의 선진국에서도 시위, 파업, 점거가 일어났다. 북아일랜드의 데리, 뉴욕, 서베를린, 멕시코시티, 바르샤바, 로마 할 것 없이 대규모 시위가 벌어졌다. 그 중에서도 1968년 5, 6월

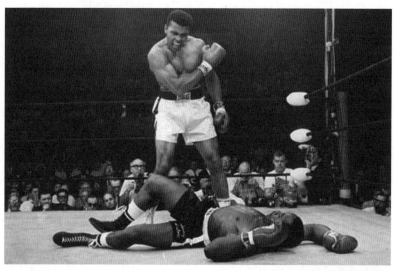

"베트공들도 나를 검둥이라고 부르지는 않는다."
세계 해비급 복싱 챔피언 무하마드 알리는 미국내 인종차별에 대해 이렇게 항의했다.(위)
흑인 인권운동을 전개한 마르틴 루터 킹 목사.(아래)

프랑스에서 일어난 시위는 혁명에 가장 가까운 것이었다. 프랑스 학생운동은 반전 시위의 성격을 띠었지만 대학의 여건, 샤를 드골 대통령 정권의 10년에 저항하는 성격도 있었다.

정부는 과잉 대응했다. 파리대학의 문을 닫고 경찰을 투입했다. 폭력은 대규모 시위로 이어졌다. '바리케이드의 밤(5월10~11일)'에는 학생과 젊은 노동자들이 시위 진압 경찰과 몇 시간 동안 충돌했다. 결국 이들은 레프트 뱅크Left Bank(좌안) 대학 구역에서 경찰을 몰아냈다.

노동자들은 라디오와 텔레비전을 통해 생방송으로 이 충돌을 보고 들었다. 그들 또한 드골의 경찰을 싫어했다. 그들도 시위 현장에 나갔다. 경찰이 죄 없는 동료를 죽이는 것을 보기도 했다.

아래에서부터 압력을 받은 노조 지도자들은 학생들을 지원하기 위해 하루 동안 총파업을 선언했다. 반응은 모두의 예상 밖이었다. 5월 13일에 노동자 수십만 명이 수만 명의 학생들과 함께 행진했다. 그들의 노래는 위협적이었다. "아듀Adieu, 드골! 10년이면 충분하다!" 이튿날 낭트에 있는 쉬드 아비아시옹 노동자들이 공장 점거에 나섰다. 이는 곧 전국으로 확산됐다. 이후 2주 동안 프랑스 전국은 일시 정지 상태가 되었고 약 1000만 명이 파업에 돌입하고 수백만 명이 직장을 점거했다.

그 상황은 1936년의 사태가 더 큰 규모로 재연된 것이었다. 프랑스는 혁명 직전에 놓여 있었다. 드골은 정부를 보호하기 위해 군을 배치해야 할 것인가를 놓고 장군들과 의논하기 시작했다. 결국 이 사태는 1936년과 마찬가지로 종결되었다. 노동자들에게 맹렬한 지지를 받고 있었던 공산당은 임금인상과 총선거란 약속을 받아내자 파업을 끝내고 작업장으로 복귀했다. 혁명적 총파업을 끝장내고 프랑스 자본주의를 구한 것은 반동적 장군들이 아닌 개혁파 지도자들이었다.

프랑스와 전 세계에서 일어난 1968년의 사건들은 1975년까지 이어질 정치적 위기의 시작을 알렸다. 과연 원인은 무엇이었을까? 1950년대부터 1960년대 초까지 이어졌던 고요를 깬 것은 무엇일까?

영국의 페미니스트 쉴라 로보텀은 "베트남은 우리 세대의 스페인이었고, 그곳 사람들의 고통은 우리의 마음속에 깊이 새겨지게 되었다"고 설명했다. 농촌 인민들에게 군사 무기를 들이댔던 그 악랄한 모습은 이 세상의 모든 그릇된 것을 하나로 모아 보여주는 듯 했다. 제국주의, 폭력, 정의의 부재, 빈곤 등 세상의 추악함이 그 속에 다 있었다. 하지만 그것은 1968~1975년 사이 세계 자본주의를 흔들어 놓은 위기의 원인이라기보다는 촉매제였다.

전쟁은 미국에 가장 큰 충격을 가져왔다. 미국인들은 자국이 침략자가 되고 젊은이들이 전쟁터에 끌려가는 등 전쟁에 깊이 개입하게 되자 거리로 나왔다.

하지만 여기서도 전쟁은 다른 사안과 연관되어 있었다. 세계 헤비급 복싱 챔피언 무하마드 알리는 "베트콩들도 나를 '깜둥이^{nigger}'라고 부르지는 않았다"는 말로 흑인에 대한 미국 내 차별을 토로했다. 진짜 적은 물론 자국 내부에 있었다.

모든 일은 1955년의 어느 날 로자 파크스가 그동안 쌓아왔던 분노를 참지 못하고 백인전용 버스에 탑승한 사건에서 시작되었다.

그녀의 행동은 앨라배마와 몽고메리에서의 버스 보이콧 운동으로 이어졌고 이는 그 도시의 인종차별주의자들 세력을 흔들어 놓았다. 이어 대규모 흑인 운동이 일어났고 남부 지역 인종차별주의자들의 기반도 흔들렸다. 10년 가까이 지속된 이 인권 운동은 미국을 변화시켰다. 젊은 흑인과 백인 운동가들 모두 급진적이었다. 전쟁이 시작되자 이들은 무엇을 해야 할지 알고 있었다.

이 운동은 대호황^{Great Boom}이 가져온 사회변화에 영향을 받아 더 활발해졌다. 농장에서의 고립되고 두려운 삶을 버리고 대도시에서 일자리를 갖게 된 미국 흑인들은 더 이상 참으려 하지 않았다.

세계적으로도 마찬가지였다. 경제성장은 수백만 명을 집에서 공장으로, 가난한 나라에서 부자 나라로, 시골에서 도시로 옮겨 놨다. 또한 새로운 산업이 생겨났고, 교외지역이 성장했으며 인구집중 현상이 발생했다. 고등교육은 이제 특권층의 전유물이 아니라 다수의 국민이 받는 것이었다. 예컨대 영국에서는 1939년부터 1964년까지 대학생 수가 6만9000명에서 30만 명으로 늘었다. 1968년에 파리에는 20만 명의 학생이 있었고, 그 중 3만 명은 그 해의 시위에 동참했다.

세계가 변화를 맞이하면서 구시대의 억압은 참을 수 없는 일이되었고, 새로운 노동 착취는 분노를 일으켰다. 앞장서서 가장 먼저 행동하는 사람들, 즉 흑인, 학생, 반전 시위자들은 노동자계급 전반을 이끌었다. 선구자는 사람들에게 자신의 상태와 세상의 부조리를 생각해보게 만들었고 응집하여 맞서 싸우도록 했다. 여성해방운동과 동성애자 인권운동은 1960년대의 대규모적이고 급진적인 흐름에 의해 생겨났다. 하지만 1968년의 프랑스와 향후 이탈리아, 영국,

포르투갈 할 것 없이 노동자들이 움직였을 때 비로소 체제는 뿌리째 흔들렸다.

1968~75년 : 노동자들의 반란

1968년 5월 프랑스에서 일어난 사건들은 세계 자본주의의 전반적인 정치적 위기를 집중적으로 드러냈다. 극렬한 학생 시위는 1000만 노동자들의 집단파업을 불러일으켰고 이는 국가권력에 대한 의문을 품게 만들었다.

5월 초에 집권층은 파리대학을 폐쇄했고 경찰은 학생 시위자들을 폭력적으로 진압했다. 5월 말 프랑스는 노동자계급 혁명이 일어나기 일보 직전이었다. 다른 나라에서도 유사한 상황들이 벌어졌지만 프랑스와는 차이가 있었고 전개 속도도 더 느렸다.

1970년대 초 서독의 대학들은 급진주의와 극렬 시위의 중심에 있었다. 하지만 2차 대전 후 가장 풍요로운 경제상황을 누리고 있던 서독 노동자들은 대체로 이에 소극적이었다. 때문에 학생 운동가들은 주류 독일 사회로부터 외면당했고 그러면서 이들은 극좌파 혹은 테러리즘으로 기울기도 했다.

미국에서도 노동자들은 큰 역할을 하지 않았다. 운동은 학생과 흑인 운동가들이 주도했고 이들과 젊은 급진주의자들은 반전 시위에서부터 게이 인권 등을 아우르는 폭넓은 운동에 참여했다. 이는 조직화된 노동계급이 약했기 때문이기도 했지만 전쟁과 징병, 인종차별 등이 주된 쟁점이었기 때문이기도 했다.

가장 굵직한 시위들은 1970년 5월에 주 방위군이 오하이오주 켄트 스테이트 대학교 캠퍼스에서 발포해 4명의 학생 시위자들이 사망하고 9명이 부상당한 뒤 벌어진 것이다. 미국 전역의 대학에서 이 사태에 대한 반발 시위가 일어났다.

1921년에 아일랜드[88]가 독립한 이후 지속적으로 차별을 받은 소수의 가톨릭교도들은 북아일랜드에서 폭력적인 대치 상황을 벌였다. 데리 시의 가톨릭교도들은 지속적으로 시민권을 요구하는 시위를 벌여왔지만 경찰과 우익 군중과 번번이 맞서야 했다. 그 와중에 이들은 1969년 8월 반란을 일으켰고 보그사이드 구역을 인민들의 해방구로 만들었다.

다른 나라에서는 노동계급이 무대 중심부에 등장했다. 1969년 이탈리아의 '뜨거운 여름hot autumn' 때는 금속노동자들이 공식 노동조합의 채널 바깥에서 운동을 벌이면서 잇따라 공장을 점거해 파업이 절정에 달했다. 파업에 참가한 노동자들은 민주적인 작업장, 근무시간 단축, 화이트컬러들과 동등한 수준의 보험제도, 연금, 복지 혜택을 요구했다.

영국에서는 1972년의 파업과 대규모 시위에 힘입어 정부의 급여 제한과 반노조법이 폐지되었다. 이후 또 다시 급여를 제한하려는 의도에 맞서 광부들은 파업을 일으켰고, 이로 인해 보수당 정권은 1974년 총선에서 패배했다.

라틴 아메리카 국가들도 대부분 혼란에 빠져 있었다. 칠레에서 살

---

88 1949년 헌법 개헌 후 '아일랜드 공화국'으로 개칭했다.

바도르 아옌데가 대통령으로 당선돼 급진적인 개혁을 목표로 하는 인민연합정부를 구성하자 희망의 눈길이 이 나라로 쏠렸다. 그러나 회사 고용주들은 아옌데를 대통령에서 몰아내기 위해 파업을 조직했고 노동자들은 공장을 장악했으며 노동자평의회 네트워크 코르돈cordones을 구축했다. 1972년의 칠레는 혁명과 반혁명의 갈림길에 놓여있었다.

스페인의 장기 독재자 프랑코가 1975년에 사망하자 그의 정권은 대규모 파업이라는 거센 물결을 맞는다. 임금인상 요구와 함께 민주화, 지방자치, 정치범 석방에 대한 요구들이 쏟아져 나왔다.

그러나 스페인 상황에 영향을 준 것은 포르투갈에서 벌어진 더욱 극적인 사건들이었다. 1974년 4월 독재자 카에타노가 쿠데타로 실각한 것이다. 대신 권좌에 오른 보수주의 장군 스피놀라는 터져나오는 투쟁의 물결을 억제할 수 없었다. 아프리카에서 벌어지는 식민지 전쟁을 당장 중단하길 원했던 급진적인 육군 장교들은 리스본과 세투발 항구의 조선소 파업 노동자들과 연합하였다. 우익 집단의 쿠데타 전복 시도는 좌절되었고 스피놀라는 타도됐다. 1968년의 프랑스, 1972년의 칠레처럼 1974년의 포르투갈은 노동자층 반란을 눈앞에 두고 있었다.

이 같은 전 세계적인 1968~75년의 정치적 위기를 마르크스주의 학자 크리스 하먼은 '마지막 불꽃'이라고 불렀다. 그러나 이 불꽃은 세계 어느 곳—독일은 물론, 프랑스, 칠레, 포르투갈, 미국, 영국에서도 성공적인 혁명으로 끝맺지 못했다.

위기는 둘 중 한 가지 방법으로 해결되었다. 학살적인 진압 혹은 치밀하게 계획된 해체 작업이었다. 좌파의 정치적 혼란과 실수를 틈타 지배계급은 혁명을 제압함으로써 체제의 안정을 되찾을 기회를 주었다.

라틴 아메리카 국가에서는 폭력적 진압이 주로 사용되었다. 1968년 10월 2일 멕시코시티가 그 첫 번째였다. 올림픽 개최를 열흘 앞둔 이날 멕시코의 일당 독재 정권은 국가적 행사인 올림픽의 성공을 가로막는 것은 무엇이든 저지하겠다는 단호한 자세였다. 또한 멕시코 학생들의 시위운동이 일반 시민사회에 강력한 영향력을 끼치기 전에 강경하게 차단하겠다는 의지를 갖고 있었다. 그날 시내 광장에서 대규모 시위가 5000명의 병력에 의해 통제되고 있었다. 발포 명령이 내려지자 그들은 100명 이상의 시민을 사살했다. 수백명이 부상을 당하거나 체포되었다. 국가 폭력에 의해 시위 행렬 전체는 하루 만에 무너졌다.

칠레에서의 대규모 시위는 훨씬 넓은 지역에서 벌어졌고 심도 있게 전개됐다. 1970~3년에 수백만 명의 노동자, 농민, 빈민들은 대중투쟁과 풀뿌리 민주주의에 참여했다. 이 운동을 파괴한 건 멕시코시티에서보다도 훨씬 더 많은 피를 부른 잔인한 진압이었다.

아옌데는 의회를 통한 사회주의를 신봉하는 개혁주의 좌파 정치인이었다. 그는 지지자들에게 무기를 쥐어주는 대신 법에 의한 절차를 택하라고 요구했다. 1973년 9월 피노체트 장군은 칠레 지주와 기업주, 미국의 다국적기업, CIA의 지원을 받아 군사 쿠데타를 일으켰다. 아옌데의 지지자 수천 명은 체포되고 살해당했다.

아르헨티나에서도 유사한 일이 벌어졌다. 변화를 위한 대규모 운동은 합법적 채널로 경로가 바뀌었고, 1974년의 군사 쿠데타에서 수만 명의 좌익 운동가들이 죽임을 당하거나 실종됐다.

억압은 항상 다른 것들과 혼합된 형태로 나타났다. 모든 곳에서 시위자들과 파업 노동자들은 경찰에게 공격당했고 법정에서 처형됐다. 법정이 필요 없을 때도 있었다. 1972년 1월 민권 운동가 13명은 북아일랜드 데리에서 영국 군인에 의해 죽어갔다. 이날이 바로 '피의 일요일Bloody Sunday'이다.

하지만 이 같은 전면적인 억압은 흔한 선택지는 아니었다. 피의 일요일은 실수였다. 그 목적은 시위운동을 파괴하는 것이었지만, 반대 효과를 낳았다. 젊은 가톨릭 신자 수백 명이 아일랜드 공화국군IRA에 들어감에 따라 시위가 무장투쟁으로 바뀐 것이다.

미국의 시민권 운동도 같은 전철을 밟았다. 마틴 루터 킹의 암살로 대표되는, 흑인 시위에 대한 국가폭력은 흑표당Black Panther Party이라는 극렬 무장 결사집단을 낳았다. 영국 내각은 1972년 파업하는 광부들에게 병력을 사용하는 것을 거부했는데, 이는 시위자들이 사망할 경우 노동자계급이 격렬하게 반발할 것을 우려했기 때문이었다. 결국 체제의 생존을 좌우하는 것은 경찰과 군대보다는 개혁적인 정치인과 노조 대표였다.

프랑스가 이에 부합하는 모델을 제공했다. 공산주의자들이 대다수였던 노동총동맹은 1968년 6월 그르넬 협약Grenelle Agreement을 근거로 작업장으로 복귀하라고 지시했다. 그러나 협약은 국가와 고용주들이 제시한 제한적인 경제적 양보일 뿐이었다.

유럽 자본주의의 정치적 안정화도 대부분 이런 유형을 따랐다.

북아일랜드 구교도들의 반영감정은 '피의 일요일'이라는 유혈 폭력사태로 이어져 아일랜드 공화국의 무장투쟁을 낳는다.

노동조합의 수장들과 사회민주주의 또는 공산주의 정치인들은 대중운동의 힘을 이용하여 몇몇 양보를 얻어내긴 했지만, 그 후 자신의 힘을 노동자들에게 사용함으로써 노동자들의 운동을 해체하고 그 힘을 무너뜨렸다. 이탈리아에서도 '역사적 타협'Historic Compromise'이 맺어졌다. 우익 기독교 민주 진영과 조화롭게 정치를 하고 싶은 공산당의 의지를 나타내기 위한 것이었다. 영국에서의 '사회 계약Social Contract'은 정부의 개혁 약속에 대해 노동조합이 임금 인하와 파업 금지로 화답해준 것이었으며, 스페인의 '몽클로아 조약Pact of Moncloa'은 임금 제한, 공공지출 삭감, 노조의 파업 반대 등을 통해 파시즘 몰락 이후 자유주의 정치인들에게 숨 돌릴 틈을 만들어 주는 역할을 했다.

가장 이상한 결말은 포르투갈에서 나왔다. 독재 치하에서 대중의 지지를 받던 공산당은 음지에서 지상으로 나왔다. 그러나 이들은 노동계급 혁명에 힘을 쏟기보다는 급진적인 군 장교들을 통제하여 스탈린주의 정권을 수립하는 데 몰두했다. 그것은 은밀하게 추진됐다. 우익 장교들이 좌익 장교들을 진압하기 위한 행동에 나섰다. 그들은 중도 정당 연합의 지지를 받으며 행동했다. 의회정치와 제한된 사회개혁을 주장하던 사회주의당은 최고의 수혜자였다. 혁명은 흐지부지되었다.

이렇게 피의 진압 혹은 관료들의 모략으로 패배한 1968~1975년의 대중운동은 엄청난 결과를 맞았다. 대호황이 끝났기 때문이었다. 자본주의는 이제 정치와 더불어 경제적 위기도 맞고 있었다. 1970년대 중반 위기가 심각해졌을 때 지배계급은 힘이 꺾인 대중운동 덕분에 그 위기를 노동자의 희생으로 해결할 수 있게 되었다.

┃ 장기침체 1973~92년[89]

┃ 대호황은 1973년 가을 급작스레 끝났다. 1960년대 후반 세계 각지에서 경제 문제가 발생하며 성장은 더뎌졌다. 그러나 전 세계적인 대공황으로 발생한 갑작스런 경기 추락은 충격을 주었다. 위기는 과거의 유물이어야 했다. 자본주의를 옹호하는 사회민주주의자들부터 우익 보수주의자들까지도 모두 호황-불황

---

89 recession은 (경기) 침체, Depresssion은 불황, Great Depression은 대공황으로 번역했다.

의 순환은 사라졌으며 이제 꾸준한 성장, 완전고용, 삶의 질 증진이 보장된다고 장담했다. 하지만 1974~6년의 하락 속에서 실업률은 두 배가 됐다. 이후에도 회복이 되지 않았고 1980~2년 두 번째 하락 속에서 실업률은 다시 한 번 두 배가 되었다. 높은 실업률은 계속되었고 1980년대의 성장률만 그나마 1960년대 성장률의 절반에 미칠 수 있었다.

이번 위기는 1930년대만큼 심각하진 않았으나 만성적이었다. '장기침체the Long Recession'는 지속적인 불경기와 더딘 성장이 특징이다. 대호황 당시만 해도 잘 작동하던 국가경제 운영 틀이 말을 듣지 않았다. 정부는 경기하락을 상쇄하기 위한 지출을 창출해 수요를 증가시키려 했지만 효력은 미미했고 물가상승만 초래했다.

새로운
세계 혼란

정치인들은 급작스럽게 우파로 전환했다. 영국 총리 캘러건은 1976년 9월 영국 노동당 회의에서 이렇게 선언했다.

"우리는 세금을 줄이고 국채 발행 등으로 경기 침체에서 벗어날 수 있을 거라고 생각해왔다. 나는 이제 진심으로 이런 선택지는 더 이상 존재하지 않는다고 선언한다. 이것이 존재한 적이 있었다면, 그것은 경제에 인플레이션을 불어 넣어 이루어진 것이었다. 이렇게 되었을 때는 항상 평균 실업률이 상승하였다."

실제로 정부가 무엇을 하든 실업률은 올라갔다. 경쟁과 이익을 바탕으로 한 자본주의의 모순은 정치적 대표자들의 운영 능력을 거역하고 있었다. 어디서부터 잘못된 것일까?

당시에 새로운 표준으로 여겨졌던 '대호황'은 사실 이례적인 것이었다. 그나마 유사한 지속적 성장의 사례는 1848년부터 1873년까지 이어진 성장이다. 1873년 장기침체가 시작된 이후 언제나 존재했던 여러 종류의 위기가 표준이었다. 자본주의는 무기 구입, 제국주의, 전쟁 등의 중독으로만 유지되는 병적인 시스템이 되어버렸다.

1945년 이후 또 한 번의 폭락을 막은 것은 이러한 중독의 변형이었다. 평화로운 시기에 정부가 이례적으로 무기 구입, 사회기반시설, 공공사업에 지출한 것이다. 이를 추진한 데는 세 가지 요인이 있었다. 전후 재건을 위한 필요 물자 구비, 급진적인 노동자층의 사회개혁을 향한 압박, 냉전 기간 중 국제관계가 군사화된 것 등이 그것이었다. 결국 대호황은 국가자본주의적인 경제 개입에 의해 만들어진 것이다. 러시아 같은 완전한 국가자본주의 경제체제에서는 이런 양상이 당연했지만, 자유시장 경제체제를 표방하는 미국 등에서도 이런 일이 일어났다. 2차 세계대전이 절정에 다다를 때쯤 미국 정부의 군사비 지출은 경제 생산의 50퍼센트 가량을 차지했다. 10년 후에는 15퍼센트 정도를 유지하고 있었다. 이는 호황을 지속시키고 안정화시키는 결과를 가져왔다.

하지만 무기 거래에 중독된 자본주의에게 그것은 임시 처방일 뿐이었다. 대호황은 곧 제어할 수 없는 세 가지 문제에 의해 힘을 잃어갔다. 이는 1950, 60년대에 세계경제가 팽창하면서 더욱 명확해졌다.

첫째, 군비 지출로 호황을 유지시켜온 경제체제가 그것을 계속 유지하려면 그들의 경쟁력을 희생시켜야만 했다. 무기 지출은 낭비성 지출이다. 노동력을 줄여주는 기계에 대한 지출과는 다르다. 무기

지출은 노동의 생산성을 향상시키지도, 경비를 절감시키지도 않아 산업 경쟁력을 높이는 데 전혀 기여할 수 없다. 2차 세계대전 패전국인 독일과 일본이 전후 경제개발에서 월등히 앞서간 것도 이러한 이유에서다. 서독은 GDP(국내 총생산)의 3~4퍼센트 정도만 무기에 지출하였는데 영국이나 미국 같은 국가에 비하면 현저히 낮은 비율이다. 일본은 1퍼센트밖에 사용하지 않았다. 결과적으로 두 국가는 신기술 개발에 투자할 수 있었고 1950년대 초부터 독보적인 성장세를 보였다. 서독과 일본의 성장률은 이후 20년간 미국 성장률의 세 배를 유지하였다.

그리하여 무기 거래를 바탕으로 한 부진한 경제체제와 수출을 위주로 하는 활발한 경제체제 사이에는 간극이 생기기 시작했다. 대호황 기간 동안 자본주의 선진국들의 총생산량 중 서독의 비율은 두 배로 불어났고 일본은 4배가 늘어났다. 미국의 지분은 3분의 2에서 절반 이하로까지 떨어졌다.

때문에 무기 부담은 당연히 줄여야 했다. 미국은 1950년대와 1970년대 중반까지 무기에 쏟은 생산량을 절반으로 줄였다. 크리스 하먼은 이를 두고 "시장경쟁의 역학이 군사경쟁의 역학의 가치를 가차 없이 하락시키고 있다"고 말했다. 그러나 그 결과는 무기 지출을 통한 경기 부양과 안정화 효과를 약화시키는 것이었다.

두 번째 문제는 그나마 감당할 만한 것이었다. 미국과 소련은 데탕트(긴장완화) 정책에 접어들면서 무기 지출을 줄일 수 있었지만, 임금과 복지 인하를 둘러싸고 국내의 노동계급과 쉽게 합의할 수 없었다.

실업은 자본주의 경제에서 불가피한 것이다. 마르크스가 말한 '노동예비군[90]the reserve army of labour'은 실업에 대한 두려움을 악용해 노동자들이 낮은 임금을 받아들이도록 강요함으로써 노동력의 가격을 낮춘다. 하지만 대호황은 사실상 전 세대가 완전히 고용될 수 있다는 것을 의미했다. 노동력 공급은 부족했고, 고용주들은 직원을 갖기 위해 경쟁했고, 실업에 대한 두려움은 대부분 사라졌으며, 노동자들은 직장에서 노조기구를 결성하여 유리한 조건을 요구하였다.

또한 정부들은 국민들로부터 구입 가능한 가격의 집, 신식 병원, 더 나은 학교, 그리고 개선된 복지 공급책을 제시해달라는 압박에 시달리고 있었다. '사회적 임금'이 개인 임금과 함께 인상되었다. 일례로 영국에서는 노동자층이 차지하는 국가 전체 부富의 비율이 대호황 동안에 국내총생산GDP의 약 절반에서 3분의 2로 상승했다.

임금 인상과 정부 지출 확대는 수요를 창출하였고 호황은 지속되었다. 하지만 이는 자본가들에게 비용 상승, 경쟁력 감소, 이윤 감소로 다가왔다. 특히 노동운동이 강세인 지역에서는 문제가 되었다. 예컨대 영국 자본가들은 서독과 일본의 자본가에 비해 경쟁력이 낮아졌다.

세 번째 문제는 장기간 지속되어 왔던 자본의 중앙집중화 경향

---

90 마르크스는 자본주의 경제에서 노동생산성을 증가시키기 위한 자본의 유기적인 구성이 고도화되면서 총자본 중 불변자본이 차지하는 비율이 커진다는 사실에 주목하여, 자본 축적이 필요한 것 이상으로 과잉되는 노동인구를 상대적 과잉인구 또는 산업예비군이라고 불렀다. 또한 마르크스는 산업예비군을 자본주의의 발전에 수반되는 필연적인 산물이라고 보았다. 즉, 자본주의가 발달하여 자본의 유기적 구성이 고도화됨에 따라 노동을 절약하는 자본집약적인 생산방법이 널리 채용되면 노동력이 실업으로 나타나며, 이들은 노동할 수 있는 능력은 있으나 일자리를 찾지 못한다.

즉, 세계경제가 갈수록 소수의 거대기업에게 지배당하는 결과로 나타났다는 것이다. 대호황 동안 다국적기업의 등장은 정부의 통제를 벗어난, 곧 국가자본주의의 틀을 벗어난 경제세력의 등장을 의미하였다. 영국에서는 상위 100개 기업들이 1949년 국가 생산량의 21퍼센트를 차지한 반면 1970년에는 무려 46퍼센트로 증가했다. 무기, 자동차, 제약, 전자기기 등 핵심 산업에서 최첨단 기업들은 갈수록 재정, 기술력, 원자재, 생산 공장, 시장 등에서 세계화된 접근을 점점 늘려갔다.

다국적기업 앞에서 국가경제는 작아졌다. 이들은 범국가적인 사업들을 수행하면서 규제와 세금, 자본통제를 피하면서도 보조금과 각종 감면혜택을 받아낼 수 있었다. 경쟁적인 자본축적은 국가라는 경계를 뛰어넘었고 이전 단계의 자본주의 발달 장치들을 불필요한 것으로 만들었다.

1970년대 중반에 이르러 대호황은 끝이 났고 그것을 가능하게 했던 국가 자본주의는 위기와 갈등 속에서 무너지고 있었다. 이를 대체하며 등장한 것이 세계화된 기업들의 '신자유주의'였다.

신자유주의는 무엇인가?

신자유주의(이전에는 통화주의^{monetarism}, 또는 대처리즘^{Thatcherism} 으로 불렸다)는 때로는 이데올로기적인 착오 정도로 치부되곤 했다. 하지만 이는 심각한 오해다. 사실 신자유주의 학자, 언론인, 정치인, 은행가, 기업가들이 지지하는 '자유시장' 이론은 실제 자본주의 경제가 작동하는 원리를 설명하는 데 너무 부족한 틀이다. 그러나 이 이론은 자본주의 고유의 탐욕, 빈곤, 혼돈 그리고 정치 경제 상류층들이 무노동의 대가로 누리는 터무니없는 부에 대해 어떻든 근거를 제공해준다. 그런 의미에서 신자유주의는 지배계급의 자기 합리화 이념이라고 해도 좋다.

그러나 1970년대까지 신자유주의는 일부 우익들의 비주류 이념일 뿐이었다. 프리드리히 하이에크나 밀턴 프리드먼과 같은 자유시장 이론가들은 괴짜 정도로 여겨졌다. 대다수 경제학자와 정책 입안자들은 높은 수준의 국가 개입과 공공지출이 이뤄지는 혼합경제를 지지했다.

1970년대 들어 상황은 달라졌다. 국가자본주의의 모순이 축적되면서 대호황을 끝내 버리고 세계를 장기적인 경기 후퇴로 몰아넣는 위기를 불러왔기 때문이다.

신자유주의는 이러한 위기에 대한 반응이다. 간단히 말해 신자유주의는 글로벌한 부유층 대 나머지 계급 간의 전쟁이다. 그 목적은 1945년 이래 노동자들이 획득해온 것들을 무너뜨리고, 착취와 이윤의 비율을 늘려 노동자에게서 자본가에게로 부를 재분배하는 것이다.

최초의 충격은 장기불황 기간 동안 자본가들 간의 경쟁이 더 강화됐다는 점이다. 시장이 작아지자 회사 사장들은 직원을 해고하고 남은 직원의 임금을 깎아 비용을 줄여야 했다. 이는 곧 전세계적으로 비용 절감을 '바닥까지 끌어내리는 경주'로 이어졌다. 마치 위기 때 등장한 새로운 경제질서의 대표적 특징처럼 여겨지게 된 것이다. 국가경제, 양대 경제 진영, 국가자본주의의 시대는 지나가고 있었다. 세계경제가 국제은행과 국가의 통제를 벗어나 다국적기업에 지배당하는 시대가 도래하고 있었다.

신자유주의 환경에서 대규모 금융과 거대 기업들이 급부상했다는 사실은 숫자로도 파악할 수 있다. 미국의 대외직접투자[FDI]는 1950년의 110억 달러에서 1976년 1조330억 달러로 늘었다. 미국 기업들의 장기차입금은 1955년 총 주식 가치의 87퍼센트에서 1970년 181퍼센트로 늘었다.

다른 예를 보자. 서유럽 은행들의 외화 매매는 1968년 250억 달러에서 1974년 2조 달러로 늘었다. 74개 후진국들의 부채 총액은 1965년 390억 달러에서 1974년 1조190억 달러로 늘었다.

대호황 시절에 일어났던 이러한 지속적인 양적 변화는 1970년 드디어 돌이킬 수 없는 티핑 포인트에 이르렀다. 글로벌 기업들은 이 시기에는 국가 위에 있었다. 1984년의 장기침체에 대해 크리스 하먼은 이렇게 평가하였다.

> 마치 전쟁 전 위기라는 영화가 재상영되고 있는 것 같다. 한 가지 차이는 있다. 국가경제 내부의 은행들로부터 대출받아 경쟁하던 개별 기업들은 없어지고 이제 국가자본주의와 다국적기업들이 국제적인 은행들로부터 대출을 한다.

그 결과, 국가의 지배계급들은 노동자계급을 더욱 착취해야 한다는 엄청난 압박을 느끼게 됐다. 높은 임금은 새로운 투자를 위축시킬 수 있다. 공공사업, 복지혜택을 위해 기업들이 내는 세금도 마찬가지다. 또한 안전한 업무 환경을 보장하고, 노동시간을 제한하고, 출산휴가를 제공하기 위해 만들어진 법규들도 이런 논리로 보면 투자를 위축시킬 수 있다.

지배계급의 반격은 1973년 칠레에서 군사 쿠데타 이후 처음 시도됐다. 1975년 영국 보수당 당수로 선출된 마거릿 대처가 곧 뒤를 이어 공세에 나섰다. 그녀는 1979년 총리가 된 뒤 두 번의 총선에서 승리를 거둬 1990년까지 재임했다. 그녀는 신자유주의 맹신자였다.

전임 총리 에드워스 히스의 보수당 정권은 1972년과 1974년에 노동자 투쟁으로 약화돼 있었다. 대처는 노조, 복지국가, 노동자계급을 상대로 총체적인 반격을 준비하고 있었다. 핵심 표적은 히스 정권과의 투쟁을 주도했던 광부들이었다.

대규모의 탄광 폐쇄 정책이 실시되었고 이에 맞서 광부들은 생계와 마을 공동체를 지켜내려는 필사적인 싸움을 시작했다. 결국 총 참가 인원 15만 명, 파업 기간 1984년부터 1년이라는 역사상 최장 기간의 집단파업이 이어졌다. 광부들은 경찰의 군대식 폭력, 법정의 혐의 조작, 언론의 허위보도 등으로 폭격을 당했다. 그들은 결국 생계를 위해 일터로 복귀할 수밖에 없었다.

광부들의 패배는 영국 노동조합주의의 맥을 끊어버렸다. 1970년대 초만 해도 영국은 세계에서 가장 조직적이고 강력한 노동자계급을 갖고 있었다. 1985년 이후 노동조합 가입자 수는 절반으로 줄었고, 지난 20년 동안 영국의 파업률은 19세기의 파업률과는 비교도

안 될 정도로 낮아졌다.

영국 광부들의 패배는 전세계적인 의미가 있었다. 노동자계급의 신자유주의에 대한 저항을 지배계급이 분쇄해버린, 가장 중요한 전환점이 되는 사건이었기 때문이다. 이후 대처와 그 후임들이 세금 감면과 공공기관 매각을 중심으로 하는 경제정책을 집행할 수 있게 되었다.

국영 기업과 공공서비스의 민영화 효과는 체계적인 공무원 조직의 교섭단위를 무너뜨렸고, 기업주들이 민영화된 사업의 사업권과 계약을 따내기 위해 서로 경쟁적으로 임금을 삭감하는 상황을 만들었다. 여기서 시장화와 민영화의 진짜 의도가 드러난다. 노조 조직을 약화시키고, 불안정성을 조금씩 부추기며 임금을 내림으로써 노동자에게 돌아가야 할 부를 기업 부호들에게 재분배하려는 것이다.

민영자본은 국가자본을 대체해 공공서비스의 주 공급자가 된다. 국가는 세수稅收를 주택, 병원, 학교, 복지 등 사회적 임금의 형태로 환원하는 대신, 기업에게 돈을 지불하고 이들을 공공서비스의 공급자로 만든다. 또한 기업들은 자신들의 능력에 맞춰 공급 서비스의 규모나 방식을 개조한다. 노조는 약해지고 공공서비스는 줄어들고, 비용은 절감된다. 수혜를 받는 자들은 신자유주의 자본주의의 글로벌 거대 기업들이다.

보안관리업체 G4S가 좋은 예다. 이 기업은 수차례 인수합병의 결과로 탄생했다. 현재 125개국에 65만 명의 직원이 있다. 이 중 아시아 직원이 39퍼센트, 유럽 19퍼센트, 아프리카 17퍼센트, 북아메리카 9퍼센트, 라틴 아메리카 8퍼센트, 중동이 8퍼센트를 차지한다.

영국에서는 이 기업이 교도소와 공공행사의 보안 등을 담당하며 경찰 임무도 수행한다. 이들은 공공부문 민영화의 가장 큰 수혜자 중 하나다. 영국에서의 사업으로 2011년 15억9000만 파운드의 수익을 올렸다. 법인세로는 1.5퍼센트인 6700만 파운드밖에 내지 않았다.

국가자본주의의 종말은 국가의 종말을 의미하지는 않는다. 경제 운영, 산업 투자, 복지에서 역할이 줄어들 뿐이다. 그러나 다른 역할들은 늘었다.

국가는 언제나 자본을 거래하는 거대한 시장이다. 하지만 공공사업이 매각되면서 사업을 할 수 있는 기회가 엄청나게 많아지고 있다. 예를 들어 영국 정부는 현재 국가보건의료제도^{National Health Service(NHS)}를 민영화하고 있다. 보건 예산은 연 1조250억짜리다. 한줌의 민영기업들이 곧 영국 전체의 보건 의료서비스를 지배하게 될 것이다.

국가도 여전히 경제위기 관리에서 핵심적인 역할을 하고 있다. 국가뿐 아니라 이제는 유럽연합^{EU}이나 국제통화기금^{IMF} 같은 국제기구가 국가와 더불어 중요한 역할을 한다. 2008년 이후 이들은 부도난 은행들에게 수조 달러를 퍼주어 국제금융자본을 지원하였다.

이처럼 신자유주의 시대에 국가는 나라 안팎에 있는 지배계급의 적들에 맞서 무장된 힘을 사용하는 원초적 역할을 해준다. 국가가 무력으로 막아줘야 할 지배계급의 적들이란 바로 반자본주의 시위자, 파업 노동자, 게릴라 반란군, 독립적인 지역세력 등이다.

임금 삭감, 민영화, 불평등은 사회 화합과 합의를 저해하였다. 병원을 열려면 간호사가 필요하고, 병원을 닫으려면 경찰이 필요하다. 세계화, 민영화, 군사화는 신자유주의 자본주의의 대표적 특징이다. 이는 대호황 당시의 국가자본주의와는 완전히 다른 새로운 세계질서를 우리에게 제시하였다.

이 새로운 세계질서는 경제적 측면뿐 아니라 정치적 측면도 있다. 1989년 베를린 장벽 붕괴와 2001년 뉴욕 세계무역센터[WTC] 빌딩 붕괴라는 두 사건은 냉전시대의 양극화된 세계정세에서부터 지정학적으로 더욱 세분화된 '테러와의 전쟁'의 세계로 이동하였음을 알리는 신호다.

1989 : 스탈린주의의 몰락

1989년 11월 9일 저녁, 베를린 시민들은 세상을 바꿔놓았다. 전쟁광이던 지배계급에 의해 1945년 이래 분단되었던 이 도시는 보통 사람들의 봉기를 통해 다시 통일되었다. 베를린 시에서 이 소식이 들불처럼 번져 나가면서 수십만 명의 군중들은 냉전시대에 철의 장막의 상징이었던 베를린 장벽 앞에 집결해 그것을 무너뜨리기 시작했다. 1961년 베를린 장벽의 설치 이후 약 5000명의 사람들이 이 벽을 건너려고 시도했고 이중 100~200명이 죽어갔다. 그러나 세계 역사상 가장 위대한 혁명적 저항이 전개되자 벽은 한순간에 무너졌다.

베를린 장벽 붕괴는 그 해 벌어졌던 유사한 많은 사건들을 대표하는 사건이었다. 하지만 결과가 다 같지는 않았다. 6월 3일과 4일

스탈린주의가 몰락하면서 1989년 냉전의 상징인 베를린 장벽이 무너졌다.

베이징은 새로운 미래의 가능성을 보여주었다. 4월 베이징의 톈안먼天安門 광장에서 시작된 민주화 시위는 며칠 만에 10만 명이 참가하는 대규모 사태로 확대됐다. 이후 한 달간 이 민주화운동은 중국 전역에 확산돼 400개 도시에서 시위가 벌어졌다. 늙은 관료들의 일당독재체제였던 중국 정부는 얼마 동안은 혼란에 빠져 우왕좌왕했다. 운동의 규모가 계속 커지자 권력에서 밀려날 수도 있다고 우려한 중국 지도자들은 자국민을 상대로 군사 쿠데타를 일으켰다.

도시의 군인들은 이 상황이 무엇을 의미하는지 너무나 잘 알고 있었고 이 중 다수는 마음으로 시위자들에게 동조하고 있었다. 그래서 정부는 지방에 있는 군인들을 불러왔다. 그들은 군인들을 각종 거짓으로 세뇌시킨 뒤 톈안먼 광장으로 보내 무장하지 않은 시위자들을 향해 총을 쏘도록 했다. 대규모 운동의 숨이 멎는 순간이었다.

중국인들은 지금까지도 이러한 반혁명 학살이 남긴 여파 속에 살고 있다고 할 수 있다. 이들은 자유시장 자본주의의 고된 노동, 빈곤, 시장 불안정, 스탈린주의 경찰국가의 권위주의라는 양쪽 진영의 어두움 모두를 갖고 있다.

반면 동유럽의 1989년은 다른 결과를 가져왔다. 1970년대의 장기불황은 국가자본주의 정권들을 경제적, 정치적 위기로 몰아넣었고 무슨 일이 벌어질 것이라는 신호는 점점 커지고 있었다.

폴란드는 스탈린주의에 저항했던 오랜 역사를 지니고 있었다. 1956년과 1970년에는 대규모 노동자 반란이 있었다. 피해자였던 노동자층 운동가와 반체제 지식인들은 1970년대 노동자 수호 위원회Workers' Defence Committee와 로봇니크Robotnik(노동자란 뜻의 폴란드어) 신문 등 지하에서 체제 저항세력을 구축하고 있었다. 1980년 여름 정부가 가격인상을 강행하려 하자 시위자들은 그단스크의 레닌조선소를 점거하였다. 이곳은 지하세력이 정기적으로 선전 전단을 배포하던 일터 중 하나였다.

파업과 점거는 빠르게 퍼져나갔다. 3500개 공장의 대표들이 모인 한 회의에서 시위는 하나의 대규모 운동으로 모아졌다. 솔리다르노시치Solidarnosc(연대)라는 이름의 이 운동은 노동조합과 혁명적인 노동자의회 네트워크의 혼합체였다. 회원은 1000만 명으로 늘었고 16개월 동안 지속되었다.

하지만 이 단체의 지도자들은 소련의 군사개입에 대한 두려움에 '자기 제한적 혁명'을 선언했다. 자신들이 직접 국가권력을 장악하거나 기존의 지배층을 전복하기보다는 타협하는 것에 목표를 뒀다. 이에 대한 대가는 불가피했다. 1981년 12월 중순 야루젤스키 장군은 계엄령을 선포하여 솔리다르노시치 지도부를 체포하고 군을 동원하여 노동자 운동을 산산조각 내버렸다.

그럼에도 야루젤스키는 완전한 강경 진압을 시도하지는 않았다. 당시 정치적, 경제적 위기가 너무 심각해 기존 체제의 완전한 복원은 불가능했기 때문이다. 따라서 그들이 스스로 개혁 과정을 견뎌낼 수 있는 시간과 공간을 확보함으로써 강제로 개혁을 당하게 되는 상황을 만들지 않는 게 공격 목적이었다.

동구권 진영은 1950년대와 60년대는 서유럽 국가들보다 높은 경제성장률을 기록했다. 스탈린주의 정권들은 국가가 직접 중공업과 무기 생산에 투자하는 자급자족 경제를 구축하였다. 그러나 산업화의 다음 단계로 나아가려면 세계시장에서 통할 수 있는 기술이 필요했고, 이 시장은 외국의 다국적기업들이 지배하고 있었다. 1970년대에 이러한 자급자족 체계는 거의 생명을 다했다. 국가자본주의 경제체제가 뒤처지지 않기 위해서는 '시장으로의 개방'이 필요했다. 그 시장 경쟁이 반드시 필요한 이유는 군사적 경쟁 때문이기도 했다.

냉전은 소련에게 엄청난 부담을 주었다. 경제 규모는 미국의 절반 정도밖에 되지 않는데도, 소련의 지도자들은 뒤처지지 않기 위해 상대적으로 훨씬 높은 수준의 무기 지출을 해야 한다는 압박에 시달리고 있었다. 다만 1970년 데탕트 시대가 오면서 이 부담은 좀 덜어졌다.

그러나 1980년 미국 레이건 대통령은 전략방위구상Strategic Defence Initiative을 내세워 사실상 두 번째 냉전을 선포했다. 미국 무기 지출은 1979년 2조950억 달러에서 1986년 4조 250억 달러로 늘었다. 컴퓨터로 조종되는 신식 순항미사일이 유럽에 배치되었고, 우주에 무기를 설치하는 계획이 실행되었다(언론에서는 이를 '별들의 전쟁Star Wars'이라고 불렀다). 동시에 미국은 중앙아메리카, 카리브해, 중동, 중앙아시아 등에서 군사 개입을 더 많이 했다. 1980년대 부진했던 소련 경제는 무기 경쟁을 감당할 여력이 없었다. 군사력이 약해졌음을 가장 명백하게 보여준 것은 소련 인근의 중앙아시아에서 벌어진 식민지 전쟁의 패배였다.

1979년 12월 소련은 아프가니스탄을 침공하여 사면초가 상태였던 카불의 공산주의 괴뢰정권을 지원하였다. 소련이 침공하자 국경 지역에 근거지를 둔 무자헤딘(이슬람교도 게릴라군)들이 대규모 게릴라 반란을 일으켰다. 무자헤딘은 곧 미 중앙정보국^{CIA}으로부터 무기 지원을 받았다. 금전 지원은 1981년 3000만 달러에서 1985년 2억 8000만 달러로 증가했다. 이슬람 반군과 미국 무기가 힘을 합치면서 소련을 몰아냈다. 1988년 봄부터 러시아군은 철수하기 시작했고 1년 뒤 완전히 물러났다.

아프간 전쟁이 종결되자 러시아와 동유럽에서는 스탈린주의의 종말이 시작되었다. 미하일 고르바초프는 1985년 소련 공산당 서기장이 되었다. 1987년과 1988년 그는 글라스노스트^{glasnost}(개방)와 페레스트로이카^{perestroika}(개혁) 정책을 도입하였다. 그의 목표는 지배층 관료들의 권력 유지를 위협하던 경제위기에 대응하기 위한, 위로부터의 계획적인 개혁이었다.

하지만 얼마 가지 않아 그는 통제 기능을 상실했다. 정권 안에 존재하던 깊은 갈등의 골은 1920년대 이후 없었던 대규모 시위를 불러일으켰다. 단단한 바위 같던 정권에 금이 가기 시작하면서 약삭빠른 관료들은 '개혁가'와 '민족주의자'라는 이름으로 탈바꿈했다.

이들 중 가장 능숙한 이가 보리스 옐친이었다. 그는 소련 정치계의 독불장군으로서 고르바초프와 소련 공산당 모두와 단절하였으며, 1989년 소련 인민대표회의에서 모스크바 대의원으로 선거에서 승리한 후 1991년 러시아 대통령으로 당선되었다.

제국의 패권이 위기에 처하면서 동유럽을 속박하고 있던 외부의 군사 개입 위협은 사라졌다. 경제 위기와 불안정한 권력, 개혁에 대한 논의는 한데 모여 결국 폭발하기에 이르렀다. 기폭제는 흔히 그렇듯 사소한 사건이었다.

1989년 6월 말 오스트리아와 헝가리의 국경에서 범유럽 피크닉[91]이 벌어졌다. 1948년 이후 폐쇄되었던 이 국경이 한 사절단의 통과를 위해 개방되었다. 이 소식이 퍼지면서 수천 명의 동독 국민들이 횡단을 위해 모여들었다. 헝가리는 이들을 막으려 하지 않았다. 처음엔 몇 백 명이 통과했고, 이후 몇 천 명, 나중에는 4만 명가량의 동독인들이 8월과 9월 6주 동안 서쪽으로 '도피'했다.

10월이 되자 군중이 밀물처럼 동유럽을 가로질러갔다. 하지만 이제 거리에 있는 수백만 명의 목적은 '도피'가 아니었다. 11월 4일 동베를린 중심부에서 "우리는 나가고 싶다We want out"고 외치던 수백만 명의 시위자들은 이제 "우리는 머무르고 싶다We want to stay"고 외쳤다. 도피가 혁명으로 변한 것이다.

늙은 정권은 도미노처럼 쓰러졌다. 폴란드 지도자들은 1월부터 솔리다르노시치와 많은 대화를 나누고 있었다. 헝가리는 10월 7일 표결을 통해 의회식 민주주의로 변모하게 되었고 같은 달 23일에는 스탈린주의 체제를 종결시켰다.

베를린은 11월 9일 통일되었고 불가리아 독재자 토도르 지프코프는 그 달 10일에 타도됐다. 체코인들은 11월 29일 '벨벳 혁명'을 승리로 이끌었다. 오직 루마니아에서만 정부가 혁명을 떨쳐내기 위

---

91 1989년 8월 19일 오스트리아-헝가리 국경 부근의 도시인 쇼프론에서 열린 평화 시위 집회. 범유럽 노조와 헝가리 민주포럼이 주최한 이 집회를 통해 약 600~700여명의 동독 국민들이 오스트리아 국경으로 탈출하였다. 공산주의 유럽국가의 철의 장막을 무너트리고 독일의 통일로 이어졌다는 점에서 정치적으로 매우 중요한 사건이다.

해 혼신을 다했다. 그러나 국가 전체의 증오를 샀던 비밀경찰조직 세큐리타테가 전복되자 독재자 니콜라이 차우세스쿠는 도망가기 전 붙잡혀 부인 엘레나와 함께 사형을 당했다.

1989년의 혁명은 대중운동의 눈부신 승리를 보여주었다. 그러나 그것이 가져온 결과는 제한적이었다. 모스크바, 베를린, 부다페스트, 바르샤바, 소피아, 프라하, 부쿠레슈티의 군중들은 자유와 번영을 원했다. 그러나 그들은 완전한 자유와 번영을 누리지 못했다. 정부 관료들은 의회 정치인들로 탈바꿈했다. 국가자본주의는 신자유주의 자본주의로 탈바꿈했다. 스탈린주의 이데올로기는 버려졌고 서유럽식 '자유'는 결국 환영일 뿐이었다.

무엇이 문제였을까? 왜 혁명은 대중적 영향력을 갖지 못했을까? 그토록 강력한 계급투쟁은 왜 의회정치라는 암울한 타성에 빠지게 됐을까?

소비에트 제국이라는 권력의 핵심 기둥이 빠져버리고 국가자본주의 정권들이 쇠락해가면서 그들을 끌어내리는 것은 그리 어려운 일이 아니었다. 냉전 이데올로기와 신자유주의 글로벌화를 모두 거치면서 서유럽식 자유시장 자본주의와 의회 민주주의는 동유럽권 사회주의의 대안인 것 같았다. 이 변화의 움직임을 감행하고 대안적 비전을 제시하는 것은 옛 지배층의 몫이었다. 그들은 이렇게 자신들의 재산, 권력, 특권을 유지할 수 있었다. 1989년의 정치개혁은 보기 좋게 사회혁명으로 이어지는 데 실패하고 말았다.

9·11사태, 테러와의 전쟁, 그리고 신제국주의

2001년 9월 11일, 알카에다 테러리스트들이 4대의 미국 항공기를 납치하여 뉴욕 월드 트레이드 센터의 쌍둥이 빌딩, 버지니아 앨링턴의 미 국방부 펜타곤, 워싱턴 DC의 미 의회의 사당 공격을 감행했다. 이 중 3개의 공격은 성공했다. 펜타곤은 큰 피해를 입지 않았지만, 쌍둥이 빌딩은 피격당해 무너졌고 3000여 명이 사망했다.

9·11은 미국 지배계급에게는 일종의 '선물'이었다. 그들은 이 사건으로 인해 '테러와의 전쟁'이라는 명목으로 그들의 공격성을 새롭게 단장할 수 있게 되었다. 그것은 알카에다의 테러보다 몇 천 배는 더 위협적인 것이었다. 이 사건은 그들이 새로운 제국주의 전쟁을 정당화하기 위한 '위협'과 '적'을 만들어주었다.

테러와의 전쟁은 신자유주의 자본주의와 정치적으로 상관관계가 있다. 신자유주의는 경제를 무너뜨리고 삶을 파괴한다. 또한 사회를 갈라놓고 혁명과 전쟁을 조장한다. 그러면 거대 세력들은 글로벌 자본을 지키기 위해 개입한다. 테러와의 전쟁은 이런 개입을 위한 토대를 제공하며, 냉전이 종식된 현재 상황에서도 높은 군비 지출을 유지할 수 있는 최고의 명분이 된다.

동유럽에서 국가 자본주의가 무너지고 구공산당 간부들이 신자유주의의 고위직 과두 정치가로 변모하면서 각국의 경제는 통째로 무너지기 시작했다. 1989년으로부터 10년이 지나자 러시아는 40

퍼센트의 경기위축을 겪었다. 동독의 실업률은 20퍼센트를 넘었다. 유고슬라비아의 생활수준은 2년 만에 절반으로 떨어졌다.

이 같은 경제 하락과 사회 혼란은 구공산주의 정권에서만 일어난 일이 아니었다. 국가 주도식 모델은 모든 대륙에서 무너지고 있었다. 이집트에서부터 인도, 라틴 아메리카에 이르기까지 국영기업들은 팔려나갔고, 공공서비스는 중지되었으며, 복지는 줄어들었다.

글로벌 금융자본을 대표하는 세계은행과 국제통화기금이 신자유주의의 최고 결정권자가 되었다. '구조조정'(신자유주의적 긴축이라는 뜻이다)을 신청하면 재정, 기술, 투자에 접근할 수 있는 권한을 주어야 했다. 이를 따르지 않으면 몰락의 길로 들어서야 했다.

1980년대 '구조조정' 과정에 있던 76개국 중 대부분은 이전 시대의 성장률을 회복하는 데 실패했다. 그 결과 아프리카인 55퍼센트와 라틴 아메리카인 45퍼센트는 빈곤선 아래에 놓여졌다. 사회 갈등은 다방면에서 폭발했다. 유고슬라비아는 이런 신자유주의 혼돈의 좋은 사례다.

엄청난 부채를 지고 있던 유고슬라비아 정권이 와해되면서 서구 은행들은 추가 펀딩에 대한 접근을 차단하였고, IMF가 도입한 '구조조정'은 정치적 불안에 경제적 불황까지 더해 주었다. 당 간부들은 민족주의 정치인들로 탈바꿈하였고 구시대의 모습으로 되돌아갔다. 이후 이 지역은 1945년 이후 유럽에서는 볼 수 없었던 학살과 인종청소로 얼룩진 지독한 내전으로 찢겨졌다. 이러한 상황은 '인도주의적 개입'과 '평화유지'의 탈을 쓴 새로운 방식의 서구식 제국주의가 실험될 수 있는 장을 만들어주었다. 미국이 주도한 냉전시대 군사연합인 북대서양조약기구NATO는 이제 1989년 이후의 '신 세계질서^{New World Order}'의 군사적 수호자로 다시 태어나게 되었다.

세르비아는 보스니아 전쟁(1992~5)과 코소보 전쟁(1999) 때 NATO의 폭격을 당했다. 서구 강국의 목적은 이 나라 경제를 국가자본주의에서 신자유주의로 전환시키고 외국자본을 안전하게 유입시키기 위해 정치적으로 안정시키는 것이었다. 토니 블레어 영국 총리는 코소보 전쟁 당시 시카고 경제 클럽에서 새로운 제국주의 정책을 발표했다.

> 우리는 이제 모두 국제주의자들이다...우리가 번영하기 위해서는 국제 시장에 참여하는 것을 거부해서는 안 된다...우리의 안전을 보장받기 위해서는 인권침해와 갈등에 등을 돌려서는 안 된다. 우리는 국제사회의 새로운 원칙이 시작되는 것을 목격하고 있다...글로벌 금융시장, 글로벌 환경, 그리고 글로벌 안보와 군비축소 문제, 어느 것도 긴밀한 국제적 협력 없이는 해결할 수 없다.

블레어는 역사 속에서 드러났던 제국주의자들의 거만함을 보여주었다. 그가 말하는 '우리'는 신자유주의 부르주아지를 의미했다. 그의 '국제사회'는 강대국을 의미했다. 그는 2003년 이라크전을 지원함으로써 이 같은 입장을 노골적으로 드러냈다. 새로운 제국주의가 도래했음을 상징적으로 보여준 것이다.

오늘날 국제평화를 가장 위협하는 것은 미국이다. 미국은 경제적으로 후퇴하고 있으나 군사적으로는 강력하기 때문이다. 미국 경제는 2차 세계대전 동안 연 15퍼센트 이상 성장했다. 1945년에는 전

세계 생산량의 50퍼센트 이상을 차지했다. 이 비율은 1980년에는 30퍼센트로 하락했고, 오늘날에는 20퍼센트 정도로 낮아진 것으로 보인다. 반면 미국의 군비 지출은 1945년 이후로도 상대적으로 높은 수준을 유지했다. 지난 20년간 미국 군비 지출은 전세계 총량의 3분의 1을 차지했다. 1999년 미국의 무기 지출은 중국의 3배, 러시아의 8배, 이란의 40배, 이라크의 200배에 달했다. 상대적인 경기 후퇴와 절대적 군사 우위라는 이 모순된 상황을 보면 미국이 왜 호전적인 성격을 가질 수밖에 없는지 알 수 있다.

미국의 전략적 계산의 핵심에는 지구상 가장 중요한 원자재인 석유 통제권이 있다. 미국이 중동에 초점을 맞추고 있는 이유는 이 지역이 세계 석유 생산량의 70퍼센트를 보유하고 있기 때문이다.

테러와의 전쟁은 서구와 이슬람 간의 갈등이 아니라 석유와 기타 중요 이익을 위한 제국주의 자본들의 싸움이다. 그러나 그 이념적 성격은 1979년 이후 중동 지역의 정치적 발전에서 기원한다.

이슬람은 기독교, 힌두교, 불교 등 다양한 형태를 띨 수 있는 신앙이며, 매우 다양한 계층의 이해관계와 정치적 태도를 대변할 수 있다. 그러므로 이슬람주의 또는 '정치적 이슬람'은 단일하거나 결집된, 조직적 세력은 아니다. 이슬람은 극우집단인 아프가니스탄의 탈레반에서부터 이란을 통치하는 현 정권, 비교적 진보적인 이집트의 무슬림 형제단[92], 그리고 헤즈볼라 같은 레바논의 무장 저항단체

---

92 하산 알-반나가 영국 식민통치 시기인 1928년 '진정한 이슬람 가치의 구현과 확산'을 목표로 수에즈의 이스마일리야에서 설립한 이슬람 근본주의 조직. 전 세계에서 가장 오래된 조직이며 최대 1000만 명의 회원을 거느린 큰 이슬람 운동 조직이다.

까지 아우른다.

정치적으로 어느 한 쪽으로 규정되지 않는다는 점은 이슬람교의 큰 매력이기도 하다. 이슬람교는 제국주의, 시오니즘, 독재 등에 반대하는 누구에게나 정치적 기반을 제공할 수 있을 것 같은 인상을 준다. 청년 일꾼, 직업 없는 졸업생, 노점상, 빈민가 주민, 마을의 물라(이슬람의 율법학자) 모두를 하나의 대규모 운동으로 결집시키는 능력을 가진 것처럼 보인다.

세속의 정치권력들이 계속 실패를 거듭하면서 이슬람교의 매력은 배가되었다. 아랍 민족주의 정권들은 1956, 1967, 1973년의 아랍-이스라엘 전쟁에서 패했다. 이들은 이후 이라크의 사담 후세인, 이집트의 호스니 무바라크, 시리아의 바샤르 알 아사드 같은 잔혹한 독재정권으로 변했다. 스탈린주의 노선을 따른 옛 아랍 공산당은 노동계급의 운동을 제대로 선도하지 못했고 이들을 위선적인 부르주아-민족주의 지도자들보다 경시하면서 계속 패하기만 했다. 인력에서나 무기에서나 뒤떨어진 팔레스타인 게릴라 부대들은 영웅적으로 싸웠으나 시온주의 정권의 무력 앞에서는 힘을 쓸 수 없었다.

1979년 이란 혁명은 새로이 나아갈 방향을 제시하는 듯했다. 수백만 명의 대규모 저항운동은 미국을 등에 업은 악랄하고 폭력적인 독재를 타도하였다. 그 좌익세력은 이후 이슬람 반혁명 운동에 의해 파괴되고 말았다.

그럼으로써 이슬람주의는 그동안 지녀왔던 심각한 모순을 드러냈다. 사회의 다양한 세력들을 결집시킴으로써 변화를 위한 투쟁을 이끌어낼 수 있지만, 힘을 갖게 되면 적대적인 계급갈등에 의해 산산조각이 날 수도 있는 것이다.

하지만 이란의 이슬람 혁명은 구체제로의 전면적인 회귀를 가져오진 못했다. 대신 이 혁명은 미국의 음모에 맞서는 이란 민족의 독립의지를 이슬람의 이름으로 선언한 것이었다. 때문에 미국은 1980년대 가장 참혹한 전쟁인 이란-이라크 전쟁에서 이라크에 무기를 지원했다. 수백만 명이 사망한 이 참호전은 결과적으로 이란 혁명을 지연시켰다. 이라크를 지역 강자로 키운 미국은 그 후 이라크 독재자가 쿠웨이트 유전을 뺏으려 하자 그를 무너뜨렸다. 걸프전쟁(1990~1)은 중동에서의 미 제국주의 정책을 실질적으로 보여주었다. 지역을 분열시키고 약하게 만들어 하나의 특정 국가가 세력을 장악하는 것을 막는 것이다.

9 · 11 덕분에 미국 네오콘^{neo-con}(neo-conservatives의 줄임말로 신 제국주의의 열렬한 지지자들을 말한다)들은 공격적으로 나아갈 기회를 마련했다. 미군은 중앙아시아와 중동 지역에 제국주의 경쟁자들을 상대로 선수를 쳤고, 이 지역에 팍스 아메리카나^{Pax Americana}를 뿌리 내리며, 가스와 석유 매장량에 대한 미국의 접근 권한을 무기한 지켜낼 군사적 거점을 마련하려 했다. 그 대가로 수백만 명의 목숨을 치러야 했다.

그러나 아프간과 이라크 전쟁은 곧 감당하기 힘든 지경이 됐다. 점령국가에서는 통제 불능의 게릴라 반란이 일어났고 미국에서도 유례없는 대규모 반전시위가 벌어졌다. 옛 자본주의 중심지에서 전개된 거리 시위는 2008년 이후 세계의 은행들이 파산하고 글로벌 경제가 두 번째 대공황을 맞으며 긴축조치에 반대하는 새로운 운동으로 이어졌다.

2008년의 붕괴 : 버블에서 블랙홀까지

"결점을 하나 찾았다. 이것이 얼마나 영향력이 있을지, 얼마나 오래 갈지 모르겠다. 하지만 그 사실로 인해 매우 괴로웠다."

신자유주의의 최고 설계자인 미연방준비은행 앨런 그린스펀 의장은 세계경제에 찾아온 재앙의 시작을 이렇게 설명했다.

역사상 최대 금융 버블이 출현했을 때 그린스펀이 가장 크게 기여한 점이 있다면 바로 1993년에 제정된 글래스 스티걸 법^{Glass Steagall}^{Act}을 폐기한 일이다. 은행들이 고객의 예금으로 투기하는 것을 금지시킨 법이었다. ABC TV 뉴스나이트에서 경제학자 폴 메이슨은 이와 더불어 '규제 완화' 전체가 가져 온 결과를 더욱 강조했다. 이는 '인류 역사상 사람이 만들어낸 최대의 경제 재앙'을 불러왔다.

2007년 9월 영국의 주택금융조합 노던록이 망하자 소위 '신용 경색'은 심각한 수준에 이르렀다. 1년 후 미국의 거대 투자은행 리먼 브라더스가 390억 원의 손실을 보았다고 발표했고 파산을 선언했다. 9월 18일 그린스펀의 후임으로 연준 의장에 임명된 벤 버냉키와 미국 재무장관 헨리 폴슨은 "우리는 국가 역사상 최악의 재정위기를 앞두고 있다. 며칠 이내로 말이다"라고 밝혔다.

이런 사태를 방지하기 위해 각국 대표들은 자유시장 원칙을 버리고 수차례에 걸친 대규모 국영화와 긴급구제를 시행하였다. 곧바로 2조 달러의 정부 자금이 3분의 2는 직접 지출을 위해, 나머지 3분의 1은 정부 보증의 형태로 은행에 투입되었다. 이후로도 수조 달러가 추가로 투입되었다.

전례 없는 액수의 국가자본을 민영은행에 쏟아 붓자 세계 금융체계는 안정되었다. 이 자본은 시급한 손실을 메웠다. 그보다 더 중요한 의미는 정부가 주요 은행이 망하도록 내버려두지 않는다는 것을 보여줌으로써 금융자본가들의 '신용'을 회복시켰다는 점이다. 수익은 사유의 것이, 손실은 공공의 것이 된 셈이다.

그러나 아무것도 위기를 해결하지는 못했다. 그저 위기를 재구성했을 뿐이다. 전례가 없던 대규모 붕괴로 정부, 기업, 가정의 금고는 줄어들었고 세계경제는 침체에 빠졌다. 실물경제는 이제 거대한 빚더미에 짓눌려 어두운 그늘 속으로 들어갔다. 은행들의 손실 예측액은 3조4000억 달러다. 여기에 더해 악성부채로 수조 달러가 더 있다. 이로 인해 은행에 투입한 국가 지원금은 블랙홀 속으로 사라져버렸다. 설상가상으로 은행 부채는 정부 부채로 변했다. 은행 붕괴의 위기는 국가 파산의 가능성으로 바뀌었다.

신용 경색, 신용 붕괴, 불황 위기는 모두 1970년대에 기원을 둔다. 영국의 대처와 미국의 레이건은 낮은 수익과 부진한 성장에 맞서 노조, 임금, 복지국가에 정면타격으로 대응했다. 목적은 부를 노동에서 자본으로 재분배하는 것이었다. 그들은 높은 수익이 사업, 투자, 성장을 촉진한다고 주장했다.

하지만 이 정책은 양날의 검이었다. 자본가들은 자신의 기업에는 낮은 임금을 주길 원하면서 다른 기업 노동자들은 높은 임금을 받아 자신들이 생산하는 상품과 서비스를 구매해 주기를 원했다. 1979~2007년의 신자유주의 경제는 소득 불평등과 수요 부족이 늘어나면서 선로를 이탈할 위기에 놓였었다.

연 평균 성장률은 이런 상황을 잘 설명해준다. 2차 대전 당시 무기 생산이라는 자극제는 미국의 성장률을 5.9퍼센트로 올려놓았다. 1960년대 대호황이 한창일 때는 4.4퍼센트를 유지했다. 그러나 1980년대와 1990년대에는 3.1퍼센트로 떨어졌다. 2000년대에는 2.6퍼센트였다.

이게 끝이 아니었다. 1960년대 성장의 대부분은 실제 사용될 재화와 서비스를 생산 하는 실물경제의 성장이었다. 그러나 2000년대에 기록된 성장은 부채를 마구 늘려 줄어든 수요를 '해결'하려는 방식이었기 때문에 진짜 성장이 아니었다.

가공적인 수요는 경제의 '금융화'로 생성된 것들이다. 시장 규제 완화, 낮은 이율(저리 자금), 금융 '개혁', 늘어나는 가계부채는 결국 역사상 가장 큰 거품을 만들어냈다. 경제는 기록상으로만 존재하는 대출로 넘쳐났다. 수요는 잔뜩 증가했고, 가격은 상승했으며, 여기서 폭리를 얻으려는 자들이 덤벼들었다. 그러면서 가짜 부富의 거대한 거품이 생겨났다.

경제는 성장했지만, 사람들은 실제로는 존재하지도 않는 돈을 소비하고 있기 때문이었다. 부동산은 오로지 담보 대출 여력 때문에 가치가 상승 중이었고 그런 부동산을 담보로 대출이 이뤄졌다. 이는 전형적인, 자가 공급식의 투기 광란이었다. 여러 선진국의 노동자들은 낮은 수입, 신용 대출 확대, 집값 상승이 맞물리며 큰 대출 빚을 지게 되었다. 신용 구매를 한 노동자들은 이후 파생금융상품, 무담보 부채, 부풀어진 자산가치가 맞물린 거대한 역피라미드의 아랫부분을 차지하게 되었다.

미국의 평균 가계부채는 1970년대와 2006년 사이에 두 배 이상 뛰었다. 미국 국가총생산에 비해 총 가계부채는 1980년대 초의 1.5배에서 2007년 약 3.5배로 늘었다. 미국 총 수익에서 금융부문이 차지한 비율은 1950년대 초 15퍼센트에서 2011년 50퍼센트 가까이로 증가했다.

이러한 광란이 절정기에 다다랐을 때는 어떠한 무모한 계획도 다 통했다. 은행은 갚을 능력이 없는 사람들에게 융자를 주기 시작했다. 이 '서브프라임' 대출액은 2000년부터 2007년 사이에 230퍼센트 증가했다. 서브프라임 대출은 이후 더욱 양질의 대출로 재포장되었고, 이 파생금융상품은 계속 판매되었다. 파생상품의 의도는 리스크를 분산하는 것이었다. '금융서비스 산업'은 이를 기발한 발명품으로 여겼다. 그러나 실제 효과는 은행 시스템 전체를 악성부채로 물들이는 것이었다.

패닉이 시작된 것은 서브프라임 모기지 시장에서였다. 소비자 수요가 하락하고 주택가격이 내려가면서 이제 서브프라임 대출은 악성부채가 되어갔다. 서브프라임 패닉은 곧 세계 금융시장을 휩쓰는 전염병이 되었다. 은행 시스템 전체가 얼마나 악성부채에 감염되어 있는가를 걱정하는 공포가 번져갔다. 세계은행 시스템 전체는 한순간 투기, 부풀어진 가격, 장부상에만 존재하는 자산으로 넘쳐나게 되었다.

붕괴의 원인은 금융화 때문이었다. 그러나 은행부채가 없었다면 호황은 일어나지 않았을 것이다. 시스템은 한마디로 깊이 병들어 있었다. 1970년대부터 낮은 수익, 수용력 초과, 소비 부족에 시달린 이 시스템이 수요를 유지하는 유일한 방법은 부채를 늘리는 것이었다. 금융투기가 거대한 거품으로 부풀어 오른 것은 이러한 이유에서다. 화려해 보이는 신자유주의 이면에는 영구적인 '부채 경제'라는 현실이 존재했다.

이제 문제는 붕괴의 잔재를 처리하는 것에만 있는 게 아니다. 신자유주의 유행의 주동력인 부채와 투기가 폭발한 것이 진짜 문제다. 은행가들은 자신들의 은행이 무너졌고 대출자들의 상환을 믿지 못하기 때문에 대출을 거부하고 있다. 기업가들은 시장과 수익이 무너져 내렸기 때문에 투자를 하지 않는다. 정부는 국가 부도를 지연시키기 위해 지출을 줄이고 가격을 낮추려 한다.

금융 위기는 투기, 이기심, 도박식 광란에 의해 일어났다. 시장 규제 완화, 낮은 이율, 금융 '혁신', 부채 증가 등에 힘입어 이런 것들이 고삐 풀린 듯 날뛰던 한 시대가 막을 내린 것이다. 그 영향은 인류를 두 번째 대공황에 빠뜨렸다. 우리는 이제 역사상 가장 거대하고, 걷잡을 수 없는 체제 위기를 맞고 있다.

두 번째 대공황

은행 시스템에 수조 달러를 투입하는 것으로는 위기를 극복하지도 성장을 회복시키지도 못한다. 구제금융은 그저 파산한 체제를 간신히 떠받치고 있다. 이는 신자유주의 자본주의의 완전한 몰락을 막고 세계적인 지배계급의 재산, 권력, 특권을 지키기 위해 만들어진 것이다. 은행의 구제금융과 긴축계획은 오히려 위기를 극복하고 성장을 회복시키는 데 정반대의 효과만 가져올 뿐이다.

은행들은 여전히 대출을 해주지 않는다. 그들은 국가 기금을 이용하여 부채를 감가상각하고 재무제표의 자본 구성을 재편성하고 있다. 또한 불황에 빠진 경제 탓에 은행은 돈을 빌려주면 떼일까 두려워하고 있다. 어떠한 재정적 안정화가 이뤄진 것도 아니다. 악성부채는 시스템 안에서 돌고 돌기 때문에 은행의 지불능력 위기는 국가의 지불능력 위기로 바뀌었다. 2012년 현재 위기의 진원지는 유럽연합EU이다.

유로와 유럽연합은 붕괴의 위기에 놓여 있다. 수차례 정상회담은 실패로 끝났고 그에 따른 혼란이 반복되고 있다. 이를 통해 망조가 드리운 이 정치경제 기구가 유럽 은행 시스템을 무너뜨릴 수 있는 폭발적인 부채에 대해 얼마나 대책이 없는지를 실감케 해주었다. 2009년 10월 은행들의 긴급구제, 남유럽의 부채 중심 경제, 독일의 수출 중심 경제의 불균형이라는 조합은 유럽연합을 재정적으로 녹여버릴 위기에 처하게 만들었다. 이때 이후 그리스, 포르투갈, 스페인, 이탈리아(취약한 순서대로)는 몰락의 벼랑 끝에서 휘청거렸다.

위기를 극복하기 위한 유럽연합, 국제통화기금, 유럽중앙은행ᴱᶜᴮ('트로이카' 채권단으로 불린다)의 지난 3년간의 노력은 전혀 효과가 없었다. 빚더미에 앉은 국가들에 단순히 구제금융을 하여 은행에 계속 이자를 지불하게 하는 것은 의미가 없을 뿐만 아니라, 이에 대한 대가로 대규모의 긴축을 요구하는 것도 비생산적이다. 긴축은 삶을 파괴할 뿐만 아니라, 경제 전체를 망가뜨려 놓는다. 정부가 지출을 삭감하면 시장은 위축되고, 기업의 판매는 줄어들고, 임금은 내려가고, 직원들은 해고된다. 그러면 수요는 더 내려간다. 내리막의 소용돌이가 이는 것이다. 이 원리대로 1930년대의 스태그네이션이 일어난 것이다. 우리의 통치자들은 두 번째 대공황을 만들고 있다.

또한 긴축으로 물가하락이라는 강타를 맞은 경제가 위축되면 채무 부담이 늘어난다. 이는 다양한 방법으로 일어난다. 첫째, 더 많은 기업과 가계가 파산하면서 악성으로 변하는 부채가 늘어난다. 둘째, 세수가 줄고 복지비용이 늘면서 정부의 대출이 늘어난다. 셋째, 경제체제가 제 기능을 상실하면서 긴축은 투자자의 확신을 꺾고 대출비용을 늘린다. 마지막으로 경제가 위축되면서 기존 채무의 상대적인 부담이 늘어나는 가운데 채무 상환 연장을 위해 더 많은 대출을 해야 한다. 부채를 줄이기 위해선 경제성장이 필요하다.

이 단순한 진리를 증명해 주는 것은 우리 주변에 널려있다. 그리스는 트로이카 채권단 실패의 정점이다. 구제금융은 돈을 그리스의 채권단에게로 흘러들어가게 하고, 동시에 진행되는 긴축 재정은 경제를 파탄에 빠뜨린다. 따라서 더 많은 구제금융이 필요해진다. 2009년 말 그리스의 국내총생산^{GDP} 대비 부채 비율은 약 130퍼센트였다. 구제금융과 긴축경제의 2년 반이 지나자 190퍼센트가 되었다. 왜 이런 일이 일어났는가? 그리스 경제가 긴축으로 인해 20퍼센트의 GDP 추락을 겪었기 때문이다.

그리스뿐만이 아니다. 아일랜드는 2008년 금융위기로 강한 타격을 입었다. 여기에 긴축 예산이 이어지면서 더 타격을 입은 경제는 2009년 8.5퍼센트, 2010년에는 14퍼센트 줄었다. 그리스, 아일랜드와 더불어 포르투갈, 스페인, 이탈리아는 가장 극단적인 사례들이다. 그러나 유럽 대륙 전체도 10퍼센트의 평균실업률(그리스와 스페인에서는 25퍼센트)로 깊은 불황에 빠져들고 있다. 수백만 명이 저임금, 시간제, 비정규직을 감당해내고 있다. 다른 선택이 없기 때문이다(대규모의 위장실업이 현재 위기의 특징 중 하나다).

유럽 젊은이들의 미래가 특히 암울하다. 일자리를 찾는 사람 4명 중 1명은 취업을 하지 못하고 있는데 아일랜드, 포르투갈, 이탈리아에서는 3명 중 1명, 그리스와 스페인에서는 2명 중 1명이 그 고통을 겪고 있다. 죽음의 그림자가 이 위기에 빠진 사회에 길게 드리워져 있다. 그리스에서는 1년 사이에 자살률이 40퍼센트 증가했다.

은행 시스템의 붕괴는 자연재해가 아니다. 그것은 투기와 신자유주의 이념에 기반을 둔 도박 경제의 탐욕이 만들어낸 인재人災다. 현재 우리가 들어서 있는 침체는 자연재해가 아니다. 정부가 주도한 긴축의 직접적인 결과다. 전 영국은행 통화정책 이사이자 세계에서 손꼽히는 경제학자 중 한 명인 데이비드 블랜치 플라워는 이렇게 설명하였다.

> 심각한 경기 침체^{deep recession}에서 얻는 가장 중요한 교훈은 호황 국면
> 에 들어설 때까지 공공지출을 줄이지 않아야 한다는 것이다. 케인스는
> 그렇게 가르쳤다. 너무 일찍 지출을 줄이는 것은 경제를 불황^{depression}
> 으로 몰아넣는 결과를 가져온다. 그렇게 되면 실업률이 급속도로 상승
> 하고, 사회 혼란, 빈곤 확대, 생활수준 하락 등이 생겨나며 무료 급식소
> 로까지 갈 수 있다.

자본가 계급에게는 케인즈식 전략 자체가 위험하다는 것이 문제
다. 국가부채는 다른 어느 상품과 마찬가지로 금융시장에서 판매되
어야 하는 상품이다. 공공지출을 위한 자금을 대기 위해 정부의 적
자 기록이 늘어난다면, 채무불이행^{default}의 위험이 높아지며, 대출은
더욱 비싸질 것이고, 어느 한순간에는 '신용'이란 것은 증발해버리
고 국가부채는 팔 수 없게 될 것이다. 그 후 국가 부도는 블랜치플라
워가 예측한 대로 긴축 정권 아래에서의 경제 대폭락과 사회 반란
을 불러일으킬 것이다. 그리스는 이 딜레마의 확실한 본보기다. 신
자유주의 지배계층은 이러한 이유로 그들의 부를 결정하는 체제의
모순 속에 갇혀 있다. 불황을 벗어나는 방법은 오직 신성장 산업에
투자하는 것뿐이다. 그러나 금융자본의 민영화가 설치해놓은 제약
속에서는 이것이 불가능하다.

이것은 세계를 다른 방향으로 향하게 한다. 파시즘과 전쟁의 야만
성으로. 민주주의는 이미 유럽 전체에서 공격받고 있다. 경제 문제

의 의사결정권은 신자유주의 정치인들과 은행가들이라는 아주 작은 집단에 집중되어 있다. 부채 상환과 긴축 계획에 대한 도전은 조소 섞인 아우성과 재정적 종말에 대한 예측으로 되돌아온다. 그리스와 이탈리아의 사례는 선거로 선출된 정부를 외부의 은행가 정권이 대체할 수도 있다는 사례를 보여주었다. 단지 시장 '신용'을 회복한다는 목표만 달성할 수 있다면.

이와 동시에, 점점 줄어드는 시장에서 기업들이 이익을 위해 경쟁하게 되면서 전쟁이 일어날 가능성이 높아진다. 위기 속에서 더 경쟁적으로 변하게 되는 와중에 미국의 경제력이 약해짐에 따라 그들은 압도적인 군사력을 사용하고픈 유혹을 더 간절하게 받게 될 것이다. 미국은 경제가 산업과 금융의 쇠퇴로 가라앉기 전에 그것을 써먹고 싶을 수도 있다.

미국과 중국 간의 마찰은 세계에서 가장 심각한 정치적 균열로 나타날 수도 있다. 중국의 성장은 저비용 수출로 더욱 탄력을 받고 있다. 그 결과 중국은 2009년 초 2조3000억 달러의 외화를 보유한 것으로 분석됐다. 이중에서 약 1조7000억 달러는 달러 자산으로 투자되었다. 이러한 '저축 과잉'은 재활용되어 미국의 부채를 인수하고 중국 제품 수입을 위한 자금을 댄다. 이런 엄청난 불균형이 불안정을 가져오고 있다. 경제적 파워가 이처럼 초강대국인 미국에서 급부상하는 중국으로 이동하고 있다. 이는 2008년의 재정 붕괴의 한 요소이기도 하다.

동시에 중국 자본주의는 계속 공격적으로 전 세계의 원자재 접근권을 확보하려 하고 있다. 뉴욕타임스는 '중국이 앞으로 몇 년 동안 원유와 같은 천연자원들을 확보하는 데 초점을 맞추고 있다'고 쓰고 있다. 이는 불황기에는 세계의 재분할을 위한 제국주의 전쟁의 원인이 될 수 있다.

경기후퇴를 끝내기 위해서는 부채를 종식시키고 은행을 인수하고 부자들에게 세금을 물리고 일자리, 서비스 그리고 녹색기업 전환 등이 필요하다. 이를 위해서는 금융자본의 지배를 전복시키고 민주적 지배 하에 경제를 놓아야 한다. 야만주의냐 사회주의냐를 선택해야 했던 1930년대와 마찬가지로, 정치가 그 결정적인 역할을 할 것이다.

새로운
세계 혼란

미래 만들기

세계의 부

인류는 농업혁명을 통해 처음으로 상당한 잉여를 축적하기 시작한 이래 지난 5000년간 결핍에서 벗어나기 위한 평탄치 않은 오르막길을 걸으며 역사를 진전시켰다. 인류의 진보는 역사의 세 가지 동력이 작동했기에 가능했다. 기술의 발전, 지배계급의 경쟁, 계급 간 투쟁. 이런 세 가지 동력들이 결합하면서 낳은 여러 문제들 때문에 진보를 향한 길은 늘 불확실할 수밖에 없었다.

산업혁명이 일어난 후 50년간 변화의 속도는 급격히 빨라졌다. 경쟁적으로 자본축적이 이뤄지자 자본주의라는 역동적 체제는 끊임없이 혁신을 진행하는 글로벌 경제를 낳았다. 인류는 이제 각종 발명과 산업 발전을 통해 세상 모든 이에게 물질적 풍요를 주기 직전까지 와있다.

그러나 이러한 경제의 잠재력은 아직 완전히 실현되지 않았다. 대신 인류는 착취와 빈곤, 제국주의와 전쟁, 기근과 질병에 여전히 시달리고 있다. 지금 이 순간에도 영국의 장애인 빈곤층에게 지급되어야 할 돈이 긴급구제를 받은 은행가들에게 주는 엄청난 보너스로 쓰이고 있다. 그리스에서는 조세를 피해 먼 외국에서 살고 있는 억만장자 투기꾼에게 돈을 지급하기 위해 노동자의 평균임금을 3분의 1로 깎아야 했다. 미국 중서부 농부들이 식용 옥수수 대신 소이캔들의 재료가 될 콩을 기르기 때문에 먼 동아프리카에서는 배가 불룩한 아이들이 배고픔에 비명을 지른다. 중앙아시아에서도 어린 아이들은 미군이 터뜨린 고성능 폭약에 만신창이가 된다. 아이들이 사는 마을에 테러 위협이 있다고 펜타곤이 믿기 때문이다. 인류의 5000년 노동의 결실로 우리는 전례 없는 노하우와 부富라는 자원을 만들어냈지만 이는 생산적인 노동을 전혀 하지 않는 극소수 집단의 탐욕과 폭력에 이용된다.

이 책을 쓴 목적 중 하나는 왜 이래야만 하는가를 설명하려는 것이다. 또 다른 목적은, 세상이 지금과는 다를 수도 있었다는 것을 설명하기 위해서다. 핵심은 단순하다. 인간의 역사는 그들이 스스로 만들어간다는 것이다. 그러나 인간이 온전히 자신의 선택만으로 모든 것을 정할 수는 없다. 인간들의 행동은 그 시대의 경제적, 사회적, 정치적인 구조라는 틀 안에 있기 때문이다.

그러나 이러한 제약들 아래에서-또는 그것들 때문에-인간은 일련의 선택 앞에 놓이게 된다. 때로 그들은 행동하지 않고 순종하는 것을 선택한다. 그리하여 그들은 역사의 희생자로 남게 되고 다른 사람들의 결정에, 지배자에 구속된다. 아주 드물게 그들은 힘을 모아 싸우기도 한다. 이런 선택이 쌓이면 대중운동이 되고 역사적 세력이 된다. 그리고 세상은 흔들리게 된다.

우리는 중대한 결정을 내려야만 하는 시점에 와있다. 우리는 긴축, 빈곤, 늘어나는 사회적 불평등, 그리고 파시즘과 치러야 할 전쟁의 심연에 순종할 수도 있다. 아니면 최근의 자본주의 위기에 종지부를 찍고 은행가들과 군벌의 지배를 해체하고 민주주의와 평등에 기반을 둔 사회, 이윤을 위해서가 아니라 우리의 필요를 위해 생산하는 새로운 사회를 만들어나갈 수도 있다.

결론

야수

세상을 바꾸기 위해선 세상을 잘 이해해야 한다. 야수를 죽이기 위해서는 야수의 본성을 알아야한다. 오늘날 자본주의는 19세기 중반 마르크스나 20세기 초반 레닌이 분석한 그것과는 다르다. 하지만 같기도 하다. 자본주의는 역사상 가장 역동적인 경제, 사회 체제다. 자본주의는 성장하고 변화하여 온 세계의 인적 자원을 빨아들이고, 확장에 방해가 되는 모든 것은 가차 없이 짓밟아버린다. 하지만 자본주의는 늘 변하지 않는 속성을 갖고 있다. 경쟁적인 자본축적 체제, 계획이나 목적 없이 끝없이 부를 늘리는 체제라는 점이다. 자본주의라는 야수의 핵심은 언제나 변치 않고 똑같다. 바로 이윤 추구다.

역사 속에서 자본주의 체제는 다섯 개의 뚜렷한 발전 단계를 거쳤다. 한 단계에서 다음으로 넘어갈 때는 급격한 경제, 사회, 정치 변동이 있었으며 새로운 시스템이 세계의 한 곳에서 개척되고 나면 곧 경쟁을 통해 전세계로 퍼졌다. 또한 변화가 일어날 때는 이전 단계의 주요 특성을 재구성해서 새로운 모습으로 보존하고 있다. 자본주의 발전은 앞 단계에서부터 차곡차곡 쌓여가는 발전이었지만 때로는 앞 단계와 달리 혁신적으로 변모하는 발전의 모습을 보이기도 했다. 그것은 다음과 같이 요약할 수 있다.

상업자본주의, 1450~1800년경

대부분의 부는 전前자본가Pre-capitalist 계급들이 생산했지만, 상인 자본가들은 국내시장, 해외무역, 선대제도 등 다양한 경로를 통해 중개인 역할을 하며 이윤을 축적했다.

역사적인 부르주아 혁명-네덜란드, 영국, 미국, 프랑스의 혁명-들은 이 시기에 등장한 새로운 사회세력들의 지지를 받았다. '긴 18세기'(1688~1815)에 벌어진 영국과 프랑스 제국들 간의 지속된 전쟁도 마찬가지였다.

산업자본주의, 1800~75년경

산업 자본가들은 증기기관과 새로운 기계들이 등장하자 노동력을 줄이면서도 대량생산을 할 수 있게 되었다. 그 결과 많은 중소 규모 기업들이 국내와 식민지 시장에서 경쟁하게 되었다.

공장 시스템을 낳은 산업혁명은 영국에서 시작되었다. 혁명은 격렬한 계급투쟁을 불러일으켰다. 처음엔 독립적 수공업자들이 자신들의 빈곤에 저항했고, 이후에는 새로운 공장 프롤레타리아가 결집하기 시작했다.

경쟁의 압박 때문에 근대 국가와 단일한 국내시장들이 만들어지면서 산업화는 두 번째 단계의 부르주아 혁명-이탈리아 통일, 미국 내전, 메이지 유신, 독일 통일-이 등장할 배경을 제공했다.

제국자본주의, 1875~1935년경

1873~96년의 장기침체Long Depression를 겪으면서, 거대 독점기업들이 지배하는 경제체제가 만들어졌다. 이들은 카르텔을 조직하고 은행으로부터 자금을 받으며 국가계약, 국제거래, 해외 식민지와 속국으로의 자본 수출을 기반으로 나날이 규모를 확장해갔다.

자본축적의 새로운 중심지들은 빠르게 성장해갔다. 독일과 미국의 생산은 영국을 압도했다. 제국주의 간의 긴장상태 특히 영국과 독일 간의 갈등은 최초의 산업화된 군수 전쟁이었던 1차 세계대전에서 폭발하였다.

이 시기에 이뤄진 빠른 산업화로 새로운 노동운동인 노동조합과 사회주의 정당들이 생겨났다. 이 같은 조직적 기반을 바탕으로 1917년~1923년과 같은 계급투쟁이 잇따라 나타났다.

국가자본주의, 1935~75년경

러시아에서는 혁명이 좌절된 후 새로운 형태의 자본주의가 추진되었다. 러시아는 적들로 둘러싸여 고립된 국가였고, 빈곤한 나라였기 때문에 산업화와 군사화를 빨리 이루어야했다. 그러나 사적 자본주의가 매우 약했기 때문에 국가 자체가 하나의 거대한 자본주의 기업이 되었다.

러시아의 국가자본주의는 이후 전 세계로 확산됐다. 결정적인 이유는 세 가지였다. 첫째, 2차 세계대전 당시 영구적인 무기 경제의 필요성, 둘째, 1945년 이후 완전고용과 복지개혁을 위한 급진적이고 전투적인 노동자계급의 압력, 셋째, 1950년대와 60년대 새로 독립한 제3세계 국가들의 빠른 경제성장에 대한 갈망.

국가자본주의는 1948~73년의 대호황을 떠받치고 있었다. 그러나 세계는 핵으로 무장한 두 진영으로 나뉘었고 제3세계에서 잇단 식민지와 대리전쟁이 벌어지며 멍들었다. 이는 탈식민지화가 일어나게 된 배경을 제공했다. 새로 독립한 국민국가들이 아프리카와 아시아에 생겨났다. 그러나 인류의 대다수는 계속해서 빈곤 속에 지냈다. 핵미사일로 위태위태하게 버티던 호황 역시 지속 불가능한 것이었다.

미래 만들기

신자유주의 자본주의, 1975년경 이후

국가자본주의는 1970년대에 위기를 맞는다. 이 시기에 대안적인 신자유주의 모델이 주류 정치인들, 특히 영국과 미국 정치인들 사이에서 지지를 얻기 시작했다. 1980년대에 영국과 미국에서 마거릿 대처와 로널드 레이건은 신자유주의를 정부 정책의 기반으로 내세웠다.

신자유주의의 목적은 임금에서 수익으로, 노동에서 자본으로, 노동자에서 부자로 부를 재분배하는 것이었다. 이는 다양한 방법을 통해 이루어졌다. 자본의 국제화, 시장화와 민영화 정책들, 새로운 형태의 잉여금 처분, 불안정한 고용의 증가 등이 모두 한 데 어우러져 이러한 전환을 가능케 했다. 신자유주의 체제의 주요 특징들을 조금 더 자세히 정의해보도록 하자.

세계화 : 자본의 중앙집중화가 계속되면서 이제 지배적 기업형태는 국가 단위를 넘어서 세계시장 속 다국적(또는 비국적화)기업으로 운영될 만큼 심각해졌다. 과거에는 각자의 국가를 기반으로 삼았던 금융, 투자, 무역은 세계화했다. 이로 인해 국제자본과 국민국가 간의 모순이 더 심해졌다. 또한 오래된, 자립적인 연합들이 깨지고, 옛 권력은 쇠퇴했으며 새로운 권력들이 등장했다. 세계시장의 혼돈은 점점 커지고 이와 맞물려 제국주의 국가의 폭력성 또한 동시에 늘어나고 있다.

시장화와 민영화 : 국가의 직접적인 경제적 역할이 줄어들었다. 국영사업들은 민영화되었다. 금융, 투자, 무역이 세계화되면서 국가가 사유재산을 규제할 수 있는 능력은 점점 약해졌다. 국가는 이제 자본의 관리자라기보다는 자본의 선택을 받기 위해 다른 국가들과 경쟁하는 자본의 고객이 되었다. 이로 인해 의회 정권들이 공동화되었고 민주적 결정

이 쇠퇴했으며 정치는 테크노크라트적, 경영적 형태로 발달하게 되었다. 또한 유럽연합, 유럽중앙은행, 국제통화기금 같은 범국가 조직체가 자본주의적 초^超국가의 기능을 점점 더 늘려가면서 중요한 역할을 떠맡게 되었다.

금융화 : 금융(또는 은행)자본은 산업자본과 국가자본 양쪽에서 많이 분리되었고 이제는 독립적(그리고 기생적)인 잉여 축적의 방식으로 점점 더 중요한 기능을 담당하고 있다. 금융자본이 늘어나면서 노동자들이 소비자와 납세자로서 갈수록 더 착취당하게 됐다. 전통적인 형태의 잉여 전유는 생산 시점에서의 착취를 통해 이뤄졌지만 이제는 소비 시점에 이뤄짐으로써 잉여 전유가 더욱 늘어났다. 전유 방식은 세 가지다. 노동자계급이 구입하는 상품들을 대기업이 실제 가치 이상으로 가격을 매기는 독점 정가^{定價}, 은행을 비롯한 금융기관들이 노동자계급의 부채를 통해 수익을 누리는 이자, 그리고 노동자계급이 낸 세금으로 민영기업에 지급금, 보조금을 지급하고 긴급 구제에 재활용하는 방식의 국가 과세가 그것이다.

불안정성 : '산업예비군'−실업자, 반^半취업자, 비공식적 불안정적 취업자 수가 1948~73년에 비해 훨씬 늘어났다. 대도시 경제에서는 시장화, 민영화, 노동자 조직의 분열을 통해, 또 한편에서는 국가자본주의의 특징인 복지 안전망의 체계적인 허점 속에서 불안정성이 생겼다. 세계적으로 불안정성이 생긴 이유는 자본의 국제화, 새로운 자본축적 중심지들의 성장, 그리고 자본가들이 저임금 경제로 생산을 이전할 수 있는 기

회의 창출 때문이다. 세계체제의 작동에 중요한 역할을 한 것은 국가 간에 '바닥을 향한 경쟁'을 치르면서 노동자 집단끼리 싸움을 붙이는 것이었다.

강압적인 정부 : 국가의 경제 관리와 복지 기능이 감소했다. 대신 국가는 자본의 시장으로서, 잉여를 노동자에서 자본가로 전달해주는 통로의 역할을 더 많이 했다. 사회 불평등이 늘어나고 민주주의가 침식되고 극단적인 긴축 계획을 도입하면서 노동자계급을 통제하는 국가의 역할이 늘어났다. 원칙적으로는 자본주의의 기반은 '동의'이지만, 현실 속의 자본주의는 국가가 동의를 구하지 않고 일방적으로 강압하는 쪽이 더 많았다. 이는 국가 간의 관계에서도 여실히 드러난다. 신자유주의는 신제국주의적 이념인 '테러와의 전쟁'을 내세워 허구의 적과 싸우기 위해 대량의 무기 지출과 무력 공세를 정당화한다.

**

신자유주의 자본주의 체제는 이제 제도적, 존재적 위기를 맞고 있다. 위기는 경제적, 제국주의적, 사회적, 생태적 측면에 퍼져있다.

두 번째 대공황에 들어선 지 4년이 되었다. 이 공황은 자본주의 역사상 가장 심하고 대처하기 힘든 종류의 것이다. 엄청난 군비 투자에도 불구하고 쇠퇴하는 제국주의 주도권은 이라크와 아프가니스탄에 자국의 의지를 강요할 수 없게 됐고, 중동에서 일어나는 혁명의 물결을 막을 수 없으며, 중국 같은 신흥 경제 강국의 등장으로 생긴 도전에 대답할 수 없다는 것이 증명되었다.

2008년의 붕괴와 그 이후 실행된 구제금융과 긴축정책들로 주요 유럽 도시들의 중심지에서 총파업, 대규모 시위, 격렬한 전투가 일어났다. 그러는 동안에도 산업문명을 파괴시켜 버릴 만한 지구 온난화와 기후 재앙의 초읽기는 계속되고 있다.

인간 소외는 그 어느 때보다 심각하다. 한편에서는, 인간의 집단적인 노동이 결핍을 없애고자하는 의지에 힘입어 생산적인 힘을 만들어냈다. 다른 한편으로는 이와 같은 힘이 우리의 손을 완전히 벗어나 우리의 건강, 행복감, 생존까지도 위협하는 가공할 만한 위협으로 변해버렸다.

미래 만들기 이제 어떻게 해야 할까?

21세기에 혁명을?

전 세계의 지배계급들은 구시대 방식으로는 계속 지배할 수 없다. 빈곤, 전쟁, 지구 온난화에 대한 유일한 현실적인 대안은 그들의 부와 권력의 기반인 체제 자체를 해체하는 것이다. 지배계급이 스스로 이렇게 할 수는 없다. 지배계급이 야만성에서 끌려 내려와야만 위기를 극복할 수 있다. 신자유주의 체제 하에서 자본의 왕으로 계속 머문다면 그들은 역사적 기능이라고는 없는 기생적인 계급에 머물 뿐이다.

인류의 진보는 신자유주의 지배계급의 타도, 노동자들의 국가 권력 장악, 민주적 통제 아래의 경제, 사회생활의 재정비에 달려있다. 20세기 역사에서 우리가 얻은 교훈은 이것이 성공하기 위해서는 전 세계적으로 실행되어야 한다는 것이다. 지난 30년간 우리는 '한 국가에서의 사회주의'가 그 어느 때보다도 심각한 망상이라는 점을 깨달았기 때문이다. 그러나 21세기에 세계혁명이 실제로 가능한가?

혁명은 늘 예상 밖에서 생겨나는 사건이며, 전염성이 매우 강하고 엄청나게 강력한 변화의 수단이 된다. 1789년의 프랑스혁명은 파리의 시민들이 스스로 무장하고, 거리를 차지하고, 왕정 군사 쿠데타를 막았을 때 폭발했다. 이후 1789년에서 1794년 사이 대중들은 계속해서 소극적인 온건파, 반혁명 운동가, 외국군의 침략이라는 저항에 맞서 혁명을 추진하려는 정치과정에 개입했다.

혁명운동은 1815년 이후 진정되었으나, 다시 1830년 프랑스에서 먼저 분출되었다. 1848년 파리, 베를린, 빈, 부다페스트, 로마 등의 유럽 도시들에서 또 반란의 물결이 일었다. 혁명군은 패배하였지만, 그들은 개혁을 추진할 충분한 자극을 주었다. 유럽 통치자들은 위로부터의 변화를 어떻게 해서든 이뤄내지 않으면 계속 아래로부터의 분출을 맞아야 했다. 프랑스는 공화국이 됐고, 이탈리아는 통일됐고, 독일은 근대 국민국가로 나아갔다.

1917년 2월 러시아 황제의 경찰 독재는 노동자계급의 반란으로 무너져 내렸다. 1917년 10월 볼셰비키당의 주도 아래 러시아 노동자계급이 정권을 장악했다. 공장들은 노동자의회를 운영했고 토지는 농민들에게 나눠졌으며 러시아는 제1차 세계대전에서 철수했다. 혁명이 경제 붕괴, 내전, 외세 침략 같은 여러 이유로 소멸되기 전까지 짧은 몇 년 동안 러시아는 세계에서 가장 민주적인 국가였다. 볼셰비키 혁명은 독일에서 중국까지 혁명의 연쇄반응을 촉발시켰다. 1917년에서 1923년 사이의 혁명운동은 전 세계 자본주의 체제를 무너뜨리기 직전까지 왔었다.

이 체제는 이때 이후로도 줄곧 혁명으로 가득했다. 1936년 스페인에서의 혁명은 파시스트의 지원을 받는 군사 쿠데타를 막았다. 1956년 헝가리에서는 소비에트 침략에 맞서 혁명이 일어났다. 1968년 1000만 노동자들이 프랑스에서 총파업에 참가했고, 수십만 명이 공장들을 점거하고, 학생과 젊은 노동자들은 파리 중앙에서 폭동 진압 경찰들과 총력전을 벌였다.

1979년에는 미국이 지원하고 있던 포악한 이란의 독재정권을 혁명이 끝어내렸다. 1989년 동유럽 전역에 혁명의 물결이 몰아치면서 스탈린주의 독재자들은 정보원, 비밀경찰, 정치 교도소 등 정권 유지의 수단들에도 불구하고 무너졌다. 호스니 무바라크 이집트 대통령의 30년간의 군사독재는 18일간의 대중시위 후 2011년 2월 11일 드디어 타도됐다. 가장 극적인 승리를 거둔 중동의 혁명은 여전히 진행 중이다.

이 모든 혁명들도 실제로 승리를 얻기 전까지는 자신들과 대치한 정부의 군사력, 무자비한 경찰, 무관심해 보이는 시민 대중에 절망해야만 했다. 지배계급의 오만은 반란의 순간이 임박할 때까지는 매번 방

치되었다. 그러나 마르크스가 말한 역사의 '노련한 두더지'the old mole '93
는 급반전을 좋아한다.

1924년 헝가리의 마르크스주의 이론가 게오르크 루카치는 막 지
나간 전쟁과 혁명의 위대한 시대를 생각하며 '혁명의 실제'에 관한
글을 남겼다. 위기에 빠진 우리 시대 상황을 보며 루카치의 머릿속
에 있었던 것들을 상기해 볼 만하다. 그가 설명하길, 마르크스주의
는 프롤레타리아 혁명의 보편적인 실재성을 전제로 한다. 이런 의
미에서 시대 전체를 이해하는 객관적 근거와 필수요소로서 프롤레
타리아 혁명은 마르크스주의의 살아있는 핵심이다...혁명의 실재는
시대 전체의 중요한 문제점을 제공한다...그러므로 혁명의 실재성이
란 모든 개별적이고 일상적인 문제 하나하나를 프롤레타리아 해방
의 순간들로 여기며 연구해야 하는 것이다.   결론

루카치는 국제적인 노동자계급 혁명이 모든 정치적 행동을 판단
하는 기준이 되어야할, 필수적이고 상존하는 가능성이라고 보았다.
그것이 불가피한 것은 아니다. 어쩌면 영원히 벌어지지 않을 수도
있는 것이다. 아득히 먼 일일지도 모른다. 그러나 옛 체제는 그 속에

---

93 셰익스피어의 비극 <햄릿>의 앞부분에서 햄릿은 아버지의 망령을 만나 아버지의 죽음
을 둘러싼 비밀을 듣게 된다. 뒤이어 나타난 호레이쇼 등에게 햄릿이 "맹세하라"며 함구
령을 내릴 때, 땅 밑에 있던 망령도 햄릿을 따라 "맹세하라"라고 말한다. 그러자 햄릿은
"말 잘했다, 노련한 두더지여!Well said, old mole!"라고 한다.
마르크스는 나폴레옹의 조카인 루이 보나파르트가 벌인 정치 쿠데타를 분석한 저작 <루
이 보나파르트의 브뤼메르 18일>(1852)에서, 곧 완성될 것으로 예견되는 유럽의 혁명을
가정법 어투로 말한 다음에 곧바로 <햄릿>의 해당 대목을 약간 비틀어 인용한다. "잘 팠
다. 노련한 두더지여!Brav gewühlt, alter Maulwurf!"

언제나 혁명의 가능성을 지니고 있었고, 영원히 늘어날 인류의 모든 고통을 해결해줄 가능성은 이뿐이다.

1917~23년에 일어났던 혁명의 물결이 결과적으로 패배했다고 해서 루카치의 통찰이 본질적으로 타당하지 않다고는 할 수 없다. 혁명이 패배한 끝에 그 결과로 스탈린그라드, 아우슈비츠, 히로시마의 야만성이 나타났으니 그의 논지가 틀리지 않았다고 하겠다.

누구의 종말인가?

성서는 묵시록에서 전쟁 · 학살 · 기근 · 죽음을 상징하는 네 기사의 예고 후에 세상의 종말이 온다고 말한다.

미래 만들기

오늘날 인류가 할 수 있는 전망은 그야말로 묵시록적이라고 할 수 있다. 신자유주의 자본주의는 세계경제의 생산력을 전례 없는 수준으로 발전시켰다. 그러나 이 힘은 민주적 통제와 합리적 계획 아래 있지 않고, 경쟁적 자본축적을 위한 경제적, 군사적 요소에 따라 움직이고 있다. 그 결과 인류 전체를 물질적 결핍에서 해방시킬 수 있는 잠재력을 지닌 힘은 이제 정반대로 행동하라고 위협하고 있다. 산업문명 자체를 파괴하는 것이다.

이 위기에 지배자들이 무지, 탐욕, 무책임으로 맞서려는 것은 자본주의 체제의 비합리성 때문이다. 기후 재앙, 경기 침체, 제국주의 전쟁의 근본적 원인은 시장의 광기 즉 신자유주의의 국민국가들과 거대 기업들을 움직이는 맹목적인 경제 · 군사적 경쟁에 있다. 체제는 깊이 병들어 있고 파괴적이다. 그 때문에 우리는 인류 역사상 가장 심각한 위기에 봉착했다.

성서에는 또 다른 이야기도 있다. 희년禧年·Jubilee에 관한 이야기다. 희년에 세리稅吏와 지주들은 소멸한다. 노예와 농노들은 해방된다. 땅은 땅을 일군 사람들에게로 돌아간다. 새로운 자유의 황금시대는 열리고, 앞으로도 계속 열릴 것이다. 21세기 초, 묵시록을 희년으로 바꾸기 위해서는 3가지 조건이 충족되어야 한다.

우리는 완전한 체제 변화가 필요하다는 점을 이해해야 한다. 개별적인 운동, 시위, 투쟁을 한데 모아 인류가 갖고 있는 문제의 근원에 있는 체제에 전면적으로 도전해야만 문제 해결의 희망을 얻을 수 있다.

우리는 체제 변화에 대한 어떤 진지한 전략을 구사하더라도 노동 자계급이 중심이 되어야 한다는 것을 인지해야 한다. 우리는 일반 노동 인구의 대다수를 동원해야만 기업 자본과 국민국가들을 대면하고 꺾을 수 있는 힘을 얻을 수 있다.

우리는 아래로부터의 대중 저항을 이끌고 조직할 수 있는 활동가들의 연결망 단위로 혁명세력을 편성하여, 반反긴축의 분노를 부추겨 노동자계급 투쟁으로 만들어내고, 결국에는 1789·1848·1917·1968·1989년의 혁명보다 더 큰 새로운 세계혁명으로 나아가야 한다.

지금, 절대적으로 새로운 세상이 필요한 때가 되었다. 또 다른 세상은 가능하다. 이런 의미에서 혁명은 '실제'다. 그러나 그것이 당연히 오는 것은 결코 아니다. 그것은 싸워 이겨내야 얻을 수 있는 것이다. 혁명의 성공은 우리 모두의 행동에 달려 있다. 그것이 가져다줄 역사적 대가가 이보다 큰 적은 없었다.

미래 만들기

역자후기

　이 책은 영국의 마르크스주의 역사학자 닐 포크너$^{Neil\ Falkner}$의 〈A Marxist History of the World〉(2013)를 번역한 것이다. 저자 닐 포크너는 영국 브리스틀 대학의 리서치 펠로우로 있으면서 고고학·역사학을 연구해왔고 〈고대 올림픽에 대한 안내서$^{A\ Visitor's\ Guide\ to\ the\ Ancient}$ ^{Olympics}〉(2012) 〈로마:독수리의 제국$^{Rome:Empire\ of\ the\ Eagles}$〉(2008) 등을 썼다.

　이 책은 '카운터파이어' 홈페이지(Counterfire.org)에 연재한 글을 모태로 삼은 것이어서 각 꼭지가 기승전결의 구성력을 갖추고 있고 흥미로운 시각과 분명한 어조로 역사를 해석하고 있다. 카운터파이어는 반 자본주의 운동을 위한 노동자 조직과 대중운동을 이끌기 위해 영국의 사회주의 행동가들이 2010년 만든 조직이다. 전쟁을 반대하고 빈곤을 극복하는 실천적 행동을 다양하게 전개하는 한편 마르크스주의 이론의 발전을 위해 온·오프라인 포럼을 운영하고 타블로이드 매체를 발간하고 있는 단체다.

인류의 기원에서부터 21세기 현시점까지 방대한 역사를 다루는 이 책에서 저자는 역사의 중요한 동력을 세 가지로 꼽고 있다. 첫째, 기술의 발전, 즉 지식과 노하우를 축적해 생산성을 증가시켜온 혁신(농업혁명, 철기 문명, 산업혁명). 둘째, 지배계급 간의 투쟁 즉 부족, 제국, 국가 등 시대별로 다양한 형태로 전개된 지배계급 간의 경쟁. 셋째, 계급 간의 투쟁. 이 세 가지 동력이 상호작용을 하며 역사를 만들어왔다고 본다.

이러한 역사 속에서 인류는 꾸준히 노동생산성을 증대시켜왔고 결핍이라는 공동의 문제를 물리적으로 극복해왔음에도 불구하고 자본주의가 지속적으로 발전할수록 계급 간의 격차, 착취, 빈곤, 질병, 제국주의 전쟁이란 문제가 더욱 커져만 가는 데 역사의 미스터리가 있다.

이 시대의 모순에도 포커스를 맞춘 저자는 2008년 미국의 금융위기로 촉발된 그리스 등 유럽 국가들의 경제 위기는 1930년대의 대공황에 이은 '두 번째 대공황'이며 당시와 현재가 꼭 닮아 있다고 말한다. 경제적 위기와 함께 나날이 고갈되어가는 한정된 자원을 둘러싼 제국주의적 전쟁, 기후변화의 재앙, 그리고 신자유주의 등장 이후 탐욕적인 자본이 낳은, 회복 불가능해 보이는 사회적 불평등이 세상을 갈라놓고 있다는 것이다. 저자가 볼 때 현재의 상황은 역사상 인류가 맞닥뜨린 가장 큰 위기다.

저자가 이 책에서 가장 강조하는 것은 역사 속의 행위주체^{Agency}다. 즉 역사 속의 각 시대마다 각기 다른 사회적, 정치적, 경제적 구조 때문에 주체의 행위들은 제약을 받지만, 그럼에도 불구하고 역사의 주체들이 어떤 사상과 생각을 갖고 역사의 중요한 국면에서 어떤 선택을 내리느냐에 따라 세상이 달라져왔다는 것이다.

또한 마르크스가 "사람들은 자신들의 역사를 만들긴 하지만 그들의 자유의지로, 또는 그들이 스스로 선택한 상황 속에서 만드는 것은 아니다"라고 말한 것처럼, 과거가 바탕이 돼 현재가 만들어지며 현재의 행동이 미래의 모습을 바꿀 수 있다고 믿는다. 그들의 선택에 따라 인간은 스스로에게 덧씌워진 굴레를 벗고 자유의 길로 나아갈 수도 있고, 혹은 야만의 길로 걸어 갈 수도 있다.

역사의 중요한 갈림길에서 인간은 1789년 프랑스의 혁명가들이, 1917년 볼셰비키와 노동자들이 그랬던 것처럼, 또 19세기말 노예에서 해방된 흑인들이 1950~60년대 치열한 투쟁으로 인종주의를 철폐한 것처럼, 21세기의 재스민 혁명에서 시작해 이집트의 무바라크 독재정권을 무너뜨린 것처럼 혁명을 선택해 자유를 쟁취했다.

반면 1930년대 대공황 이후 인류는 파시즘과 이어지는 전쟁을 선택하며 야만의 시대 속으로 들어감으로써 돌이킬 수 없는 과오를 남기는 선택을 하기도 했다. 역사는 필연적이고 불가피한 과정이 아니라 언제나 열려있는 것이며, 역사는 인간의 집단적 행동이 선택한 결과물이다. 오늘날의 위기 앞에서 인류는 또 어떤 선택을 내리게 될까.

인류의 더 나은 미래를 선택하는 데 있어서 오늘의 행동이 더할 나위 없이 중요하며 이를 위해서는 과거의 역사를 제대로 이해해야 할 필요가 있다. 그래서 저자는 자본주의의 위기를 대신할 대안적 경제 체제, 즉 지배계급의 시각이 반영된 이런 체제는 불가능하므로 피지배계급이 정치적 무기력감을 가질 수밖에 없게 만드는 역사관에서 벗어나야 한다고 주장한다.

이 책에서 보듯 역사 속에서 노동자 계급이 혁명의 주체가 되지 않았던 대부분의 혁명이 반혁명으로 이어지면서 실패로 귀결되곤 했다. 혁명이 일어난 뒤에도 주체들이 스스로 혁명의 깃발을 내리거나 지배층의 이익에 무릎을 꿇었다. 저자는 진정한 평등과 민주주의 혁명이 사유재산제도와는 양립할 수 없다고 믿는다. 또한 혁명의 주체가 노동자가 되지 않는 한 진정한 혁명이 일어날 수 없으며 성공할 수도 없다고 주장한다. 따라서 역사 속에서 얻어야 할 교훈은 운동가들이 끊임없이 노동자들을 중심으로 한 대중운동을 조직해 내고 인류를 위협하는 결핍과 착취에 맞서야 한다는 것이다. 아울러 한 국가에서의 혁명이 아닌 더 세계적인 규모의 혁명적 네트워크, 자본주의에 맞서는 저항의 프레임워크를 만들어 내야 한다는 것이다.

인류의 진보에 회의를 품을 수는 없다. 그러나 1퍼센트의 극소수 집단만 풍요를 누리고 나머지 99퍼센트 사람들은 극단적인 가난에 시달리는 양극화와 불평등의 문제는 더욱 커져가는 모순이 지속되고 있다. 고용 불안정성은 나날이 확대되고 자본은 국경을 넘어 세계화했으며 지구적 경쟁 속에서 정부는 갈수록 강압적으로 바뀌고 있다. 신자유주의적 탐욕이 예고하는 전쟁이 문명을 파괴할 것이라는 공포역시 커져만 간다.

이 같은 불합리성은 세상의 모순의 근원이 어디에 있는지 다시금 되돌아보게 만든다. 자본주의의 첨병인 미국에서 새삼스럽게 민주당 대통령 후보인 버니 샌더스 같은 민주적 사회주의자가 젊은 층의 큰 호응을 얻고 있는 것도 우리가 역사의 목소리에 귀기울여봐야 하는 이유일 것이다.

신자유주의의 모순에 신음하고, 일자리 불안으로 여전히 최장시간의 노동을 감수하면서도 마르크스주의와 사회주의를 이미 오래 전 용도 폐기된 낡은 이념으로 치부하는 우리의 상황에서 보면, 노동자 계급이 주체가 되는 혁명을 말하는 저자의 입장이 쉽게 와 닿지 않을 수도 있을 것이다.

그러나 오늘날 인공지능과 로봇, 사물인터넷 등의 디지털 혁신이 거듭되면서 구축된 새로운 형태의 지배구조 속에서 더욱더 극단적으로 극소수의 계급에게 자본이 집중되고 노동자 계급은 물론 중간계층마저 일자리를 위협받는 방향으로 치닫고 있다.

지금보다 더욱 커질 계급 간 격차와 소외 문제 등을 놓고 더욱 고민해야 할 시점이다. 불합리한 경제적 지배와 소수의 부 독점이라는 현실을 개선하고 실질적인 민주사회를 만들어야 할 필요가 더욱 커지는 때다.

때문에 보통사람들의 '혁명의 역사'가 어떻게 무르익고 어떻게 분출했는지, 또한 그런 혁명이 어떻게 실패로 돌아갔는지를 분석해 보는 일은 의미가 있다. 21세기의 인류에게 닥친 자본주의 위기의 규모가 그만큼 크기 때문이다

역사 속의 혁명은 실패를 거듭해왔다. 자본의 모순은 더 커져만 간

다. 그러나 더 나은 세상을 향한 꿈을 포기할 수는 없다. 저자가 말했듯 자연적이고 필연적인 역사의 방향은 없다. 결론은 인간의 역사는 우리 스스로 만들어 가야 한다는 것이다. 더 나은 세상을 향해 진보하는 인간에 대한 희망의 끈을 놓지 않는다면, 혁명을 꿈꾸고 추진해왔던 역사 속에서 인간다운 삶을 추구하고자 하는 인간의 꿈만큼은 여전히 살아있고 유효하다고 볼 수 있다. 그런 꿈을 꾸었던 사람들의 역사를 차분하게 되돌아볼 기회를 가질 수 있어 보람 있었던 번역작업이었다. 결정적인 도움을 주신 김남주 박사님과 육지민 군에게 큰 감사를 드린다.

이윤정

연대표

연대	주요 변화/ 사건	유럽
약 320만년 전	호미니드혁명	
전기구석기 시대 약 250만년 전 ~20만년 전		
약 250만년 전		
약 100만년 전		
약 50만년 전		호모 하이델베르겐시스가 영국에 출현
중기 후기 구석기 시대 약 20만~1만년 전	사냥혁명	호모 네안데르탈렌시스가 추위에 적응
약 20만년 전		
약 8만5000년 전		
약 5만년 전		
약 4만년 전		호모사피엔스가 유럽으로 이동
약 3만년 전		호모 네안데르탈렌시스 멸종
중기 구석기시대 BC8000~3500년경		
신석기 시대 BC7500년경~	농업혁명	
BC5000년 경		유럽 전역서 초기 신석기 농경
금속병용 (구리)시대 BC4500 ~3000년경	생태 위기 닥침 / 초기 구석기 괭이 경작에서 후기 구석기 쟁기 농경으로 이전	
BC4000년경		

서아시아	동아시아/오스트레일리아	아프리카	아메리카
		에티오피아: 오스트랄로 피테시네 화석 '루시' 직립보행	
		호미니드 도구 제작 시작	
	호모 에렉투스가 동남 아시아로 이동		
		'아프리카인 이브'가 호모 사피엔스를 낳다	
	호모 사피엔스가 아프리카에서 아시아로 건너옴 호모사피엔스가 남아시아, 오스트레일리아로 이동 호모사피엔스가 북아시아로 이동		
구석기인들이 서아시아에서 그리스로 와서 정착		동남아시아에서 최초 신석기 농경 시작	
후기 신석기 경제가 서아시아에서 발달	인더스 밸리, 파키스탄에 농경확산		

731

연대	주요 변화/ 사건	유럽
BC3800년경		초기신석기 농경이 유럽전역에 퍼짐
BC3700~3400년경		부족 정치체제가 영국 남부에 등장, 전쟁 벌임
청동기 시대 BC3000년~1200/700년경	도시 혁명: 첫 계급사회	
BC 3000~1500년경		
BC 2705~2250년경		
BC 2600~1900년경		
BC 2330~2190년경		
BC 2300~1900년경	초기 청동기 제국들의 위기	
BC 1950~1450년경		미노아 문명(크레타)
BC 1800~1027년경		
BC 1650~1200년경		
BC 1600~1150년경		미케네 문명(그리스)
BC 1570~1085년경		
BC 1523~1027년경		
BC 1500년경		
BC 1500~1335년경		
BC 1323년경		
BC 1200~1050년경	후기 청동기 제국들 위기	
철기시대 BC 1200/700년경~	철기혁명이 생산성을 혁신시킴	
BC 1200~AD 1521년경		
BC 1190년경		

서아시아	동아시아/오스트레일리아	아프리카	아메리카
이라크지역, 수메르문명			
터키 북서 지역, 청동 시대 트로이 요새가 세워짐			
		이집트 고왕국 문명: 피라미드 건축	
	인더스 밸리 문명 (파키스탄)		
아카드 사라곤 제국(이라크)			
	상 문명 (중국 황하지역)		
히타이트 제국(터키)			
		이집트 신왕국 문명	
	상왕조(중국)		
	아리안족이 중앙아시아로부터 이주해 파키스탄과 북서 인도에 정착		
미타니 왕국(이라크)			
		이집트 파라오 투탕카멘, '왕가의 계곡'에 묻힘	
철기 대량생산			
			올멕, 마야, 톨텍 아즈텍 문명이 이어짐 (멕시코)
트로이 전쟁			

733

연대	주요 변화/ 사건	유럽
BC 1170년		
BC 1027~221년		
BC 1000년경		
BC 900경~AD325년		
BC 900경~AD 1532년		
BC 800년경		
BC 750년경		호머의 일리아드 오디세이
BC 650~625년		로마 건립
BC 563~483년		
BC 551~479년		
BC 550~331년		
BC 537년		
BC 510~506년		그리스 아테네 민주주의 혁명
BC 500~AD 200년경		
BC 490~479년		페르시아, 그리스 침공에 패배
BC 450년경		
BC 342~272년		로마, 이탈리아 정복
BC 338년		마케도니아, 그리스 정복
BC 334~323년		
BC 321~185년		
BC 300~AD 900년경		
BC 264~202년		로마, 서부 지중해 지역 정복
BC 221~210년		

서아시아	동아시아/오스트레일리아	아프리카	아메리카
		이집트 공예장인들의 첫 번째 파업	
	중국 주나라 문명		
		사하라 사막에 무역 루트가 만들어짐	
		쿠쉬트 문명 (수단)	
			차빈, 나스카, 모체, 치무, 잉카 문명이 이어짐 (페루)
	철기문화가 인도에 전파됨		
	붓다의 생애		
	공자의 생애		
아케메네스 제국 (페르시아)			
바빌론 유수 유대인 포로들 바빌론에서 팔레스타인으로 귀환			
		노크 문명(나이지리아)	
		첫 철기작업(서아시아)	
알렉산더 대왕의 정복			
	인도 마우리아 제국		
		마야문명(멕시코 과테말라 지역)	
	중국 최초의 황제 진시황의 만리장성 건립. 테라코타 병마용과 함께 거대무덤에 묻힘		

연대	주요 변화/ 사건	유럽
BC 206~AD 220년		
BC 200~63년		
BC1 67~142년		
BC 133~30년		로마 혁명
BC 44 년		시저 암살
AD1~33년경		
AD 50 년		
AD 66~73년		
AD 115~117년		
AD 132~136년		
AD 300~700년경		
AD 300~800년경		
AD 312년		로마 콘스탄틴황제의 기독교 승인
AD 320~550년경		
AD 325년		
AD 378년		아드리아노플 전투: 동로마가 고트족에 패배
AD 391년		로마황제 테오도시우스 이교 불법화
AD 395년		동로마/서로마 제국 분할
AD 약 395~476년	서로마 제국 분열	
AD 약 400~800년		
AD 434~453년		훈족 아틸라 왕 재위
AD 451년		샬롱 전투: 로마와 서고트족 연합해 훈족 패퇴시킴
AD 약 500년		

서아시아	동아시아/오스트레일리아	아프리카	아메리카
	한나라 왕조		
로마, 동부 지중해 정복			
마카베오 반란, 유대인 독립			
	예수의 생애 (팔레스타인 지역)		
		홍해 항구에 악숨 왕국 건립	
로마에서 첫 번째 유대인 반란			
두 번째 유대인 반란			
세 번째 유대인 반란			
	인도 역사의 '고전 시기'		
			'고전 마야' 시기의 도시혁명(멕시코 과테말라 지역)
	인도 굽타제국		
		쿠시 왕조(수단) 악숨 왕조가 에티오피아에 전복됨	
		나이저 강 젠네제노 무역도시 (가나)	
	훈족, 북 인도 침략		

연대	주요 변화/ 사건	유럽
AD 약 500~900년	조공에 기반한 정치 체제가 서유럽에 확립	
AD 570~632년경		
AD 581~618년		
AD 618~907년		
AD 622년		
AD 630년		
AD 636~7년		
AD 642년		
C.AD 650년		서유럽에서 바퀴 달린 무거운 쟁기 사용 시작
AD 661년		
AD 664년		
AD 약 700~1350년		
AD 약 700~1450년		
AD 711년		아랍, 스페인 정복
AD 750년		
AD 약 850~1050년		바이킹, 마자르, 아랍, 서유럽 침공
AD 900~1100년	봉건주의가 서유럽 전역에 확립됨	
AD 960~1126년		
AD 1027~1091년		노르만족 남부 이탈리아와 시칠리 정복
AD 1066~1071년		노르만, 잉글랜드 정복

서아시아	동아시아/오스트레일리아	아프리카	아메리카
마호메트의 생애			
	중국 수 나라		
	중국 당 나라		
마호메트, 메카에서 메디나로 이주(헤지라)			
마호메트, 메카로 돌아옴			
야르무크 전투 : 아랍, 시리아 정복			
		아랍, 이집트 정복	
		아랍 교역상들이 처음으로 사하라 사막을 횡단, 교역로 개척	
우마야드 칼리프 제국 수립(다마스커스)			
	아랍, 아프가니스탄 정복		
			푸에블로 농경민 문화(북 아메리카 남서쪽)
			사원 고분 Temple-mound 문명 (북 아메리카의 미들 미시시피)
압바스 칼리프 수립(바그다드)			
	중국 송 나라		

연대	주요 변화/ 사건	유럽
1071년		
1095~1291년		
1099년		
1100~1500년		
1183년		
1187년		
1197~1525년		
1204년		
1279~1368년		
1348~1350년		흑사병으로 유럽 인구 1/3 사망
약 1350~1500년	초기 자본주의적 농업이 서유럽 지역에서 발달	
1358~1436년	반봉건적 반란이 유럽 일대에서 잇달아 일어남	
1358년		소농과 수공업자의 반란 (북부 프랑스)
1368~1644년		
1378년		수공업자들 반란(플로렌스, 북 이탈리아)
1381년		소농과 수공업자 반란(남 잉글랜드)
약 1400~1550년		르네상스 시대
1419~1436년		소농 반란/후스전쟁(보헤미아)
1428~1519년		
1440~1897		
약 1450~1800년	상업 자본주의	
1453년		
약 1485~1685년	유럽 전역에서 절대 군주제 수립	

서아시아	동아시아/오스트레일리아	아프리카	아메리카
만지케르트 전투: 셀주크 투르크, 동 터키 정복			
십자군			
십자군 첫 번째 원정, 예루살렘 함락			
		그레이트 짐바브웨 문명 (중앙 아프리카)	
시리아 이집트, 살라딘 아래 연합			
하틴 전투: 살라딘이 십자군에 결정적 승리 거둠			
			잉카 제국(페루)
십자군 비잔티움 함락(이스탄불)			
	원/ 몽골 제국(중국)		
	중국 명나라		
			아즈텍 제국(멕시코)
	베넹 문명(나이지리아)		
오스만 투르크, 콘스탄티노플 함락(이스탄불)			

741

연대	주요 변화/ 사건	유럽
1492~1504년		
1493~1525년		
1494~1559년		프랑스와 합스부르크 간의 이탈리아 전쟁
1497~1499년		
1519~1522년		
1521~1688년	부르주아지 혁명의 첫 번째 물결	
1521~1525년		독일 종교개혁 : 부르거와 기사, 소농들의 대중 투쟁
1526~1707년		
1532~1535년		
1534~1535년		재세례파들의 코뮌 설립 (독일 뮌스터)
1536~1541년		수도원 해산령(영국)
1541~1564년		칼뱅, 제네바를 중심으로 종교개혁 지휘
1545~1563년		트리엔트 공의회, 범 유럽적인 반종교개혁 조직함
1562~1598년		프랑스의 종교 전쟁: 프랑스 종교 개혁 멈춤
1566~1609년		네덜란드 혁명
1588년		스페인 무적함대 패배로 반종교 혁명의 진전 멈춤
1618~1648년		30년 전쟁: 독일의 종교 개혁 중단
1629~1640년		11년 전횡기:영국에서 절대 군주 확립 시도했으나 실패
1637~1660년		영국 혁명
1644~1912년		

서아시아	동아시아/오스트레일리아	아프리카	아메리카
			콜럼부스, 서인도로 항해
			잉카 문명의 황금기 (페루)
	바스코 다가마, 리스본에서 캘리컷까지 희망봉 경유해 항해		
			코르테스, 아즈텍 제국을 파괴하고 멕시코 정복
			마젤란, 전세계 일주 항해
	무굴 제국(인도)		
			피사로, 잉카 제국 무너뜨리고 페루 정복
	중국 만주국		

743

연대	주요 변화/ 사건	유럽
약 1650~1800		계몽 시대
1652~1674년		영국-네덜란드 해전
1688년		'명예혁명'으로 제임스 2세 퇴위
1688~1815년		세계 패권을 놓고 영국과 프랑스의 잇단 전쟁
1689~1746년		영국 제임스 2세파의 반란들
약 1750~1850년	산업혁명	인클로저, 토지정리, 기근, 등 복합적 이유로 영국 노동 계급 탄생
1751~1772년		프랑스 <백과전서> 편찬
1793~1794년		'공화력 2년' 자코뱅 독재(프랑스) 부르주아혁명의 최고점
1798년		영국에 항거하는 아일랜드인들의 연합 봉기
약 1800~1875년	산업 자본주의	
1808~1814년		프랑스의 스페인 침공 실패
1810~1830년		
1812년		프랑스, 러시아 침공 패배
1813~1815년		나폴레옹, 독일 라이프치히와 벨기에 워털루 전쟁서 패배
1815~1848년		비엔나 회의 이후 '왕위와 제단'식 통치가 유럽 전역에 자리 잡음
1838~1848년		차티스트 운동영국 최초의 노동계급 대중 운동
1839~1842년		
1848년		프랑스, 독일, 오스트리아-헝가리, 이탈리아에서 혁명
1848~1873년	자본의 시대/장기 호황	
1849~1870년		프랑스 보나파르티스트 정권
1850~1864년		
1853~1856년		
1856~1860년		

서아시아	동아시아/오스트레일리아	아프리카	아메리카
			남아메리카에서 스페인 통치에 항거한 '볼리바르 혁명' 일어남
	첫 번째 아편전쟁 (중국)		
	태평천국의 난(중국)		
크림 전쟁			
	두 번째 아편전쟁(중국)		

연대	주요 변화/ 사건	유럽
1857~1859년		
1859~1871년	부르주아 혁명 세 번째 물결	
1859~1870년		이탈리아 통일운동
1861~1865년		
1864~1871년		독일 통일
1867년		마르크스 <자본론> 출간
1867~1869년		
1871년		파리 코뮌: 최초의 노동계급 혁명
1881~1898년		
1894~1895년		
약 1990~1914년		영국-독일 해군 군비 경쟁
1903년		볼셰비키-멘셰비키 분열 (러시아)
1904~1905년		
1905~1906년		1905 러시아혁명
1908~1909년		
1910~1920년		
1911~1923년		
1911~1927년		
1911		
1912~1913년		발칸 전쟁
1914~1918년	1차 세계대전	
1916년		아일랜드 부활절 봉기/ 레닌, <제국주의> 출간
1917~1923년	사회주의 혁명의 물결	

서아시아	동아시아/오스트레일리아	아프리카	아메리카
	인도 반란(세포이의 항쟁)		
			남북전쟁(미국)
	메이지 유신(일본)		
		수단 이슬람 독립 투쟁	
	청일전쟁		
	러일전쟁		
오스만 투르크 제국에서 '젊은 터키인 혁명'			
			멕시코 혁명
오스만투르크 제국 해체/ 터키 공화국 탄생			
	중국 첫 번째 혁명		
	신해혁명(중국)		

연대	주요 변화/ 사건	유럽
1917년		러시아 혁명 2월 혁명 (러시아) 4~6월:프랑스 군대 폭동 8월: 레닌, <국가와 혁명> 출간 10월 혁명(러시아) 10~11월:이탈리아 군대 잇단 패배로 붕괴
1918~1920년		'볼셰비키 3년'(스페인)
1918~1921년		러시아 내전
1918~1923년		독일 혁명
1918년		1월:독일 파업의 물결 9~11월: 동맹국 전쟁 패배 이후 불가리아, 오스트리아~헝가리, 독일에서 혁명으로 이어짐
1919~1922년	4차례 국제 공산당 회의 (코민테른)	
1919년		1월: 독일 '스파르타쿠스 봉기' 3~8월:헝가리 소비에트 공화국 4~5월:바바리아 소비에트공화국 베르사이유 조약 체결
1919~1921년		이탈리아 '붉은 2년' 아일랜드 독립 전쟁
1920년		3월: 베를린 '카프 반란' 8월: 이탈리아 북부, 공장 점거의 물결
1921~1928년		러시아 '신 경제정책'
1922년		이탈리아, 무솔리니 파시스트 집권
1922~1923년		아일랜드 내전
1923년		독일 극심한 인플레이션으로 은행 예금 가치 없어짐
1926년		영국 총파업
1926~1927년		
1928년		러시아 스탈린주의자들의 반혁명 '경제개발 5개년 계획' 시작
1929년		

서아시아	동아시아/오스트레일리아	아프리카	아메리카
	중국 노동자 농민 혁명이 좌절됨		
			월스트리트 주식 폭락

연대	주요 변화/ 사건	유럽
1929~1939년	대공황 시대	
1931~1945년		
1933년		독일 히틀러 나치당 정권 장악
1934년		비엔나, 노동자들의 반 파시스트 봉기 좌절됨 파리, 대규모 노동자 시위로 파시스트에 맞섬 스페인 광부들의 반란
1934~1935년		
약 1935~1975년	국가 자본주의 시대	
1936년		5~6월: 프랑스, 총파업과 공장 점거의 물결 7월: 스페인, 군사쿠데타에 맞서 혁명 일어남
1937년		스페인, 스탈린주의 반혁명
1937~1945년		
1939~1945년	2차 세계대전	
1941~1945년		러시아, 일본, 미국 참전으로 세계대전으로 확대
1944~1945년		서유럽, 공산당 레지스탕스 운동 자발적 무장 해제
1945년		미국 , 일본에 원자폭탄 투하
1945~1948년		동유럽에 스탈린주의 정권 들어섬
1946~1947년		
1948~1952년		미국, 마샬 플랜으로 유럽에 원조 제공
1948~1954년		
1948~1973년	대호황	
1949년		러시아, 첫 번째 핵 폭탄 실험
1950~1953년		
1969년		8월:아일랜드 데리, 보그사이드 전투 이탈리아, 파업과 점거의 '뜨거운 가을'
1973년		

서아시아	동아시아/오스트레일리아	아프리카	아메리카
	일본 중국, 만주사변		
	중국, 마오쩌둥이 이끄는 공산당의 '대장정'		
	중일전쟁		
	인도 독립 투쟁. 인도 파키스탄 분리 독립		
	베트남 독립 전쟁		
	한국 전쟁		
			칠레, 군사 쿠데타로 아옌데 정권 전복

연대	주요 변화/ 사건	유럽
1973~1992년	장기 침체	
1974년		
1974~1975년		포르투갈 혁명
약 1975~현재	신자유주의 자본주의	
1978년		
1979년		
1979~1989년		
1979~1990년		영국, 대처 정권의 신자유주의 정책
1980~1981년		폴란드 솔리다르노시치(연대)운동
1980~1988년		
1984~1985년		영국, 광부 대파업 패퇴시킴
1987~1988년		소련, 고르바초프 '개혁' '개방' 정책
1989년		동유럽 혁명
1989~1991년		소련 해체
1992~1995년		구 유고슬라비아, 보스니아 전쟁
2001년		
2001~현재	'테러와의 전쟁'	
2003~2011년		
2007년	세계적 '신용 경색'	
2008년	세계적 재정 붕괴	
2008~현재	제2차 대공황	

*BP는 지금으로부터 ~년 전, BC는 기원전 AD는 기원후

서아시아	동아시아/오스트레일리아	아프리카	아메리카
			아르헨티나, 군사 쿠데타
	중국, 덩 샤오핑 집권으로 신자유주의 전환		
이란 혁명			
	소련~아프간 전쟁		
이란-이라크 전쟁			미국 레이건 정부 신자유주의 정책/ '두 번째 냉전'
	중국, 톈안먼 광장 민주주의 시위 군중 학살		
			미국, 뉴욕 쌍둥이 빌딩과 펜타곤에 테러 공격 당함
	미국 영국, 아프가니스탄 공격		
미국 영국, 이라크 공격			

753

참고문헌에 대하여

이 설명글과 이어지는 책 목록으로 참고문헌의 각주를 대신하고자 한다. 근본적으로 여러 이론을 종합해야 하는 역사학 분야에서 흔히 하는 방식의 관습적인 주석은 별로 도움이 되지 않는다. 여러 참고문헌들을 죽 나열하기만 하면 어떤 것을 중점적으로 참고해야 하는지 구별이 안 되기 때문이다. 따라서 참고문헌에 대한 이해를 돕기 위한 짧은 글을 쓴 다음에 그 목록을 적도록 하겠다.

첫 번째 부분에서는 역사학에서 나왔던 각종 논쟁들을 소개하고, 그 논쟁들을 낳은 핵심적 저작들, 그리고 그 이론들 속에서 내 입장은 어느 위치에 있는지 설명하겠다. 두 번째, 참고문헌 목록에서는 기존 서적들처럼 목록으로 책이름을 이 책의 장 별로 나눠서 소개하되 관련 정도에 따라 세 종류로 나눠서 표시했다. (*)표가 달린 것은 마르크스주의나 비마르크스주의 이론 어느 쪽에서나 중요한 책이며, (**) 표시가 된 책은 마르크스주의 역사학에서 아주 중요한 의미가 있는 책이다. 또 표시가 붙은 책은 문장이 뛰어나고 쉽게 구해 볼 수 있는 책들이다.

참고문헌에 대한 이 같은 설명이 절대적으로 옳다고는 할 수 없다. 이는 나의 경험과 연구를 반영한 것이기 때문이다. 또한 특정 시기나 지역의 역사서들이 다른 시기의 학술서보다 질적으로 뛰어날 수도 있다. 따라서 여기 인용된 책들은 단지 내가 알고 있고 연구에 활용했기 때문에 추천하는 것이라 할 수 있다. 전문가들이 내가 이 참고문헌들을 평가한 내용에 대해 그 신뢰성을 다시 한 번 판단해주길 바란다. 어쨌든 이 참고문헌들에 대한 내 평가들이 일반 독자들에게 유용한 길잡이가 되길 바란다.

참고문헌에 대한 메모

마르크스주의는 여러 세대 역사학자들의 작업에 큰 영향을 미쳤다. 다음에 소개하는 책들은 선대의 연구자들에게 빚을 지고 있으며 독자들은 참고문헌 목록을 보면서 그것을 확인할 수 있을 것이다. 그러나 나를 포함한 마르크스주의 학자들은 다른 마르크스주의 학자의 해석에 반대하거나 의문을 품는 점도 분명히 있다. 이 때문에 나는 여기서 마르크스주의자의 여러 갈래 중에서 내가 어디에 서있는지를 설명할 필요를 느낀다.

마르크스가 직접 쓴 저작은 여러 다른 방법으로 읽을 수 있다. 사회적 구조는 얼마나 큰 제약이 되는가? 인간은 사회질서에 의해 어느 정도 사회화되고 조종되는가? 혹은 질문을 바꿔서, 인간 행위 주체human-agency의 잠재력은 얼마나 큰가? 즉 사회 속에서 인간의 집단적 의지와 행동은 사건의 물길을 바꾸는 데 얼마나 큰 능력을 발휘할 수 있는가? 역사는 구조에 의해 결정되는가 아니면 우연이 역사를 결정하는가, 역사는 열려 있는 것인가 아니면 우리 행동에 의해 결정되는 것인가?

19세기 후반~20세기 중반에 마르크스주의 내부에서는 결정론적 시각이 지배적이었다. 이는 수정주의 정치가나 스탈린주의 관료 모두의 정치적 의제와 들어맞았다. 이들은 모두 노동계급의 행동의 자율성self-activity을 믿으려 하지 않았다.

예외였던 사람들은 레닌, 트로츠키, 로자 룩셈부르크, 그람시, 루카치 같은 이들이었다. 혁명을 이룩하려는 사람들은 항상 행위주체의 힘을 강조했다. 그들에게 노동계급의 의식, 조직, 활동은 마르크스주의의 정수였다.

2차 세계대전 이후 새로운 세대의 마르크스주의 역사가들이 등장해 뛰어난 실증적, 이론적 저작들을 쏟아냈다. 주로 영국과 프랑스의 공산당원 출신이었던 이들은 마르크스주의의 결정론적 해석을 단호하게 거부했다.

이들의 주된 초점은 보통 사람들의 물질적 상황, 사상세계thought-world, 집단행동이었다. 그들의 목표는 '아래로부터의 역사'를 쓰는 것이었다. 평범한 사람들이 역사의 주인공임을 드러내는 역동적인 의미에서 역사를 쓰는 것이었다.

에드워드 톰슨의 책〈영국 노동계급의 형성The Making of the English Working Class〉은 이런 유형의 고전적 연구서로, 맹아적 프롤레타리아를 현실의 수면 아래 머무는, 눈에 보이지 않는 희생자들로 더 이상 보지 않고, 현실의 역사 속에서 자신들만의 정체성, 문화, 역사를 만들어 온 계층으로 보았다. 마찬가지 방식으로 로드니 힐튼은 중세 농노를 분석했고 크리스토퍼 힐은 영국혁명의 '중간층middling sort'을, 알베르 소불은 프랑스혁명의 '상 퀼로트' 계층을 연구했다. 이들이 나에게는 정통 마르크스 전통을 대표하는 연구들이다.

이러한 정신은 마르크스주의 역사 저작물로 가장 위대한 작품이라 할 만한 레온 트로츠키의〈러시아 혁명사History of the Russian Revolution〉에서도 찾을 수 있다. 트로츠키는 1917년 10월 혁명 지도자였으며 내전 기간 중 붉은 군대 지휘관으로서, 이론과 실천의 합일을 최고로 구현한 사람이었다. 그는 자신이 주인공이 되어 실천한 혁명 경험을 바탕으로 사건들을 분석해 이런 걸작을 남길 수 있었다. 트로츠키의 이 책은 마르크스주의 역사에 대해 더 읽고 싶은 사람에게 다른 어떤 책보다도 먼저 권하고픈 책이다.

이제 좀 더 자세히 다른 책들을 살펴보자. 먼저 내가 이 책을 쓰면서 두루두루 광범위하게 활용한 일반적인 서적들을 언급해야 할 것이다. J. M. 로버츠의〈세계역사History of the World(1976)〉는 중후한 서술 방식과 백과사전적 정보를 겸비한 아주 유용한 이론서다.

성격은 상당히 다르지만, 우리의 목적을 위해 더 중요하다고 할 만한 책은 크리스 하먼의〈민중의 세계사People's History of the World(1999)〉다. 마르크스주의 역사서 중에서도 탁월한 학문적 성취를 이룬 저

참고문헌에 대한 메모

작이다. 그러나 이 책은 경제주의적, 혹은 기술주의적, 결정론적이며 목적론적 성향을 보이고 있다. 목적론적이란 역사의 사건들이 미리 결정된 종착점을 향해 간다는 사고를 말한다. 이 책을 읽으면 우리가 역사의 진보 과정에서 불가피한 여러 단계를 하나씩 거쳐 간다는 느낌을 받게 된다.

그러나 나는 역사란 열려있는 것이며 우연적인 것이고 인간 행위 주체에 의해 바뀌어 간다고 본다. 그리고 결정론적 이론들은 마르크스로부터 몇몇 문장들을 가져오긴 했지만, 이론의 핵심은 마르크스의 관점과 반대되는 것을 내세우고 있다고 생각한다. 이를 이해하기 위한 뛰어난 연구서로는 존 리즈의 〈혁명의 대수학Algebra of Revolution(1998)〉이 있다. 이와는 상당히 다른 접근이지만 존 키건의 〈세계전쟁사History of Warfare(1994)〉는 뛰어난 독창성과 통찰력을 보여주는 저작이다. 이는 우익 역사가들이 '학문적인' 마르크스주의자들보다 훨씬 뛰어난 책을 남긴 기념비적인 사례라고 할 수 있다.

호미니드 진화라는 주제에 대해서는 최근 20여 년 동안 매우 뛰어난 연구서들이 나왔다. 그중에서도 현재의 사고를 가장 잘 요약한 것은 크리스 스트링거와 동료들이 내놓은 저작들이라 할 수 있다.(1993, 1996, 2006).

선사시대에 대해서 쓴 책으로는 배리 컨리프가 1994년 펴낸, 유럽의 역사적 증거에 대한 종합적 에세이들이 있고 컨리프가 대서양 해안 유럽(2001)과 지중해(2008)에 대해 쓴 연구서가 있다. 그러나 마르크스주의의 핵심적인 틀을 제공하고 있는 책은 비어 고든 차일드의 〈인류사의 사건들What Happened on History(1942)〉이다. 이 책은 공산당 역사학자 그룹과 긴밀한 관계를 갖고 있는 학자인 차일드가 남긴 뛰어난 고고학적 기록으로, 최초의 호미니드에서 출발해 로마제국의 멸망까지를 다루고 있다. 차일드의 이 책은 엥겔스의 〈가족, 사유재산, 국가의 기원The Origins of the Family, Private Property and the State(1884)〉과 연계해서 읽어야 한다. 이 책은 학문적으로 끊임없는 논쟁을 불러 일으켰음에도 불구하고 선사시대를 이해하는 데 반드시 읽어야 할 책으로 남아 있다.

차일드는 선사시대의 사회·경제적 '혁명'에 대한 연구를 잇달아 남기며 계급사회의 기원을 탐구했다. 그러나 차일드의 마르크스주의는 중요한 권위를 갖고 있음에도 불구하고 앞서 크리스 하먼의 책에서 언급한 단계 이론에 크게 영향을 받고 있다. 이는 제프리 드 생 크루아의 〈고대 그리스의 계급투쟁Class Struggle in the Ancient Greek World(1981)〉 역시 마찬가지다. 중요한 책이긴 하지만 반드시 비판적인 시각에서 읽어야 한다. 드 생 크루아는 후기 로마의 농노를 노예로 재규정하면서 마르크스와 엥겔스로부터 가져온 '노예제 생산양식' 개념을 강조한다. 이 개념은 실증적으로나 이론적으로 허점을 갖고 있으며 분석적인 가치도 없다. 위에서 결정론적 혹은 목적론적이라고 비판했던 해석 도구의 하나라 할 수 있다.

기원전 약 500년부터 AD 1500년 사이 약 2000년 동안 진정한 단 하나의 지배적인 생산양식이 있었다. 바로 철기 도구 기술이다. 이 기간 동안 지배계급과 국가는 여러 가지 다른 방식으로 조직되었으며 그들은 각기 다른 형태로 잉여를 전유했다.

각 지배계급과 국가 간의 차이는 분명히 있다. 예를 들어 고대 로마제국에서는 관료적 지배계급이 현금 조공을 부과했고, 중세 앵글 로 색슨 영국의 게르만 주군의 봉건 종사(從士)들은 식량을 빌려가는 것으로 잉여를 전유했다. 그러나 두 경우 모두 경제적인 토대는 소 농들이 경작지에서 일을 하여 그들의 잉여를 넘겨주는 데 있었다. 그들이 노예였든 농노였든 봉신이었든, 혹은 토지 소유자들이었든 상관없이 어느 시대에도 조공의 형태로 혹은 대여, 십일조, 이자, 임 금 노동, 강제노동의 형태로든 잉여의 전유는 있었다.

이런 점에 고려해 볼 때 또 다른 마르크스주의 이론가들에게 관 심을 돌릴 필요가 있다. 페르낭 브로델을 비롯한 프랑스 아날 학파 Annales school는 정치적 '사건'들이 역사 속의 '거품'에 지나지 않는다고 주장했다. 전쟁이니 혁명이니 하는 것들은 인류의 기술발전, 생산, 교역 흐름에 비해 덜 중요하다는 것이다. 그러나 이런 시각은 틀린 것이다. 기술과 생산 교역 등 모든 현상들은 오직 단일한 사회적 질 서와 역사 과정의 한 부분으로만 이해될 수 있다. 정치적인 '상부구 조'는 단순히 경제적 '토대'를 반영한 것이 아니다. 문화가 제일 상 부에 있고 교육 시스템이 그 다음이고, 산업 기술이 가장 아래에 있 다고 보는 '중요도의 피라미드' 같은 것은 없다.

역사 분석에서 핵심은 사회적 과정에서 본질적인 동력의 정체가 무엇인가를 파악하는 일이다. 전자본주의Pre-capitalist 시대의 계급사회 에서 이것은 '생산양식'과는 특별한 관계가 없다. 모든 실용적 목적 에도 불구하고, 기술과 생산력은 정적인 것이다. 유일한 질문은 크 든 작든 잉여가 어떻게 분배되느냐는 것이다. 한 사람의 몫을 가장 많이 늘릴 수 있는 방법은 군사력에 의존하는 것이다. 따라서 세계는 서로 힘을 겨루는 지배계급들로 나뉘어져 경쟁적으로 군사 자원을 축적해왔다. 예를 들어 로마제국의 동력은 '고대 군사 제국주의'라고 정의할 수 있으며 더 거칠게 말하자면 폭력의 힘을 빌린 강도라고 할 수 있다.

제국 내부에서는 이중적 경제가 작동되었다. 소농들의 생계를 위한 생산은 수백 년 혹은 수천 년 동안 지속됐다. 그러나 이런 생산 위에서 엘리트 계급의 소비와 군대를 위한 공급이 필요했고, 지배계급은 이를 위해 점점 더 많은 잉여를 착취했다.

토지 소유주와 농업 생산자들의 사회적 관계는 시대에 따라 다른 모습을 띠긴 하지만, 본질적인 측면에서 체제의 성격은 달라지지 않았다.

내가 쓴 로마제국에 대한 저서(2008)는 '노예 생산양식'보다는 '고대 군사 제국주의' 이론에 바탕을 두고 역사를 서술하려는 시도였다. '고대 군사 제국주의'가 '노예 생산양식'이라는 설명보다 훨씬 더 설득력이 있다고 보기 때문이다. 나는 또한 이런 접근법이 다른 자본주의 이전 계급사회에도 적용될 수 있다고 생각한다.

봉건주의는 마르크스주의 역사학 내부에서 오랫동안 심도 있게 논의되어온 주제다. 그러나 나는 이 시대에 대한 논의에서는 좀 비껴가려고 한다. 왜냐하면 앞서 설명한 것처럼 나는 봉건주의가 새로운 생산양식이라거나 한 단계 더 높은 생산양식이라는 개념에 반대하기 때문이다. 따라서 나는 착취자와 피착취자라는 사회관계가 아니라, 지배계급이 스스로 조직한다는 방식의 개념 정의를 받아들인다. 때문에 나는 여전히 에른스트 블로흐의 연구가 중요한 가치

참고문헌에
대한 메모

를 갖고 있다고 생각한다. 다른 한편, 나는 고대에서 봉건주의로 전환하는 과정에서 세금에 기반한 엘리트와 토지에 기반한 엘리트를 명확하게 구분한 크리스 위컴의 연구를 중요하게 여긴다.

봉건사회의 자궁 안에서 자본주의가 등장하는 이 부분의 논의에 대해서는 모리스 도브(1946) 로드니 힐튼(1973, 1978,1 990), 로버트 브레너(예를 들어 1985년 저작), 크리스 다이어(2003, 2005)에게 주로 도움을 받았다.

나는 앙리 피렌, 폴 스위지, 이매뉴얼 월러스틴, 호지스 같은 이들의 주요 논지는 거부한다. 이들은 교환, 교역, 상인들의 이윤이 경제적 변환 과정에서 가장 중요한 역할을 했다는 입장을 보이고 있다. 이런 것들보다는 '생산'이 가장 결정적인 역할을 했다. 그러므로 봉건주의에서 자본주의로의 이행을 말할 때는 농장, 작업장과 그것들의 작동을 규정짓는 사회적 관계에 초점을 맞춰야 한다.

종교개혁의 혁명적 의미는 프리드리히 엥겔스의 초기 저작인 〈독일 농민 전쟁German Peasants' War(1850)〉에서 잘 드러나고 있다. 네덜란드 혁명에 대한 가장 뛰어난 영어 저서로는 제프리 파커의 책(1985)이 있다. 영국혁명에 대한 책들은 엄청나게 많지만, 최근에 나온 대부분의 것들은 수정주의자들의 불필요한 저술에 불과하므로, 독자들은 마르크주의 학자인 크리스토퍼 힐(1961, 1972, 1975, 1986)이나 브라이언 매닝(1978, 1992, 1999, 2003)이 쓴 저작들을 보는 것이 더 낫다. 매닝의 〈영국혁명과 영국 민중English Revolution and English People〉은 마르크스 학자의 걸작으로 꼽을 만하다.

부르주아 혁명에 관해서는 나는 혁명을 앞으로 진전시키는 민중의 행위의 힘을 강조하는 쪽이다. 여기서 구분해야 할 것은 부르주아지 열망의 급진성, 혹은 사회의 가장 앞선 부문의 사람들, 그들이 위기 때 보여주는 행동, 즉 자산 소유 계급으로서 그들이 가졌던 '무질서'와 '무정부 상태'에 대한 본능적 두려움 때문에 용기를 내지 못했던 그들의 행동 사이에는 뚜렷한 차이가 있다는 점이다. 크롬웰, 워싱턴, 로베스피에르와 링컨은 진정한 혁명가들이다. 그러나 그들이 세계를 뒤바꾸겠다는 결심은 막상 혁명에 착수하면서는 확고하지 않았다. 각각의 경우에 급진적인 부르주아지들이 추진력을 가지면서 동시에 반혁명을 뿌리치기 위해서는 대중의 힘이 필요했다.

매닝의 연구가 탁월한 이유는 1640년대의 역사적 사건들에서 평범한 보통 사람들의 핵심적인 역할을 본격적으로 조명했다는 점이다. 같은 이유로 에드워드 컨트리맨의 〈미국 혁명American Revolution(1987)〉, 알베르 소불의 〈상 퀼로트Sans-culottes(1980)〉, 그리고 조르주 뤼데의 〈프랑스 혁명의 군중Crowd in the French Revolution(1967)〉도 높은 가치를 인정받아 마땅하다.

참고문헌에
대한 메모

이 시대를 다루고 있는 이 같은 마르크스주의 연구들은 민중의 혁명 운동을 밝혀내 묘사하고 전면에 부각시켰다는 점에서 주목해야 한다. 이 같은 접근 방식은 알베르 마티에(1964)나 조르주 르페브르(1962)처럼 혁명 과정이 '부르주아지들의 주도 하'에 이뤄졌다는 기계적인 접근 방식과는 대조적인 역사학이라 할 수 있다. 또한 C.L.R. 제임스의 아이티 노예 반란을 다룬 뛰어난 연구 〈블랙 자코뱅The Black Jacobins〉과 아일랜드의 800년 대 영국 투쟁을 잘 요약한 T.A. 잭

슨의 〈아일랜드 독립운동사Ireland Her Own(1991)〉도 언급되어야 한다.

산업 자본주의의 발전을 이해하기 위한 출발점은 마르크스가 쓴 〈자본론Capital(1867)〉과 〈공산당 선언The Communist Manifesto(1848)〉이다. 〈기나긴 19세기Long nineteenth century(1789~1914)〉는 이후 에릭 홉스봄이 세 권의 저서에서 탁월하게 종합적으로 분석해놓은 바 있다(1962, 1985, 1994a). 그의 20세기에 대한 연구서(1994b) 역시 참고문헌으로 유용하지만 이론적으로는 허점이 있다. 홉스봄은 마르크스주의 방법론을 자신이 살고 있는 이 시대에는 제대로 적용하지 못한 것으로 보인다. 초기 노동계급과 노동 활동의 기원에 대한 특징을 잘 담은 저작으로는 두 권의 마르크스주의 고전을 꼽을 수 있다. 바로 엥겔스의 〈노동계급의 상황Condition of the Working Class(1845)〉과 에드워드 톰슨의 〈영국 노동계급의 형성(1980)〉이다.

마르크스와 엥겔스의 저작은 19세기 중반의 주요 정치 사건들을 분석하는 데도 큰 도움이 된다. 특히 〈프랑스에서의 계급투쟁The Class Struggles in France(1895)〉, 〈루이 보나파르트와 브뤼메르의 18일The Eighteenth Brumaire of Louis Bonaparte(1869)〉, 그리고 〈프랑스 내전The Civil War in France(1871)〉 등 세 권의 책을 언급하고 싶다.

사회세력에 대한 올바른 이해를 담고 있는 외교 역사서로는 A.J.P. 테일러의 여러 연구서들(1955, 1961, 1964a,1971)이 매우 유용하다. 제임스 맥퍼슨의 미국 시민전쟁 역사에 대한 저술(1990) 역시 영향력이 큰 연구서이며 도니 글럭스타인의 연구(2006) 역시 파리코뮌에 대한 훌륭한 연구서다.

20세기 초반에는 수많은 마르크스주의의 고전이라 할 만한 연구서들이 나왔다. 그중에서도 루돌프 힐퍼딩(1910), 레닌(1917a), 니콜라이 부하린의 제국주의 연구(1917), 룩셈부르크의 개혁주의와 계급투쟁에 대한 저작물(1900, 1906), 레닌의 국가의 본성에 대한 연구(1917b) 그리고 트로츠키의 '영구 혁명'에 대한 연구(1906) 등이 돋보이는 저작들이다. 트로츠키는 또한 1905년과 1917년 두 번의 러시아 혁명에 대한 탁월한 안내서를 집필하기도 했다(1922, 1932). E.H. 카의 러시아 혁명 관련 저작 역시 대단한 가치를 가진 학문적 업적으로서 1917~23년의 러시아를 분석하고 있다. 윌리엄 헨리 챔벌린(1965) 역시 급진적 저널리스트가 남긴 생생한 증언을 통해 1917년 혁명에 관한 한 트로츠키나 존 잭 리드(1977)와 비교할 만한 훌륭한 기록을 남겼다.

〈젊은 터키 혁명(1908)〉에 대해서는 우준(2004)이, 1918~23년 독일혁명에 대해서는 브루에(2006)와 하먼(1982)이, 중국혁명에 대해서는 아이삭(1961)등이 저작을 남겼다.

참고문헌에
대한 메모

코민테른의 처음 5년간을 다룬 트로츠키의 책 두 권 역시 이 시기에 대한 중요한 저술이다. (1973~4). 러시아 혁명의 쇠퇴를 이해하기 위한 책으로는 트로츠키(1936), 토니 클리프의 '레닌 평전'(1975~9)과 트로츠키 평전(1989-93)이 있다.

클리프에 대해서는 좀 더 언급할 필요가 있다. 내가 보기에 그는 20세기 후반의 가장 위대한 혁명적 사상가이며, 국가자본주의 발전에 관한 탁월한 이론가다(1955/1974). 또한 그는 영구적인 군비 경제에 대한 이론(키드론 1970과 하먼의 1984)을 발전시키는 데도 도움을 주었다. 또한 왜곡된 영구 혁명에 대한 책(1963)은 2차 대전 이후 시기를 이해하는 데 기초를 제공해준다.

클리프는 스탈린주의와 교조적 트로츠키주의와는 반대로, 아래로부터의 노동계급 투쟁의 역사 같은 정통 마르크스주의 연구를 계속했다. 그의 연구는 1920~1930년대의 트로츠키의 저작들 위에 세운 것으로서, 중국(1976) 독일(1971) 프랑스(1979) 스페인(1973) 등 여러 지역의 역사적 사건에 대한 저작을 남겼다.

스페인 혁명에 대한 저서들은 아주 풍부하게 나와 있다. 브루에와 테밈(1972)은 스페인 혁명에 대한 탁월한 마르크스주의적 해석을 보여주고 있고, 조지 오웰의 〈카탈로니아 찬가Homage to Catalonia(1938)〉는 전쟁의 한가운데에서 보여주는 생생한 증언록이다.

세계대전 이후의 세계에 대해서는 여러 마르크스주의 학자들의 연구물들이 시리즈로 나와 있다. 개혁주의, 스탈린주의에 대한 버챌(1974, 1986)과 하먼(1988a)의 연구를 비롯해 냉전시대 유럽에 대한 클리프(1957)의 연구, 중국에 관한 해리스(1978) 호어(1991)의 저술, 중동에 관한 마샬의 저작(1989), 체 게바라와 쿠바에 대한 곤잘레스(2004)의 저작을 꼽을 만하다. 1968~75년의 시기에 대해서는 조너선 닐(2001)이 베트남 전쟁에 대한 탁월한 저작을 남겼고 하먼은 이 시기의 정치적 혼돈 상황(1988b)과 경제적 위기(1984)에 대한 책을 썼다. 바커(1987)는 또한 프랑스, 칠레, 포르투갈과 이란 혁명, 폴란드의 연대에 대해서도 훌륭한 글들을 썼다. 마샬의 이란에 대한 저술(1988), 바커와 웨버(1982)의 폴란드 연대 노조에 대한 저술도 있다. 리즈의 저작(2006)은 1989년 동유럽에서의 반스탈린주의 혁명 같은 최근의 혁명들과 새로운 제국주의에 대해 조명하고 있다. 현재의 신자유주의 위기에 대한 논쟁과 저술 역시 많다. 해리스(1983)는 새로운 형태의 자본주의를 명확하게 분석하고 있다. 벨라미 포스터와 매그도프 (2009), 엘리엇과 애킨슨(2007), 하비(2003, 2005)와 메이슨(2009) 같은 저술들은 '영구적인 부채 경제'와 2008년 세계적 경제 위기에 대한 상세한 분석을 내놓고 있다. 언급된 많은 자료들은 온라인상에서 찾아 볼 수 있으니 독자들은 이 참고문헌들을 활용해서 검색해보면 좋겠다.

참고문헌에
대한 메모

참고문헌

Aldred, C., 1987, The Egyptians, London, Thames & Hudson (2).

Anderson, J. L., 1997, Che Guevara: A revolutionary life, London, Bantam (14).

Arthur, A., The Tailor-King: The rise and fall of the Anabaptist kingdom of Münster, New York, Thomas Dunne (7).

Aston, T. H. and Philpin, C. H. E. (eds.), 1985, The Brenner Debate: Agrarian class structure and economic development in pre-industrial Europe, Cambridge, Cambridge University Press (6).*

Barker, C. and Weber, K., 1982, Solidarnosc: From Gdansk to military repression, London, International Socialism (15).*

Barker, C. (ed.), 1987, Revolutionary Rehearsals, London, Bookmarks (15).* Barraclough, G., 1979, The Times Atlas of World History, London, Times Books (all).

Bellamy Foster, J. and Magdoff, F., 2009, The Great Financial Crisis: Causes and consequences, New York, Monthly Review Press (15).*

Birchall, I., 1974, Workers Against the Monolith: The Communist Parties since 1943, London, Pluto (14).*

Birchall, I., 1986, Bailing out the System: Reformist socialism in Western Europe, 1944–1985,

London, Bookmarks (14).*

Bloch, M., 1965, Feudal Society, London, Routledge (6).*

Brailsford, H., 1983, The Levellers and the English Revolution, Nottingham, Spokesman (7).*

Braudel, F., 1993, A History of Civilisations, London, Penguin (all).*

Broué, P., 2006, The German Revolution, 1917-1923, London, Merlin (12).*

Broué, P. and Témime, E., 1972, The Revolution and the Civil War in Spain, Cambridge, MA, MIT Press (13).*

Brunt, P. A., 1971, Social Conflicts in the Roman Republic, London, Chatto & Windus (3). Bukharin, N., 1917, Imperialism and World Economy, www.marxists.org (11).**

Burn, A. R., 1978, The Pelican History of Greece, Harmondsworth, Penguin (3).* Carr, E. H., 1966, The Bolshevik Revolution (3 vols.), Harmondsworth, Penguin (12).* Chadwick, H., 1967, The Early Church, London, Penguin (4).

Chamberlin, W. H., 1965, The Russian Revolution, 1917–1918: From the overthrow of the Czar to the assumption of power by the Bolsheviks, New York, Grosset & Dunlap (12).*

Childe, V. G., 1936, Man Makes Himself, London, NCLC Publishing Society (1, 2).* Childe, V. G., 1942, What Happened in History, Harmondsworth, Penguin (1-3).** Chomsky, N., 1999, Fateful Triangle: The United States, Israel, and the Palestinians, London, Pluto (14–15).

Clark, G. and Piggott, S., 1970, Prehistoric Societies, Harmondsworth, Penguin (1). Clements, J., 2006, The First Emperor of China, Stroud, Sutton (3).

Cliff, T., 1955/1974, State Capitalism in Russia, www.marxists.org (12-14).** Cliff, T., 1963, Deflected Permanent Revolution, www.marxists.org (14).** Cliff, T., 1975–9, Lenin (4 vols.), www.marxists.org (11–12).*

Cliff, T, 1989–93, Trotsky (4 vols.), www.marxists.org (11–13).*

Cohn, N., 1970, The Pursuit of the Millennium: Revolutionary millenarians and mystical anarchists of the Middle Ages, London, Granada (6).*

Cole, G. D. H., 1932, A Short History of the British Working Class Movement, 1789–1927, London, Allen & Unwin (9–13).*

Cole, G. D. H. and Postgate, R., 1946, The Common People, 1746–1946, London, Methuen (9–13).

Countryman, E., 1987, The American Revolution, Harmondsworth, Penguin (8).** Crawford, M., 1992, The Roman Republic, London, Fontana (3).

Cunliffe, B. (ed.), 1994, The Oxford Illustrated Prehistory of Europe, Oxford, Oxford University Press (1–4).

Cunliffe, B., 2001, Facing the Ocean: The Atlantic and its peoples, 8000 bc–ad 1500, Oxford, Oxford University Press (1–6).

참고문헌

Cunliffe, B., 2008, Europe Between the Oceans, 9000 bc–ad 1000, London, Yale University Press (1–6).*

Darvill, T., 1987, Prehistoric Britain, London, Routledge (1).

De Ste Croix, G. E. M., 1981, The Class Struggle in the Ancient Greek World, London, Duckworth (3, 4).**

Diamond, J., 1999, Guns, Germs, and Steel: The fates of human societies, New York, Norton (5, 6).**

Dobb, M., 1946, Studies in the Development of Capitalism, London, Routledge (6).*

Dyer, C., 2003, Making a Living in the Middle Ages: The people of Britain, 850–1520, London, Penguin (6).

Dyer, C., 2005, An Age of Transition? Economy and society in England in the later Middle Ages, Oxford, Oxford University Press (6).*

Elliott, L. and Atkinson, D., 2007, Fantasy Island: Waking up to the incredible economic, political, and social illusions of the Blair legacy, London, Constable (15).

Elton, G. R., 1955, England under the Tudors, London, Methuen (6, 7).

Elton, G. R., 1963, Reformation Europe, 1517–1559, New York, Harper & Row (6, 7). Engels, F., 1845, The Condition of the Working Class in England, www.marxists.org (9).** Engels, F., 1850, The Peasant War in Germany, www.marxists.org (7).*

Engels, F., 1884, The Origin of the Family, Private Property, and the State, www.marxists.org (1). **

Engels, F., 1892, Socialism: Utopian and scientific, www.marxists.org (all).**

Fagan, B. (ed.), 2009, The Complete Ice Age: How climate change shaped the world, London, Thames & Hudson (1).

Faulkner, N., 2002, Apocalypse: The great Jewish revolt against Rome, ad 66–73, Stroud, Tempus (4).*

Faulkner, N., 2008, Rome: Empire of the eagles, Harlow, Pearson Education (3, 4).* Finley, M. I., 1956, The World of Odysseus, London, Chatto & Windus (2).

Finley, M. I., 1963, The Ancient Greeks, London, Chatto & Windus (3). Finley, M. I., 1985, The Ancient Economy, London, Hogarth Press (3).*

Fisk, R., 1991, Pity the Nation: Lebanon at War, Oxford, Oxford University Press (14–15). Galbraith, J. K., 1975, The Great Crash, 1929, Harmondsworth, Penguin (13).

Glatter, P. (ed.), 2005, The Russian Revolution of 1905: Change through struggle, London, Socialist Platform (11).

Gluckstein, Y., 1957, Mao's China: Economic and political survey, London, Allen & Unwin (14).*

Gluckstein, D., 2006, The Paris Commune: A revolution in democracy, London, Bookmarks (10).

Gonzalez, M., 2004, Che Guevara and the Cuban Revolution, London, Bookmarks (14).* Grant,

M., 1973, The Jews in the Roman World, London, Weidenfeld & Nicolson (4).

Grant, M., 1984, The History of Ancient Israel, London, Weidenfeld & Nicolson (4). Guillaume, A., 1956, Islam, London, Penguin (4).

Hale, J. R., 1971, Renaissance Europe, 1480–1520, London, Collins (6). Hampson, N., 1968, The Enlightenment, Harmondsworth, Penguin (8).

Harman, C., 1982, The Lost Revolution: Germany 1918 to 1923, London, Bookmarks (12).* Harman, C., 1984, Explaining the Crisis: A Marxist reappraisal, London, Bookmarks (13–15).* Harman, C., 1988a, Class Struggles in Eastern Europe, 1945–83, London, Bookmarks (14).* Harman, C., 1988b, The Fire Last Time: 1968 and after, London, Bookmarks (15).* Harman, C., 1999, A People's History of the World, London, Bookmarks (all).**

Harris, N., 1978, The Mandate of Heaven: Marx and Mao in modern China, London, Quartet (14).*

Harris, N., 1983, Of Bread and Guns: The world economy in crisis, Harmondsworth, Penguin (15).*

Harvey, D., 2003, The New Imperialism, Oxford, Oxford University Press (15).*

Harvey, D., 2005, A Brief History of Neoliberalism, Oxford, Oxford University Press (15).* Hastings, M., 2011, All Hell Let Loose: The world at war, 1939–1945, London, Harper Press (14).   *

Haynes, M., 2002, Russia: Class and power, 1917–2000, London, Bookmarks (12–15).* Hilferding, R., 1910, Finance Capital: A study of the latest phase of capitalist development, www.marxists.org (11).*

Hill, C., 1961, The Century of Revolution, 1603–1714, London, Nelson (7).

Hill, C., 1972, God's Englishman: Oliver Cromwell and the English Revolution, Harmondsworth, Penguin (7).*

Hill, C., 1975, The World Turned Upside Down: Radical ideas during the English Revolution, Harmondsworth, Penguin (7).*

Hill, C., 1986, Society and Puritanism in Pre-Revolutionary England, Harmondsworth, Penguin (7).*

Hilferding, R., 1910, Finance Capital: A study of the latest phase of capitalist development, www.marxists.org (11).*

Hilton, R., 1973, Bond Men Made Free: Medieval peasant movements and the English rising of 1381, London, Maurice Temple Smith (6).*

Hilton, R., 1978, The Transition from Feudalism to Capitalism, London, Verso (6).*

Hilton, R., 1990, Class Conflict and the Crisis of Feudalism: Essays in medieval social history, London, Verso (6).*

Hobsbawm, E., 1962, The Age of Revolution: Europe, 1789–1848, London, Abacus (8, 9).* Hobsbawm, E., 1985, The Age of Capital, 1848–1875, London, Abacus (9, 10).*   Hobsbawm, E., 1994a, The Age of Empire, 1875–1914, London, Abacus (10, 11).* Hobsbawm, E., 1994b, The Age of Extremes: The short twentieth century, 1914–1991, London, Michael Joseph (11–15).

Hodges, R., 2012, Dark Age Economics: A new audit, London, Bristol Classical Press (6). Holland, T., 2005, Persian Fire: The first world empire and the battle for the West, London, Little, Brown (3).

Holland, T., 2003, Rubicon: The triumph and tragedy of the Roman Republic, London, Little, Brown (3).

Hore, C., 1991, The Road to Tiananmen Square, London, Bookmarks (14–15).* Hourani, A., 1991, A History of the Arab Peoples, London, Faber and Faber (5).

Isaacs, H. R., 1961, The Tragedy of the Chinese Revolution, Stanford, CA, Stanford University Press (12).**

Jackson, T. A., 1991, Ireland Her Own, London, Lawrence & Wishart (8, 12).*

James, C. L. R., 1980, The Black Jacobins: Toussaint L'Ouverture and the San Domingo revolution, London, Allison & Busby (8).*

James, T. G. H., 2005, Ancient Egypt, London, British Museum Press (2).

Jones, A. H. M., 1966, The Decline of the Ancient World, London, Longmans (4).*

Kamen, H., 1971, The Iron Century: Social change in Europe, 1550-1660, London, Weidenfeld & Nicolson (7).*

Keegan, J., 1994, A History of Warfare, London, Pimlico (all).*

Kidron, M., 1970, Western Capitalism Since the War, Harmondsworth, Penguin (14).* Lane Fox, R., 1991, The Unauthorised Version: Truth and fiction in the Bible, London, Penguin (4).*

Lapping, B., 1989, End of Empire, London, Paladin (14).

Leakey, R. E., 1981, The Making of Mankind, London, Book Club Associates (1).

Lefebvre, G., 1962, The French Revolution, Volume I, from its origins to 1793, New York, Columbia University Press (8).*

Lefebvre, G., 1964, The French Revolution, Volume II, from 1793 to 1799, New York, Columbia University Press (8).*

Lenin, V. I., 1917a, Imperialism: The highest stage of capitalism, www.marxists.org (11).** Lenin, V. I., 1917b, State and Revolution, www.marxists.org (10–15).**

Luxemburg, R., 1900, Reform and Revolution, www.marxists.org (11).** Luxemburg, R., 1906, The Mass Strike, www.marxists.org (11).**

Manning, B., 1978, The English People and the English Revolution, London, Peregrine (7).**
Manning, B., 1992, 1649: The crisis of the English Revolution, London, Bookmarks (7).* Man-

ning, B., 1999, The Far Left in the English Revolution, London, Bookmarks (7).

Manning, B., 2003, Revolution and Counter-Revolution in England, Ireland, and Scotland, 1658–1660, London, Bookmarks (7).

Marshall, P., 1988, Revolution and Counterrevolution in Iran, London, Bookmarks (15).* Marshall, P., 1989, Intifada: Zionism, imperialism, and Palestinian resistance, London, Bookmarks (14–15).*

Marx, K., 1848, The Manifesto of the Communist Party, www.marxists.org (9). **

Marx, K., 1859, A Contribution to the Critique of Political Economy, www.marxists.org (9).**

Marx, K., 1867, Capital, Volume 1, www.marxists.org (9).**

Marx, K., 1869, The Eighteenth Brumaire of Louis Bonaparte, www.marxists.org (9–10).* Marx, K., 1871, The Civil War in France, www.marxists.org (10).**

Marx, K., 1895, The Class Struggles in France, www.marxists.org (9).*

Mason, P., 2009, Meltdown: The end of the age of greed, London, Verso (15). Mathiez, A., 1964, The French Revolution, New York, Grosset and Dunlap (8).*

McPherson, J. M., 1990, Battle Cry of Freedom: The American Civil War, London, Penguin (10).*

Morton, A. L., 1938, A People's History of England, London, Gollanz (5–13).

Neale, J., 2001, The American War: Vietnam, 1960–1975, London, Bookmarks (15).* Orwell, G., 1938, Homage to Catalonia, London, Secker & Warburg (13).* Pakenham, T., 1992, The Scramble for Africa, 1876–1912, London, Abacus (11). Parker, G., 1985, The Dutch Revolt, Harmondsworth, Penguin (7).*

Pirenne, H., 1939, A History of Europe, from the invasions to the sixteenth century, London, Allen & Unwin (6).*

Pitts, M. and Roberts, M., 1997, Fairweather Eden: Life in Britain half a million years ago as revealed by the excavations at Boxgrove, London, Century (1).

Pocock, T., 1998, Battle for Empire: The very first world war, 1756–63, London, Michael O'Mara (7).

Pryor, F., 2003, Britain bc: Life in Britain and Ireland before the Romans, London, HarperCollins (2).

Reade, J., 1991, Mesopotamia, London, British Museum Press (2).

Reed, J., 1977, Ten Days that Shook the World, Harmondsworth, Penguin (12).*

Rees, J., 1998, The Algebra of Revolution: The dialectic and the classical Marxist tradition, London, Routledge (all).*

Rees, J., 2006, Imperialism and Resistance, London, Routledge (15).*

Rees, J., 2012, Timelines: A political history of the modern world, London, Routledge (15).* Reynolds, P. J., Iron-Age Farm: The Butser Experiment, London, British Museum Publications (2).

Roberts, A., 2009, The Incredible Human Journey, London, Bloomsbury (1).

Roberts, J. M., 1976, The Hutchinson History of the World, London, Hutchinson (all). Rodzinkski, W., 1991, The Walled Kingdom: A history of China from 2000 bc to the present, London, Fontana (3,5).

Rostovtzeff, M., 1928, A History of the Ancient World, Volume II, Rome, Oxford, Clarendon (3).*

Rostovtzeff, M., 1930, A History of the Ancient World, Volume I, The Orient and Greece, Oxford, Clarendon (3).*

Roux, G., 1980, Ancient Iraq, London, Penguin (2).

Rudé, G., 1967, The Crowd in the French Revolution, Oxford, Oxford University Press (8).*

Scarre, C., 1988, Past Worlds: The Times atlas of archaeology, London, Times Books (1–5).

Skidelsky, R., 2004, John Maynard Keynes, 1883–1946: Economist, philosopher, statesman, London, Pan (13).*

Skidelsky, R., 2010, Keynes: The return of the master, London, Penguin (15).

Soboul, A., 1977, A Short History of the French Revolution, 1789–1799, London, University of California (8).*

Soboul, A., 1980, The Sans-culottes: The popular movement and revolutionary government, 1793–1794, Princeton, NJ, Princeton University Press (8).*

Soboul, A., 1989, The French Revolution, 1787–1799, from the storming of the Bastille to Napoleon, London, Unwin Hyman (8).**

Stringer, C. and Gamble, C., 1993, In Search of the Neanderthals, London, Thames & Hudson (1).*

Stringer, C. and McKie R., 1996, African Exodus: The origins of modern humanity, New York, Henry Holt (1).*

Stringer, C., 2006, Homo Britannicus: The incredible story of human life in Britain, London, Allen Lane (1).*

Sweezy, P., 1968a, The Theory of Capitalist Development, New York, Monthly Review Press (13–15).*

Sweezy, P., 1968b, Monopoly Capital: An essay on the American economic and social order, Harmondsworth, Penguin (14–15).*

Taylor, A. J. P., 1955, Bismarck: The man and the statesman, London, Hamish Hamilton (10).

Taylor, A. J. P., 1961, The Course of German History: A survey of the development of German history since 1815, London, Methuen (10–13).

Taylor, A. J. P., 1964a, The Habsburg Monarchy, 1809–1918: A history of the Austrian Empire and Austria-Hungary, London, Peregrine (11).

Taylor, A. J. P., 1964b, The Origins of the Second World War, London, Penguin (13).* Taylor, A. J. P., 1966, The First World War, London, Penguin (11).

Taylor, A. J. P., 1971, The Struggle for Mastery in Europe, 1848–1918, Oxford, Oxford University

Press (10, 11).*

Terraine, J., 1967, The Great War, 1914–18, London, Arrow (11).

Thapar, R., 1966, A History of India, Volume 1, Harmondsworth, Penguin (3, 5). Thompson, E. A., 1948, A History of Attila and the Huns, Oxford, Clarendon (4).*

Thompson, E. P., 1980, The Making of the English Working Class, Harmondsworth, Penguin (9).**

Thomson, G., 1965, Studies in Ancient Greek Society: The prehistoric Aegean, New York, Citadel (1).*

Trotsky, L., 1906, Results and Prospects, www.marxists.org (11, 12).** Trotsky, L., 1922, 1905, www.marxists.org (11).**

Trotsky, L., 1932, The History of the Russian Revolution, www.marxists.org (12).** Trotsky, L., 1936, The Revolution Betrayed: What is the Soviet Union and where is it going?, www.marxists.org (12, 13).*

Trotsky, L., 1971, The Struggle against Fascism in Germany, London, New Park (13).** Trotsky, L., 1973, The Spanish Revolution (1931–39), London, New Park (13).**

Trotsky, L., 1973–4, The First Five Years of the Communist International (2 vols.), London, New Park (12).**

Trotsky, L., 1976, Leon Trotsky on China, London, New Park (12).** Trotsky, L., 1979, Leon Trotsky on France, London, New Park (13).**

Uzun, C., 2004, Making the Turkish Revolution, Istanbul, Antikapitalist (11). Wedgwood, C. V., 1938, The Thirty Years War, London, Jonathan Cape (7). Wells, C., 1992, The Roman Empire, London, Fontana (4).

Wheeler, R. E. M., 1966 Civilisations of the Indus Valley and Beyond, London, Thames & Hudson (2).

Wheeler, R. E. M., 1968, Flames over Persepolis, London, Weidenfeld & Nicolson (3). Whitehead, P., 1985, The Writing on the Wall: Britain in the Seventies, London, Michael Joseph (15).

Wickham, C., 2005, Framing the Early Middle Ages: Europe and the Mediterranean, 400–800, Oxford, Oxford University Press (4).*

Widgery, D., 1976, The Left in Britain, 1956–1968, Harmondsworth, Penguin (14–15). Wood, M., 1985, In Search of the Trojan War, London, Guild Publishing (2).* Young, H., 1990, One of Us: A biography of Margaret Thatcher, London, Pan (15). Ziegler, P., 1969, The Black Death, London, Collins (5).